LIVRE TROISIÈME.

LA RENAISSANCE ET LA RÉFORME.

LIVRE TROISIÈME.

LA RENAISSANCE ET LA RÉFORME

CHAPITRE PREMIER.

MACHIAVEL.

Opposition de la politique de Machiavel et de la politique du moyen âge. — Apologie de Machiavel par J.-J. Rousseau. Réfutation de cette apologie. Des rapports de Machiavel avec les Médicis : ses rapports avec César Borgia. Comparaison du Prince et des Discours sur Tite Live sous le rapport de la moralité des maximes. — Si les conseils de Machiavel ne s'adressent qu'aux princes nouveaux. Du terrorisme dans Machiavel. — Politique proprement dite. Ses idées spéculatives sur le gouvernement. — Comparaison des gouvernements populaires et des gouvernements princiers. — Doctrine politique du *Prince* : théorie de la tyrannie. Du prétendu libéralisme de Machiavel. — Du patriotisme de Machiavel. Appréciation de Machiavel.

Avant d'entrer hardiment dans les problèmes de la politique moderne, il fallait en finir avec la politique du moyen âge. Ce fut l'œuvre de Machiavel ; sa doctrine est le premier effet du libre examen porté sur les matières politiques. La chute du système qui subordonnait et asservissait la politique à la religion, devait être le signal d'un système nouveau, qui l'affranchissait de toute religion et de toute morale. Cette relation n'a peut-être pas été assez remarquée, et rend plus intelligible une doctrine qu'on a été cent fois tenté d'expliquer par des feintes, des subterfuges, des sous-entendus inadmissibles. Au moyen âge, la religion ne se séparait pas de la morale ; et c'était au nom de la morale, que l'autorité religieuse réclamait la suprématie politique. Vaincue dans cette lutte, elle dut, dans le premier moment, entraîner la morale avec elle. La politique, restée seule, réduite à ses propres principes, ne fut plus que la science de vaincre et de dominer par la force ou par la ruse ; débarrassée d'un joug importun, elle se délivra de tout frein : telle fut la politique du xve siècle, dont Machiavel nous a donné la théorie (1).

C'est donc dans les doctrines religieuses de Machiavel qu'il faut chercher la raison de ses doctrines morales; elles nous feront voir à quelle distance nous sommes des idées du moyen âge.

La religion, qui au moyen âge était tout, qui était la fin dernière de l'État, et de laquelle toutes les institutions découlaient comme de leur source, n'est plus, pour Machiavel, qu'un moyen politique utile à la conservation et à l'agrandissement de l'État. Il dit bien qu'il n'y a pas de signe plus assuré de la ruine d'un État que le mépris du culte divin. Mais pour quelle raison ? C'est « qu'un peuple religieux est plus facile à gouverner. » La religion est donc une machine qui supplée auprès du peuple à la raison qui lui manque. Lorsque l'utilité d'une loi n'est pas évidente pour les esprits, l'homme habile a recours aux dieux (2). Quant à la vérité in-

---

(1) L'apparition du machiavélisme en politique correspond, en philosophie, à la renaissance du naturalisme et du matérialisme, plus ou moins dissimulé, dans l'école de Padoue. — Cette corrélation est indiquée par Campanella. — (*De gentilismo non retinendo*, Paris, 1693, in-12, p. 56) : « Ex Aristotelismo postea ortus est Machiavellismus. » L'aristotélisme dont parle ici Campanella est celui de Pomponace et de Césalpin. Voy. Nourrisson, *Essai sur Alexandre d'Aphrodise*, p. 136.

(2) *Disc. sur Tite Live*, l. I, c. xi.

trinsèque des choses, Machiavel s'en soucie médiocrement ; et il veut qu'on accueille tout ce qui favorise la religion, « lors même qu'on en reconnaîtrait la fausseté (1). » La religion n'est donc plus qu'un instrument de gouvernement, *instrumentum regni*.

Dira-t-on qu'il ne parlait ainsi que du paganisme ? Mais il est aisé de voir que le christianisme lui est fort peu sympathique, et qu'il le juge avec un esprit tout païen. « Notre religion, dit-il, place le bonheur suprême dans l'humilité, l'abjection, le mépris des choses humaines ; l'autre au contraire faisait consister le souverain bien dans la grandeur d'âme, la force du corps, et toutes les qualités qui rendent les hommes redoutables... Il me paraît donc que ces principes (les principes chrétiens) en rendant les hommes plus faibles, les ont disposés à devenir plus facilement la proie des méchants. Ceux-ci ont vu qu'ils pouvaient tyranniser sans crainte des hommes qui, pour aller en paradis, sont plus disposés à supporter les injures qu'à les venger (2). » Ces passages, et d'autres plus forts encore, prouvent que Machiavel ne tenait à la foi chrétienne que par un fil très-léger, et qu'il la jugeait en homme du xve siècle, en politique, en Italien.

Ne lui demandez pas non plus son opinion sur la grande question du moyen âge, la suprématie de l'empire ou de la papauté, de l'Église ou de l'État. Machiavel n'en parle même pas, tant cette question était déjà loin de la politique pratique. S'il traite du pouvoir de la papauté, et en général des États ecclésiastiques, c'est comme d'un genre particulier de souveraineté, qui ne se distingue des autres espèces de principautés, qu'en

---

(1) *Ib.*, l. I, c. xii, come que le giudicassino false.
(2) *Ib.*, l. II, c. ii.

ce qu'il y est plus facile que partout ailleurs de gouverner les hommes, puisque l'autorité du prêtre s'y ajoute à celle du monarque (1). Et, quoiqu'il dise avec une sorte d'ironie, « que ces États étant gouvernés par des moyens surhumains, il ne lui appartient pas d'en parler, » il explique cependant les moyens très-humains dont se sont servis les papes ses contemporains : « Aucun, dit-il, en parlant de l'un d'eux, Alexandre VI, n'a montré aussi bien que lui ce qu'on peut faire avec des hommes et de l'argent. » Voilà ce que Machiavel trouve à dire sur la souveraineté pontificale : mais, il faut l'avouer, en abaissant la papauté du rang auguste et unique que lui avaient assigné les grands papes, et les grands théologiens du moyen âge, en la réduisant à n'être qu'un pouvoir comme les autres, qui ne cherchait plus sa grandeur dans l'empire du monde, mais dans la conquête de quelque misérable portion de territoire, Machiavel racontait simplement l'histoire de son temps, de ce temps où la chaire de saint Pierre, la chaire de Grégoire VII était occupée par un Alexandre VI et un Jules II.

En pénétrant dans la doctrine de Machiavel par le côté qui met le plus en saillie son opposition avec les doctrines du moyen âge, nous nous sommes rendu plus facile l'appréciation de sa philosophie morale et politique. Depuis trois siècles, le procès est ouvert sur cette doctrine : les voix et les dépositions pour et contre n'ont pas manqué. Il nous semble qu'aujourd'hui l'instruction est terminée, et qu'il ne reste plus qu'à donner les conclusions.

On peut dire que les opinions de la critique, relativement à Machiavel, ont traversé deux phases. Dans la

(1) *Prince*, c. xi.

première, Machiavel n'a pour juges que des sectateurs et des ennemis. Les premiers reproduisent grossièrement, et défendent sans détour les maximes les plus équivoques et les plus repoussantes du politique de Florence. Les autres le traitent comme un scélérat, et encore comme un scélérat sans talent et sans génie. Cette période n'est pas, à proprement parler, celle de la critique, mais de la guerre. On ne juge pas Machiavel ; on l'attaque ou on le défend. L'impartialité n'est ni d'un côté, ni de l'autre : souvent, ceux qui l'attaquent ne le connaissent pas, et ceux qui le défendent ne le comprennent pas.

Plus tard, Machiavel trouva des justificateurs plus habiles, et des juges moins prévenus. Les premiers ne firent pas la faute de prendre parti pour les maximes de Machiavel ; mais ils en cherchèrent l'explication. Diverses interprétations furent données. On eut honte de l'avoir pris à la lettre, et de n'avoir pas deviné le vrai sens des idées qu'il dissimulait. On lui rendit ainsi auprès des honnêtes gens une faveur à laquelle il n'était plus habitué, et on profita habilement du besoin de justice et d'équité que la philosophie avait répandu dans les esprits. Il ne manqua pas cependant d'écrivains incorruptibles (1) qui ne se laissèrent point prendre à ces prestiges, chez lesquels la conscience protesta sans fléchir, et qui persistèrent à faire la guerre aux erreurs de Machiavel, sans méconnaître son génie, et sans fermer les yeux sur les beautés de ses écrits.

Le premier écrivain, si je ne me trompe, qui ait eu l'idée de justifier Machiavel en lui prêtant une arrière-pensée toute contraire à celle qu'on lui supposait, est Albéric Gentilis, jurisconsulte du xviie siècle, antérieur

(1) M. Daunou, *Journal des Savants.*

à Grotius. Voici la phrase que l'on trouve à ce sujet dans cet écrivain : « *Sui propositi non est tyrannum instruere, sed arcanis ejus palam factis, ipsum miseris populis nudum et conspicuum exhibere* (1). » Cette pensée fit quelque fortune. Mais ce qui lui donna la plus grande popularité, ce fut le suffrage de J.-J. Rousseau, qui la prit en quelque sorte à son compte, et l'inséra dans le *Contrat social*. « En feignant de donner des leçons aux rois, dit J.-J. Rousseau, il en a donné de grandes au peuple. *Le Prince*, de Machiavel, est le livre des républicains. » Puis il ajoute en note : « Machiavel était un honnête homme et un bon citoyen : mais attaché à la maison des Médicis, il était forcé, dans l'oppression de sa patrie, de déguiser son amour pour la liberté. Le choix seul de son exécrable héros manifeste assez son intention secrète; et l'opposition des maximes de son livre du *Prince* à celles de ses *Discours sur Tite Live* et de son *Histoire de Florence*, démontre que ce profond politique n'a eu jusqu'ici que des lecteurs superficiels ou corrompus (2). » D'autres écrivains lui ont prêté d'autres desseins. Selon les uns, c'est l'amour de la patrie italienne, et le désir de la voir indépendante sous un pouvoir fort et unique, qui lui a inspiré d'écrire le *Prince;* selon les autres, Machiavel est une sorte d'écrivain révolutionnaire, qui conseillait la dictature pour arriver à l'établissement de la liberté et de l'égalité.

Examinons d'abord l'opinion de J.-J. Rousseau, qui est, de toutes, la plus considérable et par le nom de son auteur, et parce qu'elle est le principe de toutes les

---

(1) Alb. Gentil. *De legatis*, l. III, c. ix.
(2) *Contr. soc.*, l. III, c. vi. Le philosophe allemand Fichte a soutenu la même thèse que J.-J. Rousseau dans son écrit sur Machiavel. (*OEuvres compl.*, t. XI, p. 401.)

autres : celles-ci viendront à leur place dans la suite de la discussion.

L'apologie de J.-J. Rousseau se ramène à trois points : 1° L'attachement de Machiavel pour la maison de Médicis l'a forcé de déguiser sa vraie pensée ; 2° le choix de son héros, César Borgia, prouve assez que son intention est toute contraire à celle qu'on lui prête. Eût-il choisi sincèrement un tel modèle à proposer ? 3° les maximes du *Prince* sont démenties par les maximes des *Discours sur Tite Live*.

Quelle est d'abord la nature de cette liaison avec les Médicis, dont parle Rousseau ? Comment, attaché aux Médicis, Machiavel pouvait-il aimer la liberté ? Comment, s'il aimait la liberté, était-il attaché aux Médicis ? Machiavel avait servi pendant quatorze ans le gouvernement démocratique de Florence. Le retour des Médicis le déposséda de son emploi, et le fit rentrer dans la vie privée. Bien plus, ils étaient à peine revenus à Florence que, sur un soupçon de conspiration, ils le jetèrent en prison, et le firent mettre à la torture. Machiavel s'y comporta noblement. Mais il faut avouer qu'il n'était attaché aux Médicis par aucun lien, ni de parti, ni d'amitié. C'est après avoir fait cette expérience cruelle des dispositions bienveillantes des Médicis à son égard, que, par l'intermédiaire de Vettori, ambassadeur de Florence à Rome, son ami, et celui des Médicis, il ne cesse de réclamer leur appui, et de demander un emploi. C'est le fond de sa correspondance avec Vettori. Il renonce à ses relations de parti. Il craint d'aller à Rome, pour ne point aller visiter les Soderini, c'est-à-dire la famille du dernier gonfalonier de Florence. Plus tard, il est chargé officieusement par Léon X, qui était un Médicis, de proposer une constitution pour Florence. Il lui envoie un projet, où sous prétexte de concilier la monarchie et la république, il livre tous les pouvoirs à la famille des Médicis (1). Plus tard, enfin, à force de supplications et d'importunités, il obtient quelque emploi peu important : mais le renversement des Médicis arrête ce retour de faveur ; et le parti républicain triomphant, pour le punir de son infidélité, l'abandonne et refuse de l'employer.

Voilà quels ont été les rapports de Machiavel et des Médicis. Ceux-ci l'ont destitué, emprisonné, torturé. Lui, au contraire, les a flattés, caressés, servis, aux dépens de ses premières convictions et de ses premiers amis. Si l'attachement qui le liait aux Médicis le forçait de taire son amour pour la liberté, il faut avouer qu'il avait cherché cette contrainte, et qu'elle ne lui était pas pénible.

Mais ce qui jette le plus grand jour sur l'origine du livre du *Prince*, et sur l'intention de l'auteur, c'est une lettre découverte au commencement de ce siècle, et qui malheureusement est de la plus parfaite authenticité. « J'ai noté dans les conversations des grands hommes de l'antiquité tout ce qui m'a paru de quelque importance, et j'en ai composé un opuscule *De principatibus...* Si mes rêveries vous ont plu quelquefois, celle-ci ne doit pas vous être désagréable ; elle doit surtout convenir à un prince et surtout à un prince nouveau : *voilà pourquoi je dédie mon ouvrage à la magnificence de Giuliano... C'est le besoin auquel je suis en butte qui me force à le publier ;* car je me consume, et je ne puis rester longtemps dans la même position, sans que la pauvreté me rende l'objet de tous les mépris. Ensuite, *je voudrais bien que ces seigneurs Médicis commençassent*

---

(1) Disc. sur la constitution de Florence.

à m'employer, *dussent-ils d'abord ne me faire que retourner des pierres* (1). » Toutes les interprétations fantastiques du *Prince* tombent devant cet aveu. La vérité est tout simplement que Machiavel a composé le *Prince* pour plaire aux Médicis et en obtenir un emploi. Dira-t-on que c'est la gêne et le besoin qui l'y ont forcé? Mais il a soin de détruire lui-même la portée de cette excuse, en nous apprenant dans une autre lettre « qu'il a contracté l'habitude de la dépense, et qu'il ne *peut s'astreindre à l'économie* (2). » Enfin sa correspondance nous le montre encore partageant sa vie entre l'étude de la politique et le goût des plaisirs dissolus. Tout s'éclaircit d'une manière accablante pour l'auteur du *Prince*. Il aimait le plaisir, il avait besoin d'argent ; il flattait les maîtres ; il leur sacrifiait ses amis et ses opinions : enfin il écrivait pour leur plaire le manuel de la tyrannie.

Quant au choix de son héros, est-il vrai que Machiavel n'a pu vouloir sérieusement proposer César Borgia comme modèle ? C'est, à ce qu'il nous semble, ignorer complétement le xve et le xvie siècle que d'élever ce doute. Mais voyons quelles ont été les relations de Machiavel et de Borgia, et comment il le juge en dehors du livre du *Prince*. Machiavel a eu plusieurs occasions de voir Borgia ; il a même rempli une mission auprès de lui (3). Enfin il a été témoin du massacre de Sinigaglia, où par une perfidie atroce le duc de Valentinois attira dans son château tous ses ennemis par des promesses de négociation, et les fit périr dans les tortures. Nous avons le récit de cet événement de la main de

---

(1) Lettres à Vettori. xxvi, 10 déc. 1513.
(2) Lettr. à Vettori. xxxviii.
(3) Mission auprès du duc de Valentinois, lettr. xliii et xliv.

Machiavel, écrit sur le lieu même, à la Seigneurie de Florence. Or, dans le récit d'un événement si affreux, Machiavel n'a pas un mot de blâme et d'horreur, et même, suivant le conseil de Borgia, il invite la République à se réjouir d'une action qui détruit tous ses ennemis. On a, il est vrai, fait observer qu'il s'agit ici d'une dépêche diplomatique, qu'une dépêche de ce genre doit être réservée, que d'ailleurs elle pouvait être surprise et interceptée par le héros de cette triste tragédie. Mais rien ne donne à supposer que Machiavel eût été plus explicite, s'il eût été plus libre. Dans tout le cours de sa légation, il ne laisse pas échapper un mot qui indique la moindre répulsion pour le duc de Valentinois. Si Machiavel a pu approcher de César Borgia, le fréquenter dans l'intimité, suivre sa politique, sans jamais manifester aucune aversion, comment pourrait-on supposer que le choix de ce héros trahît de sa part une intention secrète? Tout ne semble-t-il pas prouver au contraire qu'il a choisi Borgia pour modèle, précisément parce qu'il l'avait pratiqué, vu de près, admiré? Enfin tous les doutes s'évanouissent devant un témoignage précis, recueilli non plus dans des pièces officielles, non plus dans un traité controversé, mais dans une correspondance intime : « Le duc de Valentinois, dit-il, *dont je citerai toujours l'exemple lorsqu'il s'agira d'un prince nouveau* (1)... »

Reste un troisième point, bien plus important que les deux autres, puisqu'il touche aux principes eux-mêmes : c'est la prétendue différence des maximes du *Prince* et des maximes des *Discours sur Tite Live*. Est-il vrai qu'il y ait opposition de doctrine entre ces deux

(1) Lettre xl.

ouvrages? C'est ce que nous allons examiner. Mais ici il faut faire une distinction.

Je distingue dans la doctrine de Machiavel deux choses : sa morale et sa politique. Sans doute, sa morale consiste à n'en point avoir; mais cela même diffère de sa politique, ou de la préférence secrète ou publique qu'il donne à tel ou tel système de gouvernement. Ainsi, lors même qu'on établirait que le *Prince* et les *Discours sur Tite Live* contiennent une politique opposée, ici libérale, et là tyrannique, et que l'on expliquerait cette contradiction par une sorte d'hypocrisie patriotique ou telle autre apologie, il resterait encore à prouver que ces deux livres, qui exposent une politique différente, ne renferment pas la même morale. En effet, le machiavélisme, c'est-à-dire la doctrine de la raison d'État, n'est pas particulière à telle forme de gouvernement; quoiqu'elle convienne merveilleusement à la tyrannie, elle peut se rencontrer aussi dans les démocraties et dans les oligarchies. La république de Venise ne pratiquait pas moins le machiavélisme que les Sforze ou les Borgia; et nous allons voir que Machiavel donne aux démocrates les mêmes conseils qu'aux tyrans.

Voyons d'abord la doctrine du *Prince*. L'auteur nous expose lui-même son dessein en termes précis : c'est de peindre la vérité telle qu'elle est, et non point telle qu'on l'image. « Quelques publicistes ont décrit des républiques et des gouvernements que l'on n'a jamais vus, tant s'en faut qu'ils aient jamais existé. Il y a une si grande différence entre la manière dont les hommes vivent, et celle dont il serait juste qu'ils vécussent, que celui qui néglige *ce qui se fait* pour suivre *ce qu'il devrait faire*, court à une ruine inévitable. Celui qui veut être un homme *parfaitement bon*, est sûrement en péril au milieu de ceux qui ne le sont pas. Il est donc nécessaire qu'un prince apprenne à ne pas être toujours bon, afin d'appliquer ou de ne pas appliquer ces maximes à son usage, selon les circonstances (1).

Ce passage contient toute la philosophie de Machiavel. Cette philosophie n'est pas profonde. Elle repose sur un fait vulgaire et grossier. La plupart des hommes ne sont pas assez philosophes pour convertir en théories leurs passions et leurs intérêts. La conscience leur dit qu'il y a une distinction entre le juste et l'injuste ; mais leurs passions s'opposent à cette distinction. Que font-ils donc? Ils pensent d'une manière et agissent d'une autre ; ils avouent qu'ils n'agissent pas comme ils pensent ; mais ils disent qu'ils seraient dupes des autres hommes s'ils agissaient autrement qu'eux. Ainsi la méchanceté des uns sert de prétexte à la faiblesse des autres. Tous les moyens sont bons, pourvu qu'on arrive : telle est la philosophie pratique du vulgaire. Transportez cette philosophie dans la politique, vous avez le machiavélisme.

Il est étrange qu'on se soit donné tant de mal pour interpréter, justifier, purifier la doctrine de Machiavel, au lieu de la considérer telle qu'elle est : la doctrine de l'indifférence des moyens en politique. Cette doctrine, extrêmement vulgaire, et qui est de tous les temps, a eu, à un moment donné, son théoricien qui lui a donné son nom. La voix populaire a presque toujours raison ; il est vrai qu'elle ne saisit pas les nuances : c'est le devoir de la critique. Mais elle prononce admirablement sur le fond des choses. Machiavel a été jugé par le peuple. C'est un jugement qu'il ne peut pas récuser, lui

---

(1) Le *Prince*, c. xv.

qui a écrit que le peuple peut bien se tromper dans les affaires générales, mais qu'il ne se trompe jamais dans les choses particulières.

On a dit que Machiavel n'avance jamais ses maximes sans y mêler une désapprobation, qui semblerait mettre sa moralité à couvert. C'est là, je crois, une erreur. Ces réserves ne sont autre chose que des concessions à l'opinion vulgaire, concessions sans portée, et dont le lecteur qui sait lire fait l'usage qui lui convient. D'ailleurs, ces restrictions et ces réserves fussent-elles sincères, que prouveraient-elles? Que Machiavel reconnaît bien une morale, mais en même temps qu'il la sacrifie à l'intérêt politique. Or, c'est précisément le reproche que l'on fait à sa doctrine. Elle est d'autant plus corrompue qu'elle l'est sciemment, comme le prouve avec évidence le passage suivant : « *Sans doute il serait très-heureux, pour un prince surtout, de réunir toutes les bonnes qualités ;* mais comme notre nature ne comporte pas une si grande perfection, il lui est nécessaire d'avoir assez de prudence pour se préserver des vices qui pourraient le perdre ; et quant à ceux qui ne peuvent compromettre sa sûreté, il doit s'en garantir, si cela est en son pouvoir : mais si cela est au-dessus de ses forces, il peut moins s'en tourmenter. *Il ne doit pas craindre d'encourir quelque blâme pour les vices utiles* au maintien de ses États; parce que tout bien considéré, *telle qualité, qui paraît bonne et louable, le perdrait inévitablement, et telle autre qui paraît mauvaise et vicieuse, fera son bien-être et sa sûreté* (1). »

Il peut paraître inutile de démontrer par des textes, qu'il y a dans Machiavel des maximes immorales. Et

---

(1) Le *Prince*, c. xv.

cependant les déviations de la critique ont rendu ce travail nécessaire. On s'est peu à peu habitué à chercher une haute interprétation de Machiavel, soit dans la philosophie, soit dans l'histoire, soit dans la politique. A la faveur de ces explications transcendantes, l'immoralité de Machiavel passait comme un détail accessoire, dont la faute devait être attribuée à son temps. Un critique éminent, un historien de premier ordre, M. Macaulay, avoue « qu'il y a dans Machiavel des taches qui le déparent, et qui diminuent beaucoup le plaisir qu'à d'autres égards ses écrits doivent procurer (1). »

Si les erreurs de Machiavel n'étaient que des taches, on serait mal venu à les relever avec tant de sévérité ; il y a des erreurs de ce genre dans les meilleurs écrivains, et c'est en général une critique étroite que celle qui s'attache au mal plutôt qu'au bien. Mais ce que le critique anglais appelle des taches, n'est autre chose que le système même de Machiavel : c'est là précisément ce qui lui imprime une physionomie originale entre tous les écrivains politiques : c'est par là qu'il a donné son nom à une doctrine, c'est par là qu'il a influé sur la fausse politique des princes du XVIe siècle. J'avoue qu'il ne faut pas se borner à voir cela dans Machiavel, et que beaucoup de parties de ses écrits méritent l'admiration. Mais lorsque la critique historique s'efforce de mettre dans l'ombre le côté condamnable d'une doctrine, c'est le devoir de la critique philosophique de le rétablir au premier plan.

Fût-il vrai de dire que l'erreur de Machiavel est plutôt celle de son siècle que la sienne propre, il n'en serait pas moins nécessaire de faire ressortir cette erreur,

(1) Revue d'Édimbourg. Voyez la notice sur Machiavel, dans le *Panthéon littéraire*, Édit. Buchon.

d'autant plus dangereuse qu'elle ne s'appuierait plus seulement sur l'autorité d'un seul homme, mais sur celle d'un siècle tout entier. Que l'auteur du machiavélisme soit Machiavel lui-même, ou le XVe siècle, il est dans tous les cas du devoir de la critique de recueillir les principes de ce système, et de les dégager des interprétations trop complaisantes par lesquelles on le dissimule. Après tout, l'immoralité d'un siècle doit se ramener à celle des principaux personnages qui lui ont donné son caractère, et parmi ceux-là on doit compter au premier rang celui qui a réduit ses actions en maximes. Mais plusieurs faits prouvent que cette justification même n'est pas suffisante. D'abord, vous trouvez dans Machiavel lui-même la condamnation de ses propres maximes. Lorsque dans la dédicace des *Discours sur Tite Live*, il flétrit, par une sorte d'aveu, la dédicace du *Prince* (1), on ne doit pas justifier par la grossièreté du temps un acte dont il comprenait lui-même la bassesse. En outre, dans plus d'un passage, on rencontre de nobles témoignages en faveur de la vertu : ces témoignages seront, si l'on veut, des circonstances atténuantes, puisqu'elles prouvent que tout n'est pas mauvais dans Machiavel. Mais nous avons le droit de les considérer à notre tour comme des circonstances aggravantes : car elles prouvent aussi que l'esprit de son siècle n'était pas assez puissant sur lui pour l'empêcher de reconnaître la vérité. Ce qui le condamne encore, c'est qu'il paraît que lui-même a cherché le premier à donner le change sur le dessein de son livre du *Prince*. Le premier il a fourni l'interprétation alambiquée que l'on en a trouvée plus tard : « Son but, di-

---

(1) Comparez les deux dédicaces.

sait-il, était d'écrire à un tyran, ce qui doit plaire aux tyrans, afin de le faire tomber, s'il le pouvait, de son propre gré dans le précipice (1). » C'était là, il faut l'avouer, un dessein passablement machiavélique, et, fût-il vrai, il est douteux qu'il justifiât son auteur. Mais vraie ou fausse, cette tentative de justification prouve que Machiavel a eu des doutes, que l'on en a eu autour de lui, et que, même pour le temps, il demandait à la conscience des sacrifices exagérés.

Quels sont maintenant ces vices que Machiavel autorise et conseille même comme utiles au maintien d'un État? Les deux principaux sont : la cruauté et la mauvaise foi.

Quant au premier point, on peut s'en convaincre par l'admiration sans réserves qu'il témoigne pour le sanglant César Borgia. Nous avons vu déjà les rapports qu'il avait eus avec ce prince, et les jugements qu'il en porte dans ses lettres et dans les missions. Pas un mot de blâme ni d'aversion. Dans le *Prince* il va plus loin ; il le loue de tout, et n'attribue qu'à la fortune ses mauvais succès. Voici comment il rapporte le massacre de Sinigaglia, dont il avait été, nous l'avons vu, témoin et rapporteur : « Les *autres furent assez dupes* pour se mettre entre ses mains à Sinigaglia. *Ayant donc exterminé les chefs...* le duc avait jeté de solides fondements de sa puissance (2). » Rien de plus, et cela dans l'énumération des moyens habiles et heureux employés par Borgia pour s'élever. On dira qu'il ne faut pas tant s'indigner du massacre de Sinigaglia; que les Orsini, les Vitelli, les Oliverotti, victimes de ce guet-apens, étaient eux-mêmes des scélérats dignes de tous les supplices;

(1) Voy. Ginguené, *Hist. litt. d'Italie.*
(2) *Princ.* ç. i.

je le veux bien; mais Borgia ne valait pas mieux qu'eux: c'était bandit contre bandits, j'en conviens. Mais que conclure de là? C'est que la politique qu'admire tant Machiavel n'était qu'une politique de brigands. Après ce massacre, qui assure sa puissance, que fait César, maître de la Romagne? Il faut avouer qu'il montra quelque entente du gouvernement. Il détruisit, par une justice de fer, les brigandages qui infestaient le pays; puis, quand l'ordre fut rétabli, il institua un tribunal civil présidé par un homme entouré de l'estime publique. Mais ici encore son caractère féroce se manifeste sans que Machiavel trouve rien à redire. Pour exercer les sévérités, dans le premier temps de son gouvernement, il avait nommé pour gouverneur un certain Ramiro d'Orco, homme cruel, mais actif, auquel il laissa la plus grande latitude de pouvoir. Lorsqu'il crut le moment venu de changer de système et de transformer cette justice exceptionnelle en justice civile, pour se laver de tout reproche aux yeux du peuple, il fait pourfendre un matin Ramiro et exposer son corps au milieu de la place de Césène, sur un pieu, ayant tout auprès un coutelas ensanglanté. Tel est le traitement qu'il infligea à l'exécuteur de ses propres ordres : Machiavel cite ce fait parmi ceux qui méritent d'être imités. Borgia, maître du présent, avait à redouter l'avenir. Il dut parer à ce danger par plusieurs moyens. Voici le premier : « Il *détruisit la race* de tous les seigneurs qu'il avait dépouillés..... Il en *massacra* le plus grand nombre, et peu lui échappèrent. » C'est après cette froide énumération des cruautés de Borgia que Machiavel ajoute tranquillement : « En rassemblant toutes ces actions du duc, *je ne saurais lui reprocher d'avoir manqué en rien;* et il me paraît qu'il mérite qu'on le propose, comme je l'ai fait, pour modèle à tous ceux qui, par la fortune ou par les armes d'autrui, sont arrivés à la souveraineté..... Sa conduite ne pouvait pas être différente. » Malgré toute cette belle politique, Machiavel est obligé d'avouer que son héros a échoué dans ses entreprises. Ce n'est pas le succès, c'est la conduite qu'il admire : le jeu lui paraît bien joué ; le gain dépend de la chance. « La preuve, dit Machiavel, que les fondements étaient solides, c'est que la Romagne l'attendit, et lui fut fidèle *pendant un mois.* » Ainsi, c'est pour une fidélité de province pendant un mois, qu'il a pu être permis à un prince de violer toutes les lois divines et humaines ! De si grands crimes pour un si misérable résultat ! Quelle politique que celle qui propose de tels hommes, une telle conduite, et de si méprisables conséquences à l'admiration et à l'imitation des hommes d'État !

Machiavel, il faut le reconnaître, ne va pas jusqu'à conseiller les dernières scélératesses ; au moins a-t-il des scrupules, et s'il pardonne tout à César Borgia, il n'est pas aussi indulgent pour Agathocle. Il a là des paroles où l'on sent quelque chose d'humain. « Il n'y a point, dit-il, de vertu à massacrer ses concitoyens, à livrer ses amis, à être sans foi, sans pitié, sans religion ; tout cela peut faire arriver à la souveraineté, mais non à la gloire.... On ne voit pas comment il pourra être réputé inférieur au plus grand capitaine ; néanmoins son inhumanité, sa cruauté féroce, les crimes infinis qu'il a commis, *empêchent de le compter parmi les hommes grands* (1). » Ces mots prouvent, il est vrai, que Machiavel ne renonce pas à toute distinction du bien et

---

(1) *Princ.* c. viii.

du mal ; mais ils servent aussi à le condamner : car, malgré ces paroles, il raconte les actions d'Agathocle *pour ceux qui désireront les imiter.* « Il le fera, dit-il, sans prononcer *sur la bonté et la méchanceté des actions.* » On peut dire même qu'en définitive il est plutôt favorable que contraire à Agathocle, dont il vient de nous faire cependant un si affreux portrait. « On pourrait s'étonner qu'Agathocle et d'autres comme lui aient pu vivre longtemps en paix dans leur patrie, ayant à se défendre contre des ennemis supérieurs, sans que jamais leurs concitoyens aient conspiré contre eux, tandis que d'autres nouveaux princes, à raison de leurs cruautés, n'ont jamais pu se maintenir, même en temps de paix, encore moins en temps de guerre. Je crois que cela tient au *bon ou mauvais usage que l'on fait de la cruauté. On peut la dire bien employée (si on peut appeler bien ce qui est mal) lorsqu'elle ne s'exerce qu'une seule fois,* lorsqu'elle est dictée par la nécessité de s'assurer la puissance, et qu'on n'y a recours ensuite que pour l'utilité du peuple. Les cruautés mal exercées sont celles qui, peu considérables en commençant, croissent au lieu de s'étendre. *Ceux qui n'emploient que les premières peuvent espérer de se les faire pardonner et devant Dieu et par les hommes, comme fit Agathocle* (1). » Ainsi ces crimes, dont il semblait tout à l'heure vouloir nous faire horreur, ne sont cependant qu'une cruauté bien employée.

Le second point de la doctrine de Machiavel, c'est l'infidélité dans les engagements (2). On se ferait difficilement à l'avance une idée de l'aisance et de l'audace avec laquelle Machiavel expose cette théorie de la mau-

(1) *Ib.*, ib.
(2) Voy. sur cette doctrine le ch. XXIII du *Prince.*

vaise foi. Il ne cherche pas à l'insinuer comme une exception ; mais il l'établit naturellement, comme un principe. Il avoue qu'il est très-louable qu'un prince soit fidèle à ses engagements. « Mais, ajoute-t-il, parmi ceux de notre temps qu'on a vus faire de grandes choses, il en est peu qui se soient piqués de cette fidélité, et qui se soient fait un scrupule de tromper ceux qui se reposaient en leur loyauté. » Ainsi, la fidélité aux promesses, aux traités, aux engagements politiques est du nombre de ces vertus royales qui se pratiquent dans les États qui n'ont jamais existé. Il n'en est pas ainsi dans le monde véritable. On n'y réussit qu'en trompant. « Les animaux, dit-il, dont le prince doit savoir revêtir les formes, sont le renard et le lion..... Le prince apprendra du premier à être adroit, et du second à être fort. Ceux qui dédaignent le rôle du renard n'entendent guère leur métier ; en d'autres termes, un prince prudent *doit éviter de tenir les promesses qu'il voit contraires à ses intérêts* (1). »

La principale raison, et même la seule que donne Machiavel en faveur de son opinion, est celle que nous connaissons déjà : c'est que les hommes sont méchants, et que l'homme qui veut être bon n'est pas en sûreté au milieu d'eux. « Comme tous les hommes, dit-il, sont toujours prêts à manquer à leur parole, le prince ne doit pas se piquer d'être plus fidèle à la sienne. » On voit sous quel aspect Machiavel se représente la société : *homo homini lupus*, voilà sa devise. La tromperie réciproque, telle est la règle de la politique : soit qu'il conseille le crime, soit qu'il conseille la fraude,

---

(1) *Princ.*, c. XVIII, ne debba osservare la fede, quando tale osservantia gli torni contro.

il semble emprunter ses principes à la société des malfaiteurs.

La nécessité pourrait être, à la rigueur, un prétexte à la fraude. Machiavel en ajoute un autre, qui la rend plus coupable à nos yeux : c'est la facilité. « On ne manquera jamais, dit-il, de prétexte pour colorer un manquement de foi... Les hommes sont si simples et si esclaves des nécessités présentes, que celui qui veut tromper trouvera toujours facilement des dupes. » Ainsi les hommes, qui sont toujours prêts à tromper, sont en même temps toujours prêts à se laisser tromper. Ils offrent ainsi en même temps un prétexte et une chance à la perfidie. A la fois menteurs et imbéciles, ils donnent l'exemple de la fraude, ils ferment les yeux sur les fraudes d'autrui. Ainsi la victoire est au plus fin, au plus avisé, et à celui qui est à la fois attentif à duper les autres et à se préserver soi-même.

Machiavel n'oublie pas l'autorité des exemples si puissante sur les hommes. Sans doute le fait ne prouve rien contre le droit; et cependant l'idée du droit est si vacillante dans l'esprit du vulgaire, que le fait l'ébranle presque toujours, surtout lorsqu'il se présente sous le manteau de l'intérêt public, du salut de l'État, ou seulement sous les auspices d'un grand personnage. Machiavel ne manquait pas, de son temps, d'exemples pour autoriser la mauvaise foi. Mais il a soin de choisir celui qu'un caractère sacré investissait d'un plus grand crédit sur l'esprit de la multitude, prince, prêtre, souverain pontife, et avec cela le plus trompeur des hommes, Alexandre VI. N'est-ce pas avoir la main malheureuse que de choisir successivement pour héros les deux hommes les plus déshonorés du xv° siècle, César Borgia et son père ?

Enfin la vertu, pour Machiavel, n'est, comme la religion, qu'un moyen de gouvernement. Elle est bonne lorsqu'elle est utile ; elle doit être rejetée aussitôt qu'elle nuit. C'est un masque qu'il faut garder tant qu'on le peut, mais dont il faut savoir se dépouiller au besoin. Un prince parfait est semblable à cet homme parfaitement injuste dont parle Platon, qui a tous les dehors de la justice avec la réalité de l'injustice. « Un prince, dit Machiavel, doit s'efforcer *de se faire une réputation* de bonté, de clémence, de piété, de fidélité à ses engagements, et de justice ; il doit avoir toutes ces bonnes qualités, mais rester assez maître de soi *pour en déployer de contraires* lorsque cela est expédient. Je pose en fait qu'un prince, et surtout un prince nouveau, ne peut exercer impunément toutes les vertus, parce que *l'intérêt de sa conservation l'oblige souvent à violer les lois de l'humanité, de la charité et de la religion...* On voit aisément ce qu'un homme paraît être, mais non ce qu'il est réellement... Le point est de se maintenir dans son autorité : les moyens seront toujours jugés honorables et loués de chacun. Car le vulgaire se prend toujours aux apparences, *et ne juge que par l'événement* (1). »

Voilà la morale du *Prince*. Est-elle expressément contraire à celle des *Discours sur Tite Live* (2) ? S'il y

---

(1) *Princ.*, c. xviii. Operare contro alla humanità, contro alla charità, contro alla religione..... I mezzi soranno sempre giudicati honorevoli.

(2) Quant à l'*Histoire de Florence* de Machiavel, elle laisse exactement, quoi qu'en dise Rousseau, la même impression morale que la lecture du *Prince*. Voici ce qu'en dit Tocqueville : « Le Machiavel de l'*Histoire de Florence* est pour moi le Machiavel du *Prince*. Je ne conçois pas que la lecture de ce premier ouvrage ait jamais permis le moindre doute sur l'objet de l'auteur en écrivant le second. Machiavel, dans son histoire, loue quelquefois les grandes et belles actions ;

avait contradiction absolue entre ces deux ouvrages, on pourrait, à la rigueur, conjecturer que le plus condamnable est une feinte, ou que le dessein n'en a pas été entendu. Mais si l'on retrouve de part et d'autre les mêmes maximes, il ne reste plus aucun prétexte pour prêter à Machiavel une arrière-pensée.

Voici d'abord, dans les *Discours sur Tite Live*, le principe même du machiavélisme : La fin justifie les moyens. Il s'agit du meurtre de Rémus par Romulus. « Il semblerait, dit-il, que les citoyens peuvent, à en juger d'après la conduite de ce prince, par ambition ou désir de commander, se défaire de leurs rivaux. Cette opinion serait fondée, si l'on ne *considérait la fin* que se proposait Romulus par cet homicide... Un esprit sage ne condamnera pas un homme supérieur *d'avoir usé d'un moyen hors de l'ordinaire pour l'important objet* de régler une monarchie ou de fonder une république. *Si le fait l'accuse, il faut que la fin puisse l'excuser. Un bon résultat excuse toujours le fait* : c'est le cas de Romulus. *La violence n'est condamnable* que lorsqu'elle est employée *pour mal faire*, et non *pour bien faire* (1). » D'après ces principes, Machiavel approuve le meurtre de Rémus par Romulus, celui de Titius Tatius ; enfin il donne comme exemple Cléomène, roi de Sparte : « Il connaissait les hommes, dit-il ; et par la nature de leur ambition, il jugea impossible d'être utile à tous, s'il

---

mais on voit que c'est chez lui affaire d'imagination. Le fond de sa pensée, c'est que toutes les actions sont indifférentes en elles-mêmes, et qu'il faut les juger toutes par l'habileté qui s'y montre et le succès qui les suit. Pour lui, le monde est une grande arène dont Dieu est absent, où la conscience n'a que faire et où chacun se tire d'affaire comme il peut. » (Tocqueville, *Correspondance*, lettre à Louis de Kergorlay, 5 août 1831.)

(1) Disc. sur Tite Live, l. I, c. 9.

avait à combattre l'intérêt de quelques-uns; *aussi ayant saisi une occasion favorable, il fit massacrer les éphores et tous ceux qui pouvaient s'opposer à son projet, et il rétablit entièrement les lois de Lycurgue* (1). » Il est vrai que, dans ces divers exemples, il s'agit d'un but plus élevé que le pouvoir d'un homme : ici, la fondation d'une monarchie, là la réforme des mœurs et des lois dans une république. Mais les moyens sont toujours les mêmes : le fer et la trahison.

Ce n'est pas cependant sans quelque protestation de la conscience que Machiavel cite et approuve ces grands crimes, qu'il considère comme nécessaires en politique. Il a par instants quelques accents honnêtes, semblables à ceux que nous avons déjà remarqués dans le *Prince* : « De tels moyens, dit-il, sont cruels sans doute et destructeurs, je ne dis pas seulement des mœurs du christianisme, mais de l'humanité : tout homme doit les fuir, et préférer une condition privée à l'état de roi aux dépens de la perte de tant d'hommes (2). » Ce sont là de nobles paroles, les seules peut-être où un cri sincère d'humanité s'échappe du cœur de Machiavel. Mais cette émotion ne dure pas longtemps; car il ajoute : « Cependant, s'il est quelqu'un qui ne puisse conserver le pouvoir par aucun moyen, et qui cependant ne veuille pas le perdre, ne pouvant choisir une meilleure manière d'agir, il faut nécessairement qu'il adopte celle-là. » Ainsi il reconnaît que ces moyens sont détestables : mais il ne laisse pas de les indiquer, comme ferait un médecin, qui tout en condamnant l'empoisonnement, ensei-

---

(1) Disc. sur Tite Live, *ib.*, *ib.* Voy. encore l'exemple de Cléarque tyran d'Héraclée, ch. xvi, l. 1.
(2) Liv. I, c. xvi.

gnerait cependant l'emploi du poison à ceux qui voudraient s'en servir.

Ce qui jette le plus grand jour sur les sentiments de Machiavel, c'est son mépris pour ceux qui ne savent être, comme il le dit, ni tout à fait bons, ni tout à fait méchants. Selon lui, la grandeur du crime en couvre la honte. Rien n'est plus curieux que le jugement qu'il porte sur un certain Baglioni, tyran de Pérouse, qui avait eu un instant Jules II entre les mains, et n'avait pas eu le courage de le tuer. « *Les gens sages* de la suite du pape, dit-il, ne pouvaient comprendre comment il avait laissé échapper la plus belle occasion de *s'acquérir une réputation éternelle, d'opprimer son ennemi en un instant et de s'emparer de la plus riche proie...* On en conclut que les hommes ne savent être ni parfaitement bons, ni *criminels avec grandeur...* Il n'osa pas saisir l'occasion qui se présentait d'exécuter une entreprise où chacun aurait admiré son courage, et qui *l'eût immortalisé...* Il eût commis enfin un crime dont *la grandeur eût couvert l'infamie*, et l'eût mis au-dessus des dangers qui pouvaient en résulter (1). »

Le second article du code de Machiavel, dans le livre du *Prince*, c'est la mauvaise foi. Nous retrouvons la même doctrine dans les *Discours sur Tite Live*. 1° Nécessité de la mauvaise foi chez un prince : « Xénophon, dit-il, démontre dans la vie de Cyrus, la nécessité de tromper pour réussir... Il n'en conclut pas autre chose sinon qu'un *prince qui veut parvenir à de grandes choses doit apprendre l'art de tromper* (2). » 2° Nécessité de la

---

(1) Disc. sur Tite Live, I... c. xxvii. Cui grandezza havesse superato ogni infamia.
(2) L. II, c. xiii. Un principe che voglia fare grancose à necesario imperare à ingannare.

mauvaise foi chez un peuple : « On voit que les Romains, même dans les commencements de leur empire, ont mis en usage la mauvaise foi : *Elle est toujours nécessaire à quiconque veut s'élever à* un plus grand pouvoir; *elle est d'autant moins blâmable qu'elle est plus couverte,* comme fut celle des Romains (1). » 3° Nécessité de la mauvaise foi pour les ennemis d'un prince : « Que ceux qui sont mécontents d'un prince emploient toute leur adresse à se concilier son amitié... Cette intimité assure d'abord votre tranquillité, *comme elle vous fournit les occasions les plus favorables de satisfaire vos ressentiments* (2). » Ce sont là assez de preuves pour établir que la morale des *Discours* est bien la même que la morale du *Prince,* que la perfidie est toujours l'arme de cette politique, et enfin que le véritable inventeur du machiavélisme, en théorie du moins, est bien Machiavel.

On a dit (3) que la politique de Machiavel a été mal comprise; que cette politique perfide, cruelle, déloyale qu'on lui reproche, il ne la conseille que dans un cas très-particulier, l'établissement d'une nouvelle domination : et c'est en effet une nécessité pour un prince nouvellement établi de se défendre par d'autres moyens que les princes héréditaires. Mais il serait injuste, dit-on, de voir là une doctrine générale, qui justifiât absolument et en toutes circonstances le mensonge et la perfidie. Ainsi, ce que nous considérons dans Machiavel comme une doctrine absolue, ne serait plus qu'un cas particulier de la casuistique politique.

Voici quelles raisons on peut faire valoir en faveur

---

(1) *Ib., ib.* La quale è meno vituperabile, quanto è più coperta.
(2) L. III, c. II.
(3) Amelot de la Houssaye, préface de la traduction du *Prince.*

de cette opinion. C'est surtout dans le livre du *Prince* que l'on trouve l'exposé des principes machiavéliques. Or le *Prince*, il ne faut point l'oublier, ne traite que des principautés nouvelles et non des principautés héréditaires ; et Machiavel fait lui-même expressément l'exception qu'on lui prête(1): « *Il suffit*, dit-il, *à un prince héréditaire* de ne point outre-passer l'ordre et les mesures établies par ses prédécesseurs, et de céder à propos aux événements... Le prince naturel, *ayant moins d'occasion et de nécessité de vexer ses sujets,* en doit être plus aimé : or, si des vices extraordinaires ne le font pas haïr, il est naturel qu'ils aient de l'inclination pour lui. » Tous les conseils qu'il donne ultérieurement semblent donc ne pas s'appliquer aux princes héréditaires : les princes nouveaux ayant plus de difficultés à se maintenir dans leurs États, ont nécessairement recours à des moyens moins ordinaires. Aussi quand il parle de ces moyens extrêmes, il ajoute : « *Mais cela est vrai surtout d'un prince nouveau,* qui ne peut guère éviter le reproche de cruauté, toute domination nouvelle étant pleine de dangers. » Il y a plus, la plupart des exemples cités par Machiavel, même dans les *Discours de Tite Live*, sont en général des princes nouveaux : par exemple, Romulus, Cléarque d'Héraclée, etc. De plus, nous trouvons dans les *Discours sur Tite Live*, des conseils excellents aux princes, et un plaidoyer admirable en faveur des grands monarques. « Que les princes se pénètrent donc de cette vérité, qu'ils commencent à perdre le trône dès l'instant même où ils violent les lois, où ils s'écartent des anciennes institutions, et où ils abolissent les coutumes sous lesquelles

---

(1) *Prince*, c. II.

les hommes ont vécu si longtemps. Il est bien plus aisé de se faire aimer des bons que des mauvais, et d'obéir aux lois que de leur commander. Les rois qui voudront s'instruire de la manière de bien gouverner, n'auront que la peine de prendre pour modèle la conduite des bons princes, tels que Timoléon de Corinthe, Aratus de Sicyone, et plusieurs autres, dans l'exemple desquels ils trouvent autant de sécurité, de tranquillité et de bonheur pour celui qui gouverne que pour celui qui obéit... Les peuples, quand ils sont bien gouvernés, ne désirent aucune autre liberté (1). » Il semble, d'après ces différents passages, que la doctrine du *Prince* n'est pas absolue, et qu'elle s'applique exclusivement aux nouvelles dominations.

La doctrine de Machiavel, ainsi réduite à un seul cas, ne serait guère plus justifiable : car on ne voit pas pourquoi l'injustice serait plus permise à un prince nouveau qu'à un prince héréditaire. Mais, selon nous, le machiavélisme a une tout autre portée : il s'applique à toutes les situations politiques et à toutes les formes de gouvernement. Sans doute Machiavel n'a pas été jusqu'à dire qu'il faut toujours employer les mauvais moyens, et jamais les bons, qu'il faut cultiver le crime pour lui-même. Car alors sa doctrine ne serait pas seulement perverse, elle serait absurde : il dit seulement qu'il faut se servir des moyens injustes, si cela est utile. Or, il est de toute évidence que ces moyens sont plus utiles, plus nécessaires aux princes nouveaux qu'aux princes héréditaires. De là la différence que l'on a signalée. Que dit Machiavel ? « Le prince naturel, *ayant moins d'occasion et moins de nécessité* de vexer

---

(1) Disc. sur Tite Live, l. III, c. xv.

ses sujets, en doit être plus aimé. » C'est donc parce qu'il n'en a ni l'occasion, ni la nécessité, qu'il n'opprime pas ses sujets? Supposez qu'il en trouve l'occasion et la nécessité, il devra le faire tout comme les princes nouveaux : car Machiavel ne distingue pas la conduite de l'un et de l'autre par les principes, mais par les occasions. Sa doctrine générale n'est donc pas démentie par cette apparente contradiction : elle en est au contraire confirmée.

De plus, quoiqu'il soit vrai que le livre du *Prince* est surtout consacré à l'instruction des princes nouveaux, cependant les maximes qui expriment la doctrine de l'auteur sont exprimées en termes tellement généraux, qu'elles dépassent évidemment le cas particulier d'où elles sont tirées. Dans le chapitre xv, l'auteur oppose sa politique aux politiques chimériques qui traitent de gouvernements qui n'ont jamais existé. Il résulte de cette opposition qu'il n'y a que deux sortes de politique : l'une idéale et qui n'a pas d'application ; l'autre positive, et c'est celle qu'il expose. S'il avait voulu circonscrire ses principes à un cas particulier, il l'aurait dit expressément, il aurait réservé les exceptions qu'il demande à la morale, pour ce cas unique, et ne se serait pas exprimé de cette manière générale : « Il y a si loin de la manière dont on vit à celle dont on devrait vivre, que celui qui tient pour réel et vrai ce qui devrait l'être sans doute, mais malheureusement ne l'est pas, court à une ruine inévitable. » Cette maxime, dans laquelle Machiavel est tout entier, contient évidemment une doctrine beaucoup plus générale que celle qu'on lui prête, et elle s'applique à tous les cas possibles de la politique. Le conseil d'unir la ruse à la force, de jouer à la fois le rôle du renard et celui du loup, et de manquer, quand il le faut, à ses engagements, n'est nullement limité par l'auteur du *Prince* à un prince nouveau. On peut voir d'ailleurs par les exemples mêmes de Machiavel, qu'il n'entend pas circonscrire à ce point sa doctrine. En effet, Alexandre VI était un prince électif et non pas un prince nouveau : Ferdinand d'Aragon était un prince héréditaire. Louis XII, à qui il reproche de n'avoir pas su manquer à sa parole, l'était également : enfin dans les *Discours sur Tite Live* il loue les Romains eux-mêmes de leur mauvaise foi. Sa doctrine de la fraude et de l'infidélité dans les promesses est donc générale, et non limitée à un cas particulier.

Quant aux moyens extrêmes et violents, j'avoue qu'il les conseille surtout aux princes nouveaux, et non aux princes héréditaires. Mais il ne faudrait pas croire qu'il les interdît aux républiques. Ceci nous conduit à un point nouveau, assez peu remarqué, je crois : c'est qu'on trouve dans Machiavel toute la théorie du terrorisme révolutionnaire.

C'est un principe général et sans exception, selon Machiavel, que tout gouvernement nouveau, république ou monarchie, ne peut s'établir que par la terreur. C'est ce qu'il explique de cette manière énergique et concise : « Qui s'élève à la tyrannie et ne fait pas périr Brutus, qui rétablit la liberté et qui, comme Brutus, n'immole pas ses enfants, ne se soutient que bien peu de temps (1). » Il critique vivement Soderini, qui, chargé du gouvernement de la république à Florence, après l'expulsion des Médicis, avait usé de modération à l'égard du parti vaincu et cru vaincre, à force de bonté et

---

(1) Disc. sur Tite Live, l. III, c. III.

de patience, l'obstination de ces nouveaux fils de Brutus. « Ces scrupules, dit-il, étaient ceux d'un homme honnête et bon;... mais il fut dupe de son opinion; il ignora que la méchanceté ne se laisse dompter ni par le temps, ni désarmer par les bienfaits, et pour n'avoir pas su imiter Brutus, il perdit sa patrie, l'État et sa gloire (1). » Que ce soit le peuple, que ce soit un monarque qui l'emporte, il faut toujours marquer et confirmer son succès par « *quelque coup terrible porté contre les ennemis de l'ordre nouveau* (2). » Cette sévérité est surtout nécessaire dans l'établissement d'un gouvernement libre, qui en général se fait beaucoup d'ennemis et peu d'amis. « Pour parer à cet inconvénient, il n'y a pas de remède plus puissant, plus vigoureux, plus sain et plus nécessaire que celui-ci : la mort des enfants de Brutus (3). »

Examinons de plus près ce que Machiavel entend par les enfants de Brutus. Selon lui, il n'y a pas de liberté sans égalité. Quels sont les ennemis de l'égalité ? Ce sont les gentilshommes; et voici comme il les définit : « Je dirai que j'appelle ainsi *tous ceux qui vivent sans rien faire*, du produit de leurs possessions, qui ne s'adonnent ni à l'agriculture, ni à aucun autre métier ou profession. De tels hommes sont dangereux dans toute république et dans tout Etat. Plus dangereux encore ceux qui, outre leurs possessions en terre, possèdent des châteaux où ils commandent et des sujets qui leur obéissent. Le royaume de Naples, le territoire de Rome, la Romagne et la Lombardie, fourmillent de ces deux

---

(1) *Ib., ib.*
(2) *Ib., ib.* è necessaria una essecutione memorabile contrà inimici delle conditione presenti.
(3) *Ib.*, l. I, c. XVI.

espèces d'hommes : *aussi jamais république, jamais État libre ne s'est formé dans ces provinces peuplées de ces ennemis naturels de toute société politique (perche tali generationi d'huomini sono al tutto nimici d'ogni civilita).* Au contraire, les villes de la Toscane ont des formes, une constitution et des lois qui maintiennent leur liberté ; et cela vient de ce que, dans cette province, il y a très-peu de gentilshommes, et qu'aucun n'y possède de château (1). »

De ce principe, que la liberté est impossible sans l'égalité, Machiavel conclut « que quiconque veut établir une république dans un pays où il y a beaucoup de gentilshommes, ne peut réussir *sans les détruire tous* (2). » Cela n'est pas une idée fortuite chez Machiavel. Il y revient dans un autre ouvrage, dans son Discours sur la réforme du gouvernement de Florence, adressé au pape Léon X. « Pour fonder, dit-il, une république à Milan, où règne une grande inégalité de citoyens, *il faudrait détruire toute la noblesse* et l'abaisser sous le niveau de l'égalité (3). » Enfin il cite l'exemple des républiques allemandes, qui ont dû la conservation de leur probité et de leur liberté à la haine déclarée qu'elles ont contre toute noblesse. « *Si par hasard,* dit-il, *quelque seigneur tombe entre leurs mains, elles le font périr sans pitié,* comme coupable de corrompre et de troubler leur État (4). »

L'inégalité engendre la corruption, et la corruption est la ruine de la liberté. Que faut-il faire pour maintenir la liberté ou la rétablir dans un État corrompu ?

---

(1) *Disc. T. L.* l. I, xv.
(2) *Ib., ib.* se prima non gli spegne tutti.
(3) *Disc. sur la Réf. de la constit. de Florence.*
(4) *Disc. T. L.*, l. I, c. LV.

C'est une entreprise extrêmement difficile, sinon entièrement impossible. La solution de Machiavel n'est autre chose que celle de la dictature révolutionnaire (1). « Les moyens ordinaires ne suffisent plus, ils nuisent même dans ces circonstances. Il faut recourir à des voies extraordinaires, à la violence, aux armes; il faut avant tout se rendre maître absolu de l'État, et pouvoir en disposer à son gré. » Mais tout en conseillant ce moyen extrême, Machiavel en fait voir, avec une pénétration admirable, tous les dangers. « Mais le projet de réformer un État dans son organisation politique, suppose un citoyen généreux et probe. Or, devenir par force souverain dans une république, suppose au contraire un homme ambitieux et méchant. Par conséquent, il se trouvera bien rarement un homme de bien qui veuille, pour parvenir à un but honnête, prendre des voies condamnables, ou un méchant qui se porte tout d'un coup à faire le bien, en faisant un bon usage d'une autorité injustement acquise. »

Nous venons de résumer en deux ou trois pages tout le code révolutionnaire : établir la terreur, détruire les nobles, se défaire de tous ses ennemis, et, dans certains cas, usurper le pouvoir suprême pour préparer la liberté par l'égalité. Telles sont les théories de Machiavel. On voit qu'il ne change pas de principes, soit qu'il conseille les peuples, soit qu'il conseille les tyrans. Ce n'est pas seulement aux usurpateurs, c'est encore aux républicains qu'il conseille les moyens violents et cruels. Il est vrai que ces moyens ont un but différent : ici le pouvoir d'un homme, là la liberté d'un peuple; mais, au point de vue moral, ils sont tous de même espèce.

(1) *Ibid.* l. I, c. xviii tout entier.

Nous avons dans notre histoire deux grands crimes qui sont une fidèle et rigoureuse application des doctrines de Machiavel : l'un monarchique, l'autre populaire, la Saint-Barthélemy et les massacres de Septembre. Machiavel eût approuvé l'un et l'autre : ils sont l'un et l'autre conformes à ces principes : « Il faut effrayer par quelque coup terrible les ennemis de l'ordre que l'on veut établir... Il faut exercer la cruauté en une seule fois... Une république ne peut s'établir sans détruire tous les gentilshommes, etc... La grandeur du crime en couvre l'infamie. »

Il résulte de là une conséquence évidente : c'est que le terrorisme n'est qu'une des formes du machiavélisme. Le machiavélisme n'est pas seulement la politique tortueuse et empoisonnée des monarchies corrompues, c'est aussi la politique violente des démocraties sanguinaires. Ceux qui justifient ou excusent les crimes de la tyrannie, doivent apprendre qu'ils donnent par là gain de cause aux crimes populaires ; et ceux qui ont au fond de leur cœur une faiblesse qu'ils n'osent ni avouer ni repousser, pour les crimes du peuple, doivent ne pas oublier qu'en les justifiant ils raisonnent comme les tyrans. Vous qui aimez la liberté, n'écoutez pas ces fausses maximes : Qu'elle ne peut s'établir que par la terreur, qu'il faut faire peur au monde pour l'émanciper, que l'ère de l'humanité et de la fraternité doit être inaugurée par un baptême de sang ? D'où viennent ces maximes ? Elles viennent du XVe siècle, le plus perfide des siècles ; elles viennent de la patrie des tyrans ; elles ont pour auteur le flatteur des Médicis, l'ami et l'admirateur des Borgia.

En suivant dans toutes leurs conséquences et leurs diverses applications les principes de la morale machiavélique, nous sommes entrés déjà assez avant dans la politique proprement dite. Mais il faut en reprendre les principes de plus haut.

On doit reconnaître que ce n'est pas dans les questions de politique abstraite et spéculative que la supériorité de Machiavel se manifeste. Il a peu pénétré dans ces sortes de problèmes ; et il se contente d'emprunter à Polybe ses principales idées sur ce sujet. Ce qu'il dit de l'origine des sociétés et des gouvernements, de leurs formes, de leurs inconvénients, de l'ordre dans lequel ils se succèdent, est emprunté et presque traduit de Polybe; mais en général ces considérations abstraites tiennent peu de place dans ses livres, et paraissent peu convenir à la nature de son esprit.

Au contraire, il excelle dans ces problèmes de politique pratique, qu'éclaire l'expérience de l'homme d'État. Ses études sont des modèles admirables de psychologie politique. Il connaît les passions des princes et des peuples, comme un homme qui a servi une république et négocié avec des monarques. L'histoire romaine lui est une occasion de recueillir ses propres souvenirs, et de s'interroger sur les différentes conduites qui conviennent à des circonstances diverses ; et il porte dans ces recherches une sagacité, une finesse et une force qui n'ont pas été surpassées. On ne s'étonnera point, en le lisant, que les politiques du XVIe siècle l'aient eu en si grande estime, et que quelques-uns, même des plus grands, le portassent toujours avec eux. Ils y trouvaient ce qu'ils cherchent avant tout, non des discussions de principes, mais des maximes pratiques, des réflexions sur les faits et des réponses à toutes les difficultés de leur état. Le chapitre des conspirations, dans les *Discours sur Tite Live*, avait plus d'intérêt à leurs yeux que les grandes et philosophiques méditations de la République de Platon sur les révolutions des États. Enfin, même lorsque Machiavel touche aux hautes questions de la science, il les traite encore par des faits, des exemples, des expériences visibles en quelque sorte, plus claires aux yeux du monde que les arguments des théoriciens.

Machiavel, dans ses considérations générales sur les gouvernements, établit, avec Polybe et Aristote, la supériorité des gouvernements pondérés sur les gouvernements simples; et il cite à l'appui de ce principe l'exemple de Sparte et celui de Rome (1). Mais il est douteux que cette théorie ait jamais été autre chose chez Machiavel qu'une réminiscence de Polybe et des anciens. En effet, dans un autre passage de ses écrits il paraît se prononcer expressément contre ce genre de gouvernement : « Je dis qu'on ne peut assurer la constitution d'un État, qu'en y établissant une *véritable* république ou une *véritable* monarchie; et que tous les gouvernements *intermédiaires* sont défectueux. La raison en est évidente : il n'est qu'un moyen de destruction pour la monarchie, comme pour la république; pour l'une, c'est de descendre vers la république; pour l'autre, c'est de monter vers la monarchie; mais il y a un double danger pour les gouvernements intermédiaires; ils peuvent et descendre vers la république, et monter vers la monarchie : et de là naissent toutes les révolutions auxquelles ils sont exposés (2). » En général, Machiavel n'a connu, pratiqué et décrit que deux sortes de gouvernements : la république et la tyrannie. L'Italie n'offrait guère autre chose à cette époque. Elle était

(1) *Disc. T. L.* l. I, c. II.
(2) *Disc. sur la Réforme de la constit. de Florence.*

alors dans l'état de l'ancienne Grèce, divisée en cités hostiles les unes aux autres, et tour à tour la proie des tyrans ou des démagogues. Si l'on songe que c'est là que Machiavel a appris la politique, on admirera que sur un tel théâtre il ait pu trouver la matière d'observations si étendues, et qui portent si loin : mais on s'expliquera en même temps comment cette politique si pénétrante reste encore cependant assez étroite, et trouve difficilement son application dans des situations plus compliquées.

Quels que soient les reproches qu'ait encourus Machiavel, et nous ne les avons pas atténués, il est un mérite qu'on ne peut lui refuser : c'est une prédilection, et même une véritable passion pour la liberté. C'est là sans doute une charge de plus contre lui, puisqu'ayant aimé et connu la liberté, il a pu écrire le *Prince;* mais, si vous écartez cette comparaison, vous ne pouvez méconnaître dans les *Discours sur Tite Live* un noble écho des maximes fières de l'antiquité. Ce n'est plus un observateur froid et corrompu, c'est un citoyen qui parle, un tribun du peuple : sous l'empire de cette passion vraie et élevée, la parole de Machiavel s'élève à son tour, et l'on reconnaît l'homme qui écrivait à un ami ces mâles et éloquentes paroles : « Le soir venu, j'entre dans mon cabinet;... je mets des habits de ville et de cour, et vêtu convenablement, j'entre dans les anciennes cours des hommes antiques. Reçu d'eux avec bienveillance, je me repais de cette nourriture qui seule me convient, et pour laquelle je suis né. Je ne rougis donc point de m'entretenir avec eux, et de les interroger sur les motifs de leurs actions. Ils ont assez de bonté pour me répondre, et pendant quatre heures de temps, je n'éprouve aucun ennui, j'oublie toutes mes peines, je ne crains ni la pauvreté, ni la mort (1). »

Machiavel n'est pas un politique spéculatif. Aussi ne défend-il pas la liberté politique par des raisons abstraites et philosophiques, mais par des raisons tirées de l'expérience. L'expérience démontre, selon lui, qu'un État n'accroît sa richesse et sa puissance que sous un gouvernement libre, que l'on ne veut le bien général que dans les États populaires, que la liberté des mariages y développe la population, que la sécurité des biens et des personnes rend les unions plus nombreuses et plus fécondes. « Chaque citoyen s'empresse d'accroître et d'acquérir un bien qu'il est assuré de conserver ; et tous, à l'envi les uns des autres, travaillent au bien général par là même qu'ils s'occupent de leur avantage particulier... Le contraire arrive sous le gouvernement d'un prince : le plus souvent son intérêt particulier est en opposition avec celui de l'État. Aussi un peuple libre est-il asservi, le moindre mal qui puisse lui arriver, sera d'être arrêté dans ses progrès, et de ne plus accroître ni sa richesse, ni sa puissance ; mais le plus souvent il ne va qu'en déclinant (2). »

Machiavel ne tarit pas sur la comparaison des gouvernements libres et populaires et des gouvernements absolus : et il donne sur tous les points l'avantage aux premiers. Cependant le préjugé est en général contre le peuple et pour les princes. D'où vient cela ? « C'est que tout le monde a la liberté de dire du mal du peuple,

---

(1) Il est à regretter que ces belles paroles soient extraites de la lettre même où il avoue qu'il a composé le *Prince*, pour plaire aux Médicis et en obtenir de l'emploi. Peut-être en écrivant à Vettori, ambassadeur des Médicis à Rome, n'a-t-il voulu parler que d'un livre qu'il savait devoir lui plaire, et il s'est tu sur les *Discours sur Tite Live*, où il déposait, nous aimons à le croire, ses meilleurs et ses plus sincères sentiments.

(2) *Disc. T. L.* l. II, c. II.

même au moment où il domine avec le plus d'empire, au lieu que ce n'est qu'avec la plus grande circonspection et en tremblant qu'on parle mal d'un prince (1). » Machiavel est plein d'admiration pour la clairvoyance et le bon sens du peuple : « Ce n'est pas sans raison, dit-il, que l'on a appelé la voix du peuple, la voix de Dieu. On voit l'opinion publique pronostiquer les événements d'une manière si merveilleuse qu'on dirait que le peuple est doué de la faculté occulte de prévoir les biens et les maux (2). » Il est vrai, et Machiavel le reconnaît, que le peuple trompé par de fausses apparences désire souvent sa propre ruine (3). C'est ce qui fait dire à Dante qu'on entend bien des fois le peuple dans l'ivresse s'écrier : « Vive notre mort, périsse notre vie! » Mais qui est-ce qui trompe le peuple? Ce sont les apparences de grandeur et de magnanimité que présentent les entreprises. Il aime tout ce qui est hardi et d'un intérêt présent. Mais, en général, il se trompe peu, et surtout il se trompe moins qu'un prince entraîné par ses passions, et égaré par ses favoris. Qu'on les compare dans le choix des magistrats. C'est une chose sur laquelle le peuple ne se trompe jamais, ou s'il se trompe, c'est bien moins souvent que ne le ferait un petit nombre d'hommes, ou un seul. Parviendra-t-on jamais à persuader au peuple d'élever aux dignités un homme infâme et de mœurs corrompues ? Et cependant quels moyens aisés de le persuader à un prince? L'exemple de Rome est admirable : pendant plusieurs centaines d'années, parmi tant d'élections de tribuns, de consuls, il n'y eut peut-être pas quatre choix dont on eut à se re-

---

(1) *Ibid.* l. I, c. LIII.
(2) *Ibid.* l. I, c. LVII.
(3) *Ibid.* l. I, c. LVIII.

pentir (1). Machiavel prévoit l'objection que l'on peut tirer de l'exemple des républiques anarchiques et corrompues; mais il dit avec raison qu'il ne faut comparer les républiques corrompues qu'aux princes corrompus, et les princes sages qu'aux républiques sages : En somme les gouvernements populaires et les monarchies, pour avoir une longue durée, ont eu besoin les uns et les autres d'être liés et retenus par des lois. Un prince qui n'a pour règle que sa propre volonté est un insensé. Un peuple qui peut faire tout ce qu'il veut n'est pas sage. Mais si vous comparez un prince et un peuple liés et enchaînés par des lois, vous verrez toujours plus de vertus dans le peuple que dans le prince. Si vous les comparez tous les deux affranchis de toute contrainte des lois, vous verrez moins d'erreurs dans le peuple que dans le prince : ses torts seront moins grands, il sera plus facile d'y remédier (2).

On peut encore comparer les républiques et les princes sous le rapport de l'ingratitude (3). Il y a, dit-il, deux causes d'ingratitude : l'avarice ou la crainte. Le premier motif est déshonorant. Car refuser un bienfait, pour ne point se dépouiller soi-même, à celui qui l'a mérité et qui vous a servi, est une faute qui n'a point d'excuse; elle est cependant très-commune chez les princes, beaucoup moins chez les peuples. La crainte est un motif plus excusable d'ingratitude. Lorsqu'un personnage s'est élevé dans l'État par de grands services, le prince doit craindre qu'il ne lui dispute l'empire, et le peuple qu'il ne lui ravisse la liberté : de là une cause d'ingratitude, aussi fréquente parmi les princes

(1) *Ibid., ib.*
(2) *Ibid.* l. I, c. LVIII.
(3) *Ibid., ib.* XXIX et XXX.

que parmi les peuples, et dont les monarchies, comme les républiques, offrent également des exemples. Et même, si vous considérez la République romaine, y eut-il jamais un peuple moins ingrat que les Romains? Ils le furent envers Scipion, mais sur l'avis du grand Caton lui-même, qui déclara qu'une république se vante faussement d'être libre, quand un citoyen y est redoutable aux magistrats.

Pour la fidélité aux alliances, elle est mieux observée par les républiques que par les monarques (1). Le plus petit intérêt décide souvent un prince à manquer aux traités : en général, une république dont les mouvements sont plus lents, s'y résout plus difficilement : il lui faut de fortes raisons pour cela, et même les plus fortes ne l'y déterminent pas toujours, comme le prouve l'exemple de Thémistocle dans l'assemblée d'Athènes.

Machiavel reconnaît encore deux avantages aux républiques sur la monarchie. Le premier, c'est de fournir par son système électif une succession de grands hommes qui maintiennent l'État, tandis que dans les gouvernements héréditaires, un ou deux princes faibles et méchants suffisent pour tout détruire : « S'il suffit, dit-il, de deux hommes de talent et de courage pour conquérir le monde, comme le prouve l'exemple de Philippe et d'Alexandre, que ne doit pas faire une république qui, par le mode des élections, peut se donner non-seulement deux hommes de génie, mais des successions de pareils hommes à l'infini? Or, toute république bien constituée doit produire une pareille succession (2). » Le second avantage des républiques sur les

(1) *Ibid.* l. I, c. xx.
(2) *Ibid.*, *ib.* c. lix.

monarchies, c'est la facilité de se plier aux changements des temps, grâce à la variété et à la différence de génie de leurs citoyens (1). Un homme change difficilement son système de conduite : d'abord, parce qu'on résiste rarement à la pente de son naturel, et en second lieu, parce que, si l'on a réussi par un moyen, on croit qu'on réussira toujours en continuant à l'employer. Mais il faut changer de méthode avec les temps : c'est l'avantage des républiques.

La conclusion politique de cette comparaison, c'est que les princes valent mieux pour fonder, les républiques pour conserver et agrandir (2). Pour fonder, il faut être seul ; l'unité de pouvoir est indispensable pour établir une constitution et des lois fondamentales. Mais la liberté est nécessaire pour conserver et agrandir. Un prince peut détruire ce qu'un prince a élevé. Mais pour qu'une république laisse périr les institutions qu'elle a adoptées, il faut un accord de volontés difficile à obtenir. De plus la liberté donne aux peuples l'élan, le courage, l'amour de la patrie. De là les merveilles qu'ont accomplies les républiques de l'antiquité, Athènes, Rome, une fois débarrassées de la tyrannie.

Il y a beaucoup de vérité sans doute dans cette discussion : cependant, elle n'est pas à l'abri de toute objection. Cette méthode n'est pas rigoureuse : à des exemples on peut opposer des exemples, et des généralités à des généralités. Par exemple, lorsque Machiavel affirme que les peuples sont plus persistants dans leurs idées que les monarques, on peut lui demander s'il n'y a pas dans les monarchies autant et quelquefois plus de traditions que dans les républiques. La monarchie fran-

(1) *Ibid.* l. III, c. ix.
(2) L. I, c. ix et lviii.

çaise, pour en citer une que Machiavel connaissait bien, et dont il savait apprécier la politique, a montré pendant plusieurs siècles une suite d'idées comparable à la ténacité du sénat romain. Il est d'ailleurs bien difficile de mesurer et de peser le nombre de fautes commises dans les différentes espèces de gouvernements. Il manque donc quelque chose à la démonstration de Machiavel, c'est la supériorité morale des gouvernements libres sur ceux qui ne le sont pas. A égal mérite, l'un vaut mieux que l'autre, par cela seul qu'il est libre. Ce n'est pas à dire qu'il n'y ait pas des gouvernements absolus qui soient préférables à des gouvernements libres, si les uns sont raisonnables, et si les autres ne le sont pas. Ce n'est pas à dire encore que la forme républicaine soit essentielle à la liberté, ou le despotisme à la forme monarchique : car il y a des républiques tyranniques, comme celle de Venise et celle de 93, et il y a des monarchies libérales, comme celle d'Angleterre. Enfin si l'on voulait traiter à fond la question soulevée par Machiavel, il faudrait entrer dans beaucoup de distinctions et de nuances, qu'il n'a pu connaître, parce que son expérience était trop étroite, et s'élever à des principes qui manquent totalement à sa philosophie.

Quoi qu'il en soit, le point essentiel pour nous, c'est que dans cette discussion Machiavel a une opinion : il est pour la liberté et pour le peuple, contre le despotisme et contre les princes. Il est plutôt partial qu'indifférent. Il cherche à prouver que la liberté est bonne, que le peuple vaut mieux que les princes, la forme populaire que la forme monarchique. Ce n'est pas seulement un observateur qui constate, un empirique qui donne des préceptes ; c'est un républicain, c'est un homme qui a une préférence, une passion juste ou injuste. C'est là une différence essentielle entre les *Discours sur Tite Live*, et le livre du *Prince*, et sur ce point Rousseau a raison. Dans le *Prince*, en effet, il dit bien comment il faut s'y prendre pour être un tyran, mais non pas qu'il soit bon d'être un tyran, il n'a pas même un mot d'éloge en faveur de la tyrannie; il lui fait la leçon, sans l'aimer, sans l'approuver, sans la condamner; il admire l'art dans un grand tyran, César Borgia; il le donne comme modèle à ceux qui voudront l'imiter; mais rien de plus. Dans les *Discours sur Tite Live*, il plaide une cause, celle des bons peuples : dans le *Prince*, il endoctrine les mauvais monarques. Je le crois sincère de part et d'autre, en ce sens qu'il admirait sincèrement un tyran habile, et croyait sincèrement aux moyens qu'il donnait de l'imiter. Mais dans les *Discours* il est passionné, et dans le *Prince* il est indifférent. Différence importante qui explique l'erreur de Rousseau, et qui nous fait faire un pas dans l'appréciation de Machiavel.

C'est ici le lieu de revenir sur les doctrines politiques du *Prince*, dont nous n'avons examiné encore que les doctrines morales. Si l'on ne consultait que le titre du livre, on pourrait croire que c'est un traité sur la monarchie. Mais on voit, dès les premiers chapitres, que l'auteur retranche une partie considérable, et la plus importante du sujet, les monarchies héréditaires. Il ne s'agit pas de rechercher les principes et les règles du gouvernement dans une grande monarchie telle que celle de France ou d'Espagne. Le seul problème traité est celui-ci : comment s'établir ou se maintenir dans une principauté nouvelle? Question pleine d'intérêt pour l'Italie du xve siècle, qui ne se composait guère que de deux sortes d'États : 1° d'États soumis à des princes nouveaux, qui chaque jour naissaient, succombaient, renaissaient, tels que les Médicis, les Sforze, les Borgia, et d'autres beaucoup moins célèbres : car les mêmes révolutions avaient lieu jusque dans les plus petites cités, Machiavel en donne de nombreux exemples ; 2° de provinces conquises, perdues, reconquises, disputées entre les souverains étrangers et les souverains du pays, telles que le Milanais et le royaume de Naples. De là deux problèmes : 1° Comment conserver des provinces conquises et ajoutées à un État ancien ? 2° Comment s'établir et se maintenir dans une souveraineté toute nouvelle ? Machiavel traite ces deux problèmes, mais particulièrement le second.

Rien ne témoigne mieux des changements d'idées et des changements politiques, qui s'étaient introduits en Italie du XIII° au XV° siècle, que l'opposition du *Prince*, de Machiavel, et du *de Monarchia*, de Dante, ouvrages composés l'un et l'autre par un Italien, par un Florentin, et, à ce qu'il semble, sur le même sujet. Je ne parle pas de la différence des méthodes : d'une part la méthode syllogistique, de l'autre la méthode expérimentale ; ici l'autorité d'Aristote, là l'autorité de l'histoire et des exemples contemporains. Mais, quant au fond, quelle différence plus profonde encore ! Dante plaide la cause d'une monarchie universelle, éternelle, de droit divin, qu'il prétend s'être perpétuée sans interruption des empereurs romains aux empereurs d'Allemagne : et cette monarchie de l'Empire, il l'oppose à une autre monarchie, celle de l'Église, réclamant pour la première la souveraineté temporelle, et ne réservant à la seconde que la souveraineté spirituelle. Au temps de Machiavel, tout a changé de face ; tout s'est morcelé, brisé. Au lieu de ce grand rêve de l'empire romain, trois ou quatre grandes monarchies, et en Italie, une infinité de petites principautés, plus ou moins fragiles, victimes des révolutions, des usurpations, des conquêtes, entre lesquelles la papauté déchue elle-même de ses prétentions à la monarchie universelle, n'aspirait plus qu'à se faire une place, un territoire, et à lutter de prépondérance avec la république de Venise ou de Florence, et le duché de Milan. Dans le *Prince,* expression fidèle de cette époque, pas un mot d'allusion à ces prétentions de monarchie universelle, à ces rivalités de l'Église et de l'Empire, ces grands problèmes du moyen âge, remplacés maintenant par ce problème unique : Comment un prince doit-il s'y prendre pour usurper et conserver le pouvoir dans un État?

Quoique ce problème paraisse surtout inspiré à Machiavel par l'histoire de son temps, il soulève une question bien plus générale, celle de l'origine des gouvernements princiers. A quelle condition une monarchie est-elle légitime? C'est ce que Machiavel n'entreprend pas d'examiner. Il ne cherche pas quels sont les moyens justes et bons de s'élever au pouvoir et de s'y maintenir, mais seulement quels sont ceux qui réussissent le mieux, et quelles sont les chances de chacun d'eux.

Les politiques anciens distinguaient deux origines du pouvoir royal : la violence ou le consentement du peuple. Ils appelaient du nom de tyrannie le pouvoir conquis par la force, et réservaient le nom de royauté à celui qu'accompagnait le suffrage populaire, et qui se transmettait par l'hérédité. Machiavel reconnaît bien ces différentes origines, mais il n'y attache pas les mêmes idées. Il distingue d'abord deux manières d'arriver à la souveraineté : les talents et le courage, ou bien la fortune et les secours d'autrui (1). Comme

(1) Le *Prince,* c. VI et VII.

exemples du premier cas, il cite les grands fondateurs d'empires : Moïse, Cyrus, Thésée, Romulus. Comme exemple du second cas, il cite particulièrement César Borgia, et c'est là que se place l'apologie de ce prince, donné comme modèle à tous ceux « qui, par fortune ou par les armes d'autrui, sont arrivés à la souveraineté. » Il discute les avantages, mais non le droit de ces divers moyens d'élévation. Dans le premier cas, il est vrai, il ne cite que de grands hommes, et des fondateurs d'empire; mais il rapporte tout l'honneur à leur habileté et à leur courage, et ne fait pas mention des grandes choses qu'ils ont faites. Délivrer les Hébreux du joug des Egyptiens, et les conduire à travers mille dangers jusqu'à la terre promise, affranchir les Perses de la servitude et fonder un grand empire, rassembler des bourgades éparses en une seule cité et lui donner des institutions et des lois, subjuguer un peuple de bandits, et fonder un peuple de conquérants, d'aussi grandes entreprises élèvent Moïse, Cyrus, Romulus, Thésée, au-dessus des princes ordinaires, et la souveraineté se trouve justifiée en eux, d'une part par la volonté des sujets, et de l'autre par la grandeur des résultats. Pour Machiavel, il n'y voit autre chose que l'art de conquérir la souveraineté et de la conserver. Il admire ces grands hommes, comme il admirerait des usurpateurs habiles.

Machiavel fait une seconde distinction. Il distingue encore deux moyens de s'élever à la souveraineté : le crime et le consentement des citoyens (1). N'était-ce pas le cas ou jamais de distinguer le pouvoir légitime de celui qui ne l'est pas, et d'établir enfin quelques degrés

(1) *Ibid.* c. VIII.

de justice dans l'origine du gouvernement? Voyons comme il parle de ces deux manières de s'élever : « Je vais citer deux exemples du premier moyen, l'un ancien, l'autre moderne, *sans entrer dans l'examen de ce qu'ils ont de juste ou d'injuste*, je pense qu'ils suffiront à ceux qui *désireraient* les imiter, si l'occasion les y forçait. » Ainsi, il n'est jamais question du droit qui fait qu'un pouvoir est légitime, mais uniquement des moyens de l'établir.

Quant au second moyen, c'est-à-dire le consentement des sujets, voici comment il s'exprime : « Mais pour en venir à un autre point, on peut devenir prince de son pays par la faveur de ses concitoyens et sans employer la violence et la trahison. C'est ce que j'appellerai principauté civile. Il n'est pas nécessaire pour y arriver d'avoir un mérite rare, ni un bonheur extraordinaire, mais seulement une heureuse astuce (1). » Ainsi non-seulement Machiavel ne fait pas remarquer le caractère légitime de cette élévation par le consentement populaire, mais il le corrompt et l'altère, en le rapportant à l'astuce. Ce n'est plus alors qu'un mode d'usurpation comme les autres, plus commode, moins cruel, mais aussi peu louable : ce n'est plus un sage, un citoyen honnête, appelé par la faveur de ses concitoyens à leur donner des lois, un Solon, un Timoléon : c'est un tyran habile qui asservit ses concitoyens avec adresse, au lieu de les opprimer avec cruauté, un Pisistrate, un Cromwell.

On a essayé d'expliquer d'une manière assez favorable à Machiavel la théorie du *Prince*. S'il consent à mettre entre les mains d'un homme tous les pouvoirs, c'est que voyant l'état d'anarchie de son temps, il a cru

---

(1) *Ibid.* c. ix.

à la nécessité d'un pouvoir fort, qui maintînt partout la justice civile et l'égalité. Il aurait renoncé à la liberté, parce qu'elle ne produisait que la discorde, et il demandait au despotisme la sécurité et la grandeur de l'État. En un mot, la théorie de Machiavel ne serait autre que celle qu'ont mise en pratique parmi nous, les Philippe le Bel, les Louis XI, les Richelieu ; et, quoique ces grands politiques soient fort loin d'être irréprochables, on ne peut nier qu'ils n'aient été très-utiles au pays, et qu'ils ne l'aient servi avec éclat. Ainsi entendue, la politique de Machiavel, fort répréhensible sans doute quant à la morale, n'en aurait pas moins un véritable cachet de grandeur.

Quoique cette explication soit assez spécieuse, et ne soit pas sans vérité, nous la croyons encore beaucoup trop complaisante : c'est attribuer au *Prince* beaucoup plus d'étendue et de profondeur qu'il n'en a réellement. On trouve bien à la vérité quelques indications d'une telle doctrine dans les *Discours sur Tite Live;* mais dans le *Prince* il n'y en a pas trace. Dans les *Discours sur Tite Live*, Machiavel justifie les crimes politiques par le bien public; par exemple, lorsqu'il excuse le meurtre de Rémus, il dit expressément que ce meurtre ne doit pas autoriser tout homme à agir ainsi pour s'élever au pouvoir : ce qui couvre la faute de Romulus, c'est la grandeur du résultat ; c'est la fondation d'un empire. Si Cléomène massacre les éphores de Sparte, c'est pour rétablir les lois de Lycurgue ; c'est donc pour faire une grande réforme. Il parle encore de s'emparer du pouvoir dans une république, pour y régénérer la liberté et l'égalité : en un mot, la politique des *Discours* est immorale; mais elle a toujours un but ; et ce but, c'est la grandeur de l'État.

Dans le *Prince*, au contraire, le seul but dont il soit question, c'est la grandeur du prince. Tous les conseils que Machiavel donne sous cette forme : « Si le prince veut se maintenir... » Le seul problème traité est donc de savoir comment un pouvoir usurpé peut se conserver. Dans l'exemple de César Borgia, l'auteur nous fait admirer tous les moyens qu'il a employés pour mettre la fortune de son côté : la preuve qu'il a bien agi, c'est que la Romagne lui a été fidèle pendant un mois. Donc son seul but était de s'assurer de la liberté de la Romagne. Quand il parle d'Agathocle, il dit qu'il s'est fait pardonner devant Dieu et devant les hommes, parce que sa cruauté a été bien employée. Or, qu'est-ce qu'une cruauté bien employée? C'est celle qui s'exerce en une seule fois : pas un mot du bien public, ni de justice, ni d'égalité. Il est vrai que Machiavel nous dit que César Borgia avait établi une justice exacte sous un homme recommandable. Mais ce n'est là, aux yeux de Machiavel, qu'un des moyens employés par ce prince; ce n'est point un but. Ainsi encore Machiavel conseille au prince d'éviter la haine et le mépris, de s'appuyer sur le peuple et non sur les grands : ces divers moyens, quoique meilleurs que les autres, ne sont toujours que des moyens. Le seul but est la conservation du pouvoir : c'est là toute la politique du *Prince* : c'est trop de complaisance que d'y voir autre chose.

Si l'on ne peut voir dans le *Prince*, à quelque point de vue qu'on se place, un livre de politique libérale, faut-il y voir au moins un livre de politique patriotique? Telle est la dernière explication trouvée en faveur de Machiavel. L'objet principal de ses pensées, a-t-on dit, était l'indépendance de l'Italie. Il voyait l'Italie envahie de toutes parts par les étrangers, et succombant par ses propres divisions : il crut que le seul remède était dans l'unité, et l'unité sous une famille puissante. Les Médicis étaient là. Machiavel compta sur eux pour sauver son pays; et dans l'intérêt de la patrie, il sacrifia la liberté.

Il y a encore là quelque chose de vrai, mais d'exagéré. On ne peut refuser à Machiavel le patriotisme, comme on ne peut lui refuser l'amour de la liberté : ces deux grandes passions sont ses excuses. Sans aucun doute, la question de l'indépendance l'a fortement préoccupé. Dans la disgrâce, loin de toute affaire, dans ses lettres si vigoureuses à Vettori, l'ambassadeur des Médicis à Rome, il donne les conseils les plus sages et les plus habiles pour tâcher de nouer en Italie des ligues qui résistassent à l'étranger. Un de ses problèmes favoris, l'un de ceux qu'il a traités avec le plus d'amour, et où l'on peut l'admirer sans réserve, c'est la formation d'une armée nationale. Il y revient à plusieurs reprises, et dans les *Discours sur Tite Live* (1), et dans le *Prince* (2); il en fait même l'objet d'un ouvrage spécial, son *Traité sur l'art militaire*. Il combat de toutes ses forces la plaie des mercenaires, par laquelle périssait l'Italie. Enfin, sur ce point, il est fidèle à lui-même, il ne se dément jamais : c'est un patriote. C'est ce sentiment qui donne tant de grandeur au dernier chapitre du *Prince*. Cette invitation aux Médicis de sauver l'Italie part d'une âme convaincue, et qui était évidemment capable de sentiments élevés. Tout cela est vrai, et l'on voit que nous n'atténuons pas le patriotisme de Machiavel; mais est-ce là enfin une interprétation du *Prince?* nous ne le pensons pas.

(1) L. I, c. xxi, et l. II, c. xvi, xx.
(2) Le *Prince*, c. xii, xiii, xiv.

Il y a dans le *Prince* quelques nobles accents de patriotisme; et en même temps le *Prince* est le manuel de la tyrannie. Il n'y a entre ces deux choses aucun lien nécessaire. J'avoue que Machiavel a aimé sa patrie; mais rien ne me prouve que ce soit pour cela qu'il ait conseillé aux princes de son temps l'imitation de César Borgia. Qu'importe que le dernier chapitre du *Prince* soit une exhortation en faveur de la patrie italienne? ce n'est là qu'une péroraison éloquente, qui ne change rien à l'esprit du livre. Dans les chapitres vraiment essentiels de l'ouvrage, Machiavel indique-t-il ce lien entre les moyens qu'il propose et la fin qu'on lui prête? Nullement. Lorsqu'il explique lui-même le sujet de son livre, nous entretient-il de l'unité et de l'indépendance de l'Italie? En aucune façon. Son seul objet est de nous expliquer comment on s'élève et on se maintient dans une principauté nouvelle. Supposez que l'indépendance de son pays fût sa véritable préoccupation, quelle politique conseille-t-il? Massacrer les ennemis de son pouvoir, et violer les traités. Il faut avouer que c'est là un patriotisme peu inventif, et des moyens de délivrance assez peu efficaces. Il est vrai qu'il a parlé de la formation d'une armée nationale : c'est un point que nous concédons; mais enfin ce n'est qu'un point particulier; et cela ne suffit point pour changer le sens de tout l'ouvrage.

Il reste enfin, comme dernier refuge, aux partisans de Machiavel, l'opposition des doctrines politiques dans les *Discours,* et dans le *Prince,* les unes libérales, les autres favorables à la tyrannie. Un même homme, dit-on, peut-il avoir soutenu à la fois le pour et le contre? Il faut donc que le *Prince* soit une feinte. Mais un esprit difficile, et disposé à la méfiance envers la nature humaine, méfiance dont Machiavel n'aurait pas le droit de se plaindre, puisqu'elle est le principe de ses écrits, un tel esprit ne pourrait-il pas demander s'il y a plus de sincérité dans les *Discours sur Tite Live* que dans le livre du *Prince*? Sans pousser la sévérité jusqu'au point où elle deviendrait injustice, on peut dire que Machiavel est avant tout un publiciste empirique, qui ne s'intéresse qu'aux moyens. Comment se saisir du pouvoir? Comment le conserver? Comment établir la liberté? Comment la maintenir? Comment agrandir un État? Comment le défendre? Tels sont les problèmes qui le séduisent, et dans la solution desquels il déploie une finesse et une profondeur sans égales. Il serait très-injuste de vouloir mesurer son génie, à l'analyse que nous avons donnée de ses doctrines. Car, nous n'avons pu résumer que les idées générales qui sont fausses, et nous avons dû laisser de côté les idées particulières, qui sont les plus nombreuses, et où il déploie toute sa force. C'est par là qu'il plaît aux politiques. Il leur donne des maximes *utiles*, et c'est ce qu'ils goûtent le mieux : « Tout homme qui connaît le monde, dit M. Mac-Aulay, dans l'article déjà cité, sait qu'ordinairement il n'y a rien de plus inutile qu'une maxime générale... Mais les préceptes de Machiavel sont dans une catégorie très-différente ; et c'est selon nous en faire le plus grand éloge, que de dire qu'ils peuvent être d'une utilité incontestable dans beaucoup de circonstances de la vie réelle. »

L'originalité philosophique de Machiavel consiste à avoir introduit dans la politique ce que l'on peut appeler la logique pratique, c'est-à-dire, la méthode même avec laquelle on juge dans la vie les hommes et les événements. Cette méthode s'arrête-t-elle à la superficie, elle est le bon sens ; va-t-elle plus loin, elle est la pénétration ; va-t-elle jusqu'aux causes les plus cachées, elle est la profondeur. En général elle est un raisonnement rapide, qui conclut de ce qu'elle voit à ce qu'elle ne voit pas, à l'aide de la comparaison et de l'analogie. C'est une induction, mais une induction qui s'ignore, qui ne se soumet point à des règles, qui ne connaît pas les lenteurs de la méthode scientifique : car dans la vie, il faut juger vite, et l'on se passe d'une parfaite exactitude pour atteindre plus tôt à l'à peu près. Or, jusqu'au temps de Machiavel, la politique, comme la morale, avait toujours été traitée par la logique des écoles, logique pleine d'embarras, d'inutilités, de distinctions artificielles, et à laquelle manquait absolument le suc et le nerf de la réalité. Machiavel rendit à la politique le même service que Dante à la poésie : il la traduisit en langue vulgaire. Le premier, il traita de la politique réelle, et substitua l'étude et l'analyse des faits à la discussion des textes, et à l'argumentation *à priori*.

La méthode de Machiavel avait les avantages et les inconvénients de cette sorte de logique, qui juge plus qu'elle ne raisonne, et qui devine plus qu'elle n'observe. Elle considère plutôt ce qui est, que ce qui doit être : elle prend pour règle l'exemple et l'usage, plus que la conscience, et s'intéresse plus au choix des moyens employés pour obtenir un résultat, qu'à la valeur morale du but poursuivi. C'est là une des causes de l'immoralité que nous avons relevée dans Machiavel. Il parlait et il raisonnait comme le vulgaire, avec plus de profondeur, et non pas avec plus de hauteur et de pureté morale. On le comprend d'ailleurs, lorsque le bon sens pratique, lorsque la logique familière commence à se sentir assez forte pour évincer et remplacer la logique de convention, elle écarte comme un joug toutes les idées de l'école; or les idées morales ont toujours eu pour privilége d'être défendues par l'école contre le monde. Comme elles sont plus claires à ceux qui vivent dans la retraite qu'à ceux qui vivent parmi les hommes, comme il est plus facile de les comprendre et de les admettre en théorie que de les pratiquer, les savants qui se font les patrons des idées morales, les couvrent ainsi d'une sorte de vernis pédantesque, qui leur nuit auprès du monde; de là vient que la logique du monde, lorsqu'elle s'émancipe du joug de l'école, s'affranchit en même temps des idées morales, et les traite volontiers avec dédain : de même que l'enfant qui pendant longtemps n'a jugé qu'à l'aide de son maître, lorsqu'il commence à sentir en lui-même la puissance de juger seul, rejette tout ce qu'on lui a appris, bon ou mauvais, et met une certaine fierté à fouler aux pieds les principes qu'il respectait le plus.

Il s'est passé, à ce qu'il semble, un phénomène analogue au XVe siècle. Jusque-là, l'esprit humain n'avait connu d'autre manière de penser que la logique de l'école. Je sais que, malgré ce joug, de grandes luttes cependant avaient eu lieu, et que des doctrines hardies s'étaient fait jour, mais toujours dans le sein de l'école, et par ceux-là seuls qui savaient manier l'instrument commun. Mais lorsque l'esprit humain sentit qu'il pouvait marcher seul, lorsque l'exemple des grands écrivains de l'antiquité eut répandu une autre manière, plus grande et plus libre, de penser et de raisonner, la politique scholastique fut renversée de fond en comble: les questions générales furent morcelées, brisées en une infinité de questions particulières; le but disparut devant les moyens, et le droit devant le fait : la religion et la morale s'évanouirent dans un commun naufrage ; et la logique laïque, victorieuse de la logique officielle, inaugura son entrée sur la scène de la philosophie politique par le machiavélisme.

Au reste, cette révolution n'a eu lieu dans la science que parce qu'elle avait eu lieu dans les faits. L'habileté des souverains, la sagesse ou l'artifice, en un mot, l'art de tirer parti des événements par tous les moyens possibles, avait succédé à la violence ouverte qui avait été l'arme universelle du moyen âge ; à la générosité qui accompagnait parfois la violence, et à la piété naïve qui la corrigeait, les princes du XVe siècle substituèrent une prudence peu scrupuleuse qui opposait la ruse à la force, et quelquefois à la ruse elle-même. C'est l'esprit de ce temps dont les héros sont Louis XI, Ferdinand d'Aragon, Gonsalve de Cordoue, etc. C'était sans doute une application peu noble de l'intelligence, mais enfin un témoignage de l'empire nouveau et croissant de l'esprit et de la pensée dans la sphère politique. Machiavel fut l'écho de ces principes, et l'interprète de cette importante révolution.

Au reste, quoique la méthode de Machiavel soit en germe la méthode d'observation et d'expérience, on peut dire cependant qu'il ne l'a pas encore appliquée d'une manière suffisamment scientifique. Si l'on ne considère que son esprit, il en est peu qui lui soient supérieurs : c'est un génie mâle, net, plein de finesse et de fermeté, et d'une pénétration admirable. Mais sa méthode est très-imparfaite. Il ne classe pas les problèmes ; il ne les subordonne pas les uns aux autres ; il tâtonne souvent dans la solution ; il ne groupe pas suffisamment les faits ; il en rassemble souvent qui ne sont pas du même ordre, qui ne prouvent pas la même chose ; enfin, il manque tout à fait d'enchaînement. Mais il a des parties admirablement traitées. Je citerai, par exemple, son chapitre des conspirations, où la matière est étudiée à fond, et en parfaite connaissance de cause. C'est un chef-d'œuvre de netteté, de vigueur, d'expérience et de réflexion.

En résumé, Machiavel a fondé la science politique moderne, en y introduisant la liberté d'examen, l'esprit historique et critique, la méthode d'observation. Par là, il mérite la reconnaissance de la philosophie. Mais, par malheur, la première application qu'il a faite de cette nouvelle méthode a été une doctrine détestable et médiocre, qui a eu une trop grande part dans les malheurs et les crimes de la politique au XVIe siècle. On peut rejeter sur son temps la faute de cette doctrine; mais il ne faut ni la justifier, ni l'excuser. L'astuce et la violence se font assez d'elles-mêmes leur place dans les affaires humaines, sans qu'il soit nécessaire que la science vienne les couvrir de sa haute autorité.

CHAPITRE II.

ÉCOLE DE MACHIAVEL.

Deux espèces de machiavélistes : les uns par la méthode, les autres par la doctrine. — Machiavélisme de méthode. Les publicistes historiens : Guicchardin, Paul Paruta, etc. — Machiavélisme de doctrine. Son opposition à Machiavel. — Scioppius : *Pædia politices*. Justification raisonnée du machiavélisme : opposition de la morale et de la politique. — Juste Lipse : *Les politiques*. Demi-machiavélisme : critiques et concessions. — Fra-Paolo : *Le Prince*. Machiavélisme pratique. Principe de la raison d'État. Caractère odieux de cette politique. — Gabriel Naudé. *Les coups d'État*. Machiavélisme de cabinet. Apologie de la Saint-Barthélemy. — Demi-machiavélisme de Descartes. Sa lettre sur *le Prince*. — Décadence du machiavélisme au xviie siècle. Il va se perdre dans le despotisme. Le cardinal de Richelieu : son *testament*. Sa belle doctrine sur la fidélité aux engagements. — Réfutations de Machiavel. Anti-Machiavel de Gentillet. Médiocrité de cet ouvrage et des autres écrits du xvie siècle contre Machiavel. Anti-Machiavel de Frédéric II. Conclusion sur le machiavélisme.

Un génie tel que Machiavel ne passe pas sans laisser de traces, et sans exercer une influence durable. Or, il nous semble que Machiavel a exercé une double influence : l'une générale, l'autre particulière. En général, il peut être considéré comme ayant déterminé toutes les recherches politiques, qui furent si nombreuses au xvie siècle, et particulièrement en Italie. Il répandit le goût de ces matières ; il affranchit la politique de la scholastique et de la théologie ; il enseigna l'usage de l'histoire dans la politique ; il excita la controverse, et ainsi fut le maître de ceux mêmes qui le combattaient. Mais outre cette influence générale, qui fut évidemment utile et heureuse, il en eut une plus particulière par ses doctrines, et on peut dire qu'il a formé une école, qui a duré tout le xvie siècle, et a persisté jusqu'au siècle suivant : école composée d'écrivains divers, dont les uns atténuent, les autres exagèrent la pensée de Machiavel, et qui ont tous un dogme commun : le droit du mensonge et de la fraude en politique. On peut donc distinguer deux sortes de machiavélistes : les machiavélistes de *méthode*, et les machiavélistes de *doctrine*, la méthode et la doctrine étant d'ailleurs tantôt réunies, tantôt séparées.

Parmi les publicistes qui ont appliqué à la politique la méthode de Machiavel, c'est-à-dire la méthode historique, et que l'on peut, pour cette raison, appeler les publicistes historiens, nous en citerons trois principaux : Guicchardin, le célèbre historien de Florence, Paul Paruta, historiographe de Venise, et enfin Botero, l'auteur célèbre et estimé de l'ouvrage intitulé : Razione di Stato (*la Raison d'État*). Ces trois écrivains ont un caractère commun : c'est de tirer la politique de l'histoire ; mais le premier appartient plus particulièrement à l'école de l'empirisme politique ; les deux autres s'élèvent plus haut, et essaient de subordonner les faits à un idéal politique plus parfait que celui qui se tire de l'expérience ; et en cela, on a pu les considérer, non sans raison, comme les adversaires de Machiavel, à l'école duquel cependant ils ont appris tout ce qu'ils savent.

Les œuvres politiques de Guiccardin se bornaient, jusque dans ces derniers temps, à un recueil de sentences politiques, intitulées *Ricardi politici*, publiées au XVIe siècle (1). Mais une publication récente d'œuvres

---

(1) La première édition donnée par Corbinelli a été publiée à Paris (1576). — La collection la plus complète était celle d'Anvers (1585) avec une traduction française. M. Cavestrini dans ses *Opere inediti* a reproduit le texte authentique.

inédites (1) nous a mis en possession de plusieurs écrits politiques importants qui, sans changer l'idée générale que nous nous étions faite de cet auteur dans notre première édition, la complètent et la confirment. Ce sont d'abord des *Considérations relatives aux discours de Machiavel sur Tite Live;* puis ses *Ricordi*, complétés et publiés conformément au texte primitif; un traité *del Reggimento di Firenze*, et enfin les *Discorie politici* (2).

La méthode de Guiccardin est la même que celle de Machiavel : tirer de l'histoire des règles de conduite politique. C'est donc du pur empirisme; et encore plus étroit et plus exclusif que dans Machiavel. Il avertit qu'il répudie les raisonnements *à la philosophique* (3). Il reproche à Machiavel d'être encore trop abstrait, de trop souvent ériger en règle des cas particuliers (4), d'être trop absolu, de ne pas tenir assez compte des faits. Il critique un certain nombre de maximes, entre autres celle-ci : l'argent est le nerf de la guerre (5). Il combat, fort à tort, l'apologie que Machiavel a faite des armées nationales. Il combat encore son opinion sur l'empire politique de la religion chez les Romains (6); sur la division des plébéiens et des patriciens qui, selon Machiavel comme selon Montesquieu, a été une source de prospérité pour Rome, tandis que Guichardin la

---

(1) *Opere inediti di Tr. Guiccardini*, Firense, 1857, 1858-59, par les soins de M. Cavestrini.
(2) Pour l'analyse de ces différents écrits, nous avons consulté l'excellente et exacte monographie de M. E. Benoist (*Guichardin, historien et homme d'État*, Marseille, 1862), à laquelle nous renvoyons le lecteur.
(3) *Considérations sur Machiavel*, I, i.
(4) *Ibid.* I, 24.
(5) II, *proœmio*.
(6) I, ii.

considère, au contraire, comme un mal pour la République (1); sur la division de l'Italie, que Machiavel déplore en en imputant la cause principale à la papauté, et qui, selon Guichardin, a fait au contraire le bonheur et la gloire des villes italiennes, en assurant leur indépendance, leur richesse et leur grandeur intellectuelle (2).

Ce n'est pas seulement sur l'appréciation des faits historiques que porte l'opposition de Guichardin et de Machiavel; c'est encore sur la moralité politique, et sur la meilleure forme de gouvernement.

Sur le premier point, Guichardin, malgré quelques concessions assez faciles dans le détail, est plutôt contraire que favorable au système machiavéliste. C'est ainsi qu'il reproche à Machiavel d'être trop facile à recommander les moyens violents (3). Il n'admet pas que tous les hommes soient naturellement méchants (4), et croit qu'ils sont plutôt portés au bien. Il condamne l'emploi de la fraude comme moyen d'agrandissement (5). Néanmoins, il est bien difficile à un Italien du XVIe siècle d'échapper à la contagion de la politique cauteleuse, et plus ou moins corrompue, que Machiavel a compromise en la déclarant trop ouvertement, mais qui était admise universellement par l'esprit du temps; et l'on trouve encore dans ses écrits bon nombre de maximes relâchées, sinon corrompues.

Si, en doctrine morale, Guichardin n'est qu'à moitié

---

(1) I, 4, 6.
(2) I, 11.
(3) I, 26. « Non prendere per regula assoluta quello que dice lo scrittore, al quale sempre piacquono sopra modo e remedii estraordinarii e violenti.
(4) I, 3.
(5) II, 13.

machiavéliste, en politique proprement dite, il est encore plus opposé à l'auteur des *Discours sur Tite Live*. Celui-ci, malgré le *Prince*, est au fond un républicain; et, dans la république, il est pour le parti populaire. Guichardin, au contraire, est aristocrate et inclinerait même à la monarchie. Enfin il va jusqu'à trouver des excuses à la tyrannie.

Machiavel avait montré, dans les *Discours*, la supériorité du gouvernement populaire sur le gouvernement royal. Guichardin soutient avec une grande force et précision d'arguments la thèse contraire. C'est le tort du gouvernement populaire, de croire que la liberté consiste à posséder le pouvoir (1). Le peuple est un fou, plein de confusion et d'erreur (2). Il ne sait pas comprendre les affaires dans leur ensemble; il faut les lui diviser, et perdre le temps en petites manœuvres de parti (3). Quand il est le maître, c'est le règne des envieux et des ignorants (4); toutes les supériorités le blessent et l'offusquent (5). Tous les partis, quand ils sont les plus forts, se donnent l'impunité (6). Le désir des richesses et la pauvreté du plus grand nombre, sont les causes de toutes les révolutions (7). Les prêcheurs de liberté ont beau jeu, quoiqu'ils ne servent que leur intérêt particulier sous couleur de liberté publique (8). Les espérances fondées sur le peuple sont bien vaines, parce que les esprits ne savent

(1) *Ricordi*, 109.
(2) *Ib*. 335, 345.
(3) *Ib*. 197.
(4) *Ib*. 409.
(5) *Ib*. 365.
(6) *Ib*. 177.
(7) *Ib*. 241.
(8) *Ib*. 328.

pas se contenir (1). Ils veulent toujours plus de liberté ; et bientôt on tombe dans la licence, qui ramène la tyrannie (2).

Dans ses Dialogues sur le gouvernement de Florence, Guichardin, sous le nom de Bernardo del Nero, reprend et développe cette critique des gouvernements populaires. La liberté n'est qu'un nom ; beaucoup la réclament, peu la désirent en réalité. On la confond d'ailleurs avec l'égalité ; et l'égalité elle-même est mal entendue : car il y en a de deux sortes : l'une bonne, l'autre mauvaise. Dans la démocratie les charges sont données au hasard ; la justice est mal rendue ; on se soucie plus de contenter le peuple au point de vue des élections que de remplir son office ; la justice criminelle est sacrifiée à la passion politique. De même pour la conduite des affaires ; la publicité des débats nuit au secret et à la rapidité de l'exécution. Les délibérations de la foule ressemblent à des consultations de médecins trop nombreux. — Mais, dit-on, le gouvernement populaire s'améliorera. Oui, s'il dure ; mais peut-il durer ? Les vieux États sont malaisés à réformer ; les cités sorties de leurs conditions de stabilité ne se rétablissent pas aisément.

Cette critique de l'état populaire, que nous croirions écrite d'hier, est une des plus vives et des plus fortes que nous présente l'histoire de la politique. Les publicistes italiens, comme les publicistes grecs, avaient fait, sur un petit théâtre, toutes les expériences politiques. Les Florentins, en particulier, ont admirablement connu le fort et le faible de la démocratie ; ils savaient, aussi bien que nous, que les excès de la démocratie ont pour conséquence naturelle la tyrannie ; et quelques-

---

(1) *Ib.* 378.
(2) *Ib.* 188, 397.

uns n'étaient pas très-éloignés d'accepter ce mal pour éviter l'autre. Guichardin est de ceux-là : c'est un partisan des Médicis, et il nous donne assez naïvement sa théorie de l'accommodement avec l'usurpation, en temps de révolution.

L'autorité d'un seul vaut mieux que le gouvernement de plusieurs ou de tous (1). Qu'importe le nom de celui qui gouverne? Si les partisans du peuple doivent être tyrans, à quoi bon changer (2)? Le plus sûr est de bien voir quel est le plus fort et de se mettre de son côté (3). L'important est de ne pas s'exposer à vivre au dehors, en banni, sans ressources, à mendier sa vie (4). Le bon citoyen peut s'accommoder avec le tyran, s'il ne dépasse pas les bornes; et même la participation aux affaires modérera le principe vicieux de la Constitution (5).

Ce n'était là cependant qu'une politique de circonstance. Dans le fond, comme la plupart des bons citoyens, Guichardin aurait voulu trouver un moyen terme entre la tyrannie des Médicis et le gouvernement populaire. Ce qu'il désire, ce qu'il cherche à établir dans son livre *del Reggimento di Firenze*, c'est ce qu'il appelle une liberté honnête (6). Le meilleur gouvernement serait celui des *ottimati,* c'est-à-dire des grandes familles ; et il est évident que Guichardin rêve pour sa patrie une constitution analogue à celle de Venise, qui était alors à Florence pour les ennemis de la démocratie, ce qu'était Sparte à

---

(1) *Opere inediti*, t. II, p. 14.
(2) *Ricardi*, 276.
(3) *Ib.* 174, 176. Mot bien reproché à Guichardin par ses adversaires. (Voy. Pitti, *Apol. de Capucci*, Archivio stordio, t. IV, p. 303).
(4) *Ib.* 379.
(5) *Ib.* 98-103, 120, 224, 228, 301, etc.
(6) *Proœmio.*

Athènes. Mais les mœurs et les traditions florentines s'opposaient à l'importation totale de la constitution vénitienne. Ce que propose Guichardin, c'est de s'en rapprocher le plus possible par d'habiles combinaisons. C'est ainsi qu'il demande la nomination d'un gonfalonnier à vie, ce qui rapprochera cette fonction de celle de doge. Il confère la plus grande autorité à un *Sénat*, correspondant à la *pregadi* de Venise, et dans ce Sénat à une commission de dix membres, renouvelée tous les six mois, et rappelant la *junte* vénitienne. Sans entrer dans le détail de ce plan, on voit que la pensée de Guichardin était de transformer la tyrannie princière des Médicis en une république aristocratique.

En politique, comme en peinture, il y eut au xvie siècle deux écoles opposées : l'école florentine et l'école vénitienne. C'étaient en effet les plus grandes républiques de la Péninsule; et la science politique trouvait dans l'une comme dans l'autre une riche et profonde matière d'observations. Machiavel est le plus illustre des politiques de Florence; Paul Paruta, bien inférieur mais encore très-distingué, est le maître des politiques vénitiens.

Paruta a consacré à la science politique deux écrits importants : l'un théorique, l'autre pratique et historique : la *Perfection de la vie politique* (1) et les *Discours politiques*. Le premier est vraiment un traité de philosophie politique. Paruta y examine successivement : 1° la supériorité de la vie politique sur la vie contemplative ; 2° les qualités nécessaires de l'homme politique ; 3° la meilleure forme de l'État, pour assurer la perfection de la vie politique.

(1) Paruta, *Opere politiche*, Firenze, 1852; voyez sur cet écrivain le travail précis et élégant de M. Alf. Mézières, Paris, 1853.

Le problème de la comparaison entre la vie contemplative et la vie politique remonte, on le sait, jusqu'à Aristote (1). Ce grand esprit, si partisan de l'action, que le mot même d'*acte* est comme le résumé de toute sa philosophie, avait cependant donné la préférence à la vie contemplative sur la vie active et politique, par cette raison que la contemplation elle-même est une action, et la plus parfaite des actions, puisqu'elle n'a besoin de rien d'extérieur et qu'elle est complète en elle-même. Cette théorie avait été adoptée, bien entendu, par la théologie du moyen âge, et consacrée par la haute autorité de saint Thomas d'Aquin. Paruta attaquait donc une opinion protégée par la double tradition de l'Église et de la philosophie, en donnant la préférence à la vie active. Sans doute, les spéculations, dit-il, satisfont l'un des plus nobles besoins de la nature. Mais l'homme n'est pas un pur esprit. Il est composé d'une âme et d'un corps. Les philosophes ne s'occupent que de l'âme; mais ils nous demandent une perfection au-dessus de nos forces. La vie active et politique, au contraire, sans s'assujettir au corps, nous apprend à le diriger et à faire usage de toutes nos facultés. Elle convient donc mieux à nos facultés imparfaites que la vie spéculative qui suppose une sorte de perfection divine. D'ailleurs nous sommes faits pour la société : c'est un des instincts de notre nature; et chacun de nous doit apporter à la cité sa part de travail. Si tous les citoyens d'un État disaient comme Anaxagore, qu'ils n'ont d'autre patrie que la cité céleste, que deviendrait cet État? Sans doute la vie politique ne procure pas un bonheur parfait; mais la vie spéculative

---

(1) Voyez t. I, l. I, ch. III.

est-elle plus heureuse? Que d'erreurs et de contradictions parmi les philosophes! L'un place le bonheur dans un objet, l'autre dans un autre. La connaissance absolue de la divinité et la possession complète du souverain bien nous est interdite; tandis que nous pouvons atteindre dans une certaine mesure l'objet de la vie politique. Un ouvrier qui exerce parfaitement un métier, quel qu'il soit, vaut mieux que celui qui en exerce un plus noble, mais médiocrement.

Cette apologie de la vie active est un des points nouveaux et saillants de la politique de Paruta (1). Nous n'en dirons pas autant du tableau qu'il nous fait des qualités de l'homme politique, qui remplit tout le livre II de son ouvrage. Ce tableau n'a rien qui le distingue particulièrement de toutes les descriptions analogues que l'on trouve dans les écrivains de son temps.

Ce qui mérite plus d'attention, c'est l'idéal politique de Paul Paruta, qui ne pouvait guère être autre chose chez un Vénitien que le gouvernement de son pays. Au reste, nous avons déjà fait observer que Venise paraissait alors, à l'égard de Florence, ce que Sparte avait été autrefois à l'égard d'Athènes ; ce que fut plus tard l'Angleterre, par rapport à la France. Tandis que les États démocratiques présentent le spectacle de perpétuelles révolutions, et d'oscillations incessantes entre la tyrannie et l'anarchie, les États aristocratiques, au contraire, plus solides et mieux constitués, résistent plus longtemps aux causes intérieures ou extérieures de

---

(1) C'est ce qui avait frappé les contemporains. «On avait remarqué, dit M. A. Mézières (p. 35), que c'était là une des idées favorites de Paruta. Ainsi dans les *Nouvelles du Parnasse*, Boccalini le charge de défendre devant Apollon la vie active contre Piccolomini qui se fait l'avocat de la vie contemplative.» Boccalini, *Ragguali di Parnasso*, ant. 121, ragg. 33. »

destruction, et garantissent plus sûrement le repos des citoyens et l'indépendance de l'État. Tel était alors le prestige dont jouissait Venise aux yeux des publicistes (1). La décadence qui commençait déjà n'était pas encore devenue sensible aux regards : on ne voyait que la majestueuse stabilité des institutions vénitiennes, au milieu des changements que subissaient les anciennes cités rivales, soit par leurs dissensions intestines, soit par les invasions étrangères. Paruta n'est que l'organe de cette opinion générale, dont nous avons déjà vu quelques traces dans Guichardin, en présentant le gouvernement vénitien, comme le modèle des gouvernements.

Comme Polybe, comme Cicéron, comme Tacite, comme Machiavel, Paruta préfère les gouvernements mixtes aux gouvernements simples, et pour lui le meilleur système n'est ni la monarchie, ni la démocratie, ni l'aristocratie, mais la combinaison et la conciliation de ces trois formes, c'est-à-dire le système où le prince, les grands et le peuple, prenant une part égale aux affaires, ne peuvent être opprimés les uns par les autres. Or, cet idéal du gouvernement mixte, Paruta prétend le retrouver dans le gouvernement de Venise. Il y découvre les trois éléments essentiels de tout État. Le doge, dont le pouvoir est à vie, représente la majesté royale : c'est en son nom que paraissent les principaux décrets. Le Sénat, le Conseil des Dix, le Collége, forment la partie aristocratique de la Constitution ; tandis que, d'autre part, le grand Conseil où se réunissent tous les citoyens, et qui a le pouvoir de créer les magis-

---

(1) De nombreux écrits furent alors publiés sur les lois et la constitution de Venise.

trats et de faire les lois relatives à la forme du gouvernement, représente l'élément populaire. « La Constitution vénitienne, avait dit déjà Gianotti avant Paruta, ressemble à une pyramide dont le grand Conseil forme la base, celui des Dix et le collége le milieu, et le doge, le sommet. » On a signalé avec raison l'illusion, volontaire ou non, dans laquelle est tombé Paruta, en présentant la constitution de Venise comme une constitution mixte, tandis qu'elle appartenait exclusivement à l'aristocratie. Le pouvoir du doge, en effet, était très-limité, et celui du grand Conseil presque fictif. Toute la souveraineté était concentrée dans le Conseil des Dix, c'est-à-dire dans une oligarchie jalouse et égoïste, l'une des plus tyranniques dont l'histoire ait conservé le souvenir.

Les *Discours politiques* de Paruta font partie de cette classe d'écrits dont Machiavel avait donné le modèle dans les *Discours sur Tite Live*, et qui appartiennent en partie à la politique et en partie à l'histoire. C'est un des ouvrages qui ont ouvert la voie à Montesquieu dans ses *Considérations sur les Romains*, et l'on prétend même, nous nous permettons d'en douter, qu'il en a tiré quelques idées. Paruta, comme Machiavel, comme Guichardin, applique aux événements de l'histoire romaine son esprit de réflexion et de généralisation ; et sur la plupart des points, il se sépare de Machiavel. Nous signalerons surtout ce qu'il dit du gouvernement romain. Il est ici en opposition et avec Polybe et avec Machiavel, qui, l'un et l'autre, avaient trouvé dans la constitution romaine un modèle de gouvernement mixte(1). Les consuls représentaient, disaient-ils, l'élé-

---

(1) Voir t. I, l. I, c. iv, p. 273, et t. II, l. III, c. i, p. 38.

ment monarchique; le sénat, l'aristocratique; les assemblées du peuple, l'élément populaire. Paruta fait observer avec raison que l'harmonie de ces trois éléments n'a jamais existé véritablement ; que les consuls étaient bien loin d'avoir un pouvoir que l'on pût appeler monarchique, que les nobles ont été dès l'origine obligés de faire des concessions au peuple; en un mot, que ce qui domina à Rome, c'est l'élément populaire. Ce qui le prouve, dit-il, c'est qu'elle a fini par tomber dans la tyrannie, qui, de l'avis de tous les publicistes, sort le plus ordinairement de la démocratie. A la constitution de Rome, Paruta préfère celle de Sparte, dans laquelle il trouve un plus juste équilibre entre les pouvoirs, parce que les nobles s'y étaient réservé le pouvoir, pouvoir compensé, dit-il, par l'égalité des biens. L'aristocratie y était plus puissante, et le peuple moins pauvre, tandis qu'à Rome les deux ordres étaient toujours en lutte, l'un par le désir du pouvoir, l'autre par la crainte de la misère.

Ainsi Paruta, comme Guichardin, se sépare de Machiavel par la prédominance exclusive de l'esprit aristocratique. Il s'en sépare aussi par un sentiment plus élevé de moralité politique; non pas qu'il le combatte directement, et qu'il doive être rangé parmi ses adversaires; non, car il fait à peine quelques rares allusions aux doctrines machiavéliques. Mais, soit par conviction, soit par convenance, il tient l'honnêteté pour la loi de la politique, et impose à l'homme d'État l'obligation de toutes les vertus. Ce fut une des grandes causes du succès de son livre (1). « Il répondait, dit M. A. Mé-

---

(1) 1579. Tous les contemporains sont d'accord pour admirer le livre de Paruta; on l'appelle « le grand Paruta » (*Giurnale de litterati*

zières, à un besoin général des esprits honnêtes en Italie. Ce plaidoyer en faveur de la morale semblait une protestation contre les doctrines de Machiavel, et relevait à l'étranger la réputation des Italiens... S'ils se laissaient attribuer volontiers le génie de la politique, s'ils revendiquaient la gloire de Machiavel, ils auraient aussi voulu dégager ce qui s'y mêlait d'odieux. Le livre de Paruta servait merveilleusement ce penchant de ses compatriotes. L'Italie se réhabilitait à ses propres yeux (1). »

Paruta n'est pas le seul écrivain politique dont le nom ait rivalisé alors avec celui de Machiavel, et qui ait essayé, ainsi que celui-ci, de traiter la politique comme une science. On peut citer un grand nombre de noms, parmi lesquels nous signalerons, sans y insister, le célèbre Botero, dont le principal ouvrage, la *Raison d'État* (Ragione di stato, 1589), est compté au nombre des meilleurs écrits politiques de ce siècle. Ginguené, dans son *Histoire littéraire de l'Italie*, donne une analyse assez détaillée, et qui paraît exacte, des vues politiques de Botero, d'après ses différents ouvrages (2). Nous y renvoyons le lecteur, ne pouvant pas, dans ce vaste répertoire d'idées, faire une part à tous les noms qui se présentent à nous.

Nous venons de signaler dans quelques-uns de ses principaux représentants le mouvement de politique scientifique provoqué en Italie par Machiavel, et dont le principal caractère est la méthode historique et l'ana-

---

d'Italia, t. XXXI, p. 459). Voir sur ces témoignages d'admiration, Mézières, p. 51.

(1) Paul Paruta, p. 51.

(2) Voy. Ginguené, *Hist. littéraire d'Italie*, t. III. — Nous ne savons sur quoi se fonde Hallam dans son *Hist. littéraire*, t. II, c. IV, pour affirmer que Ginguené n'avait pas lu Botero.

lyse des constitutions. Nous avons maintenant à considérer le machiavélisme comme une doctrine spéciale, consistant dans l'indifférence morale en politique. Cette doctrine eut, au xvie siècle, de nombreux partisans et de nombreux adversaires. Signalons les différentes phases de cette lutte, qui s'est terminée par la défaite du machiavélisme, et à l'honneur de la conscience humaine.

Le premier écrit qui puisse être signalé comme une apologie systématique du machiavélisme, et en même temps un des livres politiques les plus curieux de cette époque, est le *Pædia politices*, de Scioppius ou Schoppe, qui, s'il faut en croire Conring (1), ne fut amené à défendre Machiavel que par sa haine contre les jésuites. Il est très-vrai que les jésuites furent des plus vifs dans la polémique qui s'éleva de toutes parts, au xvie siècle, contre Machiavel, polémique qui faisait dire à Juste Lipse : « De quelle main n'est pas frappé aujourd'hui ce pauvre misérable! » Il est permis de supposer que ce ne sont pas les maximes relâchées de Machiavel qui avaient soulevé les jésuites contre lui, mais bien plutôt ses assertions hardies contre le christianisme et la cour de Rome. Quoi qu'il en soit, c'est contre eux que Scioppius essaie de le défendre; et il faut avouer d'ailleurs que les déclamations banales et fastidieuses auxquelles se livraient les ad-

(1) Le *Pædia politices* a été publié par Conring (*OEuvres*, Brunswick, 1730, t. III). Le même Conring, dans sa traduction latine du *Prince*, accompagnée de notes critiques (*ibid.*, t. II, p. 991), défend Machiavel, à peu près par les mêmes raisons que Scioppius, tout en relevant dans ses notes critiques les erreurs de son auteur. — Voir notamment les notes qui accompagnent le fameux chapitre xviii sur l'exécution des engagements (p. 1049). — C'est ici le lieu d'ajouter que Conring est un grand érudit politique, qui a considérablement écrit sur ces matières, mais sans laisser de traces dans la science par l'originalité de ses idées.

versaires de Machiavel, avaient de quoi fatiguer un esprit net et pénétrant comme était Scioppius. Le point précis de la question était sans cesse négligé et ignoré même : on opposait à Machiavel un catéchisme ennuyeux des vertus royales, sans voir qu'il s'agissait d'un des problèmes les plus difficiles, les plus délicats de la science humaine : celui des rapports et des différences de la morale et de la politique. C'est ce problème que Scioppius a posé et discuté, il faut le reconnaître, avec finesse et sagacité : c'est ce qui donne à son livre, très-court d'ailleurs, une certaine valeur philosophique.

Cet ouvrage est fait avec une grande habileté. En effet, l'auteur se garde bien d'avoir l'air de défendre Machiavel; il ne prononce pas son nom une seule fois : il n'y fait qu'une ou deux allusions très-couvertes (1). Il semble ignorer qu'il s'agisse de lui. Les personnages qu'il prend sous sa défense, sont Aristote et saint Thomas, comme si c'étaient eux qu'on attaquait. Mais il choisit dans leurs écrits un ou deux passages qui, séparés du reste, semblent contenir la même doctrine que celle de l'auteur du *Prince*. S'il parvient à la justifier, il justifie par là Machiavel lui-même. Tel est le chemin détourné, ingénieux et passablement machiavélique, choisi et suivi avec beaucoup d'adresse par le savant auteur du *Pædia politices*, c'est-à-dire de la Méthode de la politique (2).

La thèse que Scioppius prétend démontrer est celle-

---

(1) Est-ce de Machiavel, est-ce d'Aristote que Scioppius veut parler lorsqu'il dit : Non minor videtur iniquitas et acerbitas eorum qui *de optimo quoque et perfectissimo artis politicæ doctore* verba faciunt (*Phæd. polit.* p. 9. Ed. de Conring. Halmerstad. 1613).

(2) Scioppius entend par Pædia (παιδία), expression empruntée à Aristote, la méthode d'une science, τρόπος τῆς μεθόδου, id est *ratio, modus, via tractandi*.

ci : la politique est distincte de la morale; elle a, comme la morale elle-même, ses principes propres. Introduire en politique les principes de la morale, c'est confondre les limites des sciences, c'est manquer aux lois de la méthode. On ne doit donc pas demander au politique, qu'il juge en moraliste les faits dont il parle. Il suffit qu'il laisse entendre, à l'aide de certaines précautions, qu'il n'approuve pas ce qui est évidemment blâmable et criminel. Telle est la thèse. Voyons la démonstration.

Scioppius commence par établir que l'erreur de ses adversaires, et l'origine de leurs jugements *plébéiens*, comme il les appelle, vient de ce qu'ils ne savent pas la logique (1). La logique enseigne la méthode des démonstrations. Or, en quoi consiste la méthode d'une science? Elle consiste à n'employer dans une science que les principes qui lui sont *propres* (οἰκεία) et à rejeter les principes qui lui sont étrangers (ἀλλοτρία) (2). Un principe peut être étranger de deux manières : soit par l'espèce, soit par le lieu (*seu genere, seu loco*). Par exemple, c'est introduire des principes étrangers par l'espèce, que de se servir d'arguments mathématiques en physique, et, en médecine, d'arguments théologiques. C'est encore introduire des principes étrangers par le lieu (*aliena loco*) que de dire avant ce qui doit venir après, et réciproquement. On peut donc pécher de ces deux manières dans l'exposition d'une science, soit en y introduisant ce qui n'y doit pas être, soit en intervertissant l'ordre des principes et des idées.

Quel est maintenant l'objet de la politique? C'est ce

---

(1) Voy. le titre de l'ouvrage : Pædia polit. adv. ἀπαιδευσίαν, et acerbitatem *plebeiorum* quorumdam judiciorum. Cf. *ib.*, p. 10.
(2) *Ib.*, p. 5.

qu'il faut savoir pour juger des principes qui lui sont propres et de ceux qui lui sont étrangers. « La fin de la politique, c'est le bonheur, ou la félicité des États : c'est ce que l'on appelle αὐταρκεία, c'est-à-dire l'abondance des choses nécessaires pour vivre commodément. » Tel étant l'objet de la politique, il faut qu'elle s'occupe non-seulement de la meilleure forme de gouvernement possible, mais encore de la meilleure dans une situation donnée, et même de toutes les formes de gouvernements, et enfin des moins bonnes. Comme la médecine, qui traite de la santé, ne s'occupe pas seulement de la santé parfaite, mais de tous les degrés possibles de la santé, de même la politique ne doit pas seulement s'occuper du gouvernement parfait, mais de tous.

Il y a plus. Les politiques pensent qu'il est plus important de s'occuper des mauvais gouvernements que des bons. Car les bons gouvernements sont comme les bonnes santés et les bons vaisseaux, ils se soutiennent d'eux-mêmes. Ce sont les mauvais qui ont le plus besoin de secours. Tel est l'avis de saint Thomas. « *Illæ quæ optimè ordinatæ sunt secundum rationem, multos impulsus et magnos sustinere possunt. Malè autem ordinatæ à modicis corrumpuntur, et ideo majori indigent cautela.* D'où l'on voit quelle a été l'erreur de Platon, qui ne s'est occupé que de la forme la meilleure de toutes ; car sa doctrine n'a aucune utilité, les hommes étant incapables de supporter cette forme parfaite (1). Le rôle de la politique est de traiter des choses qui sont réellement utiles et praticables ; et malheureusement, les mauvaises formes de gouvernement sont plus conformes à la nature humaine que les autres (2). Il résulte de ces

(1) *Ib.*, p. 16, 17.
(2) *Ib.*, p. 15. Cf. Aristot. *Derniers anal.*, l. I, ch. x.

principes, que traiter de la tyrannie, et des moyens de la conserver, c'est rester fidèle à l'objet de la politique. Ceux qui reprochent à un publiciste d'avoir parlé de la tyrannie, lui reprochent d'avoir traité ce qui est *propre* à sa science (*propria*).

C'est là une première erreur ; une seconde, c'est de reprocher aux publicistes de ne pas introduire dans la politique des principes qui lui sont étrangers. Par exemple, on veut que la politique traite de ce qu'il y a de honteux et de mauvais dans la tyrannie. Mais le mauvais et le honteux sont des idées qui appartiennent à la morale, et qui sont étrangères à la politique. La morale a deux parties : l'une générale, l'autre particulière, la première qui donne les principes (δόγματα, *decreta*), la seconde, les préceptes (*præcepta*). L'une est la morale dogmatique, l'autre est la parénétique. On voit par là que les censeurs de la politique la confondent absolument avec la morale. Détourner les hommes de rechercher ou de conserver la tyrannie, appartient à la morale parénétique ; démontrer la honte de la tyrannie, appartient à la morale dogmatique, à qui seule il convient de discuter sur l'honnête et le honteux (1).

Telle est la différence de la morale et de la politique. L'une étudie ce qui doit être, l'autre ce qui est. Cependant Scioppius reconnaît que la séparation ne peut pas être absolue, et que la politique doit faire en sorte que l'on ne tire pas de ses principes de mauvaises conséquences, et qu'on ne s'en serve pas pour faire le mal. Par conséquent, si la logique veut que la politique parle de la tyrannie comme d'un fait, sans examiner s'il est bon ou mauvais, la prudence (*methodus prudentiæ*)

---

(1) *Ib.*, p. 33.

permet et même exige que l'on blâme la tyrannie, et que l'on en détourne les hommes. Car l'objet de la politique est le bonheur de l'État; et la tyrannie ne procure ni le bonheur de celui qui l'exerce, ni le bonheur de ceux qui la souffrent (1).

Cependant il ne faudrait pas croire, comme le veulent des censeurs maladroits, que l'étude et la description de la tyrannie, et des moyens de la conserver, ne soient d'aucune utilité pour le tyran, ni même pour les peuples. Car les politiques, et particulièrement saint Thomas, distinguent deux moyens de conservation pour la tyrannie, qu'ils appellent *intensio* et *remissio*, en d'autres termes la sévérité et la douceur, la cruauté et la clémence, les moyens violents et les moyens tempérés. Or, en décrivant les moyens violents dont se sert la tyrannie, la politique l'empêche et la prévient : car elle la rend odieuse; et en décrivant les moyens habiles et tempérés par lesquels un tyran peut se conserver, la politique est utile aux tyrans et surtout aux peuples : car l'état des sujets est bien plus tolérable sous un prince qui craint de paraître méchant, et qui s'efforce de paraître bon, que sous celui qui ne se fait aucun scrupule de passer pour un scélérat. Ainsi, ou elle apprend aux peuples à détester la tyrannie, ou elle apprend aux tyrans à la modérer; elle est donc utile aux uns et aux autres (2).

Cependant, Scioppius reconnaît que cette doctrine est glissante (*lubrica*), et pour éviter les imputations auxquelles elle pourrait donner lieu, il conseille certaines précautions. Ces précautions sont de deux sortes :
1° Employer le langage *hypothétique* et non *catégorique*.

---

(1) *Ib.*, p. 25.
(2) *Ib.*, p. 27, 28.

Dire, par exemple : Le tyran, *s'il veut conserver son empire*, doit, etc. ; ou bien : Il est bon *pour conserver la tyrannie*, de... ; ou bien : *Un tyran est bien imprudent, qui*, etc. Dans toutes ces phrases, la condition, *s'il veut conserver le pouvoir*, est exprimée ou sous-entendue. Il ne faut pas en conclure que le politique approuve ces moyens, parce qu'il les regarde comme nécessaires dans une certaine hypothèse. Si l'on prend pour catégoriques des principes qu'il n'a exprimés que sous la forme conditionnelle, ce n'est pas sa faute ; c'est celle du lecteur (1).

La seconde précaution à prendre, c'est d'expliquer sa pensée. Or, cette explication peut être ou *directe* ou *indirecte* (2). L'explication directe peut se faire de deux façons, ou *ex professo*, par exemple, en déclarant nettement que la tyrannie est odieuse, ou en remontant aux causes ; par exemple, en disant que les causes de la tyrannie sont la force et la ruse qui conviennent plus à l'animal qu'à l'homme, que la force convient au lion, la ruse au renard, que le tyran est un composé du lion et du renard, on indique par là même combien on trouve la tyrannie honteuse et méprisable.

Quant à l'explication indirecte, elle est dans l'intention générale de tout l'ouvrage, à laquelle il faut toujours se rapporter pour apprécier l'intention d'un passage en particulier. Par exemple, un écrivain veut décrier un tyran ennemi de sa patrie, et soulever contre lui la haine populaire, en même temps que découvrir ses artifices, ce qui est encore travailler contre la tyrannie : mais il sait qu'une pareille entreprise n'est pas sans péril. Il écrit donc de telle sorte qu'il semble

(1) *Ib.*, p. 31.
(2) *Ib.*, p. 32.

servir les intérêts du tyran, en lui enseignant les moyens de conserver son empire. Mais ailleurs il nous donne à entendre que c'est la crainte qui l'a empêché d'exprimer sa pensée plus ouvertement. Dans ce cas, il est évident qu'il faut juger de l'intention d'un passage par l'intention de l'ouvrage entier.

Voici donc, d'après ces principes, les règles de la critique des livres politiques. Veut-on juger un auteur politique, il faut chercher s'il a manqué à la méthode ou à la prudence. Il aura manqué à la méthode, s'il dit des choses ou *étrangères* à la science, ou *fausses*. Par exemple, c'est dire des choses *étrangères par l'espèce* à la science politique, que de dire que le prince doit être pieux pour gagner la vie éternelle; car le salut n'est pas l'objet de la politique, mais de la théologie. C'est dire des choses *étrangères quant au lieu,* que de dire que la tyrannie est honteuse, lorsqu'il ne s'agit que des moyens de conserver la tyrannie. C'est dire des choses *fausses,* que de proposer parmi les moyens de conservation d'un État ce qui ne peut que le détruire : par exemple, qu'un tyran doit être juste et religieux ; car alors il ne serait plus tyran. C'est encore dire des choses fausses, que d'avancer ce qui n'est vrai qu'absolument et dans une république parfaite, lorsque l'on parle des gouvernements qui existent: par exemple, de dire que dans ces gouvernements un prince peut se conserver par une observation religieuse de l'équité et de la bonne foi ; car l'expérience démontre le contraire. Enfin, c'est manquer à la prudence que de ne pas prendre ses précautions dans un livre de ce genre, pour ne point égarer le jugement du lecteur sur la différence du bien et du mal (1).

(1) *Ib.*, p. 42, 44.

Il est de toute évidence que c'est Machiavel que Scioppius a voulu défendre dans ce petit écrit (1). Qu'il l'ait fait avec finesse et subtilité, on ne peut en disconvenir ; mais ses raisonnements sont-ils aussi solides que spécieux ? C'est ce dont il est permis de douter. Nous ne pouvons nous étendre sur ce point ; nous nous bornerons à signaler ce qui nous paraît le principal sophisme de l'auteur. Il dit que l'objet de la politique étant l'État, le publiciste doit traiter de toutes les formes de l'État, des mauvaises aussi bien que des bonnes, et même des mauvaises plus que des bonnes. Sans doute tout ce qui tient à l'État est du domaine de la politique, et cette science a le droit de traiter de la tyrannie et de l'oligarchie, comme la médecine a le droit de traiter de la fièvre et du délire; mais appartient-il à la médecine d'enseigner les moyens de produire et d'entretenir la fièvre, en même temps que de produire et d'entretenir la santé? Elle est bien forcée sans doute d'expliquer comment la fièvre naît et se développe ; c'est un fait qu'elle doit étudier pour le guérir : mais quand elle traite de la santé, ce n'est plus seulement pour elle un fait, c'est un but. Elle ne constate pas, elle prescrit : elle peut aussi donner des prescriptions contre la fièvre, mais elle n'en donne pas pour elle. C'est encore de la même façon que le médecin traite du poison : il est bien forcé d'en étudier les effets, mais il manquerait à son rôle, et sortirait de la science, s'il enseignait l'art d'empoisonner. Il en est de la tyrannie comme du poison et de la fièvre. La politique doit en traiter, mais pour la combattre et non pour l'enseigner. La définition même de Scioppius le démontre. La fin de la poli-

---

(1) Voy. la préf. de Conring, et G. Naudé, *Coups d'État*, c. II, p. 71, E. 1667.

tique, dit-il, est le bonheur de l'Etat : elle doit traiter des gouvernements suivant le rapport qu'ils ont avec le bonheur des États. Sans doute, la forme d'une république parfaite n'est qu'un rêve; et c'est une politique très-imparfaite, que celle qui reste toujours dans l'utopie ; mais entre le gouvernement parfait, et les mauvais gouvernements, il y a des degrés, il y a des gouvernements passables qui se rapprochent plus ou moins du meilleur. Ce sont ceux-là qui sont l'objet propre de la science : quant aux mauvais, il faut en parler, mais pour les éviter et les corriger, c'est-à-dire les rapprocher des bons. Or, déterminer la valeur relative du gouvernement est impossible, sans faire intervenir le principe de la justice et du droit, l'idée de l'honnête et du honteux.

Quant aux précautions que nous conseille l'auteur du *Pædia politices* pour éviter les malentendus, ou elles sont la réfutation du système, ou elles sont des subterfuges inutiles. Car, si elles sont insuffisantes, elles ne couvrent pas la responsabilité du publiciste; et si elles sont suffisantes, elles condamnent toute la doctrine.

Le machiavélisme eut tant d'influence au xvie siècle, qu'il se glissa jusque dans les livres qui semblent dirigés contre lui. Par exemple, les *Politiques* de Juste Lipse semblent au premier abord avoir été écrites contre les doctrines machiavéliques. En effet, il fait reposer la politique sur la morale, et il consacre tout son premier livre à l'énumération des vertus du prince, non pas des vertus supposées et apparentes, comme celles de Machiavel, mais des vertus réelles. Pour mieux faire sentir cette opposition, je citerai ce qu'il dit de la clémence et de la bonne foi. Y a-t-il rien de moins machiavélique

que les maximes suivantes : « Il faut avoir la main paresseuse et languissante, si l'on veut se faire aimer (1). » « Que le prince ne présume point être seigneur et avoir des serfs, mais plutôt qu'il est gouverneur, et qu'il a des citoyens (*ib.*)... La vie d'un seul ne doit pas être si chère que pour ne la hasarder il en faille tant perdre (2). » « Le devoir d'un vrai prince est d'outre-passer quelquefois les bornes d'équité, pour montrer sa clémence (*ib.*) » « Qu'il se contente de la pénitence plutôt que de la peine... » C'est une belle chose que de pardonner au misérable (*ib.*) » Voilà pour la clémence. Que dit-il de la bonne foi? « Où sont ces nouveaux docteurs qui n'ont ni autel, ni foi, ni aucun pacte, ou parole assurée? qui empoisonnent les oreilles des princes... (3). Si les contrats ou conventions sont violés, il n'y aura plus aucun usage ni commerce parmi les hommes... Fuyez donc ceux-là, ô rois et ô princes, et ne violez pas les accords et confédérations de paix : Ne post-posez point la foi au royaume (*ib.*). »

Mais ces belles maximes ne sont pas les seules qui se rencontrent dans la politique de Juste Lipse ; vous en trouvez d'autres moins innocentes, et peu conciliables avec une morale un peu scrupuleuse. Il se demande si après avoir tant accordé à la vertu, il ne lui est pas permis de donner quelque chose au vice. « Il me semble que je vous ai assez libéralement, et, comme on dit, à pleines mains donné et présenté du meilleur et plus somptueux breuvage. Y dois-je, à cette heure, ajouter et mêler quelque chose de la lie et des fanges, des fraudes

---

(1) Les *Politiques*, ou Doctrine civile de Juste Lipse, traduction franç. (4ᵉ édit.), Paris, 1598.
(2) *Pol.*, l. II, c. 12.
(3) *Ib.*, l. II, c. 13.

et des tromperies? Je le pense, quoique ces Zénons et austères ne le trouvent pas bon..... Je les crois certes d'ailleurs très-volontiers. Mais ils semblent ignorer ce siècle, comme s'ils étaient dans la république de Platon, et non en la lie de celle de Romulus (1). » Voilà bien le véritable signe du machiavéliste; c'est de renvoyer à la république de Platon quiconque parle d'honneur en politique. Voici maintenant les principes mêmes de Machiavel : « Avec qui vivons-nous? A savoir avec des personnes fines, malicieuses, et qui semblent être la même tromperie, fallace et mensonge. O gens peu exercés aux affaires du monde... Vous ne voulez pas que le prince s'accompagne quelquefois du renard?... Certes vous faillez (2) (*Ib.*). » Il est vrai que Juste Lipse ne veut pas que le prince s'éloigne de l'honnêteté, mais seulement qu'il sache unir l'utile à l'honnête, et « prendre quelquefois des détours sur cette mer orageuse des choses humaines... Le vin ne laisse pas d'être vin, encore qu'il soit un peu tempéré d'eau, ni la prudence, si bien en icelle il y a *quelque gouttelette de tromperie*, car j'entends toujours *peu et à bonne fin* (*Ib.*). » De même que les médecins trompent les petits enfants, pourquoi de même le prince ne tromperait-il pas quelquefois le menu peuple, et quelque prince voisin? Juste Lipse avoue lui-même de qui il tient ces doctrines, lorsqu'il dit : « Ne vous étonnez donc point de ce que diront à l'ombre ces jeunes écoliers, qui ne sont pas disciples ni auditeurs capables de la doctrine civile, et moins encore juges ; car aussi cette chaire veut un homme qui ne soit pas ignorant des choses qui arrivent ordinairement en cette vie : celui-là nous croira aisément,

(1) L. II, c. 14.
(2) L. IV, c. 13.

et ne condamnera pas si rigoureusement Machiavel : mais de quelle main n'est pas aujourd'hui frappé ce pauvre misérable? » *(Qui misera qua non manu vapulat) (Ib.)*?

Cependant Juste Lipse ne va pas aussi loin que Machiavel, et il prétend renfermer le champ de la fraude dans de justes bornes (1). Il admet des degrés et des différences. Il y a, selon lui, trois espèces de fraude : la légère, la moyenne et la grande. « La première, dit-il, ne s'éloigne pas trop de la vertu, et n'est arrosée que de quelques gouttes de malice : c'est la défiance et la dissimulation ; la seconde touche déjà aux confins du vice : c'est la conciliation ou la corruption ; la troisième se sépare non-seulement de la vertu, mais des lois : c'est la perfidie et l'injustice. Je conseille la première, j'endure la seconde, mais je condamne la troisième. » On voit que tout en accordant beaucoup déjà à ce qu'il croit l'utilité publique, à l'exemple, à la nécessité, il ne va pas cependant jusqu'aux dernières extrémités ; et ces concessions mêmes, il ne les fait pas sans scrupule et sans quelque hésitation. « Car, dit-il, lorsque je considère notre sainte et divine loi, je suis achoppé, et ne suis pas sans peine. Car il est dit que tout trompeur est en abomination au Seigneur... Que répliquez-vous, politique? Le bien public? Mais voyez un saint personnage qui s'y oppose et dit : Qu'il n'est point permis de mentir, non pas même quand ce serait à la gloire de Dieu... Certes il vous est malaisé et à moi de trouver ici un expédient, si ce n'est que ce même saint personnage dit qu'il y a quelques genres de mensonges auxquels il n'y a pas grand péché, et toutefois ils ne sont

---

(1) *Ibid., ib.,* c. xiv.

pas aussi sans péché. » Grâce à cet expédient, qui change le péché mortel en péché véniel, Juste Lipse approuve et permet certaines fraudes, et ce qu'il appelle « les petites corruptions et les petites finesses; » encore est-ce à la condition que ce soit un roi bon qui s'en serve contre les méchants et dans le bien de tous. Quant à l'injustice et à la perfidie, il les condamne sans réserve, et il parle très-fortement contre la violation des serments : « Il y en a qui croient, dit-il, qu'il faut tromper les enfants avec des osselets, et les hommes avec des serments... O hommes vains! La fraude lâche bien, mais elle ne dissout pas le serment : qu'attendent ceux-là, sinon de voir Dieu irrité, de la divinité duquel ils se moquent? » On voit qu'avec de telles réserves la doctrine de Juste Lipse peut passer pour un machiavélisme mitigé, et que si elle n'est pas tout à fait innocente, elle n'est pas du moins très-empoisonnée.

Voici un auteur d'un tout autre caractère : c'est évidemment un élève de Machiavel ; mais ce n'est pas, comme Scioppus ou Juste Lipse, un philosophe, ou comme Machiavel lui-même, un homme d'État dans la retraite, rassemblant ses souvenirs, et méditant sur ses expériences. C'est le serviteur, le conseiller, le secrétaire d'une des plus redoutables républiques du monde, le célèbre Fra-Paolo Sarpi. Son livre du *Prince* (1) met à nu les ressorts de cette mystérieuse constitution. Il l'expose non d'une manière théorique et apologétique, comme Paruta, mais en homme d'État sans scrupule, qui ne craint pas de dire ce qu'il ne craindrait pas de

(1) Ce livre a été écrit en 1615, pour les inquisiteurs d'État. Il a paru à Venise en 1681, sous ce titre : *Opinione del Padre Paolo servita, come debba govenarsi la Republica veneziana per havere il perpetuo dominio.* Traduit en français, par l'abbé de Marsy, sous ce titre : *Le Prince de Fra-Paolo.* Berlin, 1751.

faire. Son seul objet est de rechercher les moyens de conserver et de maintenir l'État de Venise dans son ancienne puissance, et il semble s'être inspiré encore plus des traditions du conseil des Dix que de la lecture de Machiavel. Il y a dans cet ouvrage je ne sais quoi de glacé qui fait frémir : on sent qu'on n'a point affaire à un spéculatif qui se relâche plus ou moins de ses principes violents dans la pratique, mais à un homme de conseil et d'action, qui va droit au but, et pour qui la raison d'État est au-dessus de tout.

On le voit dès les premières lignes : son principe est que la république durera aussi longtemps que la coutume d'y faire justice. Mais qu'entend-il par justice? « Je crois, dit-il, qu'il faut réduire sous le nom général de justice tout ce qui contribue au service de l'État. *En effet la première justice du prince est de se maintenir prince* (1). » On voit que la justice n'est autre chose que la raison d'État.

Au reste, Fra-Paolo nous apprend assez ce qu'il entend par justice, lorsqu'il expose la conduite que le gouvernement doit tenir entre les nobles et les sujets, c'est-à-dire le peuple, qui, à Venise, comme on sait, était complétement isolé du gouvernement. Il ne voudrait pas qu'aucun noble fût jamais puni de mort, *quelque criminel qu'il fût,* parce que l'ordre de la noblesse perd plus en vénération par l'humiliation d'un de ses membres, qu'elle ne gagne en honneur par un acte de justice : au moins condamne-t-il une mort publique. Il faut dans un cas pareil, il faut laisser le criminel finir sa vie dans une prison, *ou s'en délivrer d'une manière secrète* (2). Dans les querelles entre nobles, ou entre les

---

(1) *Le Prince, de Fra-Paolo,* p. 4.
(2) *Ib.*, c. i, p. 12.

nobles et les sujets, il faut avoir deux poids et deux mesures. Si un noble sans crédit et sans pouvoir maltraitait un grand, il faut user d'une grande sévérité; si c'est un noble qui a maltraité un sujet, *il faut chercher tous les moyens imaginables de lui donner raison;* si c'est un sujet qui a maltraité un noble, il faut porter le châtiment à l'excès. Il faut empêcher à tout prix que l'usage ne s'introduise de porter la main sur un patricien, et nourrir les peuples dans l'idée, *que c'est un sang vénérable et sacré* (1).

Telle doit être, selon Fra-Paolo, la justice de l'État dans les affaires criminelles, justice odieuse, qui ne peut être appelée de ce nom qu'en confondant la justice avec l'intérêt d'État, et encore en confondant l'intérêt d'État avec l'intérêt d'une classe tyrannique, orgueilleuse, usurpatrice. Comment un tel renversement des droits et de l'équité est-il possible? Par une justice très-exacte dans l'ordre civil. En effet, la tyrannie ne peut pas être absolue; elle ne peut peser avec excès d'un côté, qu'à la condition d'être par un autre endroit protectrice et vigilante. Là est le secret de la politique de Venise. Si l'inégalité est le principe de la justice criminelle, l'égalité doit être la règle de la justice civile : « Dans la justice civile, dit Fra-Paolo, il faut montrer une parfaite impartialité, et s'appliquer à détruire la méchante opinion où l'on est que la balance penche toujours du côté du noble et du riche... Pour ce qui concerne cette justice civile, on ne saurait pousser l'exactitude trop loin. En effet, quand un citoyen est assuré d'avoir pour lui la justice lorsqu'il le mérite, on l'amène sans efforts à supporter beaucoup d'autres charges (2). » Au reste ce

(1) *Ib.*, p. 17, 18.
(2) *Ib.*, p. 19, 20.

n'est ni par amour du peuple, ni par respect pour ses droits, que Fra-Paolo conseille la justice à son égard. Car le mépris du peuple ne peut aller plus loin que dans les paroles suivantes : « Que le peuple soit toujours abondamment pourvu des choses nécessaires à la vie... *Qui voudra le faire taire doit lui remplir la bouche.* (Chi vuol farla tacere, bisogna otturarli la boccha) (1). »

Quelque favorable que Fra-Paolo se montre pour les nobles dans leurs démêlés avec le peuple, il ne faudrait pas croire qu'il est partisan de l'aristocratie. Sa pensée politique est celle-ci : Transformer l'aristocratie de Venise en oligarchie (2), concentrer le pouvoir en un petit nombre de mains; et comme la multitude du peuple est dominée par les nobles, mettre la multitude des nobles sous la domination des grands. Le gouvernement se composait à Venise de trois institutions : à la base, le grand conseil ou l'assemblée générale des nobles : c'est l'élément démocratique de la constitution; au centre le sénat, composé de 300 membres : c'est l'élément aristocratique; au sommet, le conseil des Dix : c'est l'élément oligarchique. Or, la politique que Fra-Paolo conseille à la République, c'est de supprimer ou au moins d'annihiler le grand conseil. On ne peut nier, dit-il, *qu'il ne sente un peu le peuple* (3). Déjà ce conseil avait été privé du pouvoir délibératif; Fra-Paolo veut qu'on le dépouille peu à peu des deux attributs qui lui restaient, le pouvoir judiciaire et la distribution des charges. « Il faut engager *par toutes sortes d'artifices* le grand conseil à déléguer au sénat et au conseil des Dix toute l'autorité; mais il faudra le faire par *des*

---

(1) *Ib.*, p. 41.
(2) Voy. tout le chapitre I.
(3) *Ib.*, p. 34.

voies secrètes et cachées, dont on ne découvre le mystère qu'après l'événement. » Quant au sénat, la durée d'un an qui lui est attribuée par la constitution est beaucoup trop courte : car si un terme si court préserve l'État de la tyrannie des grands, il ne le préserve pas de la tyrannie des petits. »

Les lois, la constitution avaient pour défenseur une espèce de tribun du peuple, qu'on appelait l'*avogador*, charge indispensable dans toutes républiques. Fra-Paolo ne propose point de le supprimer ; mais il voudrait qu'on ne confiât cette fonction qu'à un homme de haute naissance, plus ou moins complice des usurpations de la haute aristocratie. « En effet, si l'avogador avait de la noblesse et de l'élévation dans le génie, il ne s'arrêterait pas à flatter la populace du conseil ; le sénat et le conseil des Dix pourraient prendre dans l'occasion quelques délibérations hardies ; et bien qu'elles *excédassent un peu leur pouvoir ordinaire,* il faudrait toujours qu'on s'y soumît, *et leur autorité serait canonisée par le temps.* » A défaut d'un avogador favorable aux usurpations patriciennes, Fra-Paolo conseille de faire porter le choix sur un homme médiocre ou d'une mauvaise réputation, afin de lui ôter toute autorité.

La politique de Fra-Paolo consiste donc à vicier et à corrompre tous les principes qui dans le gouvernement de Venise étaient une garantie plus ou moins insuffisante sans doute, mais enfin une garantie pour le plus grand nombre. Il trouve que la république de Venise n'est pas assez despotique, et ce gouvernement de fer, unique dans l'histoire, dont le nom seul inspire la terreur, lui paraît un gouvernement relâché : cette aristocratie insolente est presque à ses yeux une démagogie. Il n'a pas plus de mépris pour le peuple qu'il n'en a pour la petite noblesse, qu'il conseille de maintenir dans la pauvreté pour la tenir en bride. « Car elle est, dit-il, *comme la vipère, qui dans le froid ne peut pas faire usage de son venin* (1). »

Mais à ce système il y a une objection évidente. Paolo la prévoit et cherche à y répondre. L'expérience prouve que tout gouvernement qui passe de l'aristocratie à l'oligarchie, passe bientôt de l'oligarchie à la monarchie. Fra-Paolo ne craint rien de semblable pour Venise; il compte sur la rivalité des nobles, qui ne supporteraient pas qu'une famille s'élevât à ce point au-dessus des autres; il compte sur l'orgueil des patriciens, qui préfèrent, dit-il, être nobles avec mille autres, que *princes du sang* et *frères du roi*. Mais cette réponse est loin d'être décisive, et il y a tout lieu de croire que si Venise n'eût pas fini par la servitude, elle aurait fini par la monarchie.

On est tout surpris de rencontrer quelques nobles paroles dans ce livre d'une politique si froide, si cruelle et si méprisante. Le vrai éclate malgré tout. Est-ce du conseiller corrompu et corrupteur de l'oligarchie vénitienne que vous attendriez un aveu comme celui-ci? « Qu'on respecte la vertu dans tous ceux où elle se trouve; et si un personnage qui n'est pas noble la possède, qu'on lui témoigne de l'estime : *car il s'est assez anobli lui-même, et toute noblesse héréditaire tire son origine de quelque vertu personnelle* (2). » Principe admirable, mais séditieux; car il met les petits sur la même ligne que les grands, et même au-dessus.

Dans le gouvernement intérieur de la ville, ce qui caractérise la politique, c'est donc l'astuce, l'artifice, le

(1) *Ib.*, p. 10.
(2) *Le Prince*, de Fra-Paolo, art. I, p. 67.

secret, une partialité dissimulée en faveur des nobles, une oppression mystérieuse du peuple, et une lente spoliation des nobles eux-mêmes au profit des grands. Dans le gouvernement du dehors, c'est-à-dire des provinces conquises, la politique n'est plus qu'une tyrannie violente, ouverte, déclarée, que Fra-Paolo explique avec un cynisme révoltant. Quelle conduite conseille-t-il, par exemple, envers les gens du royaume de Candie : « Il faut, dit-il, les garder avec les mêmes précautions qu'on *garde des bêtes féroces... prendre à tâche de les humilier...* Ces peuples sont *de la nature des forçats,* qui traités avec douceur, payeraient l'indulgence par la révolte... *Le pain et le bâton, c'est tout ce qu'on leur doit : il faut réserver l'humanité pour une meilleure occasion* (1)... » Quelle politique ! Il est bon que de pareils aveux échappent quelquefois aux amis et aux serviteurs de la tyrannie. C'est ici qu'on doit se rappeler cette parole de Montesquieu : « La plupart des peuples d'Europe sont encore gouvernés par les mœurs. Mais si par un long abus de pouvoir, si par une grande conquête, le despotisme s'établissait à un certain point, *il n'y aurait pas de mœurs ni climat qui tinssent ;* et, dans cette belle partie du monde, la nature humaine souffrirait, au moins pour un temps, les insultes qu'on lui fait dans les trois autres (2). »

Dans le gouvernement de terre ferme, c'est-à-dire sur le territoire même de Venise, la politique doit être moins violente, mais elle a toujours le même but : sacrifier l'intérêt des sujets à l'intérêt du souverain. S'élève-t-il dans quelques-unes de ces villes des démêlés entre les particuliers, il faut les encourager ; car il en résulte

---

(1) *Ib.*, art. ii, p. 71.
(2) *Esprit des Lois*, l. VIII, c. viii.

deux biens : 1° *la division* ; 2° *la confiscation au profit de l'État.* L'esprit de spoliation peut-il aller plus loin que dans ce passage. « Qu'on dépouille à la première occasion les habitants de Bresce du privilége dont ils jouissent, que les biens de leur territoire ne puissent être achetés que par des Bresciens. Car si le Vénitien pouvait s'étendre dans cette heureuse contrée, on en verrait même le fruit qui s'est vu dans le Padouan, où *à peine un tiers du territoire est resté en propre aux habitants* (1). » S'il y a des riches héritières dans un pays, il faut les marier à de nobles Vénitiens : il en résulte deux biens : 1° *d'enrichir la capitale;* 2° *d'appauvrir la province.* Si l'on peut élever aux fonctions quelque habitant de la province, il faut le faire, pourvu que cela tourne *à son avantage particulier, et non à l'avantage du pays.* S'il se trouve quelque chef de parti, il faut l'exterminer à tout prix ; mais s'il est puissant, il ne faut pas se servir de la justice ordinaire; *que le poison fasse plutôt l'office du glaive.* (Piuttosto faccia il veneno l'uffizio di manigeldo) (2). Enfin cet odieux catéchisme politique se résume dans cette pensée : « Qu'on se souvienne que, comme il est rare de trouver un religieux qui ne se soit pas repenti d'avoir aliéné la liberté qu'il avait reçue en naissant, autant et plus difficile est-il encore qu'un peuple ne se repente pas d'être fait esclave *pendant que la nature l'avait originairement créé libre* (3). »

Telle est la politique de Fra-Paolo, ou plutôt celle de la république de Venise, dont il nous a donné le suc et la substance. Je ne crois pas que le *Prince*, de Machia-

(1) *Ib.*, art. II, p. 75.
(2) *Ib.*, art. II, p. 77.
(3) *Fra-Paolo*, art. II, p. 82.

vel, lui-même soit comparable, pour l'immoralité, je dirai plus, pour la scélératesse des principes, au *Prince* de Fra-Paolo. Un si curieux ouvrage méritait d'être étudié, quoiqu'il ne soit pas à vrai dire un traité de philosophie politique; mais il contient une doctrine en action, bien plus saisissante que la thèse la plus hardie. En lisant le *Prince*, de Machiavel, nous disons : C'est le système d'un homme. En lisant le *Prince*, de Fra-Paolo, il faut se dire : Tel a été pendant tant de siècles le système d'un grand gouvernement, d'un peuple illustre! Et ce système a paru si excellent à ses défenseurs, que pour l'améliorer ils proposaient de l'exagérer encore, et de lui ôter toute apparence de justice! De telles révélations sont tristes, car elles font gémir pour ceux qui ont tant souffert; mais en nous apprenant jusqu'où peut aller le despotisme, elles nous inspirent l'amour de la liberté.

En traitant du *Prince*, de Fra-Paolo, nous avons passé la limite du xvie siècle; car ce livre est de l'année 1615, et a même paru beaucoup plus tard; mais nous avons voulu poursuivre les idées machiavéliques jusqu'au moment où elles ont cessé d'avoir une influence notable, et se sont en quelque sorte dispersées dans d'autres doctrines. Nous irons donc plus avant encore dans le xviie siècle, et nous nous arrêterons à un ouvrage où se trouve le plus pur de la doctrine de Machiavel, et même un peu plus : nous voulons parler du curieux et spirituel ouvrage de Gabriel Naudé, intitulé *Considérations politiques sur les coups d'État*. Lorsque les doctrines du livre ne porteraient pas en elles-mêmes leur caractère, son origine en indiquerait assez l'esprit. Gabriel Naudé a fait ce livre pour le cardinal de Bagni, italien avec lequel il avait fait un long séjour à Rome, où il s'était inspiré de la politique italienne. Il cite d'ailleurs assez souvent, dans son livre, Machiavel comme un maître, auquel il ne reproche que d'avoir dévoilé le secret des habiles gens (1). Enfin sa sympathie pour cet auteur nous est attestée par l'un de ses intimes qui le connaissait bien, le caustique et judicieux Gui-Patin (2).

Le livre des *Coups d'État*, quoique de la même école, et inspiré du même esprit que le *Prince* de Fra-Paolo, est loin d'inspirer la même répulsion. On sent qu'on a affaire à un machiavélisme de cabinet beaucoup moins redoutable que le machiavélisme d'action. Il y a d'ailleurs une telle naïveté dans les noires spéculations du bon *Parisien*, il semble si fier d'être *dégourdi et déniaisé* en politique (3), il y va de si bonne foi et de si bonne grâce, qu'il est difficile de le prendre très au sérieux. Il nous apprend qu'il n'a jamais pensé à être un Néron ou un Busiris (4) (on le croit volontiers), et qu'il jetterait la plume et le papier au feu, s'il lui fallait acquérir la louange d'un homme fin et rusé dans les spéculations politiques, en perdant celle d'homme de bien. Prenons-le donc au mot, et ne voyons en lui qu'un savant naïf, un peu pédant, quoi qu'il en dise (5), libre penseur,

---

(1) « On lui peut savoir néanmoins mauvais gré de ce qu'il a le premier franchi le pas, rompu la glace et profané, s'il faut ainsi dire, par ses écrits, ce dont les plus judicieux se servaient comme des moyens très-cachés et puissants pour mieux faire réussir leurs entreprises. » *C. d'État*, c. II, p. 7, Ed. 1667.

(2) Gui-Patin, t. II, p. 479. Ed. Réveillé-Parise. « Il prisait très-fort Machiavel, et disait de lui : Tout le monde blâme cet auteur : or tout le monde le suit et le pratique, et principalement ceux qui le blâment. »

(3) *C. d'État*, I, p. 42.

(4) *Ib.*, 48, c. I.

(5) *Ib.*, 36. « Le pédantisme a bien pu gagner quelque chose pendant sept ou huit ans que j'ai demeuré dans les colléges, sur mon

fier de ne pas juger comme la foule, et de connaître les malices de la grande politique, mais aussi innocent au fond du cœur, qu'il est cruel et noir sur le papier.

Nous connaissons maintenant trop le machiavélisme, pour qu'il soit nécessaire d'en emprunter encore à Naudé une nouvelle exposition. Nous signalerons seulement le passage le plus curieux et le plus intéressant du livre, l'apologie de la Saint-Barthélemy (1).

On a quelquefois justifié ou excusé la Saint-Barthélemy au point de vue religieux. Ce n'est pas une justification de ce genre qu'entreprend Gabriel Naudé. Naudé était fort peu croyant, libertin même, comme on disait alors; et son compère Gui-Patin nous apprend que, dans leurs petites débauches, ils en disaient des plus hardies, et allaient aussi loin que possible (2). Ce n'est donc pas la passion religieuse qui a déterminé le jugement de Naudé. Il ne voit dans la Saint-Barthélemy qu'un acte politique, et un admirable coup d'État : « Pour moi, dit-il, encore que la Saint-Barthélemy soit à cette heure également condamnée par les protestants *et les catholiques*, je ne craindrai pas toutefois de dire *que ce fut une action très-juste et très-remarquable*, et dont la cause était plus que légitime... C'est une grande lâcheté, ce me semble, à tant d'historiens français d'avoir abandonné la cause du roi Charles IX. » Naudé ne fait qu'un reproche à la Saint-Barthélemy, c'est d'avoir été incomplète, et il prononce ces paroles, qui sont affreuses :

---

corps et façons de faire extérieures, *mais je puis me vanter qu'il n'a rien empiété sur mon esprit.*

(1) *Ib.*, c. III, p. 69 et suiv.

(2) Gui-Patin, t. II, p. 508 : « Je fis l'an passé ce voyage avec M. Naudé; moi seul avec lui, tête à tête; il n'y avait point de témoin; aussi n'en fallait-il point; nous y parlâmes fort librement de tout, sans que personne en ait été scandalisé. » — (Voy. toute la lettre.)

« Il y avait un grand sujet de louer cette action, comme le seul recours aux guerres qui ont été depuis ce temps-là et qui suivront peut-être jusqu'à la fin de la monarchie, si l'on n'eût point manqué à l'axiome de Cardan : *Nunquam tentabis, ut non perficias.* Il fallait imiter les chirurgiens experts, qui pendant que la veine est ouverte, *tirent le sang jusqu'aux défaillances.* Ce n'est rien de bien partir si l'on ne fournit la carrière : le prix est au bout de la lice, et la fin règle toujours le commencement. » Que signifient toutes ces métaphores? Que l'on n'a pas tué assez de huguenots à la Saint-Barthélemy. Telle était l'opinion d'un libre penseur au xviie siècle sur cet événement déplorable qui souille notre histoire.

Aux objections qu'il se fait à lui-même, il répond avec la même sécheresse et la même immoralité. Le procédé, dit-on, n'est pas légitime. Je renvoie aux théologiens, *de fide Hereticis servanda.* « Certes ils nous la baillèrent si belle par leur peu de jugement que c'eût presque été une pareille faute à nous de la manquer. » D'ailleurs on a dit que les huguenots en auraient fait autant ; « pour moi, j'estime que chacun peut le tenir pour constant. » Supposition vraisemblable en effet, que les huguenots eussent résolu de massacrer tous les catholiques, c'est-à-dire toute la France. On objecte la grande effusion de sang; mais elle n'égala pas celle des journées de Coutras et de Montcontour! Sophisme qui saute aux yeux; car le sang versé dans une bataille n'est pas le même que le sang versé dans un guet-apens. Puis Naudé rappelle toutes les grandes barbaries de l'histoire, et soutient que la Saint-Barthélemy n'a pas été une des plus sanglantes. Mais enfin, dit-on, beaucoup de catholiques furent enveloppés dans le massacre.

Voici la réponse : « *Habet aliquid ex iniquo omne magnum exemplum, quod contra singulos utilitate publica rependit.* »

Mais pourquoi cette action si grande et si utile a-t-elle été universellement blâmée ? « J'en attribue la cause, dit Naudé, *à ce qu'elle n'a été faite qu'à demi ; si l'on eût fait main-basse sur tous les hérétiques, il n'en resterait maintenant aucun, au moins en France, pour la blâmer,* et les catholiques pareillement n'auraient pas sujet de le faire, voyant le grand repos et le grand bien qu'elle leur aurait apporté. » Malgré son admiration pour la Saint-Barthélemy, l'auteur des *Coups d'État* est obligé de reconnaître qu'elle a été l'origine d'un grand mal, *dont nul ne pouvait se douter ;* car toutes les villes qui firent la Saint-Barthélemy ont été les premières à commencer la Ligue. Voilà à quoi a servi ce grand coup ! Il en est de l'admiration de Naudé pour la Saint-Barthélemy, comme de celle de Machiavel pour César Borgia. L'un et l'autre sont obligés d'avouer à la fin que ces beaux moyens si vantés par eux, et que repousse la conscience, ont trompé ceux qui les employaient.

On regrette d'avoir à compter parmi les partisans d'un demi-machiavélisme, qui, tout en combattant Machiavel, lui accordent encore plus qu'il ne convient, l'un des plus grands esprits du xviie siècle, le fondateur de la philosophie moderne, Descartes (1). Le reproche principal qu'il lui adresse et qui a été souvent reproduit, c'est que l'auteur ne distingue pas assez entre les princes qui ont acquis leur État par des voies justes et

(1) Descartes a été amené à dire son avis sur le livre du *Prince* par la princesse Élisabeth qui lui avait demandé de le lire (*Lettre à la princesse Élisabeth*, éd. Cousin, t. IX, p. 387).

ceux qui l'ont usurpé par des moyens illégitimes : « Comme en bâtissant une maison dont les fondements sont si mauvais qu'ils ne sauraient soutenir des murailles hautes et épaisses, on est obligé de les faire faibles et basses, ainsi ceux qui ont commencé à s'établir par des crimes, sont ordinairement contraints de continuer à commettre des crimes. » Il blâme donc Machiavel d'un grand nombre de maximes tyranniques et odieuses; et il pense que, même à un prince nouveau, il faudrait proposer des maximes toutes contraires. Voilà la part de la critique; mais bientôt, on s'étonne de rencontrer chez cet adversaire de Machiavel, des maximes telles que celles-ci : « On doit *supposer* que les moyens dont le prince s'est servi pour s'établir ont été justes, *comme, en effet, je crois qu'ils le sont presque tous, lorsque les princes qui les pratiquent les estiment tels ; car la justice entre les souverains a d'autres limites qu'entre les particuliers; et il semble qu'en ces rencontres Dieu donne le droit à ceux auxquels il donne la force.* » Cette maxime n'est autre chose que le principe même du machiavélisme. Descartes va plus loin et affirme « *qu'à l'égard des ennemis, on a quasi permission de tout faire,* » et pour qu'on ne s'y trompe pas, il ajoute : Même je comprends sous le nom d'ennemis tous ceux qui ne sont point amis ou alliés, pour ce *qu'on a droit de leur faire la guerre quand on y trouve son avantage, et que, commençant à devenir suspects et redoutables, on a lieu de s'en défier.* » Voilà où en était le droit des gens avant Grotius; et l'on voit par là combien l'on doit à ce grand homme d'avoir essayé d'établir quelques règles dans ce droit barbare de la guerre où l'on se croyait tout permis. Descartes ne fait qu'exprimer naïvement les idées reçues, en affirmant qu'on a droit de tout faire à l'égard des ennemis, et qu'on doit appeler ennemis tous ceux qui sont redoutables. Telle était la force du machiavélisme qu'il envahissait et corrompait ceux-là mêmes qui voulaient le réfuter.

Cependant, vers le milieu du xviie siècle, le machiavélisme semble disparaître, au moins de la spéculation : ses principes se transforment et se dispersent en quelque sorte dans d'autres doctrines, et en particulier dans celle de Hobbes. On peut donc dire, en un sens, que les principes de la politique s'améliorent. On en voit la preuve dans le Testament politique de Richelieu (1). Ce grand ministre, qui ne passe pas pour avoir été trop timoré dans ses actes, ne se serait pas fait de scrupules sur les principes, si l'esprit de son temps n'eût commencé à devenir défavorable à la politique machiavélique. On trouve dans son testament les traces de son génie despotique (2) ; mais assez peu de traits qui sentent le machiavélisme. On voit qu'un esprit plus grand entre dans la politique. C'est le siècle du pouvoir absolu, mais d'un pouvoir gouverné par des pensées plus nobles et plus magnifiques. Au siècle de Catherine de Médicis, de Charles IX et d'Henri III succède le siècle de Henri IV, de Richelieu et de Louis XIV.

Il y a évidemment un reste de Machiavélisme dans ce que Richelieu dit de la justice d'État, qui doit se conduire par d'autres voies que la justice ordinaire : « Encore qu'au cours des affaires ordinaires, la justice requière une preuve authentique, il n'en est pas de même en celles qui concernent l'État, puisqu'en tel

---

(1) Voir plus loin, liv. IV, ch. i.
(2) Éd. 1667. Le *Testament politique*, dont l'authenticité a été contestée par Voltaire, est admis aujourd'hui par tous les historiens. Au moins est-il certain qu'il a été écrit d'après ses inspirations.

cas, *ce qui paraît par des conjectures pressantes doit quelquefois être tenu pour suffisamment éclairci*..... Il faut en de telles occasions *commencer quelquefois par l'exécution*, au lieu qu'en toute autre, l'éclaircissement des droits par témoins et par pièces irréprochables est préalable à toutes choses. » Richelieu reconnaît qu'un tel principe est dangereux; aussi recommande-t-il de ne pas se servir des derniers et extrêmes moyens, et de n'employer que les moyens innocents, tels que *l'éloignement et la prison* (1).

Si ces maximes et quelques autres sont encore empreintes de l'esprit machiavélique, il faut reconnaître en même temps qu'aucun écrivain politique n'a condamné d'une manière plus forte et plus éclatante le principe de l'infidélité aux engagements. « Les rois, dit-il, doivent bien prendre garde aux traités qu'ils font, mais quand ils sont faits, *ils doivent les observer avec religion*. Je sais bien que beaucoup de politiques enseignent le contraire; mais sans considérer ce que la foi chrétienne peut nous fournir contre ces maximes, je soutiens que puisque la perte de l'honneur est plus que celle de la vie, un grand prince doit plutôt *hasarder sa personne et même l'intérêt de son État que de manquer à sa parole*, qu'il ne peut violer sans perdre sa réputation, et, par conséquent, *la plus grande* force du souverain (2). » Après le témoignage d'une telle autorité, il est impossible de renouveler les maximes de Machiavel sur la violation des engagements : on pourra encore les pratiquer; mais nul n'osera en faire une doctrine. La parole de Richelieu est ici d'un plus grand poids que celle d'aucun théoricien. Ce qui ne serait qu'un lieu

---

(1) *Testament politique*, 2º part., c. v.
(2) *Ib.*, 2º part., c. vi.

commun chez un philosophe, a la force d'une sentence sous la plume d'un grand homme d'État.

Après avoir suivi jusqu'au milieu du xviie siècle les derniers vestiges du machiavélisme, nous devons parler de l'opposition qu'il a soulevée. Cette opposition est très-vive, surtout dans la seconde partie du xvie siècle, et l'on citerait à peine un publiciste de cette époque qui n'ait dit son mot contre Machiavel. De toutes parts, il s'éleva des traités, où les maximes de Machiavel étaient directement ou indirectement réfutées ; mais, parmi ces traités, pas une œuvre de génie ; pas une qui mérite de vivre. On vit je ne sais combien de traités du Prince chrétien, où la morale remplaçait la politique (1) ; puis, un certain nombre de réfutations directes, parties des deux camps qui se divisaient alors l'empire de la science et de la politique : les Catholiques et les Protestants. Ce fut le protestantisme qui produisit la réfutation la plus étendue et la plus virulente. En 1576 ou 1578, quatre ans après la Saint-Barthélemy, un protestant, Innocent Gentillet, donna une réfutation en règles, qui fit beaucoup de bruit, et reçut le nom d'*Anti-Machiavel*, titre repris plus tard

---

(1) *De officio principis christ.*, lib. III, Auct. è soc. Jesu Bellarmino, Colog. 1619. *Princeps Christ. adv. Machiav.* à Petr. Ribadeniera, traduction, May 1603. Parmi ces traités, le seul qui mérite d'être mentionné ici et pour le nom de l'auteur, et pour quelques-unes des idées qu'il contient, est l'*Institutio principis christiani* d'Érasme. Cet ouvrage ne peut être considéré comme une réfutation du *Prince* de Machiavel, puisqu'il en est contemporain ; mais il semble en être la contre-partie Machiavel a cherché son héros dans l'histoire de son temps, et il l'a trouvé dans César Borgia. Érasme a formé le sien à l'image du Cyrus de Xénophon, et à l'école de Platon et de Plutarque (sur la politique d'Érasme, voir plus loin, ch. v). Cette série d'ouvrages sur le Prince chrétien se poursuit dans le xviie siècle jusqu'à Balzac et à Duguet. La *Politique de l'Écriture sainte* de Bossuet se rattache encore par un certain côté à cette tradition.

et rendu célèbre par un autre adversaire, bien plus illustre. C'est à cette source que vinrent puiser les autres adversaires de Machiavel au xvie siècle, et en particulier les adversaires catholiques, parmi lesquels on peut citer le jésuite Possevin, l'oratorien Bosio et le jésuite espagnol Ribadeneira.

Reproduire cette polémique dans laquelle n'entrèrent que des esprits médiocres et sans portée, serait un travail fastidieux. Nous dirons seulement quelques mots de l'*Anti-Machiavel* de Gentillet, plus intéressant d'ailleurs par les circonstances politiques dans lesquelles il fut écrit que par le fond même du livre. Gentillet n'attaque pas seulement dans Machiavel une doctrine philosophique, spéculative, abstraite : ce qu'il attaque sous le nom de Machiavel, c'est Catherine de Médicis, c'est Charles IX, c'est la cour de France; c'est la politique florentine transportée à Paris, ce sont les persécuteurs du protestantisme, les ennemis de toute liberté nationale, les auteurs, les instigateurs de la Saint-Barthélemy. Dédié au duc d'Alençon, frère du roi, chef du parti des Politiques, ce livre, écrit et imprimé à Genève, a cet intérêt qu'offre toujours une passion vive et un sentiment légitime. Il dénonce un fait vrai, c'est que sous l'influence des doctrines machiavéliques, la monarchie française s'était dénaturée, et se rapprochait chaque jour davantage des tyrannies italiennes. Que ce fait soit exagéré par la passion et la polémique, on peut l'admettre; mais il a un fond de vérité; et c'est là qu'est, selon nous, le principal intérêt de l'*Anti-Machiavel*. « Voilà quinze ans, dit l'auteur, que la France gémit sous le joug de la tyrannie. » Ce qui nous ramène à peu près à l'avénement de Charles IX. L'auteur attribue cette tyrannie à l'audace de ceux qui ont abusé, dit-il, de l'âge tendre et de la bonté de nos rois : allusion évidente à Catherine de Médicis. Puis, s'adressant au duc d'Alençon, qui était alors l'espoir des protestants, il l'appelle le libérateur providentiel de la France, *fatalem liberatorem Galliæ,* il l'invite à chasser cette tyrannie barbare des étrangers, *peregrinorum cruentam tyrannidem,* à rétablir l'ancienne politique du gouvernement de France, à renvoyer en Italie cette politique nouvelle venue de Machiavel, *evellendam relegandamque novam gubernandi rationem in Italiam, unde à Machiavello ad nos deducta est* (1).

Quant au fond des choses, la réfutation de Gentillet manque complétement d'originalité et d'intérêt. Elle est d'abord très-injuste à l'égard de Machiavel, dont l'auteur ne connaît pas même la vie, et dont il ne paraît pas soupçonner le génie. Voici en effet comment il en parle : « Quant à sa vie et à sa mort, je n'en ai rien appris de certain, et je n'ai pas voulu m'en informer ; puisqu'il vaut mieux que la mémoire d'un homme si méprisable soit ensevelie dans un éternel oubli... (2) » Il ajoute que Machiavel parle plusieurs fois de son séjour à Rome et en France, « où il était allé, non comme ambassadeur (car il ne se serait point tu sur ce fait), mais vraisemblablement *comme proscrit et comme fugitif.* » Ailleurs, il lui reproche d'être absolument ignorant en politique, et *d'avoir à peine quelque teinture de l'histoire.* On comprend qu'une réfutation entreprise dans de telles dispositions ne doit pas se faire remarquer par l'exactitude et l'impartialité; qualités d'ailleurs assez peu communes au xvi*e* siècle. Il y a donc beaucoup d'inexactitudes dans Gentillet ; il force le sens de Machiavel ou

(1) Déd. au prince d'Alençon.
(2) *Ant.-Mach.* l. I, th. 1.

exagère sa pensée pour la combattre. Par exemple, Machiavel dit-il que le prince doit tirer sa sagesse de lui-même et non de ses conseillers, principe très-vrai et très-salutaire, Gentillet le combat comme s'il voulait dire que le prince ne doit point avoir de conseillers, et ne consulter personne, ce qui est l'opposé même de la pensée de Machiavel (1). Enfin quelquefois Gentillet renchérit sur la pensée de son adversaire ; et la passion religieuse le rend plus machiavélique que Machiavel même.

Quoique la polémique de Gentillet soit en général lourde et banale, il a quelques idées justes et qui pourraient avoir une certaine portée entre les mains d'un esprit plus philosophique. Par exemple, on sait quel est le principe dont parlait Machiavel : c'est que le politique ne doit pas écrire, comme s'il était dans la république de Platon ; mais, comme disait Néron, dans la lie de la cité de Romulus. « Les autres, disait Machiavel, ont décrit des républiques imaginaires, des princes imaginaires. Le vrai politique recherche ce qui peut être, et non ce qui doit être. » Gentillet répond avec raison : « Quant à ces conceptions de républiques parfaites qu'ont imaginées certains philosophes, ils n'ont pas cru que rien de semblable pouvait exister, mais ils les ont proposées aux princes et aux chefs des républiques comme des modèles à imiter... Si le prince en effet choisit pour modèles ceux que lui donne Machiavel, César Borgia, Agathocle, etc., que fera-t-il de grand, de digne de louange, puisque les modèles qu'il aura choisis sont eux-mêmes l'opposé de la vertu... Machiavel a donc tort de dire qu'il faut négliger l'idéal pour le

---

(1) *Ib.*, l. III, th. 28.

réel (*negligenda quæ de perfecta principis forma script sunt, et quæ in usu sunt, sequenda*)... Car s'il soutient que dans la réalité, il n'y a que des vices, il donne lui-même un conseil détestable et pernicieux : s'il avoue qu'il y a quelque vertu, pourquoi donc rejeter alors ce modèle de prince parfait, même lorsqu'on ne pourrait jamais espérer d'atteindre à cette perfection (1)? » Il faut encore reconnaître un mérite à l'auteur de l'*Anti-Machiavel*, celui d'avoir essayé de tirer parti de l'histoire. En cela même il était de l'école de son adversaire, et il lui empruntait les armes par lesquelles il le combattait. Ajoutez enfin que Gentillet a assez bien vu l'une des causes des erreurs de Machiavel, le peu d'étendue de son expérience, et surtout l'influence des exemples de l'Italie. « Quelle expérience a pu avoir, dit-il, un homme qui ne connaissait guère que les querelles de quelques républiques et de quelques petits princes, les factions et les institutions et quelques misérables Florentins (2)? » Que ce soit là une des causes des erreurs de Machiavel, cela n'est pas douteux. Mais il eût été juste de faire remarquer combien il avait fallu de génie pour arriver à des vues si profondes et si étendues dans un champ d'expérience si étroit.

Si médiocre que soit l'*Anti-Machiavel*, de Gentillet, il est encore supérieur à la plupart des autres écrits du même genre; et ce fut lui qui leur fournit des armes. Au premier rang des adversaires de Machiavel, se comptent les jésuites. Possevin, dans les quelques pages intitulées : *Cautio de iis quæ scripsit tum Machiavellus, tum is qui adversus eum scripsit Anti-Machiavellus* (1592),

---

(1) L. III, c. 27.
(2) Præf. p. 6.

nous donne lui-même la preuve qu'il n'a pas même ouvert Machiavel. Car il parle des *deux livres*, où cet organe de Satan a parlé du prince (*prioribus duobus libris, quibus de principe agit*). Or, de deux choses l'une, ou il a cru que le traité du *Prince* avait deux livres, ou il a cru que les deux traités de Machiavel roulaient sur le *Prince* : dans les deux cas, il est évident qu'il ne l'avait pas lu. Il n'a fait autre chose qu'emprunter à Gentillet ses titres de chapitre, en le reproduisant presque textuellement. Mais il a soin d'envelopper Gentillet dans la même condamnation. Il termine par une sèche analyse du *de Regimine principum*, de saint Thomas.

Le *Princeps Christianus* de Ribadeneira a plus de mérite que la misérable compilation de Possevin. Mais c'est plutôt un traité contre la liberté de conscience que contre Machiavel. Cependant la seconde partie du traité expose les devoirs du prince chrétien, opposé au *Prince* de Machiavel. C'est la piété, la justice, la prudence, la libéralité, le tout accompagné d'exemples historiques, anciens ou modernes. Il serait impossible de trouver, dans ce monotone catéchisme, la trace d'une idée originale et intéressante.

Enfin, comme les protestants avaient eu leur *Anti-Machiavel*, la cour de Rome voulut avoir le sien. La charge officielle de réfuter Machiavel fut décernée à l'oratorien Bosio, dont nous avons lu deux ouvrages, d'une déplorable médiocrité : le *de Robore bellico* (1) et le *de Imperio virtutis* (2). Le premier de ces deux ou-

---

(1) Liber unus adv. Mach. Col. 1594.
(2) *De Imperio virtutis*, sive imperia pendere a veris virtutibus non simulatis, lib. duo adv. Mach. Col. 1594. Ginguené ne cite pas le *de Robore bellico*; mais il cite un autre ouvrage que nous n'avons pas

vrages est consacré à réfuter cette opinion de Machiavel, que la religion chrétienne a détruit et affaibli le courage des peuples modernes. Le second ouvrage de Bosio est contre l'hypocrisie du *Prince*. On peut se donner une idée de la monotonie du livre par la simple table des matières. Les rois hypocrites ont été souvent massacrés par les ennemis; les bons au contraire. Les empereurs et les rois hypocrites ont eu une vie très-courte, et les bons au contraire. Beaucoup de rois hypocrites, n'ayant pas éprouvé de plus grands malheurs, ont été chassés de leurs royaumes, et ont vécu dans la misère. Les rois hypocrites ont vécu dans la crainte, dans les soucis; les bons dans la tranquillité de l'âme. Les rois hypocrites ont eu mille afflictions et ont vécu très-malheureux. Les rois hypocrites ont été tourmentés par les séditions et les révoltes. Voilà ce que l'on appelait alors une réfutation de Machiavel. Est-il surprenant que cette inintelligente confusion de la morale et de la politique ait inspiré à Scioppius son apologie du machiavélisme?

Pour épuiser l'énumération de toutes les critiques de Machiavel, il faudrait aller jusqu'au XVIII° siècle, qui nous offre une réfutation des plus célèbres, œuvre d'un prince illustre et d'un grand homme. Mais cette réfutation elle-même n'est encore qu'une œuvre assez banale, pleine de déclamation et sans portée politique. Il est d'autant plus difficile de la prendre au sérieux que son auteur, comme on le sait, n'eut rien de plus pressé, aussitôt après son avénement au trône, que de supprimer l'édition autant qu'il le put, et que lui-même, dans sa conduite, ne négligea guère d'appliquer les principes

rencontré, *de Antiquo et novo Italiæ statu*, adv. Nic. Mach. lib. IV, 1594 et 1595, in-8°.

qu'il avait combattus en théorie. On a dit avec raison qu'il n'y a rien de plus conforme au machiavélisme, que de réfuter Machiavel, comme héritier présomptif, pour en appliquer plus sûrement les maximes, comme prince régnant. L'*Anti-Machiavel* de Frédéric II n'a donc que très-peu de valeur par lui-même. Il ne vaut que comme témoignage de l'esprit du xviiie siècle, qui imposait aux princes l'obligation de flatter l'opinion, même en la trompant.

Au reste, rien n'est plus difficile qu'une réfutation vraiment philosophique de Machiavel; et aucun sujet ne prête plus au lieu commun. Sans doute la conscience publique et le sentiment naturel répugnent invinciblement à de telles doctrines : et c'est là déjà une condamnation suffisamment accablante. Mais si l'on veut démêler avec précision les sophismes dans lesquels s'enveloppe le machiavélisme, on y rencontrera quelque difficulté. Selon nous, c'est sur le principe même de la doctrine que doivent porter les efforts de la critique. Ce principe est confus et complexe; de là vient qu'il peut tromper certains esprits. Quel est-il? C'est qu'il faut être méchant avec les méchants, et tromper ceux qui nous trompent; c'est la loi de la réciprocité.

Ce qui fait la confusion et l'embarras de ce principe, c'est qu'il est assez voisin d'un autre très-vrai et très-légitime, à savoir qu'il est permis de se défendre par la force contre quiconque nous attaque par la force. C'est sur la confusion de ces deux principes que le machiavélisme s'établit. La critique doit donc s'efforcer de montrer qu'il y a là deux principes et non pas un seul, que le droit de rendre le mal pour le mal n'est pas la même chose que le droit de se défendre. Dans le premier cas, nous nous autorisons du mal qu'on nous a fait, ou qu'on veut nous faire pour justifier celui que nous préparons, nous croyons être déliés de la loi de l'honneur et de la justice par cette seule raison que notre ennemi s'en est le premier délié, comme si sa volonté était le principe de notre devoir, comme si la loi morale était un pacte entre lui et nous. Voilà le principe de Machiavel : c'est la justice des temps barbares ; c'est la loi du talion : œil pour œil, dent pour dent, perfidie pour perfidie. C'est la loi sous laquelle vit l'homme, lorsqu'il est encore à peine sorti de l'espèce animale, et que l'homme est un loup pour lui, *homo homini lupus*. Voilà la justice du XVe et du XVIe siècle, de ces temps où une culture nouvelle de l'intelligence ne faisait encore qu'aiguiser les appétits féroces et cruels du barbare : c'est le temps où la réflexion vient apprendre aux politiques qu'au lieu de combattre en champ clos, à main armée, sous l'œil de Dieu, il vaut mieux rivaliser de finesse, de mensonge et de ruse. Ainsi, le principe de Machiavel, c'est le principe de la guerre sans fin, sans interruption, sans trêve, guerre ouverte ou guerre secrète, guerre intérieure et guerre extérieure, guerre sous toutes les formes, par toutes les armes, à tous les instants de la vie des peuples et des souverains.

En est-il de même du droit de défense? Le droit de défense est évidemment limité à un seul cas, celui d'une attaque effective : il a un objet déterminé et circonscrit, celui de repousser l'attaque. L'attaque une fois repoussée, tout est comme auparavant, les mêmes droits et les mêmes devoirs subsistent. La justice, l'honneur, la fidélité aux promesses, rien n'est abrogé ; les lois de la morale, qui sont en même temps les lois protectrices de la société humaine, ne changent pas selon le besoin que nous en avons. Le droit de défense ne peut donc pas aller jusqu'au droit de prévenir une attaque future et supposée par une attaque anticipée, de prévenir l'emploi possible de la force contre nous, par l'emploi certain de la ruse contre l'ennemi, jusqu'au droit de supposer partout et toujours des ennemis prêts à prendre les armes et à nous tromper, et en conséquence, de s'armer le premier, et de tromper d'avance, jusqu'au droit de s'agrandir aux dépens des autres, dans la crainte qu'ils ne s'agrandissent à nos dépens, de violer les traités, sous prétexte qu'ils les violeront, enfin de trahir et de massacrer tous ceux qui gênent la grandeur ou la puissance du prince, par cette raison qu'ils n'attendent que le moment de l'accabler. Le droit va-t-il jusque-là? On ne saurait le dire; car ce serait confondre la défense avec l'oppression.

Le machiavélisme ne repose que sur des équivoques : par exemple, ce principe : Que la morale est relative aux circonstances, est susceptible de deux interprétations contraires, l'une juste et l'autre fausse. Les droits et les devoirs naissent sans doute des rapports des choses et des personnes. Les devoirs ne sont pas les mêmes envers les parents qu'envers les étrangers, envers les amis qu'envers les parents. Mille circonstances font varier ces rapports. Je dois plus à l'homme qui m'a fait du bien qu'à un homme en général. Entre deux bienfaiteurs, je dois plus à celui qui avait le moins et qui a fait le plus; et ainsi à l'infini. L'appréciation de ces circonstances et des modifications de devoir qui en résultent constitue le tact moral et la délicatesse de la conscience. La loi morale n'est pas, selon l'expression d'Aristote, une règle de fer; c'est une règle lesbienne, c'est-à-dire mobile, qui s'applique à tous les cas et à toutes les circonstances possibles. Par exemple, dit encore Aristote, on ne demandera pas le même courage à un enfant qu'à un homme, ni envers un lion qu'envers un loup. On ne peut nier non plus que les circonstances n'aient leur part et leur droit dans l'accomplissement des promesses. Par exemple, vous avez promis de secourir un allié; mais votre armée est décimée par la maladie; elle est devenue incapable de franchir l'espace qui vous sépare du lieu du rendez-vous; vous ne pourriez l'essayer qu'en la condamnant à une ruine certaine. Êtes-vous tenu à l'exécution de la promesse? Vous êtes tenu sans doute à faire tout ce qui est possible, mais non pas au delà. Ainsi, le possible est donc en certains cas la mesure de l'obligation. De ces différentes considérations, on voit comment on peut être entraîné à cette doctrine machiavélique, que tout dépend des circonstances, qu'il n'y a point en politique de bien ou de mal absolu, et que le salut est la loi suprême. Vous voilà entre deux grandes difficultés; car, si vous ramenez tout aux circonstances, vous donnez gain de cause au machiavélisme; si vous ne concédez rien aux circonstances, vous faites une morale abstraite et inapplicable, vous tombez dans l'erreur stoïcienne, que toutes les fautes sont égales, vous avez enfin contre vous cet axiome de droit, si juste et si élevé, *summum jus, summa injuria*. Tels sont les conflits de la conscience dans ces délicates questions; et ces conflits nous expliquent comment des esprits droits et honnêtes peuvent s'y perdre. Il faut essayer de trancher ou de dénouer ces difficultés.

C'est ne rien comprendre à la loi que de la concevoir comme une force abstraite et une règle indéterminée, qui ne s'applique pas plus à ceci qu'à cela. Car elle est, selon Montesquieu, un rapport nécessaire dérivant de la nature des choses. Il faut donc tenir compte de la nature des choses dans l'application de la loi. Par exemple, si l'on doit aimer même ses ennemis, parce que ce sont des hommes, et que le rapport principal de l'homme à l'homme n'est pas effacé par le rapport secondaire de l'ami à l'ennemi, il ne résulte pas de là cependant que vous ne devez faire aucune différence entre l'ami et l'ennemi, car ce serait une injustice pour l'ami ; ni que vous deviez traiter l'ami infidèle comme l'ami fidèle, celui d'hier, comme celui d'autrefois ; et l'homme qui ne tiendrait pas compte de ces différences dans sa conduite, ferait faute sur faute : il serait semblable à un savant qui voudrait pointer un canon, selon la formule, sans tenir compte de la disposition des terrains, de la résistance des milieux, et de l'élasticité des métaux. Voilà dans quel sens on peut dire que la morale change avec les circonstances. Faut-il en conclure qu'elle change avec toutes les circonstances ? Non, sans doute, car ce serait alors détruire l'idée même de la loi. Dans la nature physique, les lois se modifient par leur rencontre avec d'autres lois ; mais elles ne se modifient pas par toute espèce de circonstances. Ainsi, on ne voit pas que la couleur d'un objet change rien à son poids. Il en est de même en morale. Le principe de la morale, c'est l'ordre ; et l'ordre résulte du rapport déterminé des choses entre elles selon leur nature. Par exemple, c'est l'ordre qui veut que vous fassiez plus pour un parent que pour un ami, pour un ami que pour un concitoyen, pour un concitoyen que pour un homme ; et ces relations dépendent de la nature même des choses. Mais il ne suffit point que les circonstances changent pour qu'une chose défendue devienne permise. Autrement il n'y aurait plus rien de défendu ni d'ordonné. Une défense implique une contrainte, et par conséquent une certaine opposition aux désirs, aux passions, aux intérêts de celui auquel elle est faite. Il est évident que si la défense et l'obligation étaient toujours d'accord avec la commodité de l'agent, elles seraient parfaitement inutiles. Elles doivent donc subsister, lors même que cet accord ne subsisterait plus. Si le changement dans les intérêts de l'agent ne change rien à la nature de la défense et de l'obligation, il en est de même de la diversité des conditions sociales. Car, de ce qu'un homme est un prince au lieu d'être un ouvrier, il ne résulte pas qu'il ait plus qu'un autre le droit de violer ses promesses, et de massacrer ses ennemis. Le titre de souverain, de roi, de république, n'a donc aucune influence sur la loi de la fidélité aux promesses ; car ce qui fait qu'une promesse doit être observée, ce n'est point qu'elle est faite par tel ou tel, c'est qu'elle est une promesse. Il en est de même de l'obligation de respecter la vie des hommes. On voit donc dans quel sens la morale est relative aux circonstances, et dans quel sens elle ne l'est pas.

Il y a encore dans le machiavélisme une confusion entre deux principes semblables et très-différents. L'un est celui-ci : La fin justifie les moyens. L'autre est celui-là : Le mérite est dans l'intention. En vraie morale, ce n'est pas l'acte qu'il faut considérer, c'est l'intention. Un acte bon, accompli dans une intention mauvaise, est mauvais : dans un but d'intérêt personnel, il est indifférent et n'a aucune valeur morale. Au contraire, un acte mauvais, que l'on croit bon, et que l'on accomplit pour bien faire, devient bon. Et cette doctrine est si vraie, que saint Thomas va jusqu'à dire que c'est pécher que de ne pas faire le mal, lorsque l'on croit que le mal est le bien. C'est là peut-être beaucoup dire, et l'on pourrait contester cette conséquence. Mais ce qui est certain, c'est que le sauvage qui tue son père, ne fait pas mal, puisqu'il croit faire bien, et qu'il veut bien faire. L'agent moral n'est responsable que de ce qu'il a su, compris et voulu. Nier cela, c'est remplacer la justice morale par la justice légale, c'est détruire toute notion de responsabilité, c'est confondre le bien et le mal moral avec la santé et la maladie, avec la science et l'ignorance, avec les avantages et les difformités de la nature. Même devant la justice sociale, c'est encore l'intention qui est le principe de la culpabilité; car l'imprudence, l'absence de discernement, la démence, sont des causes d'acquittement ou d'atténuation; et la préméditation est une circonstance aggravante.

Il n'y a donc pas moyen de nier ce principe, que la moralité est dans l'intention. Mais voyez les conséquences apparentes. Si l'intention est l'unique élément de l'action morale, il suffit que j'aie une bonne intention pour que mes actions soient bonnes. Si, par exemple, pour sauver mon pays, je tue mon bienfaiteur, l'intention justifiera l'acte, la fin justifiera les moyens. Dès lors, toutes les actions peuvent être bonnes, car toutes peuvent, dans un cas donné, aboutir à une bonne fin. Or, la fin d'une action c'est la conséquence qui en résulte. La fin du meurtre de Rémus, c'est la fondation de Rome; la fin du massacre des éphores par Cléomène, c'est le rétablissement des lois de Lycurgue. Ainsi la bonté d'une action se mesurera sur ses résultats. Mais le caractère essentiel de l'action morale est d'être bonne par elle-même, indépendamment de ses résultats. « Fais ce que dois, advienne que pourra. » C'est le contraire qui est le vrai, si c'est la fin qui justifie les moyens, et si l'intention justifie l'action. Voyez quel conflit et quel embrouillement des principes de la morale. Ce principe, « tout est dans l'intention, » semble conduire à cette conséquence, « tout est dans le résultat, » ce qui est le renversement de la morale. Ici encore il faut y regarder d'assez près, pour se démêler entre ces principes ondoyants, qui semblent se jouer de la conscience, se perdre les uns dans les autres, et nous éblouir un instant de leurs fausses clartés, pour nous plonger ensuite dans les ténèbres.

Ce qui est vrai, certain, irrécusable, c'est qu'une action n'est bonne qu'autant que l'intention l'est elle-même; et aussi qu'une action mauvaise, faite sans mauvaise intention, n'est pas répréhensible. Mais pour que l'intention soit bonne, suffit-il que la fin soit bonne? Voilà la question; et c'est là qu'est le sophisme. Il y a sans doute des actions indifférentes par elles-mêmes, qui deviennent bonnes par la fin que l'on considère. Par exemple, couper une jambe, est un service rendu à un malade ou un crime envers un homme sain : c'est que l'action en elle-même n'a pas de caractère moral. Mais faire périr un innocent est un crime par soi-même; et il n'y a pas de fin qui puisse justifier un tel moyen. J'avoue que si en faisant périr un innocent, on croit faire bien, il n'y aura pas véritablement de crime : par exemple, le sauvage qui tue son père, Abraham sacrifiant son fils, les veuves indiennes brûlées sur le bûcher de leurs maris. Mais, dans ce cas, l'erreur porte sur l'acte lui-même : tel acte est mauvais, je le crois bon; je suis innocent. La question est tout autre, lorsque je demande si un acte, que je sais et que je crois mauvais, peut devenir bon par la fin que je me propose en l'accomplissant. Par exemple, puis-je tuer Rémus pour fonder Rome, massacrer les éphores pour réformer Lacédémone, assassiner César pour rétablir la liberté, brûler un hérétique pour défendre la loi catholique, et enfin faire les massacres de septembre pour épouvanter le monde et sauver la révolution? Ceux qui ont fait ces actions, ont pu ignorer qu'elles étaient mauvaises, et par conséquent en être innocents : nous n'avons pas à les juger, mais les actions en elles-mêmes sont injustifiables, et l'on ne peut en conclure qu'il soit permis de tout faire pour ce qu'on croit le bien.

Ces considérations suffisent à montrer par quelle confusion de principes le machiavélisme peut s'insinuer dans les esprits. Nous avons essayé de démêler quelques-uns de ces nœuds embarrassés; nous ne pourrions faire plus sans tomber dans une casuistique minutieuse et imprudente. Or, je suis disposé à croire que la casuistique est une science fausse. Elle combine à son gré les faits et les circonstances; elle met en opposition des principes et des motifs contraires, mais d'une égale importance; elle met la raison dans l'embarras, et la livre à une dialectique à double tranchant, qui ne peut guère produire que le scepticisme. Nous avons reçu de la nature un juge suprême du vrai et du faux en morale, la conscience : mais elle ne prononce qu'en présence des faits mêmes : c'est quand il s'agit d'une action réelle, présente, dont tous les éléments sont bien connus, que la conscience décide tout par un jugement rapide. Toute sa force est dans l'à-propos : elle est essentiellement une faculté spontanée. Mais, si au lieu de la mettre en présence de la réalité même, vous construisez à plaisir les circonstances des faits, et l'embarrassez dans une question abstraite, la conscience n'a plus la même clarté, ni la même certitude : elle laisse la place au raisonnement qui distingue, qui subtilise, et qui finit par éteindre le sentiment vif de la moralité des actes. Le sentiment moral s'éclaire et se fortifie de deux manières : par une forte méditation des principes, et par l'habitude de juger les actions réelles. Grâce à ces deux moyens de progrès, le sentiment moral n'a que faire de la casuistique. Il n'y a donc pas lieu de se poser ces questions compliquées, où l'on combine à plaisir les difficultés pour embarrasser la conscience. A *priori*, il n'y a qu'une chose à dire : la loi morale est absolue, et ne souffre pas d'accommodement. Quant aux difficultés particulières, c'est à la conscience à en décider à l'instant même ; et il n'appartient pas au raisonnement de lui dicter d'avance son jugement.

Au risque de passer pour un politique de cabinet, je dirai avec l'ancien adage : « L'honnêteté est la meilleure politique. » Il en est de la politique comme du commerce. Le commerce ne vit que de probité. Celui qui trompe gagne sur le détail ; mais il compromet l'ensemble de ses affaires. La loyauté est la mère du crédit ; et plus une maison est honnête, toutes choses égales d'ailleurs, plus elle est solide. Ainsi, en politique. Vous trompez aujourd'hui, et c'est un avantage ; car cette tromperie inattendue vous assure un gain particulier : mais on vous trompera demain ; et vous aurez perdu le fruit de votre première fraude. Comme vous n'offrirez aucune solidité dans les relations, nul ne s'attachera à vous, et vous n'aurez jamais que des alliés infidèles, et des ennemis cachés. L'honneur est le crédit des gouvernements. Il est vrai que les hommes ont tellement compliqué les rapports simples des choses et des affaires, ils font un tel mélange de l'intérêt personnel, de la cupidité, de l'ambition avec l'intérêt public et le patriotisme, des motifs nobles et des motifs bas, qu'il s'est formé une tradition d'habileté politique, d'après laquelle il paraît presque impossible de réussir par les voies simples et sincères. Mais quoiqu'il soit d'une extrême difficulté de conserver intacte en politique la parfaite sincérité, on peut cependant voir que dans l'histoire, les hommes qui ont mérité la plus grande réputation de vertu et de droiture, n'ont pas laissé que d'exercer une très-haute influence sur les affaires de leur temps. Nous pourrions citer Aristide, chez les anciens ; saint Louis, l'Hôpital, Washington, parmi les modernes. Quel que soit le préjugé répandu, lorsqu'un de ces grands caractères se montre, un respect universel l'entoure, et l'autorité de sa vertu lui tient lieu d'habileté. D'ailleurs, il n'est pas dit que la vertu doive se passer d'habileté, qu'elle doive ignorer les hommes, les ménagements des circonstances, les biais et les accommodements des affaires. Ce qui souvent a jeté du discrédit sur la vertu en politique, c'est d'abord qu'elle manquait de l'intelligence et de l'expérience, conditions de succès que la vertu ne peut pas remplacer ; en second lieu, c'est qu'elle n'était pas encore assez haute. La grande vertu commande le respect, fait plier devant elle la ruse et l'hypocrisie, tranche hardiment les difficultés des affaires, et oppose aux piéges de la rouerie politique l'énergie fière d'une conscience tranquille. Une vertu médiocre compose et cède : elle ne veut pas le mal, elle n'a pas la force de vouloir le bien ; elle irrite plus par ses scrupules qu'elle n'impose par sa droiture. Sa faiblesse encourage le vice et compromet la vertu même. C'est elle enfin qui fournit au machiavélisme ses plus spécieux prétextes.

Mais en voilà assez sur une doctrine qui a fait son

temps, et qu'il faut laisser dans l'histoire. Le machiavélisme a été le résumé de la politique du xve siècle ; mais au xvie déjà, il n'est plus qu'une école perdue et dispersée au milieu du grand mouvement du temps. Cette politique négative n'a de sens et de valeur que comme affranchissement de la politique du moyen âge. Le grand débat des temps modernes est le débat de l'absolutisme et de la liberté : Machiavel semble à peine l'avoir entrevu. Il parle de la liberté, comme un ancien et non comme un moderne ; il ne devine pas les grandes contestations qui vont s'élever entre les peuples et les souverains. Il ne discute pas le droit des uns et des autres. Cependant le temps n'était pas loin où ces grandes questions allaient commencer à s'agiter et ébranler les principaux États de l'Europe. C'est ce que l'on vit au xvie siècle ; mais le mouvement commença par où on ne l'attendait pas, par la réforme religieuse.

CHAPITRE III.

LA RÉFORME.

Morale et politique de Luther. — Sa théorie de la grâce. — Sa lettre aux paysans; ses idées sur l'insurrection; sa théorie du spirituel et du temporel. — Politique de Mélanchton; sa polémique contre les anabaptistes; défense de l'autorité civile; sa doctrine sur la propriété; son opinion sur la liberté de conscience. — Castalion et Théodore de Bèze. *Du droit de punir les hérétiques*; trois points : 1° faut-il punir l'hérésie? 2° le droit de punir appartient-il au magistrat civil? 3° la peine doit-elle être la peine de mort? arguments de Castalion; réponses de de Bèze. — Calvin : sa théorie du gouvernement civil; son opinion sur les diverses formes de gouvernement. — François Hotmann. *Franco-Gallia*. — Hubert Languet : *Vindiciæ contrà tyrannos*; théorie du contrat; double contrat : 1° entre Dieu, le roi et le peuple; 2° entre le peuple et le roi. Droit de non-obéissance. Droit de résistance. A qui appartient ce droit? Réponse aux objections Des divers cas où ce droit est légitime. De la loi. Du pouvoir du roi. De la propriété des biens. De la tyrannie. — Buchanan, *De Jure regni apud Scotos*.

Le XVIe siècle est le vrai commencement des temps modernes : siècle de luttes et de discordes, mêlée confuse des sectes, des écoles et des partis, laboratoire ardent et tumultueux, où s'opèrent à la fois sans méthode et sans ordre les transformations les plus contraires, le XVIe siècle, sans avoir rien amené à terme, a tout commencé, a tout entrepris, et il a nourri des débris de son génie impatient et démesuré les siècles suivants qui le méconnaissaient et le dédaignaient.

Le XVIIe siècle, en effet, du haut de sa fière et pleine majesté, semble ignorer presque complétement le XVIe, et se persuade qu'il est lui-même l'accomplissement des temps. Le xviiie, dans l'ardeur de ses luttes et dans l'orgueilleux enivrement de ses espérances, croit que tout commence avec lui, et enveloppe le xvie siècle dans l'accusation de barbarie dont il flétrissait le moyen âge. C'est de nos jours seulement, que l'on est remonté jusqu'au xvie siècle pour chercher l'origine des idées que le xviiie et la Révolution ont répandues dans l'Europe. C'est ainsi que ce siècle est devenu une sorte de champ de bataille, où se rencontrent les amis et les ennemis de la société moderne. C'est là qu'a commencé, selon les uns, la dégénération, selon les autres, la régénération de la société européenne : c'est là qu'est le berceau de nos libertés, ou de notre anarchie, selon le point de vue que l'on choisit. La foi divisée, l'opinion individuelle remplaçant l'autorité sacrée de la tradition, les particuliers discutant les gouvernements, et le peuple se mettant au-dessus de ses chefs naturels, par conséquent toute hiérarchie détruite, le respect anéanti, l'autorité humiliée, et enfin l'ordre social renversé, voilà les maux qu'a produits le xvie siècle : ainsi parlent ses adversaires. Mais ses admirateurs le louent au contraire d'avoir ramené la religion à sa source, la conscience; d'avoir subordonné l'autorité à la raison, et soumis le préjugé à l'examen, d'avoir osé discuter les titres des souverainetés établies et d'avoir rappelé aux chefs des peuples qu'ils sont des magistrats et non des maîtres. Tel est le conflit que soulève encore le xvie siècle à l'heure qu'il est; et ce n'est pas seulement une querelle d'érudits, mais un problème présent et ardent, qui met en éveil les passions les plus vives de notre temps.

Ce n'est pas toutefois dans la philosophie morale qu'il faut chercher la grandeur et l'originalité de ce siècle; c'est surtout dans la théologie et dans la politique; et de ces deux grandes passions, c'est la première qui a déterminé l'autre. C'est la théologie qui, mettant l'Europe en feu, partageant les peuples, divisant les sujets et les rois, amena les partis à se combattre par la plume en même temps que par les armes, à rechercher leurs droits et à les discuter, à mesurer les limites du devoir d'obéissance ou du droit de résistance, et enfin à examiner l'origine des souverainetés et des gouvernements. C'est donc de la réforme que sont nés les grands débats politiques qui ont rempli les trois derniers siècles et dont la dernière explosion a été la Révolution de 1789.

Rien de plus contraire à la vérité que de voir dans Luther, une sorte de philosophe, défenseur du libre examen, discutant la religion comme une œuvre humaine, jaloux de la rendre plus simple, plus claire, moins révoltante pour la raison. Luther est avant tout un théologien. Son plus grand grief contre l'Église romaine, c'est d'avoir changé la religion en philosophie, d'avoir placé la foi, qui pour lui est tout le christianisme, au milieu des autres vertus comme ses égales (1); d'avoir substitué une religion formelle et littérale à la religion vive et intérieure des apôtres et de saint Paul. La religion, pour Luther comme pour Gerson, est une œuvre d'expériences intérieures, et non d'études logiques et de subtiles dissertations : « Pour moi, dit-il, agité par de misérables tentations, je puis espérer avoir recueilli quelques gouttes de foi, et j'en parlerai sinon avec plus d'élégance, du moins avec plus de solidité que ces disputeurs littéraux et subtils, qui en ont disserté jusqu'à présent, sans se comprendre eux-

---

(1) Luther, *De libert. christ.* Fidem inter virtutes, seu socias, numerant.

mêmes (1). » La théologie scholastique paraissait donc à Luther et à ses disciples une sorte de pharisaïsme. Il préférait de beaucoup la théologie mystique, mais la trouvait encore trop esclave de la scholastique. Les âmes pieuses de ce temps-là avaient soif de l'esprit que les docteurs avaient étouffé sous la lettre. Là fut le secret de la puissance de Luther, qui ne s'expliquera jamais suffisamment par de petites passions. Je ne veux point dire que j'approuve sa théologie, et au contraire je la crois très-fausse. Mais on ne peut nier qu'en réveillant l'esprit religieux, et l'ardeur de la foi, Luther n'ait grandement servi à renouveler le christianisme, je ne dis pas seulement dans le sein de la Réforme, mais dans l'Église orthodoxe elle-même, régénérée par la lutte.

En elle-même, la théologie morale de Luther était bien plus contraire à la philosophie que la théologie scholastique. Car elle n'est au fond que la négation de la morale naturelle. Elle repose sur deux principes : 1° que la volonté de l'homme n'est point libre, mais esclave ; 2° que toutes les actions morales, qui ne dérivent que de la volonté de l'homme, sont des péchés (2). Or ces deux principes sont le renversement de toute philosophie morale. Si la volonté est naturellement esclave, il n'y a pas pour elle de loi naturelle ; si toutes les actions naturelles sont des péchés, il n'y a point de vertu. Il est vrai que Luther, après avoir proclamé l'esclavage de la volonté, la relève de ce joug par la grâce et par la foi, et qu'il déclare que le chrétien est la plus libre des créatures de Dieu (3). Mais cette liberté surnaturelle, obtenue par l'action divine de

---

(1) *Ibid.* Litterales disputatores.
(2) Luth. *Oper. lat.*, ɪ, p. 55-56.
(3) *De libert. christiana.*

Dieu sur l'âme, ne peut pas être l'objet de l'examen et de la démonstration philosophique, et ce couronnement de la doctrine confirme ce que nous avons dit : c'est que dans la doctrine de Luther, la morale se confond absolument avec la théologie (1).

On ne voit pas, en effet, que ces principes théologiques entraînassent par eux-mêmes les conséquences politiques qu'on leur attribue d'ordinaire. Le vrai principe de Luther est celui-ci : La volonté est esclave par nature ; l'homme n'est libre que par la grâce de Dieu. Quel rapport cette liberté surnaturelle, obtenue par une sorte de miracle, pouvait-elle avoir avec la liberté politique et l'égalité sociale? On invoque toujours le libre examen, comme le principe protestant par excellence. Je crois ici qu'il faut s'entendre. Le libre examen a été pour Luther un moyen, et non un principe. Il s'en est servi et était contraint de s'en servir pour éta-

(1) La conséquence évidente de ces principes eût été le sacrifice absolu de la philosophie. Heureusement ces idées étroites et absolues furent tempérées par celui qui, après Luther, devint le chef de l'Église, et dont l'esprit distingué et le caractère conciliant ont mérité les sympathiques éloges de Bossuet, le savant et judicieux Mélanchton. Cet excellent esprit sentit bien que ce serait perdre la cause de la Réforme que de la séparer tout à fait de la philosophie, ou de la compromettre par une alliance inconsidérée avec ces philosophies nouvelles et téméraires, qui de toutes parts aspiraient à prendre la place du péripatétisme. « Mépriser l'utilité de la science serait une barbarie, dit-il, et le dédain des connaissances libérales est une injure envers Dieu, qui a donné au genre humain le doux ornement des arts. « *Omnis honestarum artium contemptus contumelia est adversus Deum.* » Il voulut donc réconcilier la foi avec la philosophie des écoles, et il entreprit à sa manière le même travail que saint Thomas, et toute la philosophie du moyen âge, l'union d'Aristote et de l'Évangile. C'est l'objet de l'*Epitome philosophiæ moralis* de Mélanchton, qui mérite d'être cité et consulté avec intérêt, beaucoup moins pour son originalité propre, que comme une tentative curieuse de réconciliation entre la philosophie et la théologie, dans un temps et dans une Église fort peu disposés aux transactions.

blir son vrai principe, qui était la toute-puissance de la foi et de la grâce. Ce qu'il reprochait à l'Église catholique, ce n'était point de ne pas assez accorder à l'homme, mais de lui accorder trop et de diminuer la part de Jésus-Christ. Cette doctrine, en elle-même, est bien loin d'être favorable au libre examen; et si on la suppose universellement adoptée, loin de le favoriser, elle l'étoufferait nécessairement. Mais étant alors nouvelle, ou du moins contraire à la doctrine régnante, elle ne pouvait être établie que par la discussion et par la critique. L'examen fut donc pour Luther une nécessité de sa position, et non pas un but. Son but était d'établir la doctrine de la grâce, et non le droit d'examen, et l'on ne peut supposer que son dessein fût de préparer des Carlostadt, des Zwingle et des Calvin. Mais l'exemple qu'il avait donné, d'autres le suivirent, et l'on établit contre lui la doctrine de l'Eucharistie, comme il avait établi celle de la grâce. C'est ainsi que le libre examen s'imposa au protestantisme. L'accessoire devint le principal, et la forme dévora plus ou moins le fond.

Il en fut de même dans les questions politiques et sociales. La liberté spirituelle du chrétien n'entraînait pas du tout, comme conséquence nécessaire, la liberté temporelle du serf ou du sujet. C'est pourquoi Luther, choisi comme arbitre entre les paysans et les seigneurs, prenait parti contre les paysans, quelque justes que fussent leurs demandes : « Vous voulez affranchir, leur disait-il, vos personnes et vos biens. Vous convoitez le pouvoir et les biens de la terre. Vous ne voulez souffrir aucun tort. L'Évangile, au contraire, n'a nul souci de ces choses, et place la vie extérieure dans la souffrance, l'injustice, la croix, la patience, et le mépris de la vie, comme de toute affaire de ce monde... Souffrir ! souffrir! La croix! la croix! Voilà la loi qu'enseigne le Christ! Il n'y en a pas d'autre (1). » Paroles admirables, sans doute, mais désespérantes pour l'opprimé, et qui nous montrent la différence qu'il faut faire entre l'esprit de la réforme des premiers temps, et l'esprit philosophique qui s'y mêla plus tard. Luther reconnaît que les demandes des paysans « ne sont point contraires au droit naturel et à l'équité. » Mais ce qui leur est contraire, c'est de vouloir les arracher à l'autorité par la violence. « Nul n'est juge dans sa propre cause, dit-il, les fautes de l'autorité n'excusent pas la révolte. Tout homme n'est point appelé à punir les méchants. L'autorité de l'Écriture vient ici à l'appui. Que toute âme soit soumise aux puissances supérieures. Quiconque prend l'épée périra par l'épée. » Luther va plus loin encore; et, attaquant jusqu'aux principes mêmes qu'il déclarait, tout à l'heure, conformes au droit naturel, il prend parti pour le servage en s'appuyant sur l'exemple des patriarches, et sur l'autorité de saint Paul (2). Enfin il conclut, avec beaucoup de justesse, en disant: « Cessez de parler de droit chrétien, dites plutôt que c'est le droit naturel, le droit humain que vous revendiquez. »

Luther était donc au moins indifférent, pour ne point dire hostile aux réformes sociales qui prétendaient s'autoriser de ses principes, et s'introduire à l'ombre de son nom.

Enfin, il est tellement partisan de l'ordre établi, qu'il ne veut pas même d'une réforme religieuse, si elle n'est

---

(1) *Lettre aux paysans*. Voy. *Mémoires de Luther*, par M. Michelet.

(2) *Ibid*. Abraham et les autres patriarches n'ont-ils pas eu aussi des serfs? Lisez saint Paul: l'empire de ce monde ne peut subsister dans l'égalité des personnes. »

pas provoquée, déterminée, réalisée par le prince :
« Tourne tes regards vers l'autorité, dit-il à l'homme
du peuple; tant qu'elle ne met pas la main à l'œuvre,
et qu'elle ne commande pas, laisse reposer ta main, ta
langue et ton cœur, et ne te mêle de rien. Mais si tu
peux décider l'autorité à se mettre à l'œuvre et à ordonner, fais-le. Si elle ne veut pas, tu ne voudras pas
non plus. Si tu persistes néanmoins, tu es déjà injuste
et pire que l'autre parti. Je tiendrai toujours avec le
parti, quelque injuste qu'il soit, qui subit la révolte, et
contre le parti, quelque juste qu'il soit, qui la fait (1). »
Luther va plus loin encore sur ce point que la théologie
scholastique : celle-ci admettait au moins la résistance
pour une cause juste contre une cause injuste. Luther
n'admettait pas que ces deux circonstances pussent
jamais justifier l'insurrection : « L'insurrection, dit-il,
n'est bonne en aucune manière, elle n'amène jamais
l'amélioration que l'on cherche par elle. L'insurrection
n'a pas de discernement, et d'ordinaire elle frappe les
innocents plutôt que les coupables. Aussi la révolte
n'est-elle jamais juste, si juste qu'en soit le motif. Elle
produit plus de mal que de bien, comme dit le dicton,
le mal produit le pire. L'autorité et le glaive, dit saint
Paul (*Rom.*), sont institués pour punir les méchants et
protéger les bons, et empêcher la révolte. Mais quand
se lève le seigneur *Omnes,* il ne sait ni trouver, ni
tenir la distinction entre les bons et les méchants. Il
frappe dans la masse au hasard (2), et ne peut rien faire
sans commettre les plus grandes iniquités (3). »

---

(1) Luth. *OEuvr. Hall.* 1744, t. X, p. 413. — Schrift an den Christ-
lichen Adel deutscher nation.
(2) *Schlaget in den Haufen, wie es trifft.*
(3) *Ibid., ibid.*

A vrai dire, les doctrines politiques de Luther ne furent pas seulement déterminées par ses principes, mais encore par les intérêts et les circonstances. C'est sur le pouvoir civil qu'il pouvait compter pour accomplir sa réforme. De là, la nécessité pour lui de le défendre, d'une part contre le peuple, de l'autre contre l'Église. A ce dernier point de vue, il est le continuateur de ces grands polémistes du moyen âge, qui défendirent l'empire contre le sacerdoce, les Dante, les Ockam, les Marsile de Padoue.

Ne reconnaît-on pas les principes d'Ockam dans ces éloquentes paroles? « Le pape n'est pas le vicaire de Jésus-Christ ressuscité, mais de Jésus-Christ vivant sur cette terre. Car le Christ glorifié n'a pas besoin de vicaire. Il est assis là-haut; il voit, il sait, il fait et il peut tout. Mais le pape peut être le vicaire du Christ humilié, de celui qui a passé sur la terre en prêchant, en souffrant, en travaillant et en mourant. Mais ils renversent les termes; ils prennent du Christ la forme triomphante, et en donnent le pouvoir au pape; et ils oublient complétement le Christ humilié (1). » Et non-seulement Luther combat avec Ockam l'envahissement du pouvoir ecclésiastique; mais, comme Wiclef et Jean Huss, il donne au pouvoir civil une partie du pouvoir spirituel. Selon lui, la distinction des deux ordres, l'ordre spirituel et l'ordre temporel, est artificielle. « Tous les chrétiens sont de l'ordre spirituel, et ne diffèrent que par la diversité des fonctions : les fonctions du pouvoir civil sont de punir les méchants et de récompenser les bons. Il doit donc exercer ses fonctions dans toute la chrétienté, sans en excepter le pape, les

---

(1) *Ibid.*, p. 341.

évêques, les prêtres, etc. S'il suffisait pour arrêter le pouvoir, et l'empêcher d'exercer ses fonctions, de lui opposer qu'il est au-dessous de celui des prêtres, des confesseurs, et en général de l'ordre ecclésiastique, il faudrait empêcher également les cordonniers, les tailleurs, les charpentiers, les paysans, etc., de fournir des habits, des souliers, ou même à boire et à manger, et enfin de payer fermage aux ecclésiastiques (1). Par conséquent, quand les circonstances l'exigent, et que le pape scandalise la chrétienté, celui qui le premier aura le pouvoir devra, en sa qualité de membre fidèle du corps, faire en sorte qu'un concile véritablement libre se réunisse. Or, personne ne pourra le mieux faire que le pouvoir temporel, car il appartient à des *cochrétiens* (2), et il doit accomplir la fonction qui lui a été donnée par Dieu, partout où il le juge nécessaire et utile. Ne serait-il pas étrange, s'il éclatait un incendie dans une ville, que personne ne s'en occupât, et que tout le monde laissât brûler ce qui brûle, sous prétexte que nul n'a l'autorité du bourgmestre, ou sous prétexte que l'incendie a commencé dans la maison même du bourgmestre? Combien serait-il plus étrange encore qu'il en fût ainsi dans la ville spirituelle du Christ, s'il éclatait un incendie de scandale, fût-ce dans le gouvernement du pape ou partout ailleurs (3). » Ainsi, puisque le pouvoir temporel est une partie du corps chrétien, il est par là même de l'état spirituel, tout en exerçant une œuvre corporelle.

Cette confusion nouvelle du spirituel et du temporel devait rendre aussi difficile aux protestants qu'aux ca-

---

(1) *Ibid.*, p. 300.
(2) *Mitchristen, mitpriester, mitgeistlich, mitmächtig.*
(3) *Ibid.*, p. 313.

tholiques la solution de la question de la liberté de conscience. Il y a sans doute de très-belles paroles dans Luther, comme dans Calvin, en faveur de cette liberté; mais ce sont des plaidoyers de circonstances; et la force des principes a presque toujours et presque partout entraîné la réforme à une intolérance égale à celle du catholicisme. Luther dit avec une raison admirable : « C'est par les Écritures et non par le feu qu'il faut convaincre les hérétiques. Si c'était avoir du talent que de vaincre les hérétiques par le feu, le bourreau serait le plus grand docteur de la terre. Plus ne serait besoin d'étudier. Il suffirait de brûler son adversaire après s'en être rendu maître par la force (1). » Mais ces belles paroles prononcées par Luther au commencement de la lutte, lorsqu'il n'était encore qu'un hérétique, et qu'il voyait devant lui le sort de Jean Huss, ne sont pas une doctrine, et n'établissent pas suffisamment le droit de confesser sa foi, et même de se tromper au point de vue religieux, sans que l'État puisse intervenir. Cette question ne se présente pour une doctrine que lorsqu'elle est triomphante. Jusqu'à la victoire elle est nécessairement pour la liberté. Les Églises, comme les partis, ne peuvent se juger que lorsqu'elles ont réussi.

Si Luther avait vu avec peine les paysans se servir de ses principes pour élever de justes réclamations contre les abus du pouvoir féodal, ce dut être avec indignation qu'il vit les mêmes principes invoqués par les anabaptistes pour détruire l'ordre de la société civile. En effet, parmi les articles des paysans, il n'en est pas un que nous ne puissions considérer comme juste : c'est une protestation modérée contre les abus féodaux. Mais

(1) *Ibid.*, p. 374.

les articles des anabaptistes étaient le renversement de tout ordre social. Je ne parle pas de cet article chimérique par lequel ils défendaient de tenir l'épée, et que, par une singulière contradiction, ils soutenaient les armes à la main, mais de ceux qui posaient en principe l'abolition des magistratures et de la communauté des biens.

Le doux et savant Mélanchton s'arma contre ces fanatiques de l'autorité de l'Écriture et du raisonnement.

Il faut distinguer, dit-il, l'Évangile et l'ordre politique (1). L'Évangile enseigne la justice intérieure; il n'abolit pas l'ordre politique. Les magistratures ne viennent pas seulement de la *volonté permissive* de Dieu, comme on dit qu'il permet les maux. Quoique ce soient des créations de la nature humaine, cependant la raison ne pourrait suffire à maintenir l'ordre au milieu des impies, si elle n'était soutenue par le secours de Dieu. Les gouvernements sont donc l'œuvre de Dieu, comme les révolutions des saisons, le cours du soleil, la fécondité de la terre. Non-seulement Dieu les a fondés, mais il les conserve. C'est lui qui a dit aux rois : Vous êtes des dieux, c'est-à-dire, vous régnez par mon autorité. De même que les géants ont tenté de faire la guerre au Ciel, de même les moines ont entrepris de faire la guerre à toute la nature, en croyant que la perfection consistait dans le renoncement à toute propriété, et en préférant leur genre de vie à la vie civile, qui avait été approuvée et ordonnée par Dieu. Telle est aussi l'erreur des anabaptistes, qui pensent qu'il est interdit d'exercer des magistratures, de porter les

(1) *Oper. Melanchton*, éd. Bretschneider, t. XII. Disputationes de rebus politicis, p. 683.

armes, d'exercer la justice, de prêter serment. De même qu'il est permis aux chrétiens de jouir de l'air et de la lumière, et de tous les bienfaits de Dieu, il leur est permis de jouir des institutions politiques, qui viennent également de Dieu. Il faut éloigner les hommes de ces opinions superstitieuses, fanatiques et séditieuses, qui attaquent la dignité des choses civiles (*dignitatem rerum civilium*) (1).

En disant que Dieu est l'auteur des institutions politiques, on ne veut pas dire qu'il ait institué une monarchie civile, c'est-à-dire ordonné d'obéir à un seul monarque. Non, il a seulement ordonné d'obéir aux rois et aux magistrats existants. Ainsi, ce n'est pas la volonté immédiate de Dieu, ou la consécration du souverain pontife qui a fondé l'empire de Charlemagne : c'est le droit de la guerre. C'est la *prescription* qui maintient cet empire parmi les Germains (2). L'Écriture sainte, dans le livre de Samuel, nous atteste que Dieu approuve toutes les formes de gouvernement civil, qui sont conformes à la raison : ici la liberté, là la servitude, et tous les degrés dans la servitude. La liberté n'est pas l'anarchie. Elle consiste en ce que les hommes soient gouvernés par un droit déterminé, et que la puissance des rois soit limitée par les lois. La politique de Moïse n'est pas plus pour nous que la politique de Solon. Il est permis de préférer les lois romaines aux lois de Moïse : c'est l'erreur de Carlostadt et de ses disciples de soutenir qu'il faut tout juger par Moïse, et que les impies ne peuvent exercer aucune domination (3).

(1) *Ibid.*, vii, p. 699.
(2) *Ibid.*, x, p. 711.
(3) *Ibid.*, xi, p. 712-3.

Dans un autre de ses écrits, Mélanchton établit l'origine divine du gouvernement civil sur une raison remarquable : « Le nerf de la puissance politique, dit-il, est le supplice capital (1). » Or, l'homme n'aurait jamais ce droit de tuer un autre homme, même coupable, s'il ne s'y sentait poussé par un ordre divin. Cet ordre est contenu dans ces paroles que Dieu a dites à Noé : « Si quelqu'un répand le sang humain, que son sang soit répandu par l'homme. » Quelques auteurs, dit Mélanchton, se sont trop froidement exprimés, en disant que l'autorité de la puissance politique repose sur ce que l'intelligence de la loi et de l'ordre, dans la raison humaine, est l'œuvre de Dieu. Cela est vrai, mais l'autorité des gouvernements est plus éclatante encore, si l'on en montre dans l'Écriture l'institution et la confirmation expresse.

Tout en attribuant à Dieu l'origine du pouvoir politique, Mélanchton ne va pas jusqu'à déclarer qu'il soit absolu, et il excepte au moins de cette domination souveraine les propriétés particulières. Il défend à la fois le droit de propriété et contre les anabaptistes qui le niaient absolument, et prétendaient que tout est à tous, et contre les absolutistes extrêmes, qui avancent que tout est au roi. La distinction des propriétés est de droit divin (2). Sans doute, la communauté des biens eût été bonne. Mais depuis la corruption du péché, les propriétés particulières sont devenues nécessaires, et chacun est le maître légitime de ce qu'il possède. Ce sont des adulateurs hyperboliques qui disent aux rois que tout est à eux : *Omnia regum*. Les rois protégent les

---

(1) *Epit. phil. moralis*, de expressa politicæ potestatis institutione: Nervus potestatis politicæ præcipuus et summus est supplicium capitale.

(2) *Epit. phil. mor*. De jure proprietatis.

propriétés; mais ils n'en sont pas les maîtres. Lorsque saint Augustin a écrit que sans le pouvoir des empereurs, personne ne pourrait dire : voici mon champ, il entendait seulement par là que les empereurs consacrent le droit de propriété, que Dieu seul a institué.

La propriété n'est pas plus contraire à l'Évangile qu'au droit naturel (1). En permettant la société civile, elle a permis le maintien de la propriété, qui est un des fondements de la société civile. Les apôtres reconnaissent la possession des biens. En effet, saint Paul dit : « Il est ordonné aux riches de faire l'aumône volontairement. » (I *Timoth.*, c. VI, 18.) Ce qui implique qu'ils ne doivent pas abandonner leurs biens, mais s'en servir avec charité. Salomon dit : « Vos fontaines doivent faire couler leur eau au dehors, mais vous en demeurez les maîtres. » N'est-ce pas dire que le fond appartient au maître, mais qu'il doit faire don des fruits? Le septième commandement dit : « Tu ne voleras pas. » Or, défendre le vol, n'est-ce pas établir la propriété? Saint Paul permet d'acheter (I *Corinth.*, 7). Or, qu'est-ce acheter? c'est acquérir. Les anabaptistes citent l'exemple des Apôtres, qui mettaient tout en commun. Mais ce n'était pas un précepte. Et même tous les chrétiens ne faisaient pas ainsi, comme le prouve ce passage de saint Paul (II *Corinth.*, c. VIII). « Je ne désire pas que les autres soient soulagés, et que vous soyez surchargés, mais que pour ôter l'inégalité, votre abondance supplée maintenant à leur pauvreté, afin que votre pauvreté soit soulagée un jour par leur abondance, et qu'ainsi tout soit réduit à l'égalité. »

L'un des droits les plus graves que Mélanchton ac-

---

(1) *Melancht. Oper.* t. III, Epist. l. VII, 1531 febr. p. 28.

corde au pouvoir civil, c'est le droit de punir les hérétiques (1). Nous avons vu que Luther, dans ses premiers écrits, demandait pour l'hérétique la liberté de discussion, et disait qu'il fallait le convaincre non par le feu, mais par la raison. Mais à peine les hérésies se furent-elles introduites dans le sein du protestantisme lui-même, que les doctrines de la nouvelle Église changèrent; et Mélanchton, le plus modéré des protestants, n'hésite pas à réclamer des peines contre l'hérésie. Il est vrai qu'il n'accorde pas une telle puissance à l'Église. L'Église n'a que la puissance d'enseigner ; mais elle n'atteint ni les possessions, ni la vie, ni le corps, ni la société civile : elle peut juger et excommunier ; elle ne peut pas tuer. Mais tels étaient aussi les principes du moyen âge. Jamais l'Inquisition ne condamnait directement : elle jugeait l'hérésie, puis elle la livrait au bras séculier. C'est la doctrine de Mélanchton. « Le pouvoir civil, selon lui, doit instituer des peines et des supplices contre les hérétiques, comme contre des blasphémateurs. Car les hérésies manifestes sont des blasphèmes. » Il est vrai qu'à la différence de l'Église catholique, il accorde le droit de juger non-seulement aux prêtres, mais à toute l'Église. Mais comment toute l'Église fera-t-elle connaître son jugement? Voilà ce qu'il ne nous apprend pas. Il distingue ensuite deux sortes d'hérésies : celles qui suppriment les dogmes, et celles qui les exagèrent; celles qui en ôtent et celles qui y ajoutent; les *blasphèmes évidents* et les *simples abus*. Le magistrat doit faire cette distinction : il peut épargner l'abus, mais il doit punir le blasphème. Cette distinction très-arbitraire avait sans doute pour but d'excepter les ca-

(1) *Melancht. Oper.* t. XII, p. 696, sqq.

tholiques de la punition méritée par l'hérésie, et de la réserver à ceux qui, diminuant le dogme chrétien, se rapprochent insensiblement du déisme. Mais sur quoi se fonde une telle exception? En quoi est-il plus légitime d'ajouter au dogme de Dieu que d'en retrancher? Si le dogme luthérien de la *présence réelle* est le seul vrai, en quoi le dogme catholique de *la transsubstantiation* est-il moins blasphématoire que le dogme calviniste de la *présence spirituelle*? Adorer dans la cène ce qui n'y est pas est-il plus innocent que de ne pas adorer ce qui y est? Et d'ailleurs, encore une fois, qui fera une telle distinction? Qui fera le partage, en fait de dogmes, entre le trop et le trop peu? Aussi le protestantisme ne resta pas dans les limites fixées par Mélanchton. Il frappa le catholicisme aussi bien que les nouvelles sectes; et presque partout l'intolérance protestante imita et égala l'intolérance catholique.

Mélanchton discute ensuite les objections. La foi, dit-on, n'est pas en notre pouvoir. Mais ce qu'on punit, ce n'est pas la foi, mais l'hérésie, c'est-à-dire la profession d'un dogme déterminé, qui est en notre pouvoir, comme tous les actes extérieurs. On dit que la puissance civile ne domine que sur les corps et non sur l'âme. Mais cette puissance est la gardienne de toute la loi, quant aux actes extérieurs, par conséquent quant à ceux qui ont rapport au culte de Dieu. C'est une erreur de croire qu'il n'appartient pas au prince de savoir ce que chacun professe sur la religion. Maintenant quels sont les signes de la vraie religion? ils sont de deux sortes : les miracles et l'Écriture. Les Apôtres, il est vrai, parlaient contre la loi. Mais ils avaient pour eux les miracles, et les Juifs devaient leur céder; et par la même raison les princes païens devaient croire aux Apôtres.

Quant à présent, nous n'avons plus les miracles, mais nous avons l'Écriture. Mais ce dernier signe, de l'aveu même de Mélanchton, est bien insuffisant. « Il importe de savoir, dit-il, quels sont les dogmes qui ont pour eux les témoignages de l'Église, et quels sont ceux qui n'ont pas cette autorité. Quoique la doctrine ait *aussitôt dégénéré*, et que la véritable Église ne se soit conservée que dans *un très-petit nombre, au point qu'il est difficile de la reconnaître*, cependant comme il y a toujours eu une Église, il est resté des témoignages sur la plupart des choses importantes. Et plût à Dieu qu'un plus grand nombre ait été conservé par ceux qui étaient à la tête de l'Église ! » C'est sur de tels signes que Mélanchton n'hésite pas à livrer l'hérétique au glaive du pouvoir civil. Et celui qui parlait ainsi était un des chefs d'une hérésie persécutée. Tant il est vrai que la lumière ne se fait pas en un jour, que les plus grands rénovateurs sont sous le joug des idées de leur temps, même de celles qui les proscrivent !

On nous permettra d'abandonner pour quelques instants la suite des idées politiques de la réforme pour en terminer avec cette question de la liberté de conscience dans l'Église protestante. Soulevée déjà par Mélanchton, elle fut surtout débattue avec éclat, lorsque le réformateur de Genève, Calvin, eut le premier donné l'exemple d'une sorte d'inquisition nouvelle, et qu'au nom du droit terrible accordé par le préjugé du moyen âge au pouvoir civil, il eut fait brûler l'hérétique Servet. Des protestations retentirent. Un ancien ami de Calvin, mais brouillé avec lui à cause de la dureté de ses doctrines, Sébastien Castalion, publia un ouvrage contre la condamnation de Servet (1). Les réformateurs rele-

---

(1) De hæreticis, quid sit cum eis agendum, variorum sententiæ.

vèrent le gant, et l'ami, le confident, le disciple intime de Calvin, Théodore de Bèze, répondit par un traité des plus curieux (1), où il justifie le meurtre de Servet, et combat le principe de la liberté de conscience.

La date et l'occasion de ce traité sont indiquées par l'auteur dans la préface. Ce qui lui a mis la plume à la main, c'est l'ingratitude publique, c'est l'indifférence de ceux qui voyant la religion menacée, n'ont que des railleries et des injures pour ses libérateurs. « Lorsque Servet, cet impur hérétique, eut été arraché par la Providence aux fourches des papistes, et se fut livré lui-même à la république de Genève, on vit de toutes parts des émissaires de Satan s'écrier que ce bon et savant citoyen, leur frère, comme ils l'appellent, était un martyr de la liberté chrétienne ; ils disent qu'il est tombé entre les mains d'un autre pape, et que Genève est devenue l'officine d'une nouvelle inquisition. Enfin ils prennent texte de là pour défendre les hérétiques, en général, comme une race sacrée sur laquelle il est interdit de porter la main. » L'écrit de Théodore de Bèze est une réfutation de ces écrivains.

Il examine trois questions : 1° Les hérétiques doivent-ils être punis ? 2° leur punition est-elle du ressort du magistrat civil ? 3° doit-elle entraîner la peine capitale (2) ? De ces trois questions la première est de beaucoup la plus importante ; les deux autres n'en sont que les conséquences.

Magdebourg, 1554, in-8° avec une préface, par Martinus Bellius (pseudonyme de Castalion). Il doit y avoir une édition antérieure, la réfutation de de Bèze étant de 1553.

(1) De hæreticis a civili magistratu puniendis adversus Martini Bellii farraginem, et novorum academicorum sectam, Theodoro Beza Vezelio auctore MDLIII, publié chez Robert Étienne.

(2) *De hæreticis*, p. 8.

Le premier point et le plus essentiel, c'est de définir l'hérésie (1). L'hérésie d'abord doit être distinguée de l'infidélité. Ceux qui n'ont jamais admis la vérité chrétienne, sont des infidèles et non des hérétiques, par exemple, les Turcs et les Juifs : ce n'est pas d'eux qu'il s'agit. L'hérésie doit être aussi distinguée de l'improbité, de la méchanceté, des mauvaises mœurs. Car, un homme peut être vicieux et corrompu sans être hérétique, s'il ne professe point d'opinions contraires à la communauté chrétienne : l'hérésie consiste donc à se séparer de l'Église non par les mœurs, mais par les opinions et la doctrine. Mais il ne suffit pas encore de se tromper sur la doctrine pour être hérétique ; car ce peut être par ignorance. Ceux-là seuls qui se trompent volontairement et qui persistent encore après avoir été avertis, sont des hérétiques. Définissons donc l'hérétique, celui qui feint la piété, et qui, averti plusieurs fois, non-seulement ne cède pas, mais continue à partager l'Église par ses fausses doctrines (2).

C'est de l'hérésie ainsi définie qu'il s'agit. Voyons d'abord si elle mérite d'être punie. Théodore de Bèze cite et réfute l'un après l'autre tous les arguments de ses adversaires. Ces arguments sont curieux. Ce sont les mêmes qui, repris plus tard par la plume étincelante d'un Montesquieu ou d'un Voltaire, ont gagné cette cause défendue obscurément au xvie siècle par quelque libre penseur oublié.

Les défenseurs de la liberté de conscience disaient que ces dogmes pour lesquels les différentes sectes s'excommunient et s'exterminent les unes les autres,

---

(1) *Ibid.*, p. 9-22.
(2) *Ibid.*, p. 20.

sont assez indifférents en eux-mêmes; et qu'ils ne rendent point l'homme meilleur (1). Les seuls dogmes importants, c'est d'admettre un Dieu avec toutes les nations, un seul Dieu avec les Juifs et les Turcs, et Jésus-Christ avec les chrétiens. Le reste doit être laissé aux disputes En supposant qu'il y eût des dogmes véritablement importants, autres que ceux-là, il serait toujours injuste de punir ceux qui ne les admettent pas : car on ne peut pas les prouver par l'Écriture, qui se prête à toutes les interprétations (2). La charité chrétienne s'oppose à cette extermination des hommes les uns par les autres pour cause d'opinions. Il appartient aux chrétiens d'être doux et cléments (3). Les hérétiques d'ailleurs sont la plupart du temps les hommes les moins à craindre : celui qui ne craint point de mourir pour sa foi, n'est guère suspect de corruption, et doit être un sujet obéissant et fidèle. Le Christ lui-même a donné l'exemple de la mansuétude et de la clémence (4) : ses ministres doivent-ils être plus sévères que lui? Combien d'hommes criminels la loi et les magistrats laissent-ils vivre (5)? Et l'on frapperait sans pitié ceux qui sont cent fois moins coupables, puisqu'ils le sont sans le savoir? D'ailleurs à quoi servent de tels supplices? Nul ne peut être forcé à croire malgré lui (6).

Admettons que les hérétiques soient punissables, le magistrat civil peut-il avoir le droit de les punir? Jésus-Christ a dit que son royaume n'était pas de ce monde; et saint Paul, que les armes de notre milice ne sont

(1) *Ibid.*, p. 39.
(2) *Ibid.*, p. 63.
(3) *Ibid.*, p. 82, 85, 91.
(4) *Ibid.*, p. 97.
(5) *Ibid.*, p. 105.
(6) *Ibid., ib.*, p. 108.

point des armes charnelles (1). Si les théologiens peuvent se faire défendre par le magistrat civil, pourquoi n'en serait-il pas de même des autres arts (2)? Pourquoi le médecin, le dialecticien, l'orateur n'emploieraient-ils point le secours du bras séculier pour faire punir tous ceux qui ne pensent point comme eux? Ce n'est pas au monde à juger des choses spirituelles, et par conséquent à condamner et à punir l'hérésie (3). Livrer un tel droit aux princes, c'est leur donner la tentation d'en abuser; et combien n'y a-t-il pas de princes qui abusent de leur pouvoir (4)?

Quant au troisième point, c'est-à-dire la nature de la peine, Théodore de Bèze reconnaît qu'il a pour adversaires, non-seulement des impies et des sceptiques, mais les hommes les meilleurs et les plus sages (5). Ceux-ci reconnaissent que les hérétiques sont justiciables du pouvoir civil : mais ils nient qu'on ait le droit de les mettre à mort; car c'est leur ôter le temps du repentir. Jésus-Christ a dit de ne point arracher l'ivraie, de peur de la confondre avec le bon grain, mais de les laisser croître l'un et l'autre jusqu'à la moisson (6). Le magistrat ne peut pas avoir le droit de tuer l'âme (7). S'il en était ainsi, la plus grande partie des hommes devrait être tuée : car le troupeau du Christ est petit (8). Saint Paul n'a pas conseillé de tuer, mais seulement d'éviter les hérétiques; et il défend de juger

---

(1) *Ibid.*, p. 113.
(2) *Ibid.*, p. 118.
(3) *Ibid.*, p. 117.
(4) *Ibid.*, p. 131.
(5) *Ibid.*, p. 139.
(6) *Ibid.*, p. 140.
(7) *Ibid.*, p. 155.
(8) *Ibid.*, p. 164.

personne avant le temps (1). La crainte de la mort fait des hypocrites, et détermine de fausses conversions (2).

Tel est le faisceau d'arguments que nous trouvons résumés et textuellement cités dans Théodore de Bèze lui-même ; et il suffit de les réunir, comme nous l'avons fait, pour démontrer que la question de la liberté de conscience avait été comprise dans toute son étendue par Castalion, et que son nom doit être conservé, avec celui de Marsile de Padoue (3), comme l'un des plus illustres précurseurs de la liberté religieuse. Nous n'avons rien changé, ni ajouté à cette forte argumentation, qui est loin d'être détruite par les réponses de Théodore de Bèze. On peut en juger.

Si c'est assez, dit-il, pour être chrétien de croire à Dieu, avec tous les hommes, à un seul Dieu avec les Juifs et les Turcs, à Jésus-Christ enfin, on peut dire que les démons sont très-chrétiens : car ils croient à tous ces dogmes (4). Si l'innocence de la vie suffisait avec ces croyances pour justifier, il faudrait admettre que Socrate, Aristide, Fabricius et tous les anciens qui passent pour sages, seraient sauvés, s'ils croyaient ce que croient les démons (5). L'innocence de la vie et des mœurs ne consiste pas dans l'accomplissement des préceptes de la philosophie, mais dans la foi en Jésus-Christ. Mais ce n'est pas une foi nue et simple ; c'est la foi dans tous les mystères révélés par lui, la trinité, le péché originel, la grâce et la prédestination (6). On op-

---

(1) *Ibid.*, p. 171, 173.
(2) *Ibid.*, p. 173
(3) Voy. t. I, l. II, ch. IV.
(4) *Ibid.*, p. 43.
(5) *Ibid.*, p. 61.
(6) *Ibid.*, p. 39-63.

pose l'obscurité des Écritures (1). Pourquoi ne point dire franchement qu'en matière de religion chacun est libre de croire et d'enseigner ce qui lui plaît? Eh quoi! parce qu'il y a des controverses sur certains points de l'Écriture, on en conclura qu'il n'y a rien de certain dans les Écritures? Mais alors il faut conclure qu'il n'y a rien de certain en quoi que ce soit : car de quoi ne dispute-t-on pas? D'ailleurs, où a-t-on douté de la parole de Dieu? Est-ce dans la véritable Église? Non, sans doute. Car il y a toujours eu une Église de Dieu, qui non-seulement entendait sa parole, mais la comprenait. Si les controverses sont une preuve d'incertitude, il n'y a plus rien de certain. Quoi de plus certain que la divinité de Jésus-Christ? Et cependant, le nombre de ceux qui y croient est bien peu nombreux en comparaison des autres. Quoi de plus certain que la résurrection? Les sadducéens et les épicuriens en ont douté. Dira-t-on que les vols et les adultères ne doivent pas être punis, parce que les anabaptistes ont établi la communauté des femmes et des biens? La charité, dit-on, doit épargner les hérétiques (2). Quoi! le magistrat viole-t-il donc la charité, lorsqu'il condamne un voleur? Il y a, dit saint Augustin, une charité de mansuétude, et une charité de sévérité. La haine et la charité sont deux choses opposées : l'une et l'autre nous ont été enseignées par le Christ : nous devons haïr le mal et aimer le bien. Prouvez donc que les hérétiques ne sont point des méchants, ou avouez que votre charité n'est pas chrétienne, mais diabolique. Les magistrats fidèles, au contraire, doivent veiller pour chasser les loups qui menacent le troupeau de Dieu : le glaive leur a été

---

(1) *Ibid.*, p. 63-76.
(2) *Ibid.*, p. 82-84.

donné par lui pour venger sa dignité offensée. Tout est juste, disent-ils, lorsqu'il vient de la conscience (1). Mais si la conscience ne peut errer, qu'est-ce donc que ce zèle dont parle saint Paul, qui n'est pas selon la science ? Pourquoi Jésus-Christ a-t-il prié pour ses bourreaux, si ce n'est pas pécher que de pécher sans le savoir ? Avant de prendre la conscience pour règle de nos actions, prenons la parole de Dieu pour règle de notre conscience. Dieu ne demande pas seulement de la conscience, mais une bonne conscience. Quelle différence fera-t-on entre la conscience et la révolte ? Le magistrat ordonne de prendre les armes : l'anabaptiste refuse, et meurt plutôt que de cesser de s'écrier qu'il n'est pas permis aux chrétiens de faire la guerre. Voilà la révolte, et le royaume renversé. Un tel homme est-il obéissant ? N'est-il pas plus à craindre que les voleurs et les homicides ? Car c'est plus pécher de tuer l'âme que de tuer le corps. Si le chrétien ne doit rien faire que le Christ n'ait fait (2), pourquoi pend-on les voleurs, juge-t-on les procès ? Jésus-Christ n'a rien fait de semblable ; et cependant le magistrat imite Jésus-Christ en agissant ainsi : car il fait son devoir. D'ailleurs, Jésus lui-même n'a pas toujours dédaigné la sévérité. Il a saisi le fouet, il a chassé les marchands du temple : il a donné, et il donne encore de sa colère un exemple terrible contre les Juifs. Le magistrat, dit-on, ne punit ni les Juifs, ni les Turcs (3). Pourquoi punirait-il les hérétiques ? Mais de quel droit le magistrat punirait-il ceux qui repoussent ouvertement la foi chrétienne ? Il n'en est pas de même des hérétiques, qui

(1) *Ibid.*, p. 93-96.
(2) *Ibid.*, p. 102-104.
(3) *Ibid.*, p. 105-106.

sont des ennemis domestiques, et qui trahissent la foi qu'ils ont jurée. On dit encore que la foi ne veut pas être contrainte. Mais si on les punit, ce n'est pas dans l'intention chimérique de les rendre meilleurs, c'est pour servir Dieu, c'est pour adorer son Fils *(ut magistratus Deo serviant, et Filium osculentur)* (1).

On prétend encore que si les hérétiques doivent être punis, ils ne doivent pas l'être par la main du magistrat. Car, a dit Jésus-Christ, mon royaume n'est pas de ce monde. Mais quoi! Jésus-Christ n'est-il pas le maître et le juge du monde (2)? Le glaive du magistrat n'est-il pas le glaive de Dieu? Sans doute le pouvoir ecclésiastique et le pouvoir civil sont différents, mais ils ne sont pas contraires; ils ne diffèrent pas comme l'esprit diffère de la chair et du monde. Le Christ a reçu la puissance sur le ciel et sur la terre, et tous ceux qui lui sont unis par la foi participent à cette puissance. Quoique le royaume du Christ n'ait pas besoin du secours des hommes, ce n'est pas à dire que l'on doive les rejeter. La société politique a été fondée par les hommes pour vivre heureux (3). Mais l'objet des magistrats ne se borne pas seulement à la conduite publique, il embrasse encore les devoirs privés de chacun. Leur devoir est de faire la meilleure république possible. Mais une bonne république se compose de bons citoyens; et il ne suffit même pas qu'ils soient bons citoyens, il faut encore qu'ils soient des hommes vertueux *(non tantum bonos cives esse, sed etiam bonos viros oportet)*. Si le devoir de l'honnête homme se compose de deux choses, le culte de Dieu, et l'amour des hommes, et si le magistrat doit

---

(1) *Ibid.*, p. 108-109.
(2) *Ibid.*, p. 113-114.
(3) *Ibid.*, p. 22-29.

veiller à ce que ces deux points soient religieusement observés, il est donc chargé de défendre et de protéger le culte du vrai Dieu. Ce n'est pas que le magistrat soit comme un Dieu parmi les hommes; c'est au contraire Dieu seul qui, en la personne des hommes, doit régner parmi nous.

On voit sur quelle confusion repose toute cette théorie; c'est celle que nous avons signalée déjà dans Luther, à savoir le rôle du pouvoir spirituel attribué au pouvoir temporel. Ce n'est plus, il est vrai, comme au moyen âge, la puissance ecclésiastique se servant de l'autorité civile, pour faire exécuter ses jugements; mais c'est toujours le même résultat; car, le pouvoir laïque n'étant pas juge en fait de doctrine, est obligé de s'en rapporter à l'Église. Rien de plus obscur ici que la doctrine de Théodore de Bèze. Car, quelle est cette autorité? En vertu de quoi juge-t-elle? L'Église se composant de tous les fidèles, où se résume, par quels interprètes s'exprime la vraie foi et la vraie doctrine? Sur ce point, le protestantisme était beaucoup moins fort encore que le catholicisme du moyen âge, et soulevait une grave objection de plus contre cette erreur commune à l'un et à l'autre.

Quant à la question de la nature de la peine applicable à l'hérésie (1), Th. de Bèze établit facilement que si l'hérésie est un crime, elle est le plus grand des crimes, et doit être punie de la plus grande des peines. Toutes les objections que l'on peut faire contre la mort des hérétiques sont également applicables à la mort de tous les criminels. D'ailleurs ce point n'est que secondaire dans la question, car il ne s'agit pas de savoir de

---

(1) P. 139-182 et p. 208 sqq.

quelle peine les hérétiques doivent être punis, mais s'ils doivent être punis.

Tel est le curieux et célèbre ouvrage de Théodore de Bèze sur le droit de punir l'hérésie, ouvrage peu connu, parce qu'il est assez rare, la prudence des protestants ayant fait disparaître le plus possible un livre qui fournissait tant d'armes contre eux. On ne comprend pas, en effet, comment, dans le temps où la réforme était encore persécutée de toutes parts, un tel livre a pu être écrit. C'était une sorte de défi, lancé non-seulement aux sectes anarchiques et révolutionnaires, mais aux catholiques eux-mêmes. La mort de Servet avait été le premier acte sanglant d'une Église qui n'avait d'abord demandé qu'à vivre, et qui maintenant voulait commander et opprimer. Le livre de de Bèze fut l'écho de cet acte inique. Par ce livre, la réforme rompait, non plus seulement avec les catholiques, mais avec les libres penseurs, qui avaient d'abord cru voir en elle une alliée.

La question de la liberté de conscience que nous retrouverons encore plusieurs fois nous a fait interrompre la suite des idées politiques dans le protestantisme. Nous l'avons vu, dans Luther et dans Mélanchton, complétement opposé aux violences révolutionnaires des anabaptistes, aux entreprises bien plus légitimes des paysans, confondre le spirituel et le temporel en sens inverse du moyen âge, et conduire ainsi à la doctrine de l'intolérance religieuse. Nous retrouvons toutes ces doctrines dans Calvin, avec quelques nuances particulières.

L'anabaptisme et ses extravagances politiques n'ont pas d'adversaire plus déclaré que Calvin. Voici comme il les fait parler : « Puisque nous sommes morts par Christ aux éléments de ce monde, disent-ils, c'est une chose trop vile pour nous, et trop indigne de notre excellence de nous occuper à ses sollicitudes immondes et profanes... De quoi servent les lois sans plaidoyers et sans jugements? Et de quoi appartiennent les plaidoyers à l'homme chrétien (1)? » Calvin n'a pas assez de mépris pour ces « gens forcenés et barbares, comme il les appelle, qui voudraient renverser toute police, ces fanatiques, qui ne cherchent qu'une licence débridée, et voudraient que les hommes véquissent pêle-mêle comme rats en paille (2). »

Comme Luther, Calvin oppose à ces protestations la double nature et la double destinée de l'homme, composé de chair et d'esprit, appelé à jouir d'une vie éternelle, après avoir traversé les épreuves de la vie terrestre et temporelle. Il ne faut point confondre le royaume spirituel du Christ, et l'ordonnance civile : l'un qui n'aura lieu que dans une vie autre que celle-ci, et qui est seulement préparé ici-bas par la grâce ; l'autre qui, gouvernant l'homme charnel, met un certain ordre dans ses actions extérieures, et en assurant sa subsistance, le contraint au moins aux apparences de la justice et de la vertu : « L'ordonnance civile, dit Calvin, n'appartient pas seulement à ce que les hommes mangent, boivent, etc., mais à ce qu'idolâtrie, blasphème contre le nom de Dieu et contre sa vérité et autres scandales de la religion ne soient publiquement mis en avant, et semés entre le peuple ; à ce que la tranquillité publique ne soit troublée, qu'à chacun soit gardé ce qui est sien ; que les hommes communiquent ensemble, sans fraude ni nuisance, qu'il y ait honnêteté et mo-

---

(1) Calv. *Instit. chrét.* l. IV, c. xx, 2.
(2) *Ibid.*, *ib.*

destie entre eux, en somme, qu'il apparaisse forme publique de religion entre les chrétiens, et que l'humanité consiste entre les humains (1). » On le voit, Calvin n'impose pas seulement au gouvernement l'œuvre tout humaine de protéger la justice, mais le rôle difficile et dangereux de défendre et de venger Dieu. Il donne ainsi à l'État un pouvoir à la fois spirituel et temporel, et il incline à confondre l'État avec l'Église même. Si l'État est chargé de défendre le culte de Dieu, selon les règles fixées par Dieu même, ou il est lui-même l'interprète de ces règles, et il est le souverain spirituel, ou il reçoit cette interprétation de l'Eglise, et c'est l'Eglise qui devient le souverain temporel. C'est la doctrine de l'intolérance civile, commune à Calvin et à saint Thomas. C'est le principe qui a tué Michel Servet.

Calvin rapporte à Dieu même l'institution des gouvernements. « Les magistrats, dit-il, ont commandements de Dieu, sont autorisés de lui, et du tout ils représentent sa personne, étant au demeurant ses vicaires... On ne peut aucunement douter que la supériorité civile ne soit une vocation non-seulement sainte et légitime devant Dieu, mais aussi très-sacrée et honorable entre toutes les autres (2). » Et il ne faut pas distinguer en aucune façon entre les différentes formes de gouvernements ; toutes sont établies par Dieu. « Et celle qui est la moins plaisante aux hommes est recommandée singulièrement par-dessus toutes les autres : c'est à savoir la seigneurie et la domination d'un seul homme, laquelle pourtant qu'elle emporte en soi une servitude commune de tous, excepté celui seul au plaisir duquel elle asservit tous les autres, elle n'a jamais été agréable

(1) *Ibid.*, 3.
(2) *Ibid.*, 4.

à tous gens d'excellent et haut esprit. Mais l'Ecriture, d'autre part, pour obvier à cette malignité des jugements humains, affirme nommément que cela se fait par la providence de la sapience divine (1). » Et il ajoute : « Certes, c'est vaine occupation aux hommes privés, lesquels n'ont nulle autorité d'ordonner les choses publiques, de disputer quel est le meilleur état de police. En outre, c'est une témérité d'en déterminer simplement, vu que le principal gît en circonstances (2). » Toutes les formes de gouvernement ont leurs périls, et peuvent tomber dans la corruption. « Il est bien vrai qu'un roi ou autre à qui appartient la domination, aisément décline à être tyran. Mais il est autant facile, quand les gens d'apparence ont la supériorité, qu'ils conspirent à élever une domination inique, et encore, il est beaucoup plus facile, où le populaire a autorité, qu'il émeuve sédition (3). »

Voilà donc tous les gouvernements à peu près égaux sous le rapport des avantages et des inconvénients. Ils ont tous une même origine, la volonté de Dieu, et même la plus malplaisante de toutes ces formes, la domination d'un seul, paraît être celle que Dieu a préférée pour les hommes. Cependant il est une forme de gouvernement vers laquelle Calvin paraît incliner et qui lui semble la plus passable de toutes. C'est celle « où plusieurs gouvernants ensemble, s'aidant les uns aux autres, s'avertissent de leur office, de sorte que si quelqu'un s'élève trop haut, les autres lui soient comme censeurs et maîtres (4). » Calvin trahit ainsi quelque

---

(1) *Ibid.*, 7.
(2) *Ibid.*, 8.
(3) *Ibid., ib.*
(4) *Ibid., ib.*

préférence pour cette forme de gouvernement tempérée, où le pouvoir divisé entre plusieurs serait toujours exposé à la surveillance et à la censure. Mais enfin le gouvernement, quel qu'il soit, doit être obéi et respecté. Et cette obéissance n'est pas due seulement aux bons princes, mais à tous ceux qui tiennent l'autorité de Dieu, de quelque manière qu'ils en usent : « Si cette sentence nous est une fois bien résolue et fichée en nos cœurs, c'est à savoir que par icelle même ordonnance de Dieu, par laquelle l'autorité de tous rois est établie, aussi les rois iniques viennent à occuper la puissance ; jamais ces folles et séditieuses cogitations ne nous viendront en l'esprit, qu'un roi doive être traité comme il le mérite, et qu'il n'est pas raisonnable que nous nous tenions pour sujets de celui qui ne se maintient pas de sa part envers nous comme Roy (1). » Ce n'est point qu'il faille admettre, avec les flatteurs des princes, que ceux-ci n'ont aucuns devoirs envers leurs sujets : mais s'ils manquent à ces devoirs, « il faut mettre devant nous cette pensée, qu'il n'est pas en nous de remédier à de tels maux. » Il ajoute cependant : « Je parle toujours des personnes privées ; car s'il y avait en ce temps-ci magistrats constitués pour la défense du peuple, pour réprimer la trop grande cupidité et licence des rois..., à ceux qui seraient constitués en tel état, tellement je ne défendrays de s'opposer et résister à l'intempérance ou cruauté des rois, selon le devoir de leur office, que même, s'ils dissimulaient, voyant que les rois désordonnément vexassent le povre populaire, l'estimerais devoir être accusée de parjure telle dissimulation, par laquelle

(1) *Ibid.*, 27.

malicieusement ils trahiraient la liberté du peuple (1). »
Ainsi, lorsque la liberté se trouve établie par la constitution des Etats, il est aussi juste de la conserver et de la défendre, qu'il est injuste de vouloir la conquérir lorsqu'elle en est absente. Telles sont les seules limites que Calvin reconnaisse à l'autorité des rois. Hors de là, il défend aux sujets de s'entremettre d'aucune façon aux affaires publiques, et il prescrit l'obéissance sans limites, non-seulement à l'autorité légitime, mais encore à la tyrannie.

Ce serait donc une grave erreur de compter Calvin parmi les partisans du gouvernement populaire, et de lui attribuer la théorie qui place dans le peuple l'origine légitime de tout pouvoir. Quoiqu'il ait été lui-même le magistrat suprême d'une démocratie, et que dans son système religieux il ait déplacé le principe du gouvernement, et fait descendre l'autorité de la tête aux membres de l'Eglise, il a laissé à d'autres le soin d'appliquer à la politique générale ses principes d'organisation ecclésiastique. Malgré les efforts des premiers réformateurs, pour se concilier la sympathie des pouvoirs établis, la Réforme fut presque partout amenée à rompre avec ces pouvoirs. La liberté religieuse n'est qu'une partie de la liberté politique. Si le sujet n'est rien, comment la conscience serait-elle quelque chose de respectable? Et comment admettre, en outre, dans un Etat qui ne se gouverne pas lui-même, une Eglise qui se gouvernerait elle-même? La Réforme aperçut bien vite toutes ces conséquences. En même temps la renaissance des lettres anciennes, la pratique plus familière et plus fréquente des écrivains de l'an-

---

(1) *Ibid.*, 31.

tiquité, des ouvrages moraux et politiques de Platon et d'Aristote, des historiens, des orateurs, l'étude des monuments et des origines de notre histoire, la lecture assidue de la Bible, toutes ces causes donnèrent naissance à une politique nouvelle, hardie, toute démocratique, qui, après avoir quelque temps sommeillé dans les esprits et dans les âmes, éclata tout à coup avec fureur après la Saint-Barthélemy.

L'un des premiers ouvrages où nous voyons le protestantisme changer de caractère et abandonner la cause du pouvoir absolu, pour incliner aux idées populaires, est le *Franco-Gallia*, de François Hotmann, l'un des plus grands jurisconsultes du XVIe siècle. Ce traité n'est pas un livre de politique générale et philosophique, c'est un traité de la monarchie française et de ses lois fondamentales. Mais il est évident que l'interprétation donnée par Hotmann à la constitution monarchique de la France avait sa source dans certaines prédilections politiques. Au lieu d'une monarchie absolue, constituée par des lois fondamentales, limitée dans une certaine mesure par le pouvoir parlementaire, Fr. Hotmann cherche dans l'histoire le type d'une nouvelle monarchie, élective à l'origine, démocratique dans l'application, subordonnée aux États, c'est-à-dire à une assemblée nationale. Hotmann ne va pas jusqu'à vouloir absorber ni la royauté ni la noblesse dans le tiers état. Il rêve, au contraire, une sorte d'équilibre, et se représente même la noblesse comme un intermédiaire entre la royauté et le peuple. Mais la royauté s'inclinant devant l'autorité des États, et les États étant composés en majorité du peuple, on voit que cette monarchie tempérée ne serait guère autre chose que le gouvernement populaire. On comprend l'émotion que produisit un tel pamphlet. « Le livre de François Hotmann, dit M. Aug. Thierry, eut un succès immense sur les hommes de son siècle, qu'agitait le besoin de nouveautés religieuses et politiques ; il survécut à la génération contemporaine des guerres civiles, et se prolongea même durant le calme du règne de Louis XIV. Ce bizarre et fabuleux exposé de l'ancien droit public du royaume devint alors la pâture secrète des libres penseurs, des consciences délicates, des imaginations chagrines plus frappées, dans le présent, du mal que du bien. Au commencement du xviii⁰ siècle sa réputation durait encore ; les uns l'aimaient, les autres le déclaraient un livre pernicieux ; mais les grandes controverses qu'il avait soulevées cent vingt-cinq ans auparavant, éloignées de l'opinion des masses, ne remuaient plus en sens contraire que des esprits d'élite (1). »

Le *Franco-Gallia,* quoique contenant une doctrine politique, n'était cependant qu'un ouvrage historique. C'est à l'histoire, à la tradition, à l'érudition que François Hotmann emprunte ses principes et ses arguments. Un autre ouvrage parut vers le même temps, qui n'eut pas moins de retentissement, mais qui portait la question à une plus grande hauteur, et sur le terrain du droit, c'est le *Vindiciæ contra tyrannos*, de Junius Brutus, ouvrage attribué à Hubert Languet, autre protestant (2).

L'auteur expose dans sa préface d'une manière très-nette et très-hardie, et l'objet de son livre, et la méthode qu'il entend suivre. Quant à l'objet, le voici : ramener à des principes premiers et évidents, le pou-

---

(1) Aug. Thierry, *Consid. sur l'hist. de France*, c. ɪ, p. 37 (Récits mérovingiens).

(2) Vid. Bœcler ad Grotium, p. 275.

voir des princes et le droit des sujets ; renfermer l'un et l'autre dans des limites déterminées qu'une bonne administration ne puisse franchir (1). En posant ainsi le problème le plus hardi de la science, l'auteur prétend également le traiter par la méthode la plus rigoureuse. Il emploiera, dit-il, la méthode géométrique qui, *du point passe à la ligne, de la ligne à la surface, de la surface au corps.* En d'autres termes, il ira du simple au composé, des degrés au faîte, des effets aux lois générales (2). Telle est la méthode sévère et vraiment scientifique que l'auteur prétend employer.

Quoique l'exécution ne réponde pas exactement aux promesses de la préface, on ne peut méconnaître cependant dans le *Vindiciæ contra tyrannos* un ordre logique et un certain art de conduire insensiblement de ce qui est évident à ce qui l'est moins. L'auteur traite, en effet, l'une après l'autre ces trois questions : I. Les sujets doivent-ils obéir au prince, lorsqu'il commande quelque chose contre la loi de Dieu ? II. Est-il permis de résister à un prince qui commande quelque chose contre la loi de Dieu ? III. Est-il permis de résister à un prince qui opprime l'Etat ? La progression est sensible dans ces trois questions. La première pose seulement le droit de non-obéissance, reconnu par les apôtres ; la seconde, le droit de résistance, mais seulement dans les limites de la foi religieuse ; la troisième, le droit de résistance, absolument, et au point de vue purement politique. A ces trois questions, l'auteur en ajoute une

---

(1) *Vind. contr. tyrann.* Præf. : Principum imperium et jus populorum ad sua legitima certaque principia referre ; intra certas fines utrorumque potestatem conclusum iri, quos ultra citraque recta reipublicæ administratio plane non possit consistere.

(2) *Ibid.* Ex effectis et consequentibus causas et maximas illas propositiones sive regulas colligit.

quatrième, moins essentielle, mais très-importante dans les troubles civils, c'est la question du droit d'intervention : « Les princes voisins ont-ils le droit de porter secours aux sujets des autres princes opprimés pour cause de religion, ou par une manifeste tyrannie? »

Ce qui donne le plus de prix au livre d'Hubert Languet, c'est une idée destinée depuis à une singulière fortune, mais alors toute nouvelle et originale : c'est l'idée du contrat. Deux théories jusque-là paraissaient se disputer l'explication de la souveraineté. Selon les uns, le pouvoir civil émane du pouvoir ecclésiastique, et par conséquent doit compte de sa conduite, à ce pouvoir supérieur. Selon les autres, le pouvoir civil est constitué immédiatement par Dieu, et ne doit de comptes à aucun autre pouvoir, si ce n'est à celui de Dieu. Il est vrai que les jurisconsultes qui soutenaient cette opinion, étaient obligés de reconnaître que le pouvoir était passé du peuple aux empereurs par une cession du premier ; mais en général, sauf quelques rares exceptions, on était d'accord que le peuple avait abandonné la souveraineté tout entière, et qu'il ne s'était rien réservé. De là la théorie, que l'empereur ou le roi ne doit compte de ses actions qu'à Dieu, qu'il n'est pas soumis aux lois civiles, que du moins il ne leur est soumis que quant à la puissance *directive* et non à la *coactive*; et de là enfin la théorie du pouvoir absolu.

Hubert Languet soutenait donc un principe à peu près nouveau, et qui n'avait pas encore été mis en lumière, celui du contrat. Ce qui est encore remarquable, et témoigne que la philosophie politique ne fait que de naître, c'est qu'au lieu de chercher dans la raison seule la démonstration et les conditions de ce contrat purement idéal, l'auteur du *Vindiciæ contra tyrannos* commence par l'établir historiquement. Mais il n'emploie pas l'histoire comme Machiavel ou Hotmann ; le premier examinait ce que les hommes ont coutume de faire, pour enseigner ce qu'ils doivent faire ; le second recherchait les traditions du passé pour rétablir la monarchie dans son état primitif : l'un consultait de préférence l'histoire romaine, l'autre l'histoire de France. Hubert Languet s'adresse à une histoire plus antique et plus respectable, qui fournit non-seulement des exemples, mais des principes, et qui ne nous apprend pas seulement ce que les hommes ont fait, mais ce que Dieu a voulu : l'histoire sacrée. Il puise ses arguments dans l'Écriture, et il fonde son système sur l'autorité des livres saints.

Telle est la différence essentielle du *Franco-Gallia* et du *Vindiciæ contra tyrannos*, qui eurent à cette époque un égal retentissement. Le premier est le livre d'un savant, d'un érudit ; le second, d'un réformé. L'action religieuse est nulle dans le premier : ses autorités, ce sont les chroniques. Dans l'autre, l'autorité suprême est la Bible, et ce qui est vrai du peuple juif est vrai de tout peuple chrétien.

L'Écriture nous montre donc dans l'institution des rois un double contrat : 1° un contrat entre Dieu, le roi et le peuple ; 2° un contrat séparé entre le peuple et le roi. Remarquez que le premier de ces contrats ne lie pas seulement Dieu et le roi, mais encore Dieu et le peuple. Ainsi, le peuple est co-contractant avec le roi.

Le contrat qui unit à Dieu est évident dans les paroles qui instituent la royauté (1). Dans ce passage,

(1) « En regem quem legistis, et petistis. Ecce Deus ponit regem

Samuel n'établit le roi sur les Hébreux qu'à la condition qu'il obéira à Dieu ; sans quoi, il périra. Les exemples de châtiment ne manquent pas non plus dans l'Ecriture. Saül est rejeté pour avoir manqué à l'alliance contractée avec Dieu. Roboam voit se séparer de lui les dix tribus. Comme il a rompu le pacte, Dieu n'en a pas rempli les conditions (1). L'Evangile a succédé à la loi, les rois chrétiens aux rois hébreux. Le pacte n'a point cessé : les mêmes sanctions subsistent encore (2). Les rois païens eux-mêmes ont contracté, sans le savoir, le même engagement tacite. Car c'est de Dieu qu'ils ont reçu leur puissance, même quand ils croient la tenir du suffrage ou du sort. Est-ce le suffrage? Dieu gouverne le cœur des hommes et les dirige où il veut. Est-ce le sort? mais le sort est caché dans son sein. Que si Dieu ne les a point chargés expressément du soin de garder les lois, il leur a au moins interdit d'empiéter sur sa divine juridiction ; et Dieu venge sévèrement, même sur les princes païens, ce crime d'usurpation.

Que conclure du principe que nous venons d'établir? c'est que le prince, institué en vertu d'un contrat avec Dieu, n'est autre chose que son vassal (3). Si donc, semblable aux géants, il essaie d'escalader le ciel, si le fils de César vient empiéter sur le fils de Dieu, il mérite d'être privé de *son fief*, comme un vassal infidèle, et

---

eum super vos. Obedite et *servite Deo* tam vos, quam *rex vester qui est* super vos... Alioquin et vos et *rex vester* peribitis. » (*Rois*, l. 13, 14, 23, c. xii.)

(1) *Vind. cont. tyr.* q. i. Ac si diceret Deus : pactum violarunt, conditionem non impleverunt : neque ego itaque amplius teneor.

(2) *Ibid., ib.* Idem pactum est, eædem conditiones, eædem pœnæ ni impleantur, idem vindex perfidiæ Deus omnipotens.

(3) *Ib., ib.* Reges omnes Dei vassalles esse omnino statuendum est.

ses sujets ne sont pas tenus de lui obéir, mais deviendraient même rebelles en lui obéissant, comme un serf qui prendrait les armes pour son seigneur contre le roi. Dieu doit être honoré pour lui-même, et le prince ne doit l'être que pour Dieu, dont il est le ministre. Si le prince vient de Dieu, on doit lui obéir à cause de Dieu, mais non pas contre Dieu.

Voilà pour le principe de non-obéissance. Passons au principe de résistance. N'oublions pas que dans le premier contrat, il n'y a pas seulement deux contractants, mais trois ; à savoir : Dieu, le roi et le peuple. En effet, le contrat de Dieu et du peuple a précédé le contrat de Dieu et du roi. Car, avant l'institution des rois, Dieu s'était choisi son peuple, et avait contracté avec lui une alliance (1). La clause principale du contrat, c'est que le peuple garderait son culte avec fidélité. Tel fut le contrat primitif de Dieu et du peuple. Ce contrat cessa-t-il après l'institution des rois ? Loin de là, il fut au contraire confirmé et renouvelé. Dans l'institution de la royauté, le prêtre stipule, au nom de Dieu, l'observation de la loi et la conservation du temple. Le roi et le peuple promettent, et cela non pas séparément, mais conjointement. Le roi et le peuple sont donc constitués à la fois responsables, et s'engagent solidairement (2). Hubert Languet poursuit en jurisconsulte les conséquences d'un tel contrat. Si l'une des parties manque à l'obligation, le stipulateur a le droit de faire valoir son droit auprès de l'autre (3). La

---

(1) *Ib.*, q. II. Deum, electo ex omnibus populo Israelitico, ut esset sibi peculiaris populus, fœdus cum eodem pepigisse.

(2) *Ib.*, *ib.* Constituuntur ergo hic duo rei, rex et Israel, ideoque æqualiter in solidum obligantur.

(3) *Ib.*, *ib.* Uter vero negligat, Deus ab alterutro integram rem petere potest, et eo quidem magis a populo quam a rege.

faute de l'un rejaillit sur l'autre. Si Israël abandonne Dieu, sans que le roi s'y oppose, celui-ci est responsable de la faute d'Israël ; de même, si le roi adore des dieux étrangers, et qu'Israël ne le retienne pas et ne le force pas au devoir, Israël est responsable à son tour.

De ce contrat solidaire entre Dieu d'une part, et de l'autre le roi et le peuple, naît évidemment le droit de résistance. Car que devient un tel pacte, si le peuple peut se laisser entraîner par ses rois au culte des dieux étrangers ? Comment restera-t-il le peuple de Dieu, s'il est changé en un peuple esclave, pour lequel aucune obligation n'est possible ? Donc si le roi veut renverser l'Église et la loi de Dieu, le peuple est tenu de résister, et s'il ne le fait pas, il est entraîné dans sa ruine.

Nous voici arrivés à ce droit de résistance par les armes, qui était dans l'antiquité un droit non contesté, mais qui avait disparu de la science politique depuis l'Évangile. A part quelques protestations éparses dans les écrits du moyen âge, la seule résistance que l'Église et ses docteurs autorisassent contre le pouvoir civil était la résistance ecclésiastique. Il fallait, pour affranchir le peuple, que le pape le déliât de son serment de fidélité. Ici, le peuple se délie lui-même. Il a contracté avec Dieu ; il est partie et garant du contrat passé avec le roi : le contrat violé, il est libre par rapport au roi, mais non par rapport à Dieu. Il doit défendre Dieu contre le roi. Ces principes empruntés au droit civil conduisaient au droit d'insurrection. Ici le hardi novateur s'arrête, et éprouve le besoin de limiter ses affirmations.

Eh quoi ! se dit-il, donnera-t-on au peuple, à cette bête à mille têtes le droit de se soulever en tumulte, sans ordre, sans conduite, sans guide ? Il faut distinguer. Par le peuple, nous entendons ceux qui ont reçu l'autorité de la part du peuple, les magistrats choisis d'entre le peuple, et qui sont comme les surveillants des rois (*regum ephoros*) et les représentants du peuple (*qui universum populi cœtum repræsentant*). Dans tout État bien constitué, il y a entre le roi et le peuple, des magistrats, des grands, des conseillers choisis dans tous les ordres de la nation, et qui, réunis, forment ce que l'on appelle, selon les pays, le conseil ordinaire, le parlement, la diète. Individuellement, ces divers personnages sont moins que le roi ; mais en corps, ils sont plus que lui. Ils sont chargés de défendre le peuple : comme de bons tuteurs, ils doivent veiller à ses droits ; s'ils ne le font pas, ils tombent sous le coup de l'action de la tutelle (1). C'est donc à eux qu'appartient le droit de résistance : ce qui est décidé par la majorité est censé l'être par tous ; et ce qui l'est par tous, est censé l'être par le peuple tout entier (2).

Mais une difficulté se présente. Si la majorité du corps des magistrats fait cause commune avec le roi, et est de complicité dans sa révolte contre Dieu, que devra faire la minorité, ou même un seul d'entre les magistrats, qui ne voudra pas se soumettre à la loi du prince? Il n'est pas question, bien entendu, des simples particuliers, mais d'une province, d'un magistrat, d'un seigneur. Cette minorité aura-t-elle le droit de la résistance au même titre que la majorité? Pour résoudre cette difficile question, il faut encore remonter aux clauses du contrat primitif. Dans ce contrat, où Israël tout entier s'est engagé, il est évident que chaque ville,

---

(1) *Ib., ib.* Ni faciant, actione tutelæ tenentur.
(2) *Ib., ib.* Quod major pars principum seu optimatum fecerit, omnes, quod omnes, universus populus fecisse dicetur.

chaque magistrat s'est particulièrement engagé (1). Ainsi chacun a promis en son nom propre, et en tant qu'il dépendait de lui, de défendre la cause de Dieu. Ce n'est donc pas seulement le roi, ni le royaume tout entier, mais toutes les parties du royaume qui doivent individuellement à Dieu foi et obéissance. On entrevoit la conséquence : c'est que tout magistrat, toute ville peut donner le signal de la résistance à un roi qui viole la loi de Dieu, même quand la majorité des villes ou des magistrats aurait pris le parti du roi.

Quelle porte ouverte à la sédition! Mais quoi, dit l'auteur, que le roi dépose les armes, et les sujets les déposeront. Qu'il cesse de frapper, et ils s'arrêteront. Qu'il dépose l'épée, ils rejetteront le bouclier. On ne peut appeler esclave fugitif celui qui se défend contre les coups de son maître, ou qui se réfugie dans sa cabane pour échapper à sa fureur. Appellera-t-on traîtres (*defectores*) ceux qui ferment les portes de la ville à un prince furieux, tout prêts à lui obéir, quand il sera revenu à lui? *Ce n'est pas la séparation qui fait le schisme, c'est l'intention* (2). Autre chose est se séparer d'un mauvais pontife ou d'un mauvais roi, autre chose se séparer de l'Église ou du royaume. On voit que l'auteur ne répond pas à l'objection. Car ici l'objection ne porterait plus contre le droit de résistance en général, mais contre le droit accordé à quelques-uns, et même à un seul.

Et cependant l'auteur ne veut pas aller jusqu'à l'insurrection révolutionnaire, et il exclut expressément le peuple, en tant que multitude, du droit de résistance.

(1) *Ib.*, *ib.* Singillatim spopondit.
(2) Principe de la Sorbonne dans la querelle de Boniface VIII et de Philippe le Bel.

Les hommes privés, dit-il, n'ont pas la puissance, la magistrature, le droit du glaive. Le contrat primitif a été passé par Dieu avec l'universalité du peuple, mais non avec les individus. Les individus ne sont donc pas tenus par le contrat, en tant que personnes : ils ne sont ni contractants, ni garants. Les rois et les magistrats s'engagent à bien gouverner le corps de l'Église. Les particuliers ne s'engagent qu'à une chose, c'est à rester membres de l'Église. Les uns sont tenus de faire en sorte que les autres obéissent à Dieu ; mais les sujets ne sont tenus que de lui obéir. Mais lorsque les magistrats eux-mêmes donnent le signal de la résistance aux ordres d'un tyran impie, le peuple doit les suivre, et les aider de tous ses efforts. Quelquefois Dieu choisit un homme privé, pour le faire l'instrument de sa vengeance, comme on le voit dans l'Ancien Testament. Mais il faut être très-sobre et très-circonspect à adopter de tels chefs. Souvent des hommes usurpent l'autorité en se faisant passer pour inspirés ; et ils se font dieux eux-mêmes. Que le peuple craigne donc, en croyant combattre sous les drapeaux du Christ, de combattre, à son grand détriment, sous les ordres de quelque usurpateur galiléen : ce qui est arrivé récemment en Allemagne, ajoute l'auteur, aux partisans de Thomas Munster.

Jusqu'ici, l'auteur a limité le droit de résistance à un seul cas, celui où le prince viole la loi de Dieu. Mais dans la troisième question il va plus loin. Il étend la résistance jusqu'à la défense de tous les droits naturels. Le prince n'est pas seulement engagé envers Dieu, mais encore envers le peuple : le peuple n'est plus seulement garant du contrat, il est partie. Nous entrons maintenant dans la politique moderne. Nous allons voir paraître dans toute sa hardiesse, et avec une remarquable netteté le principe de ce nouveau droit politique, d'où doivent sortir les révolutions d'Angleterre, d'Amérique et de France.

Le principe de cette politique n'est pas nouveau : c'est que le peuple a créé les rois. Ce principe était admis par la plupart des jurisconsultes qui expliquaient l'origine de l'empire par une cession du peuple romain. Mais cette cession, disait-on, impliquait l'abandon de la souveraineté. La prescription pouvait être opposée à toute revendication du peuple. Il avait perdu ses droits soit par un abandon tacite, soit par défaut d'exercice. Hubert Languet répond avec force à cette objection de juriste : Il n'y a pas de prescription contre le peuple, de même qu'il n'y a pas de prescription contre le fisc. Si le fisc peut se prévaloir de ce privilége, à plus forte raison le peuple qui est le vrai propriétaire du fisc. On objecte que le peuple qui a élu les rois n'est pas le même que celui qui existe aujourd'hui. L'auteur répond : les rois meurent, mais le peuple ne meurt pas : c'est un fleuve qui coule sans cesse. Si les grands ont laissé peu à peu s'invétérer la tyrannie, leur faiblesse ne peut préjudicier aux peuples. Le temps ajoute aux torts du roi, mais n'ôte rien aux droits du peuple (1). La connivence des grands et du roi ne peut rien non plus contre les droits du peuple ; mais ils tombent sous les peines de la loi portée contre les prévaricateurs.

On voit que l'esprit juridique se combine dans Hubert Languet avec l'esprit biblique pour donner à son

---

(1) *Ib.*, *ib.* Nec demunt anni quidquam juri populi, sed addunt injuriæ regis.

ouvrage un grand cachet d'originalité. C'est le droit civil qui sert ici d'introduction au droit politique. Les idées de contrat, d'action, de prévarication, de prescription, sont détournées de leur sens ordinaire pour être appliquées aux rapports des rois et des sujets. Cette application, quoique fausse en soi, était légitime. Car les jurisconsultes avaient donné l'exemple de fonder la théorie du pouvoir royal sur le droit civil.

Continuons cependant cette déduction rigoureuse. Le peuple a cédé le pouvoir. Mais c'est un principe de toute évidence, qu'il n'a pu se donner un maître que pour une très-grande utilité (1). L'institution du pouvoir civil a eu pour but de défendre les individus les uns contre les autres par la justice, et le corps tout entier contre des attaques extérieures par la force (2). La seule fin de l'empire est l'utilité du peuple. L'empire n'est pas un honneur, mais une charge; non une immunité, mais un devoir; non un loisir, mais une mission (3); non une licence, mais une servitude publique. Lorsque le tien et le mien eurent envahi l'univers, le pouvoir a été institué pour défendre les pauvres contre les riches, le peuple contre ses voisins.

Les rois étant institués pour rendre la justice, ne sont donc autre chose que les gardiens et les conservateurs de la loi. On a demandé si la loi dépend du roi, ou le roi de la loi. Sans doute, si le roi était toujours juste, on n'aurait que faire de lois : mais comme cela est impossible, les lois ont été instituées par des magistrats

---

(1) *Ib.*, q. III. Non, nisi magnæ cujusdam utilitatis causa, imperium alienum ultro elegit.

(2) *Ib.*, *ib.* Tum singulos a mutuis, tum universos ab externis injuriis seu jure dicendo, seu vim vi repellendo, defenderent.

(3) *Ib.*, *ib.* Non honos, sed onus; non immunitas, sed munus; non vacatio, sed vocatio.

sages et prudents, afin qu'elles fussent la règle selon laquelle les princes doivent juger ; et pour empêcher que le prince ne violât la loi, on lui associa les grands, les magistrats, et le conseil public que nous rencontrons dans toutes les formes de gouvernement. La loi est l'âme du roi : c'est par elle qu'il se meut, qu'il sent et qu'il vit. Le roi est le corps de la loi. La loi est la raison commune des sages. Elle est la pensée même, et comme la pensée est une partie de la raison divine, celui qui obéit à la loi obéit à Dieu. Ce n'est pas ce que le roi ordonne qui est juste : mais un roi devient juste, lorsque ce qu'il ordonne est juste en soi.

Tels sont les grands et nobles principes qui se détachent dans le *Vindiciæ contra tyrannos* d'un fonds confus où se mêlent les arguments bibliques, les arguments historiques empruntés à Hotmann, les réminiscences de l'antiquité. De ces principes il déduit la nécessité du partage de l'autorité législative, entre les rois et les grands, ou les Etats du royaume. C'est ici que la pensée des réformateurs est en général assez vague. Ils ne disent rien de précis sur la participation du peuple au pouvoir législatif. Languet paraît accorder surtout la prépondérance à l'aristocratie. Mais c'est un point très-mal éclairci dans son livre.

Il est beaucoup plus précis, lorsqu'il traite du pouvoir du roi sur la vie et sur les biens des sujets. Les courtisans, dit-il, accordent aux princes le droit de vie et de mort sur leurs sujets. Pour nous, le prince n'est que le ministre et l'exécuteur de la loi. Il ne frappe que ceux que la loi a frappés. Autrement ce n'est pas un roi, c'est un tyran ; ce n'est pas un juge, mais un brigand. Les sujets ne sont pas les serfs du roi ; ils n'ont pas été achetés par lui à prix d'argent : ils n'ont pas été conquis à la guerre. Tous réunis, ils sont les souverains du roi : séparés, ils sont ses frères (1).

Quant aux biens, on entend répéter tous les jours à la cour des princes que tout appartient au roi. Ainsi, ce qu'il prend, il ne le ravit pas ; ce qu'il ne prend pas, il le donne. Mais, est-il vraisemblable que les hommes, qui aiment tant chacun le sien, se soient donné un maître, pour lui faire abandon de ce qu'ils ont gagné avec tant de peine? Que m'importe, disait Agricola, que ce soit le roi ou l'ennemi qui me ravisse mon bien, si, de part et d'autre, je meurs également de faim? Mais s'il n'est pas le maître des biens privés, le roi n'est-il pas au moins propriétaire du domaine public? Non, dit Languet. Autre chose est le trésor du prince, autre chose est le trésor du fisc. Sans doute, les princes sont propriétaires de leur fortune particulière, comme les autres citoyens. Mais à aucun point de vue ils ne peuvent être considérés comme propriétaires du domaine royal. La dignité royale est-elle une possession, ou une fonction? Si c'est une possession, c'est bien le moins que le peuple en la cédant se soit conservé la propriété à perpétuité. A quoi me servira-t-il d'avoir confié le soin de mon salut à un roi, si en même temps je m'aliène et me vends en toute propriété (2)? Le prince n'est que le curateur et l'administrateur des richesses publiques. Le roi n'est pas même usufruitier. En effet, l'usufruitier peut engager les biens dont il a l'usufruit; le roi ne peut engager son patrimoine. L'usufruitier peut faire des dons sur son usufruit ; les

---

(1) *Ib., ib.* Ut universi domini, ita singuli fratrum loco censendi sunt.

(2) *Ib., ib.* Si, inquam, dum libertati meæ incolumitatique prospicere volo, memet mancipo.

dons du roi, lorsqu'ils sont excessifs, sont nuls, suivant cet axiome de la chambre des comptes : *Trop donné soit répété*. L'usufruitier peut jouir ou abuser des fruits sans que la loi s'en mêle; au contraire, la loi prescrit au roi l'usage qu'il doit faire des domaines.

Le peuple n'a donc cédé la souveraineté, qu'à condition que le roi en userait pour son bien. Dans cette sorte de contrat, c'est le peuple qui stipule (*stipulatur*), c'est le roi qui promet (*spondet*). En retour, le peuple promet implicitement d'obéir, si les conditions sont bien exécutées : et le roi de son côté promet de les remplir. Ainsi, le peuple ne s'engage que sous condition, et le roi s'engage purement et simplement. Mais, lorsqu'on insère une condition dans un contrat, il est évident que le contrat est nul de plein droit lorsque la condition n'est pas exécutée. On ne peut donc point appeler parjure un peuple qui refuse l'obéissance à celui qui a violé les conditions de son contrat. Si le vassal est délié de la foi envers son seigneur, lorsque celui-ci a commis une félonie envers lui, si la loi des Douze Tables condamne le patricien qui fraude son client, si la loi civile permet à l'affranchi une action contre la violence ou l'injustice de son patron, si dans le même cas l'esclave lui-même est affranchi de l'obéissance, à plus forte raison le peuple sera-t-il délié de la foi, que le prince lui-même aura violée le premier.

Le droit de résister aux tyrans, c'est-à-dire aux violateurs du pacte primitif, une fois établi, reste à savoir comment, à qui, et par quels moyens il est permis de résister. Mais il faut distinguer deux espèces de tyrans. Cette distinction, familière au xvie siècle, était déjà dans Bartole (1). Il y a le tyran *absque titulo*, et le tyran

---

(1) Bart. *De tyranno* (Ed. Bâle, t. V, p. 587-92).

ab exercitio. Le premier est celui qui s'empare du pouvoir sans titre, c'est un usurpateur. Le second possède le pouvoir à titre légitime, mais il en abuse. Or, la conduite du peuple doit être différente à l'égard de ces deux espèces de tyrans. Contre le premier, le droit naturel, le droit des gens, le droit civil, permettent de prendre les armes. Car c'est le droit naturel qui nous autorise à défendre notre vie et notre liberté menacées. Aucun pacte, aucune obligation, ne nous lie à un tyran de cette espèce; même un homme privé peut se soulever contre cette sorte de tyrannie. Mais, si après avoir obtenu le pouvoir d'une manière illégitime, l'usurpateur obtient l'approbation du peuple, ce consentement lui doit tenir lieu de titre, et il possède de droit ce qu'il ne possédait encore que de fait. Il est juste alors que le peuple obéisse. Autrement il n'est pas de royaume dont la juridiction ne pût être révoquée en doute.

Quant aux rois légitimes qui abusent de leur pouvoir, il ne faut point sans doute pour quelques abus, pour quelques négligences, les appeler tyrans et leur déclarer la guerre; même lorsqu'il s'agit d'un tyran déclaré, qui viole ouvertement les lois et qui opprime la République, il faut d'abord le supporter, et employer tous les moyens avant les armes. Car il peut arriver que le remède soit pire que le mal. Mais s'il persiste dans sa tyrannie, il doit être traité comme un rebelle, et déposé comme tel. Or, nous avons vu que le peuple est supérieur au prince : il a donc le droit de le déposer. Qu'on n'accuse pas une telle révolte de sédition ; car il y a des séditions justes et injustes : justes, dit Bartole, celles qui renversent un gouvernement injuste ; injustes, celles qui renversent un gouvernement juste : à vrai dire le renversement d'un mauvais gouvernement ne peut pas être appelé sédition : principe, ne l'oublions pas, qui était déjà dans saint Thomas d'Aquin et dans toute la scholastique (1). Hubert Languet conclut qu'il est permis de prendre les armes non-seulement pour la religion, mais pour la patrie, et pour les foyers.

Mais il admet toujours la même réserve, c'est que ce droit de résistance n'appartient qu'aux magistrats, soit à tous, soit à plusieurs. Car pour les particuliers, il leur refuse tout droit de prendre l'initiative. La République n'a pas été confiée à la garde des particuliers : ceux-là ne doivent pas défendre la République, qui ne peuvent pas se protéger eux-mêmes. S'ils tirent le glaive, ils sont séditieux. Car ce n'est que la totalité des citoyens qui constituent le souverain, et non pas les particuliers. Le peuple ne peut donc résister que par l'intermédiaire de ses magistrats. Si ceux-ci n'agissent pas, le peuple doit se tenir en repos, et ne pas oublier que les meilleurs médecins laissent souvent faire la nature pour guérir les maladies. Il va plus loin encore. Si les magistrats, dit-il, sont évidemment de connivence avec le tyran, le peuple doit se souvenir que Dieu permet que les hypocrites règnent pour les péchés des peuples. Il n'est donc besoin ni des pieds, ni des mains, mais de prières et de genoux fléchis (2). Enfin il faut supporter les mauvais princes et en attendre de meilleurs, comme on supporte la grêle, les inondations, les tempêtes et les autres calamités naturelles. Mais si tous les grands, ou la plupart, ou même un seul

---

(1) Voy. t. I, l. II, c. II.
(2) *Ib.*, *ib.* Non pedibus, non manibus, sed genibus flexis opus esset.

essaie de s'opposer à sa tyrannie, le peuple doit regarder cette résistance comme un signal de Dieu même.

Hubert Languet résume lui-même tout son système dans ces termes rapides et concis : « Les princes sont élus par Dieu, mais constitués par le peuple. Le prince est supérieur à chaque particulier, mais inférieur à tous, et à ceux qui représentent le tout, c'est-à-dire les magistrats ou les grands. Il intervient dans l'institution du roi un contrat entre le prince et le peuple ; contrat tacite ou expresse, naturel ou civil, dont les officiers du roi sont les gardiens. Celui qui viole ce pacte est un tyran *ab exercitio*. Les magistrats ont le droit de le ramener au devoir par la force, s'ils ne peuvent faire autrement. Mais les hommes privés n'ont pas le droit de tirer le glaive contre un roi légitime, fût-il tyran dans le fait. Quant au tyran sans titre (*absque titulo*), comme il n'y a aucun contrat passé avec lui, tous, même les particuliers, peuvent se soulever contre lui. »

Le livre d'Hubert Languet est parfaitement suffisant pour donner une idée de tous les écrits politiques inspirés par la démocratie protestante. C'est de tous le plus célèbre, le plus rigoureux, le mieux raisonné, celui qui eut le plus d'influence. Parmi ces écrits, on ne peut néanmoins négliger de mentionner le *De Jure regni*, de Buchanan, ouvrage élégant et bien écrit, moins fortement conçu et raisonné que le *Vindiciæ contra tyrannos*, et qui s'en distingue en ce que le caractère religieux et réformé a presque complétement disparu, pour faire place à l'esprit philosophique et littéraire de la renaissance. Ce n'est pas le disciple de Calvin ou de Knox, c'est le disciple de Platon, d'Aristote et de Cicéron.

CHAPITRE IV.

LA POLITIQUE CATHOLIQUE AU XVIᵉ SIÈCLE.

MORALE ET POLITIQUE SCHOLASTIQUE. — Suarez. Son traité *De legibus*; Sa théorie de la loi en général; Sa théorie de la loi naturelle; Sa politique. Du fondement de l'autorité. De la souveraineté. De l'institution du gouvernement. De l'acceptation des lois. La loi obligatoire par elle-même. Exceptions à ce principe. Le législateur est-il soumis à ses propres lois? Du spirituel et du temporel. — Bellarmin. Sa théorie de la monarchie mixte. Son opinion sur les rapports du pouvoir spirituel et du pouvoir temporel. — Politique de la Ligue. — Boucher. *De justa Henrici III abdicatione*. Du droit de déposer les rois. Mélange de l'esprit sacerdotal et de l'esprit démocratique. Doctrine du tyrannicide. — Mariana. *De rege*. Sa théorie du gouvernement. Doctrine du régicide.

Après avoir suivi le mouvement protestant depuis le commencement jusqu'à la fin du XVIᵉ siècle, nous devons interroger maintenant le côté opposé, et chercher ce que sont devenues, parmi les docteurs catholiques, les doctrines politiques du moyen âge. Mais il faut distinguer deux choses dans la politique catholique du XVIᵉ siècle: l'école et les partis; d'une part une politique savante, spéculative, scholastique, s'appuyant sur des théories morales, et en général toute fidèle aux principes de saint Thomas; de l'autre, une politique violente, passionnée, mêlée aux luttes et aux fureurs du siècle: la politique de l'École et la politique de la Ligue.

Tandis que la réforme ébranlait les bases de l'ancienne théologie, que devenait l'ancienne scholastique, la philosophie des universités catholiques, la grande et respectable philosophie de saint Thomas d'Aquin? Cette philosophie avait eu elle-même à souffrir d'assez grandes révolutions intérieures. Les Duns Scott, les Gerson, les Ockam avaient introduit un bon nombre d'opinions nouvelles, et ébranlé l'équilibre majestueux de la philosophie Thomiste. Cependant saint Thomas d'Aquin restait la plus grande autorité des écoles ; il était le centre commun autour duquel venaient se grouper, se coordonner, se corriger les unes par les autres les opinions divergentes des scholastiques moins autorisés. Il se forma ainsi une sorte d'éclectisme, qui résumait tous les travaux du moyen âge, et continuait la tradition sacrée, sans rien emprunter à l'inspiration révolutionnaire du XVIe siècle.

L'écrivain de ce temps qui représente le mieux ce travail conservateur et conciliateur, et dans lequel on peut le mieux étudier le mouvement intérieur de la scholastique depuis le XIIIe siècle, le plus grand nom de l'École dans la théologie, la philosophie, le droit naturel et politique, est le jésuite Suarez. Sa méthode, ses autorités, ses opinions, tout nous prouve qu'il s'est attaché à suivre la tradition beaucoup plus qu'à innover, et qu'il a plus vécu dans les livres du passé que dans les écrivains de son temps. On ne voit en lui aucune trace de ce renouvellement d'esprit et de méthode qui caractérise les écrivains de son siècle. Le syllogisme et l'autorité sont toujours ses arguments décisifs. Seulement, l'autorité d'Aristote n'est plus qu'au second plan : les scholastiques l'ont remplacé ; et même, ce qui est un signe des temps, Platon est invoqué plusieurs fois. Enfin Suarez est incontestablement l'écrivain le plus considérable de l'ordre des Jésuites. Ses principes sont élevés et profonds. Il ne paraît pas se servir de la science comme d'un instrument de domination. C'est un homme d'école et non de parti ; il représente la grande tradition du moyen âge. Il en a la droiture, la sincérité, la passion logique ; c'est le digne élève de saint Thomas d'Aquin : c'est le dernier des scholastiques.

Le plus remarquable ouvrage de Suarez par la science, par la multitude des questions traitées, par la finesse des solutions, quoique assez peu original par la pensée et par la méthode, est son traité *de Legibus* (1), calqué sur le *de Legibus* de saint Thomas, dont il reproduit en grande partie les doctrines, sauf les modifications de détail que le temps a pu apporter. C'est un traité du droit naturel selon les principes de la philosophie du moyen âge. Dans toutes les Sommes scholastiques, il y a un traité *de Justitia et jure*, ou un traité *de Legibus*. Suarez a détaché ce traité (2) et en a fait un livre considérable, où toutes les opinions des docteurs sont rapportées, résumées, comparées et fondues ensemble ; de telle sorte que celui qui a lu le *de Legibus* de Suarez, connaît à fond toute la morale, tout le droit naturel, et même toute la politique du moyen âge.

Il y a deux espèces de lois : la loi naturelle, et la loi positive. Quel est le fondement légitime de la première ? tel est le problème capital de la morale. Quel est le fondement légitime de la seconde ? voilà le problème capital de la politique ; d'un côté, le principe de l'obligation morale ; de l'autre, le principe de la souveraineté : telles sont les deux recherches fondamentales

---

(1) *Tractatus de legibus ac de Deo legislatore*. Lugd. 1619. Le privilége porte la date de 1613. Le livre est donc du commencement du xviie siècle. Nous avons cru cependant devoir le faire rentrer dans le xvie siècle, l'auteur étant évidemment un homme de cette époque.

(2) Nous devons rappeler ici le nom de Dominique Soto, dominicain espagnol, qui, avant Suarez, avait écrit un traité spécial, *De justitiâ et jure* (Anvers, 1568).

du droit naturel et politique. Interrogeons le savant Suarez sur ces deux questions.

Qu'est-ce que la loi naturelle? Selon l'opinion fort remarquable du théologien Vasquez, qui, selon Suarez, est le seul de son opinion, le fondement de la loi naturelle et de l'honnêteté des actions est la nature rationnelle elle-même, en tant que telle (1). Les actes qui conviennent à cette nature sont bons, ceux qui lui répugnent sont mauvais. Il y a, en effet, des actions bonnes ou mauvaises en elles-mêmes (*intrinsecus*), abstraction faite de toute volonté, de toute défense extérieure. En un mot, les actes moraux ont leurs essences immuables, comme les actes physiques. Ainsi l'honnêteté ou la méchanceté ne consiste pas dans le rapport des actions avec le jugement de la raison, mais avec la nature de l'être raisonnable. Ce n'est pas parce qu'on la juge mauvaise qu'elle est telle, mais c'est parce qu'elle est telle qu'on la juge mauvaise. Ce n'est donc pas le jugement que nous portons qui est la mesure du bien et du mal, et par conséquent la loi. Cette loi est dans la nature même de l'action qui est en soi bonne ou mauvaise. Enfin, si nous voulons assigner une loi ou une mesure aux mouvements qui conviennent ou ne conviennent pas aux objets de la nature, nous n'en trouvons d'autre que la nature même de ces objets; il en est de même pour les êtres raisonnables.

Suarez approuve dans cette opinion le principe de l'honnêteté intrinsèque des actions : néanmoins, il condamne la doctrine en elle-même (2). D'abord, dit-il, elle est contraire à celle de tous les théologiens. En second lieu, la nature rationnelle, considérée précisé-

---

(1) *Ibid.*, 1, 2, 3, 4.
(2) *Ibid.*, ib. 5, 6, 7, 8.

ment à ce point de vue, n'a aucun des effets de la loi : elle ne prescrit rien, elle n'éclaire pas, ne dirige pas, n'apprend pas à discerner le bien du mal. En troisième lieu, on ne peut pas dire que ce qui est le fondement de l'honnêteté en soit la loi. Par exemple, le fondement de l'aumône, c'est le besoin du pauvre et les facultés du riche ; et personne ne dira que la misère du pauvre soit la loi de l'aumône.

Mais on peut combattre encore cette thèse par ses conséquences ; car il s'ensuivrait que Dieu lui-même aurait sa loi naturelle qui l'obligerait comme elle oblige les hommes. En effet, la nature de Dieu répugne au mensonge, et elle est la règle de l'honnêteté ; la nature de Dieu est donc la loi relativement à Dieu, comme la nature de l'homme est la loi par rapport à l'homme. En second lieu, il s'ensuivrait que la loi n'est pas divine et ne vient pas de Dieu. En effet, suivant cette thèse, les préceptes de la loi ne tirent pas de Dieu leur caractère d'honnêteté. Si le mensonge répugne à la nature raisonnable, cela ne dépend pas de la volonté divine ; et, logiquement, cela même est antérieur au jugement de Dieu ; car Dieu ne voit le mensonge mauvais que parce qu'il est tel.

A cette opinion de Vasquez, qu'il combat d'une manière si vive, Suarez en oppose une autre qui n'en paraît pas très-différente (1). On peut distinguer, dit-il, dans la nature raisonnable deux choses : 1° la nature elle-même, qui est le fondement de la convenance ou de la disconvenance des actes humains par rapport à elle ; 2° cette lumière de raison par laquelle elle discerne les actions qui conviennent et celles qui ne con-

---

(1) *Ib.* 9, sqq.

viennent pas. Dans le premier sens, la nature raisonnable est le fondement de l'honnêteté des actes ; dans le second, elle en est la loi. C'est là, dit Suarez, l'opinion de tous les théologiens.

Cette opinion est aussi celle de Suarez : La loi naturelle, dit-il, consiste dans un jugement actuel de l'esprit. En effet, elle peut être considérée, soit dans l'esprit du législateur, soit dans les sujets. Or, dans le législateur qui est Dieu, la loi naturelle n'est autre chose que la loi éternelle. Dans les sujets, elle est la lumière même qui porte en quelque sorte cette loi dans nos âmes. La loi naturelle se distingue de la conscience ; car la loi est une règle en général ; la conscience est un *dictamen* pratique ; c'est l'application de la loi à des cas particuliers. La conscience a un domaine plus étendu que la loi naturelle ; car elle n'applique pas seulement la loi naturelle, mais encore la loi divine et humaine. La conscience peut se tromper (*erronea*), la loi ne le peut pas. Enfin, la loi ne juge que les actions à venir, et la conscience juge les actions passées.

Suarez soulève encore d'autres difficultés au sujet de la loi naturelle. La loi naturelle, se demande-t-il, est-elle une loi *préceptive* (1) ? Pour comprendre cette question, il faut savoir que les scholastiques distinguaient deux sortes de lois : la loi indicative et la loi préceptive. La loi indicative est celle qui se contente de montrer ce qui est bien, ce qui est mal, ce qu'il faut faire et éviter. La loi préceptive est celle qui ordonne de faire ou de ne pas faire certaines choses.

Or, selon certains auteurs (Gabriel Biel, Almain), scholastiques de la dernière époque, la loi naturelle

(1) L. II, c. vi, 1.

n'est une loi qu'au premier sens, et non au second (1) : c'est une loi indicative et non préceptive, elle montre ce qui est bien ou mal en soi, indépendamment de toute volonté. Elle n'est donc pas divine, à proprement parler ; car, quoiqu'elle vienne de Dieu, considéré comme cause de toutes choses, et comme cause des essences, elle ne vient pas de Dieu considéré comme législateur. Quelques-uns sont allés jusqu'à dire que, lors même que Dieu n'existerait pas, ou serait privé de raison, ou ne porterait aucun jugement sur la nature des choses, il serait toujours mal de mentir, et que si la raison de l'homme la lui montrait, il aurait la même loi qu'il a aujourd'hui. La loi naturelle n'est donc pas une vraie loi préceptive, puisqu'elle ne repose sur aucun ordre.

A l'opposé de cette opinion, se trouve l'opinion extrême d'Ockam et de son école. Selon Ockam, la loi naturelle repose uniquement sur la volonté de Dieu (2). Il n'y a point d'acte qui ne soit mauvais s'il est défendu par Dieu, et qui ne devienne bon, si Dieu le permet. La loi naturelle ne consiste donc que dans les préceptes divins, préceptes que Dieu lui-même peut détruire et changer. Gerson semble incliner vers cette opinion, et Pierre d'Ailly l'approuve tout à fait lorsqu'il dit que la volonté divine est la première loi, et que Dieu eût pu créer les hommes sans aucune loi. Enfin, ce n'est pas parce qu'une chose est bonne ou mauvaise que Dieu l'ordonne ou la défend, mais c'est parce qu'il l'ordonne ou la défend qu'elle est bonne ou mauvaise. Cette seconde opinion ne date pas du moyen âge : nous

(1) *Ib.*, *ib.*, 3.
(2) *Ib.*, *ib.*, 4.

l'avons déjà rencontrée dans l'antiquité, et c'est elle que Socrate combat dans l'Eutyphron (1).

Suarez, selon sa méthode ordinaire, adopte entre ces deux opinions extrêmes une opinion moyenne, qui est, dit-il, celle de saint Thomas et de la plupart des théologiens (2). La loi naturelle est à la fois une loi indicative et une loi préceptive : car elle indique ce qui est bien et ce qui est mal ; et en même temps elle contient le précepte et la défense. Et d'abord, la loi naturelle est une vraie loi, et on ne peut appeler loi la simple connaissance. Ainsi, quoique le jugement doive précéder l'ordre ou la défense, le jugement par lui-même n'emporte aucun ordre, ni aucune défense ; il est donc insuffisant pour constituer la loi. En outre, s'il fallait entendre la loi dans le sens de la première opinion, Dieu lui-même serait soumis à la loi naturelle, puisque sa nature lui montre, comme à nous, l'honnêteté et la justice intrinsèque des actions. Enfin, le jugement purement *indicatif* n'est pas l'acte d'un supérieur : il peut être l'acte d'un égal, ou d'un inférieur : il n'a donc pas la force d'obliger ; mais il suppose lui-même l'obligation : il nous montre qu'elle existe, il ne la fonde pas.

Mais, d'un autre côté, la volonté de Dieu, l'ordre ou la défense n'est pas le seul principe de la bonté ou de la méchanceté des actions (3). La volonté de Dieu suppose déjà un bien et un mal en soi, auquel elle n'ajoute que l'obligation. L'effet ne peut pas être la raison de sa cause. Or, la défense suppose qu'une chose est mauvaise par elle-même ; elle ne peut donc en être que

---

(1) Voy. t. I, l. I, c. II.
(2) *Ib.*, *ib.*, 5.
(3) *Ib.*, *ib.*, 11.

l'effet. C'est l'opinion de saint Augustin, de saint Thomas, de Cajetan, de Soto, des plus grands scholastiques. En conséquence, la loi naturelle est une vraie loi, et une loi divine, dont Dieu est l'auteur et le législateur : car elle repose à la fois sur la nature des choses, et sur la volonté de Dieu.

Telle est la conclusion de Suarez. On peut voir par cette discussion, qu'il y a eu au moyen âge deux grands courants d'opinions, relativement au principe de la morale. Selon les uns, la morale repose sur la nature des choses; selon les autres, sur l'autorité de Dieu. Les uns plaçaient l'essence de la loi dans l'intelligence, à qui appartient d'apercevoir et de reconnaître la nature des choses. Les autres placent l'essence de la loi dans la volonté divine. L'une et l'autre de ces opinions peuvent conduire à des conséquences également dangereuses : la première, que la morale est indépendante de Dieu, et que si Dieu n'existait pas, la distinction du juste et de l'injuste subsisterait encore ; la seconde, que la morale est arbitraire en soi, que rien n'est par soi-même bon ou mauvais, et que l'ordre d'un supérieur, fait seul la différence du bien et du mal. Il est vrai que ce supérieur, c'est Dieu : mais la toute-puissance peut-elle rien ajouter à la justice de ce qui ne serait pas juste par soi-même ?

C'est entre ces deux opinions extrêmes que Suarez cherche une voie moyenne. C'est pour échapper à ces conséquences contraires, qu'il fait consister à la fois la loi dans l'entendement et dans la volonté, et qu'il veut que la loi naturelle soit à la fois indicative et préceptive. Mais cette opinion moyenne pourrait soulever à son tour quelques objections. Car si l'essence de la loi se compose de deux éléments, on pourrait encore se demander lequel des deux est le plus important, lequel est le premier dans l'ordre, et dans quel rapport ils sont entre eux : si c'est la volonté de Dieu qui fonde l'obligation, il peut donc dispenser d'une action qui en soi serait bonne, et permettre une action mauvaise ; ce qui est, à ce qu'il semble, rendre la morale arbitraire, avec Ockam. Si, au contraire, la volonté de Dieu ne fait que consacrer l'obligation, l'obligation préexistera, et elle se tire de la nature même : ce qui est tomber dans l'opinion de Vasquez. Je crois qu'il est difficile à l'éclectisme de Suarez d'échapper à l'une ou l'autre de ces deux conséquences.

Le traité *de Legibus* n'est pas seulement un traité de droit naturel, mais encore de droit politique. Il y est traité du pouvoir de faire la loi, des conditions de sa légitimité, de son acceptation, etc. ; et sur tous ces points, ses solutions sont curieuses, et assez dignes d'être rapportées.

La première question qu'il traite est celle-ci : y a-t-il parmi les hommes une puissance légitime de faire des lois ? En d'autres termes, la magistrature, le pouvoir civil est-il de droit naturel ? On soutient que non. Car l'homme de sa nature est libre : le gouvernement de l'homme par l'homme est donc contre nature, et, en soi, tyrannique. Suarez répond : 1° L'homme est un animal sociable, et ne peut vivre que dans une communauté parfaite ; 2° toute communauté suppose un pouvoir qui gouverne la communauté. On reconnaît à ces arguments qui viennent en droite ligne d'Aristote, par l'intermédiaire de saint Thomas, que nous sommes encore en pleine scholastique. Quant aux raisons alléguées en faveur de l'opinion contraire, Suarez répond : 1° En droit naturel, l'homme ne naît pas soumis à l'autorité d'un chef, mais il naît avec la virtualité de s'y soumettre; 2° en fait, les gouvernements ont été souvent fondés par la force et la tyrannie : mais cela n'est pas de l'essence du gouvernement ; 3° saint Augustin dit que la domination a été introduite par le péché; mais il parle seulement de la condition du maître et de l'esclave, et non du roi et du sujet (1).

Mais à qui appartient ce pouvoir de faire la loi, en d'autres termes, la souveraineté? Ici, la pensée de Suarez devient plus précise et plus accusée, et il pénètre hardiment jusqu'aux principes du droit politique. Deux opinions sont en présence : le principe du droit divin, et celle de la souveraineté du peuple. Chose remarquable! ce principe du droit divin, que nous appelons aujourd'hui une doctrine du moyen âge, et une doctrine des jésuites, est à peine discuté par Suarez. Il le cite comme une opinion de quelques canonistes dont il ne donne pas même le nom. « Selon quelques canonistes, dit-il, cette puissance souveraine réside dans quelque prince suprême, à qui Dieu l'a donnée, et qui se transmet par la succession. » Cette opinion s'appuie sur quelques passages des commentateurs du Décret; mais lorsque la glose dit : « Que l'empereur ne tient son pouvoir que de Dieu, » ce principe signifie seulement qu'il ne le tient pas du pape, mais non qu'il ne le tient pas du peuple. Ainsi cette doctrine du droit divin, si considérable dans les temps modernes, n'était pour Suarez qu'une opinion égarée dans quelque décrétiste ignoré, soutenue par quelque texte de commentateur, et à peine digne d'être discutée par la science.

(1) L. III, c. I.

Selon Suarez, la souveraineté ne réside dans aucun homme en particulier, mais dans la collection des hommes, c'est-à-dire dans la société tout entière, ou dans le peuple. Est-ce là une opinion nouvelle, extraordinaire, révolutionnaire? Non, Suarez cite ses autorités (1), et il est curieux de voir d'où est venue la doctrine de la souveraineté du peuple. Elle n'est pas née des troubles civils, des insurrections populaires. C'est à peine si, de loin en loin, on en aperçoit quelque écho dans les assemblées politiques du moyen âge. Elle est née dans les écoles, dans les discussions des docteurs, des juristes, des canonistes : elle se cache obscurément sous la théorie du pouvoir absolu, soutenue par les impérialistes du moyen âge; elle est surtout invoquée par les partisans du pouvoir ecclésiastique, très-clairvoyants sur les limites du pouvoir politique : on pourrait suivre peut-être la trace de ce principe jusqu'à l'origine même du moyen âge, dans cette définition de la loi, empruntée aux Institutes de Justinien et rapportée par Isidore de Séville (2) : « *Lex est constitutio populi, qua majores natu simul cum plebibus aliquid sanxerunt,* » maxime qui n'est elle-même qu'un écho affaibli, et comme la lettre morte de l'esprit républicain de l'ancienne Rome.

Suarez prouve donc que la souveraineté ne peut résider en particulier dans aucun individu. En effet, tous

---

(1) 1. Thomas (q. 90, art. III, ad 2, q. 97, art. III, ad 3). Castro (lib. I, *de leg. pœnali*, c. I, § postquam). Soto (lib. I, *de justit. et jure*, q. 1, art. 3, et lib. IV, q. 2, art. I et II). Ledesme (II, p. q. 18, art. III, dub. 10). Couarre in practicis (cap. I, concl. 1). Navarr. (in cap. *de Judiciis*, notab. 3, num. 119). N'est-il pas étrange de voir ici cette nuée de scholastiques, appelés à déposer en faveur de cette doctrine, qui devait mettre l'Europe en feu quelques siècles plus tard?

(2) Isid., *Origines*, l. V, c. x.

les hommes naissent libres, et aucun ne possède naturellement de juridiction politique sur un autre. On pourrait soutenir, il est vrai, que cette puissance a été originairement accordée au premier homme, et a dû se transmettre ensuite héréditairement : opinion singulière adoptée plus tard au xviie siècle par Filmer, et développée dans son *Patriarche*. Mais Suarez réfute très-bien cette opinion. Adam n'a pu avoir que la puissance économique, ou domestique, mais non politique : la puissance patriarcale est essentiellement distincte de la puissance politique. L'État ne peut naître que du consentement mutuel de plusieurs familles. Le chef de famille n'est donc pas essentiellement le chef de l'État; et l'on ne peut pas dire que la génération donne, par la nature même des choses, un droit royal sur toute une postérité. Pour soutenir cette doctrine, il faudrait en trouver quelques traces dans l'Écriture : or, nous ne voyons nulle part que Dieu ait institué Adam, roi de la création : il lui a ordonné de commander aux animaux, mais non pas aux hommes. Il en résulte que la souveraineté ne peut appartenir, en principe, à aucun individu.

Mais si la souveraineté politique est légitime, et qu'elle ne puisse appartenir à aucun particulier, il est de toute nécessité qu'elle appartienne à tous les hommes. C'est là une démonstration négative. En voici une qui prouve directement. On peut considérer, dit Suarez, la multitude de deux manières : ou elle n'est qu'un simple agrégat, sans ordre, sans lien physique et moral ; et à ce point de vue, ce n'est point un corps politique, et elle n'a pas besoin de gouvernement ; ou elle naît de la volonté des hommes qui, par un commun consentement, se réunissent en société politique, et forment ainsi un corps *mystique*, qui peut être dit un *moralement*. Or il est impossible qu'un tel corps se forme sans un gouvernement : car ce qui constitue précisément ce corps, c'est la subordination de toutes les volontés à une volonté commune ; et il serait contradictoire d'admettre la formation d'un corps politique, sans admettre en même temps la création d'une puissance commune. La formation du corps politique et la création du gouvernement sont donc un seul et même acte ; et comme on ne peut nier que la formation du corps politique ne résulte du consentement de tous, c'est aussi dans ce consentement qu'il faut chercher l'origine du pouvoir : la souveraineté réside donc dans l'universalité des hommes. Seulement, il n'est pas nécessaire qu'elle réside indivisiblement dans l'humanité tout entière. Car il n'est pas nécessaire que tous les hommes forment un seul corps politique : ils peuvent se diviser, et se sont divisés à l'origine en un certain nombre de républiques ; et la souveraineté a été également divisée (1).

Maintenant, cette puissance souveraine vient-elle des hommes eux-mêmes, ou est-elle donnée par Dieu immédiatement à la société politique ? Il semble qu'elle vienne des hommes : car, avons-nous dit, son principe est le même que celui de la société politique ; et la société politique naît de la volonté des hommes : donc le pouvoir politique naît aussi de cette volonté. Mais on répond, que ce pouvoir, avant l'institution, n'existait pas dans les individus ; de plus, il n'existait pas, non plus, dans la multitude confuse, ou dans le simple agrégat du genre humain. Donc le pouvoir politique ne

---

(1) *De leg.*, l. III, c. ii.

vient pas des hommes. S'il ne vient pas des hommes, il faut qu'il vienne de Dieu. Et, en effet, l'Écriture dit : *Non est potestas, nisi à Deo*. De plus, la puissance politique contient plusieurs actes qui dépassent les droits de la nature humaine : 1° la punition des malfaiteurs, jusqu'au droit de mort ; 2° la puissance d'obliger dans le for intérieur ; 3° le droit de venger les injures des particuliers. Ces droits doivent venir de Dieu, et de Dieu seul : car l'homme ne pourrait les établir sans usurpation.

Selon Suarez, cette dernière opinion est la vraie, mais elle a besoin d'explication. Dieu est le seul auteur du pouvoir civil : mais comment en est-il l'auteur ? Telle est la question. Car il n'a pas créé le pouvoir par une action spéciale, par une sorte de concession distincte de la création. Il l'a créé, comme une propriété qui résulte de la nature même, et par une loi de la raison naturelle qui déclare que Dieu n'a pas pu vouloir que la société humaine manquât du pouvoir nécessaire à sa conservation. La souveraineté n'est pas antérieure à la formation du corps politique. Mais aussitôt que ce corps est formé, le pouvoir naît aussitôt, par la seule force de la raison, et comme une propriété résultant nécessairement de la nature d'un tel corps (1).

Cette analyse du principe de la souveraineté est sans contredit la plus forte et la plus profonde que nous ayons encore rencontrée dans l'histoire de la science. Elle va encore plus loin que la théorie du contrat exposée par Hubert Languet. Car celui-ci se contente d'expliquer les rapports du prince et du peuple, sans

(1) *Ibid.*, c. II.

examiner comment se forme l'idée du peuple, et comment a pu naître ce principe de la souveraineté que le peuple transmet au roi. Suarez montre avec profondeur que ce principe résulte de l'institution même du corps politique, et que le corps politique naît du consentement des citoyens.

Jusqu'ici Suarez n'a établi qu'une chose, c'est qu'aucun homme n'a, de droit naturel, la domination sur un autre homme, et qu'il ne l'a pas non plus de droit divin. La souveraineté ne réside donc que dans l'universalité. Mais sur ce fondement de la souveraineté primordiale du peuple, on peut établir deux théories : l'une favorable au despotisme, l'autre à la liberté. On peut soutenir, en effet, que cette souveraineté est inaliénable, ou qu'elle ne l'est pas. Si le droit de souveraineté est inaliénable, le peuple peut bien se démettre provisoirement de ce droit, donner à quelques-uns ou à un seul le pouvoir de le gouverner, le donner avec ou sans conditions : mais il reste toujours le maître de le reprendre quand il lui plaît : il est toujours le souverain en titre, même lorsqu'il se contente du titre de sujet. S'il se voit trahi, il a le droit de demander des garanties, de reprendre ce qu'il a donné, d'établir un autre gouvernement, d'autres conditions : il est libre en droit, ne le fût-il pas de fait. Mais si la souveraineté peut s'aliéner, si elle est une propriété, qui peut se donner, se vendre, s'échanger, le peuple qui l'a cédée, ne la possède plus : de supérieur, il devient inférieur. Il n'a de libertés que celles qu'il s'est réservées dans le contrat ; et s'il n'a fait aucune condition, il n'a plus rien à réclamer, il est esclave. On voit, que le même principe peut conduire à deux doctrines diamétralement opposées. De ces deux doctrines l'une est celle de

Hobbes, l'autre est celle de J.-J. Rousseau. Nous anticipons ainsi sur l'avenir, pour rendre plus claire la distinction de doctrines qui sépare Suarez des écrivains démocrates du xvi° siècle.

En principe, le peuple est supérieur au prince. Mais quel est le rapport de ces deux termes après le contrat qui les enchaîne l'un à l'autre, et de quelle nature est ce contrat? Selon Suarez, c'est un contrat d'*aliénation*, non de *délégation*. Le peuple ne donne pas le pouvoir au prince, sous condition, mais il le lui transmet d'une manière absolue (*simpliciter*) afin qu'il en use de la manière qu'il jugera le plus convenable (1). C'est un don parfait de la souveraineté (2). Par un tel contrat, le prince devient supérieur au peuple; l'obéissance est alors pour le peuple de droit divin, puisqu'il s'est lui-même privé de la liberté : par la même raison, le prince ne peut plus être privé du pouvoir qu'il possède à titre de propriété (dominium), *à moins cependant qu'il ne dégénère en tyran, auquel cas le royaume peut lui faire la guerre* (3) : exception qu'il est bien difficile de concilier avec le principe. Que si l'on soutenait que la souveraineté est inaliénable, et qu'elle existe immuablement dans la communauté, on peut répondre par deux exemples : 1° La liberté est de droit naturel, et cependant l'homme peut par sa propre volonté s'en priver, et se réduire à la servitude, ou y être réduit par une juste cause. De même une société politique, quoique libre de sa nature, peut se priver ou être privée de la liberté par une cause quelconque; 2° Le souverain pontife, quoique tenant sa puissance de Dieu, peut y

---

(1) Eo modo quo illi magis videbitur expedire.
(2) Perfecta largitio totius potestatis.
(3) L. III, c. iv.

renoncer (*illam renuntiare* (1)) : de même la république, quoique ayant reçu de Dieu la puissance législative, peut s'en dépouiller, si elle le veut, et la transférer à une autre personne, ou à une autre communauté.

Nous voyons que Suarez, après avoir établi dans les termes les plus précis le principe de la souveraineté du peuple, lui porte ensuite de graves atteintes en admettant que le peuple peut aliéner absolument sa souveraineté et se dépouiller volontairement de sa liberté en faveur d'un seul. Il est vrai qu'il ne soutient pas que ce soit la seule forme légitime de gouvernement. Car quoique la monarchie soit la meilleure, les autres formes peuvent être également bonnes et utiles, et il n'y a rien dans le droit naturel qui force les peuples à adopter l'une de préférence aux autres. Néanmoins c'est encore, selon nous, trop accorder au pouvoir absolu que de reconnaître à la société le droit de se dépouiller sans réserve et à perpétuité de son indépendance et de sa souveraineté. Il est vrai que Suarez fait une exception : c'est le cas où la royauté dégénérerait en tyrannie ; il admet dans ce cas le droit de résistance armée. Mais c'est une contradiction ; car une telle exception suppose que le peuple se réserve le droit de juger le gouvernement ; et dès lors, le gouvernement n'est plus une aliénation, mais une délégation.

A cette question fondamentale de la transmission du pouvoir du peuple au prince, se rattachent deux questions de la plus haute importance : 1° La loi, pour être légitime, a-t-elle besoin de l'acceptation du peuple ? 2° Le législateur est-il tenu à ses propres lois ?

---

(1) Le droit de renonciation du pape (*De renuntiatione papæ*) est une des questions les plus débattues dans la politique ecclésiastique du moyen âge.

Sur le premier point il y a deux opinions parmi les canonistes : 1° la loi ne tire sa force obligatoire que de l'acceptation du peuple ; 2° la loi, suffisamment promulguée, est obligatoire par elle-même, et est nécessairement acceptée.

La première opinion est celle d'un très-grand nombre de docteurs ; elle paraît être, dit Suarez, l'opinion commune des juristes (1).

Voici les raisons que l'on fait valoir en faveur de cette opinion : 1° Le magistrat n'a pas la puissance d'imposer la loi sans le consentement du peuple ; car il tient sa puissance du peuple même. Le peuple a pu ne lui céder cette puissance qu'à la condition de consentir aux lois ; donc il est vraisemblable qu'il n'a donné la puissance qu'à cette condition. De plus, la puissance n'a été donnée au prince que pour en disposer dans l'intérêt commun ; or il n'y a pas de signe plus sûr de l'intérêt commun que le consentement du peuple. Donc l'acceptation est nécessaire à l'accomplissement de la loi. 2° Le prince n'est pas supposé vouloir obliger le peuple sans son consentement ; donc tant que cette condition n'est pas remplie, la loi n'est pas obligatoire. La majeure est évidente, car on ne peut supposer que le prince veuille gouverner une société malgré elle.

Suarez n'admet pas cette doctrine : selon lui, la loi suffisamment promulguée, impose d'elle-même l'obligation et par conséquent l'acceptation. L'acceptation n'est pas requise pour faire la loi ; mais elle suit de la nature de la loi (2). Il est vrai qu'il est des royaumes où le consentement du peuple est nécessaire

---

(1) *Ib.* 2, 3.
(2) *Ib.*, 3.

pour faire la loi : mais alors, ce n'est pas le roi qui est le législateur, c'est le royaume avec le roi, *regnum cum rege*. Même en ce cas, il n'y a pas d'acceptation du peuple; car dès que le législateur a promulgué la loi, elle est obligatoire par sa propre force, sans aucune acceptation ultérieure. Quelle que soit la force du gouvernement, monarchique, aristocratique, démocratique, ou mixte, celui qui a le souverain pouvoir doit pouvoir exiger l'obéissance, et par conséquent imposer l'obligation et l'acceptation de la loi. Autrement, l'autorité serait tout à fait vaine et n'aurait aucun effet (1).

Cette argumentation de Suarez contre le principe de l'acceptation de la loi est à moitié vraie et à moitié fausse. Sans doute, lorsque le pouvoir est constitué, il doit être supposé représenter la volonté du peuple; et, par conséquent, il n'est pas tenu de proposer chaque loi à l'acceptation des citoyens. Mais la question est précisément de savoir s'il n'est pas nécessaire, pour que le souverain ait un tel pouvoir, que le peuple intervienne par ses représentants dans le pouvoir législatif. Oui, lorsque les corps de l'État qui représentent le peuple, sont intervenus dans la confection de la loi, le peuple est par là même supposé avoir consenti à la loi, et il n'est pas nécessaire de la soumettre à une acceptation. C'est même pour éviter cette opération compliquée que l'on a établi des intermédiaires entre le roi et le peuple pour représenter celui-ci auprès de celui-là. Mais en est-il de même lorsque le prince est seul? A-t-il, en droit, le pouvoir, et doit-on lui supposer, en fait, la volonté de gouverner le peuple sans son consentement? Oui, si le peuple a pu aliéner complétement sa souveraineté. Non, si

---

(1) *Ib.*, 6, 7.

la souveraineté est inaliénable. En principe, le consentement du peuple est nécessaire pour l'acceptation de la loi ; et ce ne peut être que par exception, et passagèrement, que le peuple se dépouille de son droit. Donc Suarez fait encore ici la part trop grande au pouvoir absolu, en supposant qu'un premier consentement suffit, et que par l'acte de cession qui transfère le gouvernement du peuple au roi, celui-ci est investi du droit de gouverner à tout jamais les sujets sans leur consentement.

Il est vrai que Suarez admet certaines exceptions à ce principe de l'obligation absolue de la loi, sans acceptation préalable : 1° Si la loi est injuste : car une loi injuste n'est pas une loi, et non-seulement elle n'oblige pas à l'acceptation, mais, même acceptée, elle n'obligerait pas ; 2° si la loi est trop dure. Car on peut alors présumer, vraisemblablement, que la loi n'a pas été portée par le prince avec l'intention absolue d'obliger, mais plutôt pour en faire l'essai. Or, dans cette supposition, *on peut toujours commencer à ne pas l'observer ;* 3° si de fait la majorité du peuple a cessé de l'observer, lors même que les premiers qui ont commencé auraient péché, la minorité n'est plus tenue d'observer ce que la majorité a abandonné : car on ne peut supposer que le prince ait le dessein d'obliger tel ou tel, lorsque la communauté a cessé d'obéir.

Ces trois exceptions sont très-délicates, et tout à fait inconciliables avec les principes de Suarez. Si le peuple n'a aucune espèce de droit à accepter ou rejeter la loi, on ne voit point comment il pourrait avoir le droit de désobéir à une loi injuste. Cette déclaration de l'injustice d'une loi implique le droit d'examen, par conséquent le droit d'admettre ou de rejeter, par conséquent le droit d'acceptation. D'ailleurs, c'est introduire dans la société un principe interne de destruction, que d'autoriser la désobéissance envers les lois injustes. Toute loi est supposée juste : sans quoi, c'est l'arbitraire qui règne, et non pas la loi. C'est précisément pour éviter les lois injustes que le consentement des sujets est nécessaire à la confection de la loi. Quant à la seconde exception, elle est inadmissible, et je la trouve même empreinte de cette sorte d'esprit que l'on impute à l'ordre des jésuites, et que l'on trouve très-rarement chez Suarez, esprit très-droit et très-sincère en général. Prétendre que l'on peut désobéir à une loi trop dure, en supposant que le prince ne l'a portée que par essai, c'est permettre d'éluder toutes les lois : car toute loi est dure pour quelqu'un ; et il n'y a pas de mesure fixe de la dureté de la loi. Une telle supposition, d'ailleurs, est évidemment une fiction. Un prince qui fait une loi est supposé *a priori* en vouloir l'exécution : imaginer qu'il n'a que l'intention de nous éprouver est une invention toute gratuite. Sans doute, par une conduite de cette nature, on peut quelquefois réussir à user une loi, lorsque le prince est faible : mais cela ne prouve pas qu'on ait eu raison à l'origine ; et je ne sache pas qu'aucun État puisse résister à une telle cause de dissolution.

En principe, un peuple doit obéir aux lois, justes ou injustes, pénibles ou douces : autrement, l'ordre social est détruit ; mais précisément, parce que le principe de l'obéissance est absolu, le principe de l'acceptation de la loi par le peuple est nécessaire : j'entends par là son intervention dans le pouvoir législatif. Car une telle obéissance n'est possible que si le peuple a consenti la loi. Autre chose est d'ailleurs la désobéissance à une loi injuste ou dure, autre chose est la résistance à un gouvernement tyrannique. Sans doute, le peuple peut, à un moment donné, et à ses risques et périls, user de son droit de souverain, et retirer son obéissance à un gouvernement qui lui pèse : mais c'est là une crise qui sort de l'ordre ordinaire et ne doit pas servir de règle aux rapports réguliers du peuple et des magistrats. Tant qu'un gouvernement est accepté et consenti par le peuple, toutes ses lois doivent être rigoureusement exécutées : c'est le principe même de l'ordre civil; le contraire n'est qu'anarchie. Mais Suarez ayant abandonné le principe du consentement à la loi, a voulu corriger les conséquences périlleuses de cet abandon par certaines exceptions : ces exceptions sont des conditions que ses principes ne peuvent pas supporter, et qui de plus introduisent l'anarchie dans l'État.

Une seconde question non moins importante que celle de l'acceptation de la loi est celle de savoir, si le prince ou le législateur est tenu à l'observation de ses propres lois. On peut soutenir la négative. Car : 1° le prince est dit affranchi de toutes lois; 2° le prince ne peut s'obliger lui-même (*nullus potest sibi ipsi præcipere*), ni être obligé par autrui; car il n'a pas de supérieur(1).

Néanmoins la doctrine constante de l'école est que le législateur est tenu à l'observation de ses propres lois, lorsqu'elles ont une matière commune, et qu'elles embrassent l'universalité du peuple (2); seulement l'école fait une distinction entre la puissance *directive* et la puissance *coactive* (vis directiva et vis coactiva)(3). La puissance *directive* est la puissance qui appartient à la loi

---

(1) L. III, c. xxxv.
(2) *Ib.*, 4.
(5) *Ib.*, 2. On ajoute encore la puissance annulative, *vis irritans*, c'est celle qui annule le contrat, lorsque les formalités ne sont pas remplies. Suarez pense que le prince n'est point tenu par rapport à la *vis irritans*, car il est supposé se donner des dispenses à lui-même, *ib.*, 25.

de diriger les actions de ceux auxquels elle commande. La puissance *coactive* est la puissance de contraindre, qui s'ajoute à l'obligation de la loi. Or le prince est tenu à l'exécution de ses lois : mais il ne peut pas y être forcé.

On établit cette obligation sur une sorte de pacte qui existerait entre le royaume et le roi. Le législateur, dit-on, est obligé à sa loi par la volonté de la république tout entière et par un pacte virtuel, qui lui a imposé la condition de se soumettre lui-même à ses lois. Suarez trouve cette explication probable, mais elle ne le satisfait pas entièrement. Car : 1° l'obligation, selon lui, subsisterait encore, même dans l'hypothèse où aucun pacte de cette espèce n'aurait été fait; 2° cette explication ne s'applique pas au législateur ecclésiastique, qui cependant est aussi soumis à la même obligation (1). Selon Suarez, cette obligation vient de Dieu, qui étant le principal auteur de la puissance, ne la confie aux hommes que sous cette condition. Le roi étant le ministre de Dieu, la volonté du prince qui fait la loi doit se conformer à l'intention du vrai législateur qui lui donne la puissance (2).

Mais si la loi oblige par la puissance directive, elle n'oblige pas par la puissance coactive. La coaction ou la contrainte suppose l'action d'une force extérieure; le prince ne peut donc pas se contraindre lui-même. Il ne peut pas non plus être contraint par ses sujets, car l'inférieur ne peut pas porter la main sur le supérieur; ni par aucun égal, puisqu'il n'y a point de juridiction en dehors de lui; ni par un supérieur, car nous supposons un prince qui n'a pas de supérieur (3).

(1) *Ib.*, ib., 10.
(2) *Ib.*, 11.
(3) *Ib.*, 15.

On objecte qu'il faut distingner le droit et le fait; en fait, le prince n'est soumis à aucune contrainte, puisqu'il est le principe même de toute contrainte. Il n'en résulte pas qu'en droit, il soit absolument affranchi de toute puissance coactive. Ainsi, de ce qu'il ne s'applique point de peine à lui-même, faut-il conclure qu'il ne tombe sous le coup d'aucun châtiment, et que la loi, quant à lui, manque de sanction (1)?

Non, sans doute, mais la question n'est pas de savoir si le prince encourt une certaine peine en n'exécutant pas la loi, mais s'il encourt la peine même portée par la loi. Sans doute, il est toujours responsable devant Dieu, il peut l'être aussi devant un juge ecclésiastique. Mais dans l'un et l'autre cas, le châtiment vient d'une autorité supérieure à la sienne; en tant que souverain législateur, il ne peut être puni par lui-même, ou par la seule force de sa loi : mais en tant que ministre de Dieu, il est responsable devant lui ou devant ses représentants (2).

Nous arrivons à la question des rapports du spirituel et du temporel. L'auteur discute ici les deux opinions extrêmes des canonistes et des juristes du moyen âge, la théorie de la monarchie universelle des souverains pontifes, et de la monarchie universelle de l'empereur. Il établit que le souverain pontife n'est pas de droit le souverain de l'univers, qu'il n'a de souveraineté temporelle que dans ses propres États, et comme prince particulier; que toutes les fois qu'il est intervenu dans le temporel, c'est *indirectement, et par rapport à l'ordre spirituel* (*ordine ad spiritualia*); que cette puissance indirecte peut aller quelquefois jusqu'à abroger les lois civiles, mais non point à en porter de nouvelles directement;

---

(1) *Ib., ib.*
(2) *Ib.*, 17.

enfin, qu'il n'a point reçu un tel pouvoir du Christ, mais qu'il tient ses États d'une donation des empereurs (1).

De cette séparation du temporel et du spirituel, Suarez conclut, selon la doctrine de saint Thomas, que le pouvoir civil ne repose point sur la foi ni même sur les mœurs du prince. En effet, le gouvernement dérive du droit naturel : il aurait existé même s'il n'y avait pas eu un ordre de la grâce; et enfin, il existait sous les gentils avant la foi (2). Mais il faut distinguer les infidèles et les hérétiques. Pour les premiers, l'Église n'a pas le droit de les dépouiller du pouvoir. Seulement, s'ils ont des chrétiens parmi leurs sujets et qu'ils les oppriment, l'Église peut leur déclarer une juste guerre. Quant aux hérétiques, l'Église a le droit, en raison de leur infidélité, de leur ôter leur royaume. Seulement ils ne sont pas dépossédés *ipso facto*, et jusqu'au jugement de l'Église ils retiennent leur pouvoir (3). Pour les princes injustes, ils peuvent posséder légitimement ce pouvoir, et l'Écriture ne dit nulle part, qu'ils soient dépouillés *ipso facto*. Autrement, ce serait un grand désordre dans les empires, et les sujets se soulèveraient trop facilement. Que s'ils portent des lois injustes, nous avons vu qu'on peut leur désobéir; car une loi injuste n'est pas une loi. Enfin, si le prince s'est emparé du pouvoir d'une manière injuste et tyrannique, cette injustice exclut le vrai pouvoir, et l'on peut en conscience ne pas obéir à un tel prince : car ce n'est pas un roi, c'est un tyran (4).

Telles sont les doctrines de l'École au XVI° siècle, doctrines incohérentes, où s'unissent, comme nous l'avons

(1) L. III, c. vi.
(2) L. III, c. x, 2.
(3) *Ib.*, *ib.*, 6.
(4) *Ib.*, *ib.*, 7.

vu, les idées démocratiques et absolutistes, sans que l'auteur voie très-clairement où le conduisent les unes ou les autres. Il adopte dans toute sa force le principe de la souveraineté populaire : il exclut la doctrine du droit divin, la doctrine patriarcale, et il fait reposer non-seulement le gouvernement, mais la société même sur le consentement unanime. Mais ces principes ne lui servent qu'à établir ensuite l'aliénation absolue et sans condition de la souveraineté populaire entre les mains d'un seul. Il nie la nécessité du consentement du peuple dans la confection de la loi ; et il ne trouve, comme garantie contre une loi injuste, qu'une désobéissance à la fois séditieuse et déloyale. Enfin, il met le prince à l'abri du pouvoir des lois, et ne voit au-dessus de lui que le jugement de l'Église. Mais à travers toutes ces contradictions, la science avançait pas à pas, et mettait de plus en plus à nu les principes rationnels du droit politique.

Entre les politiques d'école et les politiques de parti, on doit citer un important écrivain qui, sans renoncer à la méthode des écoles, et en traitant les problèmes avec une apparence d'impartialité scientifique, a eu cependant une grande influence, et a discuté les questions les plus débattues de son temps : c'est le célèbre controversiste Bellarmin. Comme Suarez, Bellarmin est resté fidèle à la méthode scolastique. Il pose la thèse, il allègue les autorités, il la démontre par des raisonnements en forme ; puis il allègue des autorités contraires, il les réfute par des distinctions ; il fait des syllogismes opposés qu'il renversera par de nouveaux syllogismes ; et c'est alors seulement que la thèse est démontrée et qu'il passe à une seconde. C'est, dans toute sa rigueur, la méthode de la Somme théologique.

Le *de Summo pontifice* de Bellarmin est un traité de controverse contre les protestants. L'autorité du pape y est discutée à tous les points de vue. Deux questions seulement nous intéressent : celle de la meilleure forme de gouvernement en général, et celle des rapports du gouvernement temporel et du gouvernement spirituel. Sur le premier de ces deux points, l'opinion de Bellarmin est contenue dans les trois propositions suivantes :

1° La monarchie simple est meilleure que l'aristocratie simple ou la démocratie simple (1);

2° La monarchie mêlée d'aristocratie et de démocratie est meilleure que la monarchie simple (2);

3° En soi et absolument, la monarchie pure est le meilleur des gouvernements (3);

Bellarmin démontre la supériorité de la monarchie par un choix d'autorités empruntées à l'antiquité comme au christianisme. Homère et saint Justin, Hérodote et saint Thomas, saint Cyprien et Socrate viennent déposer ensemble en faveur de l'autorité d'un seul. Il cite aussi l'autorité d'Aristote, qui déclare dans sa Morale, que le gouvernement d'un seul est le meilleur, quoique dans sa Politique, il soit en général favorable au gouvernement de plusieurs. A ces raisons d'autorité Bellarmin en ajoute d'autres tirées de la nature des choses. Ce sont, dit-il, les besoins de la société qui rendent nécessaire un gouvernement. L'ordre, l'union, la force et la durée, voilà les conditions d'une vraie société. La monarchie les garantit mieux que toute autre forme politique. L'ordre, c'est la dépendance hiérarchique des classes, la subordination des inférieurs aux supérieurs, en un mot le respect de

---

(1) Bellarm., *de Summo pontifice*, l. I, 2.
(2) *Ib., ib.*, 3.
(3) *Ib., ib.*, 4.

l'autorité et la facilité de l'obéissance : tous ces principes sont mieux assurés là ou l'obéissance étant générale, un chef unique maintient les prérogatives de chacun, et la dépendance de tous. L'union est due à l'unité, et la force à l'union; quant à la durée, le gouvernement le moins divisé est celui qui porte en soi le moins de germes de dissolution ; l'unité est donc le gage de la durée et de la force, comme le principe de la concorde et de l'ordre.

Mais si la monarchie pure est en soi le meilleur des gouvernements, cependant, dans les conditions actuelles de la nature humaine, c'est la monarchie mixte qui est préférable. Seulement, il ne faut pas se faire d'illusion sur ce que Bellarmin appelle ici la monarchie mixte. Au sommet, un monarque qui commande à tous, et n'obéisse à personne; au-dessous de lui, des grands n'obéissant qu'à lui et commandant comme lui-même à tout le reste ; un peuple enfin qui n'est rien dans le gouvernement, mais dans le sein duquel le monarque doit prendre les grands personnages auxquels il transfère dans les provinces la puissance absolue : voilà la monarchie mixte de Bellarmin, voilà les garanties qu'il imagine pour tempérer la puissance d'un seul. Mais est-ce par défiance du pouvoir absolu que Bellarmin semble vouloir partager le pouvoir? Est-ce parce que le prince étant homme et faillible a besoin de conseillers qui l'éclairent, ou de censeurs qui le surveillent? Nullement : c'est que le prince étant homme ne peut pas tout faire par lui-même : il faut donc des représentants qui lui obéissent absolument, et auxquels il transmet son autorité : voilà la part de l'aristocratie. Et ces représentants, il peut les prendre à son gré, dans le peuple même, et ainsi élever les hommes distingués de la classe inférieure à la noblesse : voilà la part de la démocratie. Mais peut-on donner le nom de monarchie mixte à un système où le monarque est tout, et peut tout, par cette raison frivole que le monarque n'est pas en effet présent partout, et est remplacé par des vicaires, comme s'il y avait une autre monarchie possible que celle-là, comme si dans aucun système, le monarque pût être doué de l'ubiquité et de l'omniscience! C'est abuser des termes que d'appeler gouvernement mixte un gouvernement qui n'est que le pur despotisme, puisque de l'avis de tous les grands publicistes, l'absence d'une noblesse indépendante, ou de pouvoirs moyens consacrés par les lois fondamentales, est le signe le plus manifeste du gouvernement despotique dans une monarchie. Ce gouvernement mixte est donc précisément celui que nous appellerions absolu. Aussi, pour trouver un exemple et nous donner quelque image de ce qu'il nomme la monarchie simple, Bellarmin est-il obligé d'invoquer le gouvernement de Dieu sur le monde : monarchie toute particulière, que les politiques n'avaient pas encore comptée parmi les formes de gouvernement. Ainsi en paraissant accorder quelque chose aux adversaires du pouvoir absolu, il ne leur sacrifie, en réalité, qu'une monarchie impossible, et le seul tempérament qu'il apporte à l'autorité d'un seul est de ne point confondre un tel pouvoir avec la toute-puissance de Dieu.

Il semble aussi, au premier abord, que Bellarmin ne soit qu'un partisan très-modéré et très-circonspect de l'autorité pontificale (1). Il rejette l'opinion de ceux qui accordaient au souverain pontife une souveraineté absolue sur tous les royaumes de la terre, et il reconnaît l'indépendance des princes infidèles et la légitimité de leurs

---

(1) *De Romano pontifice*, l. V.

gouvernements. « L'empire n'est pas fondé, dit-il, sur la grâce ou sur la foi, mais sur le libre arbitre ou sur la raison : il n'émane pas du droit divin, mais du droit des nations, *non ex jure Divino, sed ex jure gentium.* » Il emprunte à Dante, à Ockam, à tous les défenseurs du droit impérial au moyen âge leurs arguments contre l'autorité temporelle de l'Église. Il montre après eux que les textes de l'Écriture que l'on cite n'ont jamais eu qu'un sens spirituel, que l'Église n'a pas reçu les clefs de la terre ; que le pape n'est pas le vicaire du Christ Dieu, mais du Christ homme ; que le Christ, comme homme, n'a pas eu de pouvoir temporel, qu'il ne l'a eu ni par succession, ni par élection, ni par conquête, ni par un don spécial de Dieu ; que sa mission, au contraire, a eu pour but d'enseigner le mépris du monde et de la domination ; que l'Église, loin d'hériter d'un pouvoir temporel que Jésus-Christ n'avait pas, n'a pas même eu tout le pouvoir spirituel dont il était revêtu, puisqu'il avait le don d'instituer des sacrements, de faire des miracles, de délier les péchés sans confessions. Enfin, Bellarmin va jusqu'à ébranler les autorités sur lesquelles s'appuyaient les défenseurs du droit pontifical, et il est le premier qui ait discuté l'authenticité du *de Regimine principum,* attribué à saint Thomas. Après une discussion si pressante, si décisive, ne semble-t-il pas que Bellarmin soit, en effet, je ne dis plus un partisan modéré, mais un adversaire de l'autorité des pontifes ?

Une seule distinction lui suffit pour revenir à la thèse du pouvoir temporel de l'Église et rebâtir tout ce qu'il vient de renverser. Il combat le pouvoir *direct* des papes, mais il défend leur pouvoir *indirect.* En d'autres termes, l'autorité qu'il refuse aux papes, c'est l'autorité immédiate, effective, universelle sur les sujets des princes chrétiens, autorité évidemment impossible, et que les papes les plus ambitieux n'avaient point revendiquée; mais il leur accorde le droit d'intervenir indirectement, il est vrai, mais quand il leur plaît, dans les affaires temporelles lorsque l'intérêt spirituel l'exige. Ce droit d'intervention n'était-il pas, en effet, tout ce qu'avaient réclamé les pontifes du moyen âge? ce droit ne suffisait-il pas pour justifier tout empiétement, toute usurpation? Comme tout à l'heure, sous le nom de monarchie mixte, il opposait la vraie monarchie absolue à une monarchie fantastique et impossible, Bellarmin ne paraît-il pas ici, en combattant le pouvoir direct des papes, s'attaquer à une chimère imaginée à plaisir pour introduire sous le nom de pouvoir indirect la souveraineté la plus parfaite à laquelle il fût possible d'aspirer? Ainsi le pape, selon Bellarmin, n'a pas sur les rois le même droit que sur les évêques, et il ne peut pas les changer et les déposer à sa volonté. Mais si cela est nécessaire au salut des âmes, il a cette puissance et il est dans son droit d'enlever un royaume à un prince infidèle ou hérétique, et de le donner à un autre. Le pape ne fait pas les lois civiles dans les différents États; et cependant, si quelque loi est nécessaire pour le salut des âmes, il a le droit de la faire, comme il peut aussi abroger celles qui sont contraires à l'Église et dangereuses pour la religion. Enfin, le pape n'a pas la juridiction directe sur les sujets des princes chrétiens; mais lorsque l'intérêt du salut est en question, le pape peut appeler à lui la cause, et juger en dernier ressort.

Encore une fois, quel plus grand pouvoir pouvaient rêver Grégoire VII et Innocent III, que de déposer les princes, faire des lois, juger les causes, non pas dans toutes circonstances, ce qui était inutile et impossible, mais lorsque l'intérêt de l'Église le réclamait, prétexte suffisant pour tout autoriser?

La politique catholique n'est pas toujours restée au xvi⁰ siècle dans les hautes, sérieuses et froides sphères de la pure spéculation. Elle s'est mêlée au tumulte et au torrent des événements; et tandis que les docteurs graves essayent de la retenir sur la pente où elle est entraînée, elle se précipite par la force des choses dans une voie qui n'est pas la sienne. Elle emprunte ses arguments à ses adversaires (1), ou, poussant aux dernières conséquences quelques-uns des principes de la politique sacerdotale du moyen âge, elle lève le drapeau de la démocratie et de l'insurrection et proclame audacieusement la doctrine du régicide. Ainsi, tandis que, dans le fond d'un cloître d'Espagne, le prudent Suarez pèse et balance toutes les opinions des docteurs, et, sur le fondement de la souveraineté populaire, établit la théorie du pouvoir absolu, une coalition démagogique et sacerdotale, dirigée par les moines et les curés de Paris, sort du sein des barricades et tient en échec, pendant dix ans, l'antique constitution de la monarchie française.

Les doctrines de la Ligue n'ont aucune originalité; elles ne sont autre chose que les doctrines protestantes de la seconde moitié du xvi⁰ siècle, mises au service des pas-

---

(1) Montaigne a signalé ce scandale de doctrines passant d'un parti à l'autre, selon les chances de la fortune : « Voyez l'horrible impudence de quoi nous pelotons les raisons divines; et combien irréligieusement nous les avons et rejectées et reprinses, selon que la fortune nous a changé de place en ces orages publicques. Cette proposition si solemne, « s'il est permis au subject « de se rébeller et armer contre son prince pour la deffense de la religion », souvienne vous en quelles bouches cette année passée, l'affirmative d'ycelle estoit l'arc-boutant d'un party; la négative, de quel autre party c'estoit l'arc-boutant; et oyez à présent de quel quartier vient la voix et instruction de l'une et de l'aultre. »

sions catholiques. « C'est du livre de François Hotmann, dit M. Augustin Thierry, que les idées de monarchie élective et de souveraineté nationale passèrent dans le parti de la Ligue ; parti qui, selon son origine toute municipale et plébéienne, devait naturellement se rallier à d'autres traditions, et pour lequel ces doctrines d'emprunt ne pouvaient être qu'une ressource extrême et passagère (1). » Au livre d'Hotmann ajoutez le *Vindiciæ contra tyrannos* et les écrits théocratiques du moyen âge, et vous connaîtrez toutes les sources où ont puisé les défenseurs de la Ligue.

Le livre qui représente le mieux cette singulière transformation de la politique catholique du XVIe siècle est le *de Justa abdicatione Henrici III*, écrit pendant le siége de Paris, par Boucher, l'un des curés de la capitale et l'un des instigateurs de cette sanglante tragédie. Il ne faut chercher dans un tel livre, ni la force du génie, ni la nouveauté des faits, ni l'originalité des arguments. C'est un pamphlet sans talent, qui ne mériterait pas de vivre dans la mémoire des hommes s'il n'était le témoignage d'une époque et s'il ne donnait la mesure des passions violentes et confuses de son parti et de son temps (2).

La Ligue catholique était allée beaucoup plus loin que l'insurrection protestante ; elle avait chassé le roi, elle l'a-

---

(1) Aug. Thierry, *Cons. sur l'hist. de France*, c. I. Voy. Bayle, *Dict.*, art. Hotmann.

(2) *De Justa Henrici III abdicatione e Francorum regno libri quatuor*. Lugduni, apud Johannem Pillelloth, *Unionis gallicanæ bibliopolam*, 1591. *Ex præcepto superiorum*, sans nom d'auteur. L'ouvrage parut après la mort de Henri III. L'auteur a soin de nous avertir qu'il était écrit auparavant, et sous presse lors de cet événement. « Au reste, ajoute-t-il, il y a encore un autre Henri, et le livre est toujours opportun. » A peu près vers le même temps que le livre de Boucher, parut, écrit dans les mêmes principes, l'ouvrage attribué à Rose, évêque de Senlis : *de Justa reipublicæ christianæ in reges potestate* (1590). Nous n'avons pas eu cet ouvrage entre les mains. On en trouvera une analyse dans Hallam (*Hist. de l'Europe*, t. II, c. IV).

vait déposé. Le livre de Boucher est consacré à justifier cet acte. C'est donc une défense du droit de déposition en général, et de l'application particulière qui en avait été faite. De là quatre parties dans le *De justa abdicatione* : I. Du droit de déposer les rois. II. Des justes causes de la déposition d'Henri, par rapport au droit de l'Église. III. Des justes causes de la déposition d'Henri par rapport à la république. IV. De la forme et de la procédure de la déposition.

Dans cette discussion, deux points seulement intéressent les doctrines politiques en général : le premier et le dernier. Les deux livres intermédiaires ne traitent que de la question historique des mérites ou des fautes d'Henri III.

Dans la discussion du premier point, on peut reconnaître le mélange des deux ou trois courants d'idées qui se sont réunies dans la formation de la Ligue : 1° L'esprit théocratique du moyen âge; 2° l'esprit biblique imité ou emprunté des protestants; 3° l'esprit philosophique et historique emprunté à la même source. L'auteur établit d'abord le droit de l'Église à déposer les rois, et en second lieu le droit du peuple.

Quant au droit de l'Église, Boucher admet dans toute leur étendue les prétentions du pouvoir ecclésiastique au moyen âge, « non pas qu'il soit vrai, dit-il, comme nous objectent les hérétiques, que le souverain pontife ait le droit de déposer les rois, de changer les lois des royaumes, selon son bon plaisir et son caprice : mais il lui appartient de veiller au salut de l'Église et des peuples, et s'il ne réussit pas par les prières, les représentations, les réprimandes, il a le droit de délier les sujets du serment de fidélité et de remettre le troupeau entre des mains plus sûres. » Ce sont les principes de Grégoire VII (1). Boucher

---

(1) Le point de contact des doctrines de Grégoire VII et de celles de la Ligue est encore sensible par la citation que fait Boucher du passage sui-

ne rajeunit cette doctrine par aucun argument nouveau.

Quant au second point, Boucher établit les principes suivants, axiomes de la politique démocratique (1). Les rois ont été établis par les peuples (2). Un peuple peut se passer de roi, mais un roi ne peut pas se passer de peuple (3). Tous les hommes sont naturellement libres (4). Le pouvoir des rois ne vient pas de Dieu, si ce n'est par l'intermédiaire du peuple (5). Personne ne naît roi (6). Jusqu'ici les principes de Boucher ne diffèrent pas essentiellement de ceux de Suarez. Mais voici qu'il s'en sépare, et nous allons reconnaître les dogmes du *Vindiciæ contra tyrannos*. La république conserve son pouvoir sur les rois qu'elle a établis, et il n'est pas vrai que le peuple, en choisissant un roi, se dépouille de sa souveraineté. Il y a un contrat passé entre Dieu, le roi et le peuple; et le pouvoir que le roi a sur le peuple pour le forcer à honorer Dieu, le peuple l'a également sur le roi (7). La loi civile et la loi féodale donnent au peuple une action contre le roi, l'action contre le tuteur prévaricateur, contre le seigneur félon (8). Aucune guerre civile n'est plus juste que celle que l'on entreprend pour ses autels et ses foyers. La rébellion juste n'est plus une rébellion (9). A l'appui de toutes ces propositions, Boucher

---

vant emprunté à la lettre du landgrave de Thuringe à Waltram de Naunbourg (v. pl. haut, t. I, p. 562) : « Potestas, inquit, a Deo est. Sed si sit ordinata... Potestatem ergo da ordinatam, non resistimus, imo debemus illico manus. » C. xxv.

(1) L. I, c. v, vi, vii et x.
(2) C. xi.
(3) C. xii.
(4) C. xiii.
(5) C. xvii.
(6) C. xviii.
(7) C. xix.
(8) C. xxix.
(9) En empruntant ces principes aux protestants, Boucher les tourne

propose des exemples historiques, les uns empruntés à l'histoire sacrée, les autres à l'histoire de France. Ici l'imitation du *Franco-Gallia* est évidente, et la théorie historique de Fr. Hotmann est invoquée à chaque pas.

Un point à peine indiqué dans le *Vindiciæ contra tyrannos*, et qui est traité explicitement dans le *de Justa abdicatione* est la doctrine du tyrannicide. Par là les doctrines de la Ligue se rattachent encore à la démocratie sacerdotale du moyen âge. Nous avons vu renaître cette triste théorie au xie siècle, dans les écrits de Jean de Salisbury. Saint Thomas ne la repousse pas très-explicitement. Au xve siècle, elle est professée publiquement par le cordelier Jean Petit, condamnée par la Sorbonne, mais acquittée, malgré tous les efforts de Gerson, par le concile de Constance. Au xvie siècle, la doctrine du tyrannicide est partout : elle est dans le *Vindiciæ contra tyrannos* ; elle est dans le *de Jure regni* de Buchanan ; on la retrouve jusque dans les écrits du royaliste Bodin. Le jésuite Mariana a le triste honneur d'y attacher son nom et celui de son ordre. Mais elle est déjà traitée et professée dans le livre de Boucher.

Non-seulement Boucher établit le principe du tyrannicide, mais il le discute même avec une certaine précision qui ne lui est pas habituelle. « Les théologiens, dit-il, font trois distinctions ; ils distinguent : 1° le tyran qui usurpe injustement le pouvoir, et le tyran qui abuse d'un pouvoir légitime ; 2° les injures contre les particuliers et les injures contre le pouvoir public ; 3° le droit de la puis-

---

naturellement contre eux. « Hæretici, qui incendiis, cæde, rapina omnia, perdiderunt, qui malis Carol. ix occidere tentaverunt, qui turpissimis e Germania ventribus Galliam toties prostituerunt, vere perduelles omni jure divino humanoque esse... At si quis belluam aris et focis imminentem... ejecerit, tam absit perduellionis nomen, quam c. 29. » C'est toujours le même sophisme. Vous avez raison et nous avons tort, donc...

sance publique, et le droit de l'individu. D'après ces distinctions, ils établissent les conséquences suivantes : 1° le tyran usurpateur peut être tué soit par le pouvoir public, soit par la main des particuliers ; 2° le tyran, possesseur légitime du pouvoir, qui en abuse contre les particuliers, ne peut être tué par ceux-ci, mais seulement par le pouvoir public ; 3° enfin le tyran qui abuse du pouvoir au détriment de l'intérêt commun, doit être mis en jugement par l'autorité publique ; mais alors il peut être tué, soit par l'autorité publique, soit par un particulier.

La première conclusion est évidente, car la force est légitime contre l'envahisseur du bien d'autrui, à plus forte raison de la chose publique. A l'appui de ce principe, Boucher cite l'assassinat de Coligny, ce fameux tyran, dit-il, tué par l'ordre du roi Charles IX. La seconde conclusion repose sur la distinction des injures publiques et des injures privées. Nul n'a droit de venger ses injures privées ; car l'Apôtre a dit : Obéissez à vos maîtres, même quand ils sont fâcheux ; et si on admettait le droit de se venger du tyran, il n'y aurait pas de raison pour que les femmes ne tuassent pas leurs maris, les enfants leurs pères, les serviteurs leurs maîtres, etc. Mais lorsque la république a déclaré le tyran ennemi public, il faudrait être complétement dépourvu du sens commun et ignorant des choses humaines pour nier que, non-seulement le pouvoir public, mais même la main d'un particulier peut tuer le tyran, comme une bête féroce.

Tels sont, selon Boucher, les principes des théologiens sur cette question. Il cite en témoignage les autorités invoquées d'ordinaire, le célèbre passage de Cicéron, celui de Jean de Salisbury, et il s'appuie habilement sur un texte de Gerson (1). Mais dans le passage cité, Gerson dit

(1) Joh. Gerson, in decem consideration: *Ne fatuis adulatorum deci-*

seulement qu'il est permis de repousser la force par la force, ce qui est en faveur du droit de résistance, mais non pas du droit d'assassinat. Viennent ensuite tous les exemples de tyrannicide sacrés et profanes. Enfin Boucher réfute les objections. Nous ne les reproduirons pas toutes, mais seulement celle-ci : on objecte que ni Jean-Baptiste, ni le Christ, ni les apôtres n'ont enseigné un tel droit. Eh quoi ! répond notre auteur, la conduite de l'Église devait-elle être la même avant ou après son établissement ? Ne devait-on pas planter ou arroser la vigne avant de la couper ? La puissance des impies était trop grande pour que l'on pût permettre une telle action. Ils n'avaient point encore professé le Christ, et par conséquent le supplice ne les eût pas forcés à jurer en son nom. Un tel droit ne pouvait être donné que lorsque la prophétie serait accomplie : *Erunt reges nutriti tui, et vultu in terra demisso adorabunt te, et pulverem pedum tuorum lingent.* Mais lorsque ces temps sont venus, la république chrétienne peut et doit enfin user de son droit. Tels sont les incroyables sophismes que le fanatisme religieux et politique inspire à un chrétien, à un prêtre, sophismes qui ne mériteraient que l'oubli et le mépris de l'histoire, s'ils n'eussent armé tant de bras et fait couler tant de sang dans ce siècle des assassinats.

La doctrine du tyrannicide nous conduit naturellement à un livre qui en est le plus célèbre plaidoyer, le *De rege*, de Mariana, quoiqu'on voie par les citations précédentes,

---

piantur erroribus, cons. 7. Error est, dicere terrenum principem in nullo suis subditis, dominio durante, obligari, quia secundum jus divinum, naturalem æquitatem et verum domini finem, quemadmodum subditi debent fidem, subsidium et servitium domino, sic etiam dominus subditis suis fidem debet et protectionem. Et si eos manifeste et cum obstinatione in injuria et de facto persequatur princeps, tunc regula hæc naturalis *vim vi repellere licet*, locum habet.

qu'il n'a guère fait que résumer une idée commune à tous les partis. Le *de Rege* est néanmoins un des ouvrages les plus intéressants du xvie siècle (1), si non pour le fond qui n'a pas une grande originalité, au moins pour la forme, qui est élégante et savante. Le prologue ressemble à un commencement de dialogue platonicien. L'auteur nous décrit avec une imagination espagnole la montagne près de Tolède où, sous de grands arbres que percent les rayons de la lune, il vient se reposer le soir avec un théologien de ses amis des travaux du jour : là, ils rendent hommage à Dieu en chantant alternativement des psaumes sacrés, ou bien ils distraient leurs loisirs par des conversations intéressantes sur les lettres et sur la philosophie. C'est d'un de ces entretiens que le *de Rege* est sorti. Qui croirait que c'est dans le silence religieux de la nuit, au sein de toutes les magnificences de la nature, et dans les intervalles des chants consacrés au Seigneur, que cette sombre apologie du régicide a pris naissance !

Mariana, comme Bellarmin, est partisan du gouvernement d'un seul ; mais il l'est aussi de la liberté. Il démontre, par les arguments mêmes de Bellarmin, la supériorité de la monarchie ; mais il développe dans toute leur force les raisons contraires, de manière à faire douter de ses préférences. De plus, il subordonne la monarchie au pouvoir du peuple, et lorsqu'il se demande lequel est supérieur à l'autre, de l'État ou du prince, il adopte les principes de Languet et de Boucher. Je le répète : l'esprit démocratique inspire la plupart des écrits du xvie siècle. Protestants ou catholiques, tous s'unissent pour ébran-

(1) Le *de Rege*, est des premières années du xviie siècle (1603), mais il se rattache tellement aux idées du xvie siècle que nous avons dû l'y faire rentrer.

ler le pouvoir des rois. Lors même que ce pouvoir est admis ou respecté, comme dans l'ouvrage de Mariana, il reçoit encore de graves atteintes des limites qu'on lui impose, ou des menaces qu'on suspend sur sa tête. Ainsi Mariana ne craint point de déclarer que le prince est inférieur à l'État; en d'autres termes, que le pouvoir monarchique a quelque chose au-dessus de lui, le peuple, la nation, la société; qu'il y a un souverain au-dessus du souverain, qu'enfin l'autorité des rois est empruntée et dépendante. Elle doit d'abord son origine au peuple, et n'est point légitime sans son consentement. En outre, elle ne peut jamais être absolue. Serait-il vraisemblable en effet que tous les citoyens se fussent dépouillés volontairement de tout pouvoir, et eussent confié à un autre le droit de tout faire, sans réserve, sans exception, sans garantie? Le fils serait supérieur au père, le ruisseau à la source! Aussi, dans beaucoup de pays, à Lacédémone, à Rome, en Aragon, le peuple a institué des défenseurs de ses droits, qui enferment la puissance royale dans d'étroites limites. On objecte que c'est alors l'État populaire, que le prince doit être absolu dans l'État comme le père dans sa famille, et que rien n'empêche enfin que le peuple, s'il le veut, ne puisse abandonner entre les mains d'un chef la puissance absolue et souveraine. Il le peut sans doute; mais un tel régime convient à ces nations barbares dont parle Aristote, que la force du corps sans la sagesse paraît destiner naturellement à la servitude. Il ne convient pas à des hommes, et c'est pour des hommes que nous cherchons la meilleure forme de gouvernement. Il faut distinguer le gouvernement de la famille de celui de l'État : le premier est despotique, le second est libéral. Le chef de famille commande à des esclaves, le chef de l'État à des hommes libres. D'ailleurs peut-on appeler gouvernement populaire un État où le prince ne peut pas tout faire sans doute, mais où cependant il est absolu sur les matières que la loi fondamentale du pays a laissées à sa libre décision ? C'est seulement, pour les intérêts essentiels de l'État, les impôts, l'abrogation des lois, le changement dans l'ordre de la succession, que la volonté du peuple est supérieure à celle du prince. Voici enfin une dernière raison, et la plus grave. La république doit toujours se réserver le droit de contraindre et de punir un mauvais prince. Mais si le peuple s'était tout à fait dépouillé, quelles ressources lui resterait-il pour accabler un tyran qui le déshonore par ses vices ?

Il faut un châtiment aux princes pervers, une mesure qui les arrête dans leurs prévarications. Ce châtiment, cette menace, c'est le tyrannicide (1). Le tyran est une bête féroce qui met tout à feu et à sang. Si l'on attaque votre mère et votre épouse, ne serait-il pas lâche et cruel de ne les point secourir ! Le tyran déchire votre patrie, qu'il faut aimer plus que les parents, et vous ne la sauveriez pas au prix de la vie, de la fortune, de la réputation ! Le tyran est l'ennemi public ; il faut le traiter comme un ennemi implacable. Si une telle action était criminelle, le genre humain aurait en horreur le nom de ceux qui, au péril de leur vie, ont sauvé la liberté et délivré leur pays de leurs opresseurs. Au contraire, les noms des Thrasybule, des Harmodius, des Aristogiton, des deux Brutus ont toujours été et seront toujours cités avec honneur. A ces noms Mariana en ajoute un plus récent, mais digne, selon lui, de leur être assimilé, celui de Jacques Clément, l'assassin d'Henri III, « jeune homme d'un

---

(1) *De Reg.*, l. I, c. VI.

esprit simple et d'un faible corps, mais dont une ardeur courageuse soutenait les forces et le cœur ! »

De l'aveu de tous les philosophes et de tous les théologiens, le droit de tuer ou d'assassiner le tyran n'est pas douteux, lorsqu'il s'est emparé de l'empire par violence : alors ce droit appartient à un simple particulier, sans aucune délibération des citoyens. Mais si le trône est entre les mains d'un prince par droit héréditaire ou électif, il faut plus de prudence, et l'on doit craindre de le chasser témérairement ; on devra l'avertir d'abord et essayer de le corriger ; mais s'il résiste à toutes remontrances, la république, ou le peuple a le droit de lui enlever le pouvoir, de le proclamer ennemi public, de lui déclarer la guerre, et enfin de le mettre à mort ; et une fois la guerre déclarée, le droit d'exécuter la sentence appartient à tout homme privé, qui ne craint point, au risque de ses jours, de sauver la république. A défaut de la réunion légale des assemblées, le peuple peut et doit se soulever contre le tyran, et le droit de vie et de mort lui appartient toujours ; seulement il n'appartient pas à un simple particulier de décider seul si le prince est un tyran, mais il convient d'attendre la décision des hommes graves et sages, à moins toutefois que la voix publique ne se prononce. Ainsi le droit de tuer le tyran est absolu. L'auteur autorise non-seulement la condamnation capitale prononcée par le pouvoir public, mais encore l'assassinat, non-seulement de l'usurpateur, mais du prince légitime ; non-seulement du prince que l'autorité légale a déclaré tyran et ennemi public, mais encore de celui que la voix confuse du peuple a déclaré tel. Il est impossible d'aller au delà.

Un seul scrupule cependant arrête l'auteur. Il faut le signaler, tout étrange qu'il soit, car il prouve mieux encore que la théorie elle-même, à quel degré de corruption l'imagination de ce temps était parvenue. Mariana, qui n'hésite nullement à accorder à tous le droit d'assassiner le tyran, se demande avec inquiétude s'il est permis de l'empoisonner (1). « C'est une question, dit-il naïvement, que me fit en Sicile un jeune prince, dans le temps que j'y enseignais la théologie. » On ne peut trop s'étonner de voir quelles singulières questions la théologie de ce temps s'avisait d'agiter. Ce qui est plus singulier encore que la question, c'est la réponse. Je sais, dit notre casuiste, que l'on a plus d'une fois usé de ce moyen ; mais nous qui cherchons, non ce que font les hommes, mais ce qu'ils doivent faire, d'après les lois de la nature, nous devons examiner la question. Or les lois de la nature qui, selon Mariana, permettent de tuer par le fer, ne permettent pas de tuer par le poison. Quelle différence, objecte-t-on, entre le poison et le fer ? L'un offre sans doute moins de facilité que l'autre, surtout grâce à l'usage reçu à la cour des princes de faire goûter les mets à l'avance; mais enfin, si l'occasion favorable se présente, pourquoi interdire un moyen si simple de se défaire d'un ennemi ? « Je ne nie pas, dit notre auteur, qu'il n'y ait une grande force dans ces arguments. » On voit que c'est à regret qu'il y résiste. Mais enfin la conscience l'emporte, et il déclare qu'il serait trop cruel de forcer un homme à se porter lui-même la mort en avalant le poison préparé; car les lois de la nature défendent à chaque être d'attenter à sa propre vie. Quel étrange égarement! Cet auteur, qui ne craint pas de justifier l'assassinat, recule devant le crime imaginaire de forcer un autre homme à un involontaire suicide. Qu'importe, dit-il, qu'il boive le poison sans le savoir ? vous le savez pour lui, et vous êtes

---

(1) *De Reg.*, l. I, c. vii.

responsable, non du meurtre, mais du suicide. Cela est si vrai que, si l'on réussit à administrer le poison extérieurement, et sans que la victime y participe en aucune façon, le crime tout à l'heure monstrueux, et contre toutes les lois de la nature, devient aussi innocent qu'un assassinat ordinaire, et la théologie de notre auteur n'hésite pas à le permettre. Ainsi tout le secret est d'imprégner le poison dans les habits au lieu de le mêler aux aliments (1). On hésiterait, pour l'honneur de la raison humaine, à rapporter de pareilles extravagances et d'aussi honteuses puérilités, s'il n'était utile d'apprendre, par un tel exemple, que l'homme peut tout penser. Quelque étonnantes que soient ces maximes, il est plus étonnant encore de les rencontrer dans un ouvrage généralement raisonnable, et qui témoigne d'une culture élevée. C'est un des caractères du xvie siècle de mêler l'absurde et le profond, et d'unir l'élégance à la barbarie.

(1) *Ib.*, *ib.* Nimirum cum tanta vis et veneni, ut sella aut veste delibuta vim interficiendi habeat.

CHAPITRE V.

LES PHILOSOPHES ET LES UTOPISTES.

De la philosophie morale au xvie siècle. — Bacon moraliste publiciste : ses vues sur les séditions et le gouvernement des Etats. — Un républicain : La Boëtie. La *Servitude volontaire*. — Les *politiques*. L'Hôpital et de la Noue : doctrine de la tolérance. — Politique scientifique : Bodin, son génie. La définition de la république. Théorie de la famille. Du droit paternel. De l'esclavage. De la souveraineté. Des formes de gouvernement. Quelle est la meilleure ? Théorie de la justice. Opinions diverses. — Les Utopistes. — Thomas Morus. Critique de la société de son temps. Critique de la propriété. — Différence de la république de Morus et celle de Platon. Le travail. Le gouvernement. — Campanella. La *Cité du Soleil*. Différence de cette conception et de celle de Th. Morus. Son traité de la *Monarchie espagnole*.

Ce n'est pas, nous l'avons dit, dans la philosophie morale qu'il faut chercher l'originalité du xvie siècle : sans doute ce siècle a eu de grands moralistes, c'est-à-dire de grands connaisseurs de la vie humaine et du cœur humain : Érasme, Rabelais, Montaigne surtout, abondent en observations ingénieuses et profondes, et leur lecture est indispensable à quiconque veut traiter de la science morale. Mais aucun de ces écrivains n'a eu la pensée d'élever une doctrine. Montaigne lui-même, celui d'entre eux qui peut passer pour le plus philosophe, n'est pas même, quoi qu'il paraisse, un sceptique de parti pris. Il s'amuse à recueillir et à ressasser tous les arguments du scepticisme. Mais, en réalité, sa vraie passion est de rapporter toutes les opinions humaines, quelles qu'elles soient, sans ordre et sans système, et de confesser naïvement toutes ses pensées. Ce serait mal comprendre la grâce et la souplesse de ce délicieux esprit que de vouloir le plier aux formules d'une doctrine précise. Quant à Rabelais, les grands éclairs de ce génie grotesque peuvent être sans doute « le mets des plus délicats; » mais il n'y faut pas chercher autre chose que des éclairs, et les saillies d'un bon sens supérieur et hardi égaré ou caché dans les fantaisies obscènes d'une imagination aristophanesque. Érasme est aussi un philosophe pratique plein de sagesse et même d'audace : c'est presque un antique par le goût, la pureté, la belle latinité; c'est un fin observateur des folies humaines, c'est un sage qui recueille avec amour et interprète avec profondeur les adages du genre humain; mais enfin, si vous exceptez sa querelle avec Luther sur le libre arbitre, où il défendait la cause même de la philosophie, vous ne rencontrez guère dans Érasme de philosophie savante: c'est un philosophe à la manière de Plutarque ou de Lucien. Je suis loin de vouloir diminuer en rien la gloire et le prix de ces rares esprits, et nier la part qu'ils ont eue aux progrès de la raison humaine et de la civilisation, part peut-être plus grande même que celle des philosophes systématiques. Mais dans cette histoire si étendue, nous ne pouvons nous arrêter qu'aux idées qui se résument en doctrines; et c'est dans ce sens qu'il est juste de dire que la philosophie morale a été peu cultivée, et n'a pas porté beaucoup de fruits au xvi® siècle.

Quant aux philosophes spéculatifs de ce temps, ils sont trop préoccupés de renouveler l'ordre des sciences philosophiques, pour s'intéresser beaucoup à la morale. Les Paracelse et les van Helmont, les Cardan et les Patrizzi, les Telesio, les Bruno, les Campanella, sont tous enflammés d'ardeur et d'amour pour les grandes hypothèses antiques sur l'origine des choses: mais aucun d'eux n'est revenu encore à l'axiome socratique : Γνῶθι σεαυτόν. Ils rêvent, ils imaginent, ils inventent ou ils traduisent ; surtout ils font la guerre à Aristote et à la scolastique. Mais la morale se noie au milieu de leurs systèmes, si même elle n'en est pas complétement absente. Il n'est guère permis de compter comme un traité de morale l'obscur et ennuyeux traité de Cardan, *de Prudentia civili* ou *de Sapientia*. On peut sans doute mentionner une Éthique de Campanella. Mais cette partie de sa philosophie est ce qu'il y a de moins original, et n'offre pas le même intérêt que sa politique. N'oublions pas enfin le sceptique Charron, qui a mis en système les opinions flottantes de son maître Montaigne, et a renouvelé le pyrhonisme, dans ce temps où toutes les philosophies de l'antiquité ont eu leur renaissance et leur résurrection. Le seul philosophe de ce siècle qui se soit signalé par quelques vues originales dans la morale est le chancelier Bacon, non sans doute qu'il en ait traité d'une manière systématique et doctrinale, mais il a, sur les lacunes de cette science, et ses besoins nouveaux, jeté quelques-uns de ces éclairs de génie où il excelle : il entrevoit et prédit le renouvellement de la science du droit ; et enfin, il se place au premier rang des moralistes pratiques par ses Essais de morale et de politique (1). Néanmoins il est

(1) Il divise la morale en deux parties : la science du modèle ou la science du bien ; la science du gouvernement ou de la culture de l'âme, qu'il appelle dans son langage un peu prétentieux *la Géorgique* de l'âme (*de Dignit. scient.*, l. VII, c. 1.) Cette dernière science est presque tout entière à créer. Sans elle, la première n'est guère qu'une statue destituée de vie et de mouvement. Bacon compare les moralistes à des maîtres d'écriture qui donneraient à des écoliers d'admirables exemples, sans expliquer la manière de tenir et de conduire leur plume pour les imiter. Il y a trois choses à considérer dans le traitement moral de l'âme, de même que dans celui du corps : le tempérament, la maladie, les remèdes. Dans l'âme humaine, les tempéraments sont les caractères, et les maladies les passions. La science des remèdes n'a pas été moins négligée que les deux autres. Où faut-il

plus original encore comme publiciste que comme moraliste.

En politique, Bacon appartient à l'école de Machiavel, non pas précisément pour les principes (car les siens sont en général meilleurs), mais pour la méthode. Pour lui, la politique est un art plutôt qu'une science : il y cherche des préceptes plutôt que des lois : à ce point de vue de publiciste pratique, Bacon se montre très-pénétrant, et souvent profond. Ses *Essais*, si justement admirés par les Anglais, sont pleins de traits brillants et de pensées fines et hardies. Parmi ses *Essais*, nous signalerons surtout ceux qui traitent de la noblesse (XIV); des troubles et des séditions (XV); de la souveraineté ou de l'art de commander (XIX); des factions et des partis (XLVII). Dans tous il y a des vues intéressantes; mais nulle part, il n'est plus original et plus instructif que dans la théorie des troubles politiques ; même encore aujourd'hui les hommes d'État, sur cette matière délicate, ne le consulteront pas sans fruit.

chercher ces remèdes? Dans toutes les causes qui, agissant sur l'appétit et sur la volonté, les tournent vers le bien et les éloignent du mal : par exemple, l'éducation, l'habitude, l'exercice, l'imitation, les livres, les études, etc.
Quant à la science qui a pour objet la justice universelle ou les sources du droit (*de Dign.*, VIII, III), il fait deux reproches contraires aux philosophes et aux jurisconsultes. Les uns disent de fort belles choses, mais trop éloignées de la pratique ; les autres sont trop assujettis à la lettre des lois, ils semblent n'avoir pas la liberté de leur jugement, et parler comme du fond d'une prison. Il y aurait un milieu entre ces deux excès. Bacon ne donne qu'une esquisse très-imparfaite du traité qui devrait être composé selon ces principes. Le seul point qu'il traite avec soin est la certitude des lois. Ce sujet lui fournit quelques excellents aphorismes : « Sans la certitude, dit-il, la loi ne saurait être juste. Si la trompette ne rend qu'un son incertain, qui est-ce qui se préparera à la guerre? » Il faut que la loi avertisse avant de frapper. Il condamne l'usage qui consiste à étendre outre mesure la signification des lois : « C'est cruauté de donner la torture aux lois pour la donner aux hommes. » Aussi Bacon ne veut pas que l'on étende les lois pénales, et encore moins les peines capitales à des délits nouveaux. Il faut éviter encore d'exagérer les conséquences des lois. Il ne faut pas tirer une consé-

Il décrit d'abord les *pronostics* des tempêtes politiques, certains bruits sourds et vagues, signes de mécontentement général; des libelles et des discours licencieux se multipliant contre le gouvernement; de fausses nouvelles répandues partout; le mécontentement porté au point que, suivant le mot de Tacite, on reproche également au pouvoir et le bien et le mal qu'il fait. Que doit-on faire en cette période critique? Prévenir ces troubles, en prenant des mesures sévères? Non, dit Bacon; « car si on a le courage de les mépriser, ils tombent d'eux-mêmes; et les peines qu'on se donne pour les faire cesser les rendent plus durables. »

Après les pronostics viennent les *matériaux* des séditions, puis les *motifs* ou *causes*, et enfin les *remèdes*. La matière des séditions est de deux sortes: la disette, et les mécontentements. La disette est la cause la plus grave; « car les pires révoltes sont celles qui viennent du ventre. » Quant aux mécontentements, ils sont suggérés la plupart

quence d'une autre conséquence; mais l'extension doit s'arrêter aux cas les plus voisins. Un autre abus est la rétroactivité des lois. C'est un moyen qu'il faut employer le plus rarement possible : « Car nous n'aimons pas à voir Janus au milieu des lois. » L'obscurité des lois, selon Bacon, vient de quatre causes : 1° l'accumulation des lois; 2° l'ambiguïté des expressions; 3° l'absence de méthode ou les fausses méthodes pour éclaircir le droit; 4° la contradiction ou la vacillation des jugements. Ces différents titres fournissent à l'auteur des considérations pratiques pleines d'intérêt, et on en a fait souvent usage en jurisprudence.

En résumé, on ne peut pas dire qu'il y ait dans Bacon ni une théorie morale, ni une théorie du droit en général. Et cependant il a renouvelé et rafraîchi la science morale, et indiqué des chemins nouveaux à la philosophie du droit. Il a démêlé et distribué avec sagacité les problèmes moraux, il a conçu une science du droit naturel qui, sans se renfermer dans des définitions et des distinctions logiques, comme la scolastique, ne tomberait pas cependant dans le commentaire et la glose, et saurait réunir la théorie et la pratique, l'expérience et la raison. Bacon a donc été, en morale, ce qu'il a été en physique, non un inventeur, mais un promoteur; et c'est de lui que l'on doit faire dater l'origine de la philosophie morale dans les temps modernes.

du temps par les dettes et par l'usure (1). Les causes des séditions seront les innovations soudaines par rapport à la religion et aux coutumes, les infractions de priviléges, l'oppression générale, l'avancement d'hommes sans mérite, l'instigation des puissances étrangères, des armées licenciées tout à coup et sans précautions, des factions poussées à bout, etc.

Reste la question des remèdes, qui est évidemment la plus importante. Ici, comme dans la médecine, le tact et le génie du médecin font plus que les préceptes. Cependant, il y a quelques principes généraux : 1° pour remédier à la pauvreté et à la disette, dégager les routes du commerce, en ouvrir de nouvelles ; en régler la balance (2) etc. ; 2° quant à apaiser le mécontentement des classes, il faut observer que ce mécontentement n'est jamais dangereux que lorsqu'il atteint à la fois toutes les classes, à savoir les grands et le peuple ; car le peuple ne peut rien lorsqu'il n'est pas poussé et dirigé par les grands ; et les grands ne peuvent rien, si le peuple n'est pas prêt à se soulever. Il faut donc ménager le peuple, lui laisser la liberté de se plaindre, l'amuser en le berçant d'espérances, l'empêcher de se tourner vers un personnage illustre prêt à lui servir de chef ; diviser et morceler les factions et les ligues, si on le peut, en opposant les chefs les uns aux autres ; enfin étouffer les séditions dès le commencement (3).

(1) Ces causes matérielles des troubles doivent évidemment changer avec le temps ; mais il y en a toujours d'analogues. Par exemple, de nos jours, il n'y a plus guère de disettes, et l'usure ne produit plus les mêmes maux que dans l'antiquité. Mais ce seraient alors des crises commerciales, la stagnation des affaires, l'élévation exagérée et subite du taux des subsistances, etc.
(2) La *balance du commerce* est un vieux préjugé, rejeté depuis Ad. Smith de la science économique.
(3) *Essais*, xix.

Sur le rôle des factions dans un État, Bacon présente les observations les plus intéressantes et les plus justifiées par l'expérience. C'est ainsi qu'il fait observer qu'une faction peu nombreuse, mais composée d'hommes résolus et opiniâtres, l'emporte toujours sur une faction plus nombreuse et plus modérée; que, lorsqu'une faction est victorieuse, elle se divise toujours en deux autres; et que celui qui n'était que le second dans le parti primitif devient le premier dans le parti divisé. On voit, dit-il, des hommes qui, parvenus au poste qu'ils désiraient, abandonnent le parti qui les a élevés; d'autres qui se maintiennent entre deux factions pour se faire pousser par l'une et l'autre à la fois. C'est une faute capitale dans un souverain que de se joindre à une faction et de devenir chef du parti, comme on l'a vu pour la Ligue en France. On disait de Néron qu'il savait bien jouer de la lyre; mais que dans le gouvernement, il montait sa lyre tantôt trop haut, tantôt trop bas. Et, en effet, rien ne ruine plus l'autorité que les variations d'un gouvernement, qui passe sans jugement d'un extrême à l'autre, en tendant et relâchant alternativement les ressorts de l'autorité (1).

Il est aisé de voir que ce sont les troubles civils de la France qui ont suggéré à Bacon la plupart de ses observations sur le rôle des partis, sur les séditions, sur l'art de manier les uns et de prévenir les autres. La France, au XVIe siècle, a fourni aux politiques, le plus vaste champ d'expérience; et l'esprit pénétrant de Bacon en a admirablement profité. Malheureusement, il ne s'est jamais élevé au-dessus d'un empirisme sans principe. Les idées de droit, de liberté, de justice ne semblent être rien pour lui : c'est un psychologue politique : c'est un habile stra-

---

(1) *Ib.*, XLVII.

tégiste. Il aura ajouté quelque chose à l'art et à la tactique politique; il n'a rien fait pour les principes.

En opposition et par contraste avec cette politique empirique et toute pratique, se présente à nous une politique toute différente, doctrinaire, républicaine, stoïcienne, animée par un sentiment profond du droit, mais violente et déclamatoire. Tel est le caractère de *la Servitude volontaire* ou du *Contre-un*, l'œuvre de l'ami de Montaigne, de La Boëtie, plus célèbre peut-être par la page admirable qu'il a inspirée à l'auteur des *Essais* que par ses propres écrits.

La Boëtie n'est ni un protestant, ni un catholique; c'est un jeune philosophe, ennemi de la tyrannie, éloquent revendicateur des droits naturels. On reconnaît en lui la souche de cette école généreuse, mais sans lumières, qui pendant et depuis la révolution, a fait tant de mal à notre pays par la passion fanatique qu'elle apporte dans les problèmes si délicats et si complexes de la politique, remplaçant l'étude des problèmes par une vague éloquence, et la science par la haine et par la colère. Avouons-le toutefois : si jamais l'indignation a été légitime, c'est en présence de cette tyrannie barbare et corrompue des derniers Valois; c'est devant les maux sans nombre dont ces tristes temps ont été accablés. Aussi lira-t-on toujours avec émotion quelques-unes des admirables pages de La Boëtie. L'humanité serait bien vite opprimée si quelques cœurs ardents n'étaient là pour rappeler aux autres, même avec quelques excès, les droits et les titres de la dignité humaine sacrifiés par des pouvoirs corrompus.

C'est ce sentiment de la dignité de la nature humaine, du droit et de l'égalité naturelle des hommes qui fait la beauté philosophique du discours de La Boëtie, et qui nous permet de voir en lui non-seulement un homme du xvi⁰ siècle, mais comme un précurseur du xviii⁰. Ne vous semble-t-il pas en effet, sauf le langage, entendre un contemporain de Rousseau et de Mirabeau dans cette page admirable : « Certes, s'il y a rien de clair et d'apparent dans la nature, c'est que nature, le ministre de Dieu, la gouvernante des hommes, nous a tous faits de mesme formé, et comme il semble, à mesme moule, afin de nous entrecognaistre touts pour compagnons ou plutôt frères,... puis doncques que cette bonne mère nous a donné à touts toute la terre pour demeure ; nous a touts logés en une mesme maison, nous a touts figurés en même poste, afin que chascun se peust mirer et se recognoistre dans l'aultre ; si elle nous a touts donné en commun ce grand présent de la voix et de la parole pour nous accointer et fraterniser d'advantage... il ne fault pas faire doulte que nous ne soyons touts naturellement libres, puisque nous sommes touts compagnons ; et ne peult tomber en l'entendement de personne que nature aye mis aulcuns en servitude, nous ayant touts mis en compaignie. »

Après avoir prouvé que les hommes naissent libres et égaux, La Boëtie montrait dans son discours, que s'ils sont esclaves, c'est qu'ils le veulent bien ; car le tyran est seul ; et ils sont tous contre un (1). Il leur suffirait donc, pour s'affranchir, de le vouloir, ils n'ont pas même be-

(1) Ce n'est pas seulement un jeune stoïcien, un philosophe inexpérimenté qui se livrait à ces paroles audacieuses et amères contre l'autorité monarchique. Le sage Erasme lui-même, dans ses *Adages*, dirige contre les rois les traits d'une ironie sanglante, et d'une satire véhémente où se retrouve la pensée même de La Boëtie, à savoir la servitude volontaire : « Compulsez l'histoire ancienne et moderne, dit Erasme, à peine trouverez-vous un ou deux princes qui n'aient par leur ineptie attiré les plus grands maux de l'humanité... *Et à qui s'en plaindre, sinon à nous-mêmes?* Nous ne confions le gouvernail d'un vaisseau qu'à un pilote expérimenté ; mais le gouvernail de l'Etat nous le mettons aux mains du premier venu. Pour être

soin de prendre les armes ; il n'ont qu'à ne plus vouloir être esclaves : « S'il luy coustait quelque chose de recouvrer sa liberté, je ne l'en presserais pas... mais quoy ! pour avoir la liberté, il ne lui fault que la désirer ; s'il n'a besoing que d'un simple vouloir ; se trouvera-t-il nation au monde qui l'estime trop chère, la pouvant gagner d'un seul souhait ! » Cette naïve solution nous prouve bien qu'il ne s'agit guère ici que d'une déclamation d'école, où éclate cependant çà et là quelque cri généreux, quelque écho anticipé de l'avenir.

Plus mûrs, plus graves, plus expérimentés sont les hommes que l'on appelait alors les *Politiques* et qui essayèrent avec le plus noble patriotisme de former un parti moyen entre les deux partis extrêmes, catholique et protestant, entraînés l'un et l'autre par la fureur religieuse à ébranler l'autorité royale et à invoquer les principes populaires. Parmi les politiques, les uns sont philosophes spéculatifs, les autres des hommes d'État mêlés aux affaires ; les uns sont catholiques, les autres protestants. Mais tous ont une double pensée commune, à savoir, en politique, le rétablissement de l'autorité royale, et, en religion, la liberté de conscience. Nous citerons seulement, comme caractérisant cette école, l'Hôpital chez les catholiques, et de la Noue chez les protestants, et enfin

---

cocher, il faut commencer par apprendre son art ; *pour être prince, il suffit de naître.* O race des Brutus depuis longtemps éteinte, ô foudres de Jupiter aveugles ou émoussés ! » (Voir l'adage *Fons occipitio prior.*) Et ailleurs : « De tous les oiseaux, l'aigle seul a paru aux sages le vrai type de la royauté : il n'est ni beau, ni musical, ni bon à manger ; mais il est carnassier, glouton, pillard, destructeur, batailleur, solitaire, haï de tous, fléau de tous ; il peut faire étonnamment de mal, mais sa méchanceté dépasse sa puissance. » (Voir l'adage : *Scarabœus aquilam quærit.*) Il est vrai que dans une édition ultérieure. Érasme semble se rétracter, car il ajoute : « Il faut supporter les princes, de peur que la tyrannie ne soit remplacée par l'anarchie, fléau pire encore. »

comme politique philosophe et spéculatif, l'auteur de *la République*, le célèbre Bodin.

Nous avons vu que le principe de la liberté de conscience avait été proclamé par la réforme à son origine ; que plus tard elle avait tergiversé sur ce point comme sur beaucoup d'autres ; que la naissance des hérésies et des sectes dans le sein même du protestantisme changea bientôt les idées des réformateurs ; que le doux Mélanchthon lui-même écrivit pour défendre le droit de punir les hérétiques ; que Calvin se chargea d'appliquer ce droit cruel sur la personne de Servet, et que le célèbre Théodore de Bèze avait employé toute sa science théologique et dialectique à la défense de cette thèse ; que partout enfin où la réforme triompha, elle tourna contre les catholiques les armes que ceux-ci avaient d'abord dirigées contre elle. Ainsi, sauf la belle protestation de Castalion (1), la question n'avait fait en réalité aucun progrès.

Ce fut l'honneur de quelques esprits grands et modérés de cette époque de concevoir entre des passions furieuses, implacables, inexorables, la nécessité d'une transaction : la liberté de conscience ne pouvait guère être conquise autrement. Ce n'est pas aux époques de foi ardente et nouvelle que les convictions sont tolérantes : elles peuvent demander la tolérance quand elles sont les plus faibles ; mais comme elles croient qu'en dehors d'elles, tout est scandale et mensonge, elles n'accordent pas elles-mêmes, étant victorieuses, la paix et la liberté qu'elles ont réclamées d'abord. Les partis religieux partant tous de ce principe, qu'ils ont raison et que leurs adversaires ont tort, ne se font pas le moindre scrupule d'exiger la liberté sans l'accorder. C'est seulement lorsque

(1) Voy. pl. haut, l. III, c. III, p. 139.

leurs luttes sanglantes menacent l'État de ruine, que quelques esprits plus éclairés et mieux avisés se demandent s'il ne vaut pas mieux vivre en paix, dans la diversité des croyances, que d'acheter l'unité de la foi par une guerre sans fin et par l'extermination. Alors seulement, on commence à comprendre que la fin de l'État n'est pas la même que celle de l'Église, que la vérité religieuse ne peut pas être décrétée par la loi, que la conscience est un empire inaccessible à la force, et que la persécution des corps est un mauvais moyen de sauver les âmes.

Parmi les hommes qui ont les premiers admis ces vérités évidentes pour nous, mais si nouvelles au xvie siècle, nul n'a laissé un nom plus grand et plus vénéré que le chancelier de l'Hôpital. Non-seulement il a conçu ces principes, mais il a voulu les appliquer, et ce qui serait déjà un titre d'honneur pour un philosophe est un titre de gloire pour l'homme d'État qui, ayant vécu dans la cour la plus corrompue du monde, jeté au milieu des passions les plus furieuses et les plus sanguinaires, a pu conserver si fidèlement l'intégrité du caractère et la mansuétude des sentiments. Ceux qui disent que l'Hôpital a été un philosophe, mais non un politique, pour avoir voulu une chose impossible de son temps, essayé une réforme prématurée et demandé à ses contemporains des sacrifices réciproques, que la lassitude seule pouvait amener, se font, à ce qu'il nous semble, une idée singulière de l'homme d'État. Il semble qu'il doive être l'esclave des passions de son siècle et non chercher à les modérer; qu'il n'ait raison qu'à condition de réussir, et de réussir immédiatement. L'Hôpital, il est vrai, n'a pas réussi, il est mort quelque temps après la Saint-Barthélemi, avec le chagrin de laisser sa patrie en proie aux maux terribles qu'il avait voulu, qu'il n'avait pas pu prévenir. A-t-il eu tort cependant? Non, car à en juger par les principes, il vaut mieux mourir vaincu avec l'équité que de vivre victorieux dans l'injustice; et à en juger par les conséquences, on peut dire qu'il a réussi: ce sont ses principes mêmes qui, à la fin, ont terminé ces dissensions dénaturées; et peut-on affirmer qu'une telle solution eût été possible, si des sages, comme l'Hôpital, ne se fussent jetés au travers des partis ennemis, longtemps avant que la transaction eût été rendue nécessaire par le découragement des combattants?

C'est dans un mémoire de 1570, sur le *But de la guerre et de la paix* (1), mémoire composé dans la disgrâce et dans la retraite, que l'Hôpital a exprimé avec le plus d'éloquence les idées d'union, de concorde, de réconciliation dont il est à cette époque le plus grand représentant : « Le but de la guerre, dit-il, c'est la paix. » Mais comment la paix s'obtient-elle? « Par la composition, ou par pleine et entière victoire. » Il montre que cette victoire pleine et entière ne peut pas être espérée, que les insurgés, qui combattent pour leur défense personnelle et la défense de leurs croyances, ne céderont qu'à l'extermination, qu'ils sont encore très-puissants et très-nombreux, « que la longueur des guerres ne peut que remplir de ravages et de massacres cette pauvre France, la rendre farouche et sauvage, sans pitié, révérence ou respect aucun, » que la guerre civile prolongée produit « le mépris et le contemnement de l'autorité du roi, » que « déjà beaucoup de seigneurs contreviennent ouvertement au serment de fidélité qu'ils lui ont fait; » et son œil pénétrant devine déjà la faction dans le parti royal.

---

(1) Mich. de l'Hôpital, *OEuvr. compl.*, 1824, t. II.

Si la victoire est impossible, ou du moins très-difficile, si elle ne peut être obtenue que par une guerre d'extermination qui introduit la barbarie dans les mœurs, le désordre dans les lois, et la rébellion partout, que reste-t-il, sinon de transiger, et d'obtenir la paix « par composition? »

Mais, dit-on, « le roi est ordonné pour faire la justice et punir justement par le glaive ceux qui avec le glaive, se sont injustement élevés pour troubler son État... étant rebelles comme ils sont, ce sont vrais membres pourris et corrompus, qu'il est nécessaire retrancher à quelque hasard ou perte que ce soit. » A cette politique violente et forcenée, qui était la politique des Guises, l'Hôpital oppose ces paroles humaines et toutes chrétiennes: « Ainsi que la médecine tend à la guérison, dit-il, ainsi fait la justice à la gloire de Dieu et à l'accommodement des hommes, non pas à la cruauté et au sang, à l'injure et contumélie de la nature, et violement de l'humanité... Vray est qu'il faut retrancher le membre pourry, mais c'est quand il n'y a plus d'espérance de guarison..., autrement ce seroit comme qui enterreroit son enfant vif et malade, sans essayer les moyens de le guarir. »

Sans prendre parti pour la révolte, l'Hôpital excuse les révoltés, qu'il appelle sans cesse, « ces pauvres gens. » « C'est la nécessité, dit-il, la nécessité, la plus juste et inviolable de toutes les lois qui leur a mis les armes à la main ; et puisqu'ils sont hommes et non pas anges, trouve-t-on étrange que comme hommes au cœur desquels... est divinement gravée cette première loy de la nature, de défendre sa vie et liberté contre l'oppression, se soient voulu munir et défendre contre ceux qui les vouloient ruyner et opprimer? »

On objecte à toute pensée de composition et de concorde, que c'est demander à la royauté de capituler avec ses sujets : car, dit-on, « le roy leur octroiera des conditions que, sans les armes, ils n'eussent point obtenues. » Mais ces conditions, répond l'Hôpital, sont-elles contraires à la dignité du roi, à son pouvoir, à son autorité ? « Si le roi, ce faisant, quittoit quelque chose de son droit, je n'aurois que répondre, combien que pour en parler franchement, *ce n'est plus droit s'il empêche le bien public et nuit à l'État.* » Ainsi l'autorité royale doit rester saine et sauve. Tel est le principe commun à l'Hôpital et à tous les modérés : tel est le principe qui, avec la liberté de conscience, doit triompher à la fin du siècle, et terminer la guerre civile. Mais, l'autorité du roi, pour être absolue, ne doit pas être arbitraire; et son droit ne va pas jusqu'à ruiner l'État. Ainsi les meilleurs esprits du xvi⁰ siècle, et les plus dévoués à la royauté, faisaient cependant des réserves et ne lui ménageaient pas les conditions.

Mais enfin, en quoi consiste cette prétendue humiliation du roy devant les rebelles, s'il vient à traiter avec eux? « Quoy il leur donne? Il leur donne une liberté de conscience, ou plutôt il leur laisse leur conscience en liberté. Appelez-vous cela capituler? »

Qu'est-ce que la liberté de conscience? C'est la plus grande et la plus pure de toutes les libertés; car c'est la liberté « de l'esprit, et de sa plus divine partie, la piété. » Au prix de cette liberté supérieure « la liberté brutale des corps et des actions humaines est vile et indigne... » On dit que ce n'est point liberté, mais licence. Mais ce n'est point ainsi qu'en ont jugé le conseil du roi et les cours souveraines qui ont arrêté depuis longtemps « qu'il étoit nécessaire de laisser en paix les esprits et consciences des hommes comme *ne pouvant être ployées par le fer ou par la flamme, mais seulement par la raison qui domine les âmes.* » Paroles admirables, pleines de hardiesse et de nouveauté au xvi⁰ siècle, et opportunes encore aujourd'hui dans quelques pays.

Les idées de l'Hôpital furent celles d'un petit nombre d'hommes éminents qui, dans l'un et l'autre parti, voulaient l'union, la concorde, le rétablissement de la paix publique et de l'autorité royale, et enfin, la tolérance religieuse. Ce furent, parmi les catholiques, Étienne Pasquier, les Pithou, les auteurs de la *Ménippée;* parmi les protestants, de la Noue et Duplessis-Mornay. Ce serait abandonner le terrain de la philosophie pour celui de l'histoire que d'étudier tous ces écrivains. Disons cependant quelques mots de la Noue, qui représente le mieux dans le parti protestant la cause de l'impartialité religieuse et du royalisme.

De la Noue est comme l'Hôpital un royaliste. « Certes, dit-il en parlant de l'autorité royale, je désirerois aussi peu qu'homme du monde, qu'elle fust seulement méprisée, car nous avons vescu plus d'onze cents ans sous telle forme, nous la devons révérer comme une puissance légitime ordonnée de Dieu, à laquelle quiconque ne porte volontaire obéissance est coupable devant luy. Et si nous devons encore croire qu'il n'y a aucune police plus propre pour gouverner les Français que celle-là (1). » La Noue marque quelle haute estime et admiration il a pour le chancelier de l'Hôpital, en l'appelant : « Notre Caton (2). » Mais le point le plus important, sur lequel se rencontrent surtout ces deux nobles esprits, c'est celui de la liberté religieuse.

(1) *Disc. politiq. et milit.* du sieur de la Noue. — Chez François Forest (MDLXXXVIII), *Disc.* I, III, p. 28.
(2) *Ib.*, *Disc.* II, p. 37.

CHAP. V. — LES PHILOSOPHES ET LES UTOPISTES.

La fin des guerres civiles, telle est la pensée qui domine dans les *Discours politiques et militaires* de la Noue. Elles font, dit-il, plus de brèches en six mois aux mœurs et aux lois qu'on n'en saurait réparer en six ans. La guerre civile engendre principalement deux maux : c'est d'abord de multiplier à l'infini les épicuriens et libertins; et en second lieu de rendre les Français sauvages et cruels, et de brebis les métamorphoser en tigres (1). On objecte à ceux qui proposent la composition et l'accommodement, que deux religions ne peuvent pas demeurer dans un État. Mais dans un État, on voit vivre ensemble, sans courir aux armes, les bons et les méchants, le vice et la vertu. Dans l'empire romain, les païens, ariens, juifs et chrétiens vivaient à côté les uns des autres. Le même exemple a été donné par la Suisse chez les modernes. Quelques-uns attribuent au zèle la haine et l'esprit de vengeance qui les anime contre ceux qui professent d'autres doctrines religieuses (2). Mais c'est confondre l'amour de Dieu avec la haine du prochain. On est trop disposé à croire qu'un homme est de méchante vie, parce qu'il ne s'accorde pas avec nous sur la religion : « Cestuy-là est de la religion : c'est donc un méchant hérétique, répondront-ils. Dites à d'autres : Un tel est papiste, ils répliqueront : il ne vaut donc rien. Et pourquoi les réprouvez-vous ainsi ? à cause qu'ils tiennent une religion contraire à la nôtre ? Vrayment cette promptitude est trop prompte. » Il n'est pas de mot dont on fasse un plus grand abus que celui d'hérétique ; « et s'en trouve, qui, si on leur avoit ôté l'usage de cette parole, les patenostres de la ceinture, et la haine de leurs cœurs, ils seroient aussi étonnés qu'un avaricieux qui a perdu sa bourse. » Quelle étrange idée

---

(1) *Ib.*, *Disc.* II, p. 34.
(2) *Disc.* III.

de tels hommes ne se font-ils pas de la charité! N'est-ce pas une grande cruauté de voir les âmes en péril évident, et aller maudir les corps? « Ils ne veulent pas reconnaître comme leurs prochains ceux dont ils ont réprouvé la religion. » Mais le mot de prochain s'étend indifféremment à tous hommes, « pour ce que le genre humain est conjoint ensemble d'un lien sacré de communauté, afin que par cette alliance les hommes fussent incités à s'entr'aimer. Il suffit donc à ce que quelqu'un soit notre prochain qu'il soit homme, d'autant que ce n'est pas à nous d'effacer la nature commune. Et qui est celui, tant barbare puisse-t-il être, qui ne porte dans son âme l'image de Dieu empreinte, bien qu'elle soit quasi effacée? » C'était l'erreur des Pharisiens de restreindre le mot de prochain à leurs parents, amis ou bienfaiteurs. Mais Jésus-Christ les a condamnés par l'exemple du bon Samaritain. Lui-même hantait les publicains et les pécheurs, et il disait que ce ne sont pas ceux qui sont sains, qui ont besoin de médecins, mais les malades. Il conversait avec les Samaritains et les Sadducéens, qui étaient pis que des hérétiques, puisque les premiers étaient idolâtres, et les seconds niaient l'immortalité des âmes. Lui-même a dit encore: « Bienheureux les miséricordieux, car il leur sera fait miséricorde! » Mais maintenant, si après ces exemples et ces préceptes divins, « quelqu'un ayant encore de la haine à revendre, vouloit avoir quelque sujet plus familier et ordinaire pour s'occuper, je lui dirois: Mon amy, ouvre les cabinets de ton âme et de ton cœur; par aventure qu'en y cherchant bien tu y trouveras assez de matière pour t'exercer: comme de l'ambition, de l'intempérance, de l'orgueil, des cruautés, injustices, ingratitudes, mensonges, tromperies et autres vices, qui te feront esbahir de toi-même. Arrête-toi là: car le moyen de dompter ces monstres que tu feins d'ignorer et qui te diffament, c'est en les haïssant. Et sache qu'alors ta haine sera fructueuse et douce, au lieu qu'elle t'apporte perturbation et dommage, quand tu la verses sur tes prochains. »

A cette politique conciliante, modérée, désintéressée, exprimée en si nobles paroles se rattache le plus grand théoricien politique du xvie siècle, après Machiavel, le célèbre Bodin, dont *la République* (1) ne peut être comparée, pour l'étendue du sujet et la richesse des matériaux, qu'à la *Politique* d'Aristote, ou à *l'Esprit des lois*. Ce n'est pas que je veuille égaler Bodin à Aristote. Il n'a point ce génie d'analyse, ces vues profondes et nettes, et cette vigueur de système, qui font d'Aristote le prince des écrivains politiques : il se perd dans le détail, ses définitions sont confuses, ses démonstrations souvent superficielles ; mais, avec cela, il a une science immense, un certain ordre, de la clarté, de la solidité, et une justesse, quelquefois fine, quelquefois élevée. Son livre est un recueil infini de faits en tout genre. A cette époque, où le raisonnement dominait encore dans les écrits malgré la guerre récemment déclarée à la scolastique, c'était une nouveauté que cet amas, un peu confus sans doute, mais encore assez bien dirigé pour le temps, d'observations, de souvenirs, de détails historiques, où la politique de tous les temps trouvera toujours en abondance des instructions et des lumières. Machiavel, bien supérieur par la solidité, la simplicité et la force, n'avait recueilli que les faits de l'histoire romaine ou de l'histoire d'Italie, d'où il pouvait tirer des maximes. Bodin consulte toutes les histoires, et son livre n'a d'égal que celui de Montesquieu, pour le

(1) Voy. sur Bodin l'exact et savant ouvrage de M. H. Baudrillart, *Bodin et son temps*. Le premier chapitre de ce livre contient une étude approfondie des théories politiques du xvie siècle.

nombre des faits : il lui manque seulement l'esprit de choix et l'esprit philosophique. Son vrai mérite et son originalité est d'avoir, sans discrétion, il est vrai, introduit le droit public et privé dans la science politique ; plus jurisconsulte que publiciste, il a toutefois l'honneur d'avoir donné l'exemple à Montesquieu de cette union de la politique et du droit. Enfin, Bodin est un politique modéré dans un temps de fanatisme : de plus, il est l'adversaire de Machiavel et de ses principes corrupteurs, et, avec Platon, il défend la justice, comme le plus ferme pilier de toutes les républiques (1).

On reconnaît à chaque pas, dans Bodin, la prétention de se distinguer d'Aristote, et d'en améliorer les principes. Aristote avait défini la république « une société d'hommes assemblés pour bien et heureusement vivre. » Bodin corrige ainsi cette définition : « C'est, dit-il, un droit gouvernement de plusieurs ménages, et de ce qui leur est commun avec puissance souveraine (2). » On ne doit pas, en effet, selon lui, faire du bonheur l'objet unique du gouvernement. Une république bien gouvernée peut être heureuse ou malheureuse, sans pour cela manquer aux conditions d'une bonne république. Sans doute la vie aisée et commode est le premier besoin des hommes : mais c'est pour s'élever à quelque chose de meilleur, la justice, et à quelque chose de meilleur encore, la contemplation : tel est le dernier objet de la société des hommes : et c'est ce qu'exprime cette expression de *droit* gouvernement. De plus, Aristote s'est trompé encore, en oubliant dans sa définition les éléments principaux de la république, à savoir la famille, la souveraineté, et les intérêts communs. Il est facile de voir en lisant les premiers

(1) V. Préface.
(2) *Républ.*, l. I, c. i.

chapitres de la *Politique* d'Aristote que les critiques de Bodin sont superficielles et inexactes et qu'il a remplacé par une définition chargée et confuse, une définition courte, simple et claire.

La définition de la famille se rapporte à celle de l'État (1) : c'est un droit gouvernement de plusieurs sujets sous l'obéissance d'un chef de famille et de ce qui lui est propre. Ici la divergence d'opinions entre Bodin et Aristote devient plus grave. Il reproche à celui-ci d'avoir séparé l'économie de la police, ou la famille de l'État. Selon Bodin, « la famille bien conduite est la vraie image de la république, et la puissance domestique semblable à la puissance souveraine. Aussi est le droit gouvernement de la maison, le vrai modèle du gouvernement de la république. » C'était l'opinion de Platon et de Socrate. Bodin dit avec raison que ce n'est pas la grandeur qui fait la république, mais l'établissement d'une puissance souveraine, et que le chef de trois familles est aussi bien roi que le plus grand monarque de la terre. Mais Aristote répondrait, avec non moins de raison, que ce n'est point en effet la grandeur qui distingue la république et la famille, mais la différence de l'autorité : l'autorité étant naturelle dans la famille, et de choix dans la république ; la subordination étant le principe de la famille, et l'égalité celui de la république. Bodin établit d'autres différences : c'est que la république est le gouvernement de ce qui est commun, et la famille de ce qui est propre ; et il critique ici, avec justesse, en empruntant les arguments d'Aristote, la théorie de la communauté, soutenue par Platon, par Morus et les anabaptistes. Mais il ne voit pas que lui-même, en ne distinguant pas la famille de l'État, conduit

(1) *Ib.*, c. II.

à ces conséquences mêmes ; car si le chef de famille a l'administration de tous les biens de la famille, il en doit être de même pour le chef de l'État. La distinction des propriétés n'est possible qu'avec l'indépendance des personnes ; et celle-ci n'existe véritablement que dans le système où l'on distingue la famille de l'État.

Bodin défend dans la famille le même principe d'autorité, qu'il veut faire prévaloir dans l'Etat. Il soutient avec force le droit du mari sur la femme, et surtout du père sur les enfants (1). « Le père, dit-il, est la vraie image du Grand Dieu souverain, père universel des choses. » Aristote avait attribué au père une autorité royale ; Bodin lui accorde l'autorité despotique. Il va presque jusqu'à demander que les lois lui rendent la puissance de vie et de mort. « C'est par le moyen de cette puissance paternelle que les Romains, dit-il, ont fleuri en tout honneur et vertu. » Cette puissance assurait la bonne éducation de l'enfance, maintenait la concorde de la famille, apprenait au fils l'obéissance, et conservait dans la république la justice et le respect des lois. Bodin explique la décadence de la république par l'affaiblissement de ce droit sévère ; il gémit de voir que les édits des préteurs, les ordonnances des empereurs, aient peu à peu soustrait le fils à la juridiction arbitraire du père et lui aient laissé la libre disposition de ses biens ; en sorte qu'il ne restait plus de son temps qu'une ombre de ce pouvoir salutaire. Aux objections qui s'élèvent contre ce pouvoir extrême il oppose le sentiment naturel d'affection que le père a pour l'enfant : et il ne voit pas que c'est là seulement où cette affection est encore barbare, que ce droit barbare est en honneur.

(1) *Ib.*, c. III.

CHAP. V. — LES PHILOSOPHES ET LES UTOPISTES.

Bodin ne pousse cependant pas le zèle de l'autorité dans la famille jusqu'à partager l'opinion d'Aristote sur l'esclavage (1). Il est le premier publiciste qui ait combattu et réfuté ce préjugé dans les temps modernes : et il a d'autant plus de mérite en ce point, que le mal, un moment diminué au moyen âge, reprenait de nouveau à cette époque avec une sorte de fureur. « La découverte de l'Amérique fut, dit Bodin, une occasion de renouer les servitudes par tout le monde. » Et l'on sait quelles furent ces servitudes, à quelles atrocités l'esprit de cupidité, joint au fanatisme, soumirent les malheureuses victimes de la conquête européenne. La critique de l'esclavage n'était donc pas alors un texte de déclamation d'école : c'était un sujet vif et présent, qui prête au langage de Bodin une fermeté et une netteté assez rares chez lui : on sent qu'il est animé par le sentiment d'une grande vérité. « Je confesserai, dit-il, que la servitude sera naturelle, lorsque l'homme fort, roide, riche et ignorant, obéira au sage, discret et faible, quoiqu'il soit pauvre... De dire que c'est une charité louable de garder le prisonnier qu'on peut tuer, c'est la charité des voleurs et des corsaires, qui se glorifient d'avoir donné la vie à ceux qu'ils n'ont pas tués... Et quant à ce qu'on dit que la servitude n'eût pas duré si longuement, si elle eût été contre nature, on sait assez qu'il n'y a chose plus cruelle ni plus détestable que de sacrifier les hommes, et toutefois il n'y a quasi peuple qui n'en aye ainsi usé, et tous ont couvert cela du voile de piété par plusieurs siècles. » Ces paroles courtes et précises renversent tous les arguments qu'Aristote ou les jurisconsultes ont pu présenter en faveur de l'esclavage. Il nous fait ensuite un tableau

(1) *Ib.*, c. v.

emprunté à l'histoire, des haines, des guerres civiles, des révolutions qui naissent de l'esclavage. On pourrait, dit-on, faire des lois pour modérer la puissance du maître! « Eh! qui feroit la poursuite de la mort d'un esclave? Qui en oyroit la plainte? Qui en feroit raison n'ayant aucun intérêt? » L'esclavage diminue, dit-on encore, le nombre des vagabonds, des mendiants, et des voleurs : « Je dis au contraire qu'il y en aurait dix pour un : car l'esclave sera toujours contraint, s'il peut s'échapper, d'être voleur ou corsaire, ne pouvant souffrir son seigneur, ni se montrer étant marqué, ni vivre sans bien. » Bodin ne veut pas cependant que l'on affranchisse tout d'un coup les esclaves, comme l'empereur fit au Pérou : « Car n'ayant point de biens pour vivre, ni de métier pour gagner, et même étant affriandés de la douceur d'oisiveté et de liberté, ne vouloient travailler, de sorte que la plupart mourut de faim : mais le moyen, c'est devant les affranchir, leur enseigner quelque métier. » Bodin termine cette forte critique de l'esclavage par ces généreuses paroles : « Si l'on me dit qu'il n'y a bon maître que celui qui a été bon serviteur, je dis que c'est une opinion qui est mal fondée, quoiqu'elle soit ancienne : car il n'y a rien qui ravale plus et abâtardisse le cœur bon et généreux, que la servitude, et qui plus ôte la majesté de commander autrui, que d'avoir été esclave : aussi le maître de sagesse dit en ses proverbes : « qu'il n'y a rien plus insupportable que l'esclave devenu maître. »

Le dernier élément qui doit entrer dans la définition de l'État, c'est la souveraineté (1). Qu'est-ce que la souveraineté ? C'est la puissance absolue et perpétuelle. D'après cette définition, Bodin refuse avec raison le titre de

---

(1) *Ib.*, c. VIII.

souverains à tous les pouvoirs qui ne sont accordés que pour un temps défini, comme le consulat de Rome, la dictature, le décemvirat, et à ceux qui étant nommés pour un temps indéfini, sont toujours révocables par la puissance qui les a nommés : ils ne sont que gardiens et dépositaires, et non possesseurs du pouvoir. Quelles que soient les limites ou l'étendue des pouvoirs ainsi confiés, dès qu'il faut en rendre compte dans un temps donné, ou simplement les remettre, ce n'est qu'un pouvoir emprunté, ce n'est point souveraineté. Le vrai souverain est celui qui donne des lois aux sujets sans leur consentement, et qui lui-même n'est pas tenu d'obéir à ses propres lois : c'est ce qu'indique l'ancienne formule des rois de France : Car tel est notre plaisir. Tout le peuple doit jurer de garder les lois, et faire serment de fidélité au monarque souverain, qui ne doit serment qu'à Dieu seul, duquel il tient le sceptre et la puissance. Déclarer que le prince est obligé de prêter serment au peuple et de garder les lois, c'est anéantir et dégrader la majesté souveraine, et changer la monarchie en aristocratie, ou en démocratie : « Aussi le monarque voyant qu'on lui vole ce qui lui est propre et qu'on le veut assujettir à ses lois, il se dispense à la fin, non-seulement des lois civiles, mais aussi des lois de Dieu et de nature, les faisant égales. » Ce que Bodin dit ici des monarques, il le dit en général de tout souverain, que ce soit le peuple ou la noblesse : la marque de la majesté souveraine est de faire les lois et les défaire, et de ne s'y soumettre que selon son bon plaisir.

Bodin analyse avec soin et exactitude ce qu'il appelle les marques de la souveraineté (1). La première et la plus essentielle, comme nous l'avons vu, c'est « de don-

---

(1) L. I, c. x.

ner loi à tous en général et à chacun en particulier, » et cela, « sans le consentement de plus grand, ni de pareil, ni de moindre que soi. » Ce droit n'est pas même limité par la coutume. « La loi peut casser la coutume, et la coutume ne peut déroger à la loi. » La seconde marque de la souveraineté est de décréter la guerre, ou de traiter la paix. La troisième est d'instituer les officiers. La quatrième est le dernier ressort. La cinquième est le droit de grâce. Enfin à ces divers droits viennent s'en ajouter beaucoup d'autres : le droit de battre monnaie, de lever des tailles, le droit de confiscation, etc. Tels sont les droits essentiels de la souveraineté, qui n'appartiennent pas seulement au monarque, mais à tout souverain, roi, peuple, ou corps de nobles.

Il y a en effet trois espèces de souverainetés ou de républiques : la monarchie, où un seul est souverain ; l'État populaire, où c'est le peuple entier ; et l'État aristocratique, où c'est la moindre partie du peuple : enfin, comme disait Aristote, un seul, plusieurs et tous. Quelques-uns admettent une quatrième forme de gouvernement composée du mélange des trois autres. C'est l'opinion d'Aristote, de Polybe, de Cicéron, de Machiavel. Bodin y est tout à fait opposé (1). « Le mélange des trois formes de gouvernement ne fait pas, dit-il, une espèce particulière de république ; car c'est simplement l'État populaire. La souveraineté est indivisible, elle ne peut pas se partager entre le roi, le seigneur et le peuple. Dans ce système, à qui appartient-il de faire la loi, cette marque certaine de la souveraineté ? Aux trois corps de l'État, c'est-à-dire à out le monde : l'État est donc populaire. Bodin examine ensuite les exemples que l'on cite de ce mélange, selon

(1) L. II, c. I.

lui, impossible. Lacédémone était une aristocratie, Rome un État populaire, Venise, une seigneurie aristocratique. Quant au gouvernement de la France, il refuse avec raison d'y voir autre chose qu'une pure et simple monarchie : le parlement n'est à ses yeux qu'un corps judiciaire, et les états, une assemblée du peuple convoquée par le prince, appelée à présenter des requêtes et des supplications, et non à gouverner ni à faire les lois. En résumé, il paraît évident qu'aucun gouvernement n'est un mélange parfait des trois sortes de républiques ; car de ces trois pouvoirs, il y en a toujours un qui domine et qui absorbe les deux autres.

Mais, quelque forme que prenne la souveraineté, c'est une doctrine constante chez Bodin, qu'elle ne peut pas s'élever au-dessus de la justice et des lois de Dieu : « Quant aux lois divines et naturelles, dit-il, tous les princes de la terre y sont sujets, et n'est en leur puissance d'y contrevenir, s'ils ne veulent être coupables de lèse-majesté divine, faisant la guerre à Dieu, sous la grandeur duquel tous les monarques du monde doivent faire joug et baisser la tête en toute crainte et révérence... Si la justice est le fait de la loi, la loi l'œuvre du prince, le prince est l'image de Dieu, il faut par même suite de raison, que la loi du prince soit faite au modèle de la loi de Dieu (1). »

Quelle est maintenant, de ces trois formes primitives et inconciliables de gouvernement la meilleure aux yeux de Bodin. Il les compare chacune par leurs bons côtés (2). L'État populaire a pour lui l'égalité, qui est, dit-il, la nourrice d'amitié : la démocratie est ordinairement le plus riche de tous les gouvernements en grands hommes, en grands capitaines, en grands orateurs ; c'est là surtout

(1) L. I, c. VIII.
(2) L. VI, c. IV.

que la république est la chose publique, puisque tout appartient au peuple, tout vient du peuple, et tout y rentre. Enfin, c'est là aussi que la loi est souveraine maîtresse. Mais ces avantages sont tout en apparence. Nulle part on n'a vu cette absolue égalité que rêve la démocratie, mais à laquelle la nature se refuse : l'égalité dans le partage des honneurs est contraire à la justice ; la liberté n'est pas non plus dans cette forme de gouvernement; il n'en est point où elle soit plus gênée, et le bien public plus mal géré. Ajoutez l'instabilité de la multitude, son ignorance, le danger de livrer à la publicité les affaires d'État, la toute-puissance des magistrats dans l'État populaire, enfin la majesté souveraine ravalée, et la vertu absente. L'aristocratie se défend par de meilleures raisons que l'État populaire. Si, en toutes choses, la médiocrité est louable, l'aristocratie, qui est un moyen terme entre la démocratie et la monarchie, est donc le meilleur des gouvernements. En second lieu, le gouvernement de l'État appartient aux meilleurs par la vertu, la noblesse ou les biens ; et c'est ce qu'on appelle l'aristocratie. Enfin il n'y a point d'État monarchique ou populaire, où il ne faille confier le soin des affaires au conseil des plus sages, puisque ni le roi, ni le peuple ne peuvent gouverner seuls : ainsi l'aristocratie s'établit naturellement dans les États mêmes qui lui sont opposés. Mais combien il est difficile de trouver ce juste milieu entre un et tous, qui n'ait ni les inconvénients de la monarchie, ni ceux de l'État populaire ! S'il faut confier les honneurs aux plus dignes, ce qui est vrai, il faut donc confier le pouvoir souverain au plus digne de tous, c'est-à-dire à un seul homme ; et si l'on dit qu'il est malaisé de trouver un homme sage pour gouverner un État, combien l'est-il plus encore d'en trouver un grand nombre ? La multitude des têtes cause la division dans le gouvernement; l'éloignement du peuple des affaires cause les séditions; et il n'est pas moins difficile aux seigneurs de le gagner par faveur que de le maintenir par force. La monarchie a aussi, il est vrai, ses inconvénients : le changement des princes, les divisions pour la couronne, élective ou même héréditaire, les régences, la jeunesse des rois et leurs passions. Mais à tous ces périls, moins grands encore dans l'État monarchique, que dans l'État républicain, il faut opposer cet avantage considérable de placer la souveraineté sur une seule tête. Il n'y a point de souveraineté sans unité. Il peut être vrai que, pour la délibération, plusieurs valent mieux qu'un; mais pour résoudre, pour conclure, pour commander, un vaudra toujours mieux que plusieurs. Enfin la monarchie est naturelle : puisque nous voyons que ce monde n'a qu'un seul corps et un seul chef.

La supériorité du gouvernement monarchique sur le gouvernement aristocratique et populaire se prouve encore de même, si l'on regarde à la fin de toute société, c'est-à-dire à la justice, ou au droit partage des loyers et des peines (1). Aristote ne distingue que deux espèces de justices, la justice commutative, et la justice distributive : l'une qui se règle d'après le principe de l'égalité, et selon la proportion arithmétique; l'autre, d'après le principe de la similitude, et selon la proportion géométrique. Or, la première est propre à l'État populaire, où règne une rigoureuse égalité; la seconde à l'État aristocratique, où règne une heureuse proportion entre le mérite et la récompense. Mais l'une et l'autre de ces deux justices sont incomplètes : car, dans la première, le mérite, et dans la seconde, l'égalité, sont négligés et foulés

(1) L. VI, c. vi.

aux pieds, ce qui fait la faiblesse du gouvernement démocratique ou aristocratique. Dans le premier, les hommes de mérite confondus dans la foule, dans la seconde, les hommes du commun humiliés et opprimés soulèvent des séditions et renversent l'État. Aristote conseille enfin d'unir les deux proportions, et de se servir de l'une pour le partage des intérêts et la réparation des offenses, de l'autre pour la distribution des honneurs. Mais il y a une troisième proportion supérieure aux deux autres, et qui les comprend toutes deux : c'est la proportion harmonique, où s'unissent à la fois l'égalité et la similitude ; « comme dans un festin un sage symposiarque entrelacera gentiment un folâtre entre deux sages, l'homme paisible entre deux querelleurs... et, en le faisant, non-seulement il évitera l'envie des uns et la jalousie des autres, ains d'un si bel ordre résultera une douce et plaisante harmonie des uns avec les autres et de tous ensemble. » Cette harmonie est l'image de la justice dans un État monarchique, qui peut être simple dans son essence et tempéré dans son gouvernement. Car s'il est chimérique de vouloir mélanger trois éléments incompatibles, la monarchie, l'aristocratie, la démocratie, il est possible toutefois, et même sage, qu'un monarque gouverne à la fois aristocratiquement et populairement, et modère dans la pratique la force de ce gouvernement qui est toujours si dure aux hommes. Le monarque n'établira donc pas l'égalité démocratique : car il ne conservera d'autorité et de prépondérance, qu'à la condition de réserver aux plus dignes et aux plus nobles les prérogatives auxquelles ils ont le droit : il ne suivra pas non plus trop strictement la proportion aristocratique ; car ce serait se faire un ennemi du peuple, dont il est le naturel soutien ; mais il protégera les uns et les autres, et donnant quelque chose à l'égalité, il

CHAP. V. — LES PHILOSOPHES ET LES UTOPISTES. 249

donnera aussi beaucoup au mérite : il conciliera habilement, et par la majesté de son autorité souveraine, les prétentions contraires, la juste ambition du peuple, le juste orgueil des nobles, et il établira partout la concorde et la paix. Cette ingénieuse théorie de la monarchie couronne le livre de Bodin. Il n'a pas voulu mélanger les formes des gouvernements, mais il en mélange les principes : distinction qui peut être appliquée d'une manière plus générale qu'il ne l'a fait ; car il n'est pas toujours facile de former un gouvernement mixte, en admettant, contre l'avis de Bodin, que cela soit possible. Mais ce qui est toujours possible, c'est de tempérer l'application du principe d'un gouvernement par les principes des deux autres. L'aristocratie, par exemple, sera puissante et prospère, lorsqu'au principe de sagesse, de supériorité intellectuelle qui fait sa force, elle associera le principe d'unité emprunté à la monarchie, et qui est la garantie de l'union et de la sécurité, et le principe d'égalité, qui est le droit et la force de la démocratie, c'est-à-dire, en se soumettant d'une part à un chef pris dans son sein, comme la monarchie ; de l'autre, en accordant au peuple, comme dans les républiques, la liberté et l'admission aux honneurs. Dans la démocratie, le principe du gouvernement, qui tend d'une part à une liberté, et de l'autre à une égalité extrême, pourra être aussi tempéré par l'établissement d'une autorité une et protectrice, et par la considération du mérite intellectuel et moral. Ainsi un gouvernement peut être sage et bon, quelle que soit sa forme, pourvu qu'il sache harmonieusement concilier ces trois principes : l'unité, la proportion et l'égalité.

Après la théorie des gouvernements, vient naturellement celle des révolutions : car il ne suffit pas de savoir quelles espèces de gouvernements il y a, mais encore comment elles se forment, se développent et succombent (1). Mais il faut reconnaître que Bodin, quoiqu'il ait traité cette nouvelle théorie avec beaucoup de soin et de science, n'a en réalité rien ajouté à la théorie d'Aristote. L'énumération des causes des révolutions est à peu de chose près la même dans les deux écrivains. On peut voir, par le texte même, les modifications que Bodin a apportées dans le détail : mais je n'y aperçois pas un principe nouveau.

Une autre théorie, dont le germe était aussi dans Aristote, mais que Bodin a beaucoup développée, c'est la théorie des climats, rendue si célèbre depuis par Montesquieu, qui l'a empruntée à Bodin : « Il faut que le sage gouverneur d'un peuple, dit celui-ci, sache bien l'humeur d'icelui et son naturel, auparavant que d'attenter chose quelconque au changement de l'État ou des lois ; car l'un des plus grands et peut-être le principal fondement des républiques est d'accommoder l'État au naturel des citoyens, et les édits et ordonnances à la nature des lieux, des personnes et du temps. Car, quoique, dit Balde, la raison et l'équité naturelle ne soient point bornées ni attachées aux lieux, cela reçoit distinction, c'est à savoir, quand la raison est universelle, et non pas où la raison particulière des lieux et des personnes reçoit une considération particulière, qui fait aussi qu'on doit diversifier l'État de la république à la diversité des lieux, à l'exemple du bon architecte, qui accommode son bâtiment à la matière qu'il trouve sur les lieux. » Tel est le principe général. Mais il est à remarquer que Bodin excepte de l'action des climats la raison universelle et l'équité naturelle : exception importante et

(1) L. IV, c. I.

que n'ont pas toujours faite ceux qui ont traité de l'influence du physique sur le moral.

Signalons enfin les opinions de Bodin sur la religion et sur la tolérance. En principe, il est d'avis qu'il ne faut point disputer sur la religion : « Car toutes choses mises en disputes sont aussi révoquées en doute : or c'est impiété bien grande de révoquer en doute les choses dont un chacun doit être résolu et assuré, d'autant qu'il n'y a chose si claire et si véritable qu'on n'obscurcisse et qu'on n'ébranle par dispute... Et d'autant que les athéistes mêmes sont d'accord qu'il n'y a chose qui plus maintienne les États et républiques que la religion, et que c'est le principal fondement de la puissance des monarques et seigneuries, de l'exécution des lois, de l'obéissance des sujets, de la révérence des magistrats, de la crainte de mal faire, et de l'amitié mutuelle entre un chacun, il faut bien prendre garde qu'une chose si sacrée ne soit méprisée ou révoquée en doute par dispute ; car de ce point-là dépend la ruine des républiques ; et il ne faut point ouïr ceux qui subtilisent par raisons contraires. »

Cependant, tout en défendant les disputes sur la religion, Bodin ne veut point qu'on emploie la violence pour la conversion des âmes : « Si le prince qui aura certaine assurance de la vraie religion veut y attirer ses sujets, divisés en sectes et factions, il ne faut pas, à mon avis, qu'il use de force ; car plus la volonté des hommes est forcée, plus elle est revêche ; mais bien en suivant et adhérant à la vraie religion sans feinte ni dissimulation, il pourra tourner les cœurs et les volontés des sujets à la sienne, sans violence ni peine quelconque. » Il cite l'exemple de Théodose, et cette belle parole de Théodoric, roi des Goths : « *Religionem imperare non possumus, quia nemo cogitur ut credat invitus.* » Les conséquences de la persécution religieuse sont parfaitement saisies : « Autrement, il adviendra que ceux qui sont frustrés de l'exercice de leur religion, et dégoûtés des autres, deviendront de tout athéistes, comme nous voyons, et, après avoir perdu la crainte divine, fouleront aux pieds et lois et magistrats, et se déborderont en toutes sortes d'impiétés et de méchancetés, auxquelles il est impossible de remédier par lois humaines. Il faut donc fuir le plus grand mal quand on ne peut établir la vraie religion... Or, en matière de séditions et de tumultes, il n'y a rien plus dangereux que les sujets soient divisés en deux opinions, soit pour l'État, soit pour la religion, soit pour lois et coutumes ; et au contraire, s'il s'en trouve de plusieurs opinions, les uns moyennant la paix, et accordent les autres, qui ne s'accorderaient jamais entre eux. » Telles sont les vues, très-libérales sans doute pour son temps, par lesquelles Bodin se rattache au parti de l'Hôpital et de la conciliation.

Tous les systèmes politiques ont leur place dans cette époque riche et hardie : et pour la première fois, depuis Platon, on vit des esprits généreux et aventureux poursuivre la pensée non-seulement d'une société politique régulière et sagement ordonnée, mais d'un État tout à fait conçu d'après les principes de la philosophie, tels qu'ils les imaginaient. Platon avait dit : « Tant que les sages ne seront pas rois, et tant que les rois ne seront point philosophes, il n'y a point de remèdes aux maux qui désolent les États ; » et il avait tracé le plan d'une cité philosophique. Un éminent personnage du xvie siècle, homme d'État célèbre, et l'un des plus habiles écrivains du temps, Thomas Morus, emprunta cette idée

CHAP. V. — LES PHILOSOPHES ET LES UTOPISTES. 253

à Platon, et il composa à son tour une république idéale.

Un premier caractère distingue l'*Utopie*(1) de Morus de la *République* de Platon : c'est un sentiment d'humanité généralement rare chez les anciens. Platon était surtout frappé des divisions et des discordes qui déchiraient les États et qui démentaient son principe philosophique de l'unité ; mais il paraissait peu sensible aux souffrances des faibles et des misérables. Ce qu'il cherche dans son plan de réforme sociale, c'est un certain ordre où tout le monde soit à sa place, où chacun fasse ce qu'il doit faire ; mais il ne s'inquiète pas de trouver les moyens de rendre heureux le plus grand nombre : pourvu que tout réponde à l'ordre idéal qu'il a rêvé, tout est bien. Dans l'*Utopie*, on rencontre au contraire un sentiment de véritable intérêt pour les classes qui souffrent, et de vive sympathie pour les maux de la société. Les vices de la législation sur le vol, l'excès des pénalités, qui loin de diminuer le crime, encouragent à l'exagérer, le défaut d'institutions protectrices des soldats retirés du service, et rendus inutiles par les blessures, le grand nombre de domestiques, instruits à la fainéantise dans la maison des grands seigneurs, la cupidité des riches, qui presque partout, par l'espoir du gain, avaient alors converti les terres à blé en pâturages et rendu par là inutile le travail d'une foule de bras, tout prêts au brigandage, l'institution des armées permanentes, qui commençant alors à s'établir en Europe, grevaient déjà la caisse du gouvernement et encourageaient toujours à de nouvelles guerres; les opérations fréquentes et frauduleuses des gouvernements sur les

(1) *De Optimo republicæ statu, deque nova insula Utopia*, in-4. Louvain et Bâle, 1518. — Publié pour la première fois en 1516.

monnaies, tous ces vices d'une société encore barbare ou déjà corrompue sont combattus avec force par Morus, et par là il a mérité la reconnaissance des philosophes amis des hommes et du progrès de la société.

On sait, d'ailleurs, quelle est la principale idée de l'*Utopie* : c'est la critique de la propriété, et la description imaginaire d'un État où tout serait commun. La propriété, selon l'auteur, engendre l'inégalité : elle se distribue toujours de telle sorte qu'un petit nombre seulement est dans l'abondance et la plus grande partie des hommes dans la misère. La difficulté de distinguer le propre de chacun donne naissance à tous les procès. La propriété enfin favorise et encourage ce nombre d'oisifs et de parasites inutiles à la terre, dont ils consomment les trésors, dévorant les fruits du travail d'autrui, sans travailler eux-mêmes. L'inégalité, la discorde, l'oisiveté, voilà les fruits de la propriété.

On ne peut nier que ces idées ne soient empruntées à Platon. Cependant, malgré l'identité du principe, il faut remarquer une différence grave entre les deux républiques. Celle de Platon, composée à Athènes sur le modèle de la Crète et de Lacédémone, est une république philosophique et guerrière. La base de la cité est la classe des guerriers, d'où sortent les hommes d'État. La guerre et la philosophie remplissent les loisirs de cette cité, idéal de la cité grecque : le travail matériel, nécessaire à la subsistance de la société, est relégué dans les deux dernières classes, qui ne peuvent jamais aspirer, sauf de rares exceptions, à s'élever aux premières. La république de Platon est une aristocratie fondée sur la force et sur la science : elle est assujettie à une espèce de régime de castes, imitation affaiblie, mais évidente de la société orientale. La république de Morus, plus vraie et plus équitable sous ce rapport, ne connaît plus de castes : elle est véritablement la chose commune; tous peuvent défendre l'État et le gouverner ; et loin que le travail manuel soit une cause d'indignité ou d'infériorité, il est au contraire le principal titre d'honneur. Dans l'*Utopie*, tout le monde est à son tour agriculteur et a en même temps un métier propre. Morus résout ainsi le problème difficile du partage des travaux matériels et intellectuels dans la société : il appelle tout le monde à l'un et à l'autre, et il demande que le travail soit toujours accompagné de loisir et ennobli par des récréations intellectuelles. Ainsi le loisir et le travail ne divisent plus, comme dans l'antiquité, les hommes en deux classes, les citoyens et les esclaves : le loisir n'est que la récréation du travail, qui devient le véritable principe du droit de cité, parce qu'il est la source de la subsistance. Sans doute ce partage égal du travail intellectuel entre tous les individus est encore une chimère, mais une chimère plus près de la vérité que la séparation artificielle des castes et le droit de cité exclusivement attribué à la guerre et à la science.

Les deux républiques diffèrent encore par le gouvernement. Le gouvernement, dans *la République* de Platon, est aristocratique, je dirais presque théocratique : la caste supérieure se recrute elle-même dans la classe des guerriers. Dans l'*Utopie*, le principe du gouvernement est l'élection. L'élection donne naissance à un corps délibérant, nommé le sénat, et à une espèce de président appelé protophylarque : il y a aussi des comices populaires. Cette partie est assez obscure dans l'*Utopie*, comme il arrive d'ordinaire dans les ouvrages de ce genre. Comme l'auteur sait qu'il compose un rêve, il ne se donne pas la peine d'en décrire exactement les détails. Le seul point remarquable ici, c'est que l'origine du pouvoir est dans le consentement du peuple. C'est un gouvernement libre et populaire. La république de l'*Utopie* est une république laborieuse et démocratique.

Le xvi⁰ siècle vit une seconde imitation de *la République* de Platon, plus semblable encore à son modèle. L'*Utopie* de Morus, sauf la communauté des biens, représentait assez bien l'image des républiques d'Occident, et ressemblait aux États modernes. *La Cité du Soleil* (1) du moine Campanella est une copie de l'*Utopie*, inspirée à la fois par le souvenir de *la République* de Platon, et par le spectacle des couvents catholiques. L'*Utopie* est une république populaire : *la Cité du Soleil* est rigoureusement une république théocratique. Campanella conçoit le gouvernement de la cité sur le modèle de la Trinité philosophique, qui est, comme on sait, le principe de sa métaphysique. Au sommet de l'État est le Soleil, ou le Métaphysicien, espèce de pontife suprême, qui a la science universelle et une souveraineté absolue. Il correspond en métaphysique à l'Être, ou substance première. Sous les ordres de ce magistrat souverain, trois magistrats, souverains aussi, chacun dans sa sphère, gouvernent d'une manière absolue : ces trois magistrats s'appellent de noms empruntés à la métaphysique, Puissance, Amour et Sagesse. Le premier est chargé de tout ce qui regarde la guerre et la défense ; le second, de tout ce qui a rapport au développement de l'espèce ; le troisième de toutes les sciences, les arts, l'éducation. Dans *la Cité du Soleil*, la communauté s'étend plus loin que dans l'*Utopie*. Dans celle-ci, la propriété seule est abolie : dans

---

(1) *Civitas Solis*, in-12. Utrecht, 1643.

l'autre, en cela plus conséquente, la famille, qui rend la propriété nécessaire, est également supprimée. Campanella, comme Platon, demande avec la communauté des biens celle des femmes et des enfants ; il livre à la surveillance des magistrats les rapports les plus naturellement libres de l'espèce humaine : il soumet à une police curieuse et tyrannique les sentiments les plus intimes, et méconnaît les droits du cœur et la dignité des affections, en assujettissant l'union des sexes à une réglementation minutieuse. Étrange système, et bien digne de l'imagination d'un moine italien, vingt-sept ans captif, que celui où le mariage est surveillé comme le libertinage, et où l'amour est en quelque sorte un grand inquisiteur !

Ce n'est pas seulement dans *la Cité du Soleil* et sur une terre imaginaire que Campanella rêve des utopies. Il en avait une autre pour le monde où nous vivons, et pour le gouvernement de l'Europe. Cette utopie, renouvelée du moyen âge, n'était que la monarchie universelle de l'Espagne substituée à celle des Germains, et mise au service de la papauté.

Pour en finir avec le xvi⁰ siècle, et avant d'interroger les travaux du siècle suivant, disons en quelques lignes ce qu'il a fait et quelle a été sa part dans le progrès de la science politique et dans l'éducation des États. Ce qui frappe au premier abord dans ce siècle remarquable, c'est la variété, la richesse, la témérité de ses spéculations en tout genre. Sans sortir de notre sujet, voyez d'une part la politique protestante, sollicitée par les besoins de la cause religieuse, soulever tous les problèmes, employer toutes les méthodes, l'histoire, le raisonnement, l'autorité biblique, poursuivre enfin dans ses conséquences les plus hardies le principe de la souveraineté populaire ;

voyez la politique catholique, remuant les mêmes problèmes avec une hardiesse égale, et quelquefois plus aventureuse ; voyez les politiques conciliateurs relever le principe de la monarchie tempérée en l'unissant au principe de la liberté de conscience; les utopistes enfin mettre en question les principes essentiels de la société, et rêver, les uns dans des livres ingénieux et chimériques, les autres les armes à la main, des formes inconnues de gouvernement social. Entre toutes ces spéculations diverses et contraires, voyez s'élever un monument scientifique, bien dépassé depuis, mais considérable pour le temps, où toutes les questions de la politique sont traitées avec une érudition inépuisable et une rare solidité. Que dirai-je? tout ce qui agite les temps modernes a été discuté et débattu dans ce siècle étonnant : propriété, esclavage, liberté politique, et surtout liberté de conscience. Comparez ce champ de discussions, de querelles, de combats en tout genre avec le moyen âge, et même avec le xv⁰ siècle, Machiavel excepté; et encore Machiavel, c'est déjà la renaissance et le xvi⁰ siècle.

Mais si toutes les idées des temps nouveaux sont dans le xvi⁰ siècle, elles y sont confusément, indiscrètement mêlées les unes aux autres; et d'ailleurs elles ne font que d'éclore. C'est une lutte préliminaire qui va se poursuivre et se régulariser dans les siècles suivants. Les doctrines se montreront alors avec leur vrai caractère : ce sera le lieu de les étudier de près et de les juger.

Mais sans vouloir apprécier ici et prématurément des doctrines que nous retrouverons plus tard dans la force et l'éclat de leurs principes, nous devons constater quel a été, en fait, le résultat de ce vaste mouvement.

Le xvi⁰ siècle a introduit dans la science deux grandes idées : la liberté politique et la liberté religieuse ; et ces deux idées sont dues au protestantisme. On a souvent contesté cette vérité; il faut expliquer dans quel sens on doit l'entendre.

Nous l'avons dit déjà, le moyen âge, en dehors d'une seule question, celle du pouvoir spirituel et du pouvoir temporel, n'a que des réminiscences, des formules creuses et mortes, des thèses incohérentes et mal définies. Il semble qu'il n'y ait que deux personnages dans le monde : le pape et l'empereur. Le peuple est le prix de la lutte. C'est au XVIe siècle que ce nouvel acteur paraît en son nom sur la scène. Là est la nouveauté de cette grande époque, qui rompt sans retour avec le moyen âge et ouvre la voie à l'esprit nouveau.

Quant à la liberté de conscience, on a pu voir ce que le moyen âge en pensait. Le droit de tuer les hérétiques était le droit commun, incontesté; et rien n'est plus étonnant que de voir au XIVe siècle, dans un jurisconsulte oublié, dans Marsile de Padoue, un plaidoyer égaré en faveur de la liberté de conscience.

Que si, au contraire, nous cherchons à recueillir le trait dominant et la vraie nouveauté du XVIe siècle, nous y trouvons en premier lieu la résurrection des doctrines démocratiques : c'est le fait le plus éclatant du siècle. La démocratie est partout, dans l'érudition, dans la théologie, dans l'utopie. Catholiques et protestants rivalisent de témérités démocratiques. L'idée de la supériorité du peuple sur le roi est un lieu commun, même chez les partisans de la royauté. Ce n'est qu'à la fin du siècle, et lorsque ces doctrines nouvelles eurent produit les plus grands excès, qu'un certain nombre d'esprits élevés revinrent aux doctrines monarchiques, et commencèrent la lutte qui allait grandir et s'étendre dans les deux siècles suivants.

On ne peut nier non plus que l'idée de la liberté de conscience ne soit une conception du xvie siècle. Où trouve-t-on cette idée (Marsile de Padoue excepté) avant l'Hôpital, la Noue, Pasquier, Bodin, Mornay et les sages de ce temps?

Nous sommes loin de prétendre que le xvie siècle ait résolu définitivement les deux problèmes dont nous lui faisons honneur. Il les a posés et en a entrevu les principes. C'est là seulement ce que nous affirmons : tout ne s'accomplit pas en un jour.

Mais est-il vrai de dire que c'est au protestantisme que l'on doit ces nouveautés et ces progrès? La Réforme n'a-t-elle pas eu les doctrines les plus changeantes et les plus contraires? Appelant le pouvoir à son aide quand elle y trouvait son intérêt, la liberté quand le pouvoir lui faisait défaut, oppressive avec les forts, séditieuse avec les faibles, elle a invoqué tous les principes et ne peut se faire honneur d'aucun. Quant à la liberté religieuse, est-il nécessaire de rappeler que la Réforme n'a pas moins persécuté que l'Inquisition, et que le livre le plus violent contre la tolérance est d'un protestant?

Ce n'est pas ici le lieu d'examiner ce que le protestantisme a été historiquement, ce qu'il a fait et ce qu'il a voulu. Nous abandonnons cette question complexe aux historiens, plus compétents pour la résoudre. En outre, les intérêts particuliers du protestantisme ne nous touchent en rien ; mais ce qui nous touche, c'est le lien nécessaire des idées, c'est le mouvement des doctrines. Or qui peut nier que le besoin d'exister n'ait conduit les protestants, là où ils n'étaient pas les maîtres, à discuter le droit des gouvernements et à en scruter l'origine? qui peut nier que ce ne soient Hotmann, Languet, Buchanan, Knox, et mille autres moins célèbres qui aient fait sortir de l'ombre cette doctrine de la souveraineté populaire, ensevelie dans la poussière des écoles, ou servant de masque aux théories absolutistes des jurisconsultes et aux ambitieuses prétentions de la théocratie? Que les protestants aient adopté d'autres principes quand ils y trouvaient leur compte, c'est une contradiction qui les regarde et qui ne change rien au fait principal que nous relevons ; et d'ailleurs ce n'est pas même une contradiction. C'est le besoin de leur cause religieuse qui les conduisait à rechercher l'appui des libertés populaires ; quand ces libertés leur étaient inutiles, que leur cause trouvait dans le pouvoir même appui et protection, ils se tournaient vers lui et ne demandaient pas autre chose. Mais leurs adversaires alors relevaient le gant. Les principes démocratiques changeaient de parti et n'étaient, à vrai dire, qu'une arme et un instrument entre les mains de passions irréconciliables. Mais ils n'en subsistaient pas moins, et vaincus dans un pays ils se transportaient dans un autre. C'est ainsi qu'ils passèrent en Hollande, en Écosse, en Angleterre, en Amérique, pour revenir un jour en France, d'où ils étaient partis.

Ainsi de la liberté de conscience. Les protestants, en la réclamant et la proscrivant tour à tour, obéissaient au fanatisme aveugle et absurde des partis. Mais de la rencontre de ce fanatisme avec un fanatisme contraire naquit la pensée d'une transaction. Le protestantisme fut l'occasion de ce traité de paix, qui consacrait le droit des croyances diverses dans un même État, droit nouveau, inconnu du moyen âge, et qui est l'honneur des sociétés modernes. Ajoutons enfin que c'est dans les États protestants, à savoir, la Hollande et les colonies américaines, que les principes du monde moderne ont été pour la première fois appliqués.

Voilà le XVIe siècle ; et tout en faisant la part à ses erreurs et à ses extravagances, nous ne pouvons nous empêcher d'être avec ceux qui le défendent contre ceux qui l'attaquent. Le siècle qui a porté des coups si terribles au moyen âge ne peut être pour nous un ennemi. La renaissance de l'esprit antique, le renouvellement de la foi religieuse chez les catholiques aussi bien que chez les protestants, l'ardeur des investigations et des découvertes, la passion de la liberté, plus ou moins bien entendue, tous ces faits et mille autres que nous avons déjà signalés, font de ce temps un des siècles les plus originaux et les plus puissants de l'histoire. Pour nous, qui inclinons à croire que les sociétés modernes ne sont pas dans une fausse voie et qu'elles s'améliorent en s'éclairant, nous aimons le XVIe siècle et nous lui envions quelque chose de son enthousiasme et de ses austères convictions.

LIVRE QUATRIÈME.

LES TEMPS MODERNES.

LIVRE QUATRIÈME.

LES TEMPS MODERNES.

CHAPITRE PREMIER.

ANGLETERRE.

HOBBES.

Hobbes. — Sa psychologie. Sa théorie du droit. Principe de la guerre de tous contre tous. — De la loi naturelle. Différence de la loi et du droit. — Premier principe de la loi naturelle : chercher la paix. Second principe : renoncer au droit absolu sur toutes choses. — Troisième principe de la loi naturelle : observer les conventions. — De l'invalidité des pactes. — Théorie de la justice. — De l'obligation des lois. — De la puissance civile et de son institution. — Du pouvoir absolu. — Des droits du souverain. — Des droits des sujets. — De la liberté. — Du droit d'examiner les doctrines et de l'enseignement. — Du pouvoir paternel et de l'esclavage. — Du pouvoir ecclésiastique. — Critique de la politique de Hobbes.

Toutes les discussions politiques du xvie siècle avaient eu pour point de départ la Réforme : toutes celles du xviie se rattachent, directement ou indirectement à la révolution d'Angleterre. Hobbes la combat, et Locke la défend ; et c'est encore sur ce terrain que combattent Filmer et Sidney, Bossuet et Jurieu. Cependant, ce siècle donne plus que le précédent à la pure spéculation ; la politique s'efforce d'oublier les passions du moment et de s'élever jusqu'à des principes purement philosophiques, de découvrir par l'analyse l'origine de la société et du droit, et de mesurer par là le pouvoir du gouvernement.

La constitution d'Angleterre a fait de très-bonne heure l'admiration des publicistes anglais, comme ayant établi un équilibre sage et bienfaisant entre le pouvoir des princes et celui des peuples et des grands. Le savant Fortescue, dont le livre *de Laudibus legum Angliæ* (1) fait encore autorité en Angleterre, est souvent cité par les auteurs comme ayant signalé avec précision les avantages de la monarchie tempérée sur le pouvoir absolu. Mais peu à peu, en Angleterre comme dans le reste de l'Europe, le pouvoir absolu avait fait des progrès de plus en plus menaçants ; et la malheureuse famille des Stuarts allait jouer sa fortune en l'associant au funeste principe du droit divin. Jacques Ier défendait lourdement et pédantesquement cette doctrine dans ses écrits politiques (2), tandis que son fils Charles, dédaignant la pure théorie, essayant de réaliser dans la pratique les maximes du pouvoir absolu, perdait dans cette entreprise et le trône et la vie.

Cette cause perdue trouva un admirable avocat pour la défendre : le philosophe Hobbes, un des esprits les plus originaux de l'Angleterre. Hobbes a cela de particulier qu'il est en même temps un écrivain de parti et un phi-

---

(1) Fortescue, *de Laudibus legum Angliæ* (xv° siècle). Imprimé sous Henri VIII. — Trad. anglaise (1737).

(2) Jacques Ier d'Angleterre, *OEuvres anglaises* (Lacéd., 1616, traduction latine par Jacques de Montaigu (1619). *Basilicon. doron. Jus liberæ monarchiæ.*

Voici quelques passages extraits de ce dernier écrit :

« Reges Deorum titulo ornantur a Rege vate, quia Dei solio in terris insident. — Rex jure naturæ fit subditorum pater. — Antequam nulla foret respublica... reges erant. — Unde efficitur leges nostras esse a regibus, non a legibus reges. — ... Satis constat regem esse dominum omnium bonorum — omnes subditos esse ejus vasallos. — Ut si fas esset jus violare (quanquam meâ opinione injuria ubi est, injuria est) rex subditos, quidquid possident speciosiore pretextu adimere posset, quam populus regem abdicare. »

losophe abstrait, une sorte de mathématicien dont la seule passion semble être d'enchaîner ses idées d'une manière rigoureuse, de bien définir et de bien démontrer. La passion politique est chez lui si bien dissimulée sous les apparences de la pure spéculation, que ses écrits, à la différence des traités polémiques du xvi⁰ siècle, conservent encore toute leur valeur philosophique, lorsqu'on fait abstraction des circonstances dans lesquelles ils ont été écrits.

Au reste, en défendant la cause du pouvoir absolu, Hobbes se garde bien d'invoquer le principe cher aux Stuarts, le principe mystique et théologique du droit divin ; il se contente du principe beaucoup plus profond de la conservation et de l'intérêt. Tout en concluant à l'absolutisme, il est un des premiers qui ait pénétré jusqu'aux principe de l'État avec la plus entière hardiesse. Il donne des raisons au despotisme, et, au lieu de s'y soumettre parce qu'il est, il s'efforce de démontrer qu'il doit être. Le véritable despotisme est celui qui ne se démontre pas, qui ne se justifie pas, qui s'impose par la force ou par la tradition. Appeler la raison à venir au secours du despotisme, c'est lui donner la tentation et le droit de le combattre. Hobbes, sans le vouloir et sans le soupçonner, a contribué peut-être plus qu'aucun publiciste à émanciper la raison politique. On peut lui appliquer cette belle pensée du cardinal de Retz : « Il est entré dans le sanctuaire. Il a levé le voile qui doit toujours couvrir tout ce que l'on peut dire, et tout ce que l'on peut croire du droit des peuples et de celui des rois, *qui ne s'accordent jamais si bien ensemble que dans le silence.* »

Résumons rapidement les principes bien connus de la métaphysique et de la psychologie de Hobbes, principes dont il déduit sa morale et sa politique. Le seul objet de la philosophie, c'est le corps. L'esprit n'est qu'un corps plus subtil ; c'est une figure sans couleur. Il ne peut être autre chose : car il n'y a d'évident et d'intelligible pour l'homme que ce qui est aperçu par les sens. Ainsi toute connaissance dérive de la sensation, qui n'est qu'un certain mouvement des organes. La sensation, lorsqu'elle passe du cerveau au cœur, devient plaisir ou douleur, et par rapport à l'objet de la sensation, amour ou haine. Lorsque nous sommes attirés ou sollicités vers l'objet aimé, c'est le désir ; quand nous nous en éloignons, c'est la crainte. Lorsque plusieurs désirs ou plusieurs craintes se combattent et se balancent dans notre esprit, on appelle cet état délibération, et le dernier de ces désirs, celui qui l'emporte, est la volonté. Or tout désir est déterminé nécessairement par une cause, et produit nécessairement ses effets. L'homme se dit libre lorsque ses désirs et ses actions ne rencontrent pas d'obstacle. La liberté n'est que l'absence d'empêchement ; elle peut se dire des choses naturelles et non raisonnables, aussi bien que des êtres raisonnables : l'eau qui coule sans obstacle, coule librement : ainsi l'homme est libre quand il ne rencontre pas d'obstacles. Mais la liberté peut se concilier avec la nécessité : car tous les actes et tous les phénomènes ont leurs causes déterminées, qui elles-mêmes dépendent de la cause première et divine.

Voici la morale qui suit nécessairement de cette psychologie. L'objet naturel des désirs de l'homme, c'est ce qui lui est agréable, ce qui lui plaît ; l'objet de sa crainte et de son aversion, c'est ce qui lui déplaît. Or ce que nous craignons, c'est notre mal ; ce que nous désirons, c'est notre bien. Le bien et le mal ne sont donc autre chose que le plaisir et la douleur. L'amour et le désir du bien, la haine et l'aversion du mal sont des faits aussi nécessaires que la chute de la pierre vers le centre de la terre. Or rien de ce qui est nécessaire ne peut être contre la raison ; et tout ce qui n'est pas contre la raison est juste et légitime : c'est un *droit;* car le droit n'est que la liberté que possède chacun d'user de ses facultés selon la droite raison. Nous avons donc le droit de poursuivre le bien et de fuir le mal. Or le plus grand bien pour nous, c'est la conservation; le plus grand mal, c'est la mort. Par conséquent, le fondement du droit naturel, c'est le droit de défendre sa personne et sa vie autant qu'on le peut (1) et, comme il est impossible d'atteindre la fin sans les moyens, le droit de se conserver emporte comme conséquence légitime le droit d'employer tous les moyens possibles à sa conservation (2).

Une seconde conséquence, c'est que chacun est juge des moyens qu'il croit nécessaires pour se conserver. Supposez en effet que je n'en sois pas juge ; un autre le sera pour moi. Mais puisque nous sommes égaux par nature, je serai juge de ce qui l'intéresse, au même droit qu'il le sera de ce qui m'intéresse moi-même. Je jugerai donc le jugement qu'il portera sur mes intérêts, et par conséquent je serai juge de ces intérêts eux-mêmes (3).

Si j'ai le droit de me défendre ou de me conserver par tous les moyens possibles, et si je suis juge de ces moyens, il s'ensuit que je puis employer toutes choses à ma conservation ; j'ai donc un droit naturel sur toutes choses, et la mesure du droit dans l'état naturel, c'est l'utilité (4).

J'ai dit que tous les hommes sont égaux; et, en effet, quoiqu'il y ait entre eux des différences, cependant il

---

(1) De Cive. *Libertas*, c. I, VII.
(2) *Ib.*, *ib.*, VII.
(3) *Ib.*, *ib.*, IX.
(4) *Ib.*, *ib.*, X.

n'est pas un seul avantage que l'un puisse se promettre sans que l'autre puisse l'espérer également. Il n'est pas d'homme si faible qui ne puisse tuer son ennemi par force ou par ruse : sont égaux ceux qui ont un égal pouvoir ; mais ceux qui peuvent le plus, par exemple tuer, ont un égal pouvoir. Donc tous les hommes sont naturellement égaux (1).

Or tous les hommes ayant un droit absolu sur toutes choses, et tous ayant un égal pouvoir, ce droit de tous sur toutes choses devient absolument vain. Car lorsque le droit est le même pour tout le monde, il n'y a plus de droit. Que m'importe de pouvoir dire : telle chose est mienne, si tous peuvent en dire autant (2)?

De cette égalité de nature et de cette égalité de droit entre tous les hommes naît la guerre. Car, lorsque deux hommes désirent une même chose, ils deviennent naturellement ennemis. Mais tous les hommes, ayant un droit égal sur tout, doivent nécessairement désirer à la fois beaucoup de choses communes : ils sont donc tous ennemis ; et l'état de nature n'est autre chose qu'un *état de guerre de tous contre tous* (3).

Tel est le principe original et essentiel de la morale et de la politique de Hobbes. Entre les principes fort peu nouveaux de sa métaphysique et les conséquences assez peu nouvelles de sa politique, le principe de l'état de guerre universel lui est particulièrement propre : c'est le nœud de sa philosophie ; et si l'on oublie la valeur intrinsèque des principes, pour ne regarder qu'à la forme des déductions, on ne peut qu'admirer la belle logique et le savant enchaînement du système.

---

(1) *Ib.*, *ib.*, III, Leviathan, *de Homin.*, c. XIII.
(2) De Civ. *Libert.*, XI.
(3) *Ib. ib.*, XII, Lev., *de Hom.*, c. XIII.

Comme ce principe de l'état de guerre est la base de sa doctrine, Hobbes s'efforce de l'appuyer par toutes sortes de raisons. Son premier soin est de renverser le principe contraire, introduit par Aristote et enseigné dans l'école sans contestation : « L'homme est un animal né pour la société. » Cet axiome, dit-il, est complétement faux : ce n'est pas qu'il faille dire que l'homme n'est pas apte à la société, car il est certain qu'il la désire. La solitude lui est insupportable. Les enfants et les adultes ont besoin du secours des autres. Mais il ne suffit pas de désirer une chose pour y être destiné par la nature. D'ailleurs ce désir naturel de l'homme pour la société suffira bien pour expliquer quelques réunions fortuites, mais non la société civile, qui repose sur des conventions et sur des contrats. Si l'on y regarde de près, on verra que l'homme n'est point sociable par nature, mais par accident. Si l'homme aimait l'homme en tant qu'homme, pourquoi n'aimerait-il pas chacun également? Ce que nous cherchons dans la société, ce ne sont pas des compagnons, c'est notre intérêt. De quoi s'occupent toutes les sociétés et qui est-ce qui en fait le plaisir? C'est la médisance et l'ostentation. Chacun veut se faire valoir et déprécier les autres : tous disputent d'esprit et de science; et autant d'hommes dans un auditoire, autant de docteurs. En un mot, les hommes ne recherchent dans la société que leur propre bien, soit les biens du corps, soit les biens de l'esprit, c'est-à-dire la bonne opinion de soi-même et la supériorité sur autrui. Tous sont naturellement portés, non à la société, mais à la domination, et par conséquent à la guerre (1).

On nie que l'état naturel de l'homme soit la guerre;

(1) De Civ. præfat. Libert., c. I, II et not.

mais alors pourquoi, en voyage, prend-on des compagnons et des armes? Pourquoi ferme-t-on sa maison, si ce n'est par crainte des voleurs? Est-ce accuser la nature humaine que de prétendre que la loi primitive des hommes est la guerre? Non, car les passions des hommes ne sont pas des péchés, et on ne peut violer la loi, tant qu'il n'en existe pas. Pourquoi méconnaître une vérité que les chiens eux-mêmes n'ignorent pas, eux qui aboient pendant le jour contre les inconnus, et pendant la nuit contre tout le monde? Si la guerre de l'homme contre l'homme n'est pas naturelle, pourquoi Caïn tua-t-il Abel? N'est-ce pas là la loi des peuples sauvages? et cette loi ne reparaît-elle pas, dans toute sa force, dans les guerres civiles? Enfin l'état de guerre n'est-il pas encore aujourd'hui la loi des princes et des États entre eux? ne sont-ils point naturellement ennemis (1)?

La conséquence de cette guerre universelle, c'est qu'avant toute société civile, il n'y a ni juste, ni injuste, ni tien, ni mien, ni propriété, ni droit. La force et la ruse sont des vertus cardinales. Car la justice et l'injustice ne sont point des qualités ni du corps, ni de l'esprit. Elles n'appartiennent point à l'homme en tant qu'homme, mais en tant que citoyen (2).

D'une part, si le plus grand bien pour l'homme est la conservation et le plus grand mal la crainte de la mort, et si, d'une autre part, l'état de nature n'est que l'état de guerre, il suit évidemment que l'état de nature est l'état le plus malheureux : car c'est un état de crainte perpétuel, et personne n'est assez fort pour être toujours sûr de l'emporter sur les autres. Il faut donc sortir de cet état et trouver un moyen d'obtenir la paix, c'est-à-dire

---

(1) Leviath. *De Homin.*, c. XIII.
(2) *Ib., ib.*

la sécurité. C'est ce que prescrit *la loi naturelle* (1).

Il faut distinguer le droit naturel et la loi naturelle. Le *droit naturel*, c'est la liberté qu'a chacun d'user de sa puissance comme il l'entend pour se conserver. La *loi naturelle*, c'est la règle par laquelle chacun s'interdit tout ce qui lui paraît devoir tourner à son préjudice. Ainsi la loi est la limite du droit : ils diffèrent l'un de l'autre, comme la liberté diffère de l'obligation (2).

On voit par où la loi naturelle se distingue du droit naturel. Mais qu'est-elle en elle-même? On la définit ordinairement *le consentement du genre humain*. Mais comment fonder la définition de la loi sur le consentement de ceux qui la violent le plus souvent? Restreindra-t-on cette définition, comme on fait quelquefois, en disant : le consentement des nations les plus sages? Mais où est la mesure de la sagesse des peuples? Non, il faut substituer à ces définitions insuffisantes, celle-ci : La loi naturelle est l'ordre de la droite raison sur les choses qu'il nous faut poursuivre ou éviter pour notre conservation. Mais qu'est la droite raison? C'est le raisonnement particulier de chacun. Et la violation des lois de nature n'est autre chose qu'un raisonnement faux (3).

Il ne faudrait donc pas croire que, pour Hobbes, il n'y a pas de loi naturelle avant l'établissement de la loi civile : car la loi civile n'est que la garantie de la loi naturelle. Mais la loi naturelle est la règle par laquelle celui qui raisonne juste comprend la nécessité de limiter et de restreindre le droit naturel, c'est-à-dire le droit de tous sur

---

(1) *De Civ. libert.*, l. I, c. I.
(2) Leviath. *De Homin.*, c. XIV ; — et *de Civ. imperium*, c. XIV, III, *Lex vinculum, jus libertas.*
(3) *De Civ. libert.*, c. II.

toutes choses, d'où résulte la guerre de tous contre tous, qui est le plus grand des maux.

Le premier principe de la loi naturelle est celui-ci : *Il faut chercher la paix* (1). Ainsi, tandis que la passion pousse l'homme à rechercher tout ce qu'il désire, et le met aux prises avec tous les hommes, la raison lui donne le conseil de renoncer à la guerre et d'assurer sa conservation par l'union et la concorde. Il n'y a donc point de contradiction entre la passion et la raison. L'une et l'autre veulent la même chose, la conservation : mais la première va contre son propre but, et la seconde l'y ramène. La passion n'est donc pas illégitime en soi ; et si l'individu était assez fort pour réaliser tous ses désirs, il n'aurait pas besoin d'une autre règle : s'il avait toujours la victoire, il n'aurait pas besoin de chercher la paix : s'il était sûr d'être toujours le maître, la loi naturelle se confondrait pour lui avec le droit naturel. Mais l'égalité des hommes étant cause qu'une telle sécurité est impossible, la guerre est pour tous le plus grand mal, et la paix le plus grand bien.

De ce premier principe de la loi de nature dérive la conséquence suivante : *Pour obtenir la paix, il faut renoncer au droit absolu que l'on a sur toutes choses* (2) : car de ce droit, nous l'avons vu, naît la guerre. C'est la seconde loi de nature. Mais pour que l'on soit tenu à un pareil sacrifice, il faut que les autres s'y engagent également. Autrement, ce serait se livrer à eux : ce que la loi naturelle ne peut pas exiger. Ce sacrifice réciproque que les hommes doivent se faire les uns aux autres pour obtenir la paix est exprimé par cette maxime de l'Évangile : « Fais à autrui ce que tu voudrais qu'on te fît à

---

(1) *De Civ. lib.*, c. II, 11.
(2) *Ib., ib.*, III.

toi-même, » et par cette autre de toutes les nations : « Ne fais pas à autrui ce que tu ne voudrais pas qu'on te fît à toi-même (1). »

On peut renoncer à ses droits de deux manières : ou par *simple renonciation*, ou par *translation*. Celui qui renonce simplement déclare par signes authentiques qu'il n'usera plus d'un certain droit, mais sans l'attribuer à personne. Celui qui transfère un droit à quelqu'un déclare simplement qu'il ne résistera plus à celui qui fera ceci ou cela. La translation du droit consiste donc seulement dans la non-résistance. Car je ne puis accorder un droit nouveau à celui qui a déjà un droit absolu sur toutes choses : je peux seulement déclarer que je ne lui résisterai pas, s'il use de ce droit sur une certaine chose. Ainsi, acquérir un droit n'est donc rien autre qu'être assuré de ne pas être troublé dans la possession de ce droit (2).

La translation naturelle d'un droit entre deux ou plusieurs personnes s'appelle un *contrat*, et la promesse de ceux qui contractent est le *pacte* du contrat (3).

La troisième loi de nature, c'est *qu'il faut observer les conventions*. En effet, si, pour obtenir la paix, il faut que les hommes, selon la loi précédente, renoncent réciproquement à leur droit sur toutes choses, cette renonciation serait vaine, si les conventions n'étaient point par leur nature même inviolables. Car promettre qu'on ne fera point une chose et supposer qu'on peut la faire, c'est se contredire dans les termes. L'injustice est donc ce qu'on appelle en géométrie une absurdité (4).

Si les pactes qui résultent du consentement mutuel

---

(1) Leviath. *De Hom.*, c. xv; et *de Civ. libert.*, c. iii, xxvi.
(2) *De Civ. libert.*, c. ii, ix. Leviath. *De Hom.*, c. xiv.
(3) *De Civ. libert.*, c. ii, ix.
(4) *De Civ. libert.*, c. iii, 1, 3. Leviath. *De Homin.*, c. xv.

sont obligatoires, en est-il de même des pactes imposés par contrainte? Ainsi la promesse faite à un voleur sous menace de mort est-elle obligatoire? Hobbes répond sans hésiter qu'elle l'est (1) : « Autrement, ajoute-t-il, les lois civiles elles-mêmes ne seraient point obligatoires; car c'est par la contrainte qu'elles s'imposent, et c'est la crainte de s'entre-tuer qui porte les hommes à la société. » Mais il ajoute que de tels pactes peuvent être rendus vains par la volonté de la loi civile.

Il y a pourtant des causes, suivant Hobbes, pour lesquelles un pacte peut être invalidé (2), et ce point est assez important, car il est le fondement de ce que Hobbes appellera plus tard dans la société civile la liberté des citoyens.

D'abord le pacte supposant toujours une confiance réciproque, celui que l'on enchaîne pour le forcer à l'exécution n'y est pas tenu ; car il est évident par là qu'on suppose qu'il violera le pacte, et on emploie contre lui les armes de la guerre. Mais une fois en état de guerre, il n'y a plus de pacte. Ainsi, un prisonnier de guerre qu'on enchaîne n'est pas tenu de ne pas s'échapper ; mais si on lui donne la liberté sur parole, il y est tenu.

Une seconde cause de l'invalidité d'un pacte, c'est la promesse de ne point résister à celui qui voudra nous porter la mort. Car cela est contre la nature, et nous ne pouvons pas abandonner un tel droit. Je peux bien m'engager ainsi : « Si je ne fais pas telle chose à jour dit, tue-moi. » Mais je ne peux pas dire : « Si je ne fais pas telle chose, je ne résisterai pas à celui qui voudra me tuer. » Car nous ne sommes pas tenus à choisir de deux maux celui que nous savons certainement le plus grand. Or la mort est un mal plus certain que la lutte, nous ne pou-

---

(1) *De Civ. libert.*, c. ii, xvi. Leviath. *De Homin.*, c. xiv.
(2) *De Civ. libert.*, c. xi, xviii, xix. Leviath. *De Homin.*, c., xlv.

vons donc pas la choisir volontairement ; et en accordant à un autre le droit de nous tuer dans telle circonstance donnée, nous ne pouvons lui abandonner le droit de résistance.

Par la même raison, nul n'est tenu de s'accuser soi-même, ni d'accuser aucune personne dont la mort nous rendrait la vie trop cruelle. Par exemple, un père n'est pas tenu de déposer contre son fils, un mari contre sa femme, etc.

La théorie des pactes nous donne en même temps la théorie de la justice. La justice n'est précisément que l'observation des conventions. Avant toute convention, c'est-à-dire avant toute translation de droit, tous avaient droit à tout, rien n'était à personne : et par conséquent rien n'était juste ou injuste. La justice consiste, dit-on, à rendre à chacun le *sien*. Donc, là où il n'y a ni tien ni mien, il n'y a point de justice. Mais comme la différence du tien et du mien ne commence qu'avec la société civile, c'est aussi avec la société civile que commence la différence du juste et de l'injuste. On voit par là la distinction qui existe entre le dommage et l'injustice. Le dommage est le tort fait à une personne avec laquelle on n'a pas contracté, et l'injustice est le tort fait à une personne envers laquelle on est engagé par convention : « Si celui qui a reçu le dommage, dit Hobbes, se plaignait d'une injustice, l'autre pourrait lui répondre : Pourquoi vous plaignez-vous ? suis-je tenu de faire selon votre fantaisie plutôt que selon la mienne, puisque je n'empêche pas que vous ne fassiez à votre volonté et que la mienne ne vous sert pas de règle ? ce qui est un discours auquel je ne connais pas de réponse, lorsqu'il n'est point intervenu de conventions antérieures (1) ? »

---

(1) *De Civ. libert.*, c. III, IV, v. Leviath., c. xv, *de Homin.*

Chercher la paix, renoncer à son droit sur toutes choses, observer les conventions, tels sont les trois principaux articles de la loi naturelle : le premier est la loi fondamentale : les deux autres sont les premières de toutes les lois dérivées. Hobbes en ajoute un grand nombre d'autres qui recommandent la bienveillance, la miséricorde, l'équité, qui proscrivent l'orgueil, le dédain, l'arrogance, la cruauté et même l'intempérance (1).

Il y a donc une morale naturelle (2). Car ce n'est pas la loi civile qui fixe les articles de la loi naturelle : c'est la raison ; c'est la raison seule qui déclare à l'homme qu'il faut chercher la paix, et qui de ce principe déduit tous les préceptes contenus, soit dans le Décalogue (3), soit dans le sens commun des peuples. La morale naturelle s'oppose au droit naturel. Le droit nous autorise à tout faire : la morale nous interdit tout ce qui est contraire à la paix. L'un et l'autre reposent sur un principe commun, le désir de la conservation. Le droit naturel, en nous permettant d'employer tous les moyens pour nous conserver, met en péril par là même notre conservation. La morale détermine le seul moyen sûr et infaillible de conservation, à savoir la paix, et nous prescrit de renoncer à tous les autres pour assurer celui-là. Ainsi, la morale restreint les moyens pour garantir la fin. Elle n'a pas d'autres principes que le droit, mais elle en tire d'autres conséquences.

La morale abroge-t-elle le droit naturel? sommes-nous tenus, aussitôt que nous concevons les articles de la loi naturelle, de sacrifier la liberté absolue que le droit nous

---

(1) *De Civ. libert.*, c. III tout entier. Leviath, *de Hom.*, c. xv.
(2) *De Civ. lib.*, c. III, xxxi. *Lex naturalis eadem cum moralis*, xxix. *Leges naturæ sunt immutabiles*, xxvii, *obligant in foro interiori*.
(3) *Ib.*, c. iv.

assurait? En un mot, la loi naturelle est-elle obligatoire par elle-même?

S'il en était ainsi, la morale de Hobbes pourrait encore s'entendre dans un bon sens, car, à dire le vrai, tant que la loi morale n'est pas conçue et comprise par la raison, il n'y a guère de règle que le droit de tous sur toutes choses : c'est l'état des animaux, et ce serait l'état de l'homme s'il était privé de l'idée du bien moral. Seulement le terme de droit serait alors mal appliqué; car il n'y a pas de droit là où il n'y a pas de devoir. Et ainsi nous admettrons bien avec Hobbes qu'avant la conception d'une loi morale, les hommes n'ont d'autre loi que leurs appétits et que chacun est juge de ce qui lui est bon, et enfin que l'utile est la mesure du droit. Il n'en est plus ainsi, après la conception de la loi morale; nous reconnaissons que notre propre droit est limité par le droit des autres, qu'il y a des choses permises et d'autres qui ne le sont pas : et cette obligation nous paraît évidente par elle-même.

Mais Hobbes ne pouvait pas admettre cette obligation immédiate de la loi morale, car cette loi n'est selon lui qu'un moyen et non une fin : c'est un moyen d'assurer notre conservation et non une règle qui s'impose à nous par la nature des choses. Or si l'observation de cette loi, loin de garantir notre conservation, la compromet plus encore que l'état de nature, elle ne peut pas être obligatoire : autrement nous serions obligés à consentir nous-mêmes à notre perte. C'est ce qui arriverait, si nous nous engagions à observer la loi sans que les autres prissent le même engagement, ou si nous l'exécutions sans avoir l'assurance que les autres l'exécuteront aussi : dans ce cas, nous nous priverions de notre droit de défense sans aucune compensation, et nous nous livrerions en proie à nos ennemis. Il nous faut donc une garantie contre l'infidélité des autres, et jusqu'à l'établissement d'une telle garantie et d'une telle sanction, nul n'est obligé envers autrui. En un mot, la loi naturelle oblige dans le for intérieur, mais non dans le for extérieur (1), c'est-à-dire que nous sommes tenus à vouloir la paix et toutes ses conséquences ; mais nous ne sommes pas tenus à la donner à ceux qui ne nous la donnent pas. Enfin les lois naturelles ne sont pas, à proprement parler, des lois, mais des *théorèmes*. La vraie loi est la parole d'un chef, à laquelle tous sont tenus d'obéir.

Ainsi, pour que la loi naturelle devienne obligatoire, il faut qu'il y ait une puissance irrésistible qui en assure l'exécution (2). Cette puissance est le pouvoir civil. Le pouvoir civil n'est pas l'auteur de la loi naturelle; mais il est la condition indispensable qui la rend exécutoire.

Voyons donc ce que c'est que la puissance civile, et comment elle est instituée.

Le seul moyen d'établir une puissance irrésistible qui garantisse tous contre tous et assure l'exécution de la loi naturelle, c'est que chacun se démette de sa force et de sa puissance en faveur d'un homme ou d'une assemblée; que les volontés de tous se ramènent à cette volonté unique; que cet homme ou cette assemblée soit le représentant de chacun, et que chacun déclare l'autoriser dans toutes ses actions et soumettre sa propre volonté à la sienne. Cet acte, par lequel tous se réunissent en une seule personne est un véritable contrat, dont la formule peut s'exprimer ainsi : « Je transmets à cet homme ou à

---

(1) *De Civ. libert.*, c. III, XXVII. *Imper.*, c. V, I et III. Leviath. *De Hom.*, c. XV.

(2) *De Civ. imp.*, III, V. Leviath. *De Civ.*, c. XVII.

cette assemblée le droit et le pouvoir que j'ai de me gouverner moi-même, à la condition que tu transmettras également le même droit et le même pouvoir au même homme ou à la même assemblée (1). » Par ce pacte, la multitude devient une personne. Cette personne c'est l'État ou la République. C'est ce que Hobbes appelle *Léviathan*, ou un *dieu mortel*. L'État peut donc être ainsi défini : « Une personne autorisée dans toutes ses actions par un certain nombre d'hommes, en vertu d'un pacte réciproque, à cette fin d'user à son gré de la puissance de tous, pour assurer la paix et la défense commune (2). » Mais on a vu que transmettre son droit à quelqu'un, c'est simplement ne pas lui résister : si tous transmettent à la fois leur droit, tous promettent par là même de ne point résister à la puissance publique ; par conséquent, elle reste seule armée du droit primitif, c'est-à-dire d'un droit absolu sur toutes choses. Ainsi, le pouvoir civil est essentiellement le pouvoir absolu.

On voit que Hobbes ne fonde l'État ni sur le droit divin, ni sur le droit patriarcal, ni même sur le droit de la force, et qu'il semble d'accord avec les écoles démocratiques en attribuant à la multitude elle-même l'institution de l'État. Mais il ne faudrait pas voir en lui un partisan de la souveraineté du peuple, telle qu'elle est entendue par les écoles populaires. La multitude n'est pas souveraine tant qu'elle reste multitude : car alors il y a toujours pluralité de volontés. Si chacun, dit Hobbes, conserve le tien et le mien, la multitude prise en corps n'aura rien qu'elle puisse appeler *sien*, aucune action qu'elle puisse appeler *sienne* : *Quot homines, tot actiones*. Quand on dit que le peuple a pris les armes, cela

---

(1) Leviath. *De Civit.*, c. xvii.
(2) *De Civ. imper.*, c. v, ix. Leviath. *De Civit.*, c. xviii.

ne peut pas être exact : car la cité ne peut pas prendre les armes contre elle-même. Jusqu'à l'établissement de l'ordre civil, la multitude reste à l'état de nature ; il n'y a encore ni justice, ni propriété, puisque il n'y a pas de sécurité.

La souveraineté ne réside donc pas dans la multitude, comme telle, mais seulement dans l'État. La souveraineté ne commence à exister qu'au moment où l'État est devenu une seule et même personne, « dont la volonté soit équivalente à toutes les volontés individuelles. »

Non-seulement Hobbes n'admet pas que la multitude soit souveraine, mais encore, contrairement au principe des écoles démocratiques, il nie expressément que l'acte primitif qui constitue le pouvoir civil soit un *contrat* entre la multitude et le pouvoir souverain. Le contrat n'a lieu qu'entre les membres de la multitude s'engageant les uns par rapport aux autres, à ne pas résister à l'individu, ou au corps chargé de l'autorité souveraine. Ce contrat réciproque de non-résistance ne peut engager en rien le souverain qui n'y est pas intervenu. Par cette promesse de non-résistance, nous acceptons la volonté du pouvoir souverain comme étant la nôtre propre ; nous voulons d'avance tout ce qu'il voudra. L'institution du pouvoir civil est donc une aliénation et non une délégation.

Pour qu'il y ait un pacte entre deux contractants, il faut que les deux parties président au contrat, or c'est ce qui n'a pas lieu ici. Car, avant l'institution de l'État, la multitude existe seule, et n'a personne devant elle avec qui elle puisse contracter. Après l'institution, au contraire, la multitude est dissoute par le fait même et cesse d'exister. Ainsi, il n'existe jamais que l'une ou l'autre des deux parties ; et, par conséquent, le contrat est impossible. Hobbes soutient de même qu'en passant de l'État démocratique à l'État monarchique il n'y a pas plus de contrat entre l'État et le monarque, qu'il n'y en a eu primitivement entre la multitude et l'État.

Quoique Hobbes, nous le verrons, préfère de beaucoup la forme monarchique, il n'est nullement nécessaire que le pouvoir soit monarchique pour être absolu. Non, ce qui est absolu, c'est l'État, sous quelque forme qu'il soit gouverné : monarchique, aristocratique ou démocratique. Que le pouvoir public soit confié à un seul, à plusieurs ou à tous, il est et ne peut être qu'absolu. Dans les États même où la souveraineté est ou paraît divisée, la réunion des divers pouvoirs constitue toujours un pouvoir absolu auquel rien ne peut résister. Dans une guerre civile, le pouvoir cesse d'être absolu, parce qu'il y a deux partis ; mais, dans chacun de ces partis, il y a une autorité absolue, et toute autorité publique doit être telle, ou elle n'est rien (1).

Quelques-uns, dans leur haine du pouvoir absolu, en détestent jusqu'au nom, mais ils ne peuvent détruire la chose même. Pour éviter les abus d'une telle puissance, ils imaginent des assemblées qui font des lois et fixent des peines pour assurer l'exécution de ces lois. Mais ils ne voient pas que ces assemblées elles-mêmes ont une puissance absolue. C'est surtout le pouvoir absolu entre les mains d'un seul homme qui révolte les adversaires de ce pouvoir. Eh quoi! disent-ils, un homme pourra, à son gré, tuer, bannir, piller ; peu s'en faut qu'eux-mêmes ne s'en croient déjà les victimes. Mais ils n'examinent pas les choses de près, car de ce qu'un homme peut faire toutes ces choses, s'ensuit-il qu'il les fera? Pourquoi les

(1) *De Civ. imp.*, c. VI, XIII, c. VII, IV.

ferait-il? Il ne s'agit pas de le pouvoir, il faut le vouloir. Quoiqu'il faille reconnaître qu'il en a le droit, on ne peut dire qu'il le ferait justement, car il manquerait par là aux lois naturelles et à son serment envers Dieu. Il y a donc déjà là une première sécurité. D'ailleurs, quel bien lui en reviendrait-il? Enfin, supposez un pouvoir, quelque limité qu'il soit; il doit être toujours assez fort pour protéger les citoyens; or un pouvoir assez fort pour protéger, l'est assez pour opprimer. C'est donc un inconvénient attaché aux choses humaines, et non au pouvoir absolu; c'est la faute des hommes et non de l'État. Si les hommes étaient capables de s'affranchir de toutes les passions, ils n'auraient pas besoin de l'État (1).

Lorsque le pouvoir politique appartient, non à une personne, mais à une assemblée, c'est cette assemblée tout entière qui jouit du pouvoir absolu; et si l'assemblée n'est point unanime, c'est la majorité. Hobbes n'a pas de peine à démontrer le droit absolu des majorités. De deux choses l'une, dit-il, ou le peuple tout entier est convenu de se soumettre à la majorité en toutes choses, et, dans ce cas, le droit de la majorité résulte expressément de cette convention; ou il n'en est pas convenu, et dans ce second cas, la minorité est à l'égard de la majorité dans l'état de nature, et par conséquent dans l'état de guerre. La majorité doit donc user de toute la force qu'elle possède pour contraindre l'autre à l'obéissance. Ainsi le droit de la majorité est démontré dans toutes les hypothèses (2).

Hobbes remet à la puissance publique, quelle qu'elle soit, tous les attributs du pouvoir souverain : l'épée de la

(1) *De Civ. imper.*, c. VI, XIII, ad not.
(2) *Ib.*, *ib.*, II.

justice et l'épée de la guerre, le droit de juger, le droit de nommer aux emplois, etc. (1). Mais, entre tous ces droits, j'en signalerai trois principaux, qui marquent bien jusqu'où va cette théorie de l'absolutisme : 1° le droit de fixer par la loi ce qui est juste et injuste ; 2° le droit d'autoriser ou de défendre les doctrines et les opinions ; 3° le droit de propriété.

1° Dans l'état de nature, c'est l'individu qui est juge de ce qu'il doit faire et de ce qu'il doit éviter ; par conséquent, tout lui est permis, et il n'y a ni juste ni injuste. Dans la société civile, l'individu s'étant dépouillé de son droit sur toutes choses, a renoncé par là même à choisir ce qu'il doit éviter ou poursuivre. L'État, qui a hérité de tous les droits des individus, reste donc seul juge de ce qu'il faut permettre ou défendre. Or les individus s'étant engagés par le contrat social à obéir à l'État, et la justice n'étant autre chose que le respect des conventions, être juste, c'est obéir à l'État, être injuste, c'est lui résister. Par conséquent, tout ce qu'ordonne l'État est juste, tout ce qu'il défend est injuste. C'est à lui à définir ce que c'est que le vol, l'adultère, l'homicide. Le citoyen de Lacédémone qui s'exerçait à prendre le bien d'autrui ne commettait pas un vol : il reprenait le sien. La polygamie, dans les pays où elle est permise, n'est pas un adultère ; le soldat qui tue un ennemi, ne commet pas un homicide. La justice et l'injustice des actions dépendent donc exclusivement de l'État (2).

2° Toutes les actions volontaires émanent des diverses opinions que nous avons du bien et du mal. L'État, qui est chargé de surveiller les actions, a donc en même

---

(1) *De Civ. imp.*, c. vi. Leviathan. *De Civit.*, c. xiv.
(2) *De Civ. imp.*, c. vi, xvi, c. xiv, x.

temps le droit de surveiller les opinions : chargé de la paix et de la défense commune, il doit empêcher que l'on ne répande des doctrines qui enseignent la désobéissance aux lois de l'État. Car personne ne peut servir deux maîtres à la fois. Ainsi, l'État a le droit de juger les doctrines, d'en permettre ou d'en interdire la publication (1).

3° Enfin, avant l'État, il n'y a point de propriété : chacun ayant un droit absolu sur toutes choses, n'a un droit exclusif sur aucune. Mais tous ayant remis au souverain ce droit primitif, c'est l'État qui devient nécessairement seul propriétaire, et le droit de propriété que possède chacun n'est autre chose qu'une concession de l'État. « D'où est-ce que vous avez recouvré votre propriété, dit Hobbes, si ce n'est de l'État ? et d'où l'État l'a-t-il eue, si ce n'est de ce que chaque particulier lui a cédé son droit ? Vous lui avez donc transféré le vôtre, de sorte que votre propriété n'est telle et ne dure qu'autant qu'il plaît à la République (2). »

En face de ces droits exorbitants du pouvoir, quels droits Hobbes reconnaît-il aux sujets ? Aucuns, ni ceux que la démocratie extrême et violente du XVI° siècle avait réclamés, ni ceux que le libéralisme le plus tempéré ne saurait refuser d'admettre.

Ainsi, il ne veut pas que les citoyens puissent transporter leur obéissance d'une personne à une autre. Car, dit-il, engagés par le pacte primitif, ils ne peuvent en faire un nouveau que par la volonté du prince, c'est-à-dire du pouvoir quel qu'il soit. Par la même raison, les sujets ne peuvent enlever le pouvoir au souverain, sous prétexte d'une mauvaise administration, car le souverain est le représentant de la cité, et tout ce qu'il fait, la cité

---

(1) *Ib.*, c. VI, XI. Leviath. *De Civit.*, c. XVIII.
(2) *De Civ. imper.*, c. VI, XV, c. XII, VII. Leviath., c. XVIII.

est censée le faire. Si l'on suppose qu'il a pu violer le pacte fait avec la République, qui sera juge de ce litige? Si personne, c'est l'anarchie, et le retour à l'état de nature : si c'est la République, ce sera donc le souverain, puisque c'est le souverain qui représente la République, et que l'acte même qui fait la République ou l'État fait aussi le souverain. Il est vrai que c'est la volonté de la multitude qui a établi le souverain. Mais on a tort de conclure qu'elle peut le détrôner. Car le peuple se dissout aussitôt qu'il a institué un gouvernement. Dès lors, il n'y a plus qu'un pouvoir, le pouvoir civil : toute action qui ne dérive pas de ce pouvoir est illégitime. Tous ayant remis leurs forces particulières entre les mains du prince ou de l'assemblée, n'en ont réservé aucune dont ils puissent se servir contre ce pouvoir qu'ils ont institué. En lui transmettant tout leur pouvoir, ils ont pris la responsabilité de ses actions : comme le souverain, c'est eux-mêmes, il est évident qu'il ne peut leur faire aucune injustice : car personne ne peut être injuste envers lui-même. Enfin Hobbes conclut de ces principes que le souverain ne peut être ni jugé, ni tué, ni puni de quelque façon que ce soit (1).

Mais enfin, le pouvoir du souverain est-il donc absolument sans limites, et le sujet est-il entre les mains du souverain, comme le vase entre les mains du potier? Hobbes ne va pas jusque-là, et il essaye d'apporter quelques restrictions à ses principes. Ces restrictions sont curieuses, et méritent d'être examinées de près (2).

Qu'est-ce que la liberté? C'est l'absence des obstacles qui arrêtent nos mouvements extérieurs. Ces obstacles peuvent venir de la nature des choses, ou de la loi. Lors-

(1) Leviath. *De Civit.*, c. xviii. *De Civ. imper.*, c. vi, xx.
(2) Leviath. *De Civit.*, c. xxi tout entier.

qu'ils viennent de la nature même, l'homme n'est pas dit manquer de liberté, mais de puissance. Lorsqu'ils viennent de la loi, l'homme cesse d'être libre en proportion du nombre d'actions qui lui sont interdites. Mais les lois évidemment ne peuvent empêcher toutes les actions possibles. Il en reste toujours un nombre considérable et même incalculable, qui n'est point prescrit par la loi. C'est dans le cercle de ces actions que le citoyen est libre. La liberté des démocraties est une fausse liberté : car dans ces sortes de gouvernement, c'est la cité qui est libre, ce ne sont pas les citoyens. Il n'y a donc rien de plus faux que de dire que l'on n'est libre que dans une démocratie. Car il peut se faire qu'une monarchie permette beaucoup plus d'actions qu'une république ; or c'est le nombre d'actions permises qui constitue la liberté, ou qui la mesure.

Mais outre ces droits concédés par le législateur, et qui résultent du silence de la loi, il en est d'autres qui résultent de la nature même du pacte social. Rappelons-nous, en effet, que tout pacte n'est pas obligatoire, mais qu'il y en a qui contiennent en eux-mêmes des conditions d'invalidité. Il y a donc des droits que je n'ai pu céder par le pacte social, et je conserve la liberté dans la limite de ces droits.

Par exemple, je ne suis pas tenu de renoncer au droit de me défendre moi-même. Ainsi, si le souverain me commande de me tuer ou de me laisser mourir, j'ai le droit de ne pas lui obéir : s'il veut me faire mettre à mort, j'ai le droit de résister. Car, tout en lui cédant le droit de me tuer, je ne m'engage pas à me tuer moi-même, ni à me laisser tuer. Et, en général, la limite de l'obéissance est le point où le sujet aimerait mieux mourir que d'obéir. Car il est clair que le sujet ayant constitué le souverain pour se conserver sain et sauf, il a excepté de tout ce qu'il a livré au souverain sa propre vie : il n'est donc pas tenu à la lui donner, ni par conséquent à se tuer si le souverain l'ordonne, ni enfin à faire quoi que ce soit qui lui paraisse plus dur que la mort elle-même. Et cela n'empêche point, dit notre auteur, que l'autorité du souverain ne soit absolue ; car il trouvera assez d'hommes pour faire exécuter ce qu'il veut : je ne m'oppose pas à sa volonté ; mais rien ne m'oblige à l'exécuter moi-même.

Mais voici d'autres restrictions fort singulières au droit du souverain. Si le souverain m'ordonne de combattre l'ennemi public (quoiqu'il conserve toujours le droit de me punir), j'ai néanmoins le droit de refuser, en offrant quelqu'un à ma place. Car alors je ne fais point défaut à l'État. Et la raison que donne Hobbes de ce droit est bien étrange. « Il faut, dit-il, retrancher quelque chose du droit absolu, en faveur de la timidité naturelle de certains hommes, qui ont, pour ainsi dire, des âmes de femmes. »

De même, il est vrai de dire que personne n'a le droit de prendre les armes pour défendre contre l'État un tiers, soit coupable, soit innocent. Mais si quelques-uns ont commis un crime capital contre l'État et qu'ils soient menacés de mort s'ils ne se défendent pas, ont-ils droit de se réunir et de prendre les armes ? Sans aucun doute : car ils ne font que défendre leurs vies : ce qui est également permis au coupable et à l'innocent. L'injustice a consisté dans la violation de la loi : mais la prise d'armes pour se défendre n'est pas un crime nouveau.

Singulière doctrine qui abandonne au souverain les droits les plus sacrés et qui réserve le privilége de la résistance à la lâcheté et au brigandage !

Voici enfin un principe qui pourrait entraîner notre auteur beaucoup plus loin qu'il ne l'imagine. L'obéissance des sujets, dit-il, ne dure qu'autant que dure le pouvoir de les protéger. Car aucun pacte ne peut détruire le droit de se protéger soi-même, lorsque personne n'est là pour le faire. En conséquence, Hobbes reconnaît au citoyen le droit de se soumettre à un vainqueur, s'il est fait prisonnier à la guerre, et qu'il ne puisse se sauver qu'à cette condition. La puissance civile, quoique immortelle de sa nature, a en elle-même, par les passions des hommes, des causes de dissolution. Si un monarque renonce au pouvoir pour lui et pour sa postérité, le peuple retourne à la liberté naturelle. Si un monarque vaincu se déclare le sujet du vainqueur, les citoyens sont délivrés de l'obéissance à son égard ; mais ils doivent obéissance au vainqueur : principe fort douteux, et assez mal déduit des principes précédents.

Quoi qu'il en soit, c'est un point remarquable et assez peu remarqué de la doctrine de Hobbes que ces limites apportées à la doctrine de l'obéissance absolue. On voit à quel point l'absolutisme est contraire à la raison et à la nature humaine, puisque Hobbes, son plus intrépide défenseur, n'a pas eu le courage de le pousser à toutes ses conséquences. De plus, elles sont importantes, car elles fournissent un point d'attaque qui permet de se placer tout d'abord au cœur même de la doctrine.

Quelle que soit la valeur des restrictions bizarres, insignifiantes, ou contradictoires que Hobbes fait au pouvoir absolu, on peut dire qu'il a méconnu toute liberté véritable. Il a surtout compris que le principe de la liberté est dans la pensée ; aussi accorde-t-il sans hésiter à l'État le droit absolu de défendre ou d'autoriser les doctrines.

Mais, pour bien pénétrer sa pensée, voyons quelles sont

selon lui les vraies et les fausses doctrines. Voici d'abord les fausses (1) :

1° C'est une doctrine fausse et séditieuse de soutenir que *chaque citoyen est juge des bonnes et des mauvaises actions ;* car la seule mesure du bien et du mal est la loi civile.

2° C'est une doctrine séditieuse de dire que *tout ce que le citoyen fait contre sa conscience est un péché.* Car c'est accorder à chacun le droit de se rendre juge du bien et du mal.

3° C'est encore une erreur funeste à l'État de dire que la foi et la sainteté ne peuvent s'obtenir par l'étude et par la raison, mais seulement par des révélations surnaturelles. Car, si l'on accorde ce principe, je ne vois pas pourquoi tous les hommes ne seraient pas prophètes, ce qui est encore une fois rendre chacun juge du bien et du mal. La foi et la sainteté ne sont pas des miracles ; elles naissent de l'éducation, de la discipline, des corrections et enfin des lois civiles.

4° Autre erreur : *le souverain est soumis aux lois civiles.* Il est vrai de dire qu'il l'est aux lois naturelles, mais non aux lois civiles, car s'il y manque il faut donc un pouvoir pour le juger et le punir, et un autre pouvoir pour punir celui-là, et ainsi à l'infini.

5° Il n'y a point de doctrine plus séditieuse que de soutenir que *chacun a la propriété de ses biens, à l'exclusion du souverain.*

6° Enfin, la dernière erreur contraire à la conservation de l'État, c'est que *la souveraine puissance puisse être divisée.*

Quant aux trois doctrines qui doivent être enseignées,

---

(1) *De Civit. imper.*, c. xii, et Leviath. *De Civit.*, c. xxix.

voici les principales : 1° Ne point aimer les formes de gouvernement des nations voisines plus que celles de son pays ; 2° Ne point se laisser entraîner par l'admiration pour une assemblée jusqu'à transférer l'hommage et l'obéissance que l'on ne doit qu'au souverain ; 3° C'est un grave péché que de maudire ce souverain (monarque ou assemblée), de disputer de son pouvoir et enfin de le nommer autrement qu'avec respect et honneur (1).

Mais enfin faut-il enseigner ces doctrines, et ne vaudrait-il pas mieux laisser le peuple dans l'ignorance favorable à l'obéissance ? C'est là en général l'opinion du despotisme : ce n'est pas celle de Hobbes ; et on voit paraître ici le philosophe et le théoricien, qui veut bien défendre le despotisme, mais qui veut aussi que l'on dise pourquoi. Le pouvoir ne doit pas permettre que le peuple ignore les causes et les fondements des droits essentiels de la souveraineté ; car l'ignorance en ces matières le rend plus accessible à la sédition. Quelques-uns prétendent que les principes de l'État ne peuvent être démontrés philosophiquement ; car s'ils le pouvaient, ces principes seraient déjà connus. Mais cela ne prouve rien, car les hommes ont commencé par ne pas savoir bâtir, et ils l'ont appris : l'industrie et la science font chaque jour des progrès. Le peuple, dit-on, est incapable de comprendre de telles choses. Mais il n'y a rien là de difficile à comprendre : et plût à Dieu que les riches, les puissants et les savants, fussent aussi bien disposés à comprendre la doctrine civile que les plébéiens! Enfin, comment enseigner ces choses ? Tout dépend des universités. C'est par elles qu'il faut commencer. Eh quoi ! dira-t-on, il faut enseigner les universités elles-mêmes ? est-ce donc vous

---

(1) Leviath. *De Civit.*, c. xxx.

qui les instruirez ? Question embarrassante, dit Hobbes. Au fond, ce qu'il demande, c'est d'être enseigné dans les écoles. Il refuse la liberté à toutes les doctrines, mais il veut le monopole pour la sienne. « Les principes que j'ai posés, dit-il, sont-ils les vrais principes de la société ? je ne sais. » Mais il est évident qu'il le croit, et je ne doute pas qu'il ne préférât de beaucoup ses idées et son système au pouvoir même qu'il défendait (1).

Il suit de tous les principes précédents qu'il n'y a pas de mauvais gouvernements par essence, qu'il n'y en a que par accident. Hobbes rejette donc la division des six gouvernements : trois bons et trois mauvais. Selon lui, il n'y en a que trois, car ce que l'on appelle tyrannie, oligarchie, démagogie est la même chose que monarchie, aristocratie, démocratie. Ces noms odieux sont donnés aux divers gouvernements par ceux auxquels ils déplaisent. Ils n'expriment que la diversité des goûts et des opinions des hommes. Quelques-uns proposent de limiter l'autorité souveraine en combinant les trois formes en une seule. Mais ces tempéraments ont l'inconvénient de diviser la puissance souveraine, qui de soi est indivisible, et ils ne garantissent pas la liberté des sujets, puisque dans le temps où ces puissances s'accordent, elles sont absolues, et quand elles se divisent, elles amènent la guerre civile, c'est-à-dire le retour à l'état de nature (2).

Quoique tous les principes de la politique de Hobbes s'appliquent à l'État en général et non à telle ou telle forme, il faut remarquer cependant que c'est l'état monarchique qui a ses préférences. Il donne en faveur de la monarchie toutes les raisons ordinaires. Il y en a pourtant une qui mérite d'être remarquée. « Dans tout gou-

(1) *Ib., ib.*
(2) *De Civ. imper.*, c. VII, II, III, IV.

vernement, dit-il, la personne publique est en même temps une personne naturelle, ou elle est composée de personnes naturelles. Il peut donc arriver, et il arrive souvent que la personne naturelle l'emporte sur la personne publique et préfère son bien particulier au bien public, car les passions sont souvent plus fortes que la raison. Le meilleur gouvernement sera donc celui où le bien public et le bien privé s'unissent le plus étroitement. Or, dans la monarchie, le bien privé et le bien public sont identiques, car un roi ne peut être riche si ses sujets sont pauvres, ni en sécurité s'ils sont faibles et lâches. Mais, dans une démocratie, chaque citoyen en particulier peut trouver son intérêt dans une action contraire au bien public (1). »

Le pouvoir du monarque n'est pas moins absolu que le pouvoir d'un corps de nobles ou d'une assemblée populaire. Le monarque n'a aucune obligation envers le peuple, car le peuple, en lui cédant le pouvoir, a cessé d'être à titre de personne, et avec la personne périt l'obligation. Mais le peuple est tenu à l'obéissance envers le monarque, en vertu même de l'acte d'institution.

Pour achever l'exposition de cette théorie absolutiste, il nous reste à mentionner les idées de Hobbes sur le pouvoir paternel, sur le pouvoir du maître, et enfin sur le pouvoir ecclésiastique.

Quel est le principe du pouvoir paternel (2)? On le fonde en général sur la génération. Mais ce principe est insuffisant ; car, comme le père et la mère concourent également dans la génération, il y aurait deux maîtres, ce qui est impossible. On attribue ce pouvoir au père, sur le fondement de la supériorité du sexe. Mais c'est en-

---

(1) *De Civ. imp.*, c. x, et Leviath. *De Civ.*, c. xix.
(2) Sur le pouvoir paternel, voy. *de Civ. imp.*, c. ix, et Leviath., c. xx.

core là une mauvaise raison : car l'homme ne l'emporte pas tellement sur la femme qu'il puisse établir son empire sans luttes et sans guerre. Dans l'état civil, ce pouvoir est déterminé par la loi. Voyons ce qu'il est dans l'état naturel. Dans cet état, le mariage n'a aucune loi, si ce n'est celles de l'amour mutuel des sexes, et du soin naturel des parents pour leur progéniture. Dans ce cas, ou le droit sur l'enfant est réglé par un pacte, ou il ne l'est pas. S'il y a un pacte, l'enfant appartient à celui des parents auquel le pacte le donne; s'il n'y en a pas, il appartient à la mère, car, en l'absence de mariage, le père n'est connu que par l'indication de la mère. C'est donc à elle qu'appartient le droit de décerner le pouvoir : donc c'est elle qui en est maîtresse. De plus, l'enfant naît en sa puissance, et elle peut le nourrir et l'élever, ou l'abandonner. Si elle le nourrit, l'enfant lui doit la vie et par conséquent l'obéissance. Si elle l'abandonne, celui qui le trouve et qui le sauve en devient le maître. Si la mère est prise à la guerre, l'enfant appartient au vainqueur. Si la mère appartient à un État, celui qui a le souverain pouvoir dans l'État a pouvoir sur l'enfant, puisqu'il a pouvoir sur la mère. Ainsi, l'enfant appartient à l'État comme la propriété des biens ; et l'absolutisme de Hobbes conduit aux mêmes conséquences que le communisme de Platon.

Mais, dans l'état civil, la mère étant en puissance de mari, c'est celui-ci qui a le pouvoir sur l'enfant. On voit que le pouvoir paternel n'est qu'un pouvoir dérivé. Quel qu'il soit, il est absolu, et l'enfant est soumis au père, comme le sujet au souverain et l'esclave au maître : d'où il résulte que le père ne peut pas commettre d'injustice envers son enfant.

On devine que Hobbes, dont la doctrine n'est qu'un esclavage universel, ne sera pas l'adversaire de l'esclavage proprement dit (1). Il est vrai qu'il ne le fait pas reposer, comme Aristote, sur l'inégalité naturelle des hommes; car il n'admet pas cette inégalité. Tous les hommes sont égaux dans l'état de nature; mais il tire la justice de l'esclavage d'un pacte particulier : théorie qu'Aristote lui-même avait combattue, et dont il avait fait voir la profonde injustice, puisque aucune convention ne peut faire qu'un homme devienne l'homme d'un autre homme. Mais une telle convention n'embarrasse pas Hobbes le moins du monde. Elle a lieu, selon lui, quand un prisonnier de guerre, en échange de la vie que le vainqueur pouvait lui ôter et lui laisse, promet une obéissance absolue : or celui qui se livre ainsi est obligé à tout sans restriction, puisqu'il accepte à l'avance, et sans rien excepter, tout ce qu'il plaira à son maître de lui ordonner. Il est vrai que si le maître le retient en captivité et ne lui laisse pas la liberté corporelle, il n'y a pas de pacte entre le maître et l'esclave, et celui-ci peut s'enfuir et égorger son maître en toute justice; restriction assez peu justifiable selon moi, dans le système de l'auteur. Mais quand l'esclave a la liberté corporelle, il est engagé à tout envers son maître, et celui-ci a une domination absolue sur celui-là. Il peut dire de son esclave, comme de toutes choses : *Cela* m'appartient; il peut le vendre et le léguer par testament. Bien plus, il n'a aucune obligation envers lui; car celui-ci a soumis sa volonté tout entière, et tout ce que le maître fait, il est supposé le faire du consentement de son esclave; et l'on ne peut faire une injure à celui qui est content de la recevoir.

Mais tout ce système serait vain, si à côté de la puissance publique, qui doit pouvoir tout pour tout protéger,

---

(1) Leviath., *ib. De Civ. imp.*, c. xix.

il s'en rencontrait une autre qui lui fixât à chaque pas des limites et se réservât, en une multitude de choses, le droit de ne pas obéir, et même le droit de commander. D'un autre côté, ne peut-on pas craindre en accordant une autorité sans limites à l'État, de manquer à la soumission due à une plus auguste puissance, celle de Dieu, et, par respect des lois humaines, de violer les lois divines? Quels sont les fondements, les rapports et les limites de ces deux autorités? Le moyen âge avait résolu ce problème en faveur du pouvoir spirituel. Plus tard, on avait séparé les deux puissances et attribué à l'une et à l'autre un empire à peu près égal. Hobbes les réunit de nouveau sur une seule tête : mais c'est au pouvoir séculier qu'il accorde la dictature universelle et la souveraineté religieuse.

Hobbes reconnaît un règne de Dieu (1) fondé comme l'État, sur la toute-puissance du maître et la crainte des sujets. Comme tout roi, Dieu doit être honoré, et cet honneur rendu à Dieu est ou naturel ou prophétique, selon qu'il est fondé sur la seule raison ou sur la révélation expresse de Dieu. Ce culte se compose d'opinions que l'on a sur la nature de Dieu, et de cérémonies par lesquelles on exprime ses sentiments pour lui. Or il est évident qu'il faut une puissance qui fixe et ces opinions et ces cérémonies. Dans l'état de nature, c'était à chaque individu de se fixer à lui-même ses idées sur Dieu et de choisir les moyens dont il voulait l'honorer. Mais l'individu ayant abandonné à l'État le droit absolu de régler ses actions et ses opinions, l'État est ainsi devenu le juge du culte naturel ; et jusque-là, la puissance séculière est souveraine au spirituel comme au temporel. En est-il de

---

(1) *De Civ. relig.*, c. xv.

même pour le culte prophétique, celui qui dérive de la parole même de Dieu ? ne faut-il pas une autorité particulière instituée par Dieu pour décider des choses sacrées ? Ce pouvoir, c'est l'Église. Mais l'Église n'est pas seulement une réunion de fidèles qui ont la même foi ; c'est une réunion dans un lieu déterminé, dans un temps déterminé, établie par une volonté déterminée. Nulle assemblée de personnes, même chrétiennes, ne forme une Église chrétienne, si la convocation n'en est pas légitime ; car ce n'est alors qu'une multitude confuse, et non pas un corps ayant droit de décider légitimement. Or il n'y a de convocation légitime que celle qui émane du souverain. C'est lui seul qui d'une multitude peut faire une assemblée régulière, une Église. De plus, la communauté des sentiments ne suffit pas pour faire une seule Église de plusieurs nations. Chaque nation est elle-même une Église, et l'Église chrétienne n'est autre chose que la république chrétienne. D'où il est facile de conclure que le souverain de la république est le souverain de l'Église. Or le souverain de l'Église décide de toutes les matières spirituelles. Donc le prince décide aussi de toutes ces matières. Ainsi se réunissent sur une seule tête tous les pouvoirs matériels et moraux dont a besoin une société. Ainsi s'accomplit l'unité absolue du pouvoir, et la consécration de toutes les forces par la plus grande de toutes les forces, la force religieuse. Mais par là aussi, disons-le, se prépare sa ruine ; car cet excès d'autorité est au-dessus de la nature humaine ; elle n'en est pas capable, non plus que de l'excès de soumission à laquelle on condamne la société. En mettant entre les mains du pouvoir l'arme de l'oppression religieuse, on met aussi entre les mains de la révolte l'arme non moins puissante de la foi opprimée. Rien n'est plus dangereux pour l'extrême force que l'extrême faiblesse : car celle-ci n'a plus rien à perdre et tout à gagner.

Une réfutation en règle de la doctrine de Hobbes dépasserait les limites de cet ouvrage ; et d'ailleurs elle a été souvent faite, et en Angleterre, du temps même de Hobbes, par d'excellents philosophes, et, de nos jours en France, par des philosophes illustres auxquels nous renvoyons nos lecteurs (1). Contentons-nous d'indiquer les points les plus faibles et les principes les plus ruineux.

L'erreur fondamentale du système de Hobbes est de supposer d'abord le pouvoir absolu dans l'individu : il n'est pas étonnant qu'au moyen de certaines transformations, ce pouvoir se retrouve à la fin dans l'État. En effet, ce principe, que chacun a droit sur toutes choses, est le vrai principe du pouvoir absolu : je peux tout ce que je peux. Cela est vrai, s'il n'y a point de distinction naturelle entre le juste et l'injuste, et si cette distinction ne résulte que de la loi civile, postérieure à la loi politique. Si rien n'est juste naturellement, il n'y a point de droit naturel. S'il n'y a point de droit naturel, c'est l'État qui fixe le droit : mais s'il fixe le droit, il est maître absolu : car il peut déclarer qu'il n'y a point de droit. Le droit est une faveur de l'État, il peut le concéder, le suspendre, le retirer, l'anéantir, il peut tout, pourvu qu'il ait la force. La négation de la morale conduit donc nécessai-

---

(1) Voici les principales réfutations faites en Angleterre au xviiᵉ siècle : Cudworth, *a Treatise concerning eternal and immutable morality*. London, 1730, trad. latine de Mosheim, Leyde, 1773. Cumberland, *de Legibus naturæ disquisitio*, Londres, 1672, trad. franç. par Barbeyrac. Amsterdam, 1774; et surtout Clarke, *Discours sur les devoirs immuables de la religion naturelle*, traduct. française de Ricottier. Amsterdam, 1746. — En France, au xixᵉ siècle, M. V. Cousin, dans sa *Philosophie sensualiste*, et M. Jouffroy, dans son *Cours de droit naturel* (Leçons xi et xii), ont donné une réfutation complète et profonde, non-seulement des doctrines morales de Hobbes, mais encore de ses doctrines politiques.

rement au despotisme, soit de plusieurs, soit d'un seul, soit de tous.

Il n'est nullement vrai de dire que, dans l'état de nature, j'aie droit sur toutes choses : car je n'ai pas droit sur la chose que possède actuellement un autre homme, sur le fruit qu'il vient de cueillir, sur la place que son corps occupe, etc. Je n'ai pas de droit sur sa vie, s'il n'attaque pas la mienne : je n'ai pas droit sur sa personne, et je ne peux le contraindre à me servir, s'il s'y refuse, lors même que j'en aurais la force. S'il a déjà une certaine idée de Dieu, je n'ai pas le droit de le forcer à honorer Dieu comme je l'entends plutôt que comme il l'entend lui-même. Je n'ai pas le droit de l'empêcher d'user de son industrie, comme il lui plaît, pour se nourrir, pourvu qu'il ne vienne pas porter atteinte à mes propres droits : car ce que je ne peux pas contre lui, il ne le peut pas contre moi. Je ne peux pas lui ravir sa femme si elle n'y consent pas, et je ne peux pas enlever à cette femme ses enfants pour m'en faire servir. Que de limites à mon droit ! Et combien il s'en faut qu'il égale ma puissance !

Lors même qu'on irait jusqu'à admettre, ce qui est faux, que l'homme a droit à tout ce qui lui est nécessaire pour se conserver, sans tenir compte du droit d'autrui, encore faudrait-il distinguer la conservation et la jouissance. L'homme désire bien des choses qui ne sont nullement nécessaires à la conservation de son être, et qui ne servent qu'à la satisfaction de ses passions : or, non-seulement les jouissances réclamées par nos appétits ne sont nullement nécessaires à notre être, et même à notre bien-être ; mais même au delà d'une certaine limite, elles sont nuisibles et dangereuses. En étendant autant qu'on le voudra, le droit de conservation, on ne peut aller jusqu'à y faire rentrer la satisfaction des passions. Je n'aurais donc pas droit, même au point de vue de Hobbes, à prendre sur le nécessaire des autres hommes, pour augmenter mon propre superflu : mon droit sur toutes choses rencontre encore de ce côté certaines limites; et par conséquent, il n'est pas absolu.

S'il n'y a pas de pouvoir absolu dans l'individu, il n'y en a pas davantage dans l'État : car je ne puis lui transmettre ce que je n'ai pas moi-même. En outre, le pouvoir absolu, tel que Hobbes l'attribue à l'État implique une contradiction dans les termes. Ce qui donne naissance au pouvoir de l'État, c'est le besoin de la protection. La protection est donc la fin de l'État. Mais pour que l'État protége, soit la vie, soit les biens, soit l'honneur des individus, il faut qu'il y ait quelque chose à protéger : voilà une limite opposée au droit de l'État et à son pouvoir, car il est contre la nature des choses que l'État détruise ce qu'il est destiné à protéger par son institution même. On dit que l'État, même absolu, ne voudra pas tout faire, ni tout se permettre. Quel intérêt aurait-il à piller, à tuer, à bannir ses propres sujets ? Mais il ne s'agit pas de savoir s'il voudra le faire, je demande seulement s'il en a le droit. Qu'il le veuille ou non, c'est une autre question ; mais si par hypothèse il le veut, le voudra-t-il légitimement ? Je soutiens qu'il ne peut vouloir légitimement que ce qui n'est pas contre la loi même et la nature de son institution ; par conséquent, il n'est pas absolu. Il y a quelque chose en dehors de lui. Il y a un contrat tacite entre l'individu et l'État, et si je lui soumets ma volonté, ce n'est pas évidemment pour qu'il puisse me prendre ma vie, mes biens, ma pensée, selon son caprice. Autrement, comme dit J.-J. Rousseau, je donnerais tout et je ne recevrais rien ; ce qui est un contrat nul par la nature même.

A la vérité, Hobbes nie, comme nous l'avons vu, qu'il y ait un contrat entre les membres de l'État et l'État lui-même. Les sujets, d'après sa manière de voir, seraient tenus à tout et l'État ne serait tenu à rien : mais ces conséquences exorbitantes, si révoltantes au point de vue du droit naturel, ne sont pas même contenues dans ses principes, car je ne suis tenu de renoncer à l'état de nature qu'à la condition que l'état civil m'offre plus de garantie et plus de sécurité : au delà, il va de soi que mon contrat est nul. Le droit de l'État rencontre donc au moins cette limite, à savoir le point où la sécurité de l'individu serait menacée par lui autant ou plus qu'elle ne l'est, dans l'état de nature, par les attaques des autres hommes. Ce droit, si étendu qu'on le suppose, n'est donc pas absolu ; on peut hésiter et tâtonner pour la fixation des limites ; mais il résulte de la nature des choses qu'il n'est pas illimité.

Hobbes pose en principe que la conservation est le plus grand des biens, et il en conclut qu'il faut renoncer à tout pour assurer cette conservation. Mais si par conservation, il n'entend que la vie et le bien-être, il n'est pas vrai que ce soit le plus grand des biens, puisqu'on voit un assez grand nombre d'hommes renoncer volontairement à la vie. Si, au contraire, on entend la conservation dans son vrai sens, il faut y comprendre l'être moral aussi bien que l'être physique ; et, par conséquent, la conscience, la pensée, la religion, la famille font partie intégrante de l'être : c'est la personne morale tout entière, et non l'individu physique, que l'homme veut, ou doit vouloir conserver, en passant de l'état de nature à l'état civil. Le pouvoir souverain ne s'étend donc que jusqu'au point où il est nécessaire pour protéger la personne humaine, aussi bien dans son être moral que dans son être physique : il n'a donc pas le droit de la détruire ; il n'est donc pas absolu.

Hobbes dit encore que, en voulant fixer des limites au pouvoir souverain, on se heurte à une impossibilité : car, dit-il, tout pouvoir assez fort pour protéger le sera toujours assez pour opprimer ; or il faut que le pouvoir soit toujours assez fort pour protéger, autrement il manque à l'objet de son institution. Mais il ne s'agit pas de savoir si un souverain pourra toujours opprimer quand il le voudra ; il s'agit de savoir s'il en aura le droit. Qu'il soit difficile, dans la pratique, de trouver des garanties telles que le pouvoir puisse être protecteur sans être oppresseur, on ne le nie pas ; mais que son devoir de protecteur puisse lui donner le droit d'être oppresseur, c'est ce qu'on ne peut soutenir sans scandale et ce qui n'est nullement contenu dans l'idée de l'État. Si difficile qu'il puisse être de fixer les droits respectifs du souverain et des citoyens, il est évident, en principe, que le droit de l'État s'arrête précisément là où, de protecteur, il deviendrait oppresseur : ce droit encore une fois n'est donc pas absolu.

Il faut encore contester à Hobbes ce principe, que l'homme est naturellement ennemi de l'homme, car, selon la judicieuse observation de Rousseau, la pitié est un sentiment instinctif qui, même dans l'état de nature, rapprocherait les hommes les uns des autres ; et, peut-être comme le dit Montesquieu, les hommes chercheraient-ils plutôt à se fuir qu'à se combattre. Mais ce qui est invincible contre la thèse de Hobbes, ce sont les arguments d'Aristote en faveur de la sociabilité naturelle de l'homme. L'homme a besoin de l'homme ; l'homme a reçu la parole : or la parole suppose communication entre les hommes : elle serait un don inutile si ceux-ci n'étaient pas faits pour la société. Enfin l'homme a l'idée du juste et de l'injuste. Hobbes reconnaît tous ces faits; mais il en conclut, à tort, que la société n'est qu'accidentelle. Nullement : car ces principes étant essentiels à la nature de l'homme, la société en résulte nécessairement. Sans doute, une telle société, sans le secours des lois, serait continuellement troublée par les passions : mais le principe de la société n'en existerait pas moins.

Si la société est naturelle, la paix ne résulte pas seulement de la crainte, mais encore de la sympathie naturelle et réciproque des hommes. S'il en est ainsi, il n'est pas nécessaire, pour avoir la paix, d'armer le souverain d'un pouvoir absolu et irrésistible, qui gouverne par la crainte : il suffit d'obtenir par la crainte ce qu'on ne peut pas obtenir par la sympathie naturelle : par conséquent, le pouvoir de l'État se trouve encore nécessairement limité de ce côté. Ce n'est pas lui qui fonde la bienveillance, l'amitié, le dévouement, la charité : comme il ne peut rien pour ces vertus, il ne peut rien contre elles sans tyrannie.

Ces objections valent contre tout système qui sacrifie le juste et l'injuste au pouvoir de l'État; mais Hobbes exagère encore son principe et il soutient, non-seulement le pouvoir absolu en général, mais surtout la monarchie absolue. Il admet bien que le pouvoir du monarque vient du peuple; mais, une fois que celui-ci a institué ce pouvoir, il lui a, dit-il, tout aliéné, tout sacrifié, il ne peut rien contre lui, il lui appartient tout entier, il est son esclave. Un tel contrat est impossible : encore une fois, tout promettre sans rien exiger, c'est ne rien promettre. Il n'est pas non plus vrai que l'acte d'institution du gouvernement soit l'acte de dissolution du peuple. La force même par laquelle il a institué ne cesse pas après l'institution : elle est immanente et inaliénable : ce n'est autre chose pour une société que le droit même d'exister. Hobbes reconnaît lui-même que le devoir d'obéir ne dure qu'autant que la puissance de protéger. J'ajouterai : et la volonté. Car celui qui a la puissance sans avoir la volonté fait plus que ne pas protéger; il opprime. Il faut donc être protégé contre lui. Tout peuple a donc le droit de se protéger soi-même, lorsqu'il ne trouve dans son gouvernement ni la volonté, ni la puissance de le protéger. Dire que le monarque n'a aucun engagement envers les sujets, qu'il ne peut leur faire d'injustice, puisqu'en lui confiant la souveraineté, ils ont consenti à tout subir, ce sont des thèses qui ne méritent point d'être refutées, car elles sont un défi trop éclatant au bon sens et à la dignité des hommes.

Il ne suffit donc pas d'établir que tous les pouvoirs ont une limite naturelle, et qu'aucun gouvernement n'a le droit de tout faire. Il faut encore chercher quelle sorte de gouvernement paraît offrir le plus de garanties à l'individu et de protection aux citoyens. Est-ce le gouvernement arbitraire d'un seul homme, disposant seul et sans contrôle des biens, des droits, des libertés des sujets ? est-ce au contraire le gouvernement où le peuple intervient dans la direction de ses affaires, choisit ses mandataires et les surveille, en un mot nomme le pouvoir législatif, et juge en dernier ressort la conduite du pouvoir exécutif ? De ces deux formes de gouvernement, la première sans doute peut convenir à un peuple enfant ou à un peuple tombé en enfance. La seconde seule convient à des hommes, et garantit à la fois la sécurité et la dignité. Le vrai gouvernement est le gouvernement consenti.

Le sophisme de Hobbes est de soutenir que les garanties constitutionnelles n'ajoutent rien à la liberté des citoyens. » La cité est libre, dit-il, mais l'individu ne l'est pas. » Mais n'est-ce donc rien que la cité soit libre? et la liberté publique n'est-elle pas une garantie de la liberté individuelle? Si par exemple, je ne suis taxé que par moi-même ou par mes mandataires, n'est-il pas évident que je garantis par là la liberté de mon travail? Si les lois restrictives de la liberté corporelle ne sont votées que par moi ou par mes représentants, n'est-il pas certain que je suis mieux armé contre les arrestations arbitraires?

Il faudrait que Hobbes prouvât qu'il y a moins de liberté privée dans les États populaires que dans les monarchies : ce qui n'est nullement vérifié par le fait, même si l'on montrait qu'il y a plus de liberté dans telle monarchie constitutionnelle que dans telle démocratie, cela ne prouverait encore rien en faveur de Hobbes : car une monarchie libre est précisément ce qu'il appelle l'État populaire ; et les républiques despotiques sont celles qu'il approuverait le plus comme le plus conformes à ses principes.

A la vérité, il y a une dernière limite où les garanties politiques seraient impuissantes : c'est le cas où le grand nombre opprimerait le petit nombre ; là, il est clair qu'il ne faudrait plus parler de garanties légales : mais il reste la garantie morale de l'opinion, manifestée par la presse. Tel est le rôle considérable de la liberté de la presse, si redoutée des conservateurs mal éclairés, et qui est cependant la seule protection des minorités dans les États libres.

CHAPITRE II.

ANGLETERRE.

LOCKE.

Filmer. Théorie du patriarcat. — Milton. Ses écrits politiques, ses vues sur la liberté de la presse et la liberté religieuse. — Algernon Sydney, prédécesseur de Locke. Ses *Discours sur le gouvernement*. Réfutation de Filmer. — Locke. Sa théorie de l'état de nature. Loi naturelle. Droit de défense et droit de punir. — Théorie de la propriété. — De l'esclavage. — Du pouvoir paternel. — Établissement de la société civile. Des trois pouvoirs. — Théorie du consentement exprès et du consentement tacite. — Discussion contre la monarchie absolue. — Du pouvoir législatif. Sa souveraineté. Ses limites. — Rapports du pouvoir exécutif et du pouvoir législatif. — De la prérogative royale. — Théorie du droit d'insurrection. Appréciation de la politique de Locke.

Hobbes est le plus célèbre des défenseurs qu'ait eus en Angleterre, au XVII° siècle le pouvoir absolu ; il est le seul qui compte parmi les philosophes ; mais il n'est pas le seul dans l'histoire. D'autres ont pris part aux débats et aux polémiques de leur temps ; mais de leurs écrits, il ne reste rien pour l'histoire de la science. On devra signaler cependant un écrivain oublié aujourd'hui mais qui a le mérite d'avoir présenté sous une forme personnelle et originale le système du pouvoir absolu. Je veux parler du chevalier Filmer, l'auteur du *Patriarca* (1), ouvrage qui eut à cette époque un assez grand retentissement. L'illustre Algernon Sydney, réfugié alors en Hollande, le réfuta longuement dans ses *Discours sur le gou-*

---

(1) Publié en 1680.

vernement. Locke, dans son *Essai sur le gouvernement civil*, paraît plus préoccupé de Filmer que de Hobbes (1). Enfin J.-J. Rousseau lui-même, un siècle après, fait une allusion ironique aux doctrines du chevalier Filmer dans un passage curieux du *Contrat social* (2).

La doctrine du chevalier Filmer est celle dont nous avons vu la réfutation anticipée dans le jésuite Suarez (3). Cette doctrine, c'est que le pouvoir politique a son origine en Adam. Le premier homme a été le premier souverain. Le pouvoir a dû se transmettre ensuite héréditairement de génération en génération, et s'est partagé entre les différents rois de la terre, qui doivent être considérés comme les successeurs d'Adam et de Noé. Telle est la bizarre fiction de Filmer, fiction qui, toute ridicule qu'elle paraît, est cependant au fond de toute doctrine monarchique qui ne veut pas reposer sur le consentement du peuple. Pour qu'il y ait un droit divin du monarque sur ses sujets, il faut que le monarque reçoive son pouvoir de l'hérédité. S'il vient un moment où l'on voit commencer le pouvoir royal, il faut toujours en revenir, soit à la force, soit à l'élection. Or aucun de ces principes ne peut fonder un pouvoir inviolable et absolument irresponsable. Vient-il de la force, la force peut le détruire; vient-il du peuple, celui qui l'a établi peut le renverser, ou tout au moins le corriger, ou enfin faire ses conditions. Il faut donc que l'on assimile le pouvoir royal au pouvoir

---

(1) Il avait même composé un traité expressément dirigé contre Filmer. Voy. plus loin page 320.

(2) « Je n'ai rien dit du roi Adam, ni de l'empereur Noé;... j'espère qu'on me saura gré de cette modération. Car, descendant directement de l'un de ces princes, et peut-être de la branche aînée, que sais-je si par la vérification des titres je ne me trouverais point le légitime roi du genre humain? » (*Cont. soc.*, l. I, c. II.)

(3) Voy. plus haut, même tome, p. 186.

paternel; mais pour que ce rapprochement soit autre chose qu'une métaphore, on est forcé de remonter jusqu'au temps où la monarchie se confondait réellement avec la paternité, c'est-à-dire aux patriarches, et enfin jusqu'à Adam. En effet, la doctrine du droit divin ne suffit pas à établir absolument la supériorité du gouvernement monarchique sur tout autre; car le droit divin, nous l'avons vu, autorise tous les gouvernements une fois qu'ils sont établis. Mais en rattachant le droit du roi au droit du père de famille, on fonde la souveraineté sur la nature même, et on exclut de l'avantage de la sanction divine tout gouvernement qui ne repose pas sur l'hérédité.

En face des partisans du pouvoir absolu, adversaires déclarés de la Révolution, signalons maintenant les écrivains du parti contraire, les défenseurs du droit des peuples contre le droit des rois. Nous retrouvons chez eux la trace des doctrines démocratiques du xvie siècle. C'est de Junius Brutus, de Knox, de Buchanan que dérivent manifestement les publicistes républicains ou libéraux qui, soit en 1640, soit en 1688, ont pris le parti de la révolution contre les Stuarts; les uns, comme Milton, Harrington et Sidney, placés au point de vue républicain; les autres, comme Locke, se contentant de la monarchie tempérée. Locke est le philosophe du libéralisme, comme Hobbes est le philosophe de l'école opposée.

Milton (1) est un républicain, et un républicain chrétien : pour lui, le règne de la liberté et de l'égalité se confond avec le règne du Christ : « Quelle forme de gouvernement, dit-il, se rapproche davantage des préceptes

---

(1) Sur les *Ecrits politiques de Milton*, voy. l'excellente et instructive monographie de M. A. Geoffroy (Paris, 1848), à laquelle nous empruntons tous les textes cités ici.

du Christ qu'une libre république? Les gouvernants sont là les continuels serviteurs du peuple.... Un roi au contraire veut être adoré comme un demi-dieu. » Mais les républicains du XVIIe siècle n'étaient pas, ainsi que ceux du nôtre, partisans d'un droit de suffrage illimité. Milton combat le suffrage universel, comme le ferait aujourd'hui le parti conservateur : « Si l'on donne à tous le droit de nommer tout le monde, ce ne sera plus la sagesse ni l'autorité, mais la turbulence et la gloutonnerie qui élèveront à la dignité de sénateurs les habitués des tavernes de village (1) ». Le système politique de Milton, tout républicain qu'il fût, n'était guère libéral. C'était le système des Indépendants : parlement à vie ou sénat nommé par l'armée, plus un grand conseil nommé par les villes. C'était au fond une oligarchie militaire, instrument facile entre les mains d'un despote. Milton d'ailleurs partageait toutes les passions politiques de son parti : et ce fut lui qui fut chargé de défendre sa cause, lorsque la mort de Charles Ier eut soulevé de toutes parts l'indignation des royalistes. Il le fit d'abord dans son *Iconoclaste*, écrit en réponse à l'*Image royale* (Εἰκὼν βασιλική), pamphlet royaliste qui avait ému toute l'Angleterre : « Je veux, disait-il, pour l'amour des personnes simples qui croient les monarques animés d'un souffle différent de celui des autres mortels, relever au nom de la république et de la liberté, le gant jeté dans l'arène, quoique ce soit le gant d'un roi. » Il le fit encore, dans sa réponse à Saumaise. Celui-ci avait écrit une *Défense du roi;* Milton répondit par sa *Première défense du peuple anglais*, 1651 (2), où il soutient énergiquement le droit du régicide; enfin, il écrivit plus tard une *Seconde défense de la nation an-*

---

(1) Promesses et faits, exécution d'une république libre.
(2) Hobbes méprisait autant l'un que l'autre.

glaise en réponse à *l'Apologie pour le feu roi* (1), écrit par un inconnu pamphlétaire, John Roulan. Ce ne sont là que des écrits polémiques. Si l'on veut connaître les doctrines positives de Milton, il faut les chercher dans son écrit de *la Responsabilité des rois et des magistrats*, 1648; mais on n'y trouvera rien qui ne se rencontre déjà dans les écrits politiques du xvie siècle.

Si Milton n'avait fait que reproduire dans ses pamphlets, soit les lieux communs des écoles démocratiques, soit les rêveries de la secte des indépendants, il ne mériterait pas un rang très-élevé dans la science politique. Mais il dépasse de beaucoup son temps par les vues libérales et toutes modernes qu'il professe sur deux grandes questions, trop sacrifiées alors par les partis, la question de la liberté de la presse et celle de la liberté religieuse. Sur ces deux questions, Milton, et, nous le verrons plus tard, Spinosa, sont les deux écrivains de ce siècle qui ont vu le plus juste et le plus loin. Ainsi le génie d'un grand poëte et d'un grand métaphysicien avait révélé à l'un et à l'autre ce droit de la pensée, que le vulgaire des publicistes avait oublié.

Les arguments donnés par Milton en faveur de la liberté de la presse sont encore ceux que donne aujourd'hui l'opinion libérale : « Celui qui tue un homme tue un être raisonnable ; mais celui qui détruit un bon livre, anéantit la raison elle-même, et la propre représentation de la Divinité (2).... » « La censure n'est pas seulement un outrage fait à la dignité humaine; c'est une invention complétement inutile, qui n'atteint pas son but ; elle veut

---

(1) Si l'on veut une liste exacte de tout ce qui a été écrit pour ou contre le roi à cette époque, il faut consulter la notice bibliographique donnée par M. Geoffroy. (Ouvr. cité, *Appendice*, p. 229.)

(2) *Areopagetica* (1644).

préserver les esprits et les cœurs du contact de l'immoralité ; mais elle ignore que l'aspect du mal nous en inspire le dégoût, ou même souvent nous fournit des armes contre lui ; que de la fatale pomme se sont élancés en même temps, comme deux jumeaux, le bien et le mal, qu'ils croissent ensemble, et que nous n'arrivons pas à l'un si nous ne connaissons pas l'autre... Si l'on craint tant la contagion, il faut renoncer à toute critique, supprimer la Bible même, comme font les papistes... Non, non, lords et communes ! il ne faut pas emprisonner les esprits ; les temps sont venus de parler et d'écrire librement sur toutes les matières de bien public. *Dussent les vents de toutes les doctrines souffler à la fois sur la terre, la vérité est en campagne,* laissez-la lutter avec l'erreur. Qui a jamais vu que, dans un combat libre et ouvert, la vérité fût vaincue (1). »

Milton a défendu la liberté religieuse avec autant de force et de talent que la liberté de la pensée (2). Ces deux questions d'ailleurs sont étroitement liées. Milton soutient la doctrine, aujourd'hui si populaire, de la séparation de l'Église et de l'État. Suivant lui, l'Église elle-même n'a pas le droit d'intervenir dans le choix de nos croyances : comment l'État le pourrait-il ? La première autorité religieuse, ce n'est pas l'Église, c'est l'Écriture, et l'Écriture interprétée par la conscience. Le vrai *hérétique* n'est pas celui qui suit l'Écriture telle qu'il la comprend, mais celui qui s'attache à l'Église, sans tenir compte du jugement de sa propre conscience. Le christianisme est d'essence absolument spirituelle ; c'est l'a-

---

(1) L'écrit de Milton nous intéresse particulièrement comme ayant été lié à notre Révolution. Mirabeau, en 1788, l'a traduit et l'a publié en l'abrégeant.

(2) *Traité du pouvoir civil en matière religieuse.*

vilir que de le subordonner non-seulement au joug, mais même à la protection de l'État. De quel droit et en vertu de quel principe l'État pourrait-il juger des opinions? Non-seulement Milton refuse à l'État le droit d'intervenir dans les croyances ; il lui refuse également l'accès dans l'organisation de la société religieuse, dans l'ordonnance des cérémonies, etc. En un mot, Milton semble entendre dans le sens le plus large la séparation du spirituel et du temporel. On ne voit pas cependant clairement, par son traité, s'il admettait le papisme à participer à cette liberté religieuse qu'il réclamait pour toutes les formes du culte protestant.

Quelques mots suffiront sur un autre écrivain politique, du même parti que Milton, comme lui appartenant au parti républicain indépendant, esprit plus bizarre qu'original, mais qui n'est pas sans quelque valeur : c'est Harrington. Son *Oceana* n'est qu'une utopie de fantaisie, fondée sur le principe de l'égalité des partages. Mais on trouve dans ses *Aphorismes politiques* deux idées dignes d'intérêt. La première, c'est que le pouvoir politique doit suivre la propriété. Là où la moitié des terres ou des biens en général est entre les mains d'un seul, l'État doit être monarchique ; entre les mains de plusieurs, aristocratique ; entre les mains de tous, démocratique : loi parfaitement justifiée par l'expérience et par l'histoire. La seconde idée remarquable que je rencontre chez Harrington, c'est la théorie des contre-poids, fort peu connue jusque-là. Selon lui, la liberté est impossible sans deux assemblées : « Une assemblée du peuple sans sénat ne peut être sage. Un sénat sans assemblée du peuple est susceptible d'intérêts particuliers et ne sera pas honnête. Le sénat et l'assemblée du peuple une fois constitués dans toutes les règles, le reste de la république se constituera de lui-même. »

Les *Discours sur le gouvernement* (1), d'Algernon Sydney, sont une réponse au *Patriarche* du chevalier Filmer. Je laisserai de côté dans cet auteur ce qui lui est commun avec tous les écrivains démocratiques, pour insister seulement sur sa forte réfutation de l'absolutisme patriarcal.

Si Dieu eût voulu, dit-il, attacher le droit souverain à une certaine famille, il aurait donné à tous ceux qui en descendent une certaine marque particulière, afin que les peuples pussent les reconnaître (2). Quelle plus grande chimère que de prétendre qu'Adam et les patriarches ont été de véritables rois? Mais il est assez inutile de chercher ce qui s'est passé avant le déluge. Examinons seulement quand a commencé l'autorité royale. L'Écriture nous dit que Nemrod a été le premier roi : et, dès ce premier exemple, la règle de l'hérédité était déjà violée; car Nemrod était le sixième fils de Chus, fils de Cham, qui était lui-même le plus jeune fils de Noé. Or, au temps de Nemrod, Chus, Cham, Sem et Noé vivaient encore; ils avaient tous un droit supérieur au sien. Ainsi, voilà le principe de la légitimité monarchique violé dès l'origine. Mais il y a plus; l'Écriture elle-même nous dit que l'empire de Nemrod était une usurpation (3). Il ne peut donc sortir de là aucune autorité légitime. Mais que devint ce prétendu droit patriarcal dans la famille de Sem? Abraham, jusqu'à l'âge de cent ans, n'eut pas d'enfants : il ne régna donc sur personne. A peine eut-il des enfants qu'il

---

(1) *Aphorismes politiques*, c. II, 11, 12, 14 et chap. dernier, 76, 77, 78 (tr. franç., Paris, in-18, an III).

(2) *Discours sur le gouvernement*, publiés en 1698, mais écrits avant cette époque, la mort de Sydney étant de 1683. Une réfutation manuscrite de Filmer, que l'on trouva dans ses papiers, fut une des cause de sa condamnation, c. I, sect. 7.

(3) *Ib.*, *ib.*, sect. 8.

les dispersa, les envoyant chercher fortune ailleurs, et laissant son fils Isaac régner sur lui-même, comme un véritable roi stoïcien, jusqu'à la naissance de Jacob et d'Esaü. La supercherie de Jacob vient encore troubler le système de l'auteur. Car si le droit d'aînesse est établi par Dieu, et que l'autorité souveraine y soit attachée, il ne peut pas être changé; et Isaac ne pouvait conférer le droit de l'aîné au plus jeune, l'homme ne pouvant pas détruire ce que Dieu a établi. Enfin, si Sem, Abraham, Isaac et Jacob étaient les vrais souverains, comment se sont-ils contentés d'un si petit territoire, puisque, selon Filmer, ils devaient être les seigneurs de tout l'univers?

Mais en admettant même les principes de l'auteur, on arrive à des conclusions toutes différentes. En effet, si Adam ou Noé ont été rois en qualité de pères, cette puissance a dû être partagée entre leurs enfants, puisque aucun d'eux n'était le père de l'autre. Or la même règle doit avoir lieu pour tous les pères du monde, et par conséquent toutes les familles sont libres dans leurs chefs, jusqu'à ce que ceux-ci conviennent de se dépouiller de leurs droits et de s'associer ensemble pour établir un gouvernement. En un mot, chaque père de famille est libre: ce qui est tout le contraire de ce que soutiennent les partisans du patriarcat (1).

De deux choses l'une : ou cette royauté paternelle est divisible, ou elle est indivisible (2). Si elle est indivisible, elle doit avoir passé d'Adam à un seul de ses descendants et il n'y a jamais qu'un seul homme dans le monde qui soit le légitime souverain de toute la terre. Mais où est-il, cet héritier légitime? Qui sait si ce n'est pas parmi les Turcs qu'il faut chercher ce patriarche, cet héritier le

(1) *Ib.*, sect. 9.
(2) *Ib.*, sect. 12.

plus proche d'Adam ou de Noé? Mais *de non apparentibus et de non existentibus est eadem ratio.* Si l'on ne trouve ni l'héritier légitime, ni le plus proche après lui, tous les hommes en général héritent de ce droit solidairement ; tous en obtiennent une partie ; et ce partage de la domination entre tous est ce que j'appelle la liberté. Si au contraire ce pouvoir primitif est divisible, Noé l'a divisé entre ses trois fils, qui l'ont divisé entre leurs enfants, et ceux-ci de même indéfiniment, ce qui conduit à cette conséquence que tous les hommes sont frères, et par conséquent égaux.

Filmer reconnaît que tous les rois ne sont pas les pères naturels de leurs sujets. C'est une concession dont il faut lui savoir gré. Mais il ajoute qu'ils sont et doivent être réputés les héritiers légitimes de ces premiers pères. Mais de ce que la qualité de père donne droit à la souveraineté, s'ensuit-il que la qualité de souverain donne droit à celle de père ? Le nom de Père de la patrie, que l'on attribue à d'excellents princes, ne prouve rien ; c'est un terme d'affection, par lequel les peuples ne prétendent pas reconnaître la paternité de leurs chefs, et qui ne s'applique pas de droit à tout prince quel qu'il soit. Si le droit du souverain repose exclusivement sur le droit primitif d'Adam ou de Noé, il ne peut résider dans leurs successeurs qu'en vertu d'une filiation légitime et attestée. Autrement de quel droit les réputerait-on héritiers de ces premiers pères, plutôt que tel autre de leurs sujets (1) ?

En outre, du principe de Filmer naîtraient mille difficultés (2). Premièrement, s'il y a une telle loi, il n'est pas au pouvoir des hommes de la changer ; le temps n'y peut apporter aucune prescription ; tous les gouverne-

(1) *Ib.*, sect. 14.
(2) *Ib.*, sect. 18.

ments qui ne sont pas conformes à ce principe sont défectueux par essence, et on peut avec justice les renverser et les détruire. Or on ne connaît, au moins en Europe, aucun gouvernement qui soit établi sur de semblables principes. Il n'y en a donc pas un seul qui ne puisse être légitimement détruit. En second lieu, supposez les généalogies parfaitement fixées, voici un nouvel embarras : quelle règle choisir pour l'hérédité? Chez quelques peuples, le plus proche héritier est celui qui est le moins éloigné de l'aïeul ; chez d'autres, c'est le moins éloigné du dernier roi ; d'autres admettent le droit de représentation. Enfin la ligne féminine doit-elle concourir avec la ligne masculine? Ce sont des questions insolubles, Dieu n'ayant donné aucune marque certaine pour reconnaître le véritable héritier.

Filmer se demande ce qui arriverait si le trône devenait vacant faute d'héritier connu, et il accorde aux souverains le droit de choisir à leur gré tels de leurs sujets pour en faire des chefs de famille, c'est-à-dire des pères, qui, à leur tour, en cas de vacance du trône, peuvent conférer l'autorité paternelle ou royale à celui qui leur paraîtra le plus digne. Mais n'est-ce pas se jouer des termes que d'appeler du nom de paternelle une autorité de convention, que le roi de son autorité privée confère à quelques sujets pris au hasard, et que ceux-là à leur tour confèrent à quelqu'un d'entre eux? comme si le droit paternel pouvait être créé artificiellement par la volonté d'autrui! Dans ces conditions, le terme de père n'ajoute rien à celui de prince ; et autant recourir purement et simplement à la doctrine du pouvoir absolu, sans la couvrir par un faux semblant de légitimité (1).

---

(1) *Ib.*, sect. 19.

Enfin Filmer confirme sa doctrine du droit paternel par le principe du droit divin (1). « Le chef élu par le peuple, dit-il, ne tient pas en réalité son pouvoir du peuple, mais de Dieu. » Mais, si l'on considère comme une œuvre de Dieu l'acte par lequel le peuple établit un roi absolu, pourquoi ne serait-ce pas aussi Dieu qui, par le moyen du peuple, forme toutes les formes de magistrature qui sont parmi les hommes? Tous les magistrats, dans quelque gouvernement que ce soit, sont les ministres de Dieu, et l'on ne peut tirer de là aucun avantage pour un gouvernement en particulier. Si l'on entend, au contraire, par le droit divin, un droit spécial conféré par Dieu à une famille ou à un homme, une commission enfin, on demande où est la marque de cette commission. Cette marque, selon Filmer, c'est la possession même du pouvoir. Car il prétend qu'il ne faut considérer que celui qui a le pouvoir en main, sans rechercher par quel moyen il y est arrivé, succession, élection, donation, ou même usurpation. Mais alors quelle nécessité de recourir au droit paternel et à une prétendue filiation héréditaire?

Filmer demande quand et comment les enfants deviennent libres de la puissance paternelle (2). S'il entend par là l'exemption du respect et de la reconnaissance, on répondra : Jamais ; mais s'il parle seulement de l'exemption du pouvoir absolu, on peut dire que ce pouvoir cesse quand les pères ne peuvent plus en faire usage. Ainsi, lorsqu'il y a plusieurs générations, les enfants ne peuvent obéir à la fois à leur père, à leur aïeul et à leur bisaïeul. D'ailleurs, la nature a établi elle-même cette émancipation, même chez les animaux les plus stupides. La poule quitte ses poussins aussitôt qu'ils sont en âge de cher-

(1) *Ib.*, sect. 20.
(2) *Ib.*, c. IV, sect. 4.

cher la nourriture. La vache laisse son veau à lui-même, dès qu'il est en état de paître. Pourquoi en serait-il autrement des hommes ?

Filmer objecte que si la souveraineté réside dans le peuple, elle ne peut résider que dans le peuple tout entier, et non dans une de ses parties ; par conséquent, il n'y a qu'un seul et même pouvoir dans tous les peuples du monde, et il faut que le genre humain s'assemble pour décider du choix d'un gouvernement. Mais cette objection peut être rétorquée contre le système de Filmer. En effet, puisque la souveraineté n'appartient de droit qu'à un seul homme, comment cette souveraineté a-t-elle pu être divisée, comme elle l'a toujours été, et l'est encore ? D'ailleurs en plaçant la souveraineté dans le peuple, on n'entend pas par là le genre humain tout entier, mais un nombre quelconque d'hommes qui jugent à propos de se réunir pour se gouverner par des lois communes. Enfin, si l'usurpation peut établir le droit d'un monarque, pourquoi n'établirait-elle pas le droit d'un peuple? Mais une telle rétorsion est inutile : car la liberté a été donnée par Dieu à chaque homme en particulier, et non au genre humain en corps (1).

Telles sont les principales objections que Sydney dirige contre le système chimérique de Filmer. Il triomphe sans difficulté de l'hypothèse du patriarcat. Quant à la doctrine de la monarchie absolue, il la combat par des arguments un peu vulgaires et sans nouveauté ; nous les négligerons donc pour nous attacher au vrai philosophe du libéralisme anglais à cette époque, à celui que le XVIIIe siècle a surnommé le sage Locke.

Aucun penseur n'a eu une plus grande influence au

---

(1) *Ib.*, sect. 5.

xviiie siècle que ce philosophe. En métaphysique, son *Essai sur l'entendement humain* a inspiré le *Traité des sensations* et toute la philosophie empirique et sensualiste du siècle. En religion, son *Traité du christianisme raisonnable* a été l'Évangile de tous les libres penseurs du temps. En pédagogie, son livre de l'*Éducation des enfants* est l'original de l'*Émile*. En politique enfin, son *Essai sur le gouvernement civil* a beaucoup servi à Montesquieu et à Jean-Jacques Rousseau.

Comme le *de Cive*, ou le *Leviathan*, l'*Essai sur le gouvernement civil* est à la fois un traité philosophique et un livre de parti. Hobbes écrivait contre la révolution d'Angleterre. Locke écrit pour la défendre et la justifier. Exilé en Hollande sous la restauration des Stuarts, attaché au parti du prince d'Orange, et rentré avec lui en Angleterre, après la révolution de 1688 (1), il a évidemment eu le dessein d'écrire un plaidoyer en faveur de cette révolution; mais, en même temps, son but est de poser des principes généraux applicables à tous les États et de composer un traité de droit politique.

L'ouvrage de Locke, publié en 1690, se composait de deux traités, dont l'un était une réfutation en règle du système de Filmer, et l'autre une exposition théorique des vrais principes du gouvernement civil. Cette réfutation de Filmer étant postérieure à celle de Sydney, nous la négligerons pour fixer surtout notre attention sur la partie dogmatique de la doctrine de Locke (1).

Hobbes avait le premier imaginé de chercher l'origine de la société civile dans un certain état naturel antérieur

---

(1) Voici le titre général de l'ouvrage : *Two treatises of government, in the former the false principles of Dr Robert Filmer and his followers are detacted and overthrown : the later is on essay concerning the true origine, extent and end of civil government*. Londres, in-8°. Traduction française de Coste. Amsterdam, in-12. 1755.

à cette société. Locke part de la même hypothèse, mais il essaye de la justifier (1).

On demande quand les hommes ont été dans l'état de nature et quand ils en sont sortis. Locke répond avec raison que les hommes sont dans l'état de nature quand ils n'ont point formé de société politique commune. Ainsi les princes et les États indépendants sont entre eux dans l'état de nature : car ils n'ont d'autres lois pour régler leurs rapports que la loi naturelle, ou la loi de la force. Même alliés, les souverains sont encore entre eux dans l'état de nature : car ce n'est pas toute convention qui met fin à l'état de nature, mais une certaine sorte de convention : un Suisse et un Indien qui se rencontrent dans les déserts de l'Amérique peuvent faire entre eux certains pactes sans entrer pour cela dans une même société politique. Ces conventions doivent sans doute être exécutées ; car la sincérité et la fidélité sont des obligations naturelles : mais elles n'ont point détruit l'état de nature. En un mot, l'état de nature est la relation qui existe entre les hommes en tant qu'hommes, abstraction faite de toutes les relations de la société civile. Dans ce sens, l'état de nature n'a jamais cessé et ne cessera jamais ; car tous les hommes sont hommes avant d'être citoyens d'un pays.

L'état de nature n'est donc pas une sorte d'état sauvage, où les hommes n'obéissent qu'à la loi de la force et du besoin. C'est un état qui, pour ne pas avoir de lois civiles et politiques, n'est pas absolument sans lois. Il existe une loi de nature antérieure et supérieure à toutes les lois sociales, commandant aux passions individuelles, et obligatoire pour tous les hommes. Dans cet état primitif, tous, il est vrai, sont libres et égaux ; mais leur liberté ne con-

---

(1) *Essai sur le gouvernement civil*, c. I.

siste pas à pouvoir faire tout ce qui leur convient, ni à satisfaire leurs désirs par tous les moyens. Car étant libres et égaux, la loi naturelle leur défend de se détruire et de s'asservir les uns les autres. Ainsi, il y a une société naturelle entre les hommes, même avant l'institution de la société civile ; et rien n'est plus différent de l'état de nature selon Hobbes, que l'état de nature selon Locke. D'après le premier, l'homme est affranchi de toute obligation et investi d'un droit universel, qui, l'armant contre les autres hommes, arme également ceux-ci contre lui : tous les principes de la société sont donc l'effet de la convention. Selon Locke, au contraire, ces principes tiennent à la nature même, et il n'y aurait point de société civile, s'il n'y avait d'abord une société naturelle.

Il suit de là que l'état de nature n'est pas l'état de guerre (1). L'un peut exister sans l'autre. L'état de nature existe lorsque les hommes vivent conformément à la raison, sans aucun supérieur sur la terre, qui ait autorité pour juger leurs différends. Mais ce qui produit l'état de guerre, c'est une violence ouverte soit contre la vie, soit contre la liberté d'un autre homme. Or un tel état peut se rencontrer aussi bien dans la société civile que dans l'état de nature. Un voleur qui attaque nuitamment une maison habitée se met en état de guerre avec le propriétaire, et lui donne droit de guerre sur lui. Cet état n'est donc pas essentiel à l'état de nature ; et par conséquent, il n'est pas plus légitime dans l'état de nature que dans la société civile. Or, chacun ayant le devoir de se conserver a par là même le droit de se préserver de toute attaque, et peut répondre à la force par la force. Il n'est pas même nécessaire que ce soit à ma vie que mon adver-

---

(1) *Ib.*, c. II.

saire s'attaque pour que j'aie le droit d'employer la force contre lui : s'il en veut à ma liberté, je dois le repousser de même : car la liberté étant le fondement de tout le reste, celui qui veut me ravir la liberté, me prend le tout.

Au droit de défense se rattache le droit de punir (1). Dans l'état de nature, chacun est tenu d'assurer l'exécution des lois de nature, c'est-à-dire de contribuer à la conservation du genre humain. Aussi Locke n'hésite-t-il pas à déclarer que tout homme a le droit de protéger l'innocent et de punir le coupable ; car celui qui viole les lois se déclare par là même l'ennemi du genre humain, et par conséquent de chaque homme en particulier. Et ainsi chaque homme est intéressé à punir l'offense et à en exiger la réparation. Mais cette punition, il la doit infliger sans colère, telle que la raison tranquille et la pure conscience la lui dictent naturellement et en proportion de la faute commise. Si l'on doute d'un pareil droit, que l'on explique comment un prince peut faire périr pour un crime commis dans ses États un étranger qui n'est pas soumis à ses lois ; ce ne peut être que du droit de la nature. On peut objecter encore que c'est une chose très-déraisonnable que les hommes soient juges dans leur propre cause. Mais c'est là un des inconvénients nécessaires de l'état de nature, et une des causes déterminantes de la société civile.

Parmi les droits naturels qui sont antérieurs à tout établissement politique, et que chaque homme peut défendre contre toute attaque, en vertu du droit de nature, l'un des premiers est le droit de propriété (2).

La théorie de la propriété est un des points les plus neufs et les plus forts du livre de Locke. La question de

(1) *Ib.*, c. I.
(2) *Ib.*, c. IV.

la propriété avait eu une grande place dans la révolution d'Angleterre ; et c'était en partie au nom de ce droit que la révolution s'était faite. « Liberty and propriety, dit Voltaire, voilà la devise des Anglais ; elle vaut bien : Montjoye et Saint-Denis. » Le roi Charles Ier avait porté atteinte à ces deux principes en voulant établir des taxes sans l'autorité du parlement. C'est la même cause qui amena plus tard la révolution américaine. Ce qui explique en grande partie le caractère précis et déterminé de ces deux révolutions, c'est qu'elles ont eu lieu pour des causes précises. La révolution française, au contraire, semble être infinie comme les causes qui l'ont fait naître. Quoi qu'il en soit, la révolution d'Angleterre a été faite en partie au nom du droit de propriété ; c'est pourquoi Hobbes déclare que c'est un droit séditieux. Ainsi, ce principe qui, dans d'autres temps, paraît, et avec raison, le principe conservateur par excellence, a dû se défendre d'être un principe anarchique et subversif.

Si, comme le dit l'Écriture, « Dieu a donné la terre aux fils des hommes, » il semble difficile de comprendre comment les personnes particulières peuvent avoir quelque chose en propre. C'est là pourtant ce qui a lieu en fait, et, suivant Locke, ce qui est légitime en droit, sans qu'il soit besoin d'aucun accord particulier fait entre ceux qui possèdent.

Quel est donc le principe par lequel, sans convention aucune, sans l'intervention de l'autorité et de la loi, l'homme devient propriétaire dans la communauté universelle ? Ce principe est le travail. « Encore que la terre et les créatures inférieures soient communes, chacun pourtant a un droit particulier sur sa propre personne. Le travail de son corps et l'ouvrage de ses mains, nous le pouvons dire, sont son bien propre. Tout ce qu'il a tiré de l'état de nature par sa peine et son industrie appartient à lui seul ; car cette peine et cette industrie étant sa peine et son industrie propre, personne ne saurait avoir droit sur ce qui a été acquis par cette peine et cette industrie, surtout s'il reste aux autres assez de semblables et d'aussi bonnes choses communes. »

Cette dernière restriction est des plus graves, et elle touche aux points les plus délicats de la théorie de la propriété. Mais négligeons-la quant à présent pour démêler le principe nouveau que Locke introduit dans cette matière. Avant lui, je ne vois pas que l'on ait jamais fondé la propriété sur d'autres principes que l'occupation ou la loi. Locke voit plus loin et plus profondément en démêlant dans l'occupation elle-même un fruit du travail. En effet, cueillir un fruit, c'est prendre une peine, c'est faire un effort : c'est un commencement d'industrie ; celui qui a pris cette peine, à l'exclusion de tout autre, a donc la propriété de ce fruit ; il l'a mis hors de l'état commun. Dira-t-on que pour rendre cette appropriation légitime, il faut le consentement commun ? Mais en vertu de ce principe aucune appropriation ne serait possible dans l'usage des choses communes. Dans un pâturage commun, l'herbe mangée par mon cheval devient mon bien propre, sans aucun autre accord que celui qui a mis la chose en commun. L'eau qui coule à la fontaine publique est à tous ; mais si j'en ai rempli une cruche, l'eau que j'ai puisée est à moi, sans le consentement de personne : ou autrement l'usage n'en est pas commun.

Ainsi se fait l'appropriation pour les fruits de la terre ; en est-il de même pour la terre elle-même ? Sans aucun doute. Autant je puis ensemencer et labourer d'arpents de terre, autant j'en puis posséder. Par mon travail, je rends ce bien-là mon bien particulier, et je le distingue

de ce qui est propre aux autres et commun à tous. Ce droit d'appropriation n'a pas besoin du consentement des autres hommes. Mais la nature en imposant à l'homme l'obligation de travailler, lui permet par là même, *ipso facto*, de considérer comme sien ce qu'il a modifié, amélioré, utilisé par son travail. Car on ne peut croire que Dieu ait donné la terre à l'homme pour qu'elle reste entre ses mains commune et sans culture, ce qui arriverait si celui qui travaille n'a pas un droit de plus que celui qui ne travaille pas.

D'ailleurs, il est bien évident que c'est le travail qui donne du prix aux choses. C'est Locke qui, avant Adam Smith, a le premier avancé cette doctrine économique, que le principe de la valeur est dans le travail. Comme lui, il estime la richesse des nations par la quantité de travail qu'elles exécutent : « Qu'on fasse différence, dit-il, entre un arpent de terre où on a planté du tabac ou du sucre, ou semé du blé ou de l'orge, et un arpent de la même terre qui est laissé commun, sans propriétaire qui en ait soin, et l'on sera convaincu que les effets du travail font la plus grande partie de la valeur de ce qui provient des terres. Je pense que la supputation sera bien modeste, si je dis que des productions des terres cultivées neuf dixièmes sont les effets du travail. La conséquence de cette doctrine, c'est que je suis bien de droit propriétaire de la chose que mon travail a créée. Car je puis dire que j'ai créé ce qui sans moi serait absolument inutile. Un champ en friche n'est rien ; il ne devient quelque chose que par le travail humain. Il appartient donc de droit à celui qui l'a ensemencé et fécondé. »

Mais ce droit d'appropriation est-il sans limites ? Locke en pose une qui est de la plus grande importance. Je suis propriétaire, dit-il, des choses que j'ai acquises par mon industrie *s'il reste aux autres de semblables et d'aussi bonnes choses communes.* Il ajoute que « si l'on passe les bornes de la modération et que l'on prenne plus de choses qu'on n'en a besoin, on prend ce qui appartient aux autres. » Ainsi, il affirme que, d'après le droit naturel, celui qui s'appropriant plus de fruits qu'il n'en peut manger, les laisse se corrompre, usurpe la part de son voisin. De même, celui qui, ayant un champ, laisse l'herbe se pourrir et les fruits se perdre, perd par là même la propriété de sa chose; et cette terre, quoique fermée de clôture, doit être considérée comme une terre en friche. Mais si, ayant obtenu par mon travail un très-grand nombre de fruits, j'en conserve une part pour moi-même, et que je donne à autrui la part que je ne puis consommer moi-même, je dois être considéré comme en faisant un légitime usage ; et si j'échange ces fruits, qui sont corruptibles, contre d'autres objets qui ne le sont pas, je conserve mon droit de propriété sur ces objets, puisque je ne les ai point retirés de l'usage commun.

Locke impose donc deux conditions au droit de propriété : la première, c'est de ne point laisser périr la chose entre ses mains; la seconde, dont il paraît à peine avoir aperçu la gravité, c'est qu'en s'appropriant certaines choses, j'en laisse encore assez pour les autres. Cette condition lui paraît la chose du monde la plus simple, et il n'y voit aucune difficulté: « En s'appropriant, dit-il, une terre par son travail et par son adresse, on ne fait tort à personne, *puisqu'il en reste toujours assez et d'aussi bonnes et même plus qu'il n'en faut à un homme qui ne se trouve pas pourvu...* Qui, je vous prie, s'imaginera qu'un autre homme lui fait tort en buvant, même à grands traits, de l'eau d'une grande et belle rivière, qui, subsistant toujours tout entière, contient et présente infiniment plus d'eau qu'il ne lui en faut pour étancher sa soif? *Or, le cas est ici le même; et ce qui est vrai à l'égard de l'eau, l'est aussi à l'égard de la terre.* » Mais l'identité est au contraire très-contestable. L'eau du fleuve est indéfinie; la terre ne l'est pas. En supposant que la terre soit exactement d'une étendue proportionnée au nombre de ses habitants, et qu'en se la partageant, les hommes soient assurés d'avoir chacun de quoi subsister, de quoi cela me sert-il, si le pays où je nais étant déjà partagé, je ne puis trouver la part qui me revient que dans un pays éloigné, sauvage, en friche, dont je suis séparé par mille obstacles? Que dans les sociétés nouvelles, en Amérique, par exemple, il y ait en effet plus de terre que d'habitants, et que l'appropriation de l'un puisse ne pas nuire à un autre, je le veux bien. En est-il de même dans les vieilles sociétés? Tous ceux qui naissent trouvent la terre occupée, et ne peuvent en avoir leur part que par l'héritage ou par l'échange; or l'héritage n'est pas donné à tous, et n'est qu'un déplacement. Il reste la ressource des émigrations. Mais, pour beaucoup, ce n'est que la ressource de la mort. Il n'est donc pas vrai en fait qu'il y ait assez de terre pour tout le monde; par conséquent, si l'appropriation de la terre n'est légitime qu'à la condition d'en laisser aux autres, autant dire qu'une telle appropriation n'est pas légitime.

Ce serait là un problème sans issue; et Locke, en voulant limiter le droit de propriété, l'aurait détruit, s'il n'y avait de véritable propriété que la propriété du sol. Car cette propriété étant limitée est par là même exclusive. Mais la propriété a mille formes; et peu importe d'avoir le sol en réalité, si l'on a une valeur égale qui le représente. Or les valeurs qui peuvent être appropriées par l'homme sont véritablement infinies, et croissent incessamment avec l'industrie même de l'homme. Celui qui n'a point de terres ou de maisons peut avoir des marchandises. Celui qui n'a pas de marchandise peut avoir des métaux; et enfin les métaux eux-mêmes, étant en nombre limité, sont multipliés à leur tour par leur représentation en papier. Et si j'ai dans mon portefeuille cent billets de mille francs, je suis aussi riche par le fait que si je possédais une maison de cent mille francs; car ces billets m'offrent à la vérité moins de sécurité, puisqu'ils peuvent être perdus, volés ou dépréciés, mais aussi ils offrent bien plus de commodité, puisque je puis les appliquer immédiatement à mes besoins, et même, si je veux, les échanger contre une maison. Ainsi, par le fait, celui qui s'approprie le sol n'empiète point sur le droit des autres, puisqu'il leur reste encore un nombre considérable et même indéfini de choses qu'ils peuvent s'approprier, à la condition de travailler. C'est dans ce sens que la restriction apportée par Locke est exacte. Mais si l'on ne considérait que la propriété immobilière, le principe de Locke conduirait tout droit au communisme.

On conteste le principe du travail, et l'on dit : Le travail suppose une matière déjà appropriée, et par conséquent une occupation. Mais je demande ce que c'est que l'occupation, si ce n'est une sorte de travail? Lorsque Christophe Colomb occupait l'Amérique, n'était-ce pas un travail que cette expédition entreprise avec tant d'audace, de péril et de persévérance? Si je m'empare d'un fruit, l'acte de le cueillir n'est-il point un travail? Il l'est si bien qu'il peut devenir une industrie. J'ai beau chercher, je ne vois qu'une seule occupation qui ne serait pas un travail : ce serait celle de l'enfant nouveau-né, qui resterait à la place où sa mère l'aurait déposé à sa venue au monde. Mais si de cette première place il s'avance en se traînant à une place voisine, cette nouvelle occupation est déjà un commencement de travail, et une conquête de la volonté humaine.

Quel que soit d'ailleurs le vrai principe de la propriété, ce que l'on doit admirer dans Locke, c'est d'avoir établi que ce principe est antérieur à la loi civile, que la loi peut le consacrer et le garantir, mais non le fonder.

On doit s'attendre à rencontrer un adversaire de l'esclavage dans un partisan aussi déclaré du droit de propriété. Ces deux choses se tiennent en effet. Là où nous verrons défendre le principe de l'esclavage, le droit de propriété sera ou abandonné, ou mal expliqué et ramené à de faux principes. J'excepte les juristes qui établissent le droit sur le fait, et qui défendent à la fois la propriété et l'esclavage par cette unique raison que l'un et l'autre sont des faits.

Tous les hommes étant libres et égaux dans l'état de nature, aucun n'a de domination naturelle sur un autre homme, encore moins une domination absolue (1). En effet, le premier devoir étant de se conserver, nul n'a droit sur sa propre vie, et ne peut transmettre à un autre ce droit qu'il n'a pas, ni par conséquent lui livrer sa liberté naturelle, seule garantie de sa conservation. Locke fait cependant une exception à ce principe, c'est le pouvoir qu'il accorde sur un criminel, ou sur un prisonnier de guerre; il reconnaît dans ces deux cas le pouvoir absolu du maître, sauf convention. Mais c'est là une concession imprudente; car c'est précisément sur ce droit de guerre que les juristes fondent l'esclavage.

Il y a cependant un pouvoir qui a son fondement dans

---

(1) *Ib.*, c. III.

la nature, et qui semble à quelques-uns le principe de tous les autres. C'est le pouvoir paternel (1). On s'autorise de l'exemple de ce pouvoir pour transporter à la société ce qui est vrai de la famille, et attribuer au chef d'État l'autorité absolue d'un père. Mais il faut avoir soin de remarquer que cette autorité même est partagée dans la famille entre le père et la mère : ce qui diminue déjà le caractère absolu qu'on lui attribue. De plus, elle n'est pas sans limite. L'enfant n'appartient pas à son père, comme un esclave à son maître. Ce qui fait sa sujétion, c'est sa faiblesse, c'est son ignorance. Le pouvoir du père lui a été donné, non pour dominer, mais pour veiller sur son fils, pour l'élever, faire de lui un homme, c'est-à-dire un être libre. La liberté est fondée sur la raison : du jour où l'on peut supposer que l'homme est capable de comprendre les lois civiles ou naturelles, règles de la créature raisonnable, il est libre, et le pouvoir paternel n'a d'autre fin que de le conduire à cet état de raison et de liberté. La vraie mesure du droit paternel est dans le soin que le père prend de l'enfant ; s'il le néglige, s'il le maltraite, quelque sacrée que soit son autorité, elle cesse pourtant, et la société, dans certains cas, hérite de son droit. La limite du pouvoir paternel est donc le devoir même auquel il est obligé envers l'enfant. Il peut tout ce qui est utile à l'enfant, rien de ce qui lui est nuisible, tout pour préserver sa vie, développer ses forces, agrandir son esprit, former ses mœurs ; rien contre son intelligence, sa santé ou sa vie. A vrai dire, l'autorité paternelle est un devoir plutôt qu'un pouvoir. Aussi le pouvoir cesse-t-il, lorsque le devoir est accompli. Alors les rapports du père et du fils sont changés. Ce n'est plus le père qui a le devoir, c'est

(1) *Ib.*, c. IV.

l'enfant, devoir de reconnaissance, de secours, de protection, etc. Le père n'a plus de devoirs, mais il a des droits. Le fils devient alors libre de la domination paternelle ; il a la pleine et entière disposition de lui-même, de sa personne, de ses biens ; ses nouveaux droits n'ont pour limite que son devoir. Si l'on s'étonne que la soumission du fils puisse se changer en liberté, que l'on nous explique comment, dans le système de la monarchie absolue, le roi peut échanger la soumission à sa nourrice, à son tuteur, à ses précepteurs, contre l'indépendance souveraine qu'on lui attribue ; et si quelque partisan de la monarchie absolue nous demande à quel âge le fils devient homme libre, nous répondrons : Précisément à l'âge où votre monarque devient souverain.

Ainsi l'exception que l'on oppose à la liberté naturelle des hommes prouve en faveur de cette liberté. Il faut donc reconnaître que, dans l'état de nature, les hommes sont libres et égaux, qu'ils ont les uns envers les autres des devoirs, et les mêmes devoirs ; qu'ils se réunissent en familles, où le pouvoir est déterminé par le devoir, et l'obéissance limitée par le droit : qu'ils ont un droit naturel de propriété fondé sur leur travail, un pouvoir naturel de punir ceux qui leur ont fait injustice, et qu'aucun homme n'a un droit de domination sur un autre homme. Voilà la société primitive, celle qui suffirait à l'homme, si la méchanceté des uns et la faiblesse des autres ne nécessitait l'établissement de certaines garanties de ceux-ci contre ceux-là. C'est dans ce but qu'est établie la société civile.

La société civile ou politique existe, lorsque les particuliers se sont dépouillés du droit de punir, c'est-à-dire de venger eux-mêmes leurs injures, et qu'ils ont remis ce pouvoir à la société tout entière (1). On voit ici encore l'opposition de Hobbes et de Locke. Selon le premier, les citoyens se démettent de tous leurs droits en faveur de la société ; il ne leur reste que ceux que le pouvoir public veut bien leur laisser et leur garantir. Selon Locke, la société n'hérite pas de tous les droits des citoyens, mais seulement du droit de punir et de faire justice; et l'usage de ce droit a pour règle les droits naturels des particuliers.

Aussitôt que la société est constituée, elle est armée de plusieurs pouvoirs essentiels à son existence : 1° le pouvoir de déterminer les offenses, la compensation, la réparation et la peine; ce qui est le *pouvoir législatif;* 2° le pouvoir d'exécuter les lois, et de faire ce qui est convenable pour la protection des intérêts particuliers et publics, ce qui est le *pouvoir exécutif;* 3° le pouvoir de faire la paix ou la guerre, ce qui est le *pouvoir confédératif,* uni ordinairement à l'exécutif. Armée de tous ces pouvoirs, la société civile ou politique est constituée (2).

Le principe de la société civile est et ne peut être que le consentement commun (3). En effet, tous les hommes étant originairement indépendants, ne peuvent être soumis à une domination quelconque que de leur plein consentement. Sans ce consentement, il n'y a point de société, puisque le droit de guerre continue de subsister dans toute sa force ; ou bien il n'existe qu'une société apparente, où le chef, roi par la force, subi par la faiblesse, ne domine encore que par le droit de guerre. Fait-on dériver la domination politique de la domination paternelle, nous avons montré déjà le vice de cette opinion. A

---

(1) *Ib.*, c. vi, xi.
(2) *Ib.*, c. xi.
(3) *Ib.*, c. vii.

un certain âge, les enfants sont libres et n'obéissent plus au pouvoir paternel que volontairement. Lors même que l'on admettrait, ce qui est possible, qu'à l'origine, le pouvoir politique s'est confondu avec le pouvoir paternel, cela n'ôterait pas aux sujets, c'est-à-dire aux associés, le droit primitif de ne former une société, de n'obéir à une certaine domination, de n'exécuter certaines lois que de leur consentement. Il est vrai qu'il faut distinguer le consentement exprès et le consentement tacite. Il n'est pas nécessaire, pour qu'une société subsiste, que chaque membre donne explicitement son consentement, il suffit qu'il le donne en jouissant des lois du pays où il vit, en en réclamant la protection, en se soumettant au chef de l'État, soit que celui-ci ait été choisi par la société, soit qu'il gouverne selon une succession régulièrement établie.

Il suit de là que la monarchie absolue n'est pas le seul gouvernement légitime. Elle est si loin même d'être le meilleur gouvernement, que l'on peut douter qu'elle soit une forme de gouvernement civil. En effet, l'état de nature subsiste tant qu'il n'y a pas d'autorité commune à laquelle on puisse appeler des injures reçues. Or, dans une monarchie absolue, tel est l'état des sujets par rapport au prince. Il est donc à leur égard dans l'état de nature; encore dans l'état de nature, chacun a-t-il le pouvoir de venger soi-même ses injures, tandis que dans la monarchie absolue, on est esclave et sans défense. Il y en a qui disent que le pouvoir absolu purifie et élève la nature humaine. Mais il suffit de lire l'histoire de ce siècle (on voit que Locke a devant les yeux le gouvernement des Stuarts), pour s'assurer du contraire. Un homme qui, dans les déserts de l'Amérique, serait insolent et dangereux, ne deviendra point meilleur sur le trône, surtout si le savoir et la religion sont employés à justifier tout ce qu'il peut faire à ses sujets, et si la corde et le glaive imposent la nécessité du silence à ceux qui y trouveraient à redire. Il est vrai que, dans les monarchies absolues, comme dans les autres gouvernements, les sujets ont des lois pour régler leurs différends. Mais il ne faut point attribuer ces lois à l'amour des princes pour leurs sujets; leur but est d'empêcher que ces animaux dont le travail et le service sont destinés aux plaisirs de leurs maîtres, ne se fassent du mal les uns aux autres, et ne s'entre-détruisent. Que si quelqu'un s'avise de demander quelles seront les garanties des sujets contre ce roi absolu, il recevra cette réponse : « Qu'une telle demande mérite la mort. » Mais n'est-il pas absurde de supposer que les hommes, en sortant de l'état de nature, seraient tous convenus de se soumettre aux lois, un seul excepté, qui conserverait toute la liberté primitive, accrue par le pouvoir et l'impunité? Ce serait croire que les hommes ont voulu se garantir contre les fouines et les renards, mais qu'il leur serait doux d'être dévorés par les lions (1).

Cette violente invective contre la monarchie absolue indique bien la date du traité de Locke, et nous montre que ce n'est pas seulement un traité philosophique, mais un ouvrage de parti. C'est le langage qui suit ou qui précède une révolution.

Pour déterminer la juste limite des pouvoirs politiques, il faut connaître la fin de la société politique. En effet, nous l'avons dit déjà, la limite d'un pouvoir, c'est le devoir. Si l'on donne à une personne un pouvoir pour une certaine fin, elle a le droit de se servir de ce pouvoir pour tout ce qui est utile à cette fin, et non pour ce qui lui est contraire.

(1) *Ib.*, c. vi, xiv-xvii.

La fin de la société civile, c'est la conservation des *propriétés*, c'est-à-dire de ce que chacun possède en propre, la vie, la liberté et les biens. Or il serait insensé que le gouvernement institué par l'accord volontaire des hommes pour la conservation et la protection de leur liberté, de leurs biens, de leur vie, usât de son pouvoir contre ces propriétés mêmes. Il serait absurde que chacun renonçât au pouvoir naturel de résister, de se défendre, de contraindre et de punir, et livrât en même temps tous les droits, pour la protection desquels il abandonne ce pouvoir. Ainsi le pouvoir souverain dans une société, quel qu'il soit, ne peut rien contre l'objet même de son institution. Que s'il va contre cet objet, il se met en état de guerre avec la société, et il rétablit lui-même l'état de nature qu'il était appelé à terminer. Il y a donc une limite au pouvoir souverain. C'est la limite même des lois de la nature pour la défense desquelles il existe (1).

Nous avons vu que la société civile possède trois pouvoirs : le pouvoir *législatif*, le pouvoir *exécutif*, et le pouvoir *confédératif*. De ces trois pouvoirs, c'est le pouvoir *législatif* qui est le pouvoir suprême et souverain. Car c'est lui qui prescrit des règles pour toutes les actions, et c'est de lui que dérive le pouvoir de punir. Ainsi la première loi fondamentale de la société civile, c'est l'établissement du pouvoir législatif.

Mais quoique le pouvoir législatif soit souverain, il n'est cependant pas absolu ; car ce pouvoir n'étant en fin de compte que le pouvoir de chacun multiplié par celui de tous ne peut être plus grand que celui que chacun avait originairement. Or personne n'a sur soi-même ni sur les autres un pouvoir absolu et arbitraire. Nul ne peut s'ôter

(1) *Ib.*, c. VIII.

la vie à soi-même; nul ne peut se rendre esclave d'un autre homme. Le pouvoir législatif, qui n'est institué que pour la défense de chacun, ne peut donc servir à détruire, à appauvrir et à ruiner. « Les lois de nature subsistent toujours comme des règles éternelles pour tous les hommes, *pour les législateurs aussi bien que pour les autres.* » En second lieu, le pouvoir législatif ne doit point décider par des décrets particuliers et instantanés, mais par des lois générales. En troisième lieu, le pouvoir législatif n'a pas le droit de se saisir des biens propres d'un particulier sans son consentement. Autrement, mes biens ne seraient plus à moi. Car, à vrai dire, « je ne suis pas le propriétaire de ce qu'un autre est en droit de me prendre sans mon consentement. Il est vrai que les gouvernements ont à faire face à de grandes dépenses, et par conséquent ont besoin de beaucoup d'argent; et il faut bien que chacun donne à proportion de ses biens pour la défense du gouvernement. Mais il faut pour cela le consentement du plus grand nombre, et nul pouvoir n'a le droit de lever des taxes sur le peuple, de sa seule autorité. » Enfin, l'autorité législative ne peut pas transmettre à d'autres le pouvoir de faire les lois (1).

Telles sont les limites du pouvoir législatif, quel qu'il soit, et en quelques mains que le peuple l'ait déposé, prince, corps de nobles, assemblée de représentants. Quels sont maintenant ses rapports avec le pouvoir exécutif? Dans cette question, Locke descend un peu des principes abstraits et spéculatifs, et il s'applique surtout à faire comprendre les rapports des deux pouvoirs dans la constitution anglaise (2).

Le pouvoir législatif est le seul souverain; mais il est

(1) *Ib.*, c. x.
(2) *Ib.*, c. xii et xiii.

des États où il n'est pas toujours sur pied, et où une personne est chargée du pouvoir exécutif; dans ces États, cette personne a également part au pouvoir législatif; elle est donc en quelque façon souveraine, d'abord parce qu'elle a le pouvoir souverain de faire exécuter les lois, et en second lieu, parce qu'il n'y a aucun souverain législatif au-dessus d'elle, et qu'on ne peut faire aucune loi sans son consentement. Mais tout en ayant sa part du pouvoir législatif, elle lui est subordonnée; elle lui doit compte de ses actes, et le pouvoir législatif peut la changer, la remplacer et même la punir si elle a usé de son pouvoir contrairement aux lois. Il est vrai que c'est au pouvoir exécutif à convoquer le législatif; mais ce n'est là qu'une marque de confiance publique, et non un signe de suprématie. En effet, d'une part, la perpétuité des assemblées législatives est pleine d'inconvénients; de l'autre, il est impossible de fixer d'avance le moment opportun des convocations. Il faut donc laisser ce soin à quelqu'un, et ce devoir revient évidemment à celui qui est investi du pouvoir exécutif.

La séparation du pouvoir législatif et du pouvoir exécutif oblige encore de laisser à la discrétion de ce dernier une multitude de choses qui ne sont pas prévues. C'est ce qu'on appelle la *prérogative*, principe dont les Stuarts ont tant abusé contre les libertés publiques. Les lois elles-mêmes cèdent quelquefois au pouvoir exécutif; il doit pouvoir, par exemple, en adoucir la sévérité; il doit pouvoir faire, pour le bien public, tout ce qui est utile, fût-ce ce qui n'est point prescrit par les lois, et enfin, dans certaines conjonctures, se dispenser de l'exécution des lois. La loi du salut du peuple exige donc que l'on laisse beaucoup de choses à la prudence du pouvoir exécutif, puisque le pouvoir législatif n'est pas toujours sur pied. Mais il est évident qu'une telle prérogative n'est pas donnée au pouvoir pour en user à sa fantaisie, mais seulement à l'avantage du peuple. Il est vrai que quelques-uns considèrent la prérogative comme un droit absolu, et qu'ils prétendent que le peuple a empiété sur la prérogative, lorsqu'il a entrepris de la régler par des lois positives. Ils ne voient point que ce pouvoir n'est pas une chose qui appartienne au prince de droit, mais une nécessité fondée sur l'intérêt public, et qui doit être réglée selon cet intérêt, de sorte que si le prince en abuse, le peuple n'empiète pas sur son droit en limitant sa prérogative, mais il reprend seulement une partie du pouvoir indéfini qu'il lui avait laissé. Autrement, le peuple ne serait plus une société de créatures raisonnables, mais un troupeau de créatures inférieures. Comme on ne peut pas supposer que le peuple se soumette volontairement à une pareille condition, il est évident que la prérogative ne peut être fondée que sur la permission du peuple; elle est une faveur, et non un droit. Il faut donc définir la *prérogative*, le pouvoir de faire le bien public sans règlements et sans lois. Mais enfin, qui jugera si le pouvoir exécutif a fait un bon usage de sa prérogative? Cette question en soulève une bien plus générale : quel est le juge des actes du gouvernement, non-seulement du pouvoir exécutif, mais encore du législatif?

Nous avons vu que c'est le peuple qui institue le pouvoir législatif, et que ce pouvoir, une fois institué, est le souverain de fait. Mais il ne faut pas croire que le peuple abdique par le fait même de cette institution. C'était la doctrine de Hobbes et de Suarez : l'un et l'autre prétendent que le peuple, aussitôt qu'il a institué un gouvernement, cesse d'être souverain et devient sujet, qu'il perd par là tout droit de juger ou de contrôler le gouvernement, enfin qu'il a conféré un droit absolu, dont celui-ci ne peut pas mal user : car on ne fait pas d'injustice à celui qui a d'avance consenti à tout. Il n'en est pas ainsi, selon Locke ; le peuple qui institue un gouvernement pour se faire protéger, ne peut pas lui abandonner tous ses droits ; car ce serait un contrat absurde et contre la nature des choses. Ainsi le peuple ne peut pas se démettre de son droit de souveraineté, et il conserve toujours le droit de se préserver contre toutes les entreprises, même de ses législateurs, s'ils se servaient du pouvoir qui leur est confié, contre lui et non pour lui ; et quoique dans aucune constitution le peuple ne soit juge, et n'ait pas de pouvoirs légaux, cependant, en vertu d'une loi qui précède toutes les lois positives, il s'est réservé implicitement un droit, c'est, lorsqu'il n'y a point d'appel sur la terre, le droit d'examiner s'il a juste sujet d'*en appeler au ciel* (1).

Il est aisé de comprendre ce que Locke entend par le droit d'en appeler au ciel ; c'est le droit dont le peuple anglais avait deux fois fait usage, la première contre Charles Ier, la seconde contre Jacques II. En un mot, c'est le droit de résistance ; c'est le principe du droit mystérieux des révolutions.

Locke a évidemment devant les yeux la révolution anglaise, lorsqu'il essaye de démontrer ce droit suprême des sociétés politiques. Car, pour fixer les idées, il suppose une certaine forme de gouvernement, composée, dit-il, d'un prince, d'une noblesse, d'une assemblée de représentants, et il se demande quel droit resterait au peuple dans certains cas qu'il imagine : 1° lorsque le prince chargé du pouvoir exécutif, et coopérant au pouvoir lé-

(1) *Ib.*, c. XIII, x

gislatif, met sa volonté à la place des lois, c'est-à-dire usurpe à lui seul le pouvoir législatif ; 2° lorsque le prince chargé de convoquer l'assemblée législative, en empêche la réunion, ou entrave sa liberté ; 3° lorsque le prince de son plein pouvoir change les électeurs, ou le mode d'élection ; 4° enfin, lorsque le peuple est livré et assujetti par le prince à une puissance étrangère. Dans tous ces cas, le pouvoir législatif est altéré. Or la puissance législative est l'âme du corps politique ; c'est elle qui maintient la vie de ce corps ; si elle est changée, le corps se dissout, et le peuple rentre dans sa liberté, et dans le plein droit de songer à sa conservation et de pourvoir à ses besoins. Il a donc le droit d'ériger une puissance législative nouvelle.

Mais ce n'est pas seulement contre le pouvoir exécutif, mais encore contre les abus et les empiétements du pouvoir législatif que le peuple a le droit de se défendre. Ainsi, lorsque les législateurs s'efforcent de ravir et de détruire les choses qui appartiennent en propre au peuple, ils se mettent avec lui en état de guerre ; et il est dès lors exempt de toute obéissance, et a droit de recourir à la résistance.

On oppose que le peuple étant ignorant, c'est exposer l'État à une ruine certaine que de l'autoriser à changer la forme du gouvernement toutes les fois qu'il se croirait offensé. « Je réponds, dit Locke, qu'il est très-difficile de forcer le peuple à changer la forme du gouvernement à laquelle il est habitué. » Cette hypothèse, dit-on encore, est de nature à produire toutes sortes de rébellions. Mais à cette objection on peut faire plusieurs réponses : 1° lorsqu'un peuple est misérable sous un gouvernement arbitraire, il est aussi disposé à se soulever, dès que l'occasion s'en présente, qu'un autre peuple qui vit sous certaines lois, qu'il ne veut pas souffrir qu'on viole. Qu'on élève les rois autant que l'on voudra ; qu'on leur donne tous les titres magnifiques et pompeux qu'on a coutume de leur donner; qu'on parle d'eux comme d'hommes divins, descendus du ciel et dépendant de Dieu seul, un peuple maltraité ne laissera pas néanmoins passer l'occasion de se délivrer de ses misères. 2° De telles révolutions n'ont pas lieu pour de petites causes, et le peuple même en laisse passer de très-grandes avant de se soulever. 3° Le peuple, en changeant le pouvoir législatif, élève lui-même le plus fort rempart contre la rébellion : car les vrais rebelles sont ceux qui violent les lois.

Si l'on oppose la paix dont on jouit sous un gouvernement arbitraire aux désordres des rébellions, il faudra donc considérer la caverne de Polyphème comme un modèle parfait d'une paix semblable. Le gouvernement auquel Ulysse et ses compagnons se trouvaient soumis était le plus agréable du monde ; ils n'y avaient autre chose à faire qu'à souffrir avec quiétude qu'on les dévorât ! Et qui doute qu'Ulysse, qui était un personnage si prudent, ne prêchât alors l'obéissance passive et n'exhortât à une soumission entière en représentant à ses compagnons combien une pareille paix est importante et nécessaire aux hommes, et que d'inconvénients surviendraient s'ils entreprenaient de résister à Polyphème, qui les avait en son pouvoir ?

Enfin, celui qui emploie le premier la force contre le droit se met par là même en état de guerre avec celui qu'il attaque : dès lors, tous les liens, tous les engagements précédents sont rompus ; tout autre droit cesse, hors le droit de se défendre. Nous revenons enfin à la question posée plus haut : Qui jugera si le prince ou le pouvoir législatif passe l'étendue de son pouvoir ? Locke n'hésite pas à répondre que c'est le peuple. « Car, dit-il, qui est-ce qui pourra mieux juger si l'on s'acquitte bien d'une commission que celui qui l'a donnée? Certainement Dieu est le seul juge de droit. Mais cela n'empêche pas que chaque homme ne puisse juger pour soi-même et décider si un autre homme s'est mis en état de guerre avec lui, et s'il a droit d'appeler au souverain juge, comme fit Jephté. En un mot, c'est à la partie offensée de juger pour elle-même (1). »

C'est ainsi que finit l'*Essai sur le gouvernement civil*; et il n'est pas malaisé de reconnaître dans ce plaidoyer du sage Locke en faveur d'un des droits les plus redoutables que puisse exercer la société, l'influence des événements qui avaient remis le pouvoir entre les mains d'une dynastie nouvelle par une révolution victorieuse. Aussi pourrait-on trouver qu'il fait trop aisément bon marché de certaines objections, ou qu'il se contente de certaines raisons trop commodes. Par exemple, lorsqu'il répond que le peuple est plutôt disposé à oublier son droit qu'à en abuser, il dit une chose qui peut être vraie à certaines époques, mais fausse dans d'autres temps. Sans doute, il est très-difficile d'éveiller l'esprit de résistance dans un pays longtemps paisible et soumis; mais il est aussi bien difficile de l'éteindre quand il est une fois allumé. En second lieu, Locke admet trop facilement que c'est à la partie offensée à se faire justice à elle-même. Cela n'est pas aussi évident qu'il le dit, et il y a là beaucoup de difficultés qu'il n'aperçoit pas ou qu'il ne discute pas. Ces observations ne sont pas pour nier ce *summum jus*, cette *extrema ratio* des peuples mal gouvernés, mais pour montrer combien il est difficile de l'établir *a priori* et d'en faire un droit absolu.

---

(1) *Ib.*, c. XVIII tout entier.

Quoi qu'il en soit de cette dernière question (1), la plus difficile de toutes, le traité de Locke est peut-être ce que la science a produit de meilleur, de plus solide, et de moins contestable. Aucun publiciste n'a mieux connu le vrai principe de la liberté. Il ne la fait pas consister dans le droit de tout faire : car ce droit, comme on le voit dans le système de Hobbes, est contradictoire, et n'est autre chose que le droit du plus fort. La liberté n'est pas non plus le droit de faire ce que la loi permet : car il se peut faire que la loi soit oppressive et interdise l'usage le plus légitime de la liberté. La liberté est le droit de faire usage de ses droits naturels sous la garantie des lois. C'est donc le droit naturel qui est le fondement du droit politique. Voilà ce que Locke a admirablement vu, et c'est sa supériorité, non-seulement sur les publicistes de son temps, mais sur plusieurs de ceux qui l'ont suivi.

Pour ne rien omettre des services rendus par Locke à la cause libérale, rappelons encore ses *Lettres sur la tolérance*, publiées en 1689, qui sont l'origine de tout ce que la philosophie française du XVIIIe siècle a écrit sur ce sujet. Locke y pose ce principe que, « tout le pouvoir du gouvernement civil n'a rapport qu'aux intérêts civils, se borne aux choses de ce monde, et n'a rien à faire avec le monde à venir. » Ici encore, le sage Locke doit être considéré comme l'un des maîtres et des pères du libéralisme moderne.

---

(1) Nous reviendrons sur cette question du droit d'insurrection dans notre chapitre sur Kant. — Voy. plus loin.

CHAPITRE III.

HOLLANDE ET ALLEMAGNE.

DROIT NATUREL. — GROTIUS, LEIBNITZ ET SPINOSA.

Grotius : *de Jure pacis et belli*. — Théorie de la justice. Droit de souveraineté. Théorie de la propriété. Théorie de l'esclavage. Du droit de guerre. — Puffendorff. Détermination du droit naturel : son objet, ses limites. Théorie de l'obligation. — Leibnitz : son opinion sur les jurisconsultes philosophes de son temps. Critique de Puffendorff. Théorie du droit. — Spinosa. Principe du droit. De la loi de nature et de la loi de raison. Du droit absolu de la société. Limites de ce droit. Système politique de Spinosa. Rapports et différences de Spinosa et de Hobbes.

La doctrine de Hobbes a joué au xviie siècle le même rôle que celle de Machiavel au xve et au xvie. Elle domine tout ; elle est partout. De toutes parts on la combat ; et elle envahit plus ou moins ceux-là mêmes qui la combattent. La justice est-elle une convention ou une loi absolue ? est-elle une invention des hommes, ou un ordre de la raison éternelle ? existe-t-elle en soi ? ou n'est-ce qu'un rapport arbitraire et variable, changeant avec les temps et les lieux ? y a-t-il un droit, et par conséquent y a-t-il des droits? ou le seul droit est-il le droit du plus fort ? Tel est le grand problème d'où prit naissance au xviie siècle une science nouvelle, jusque-là plus ou moins confondue avec le droit positif ou avec la théologie morale, mais qui alors se sépare de l'un et de l'autre, s'émancipe, se sécularise, et prend pied dans le domaine des sciences morales et politiques, sous ce titre devenu classique : le droit naturel et le droit des gens.

Cette entreprise eut beaucoup d'éclat. Grotius, qui en a la gloire, sans avoir un génie aussi rare et aussi profond que Descartes, produisit cependant dans sa sphère une révolution presque égale. Il renouvela la jurisprudence, en essayant de la ramener à des principes philosophiques. La tradition sans doute occupe encore trop de place dans son ouvrage, la pensée a de la peine à se faire jour sous ce poids de textes et de commentaires, et dans ce labyrinthe de divisions artificielles, qui rappelle un peu la casuistique. Cependant, avec ses défauts, le traité du *Droit de la paix et de la guerre* n'en est pas moins le premier traité du droit naturel et du droit des gens, que puissent citer la jurisprudence et la philosophie modernes : c'est l'idée du *de Legibus* de Cicéron, développée avec moins d'éloquence, mais avec toute la supériorité de science des modernes sur les anciens.

Grotius se sépare dès le principe de Hobbes, en admettant un droit naturel antérieur à toute convention. C'est à lui qu'il semble répondre, lorsqu'il prend à partie les principes de Carnéade, rapportés par Lactance : « Les hommes se sont fait des lois, disait ce sophiste, au gré de leur avantage particulier, et de là vient qu'elles sont différentes non-seulement selon la diversité des mœurs, qui varie fort d'une nation à l'autre, mais encore quelquefois chez le même peuple, selon les temps. Tous les hommes et toutes les espèces animées sont poussés par la nature à rechercher leur avantage ; et ainsi il n'y a point de justice, ou s'il y en a quelqu'une, ce ne peut être qu'une grande folie, puisqu'elle se nuirait à elle-même en servant les autres (1). » Il faut remarquer que ces conséquences

---

(1) Grotius, *de Jure pacis et belli*. Disc. prél., § 5.

ne sont pas celles de Hobbes lui-même, quoiqu'il en admette les prémisses; loin de penser que la justice est une folie, il la déclare le plus grand des biens, puisqu'elle procure la paix; mais enfin il ne reconnaît pas plus que Carnéade de droit naturel, si ce n'est l'intérêt de chacun. Grotius au contraire admet, avec Aristote, que l'homme a une invincible inclination pour la société, et pour la société régulière et paisible (1). On remarque dès l'enfance chez l'homme un penchant naturel à faire plaisir aux autres, et à compatir à leurs souffrances. La raison s'ajoute à l'instinct pour maintenir la société parmi les hommes : elle nous montre qu'il y a des actions honnêtes, ou déshonnêtes, selon leur convenance ou leur disconvenance avec une nature raisonnable et sociable. Ainsi l'utilité n'est point, comme le soutiennent les sophistes, et Hobbes après eux, la mère de la justice et de l'équité : la mère du droit naturel est la nature même, qui nous porterait encore à rechercher le commerce de nos semblables, quand même nous n'aurions besoin de rien (2). Le droit a sa source en lui-même et il est immuable comme la nature et la raison (3). Dieu lui-même n'y peut rien changer; comme il ne peut pas faire que 2 et 2 ne soient pas 4, il ne peut que ce qui est mauvais en soi ne soit par tel. Ces principes n'appartiennent point à Grotius : ce sont les maximes des stoïciens et de Cicéron. Si Grotius, dans ces discussions générales, l'emporte sur Hobbes par la vérité, il faut avouer qu'il lui cède pour la force et la subtilité du raisonnement, et la nouveauté des vues. Quant aux questions particulières qui naissent de son sujet, Grotius les discute plutôt en jurisconsulte qu'en

(1) *Ib.*, § 7 et 8.
(2) *Ib.* § 17.
(3) Liv. I, c. I, § 5.

philosophe; souvent même contre ses propres préceptes, il traite les problèmes du droit naturel par les principes du droit civil, et cette confusion le rapproche insensiblement de Hobbes, dont il paraissait d'abord si éloigné.

Il rencontre d'abord le problème capital de la politique, le droit de souveraineté (1). Hobbes avait expliqué l'origine de la souveraineté par le renoncement de tous au droit absolu de la nature en faveur de la personne publique, peuple, sénat ou monarque. Grotius s'exprime moins clairement. Il divise la souveraineté dans ses fonctions et dans ses espèces, mais n'en recherche guère le principe. Il paraît surtout considérer la souveraineté comme un fait, différent selon les temps et les pays, mais non comme un droit qui a son principe dans la nature humaine, et sa règle dans la raison. Il s'applique surtout à établir que la souveraineté n'appartient pas toujours et sans exception au peuple (1). Mais à la place des raisons morales et philosophiques qui peuvent appuyer cette opinion, Grotius invoque des motifs que j'appellerai judiciaires. Il est permis, dit-il, à un homme de se rendre esclave d'un autre homme. Ce qui est permis à un individu, l'est à un peuple ; un peuple peut donc vendre sa liberté pour sa subsistance : il aliène ainsi toute souveraineté, et il appartient au monarque ou au peuple auquel il se donne, comme un domaine au propriétaire qui l'a acheté. Voilà le droit de souveraineté ramené en quelque sorte au contrat de vente. La souveraineté d'un peuple peut encore périr, selon Grotius, par le droit de la guerre. Dans la guerre, le vainqueur obtient un droit de propriété sur les vaincus. Ceux-ci deviennent le patrimoine de celui-là : ils perdent la liberté par le fait et par le droit. Ainsi, le consentement

---

(1) Liv. I, c. III.

contraint ou la force heureuse, tels sont les deux principes que Grotius reconnaît à la souveraineté. Il admet encore avec Aristote qu'il y a des hommes naturellement esclaves, et il en conclut qu'il y a des peuples naturellement esclaves. Il soutient enfin, comme Thrasymaque dans *la République* de Platon, que le pouvoir n'est pas toujours établi en faveur de ceux qui sont gouvernés, mais souvent aussi en faveur de ceux qui gouvernent. « Rien n'empêche, dit-il, qu'il n'y ait des gouvernements civils qui soient établis pour l'avantage du souverain, comme les royaumes qu'un prince acquiert par droit de conquête, sans que pour cela on puisse traiter ces royaumes de tyranniques, la tyrannie emportant une injustice. Lors même que l'établissement du gouvernement aurait lieu dans l'intérêt des sujets, cela n'entraînerait pas la supériorité du peuple sur le souverain ; car on *ne voit pas que le pupille soit au-dessus de son tuteur* (1). »

Il est donc vrai de dire que Grotius traite les questions du droit naturel ou politique par les maximes du droit civil. N'est-il pas évident que la souveraineté n'est à ses yeux qu'une application du droit sur les choses ou sur les personnes que reconnaît le droit positif? Quelle idée nous donne-t-il de ce double droit?

Selon Grotius, les choses étaient, à l'origine, communes entre tous les hommes (2) : et cet état a duré autant que leur simplicité et leur innocence. Mais lorsque le genre humain s'étant multiplié éprouva de nouveaux besoins, les biens communs ne suffirent plus à cet accroissement de désirs et de besoins, et la jouissance en commun ne fut plus possible avec la dispersion des races et la corruption des hommes. De là il arriva que chacun

---

(1) *Ib.*, § 15.
(2) L. II, c. II, § 2.

s'appropria ce dont il put s'emparer ; et il fut convenu, tacitement ou expressément, que chacun aurait droit à posséder tout ce qu'il aurait le premier occupé, à l'exclusion de tout autre (1). Ainsi Grotius ne reconnaît que le principe du premier occupant; il ne paraît pas soupçonner que le travail de l'homme puisse être un titre à s'approprier les choses, et il ramène ainsi l'origine de la propriété à un certain droit de hasard ou de force. Le droit de premier occupant n'est légitime qu'autant qu'il s'applique à des biens non possédés encore : mais il a fallu un autre principe, pour faire que ce qui avait d'abord été commun soit devenu ensuite un domaine propre. Il est vrai que Grotius ajoute à l'occupation le partage ; mais il ne dit pas d'après quelle règle se fait le partage. Est-ce selon la stricte égalité, ou selon la proportion des besoins ou du travail de chacun? C'est là pourtant qu'est la vraie question. Il prétend que dans l'état actuel de la société, il n'y a qu'un seul mode d'acquisition, le droit du premier occupant. Mais le droit du premier occupant ne peut s'appliquer évidemment qu'à une matière inoccupée. Où se rencontre une telle matière dans une société civilisée? Il semble résulter de là qu'il n'y a maintenant pour les hommes qui ne possèdent pas, aucun moyen d'acquisition, si ce n'est la succession, la donation, la vente, qui sont plutôt, à vrai dire, des modes de transmission que d'acquisition. Il reste enfin ce principe du travail, que Grotius n'a pas tout à fait méconnu, mais qu'il traite d'une manière trop superficielle. « Le jurisconsulte Paul, dit-il, admet une manière d'acquérir qui paraît toute naturelle, c'est lorsqu'on est cause qu'une chose est venue en nature. Mais comme naturellement rien ne se fait que d'une

---

(1) Liv. II, c. II. § 10 et ch. III. § 2.

matière préexistante, si la matière est à nous, nous ne faisons, en y produisant une forme nouvelle, que continuer notre droit de propriété. Si elle n'appartient à personne, cela se rapporte à l'acquisition par droit de premier occupant. Que si elle appartient à autrui, elle ne nous est pas naturellement acquise à nous seuls, à cause de la forme que nous y avons produite (1). » Il revient dans un autre endroit sur le même sujet en ces termes : « Si l'on suit les véritables principes du droit naturel, on trouvera que, comme dans un mélange de matières appartenant à divers maîtres, le tout est commun à proportion de la part que chacun y a, de même chaque chose étant composée de la matière et de la forme, comme d'autant de parties, si la matière appartient à l'un et la forme à l'autre, la chose devient naturellement commune à proportion de la valeur et de la forme (2). » Quelle que soit la mesure de chacun, il faut donc toujours reconnaître qu'il y a une part pour celui qui a fourni son travail, sans apporter la matière : que cette part soit représentée par un salaire, ou par un droit sur la chose, peu importe ; c'est là un principe d'acquisition dont il faut tenir compte. Mais n'est-ce point traiter d'une manière bien juridique et trop peu philosophique cette grave question de l'acquisition de la propriété par le travail, que de la ramener à une question de droit romain, et de la résoudre par la théorie des accessoires ? En général, Grotius constate le fait plus qu'il ne recherche le droit. Il n'a point vu le principe moral de la propriété, et ne l'a guère considérée que comme l'effet du hasard et de la convention.

Le même défaut l'a surtout égaré dans la théorie de l'esclavage. Je laisse de côté ce qu'il dit du pouvoir pa-

---

(1) L. II, c. III, § 3.
(2) L. II, c. VIII, § 19.

ternel et du pouvoir marital (1), comme trop peu original pour nous arrêter. Mais ses principes sur l'esclavage ont plus d'importance. On se rappelle que cet inique préjugé avait été vivement combattu au xvi° siècle par Bodin. Il semblait que les progrès des sciences et de la philosophie dussent bientôt porter le dernier coup à ce reste de la société païenne. Mais il y eut au xvii° siècle une sorte de point d'arrêt. L'esclavage trouva de nouveaux défenseurs. Il avait sa place nécessaire dans le système de Hobbes, qui n'était que la doctrine de l'esclavage universel ; plus tard nous verrons Bossuet lui-même trouver des paroles en faveur de l'esclavage ; et c'est à Grotius qu'il emprunte ses arguments. Ce ne fut que vers la fin du siècle que l'école libérale et protestante put enfin faire entendre ses justes réclamations en faveur de la liberté naturelle.

« La servitude parfaite, dit Grotius (2), consiste à être obligé de servir toute sa vie un maître, pour la nourriture et toutes les autres choses nécessaires à la vie. Et cette sujétion ainsi entendue n'a rien de trop dur en elle-même : car l'obligation perpétuelle où est l'esclave de servir son maître est compensée par l'avantage qu'il a d'être assuré d'avoir toujours de quoi vivre. » Il est vrai que, de droit naturel, aucun homme ne naît l'esclave d'un autre homme. Mais cette sujétion peut cependant avoir lieu par deux causes, qui se rapportent au droit civil et au droit des gens (3). La première est une convention libre entre l'esclave et le maître. On ne peut nier en effet qu'un homme n'ait le droit de vendre sa liberté pour sa subsistance. C'est de la même manière que certains peu-

(1) L. II, c. v, § 1. — § 10.
(2) *Ib.*, § 27.
(3) L. III, c. vii, § 1 et suiv.

ples se donnent à d'autres et en deviennent les sujets, c'est-à-dire les esclaves, et se soumettent ainsi à la souveraineté et à la domination de plus puissants qu'eux. Le second motif est le droit de guerre. Les vainqueurs ayant le droit de tuer leurs ennemis dans une guerre juste, leur font encore grâce en leur laissant la vie pour la liberté. Cette seconde cause explique aussi comment les peuples peuvent être légitimement asservis. Le droit de souveraineté est le droit du maître sur l'esclave, transporté à un peuple ou à un monarque sur une nation vaincue et conquise (1). Ainsi le principe de l'esclavage, c'est le droit de la force et de la nécessité, au-dessus duquel Grotius ne semble pas soupçonner qu'il en existe un autre. Il avait été à l'avance réfuté par Aristote lui-même, qui n'admettait pas que la violence pût être jamais le principe de la servitude.

On a pu voir par cette analyse comment Grotius, qui part de principes différents de ceux de Hobbes, s'accorde cependant assez fréquemment avec lui dans la solution des questions particulières. A la vérité, nous n'avons rappelé que ses opinions sur les problèmes dont nous faisons l'histoire. Il faudrait le suivre dans le cours de tout son ouvrage; on le verrait faire de généreux efforts pour introduire l'idée du droit là où elle n'avait pas encore sa place, c'est-à-dire dans la guerre et dans les traités. « J'ai vu, dit-il, dans tout le monde chrétien un état d'hostilités qui ferait rougir des barbares, des guerres commencées sous de futiles prétextes ou même sans aucun prétexte, et conduites sans respect pour aucune loi divine et humaine, comme si une simple déclaration de guerre devait ouvrir la porte à tous les crimes (2). » Il a montré contre Hob-

(1) *Ib.*, c. VIII, p. 213.
(2) Disc. prél. §29.

bes, que les peuples, pour former des sociétés séparées, ne sont pas cependant des ennemis naturels, et que même lorsqu'ils sont ennemis, ils doivent encore conserver quelque chose de cette humanité qui est le lien général de la société. Grotius a établi avec force que le droit de guerre avait sa source dans un principe juste, le droit de défense, mais ses limites dans la sociabilité naturelle, et la fraternité, que le stoïcisme et le christianisme s'accordent à reconnaître entre les hommes.

Toutefois cette hauteur de principes ne se maintient pas. Une fidélité un peu servile à la tradition, au droit écrit, à l'autorité, aux faits consacrés, l'entraîne aux conséquences que Hobbes avait professées par la nécessité de son système. La liberté pour lui n'est qu'une *chose* qui peut être l'objet d'un trafic, d'un contrat, de la conquête, de la prescription : il applique les maximes du droit civil à un principe tout moral et qui échappe au calcul, à la force, à la convention. Mais ce n'est pas, comme chez Hobbes, l'abus, c'est le défaut de l'esprit philosophique qui l'a égaré.

Grotius, comme tous les génies créateurs, avait trop à faire de rassembler et de grouper les matériaux innombrables d'un traité du droit des gens, pour s'efforcer de le ramener à des formes didactiques et rigoureuses qui, sans ajouter à la force des principes, les rend plus faciles à saisir et à conserver : c'est là un travail réservé d'ordinaire aux esprits de second ordre qui, venant après les premiers, essayent de coordonner et d'enchaîner les idées jetées souvent dans un certain désordre par les maîtres. C'est ce que fit Puffendorf après Grotius, Wolff après Leibnitz.

Puffendorf est un esprit d'une valeur moyenne, sans

aucune originalité, et qui tombe dans le faux quand il essaye d'inventer (1). Mais il a d'assez grandes qualités d'exposition et de disposition. Leibnitz le juge fort sévèrement : « *Vir parum jurisconsultus*, dit-il, *et minime philosophus.* » Ce jugement est peut-être un peu dur. Cependant, si Puffendorf ne manque pas de solidité et de bon sens, il faut convenir que la pénétration et la profondeur lui font défaut.

Puffendorf essaye de déterminer l'idée du droit naturel, et c'est ce que Grotius n'avait pas fait avec précision. Il le distingue de la théologie morale et des lois civiles. Le droit naturel est ce qui est ordonné par la droite raison; le droit civil, ce qui dérive de la puissance législative; la théologie morale, ce qui nous commande au nom des saintes Écritures.

Le droit naturel est donc essentiellement distinct de la théologie; et c'est certainement un mérite à Puffendorf d'avoir insisté sur cette distinction. Tout ce que l'Écriture sainte ordonne ou défend, mais que la raison toute seule ne nous apprend ni à éviter ni à faire, est en dehors de la sphère du droit naturel. L'une repose sur un traité d'alliance conclu entre Dieu et l'homme dans des conditions déterminées; l'autre ne repose que sur la raison.

De ces principes il suit deux importantes conséquences : la première, que le droit naturel ne s'étend pas au delà des limites de cette vie; la seconde, qu'il se borne à régler les actes extérieurs.

En effet, c'est le but de la théologie morale de former un chrétien et de préparer une âme pour le ciel. Pour

---

(1) Voyez par exemple, au commencement de son traité *du Droit de la nature et du Droit des gens*, sa théorie subtile et prétentieuse des êtres moraux.

elle, le fidèle n'est qu'un voyageur et un étranger ici-bas. Mais le droit naturel se borne à rendre l'homme sociable, à assurer son bonheur sur la terre, à le mettre en règle avec le tribunal humain. En un mot, Puffendorf exclut la question de l'immortalité de la science du droit naturel.

En second lieu, c'est à la théologie morale à régler le cœur de manière à ce que tous ses mouvements soient conformes à la volonté de Dieu ; et souvent même elle condamne les actions les plus belles lorsqu'elles partent de mauvais principes. Mais le droit naturel ne va pas jusque-là. Pourvu que les actions extérieures soient conformes à l'ordre et ne troublent pas la paix, il ne s'inquiète pas de leurs principes. Enfin, il ne traite des actions intérieures qu'autant qu'elles se manifestent à l'extérieur. Cependant, tout en se distinguant de la théologie morale, le droit naturel en a besoin comme d'un puissant auxiliaire. Car, en formant les âmes aux vertus chrétiennes, la théologie morale leur donne une très-grande aptitude à remplir exactement les devoirs de la vie civile.

Puffendorf recherche ensuite si le droit naturel aurait eu sa place dans l'état d'innocence et avant le péché. Selon lui, les principes du droit naturel auraient subsisté, car ils reposent sur la nature des choses et sur la nature de l'homme. Mais certaines maximes n'auraient pas eu lieu ; les unes qui supposent des établissements, dont peut-être l'homme innocent n'aurait pas eu besoin telles que les lois de la vente, de l'achat, etc.; les autres qui supposent la nature corrompue, comme : tu ne mentiras pas, tu ne forniqueras pas, etc., en un mot, tous les préceptes négatifs.

Il semble que l'on devrait trouver dans un traité de droit naturel une définition du droit. C'est cependant ce que Puffendorf ne nous donne pas. Mais il définit le devoir : « C'est, dit-il, une action humaine exactement conforme à la loi qui nous en impose l'obligation (1). » Cette définition est vraie ou fausse, selon le sens que l'on donnera au mot loi. Or, selon Puffendorf, la loi est « une volonté ou une ordonnance d'un supérieur, par laquelle il impose à ceux qui dépendent de lui une obligation indispensable d'agir d'une certaine manière (2). »

Mais qu'est-ce que l'obligation? et d'où dérive-t-elle elle-même? « L'obligation est un lien de droit par lequel on est astreint à faire ou ne pas faire certaines choses (3). » Or, deux choses sont nécessaires pour rendre un être susceptible d'obligation : 1° une volonté libre ; 2° la dépendance d'un supérieur. La première condition est évidente par elle-même. La seconde est facile à démontrer : si je n'ai point de supérieur, personne ne peut me prescrire d'agir d'une façon plutôt que d'une autre. Ainsi, que je sois libre, mais sans maître, je puis agir selon mon bon plaisir, je ne suis obligé à rien. Que j'aie un maître, sans être libre, je ne puis faire que ce que ma nature m'impose : il est inutile de me donner un ordre auquel j'obéis nécessairement, ou auquel il m'est impossible d'obéir ; dans les deux cas, point d'obligation.

Le fondement de l'obligation est donc la volonté d'un supérieur, assez fort pour punir ceux qui lui résistent, mais en même temps assez raisonnable et assez juste pour ne point gêner sans motif la liberté des sujets.

Tel est le fondement de l'obligation selon Puffendorf. Il faut reconnaître que son opinion est une sorte de

---

(1) L. I, c. I, § 1.
(2) *Droit de la nat. et des gens*, l. I, c. VI, et *Devoirs de l'homme et du cit.*, l. I, c. II, § 2.
(3) *Droit de la nat. et des gens*, l. III, c. IV, § 3 sqq. *Dev. de l'homme et du cit.*, l. I, c. II, § 3.

moyenne entre celle de Hobbes et celle de Grotius : l'un qui fait reposer le droit sur la volonté seule d'un être tout-puissant ; l'autre sur la nature même des choses. Puffendorf montre ici son bon sens et la solidité de son jugement, mais il fait preuve en même temps de peu de perspicacité philosophique ; car, en affirmant que l'obligation repose sur la volonté d'un supérieur, à la fois fort et juste, il ne voit pas que la question est précisément de savoir si ce supérieur qui oblige, oblige parce qu'il est fort ou parce qu'il est juste. Cependant Leibnitz, qui le critique très-durement sur ce point, exagère un peu sa pensée, et, sans tenir compte des restrictions très-plausibles de Puffendorf, confond trop volontiers sa doctrine avec celle de Hobbes.

Il est suffisamment démontré, par cette analyse, que Puffendorf n'est remarquable ni par l'originalité ni par l'esprit philosophique. Il ne faudrait point toutefois le juger exclusivement par là. Son mérite est d'avoir embrassé et résumé dans un plan régulier toutes les matières dispersées dans les Sommes scolastiques, dans les jurisconsultes, et enfin dans Grotius. Mais cette sorte de talent ne peut être appréciée que dans ses œuvres ; et d'ailleurs ceux-là seuls peuvent compter pour nous et ont leur place dans cette histoire, qui ont laissé après eux quelque idée neuve et importante, et qui ont changé les principes et les méthodes de la science.

Parmi les écrivains du xviie siècle qui se sont occupés de droit naturel, il ne faut point oublier l'universel Leibnitz qui, sans avoir traité *ex professo* de cette science importante, a cependant dispersé dans ses écrits de jurisprudence quelques idées précieuses et fines, que son nom et leur prix nous invitent à recueillir.

Il est assez curieux de voir quel jugement Leibnitz

porte sur les auteurs de droit naturel de son temps. « Je voudrais, dit-il, qu'il existât un traité qui, partant de définitions claires et fécondes, déduisît comme par un fil des conclusions certaines de principes certains, qui établît par ordre les fondements de toutes nos actions et des exceptions permises par la nature, qui enfin donnât aux jeunes gens un moyen de résoudre toutes les difficultés par une méthode déterminée. » Cette science exacte et régulière était à attendre, selon Leibnitz; et peut-être l'est-elle encore aujourd'hui. « On eût pu l'espérer du jugement et de la science de l'incomparable Grotius (*incomparabilis Grotii judicio et doctrina*), ou du profond génie de Hobbes, si l'un n'eût été distrait par trop de choses, et si l'autre n'eût établi des principes corrompus, et ne s'y fût entêté. Selden eût pu nous donner des choses plus fortes et meilleures que ce qu'il a fait, s'il eût voulu y consacrer toute sa science et son talent (1). » Dans plusieurs de ses lettres, Leibnitz parle avec estime de Thomasius, dont il loue les connaissances juridiques (2), mais il fait peu de cas de sa philosophie : « C'est une philosophie sauvage et en quelque sorte podagre, *sylvestris et archipodialis* (3). » Mais de tous ces auteurs, celui que Leibnitz semble le moins estimer, nous l'avons vu, c'est Puffendorf. « Il n'a pas, dit-il, grande autorité auprès de moi; car il n'avance de lui-même que des principes tout à fait populaires, et il s'arrête à l'écorce (4). » Cependant comme son livre est le seul traité complet qu'il y ait sur ces matières, et qu'il a emprunté à beau-

---

(1) *Monita quadam ad Samul. Puffend. principia.* Dutens, t. IV, part. III, p. 275.
(2) Non inepte jurisprudentiam et rationem status complectebatur. Ibid., ep. VII.
(3) Voy. ep. VII.
(4) Epist. XI. Voy. aussi ep. VII, XII, XIII, XIV, etc.

coup d'auteurs d'excellentes choses, Leibnitz approuve qu'on le mette entre les mains des jeunes gens, pourvu toutefois qu'on les avertisse des principales erreurs commises par lui.

Leibnitz critique Puffendorf sur trois points : 1° sur la fin; 2° sur l'objet; 3° sur la cause efficiente du droit naturel.

I. Sur la première question, Leibnitz reproche à Puffendorf de renfermer le droit naturel dans les limites de cette vie (*tantum ambitu hujus vitæ includi*), et d'en exclure par exemple l'immortalité de l'âme. C'est, dit-il, mutiler cette science, et supprimer beaucoup de devoirs de la vie que de se contenter de ce degré de droit naturel, qui pourrait se rencontrer même chez l'athée.

II. Une seconde erreur qui tient à la première, c'est de limiter le droit naturel aux actes extérieurs et d'en exclure tous ceux qui restent cachés au dedans de nous et ne s'expriment pas au dehors. Cette doctrine, qui était déjà celle de Thomasius (1), avait été adoptée par Puffendorf. Leibnitz la critique vivement. Selon Cicéron, dit-il, ce n'est pas le philosophe, c'est le jurisconsulte qui doit se borner aux actes extérieurs. La philosophie chrétienne sera-t-elle donc moins large que la philosophie d'un païen? On ne voit point quelle sera la place du serment dans une doctrine qui s'interdit de régler le for intérieur. Et cependant l'auteur fait une grande part au serment. En supposant que l'espérance ou la crainte des biens ou des maux extérieurs suffit à empêcher de nuire, pourra-t-elle inspirer de servir? Celui qui ne sera pas entièrement bon péchera au moins par omission. Rien n'est moins sûr que de trouver des âmes corrompues intérieurement, innocentes au dehors.

(1) Epist. VII, p. 264.

III. Puffendorf se trompe encore quant à la cause efficiente du droit. Cette cause, il ne la cherche pas dans la nature des choses et dans les principes éternels de la raison divine, mais dans le décret d'un supérieur. Selon lui, le devoir est l'action de l'homme qui se conforme au précepte de la loi, en raison de l'obligation qui s'y attache (t. I, l. 1, § 1), et il définit la loi (*ib.* § 2), le décret par lequel un supérieur oblige celui qui lui est soumis à conformer ses actions à sa volonté. C'est le paradoxe de Hobbes; et je m'étonne, dit Leibnitz, qu'il ait pu être renouvelé par personne. Eh quoi! n'agira-t-il point contre la justice, celui qui, armé du souverain pouvoir, s'en servira pour dépouiller et opprimer ses sujets! Il est vrai que notre auteur semble apporter un remède à cette détestable doctrine lorsqu'il rattache la justice à Dieu même comme souverain universel. Dieu est donc la garantie de tous les pactes et le soutien de la justice. Cette doctrine paraît sans doute meilleure, mais elle est entachée au fond du même vice que la précédente. Sans dire, avec Grotius, que n'y eût-il pas de Dieu, il y aurait encore une obligation naturelle, on peut dire que Dieu lui-même doit être loué parce qu'il est juste, et qu'il fait toujours le bien en vertu de sa nature même. Et la règle du juste en soi ne vient pas d'un décret libre de Dieu, mais dépend des vérités éternelles présentes à sa divine intelligence, qui constituent en quelque sorte son essence. Or il est impossible que la justice soit un attribut essentiel de Dieu, si elle dépend de son libre arbitre. La justice a des lois d'égalité et de proportion aussi immuables que celles de la géométrie; et l'on ne peut soutenir que la justice est l'œuvre libre de Dieu, à moins que l'on n'en dise autant de la vérité : ce qui a été le paradoxe insoutenable de Descartes. Ceux qui ont soutenu de pareilles choses n'ont point vu qu'ils confondaient la justice et l'irresponsabilité (ἀνυπευθυνία). Dieu est irresponsable à cause de sa souveraine puissance : il ne peut être ni contraint ni puni ; il n'a de comptes à rendre à personne; mais il agit ainsi en vertu de sa justice, et pour satisfaire à tout être sage, et par-dessus tout à lui-même (1).

Voici les conclusions de Leibnitz. « La fin du droit naturel, dit-il, c'est le bien de ceux qui l'observent (de là, la question de l'immortalité et de la vie future); son objet, c'est tout ce qui intéresse le bien des autres, et qui est en notre pouvoir (par conséquent toutes les actions morales); enfin sa cause efficiente, c'est la lumière de la raison éternelle, divinement allumée dans nos âmes. »

On voit par cette polémique que Leibnitz s'efforce, contre les tentatives de Thomasius et de Puffendorf, de confondre en une seule science, comme le faisaient les anciens, la morale et le droit naturel. Cette discussion est importante pour comprendre l'entreprise de Kant, qui essaya plus tard par des raisons nouvelles et plus profondes d'établir de nouveau cette séparation.

Au reste, Leibnitz lui-même nous indique dans plusieurs passages de ses écrits les points essentiels de sa doctrine. Nous en trouvons la première esquisse dans un traité publié par lui dans sa jeunesse (2). Il essaye d'y concilier toutes les opinions précédemment admises. On sait que c'est là sa prétention en toute question. Or il y a, selon lui, trois degrés dans le droit naturel : le droit strict, l'équité, la piété. Chacun de ces degrés est plus parfait que le précédent, le confirme, et en cas de conflit, l'emporte (3).

---

(1) « Ut omni satisfaciat sapienti, et, quod summum est, sibi. » (*Ib.*, p. 280).
(2) *Methodus nova discendæ docendæque jurisprudentiæ*. 1667. (Dut., t. IV, part. III, p. 169, 199.)
(3) *Ib.*, part. II, p. 215.

Voici la définition du droit strict : ce n'est autre chose que le droit de paix et de guerre : « car entre une personne et une autre, dit-il, le droit naturel c'est la paix, tant que l'une n'a pas commencé à attaquer l'autre. Mais entre une personne et une chose, celle-ci n'ayant pas d'intelligence, c'est un perpétuel droit de guerre. Il est permis au lion de déchirer l'homme, et à une montagne de l'accabler de sa ruine. De même, il est permis à l'homme de dompter le lion et de briser la montagne. *La victoire d'une personne sur une chose, et la captivité de la chose est dite possession.* » La possession donne donc, en vertu de la guerre, un droit sur la chose, pourvu qu'elle ne soit à personne (*res nullius*). Mais si l'on attaque un autre homme, soit dans sa personne, soit dans ses biens, on lui donne sur soi-même le droit de guerre, c'est-à-dire le droit que nous avons sur les choses. De là ce principe, qui est la formule de la justice stricte, *neminem lædere* : c'est la justice commutative, que Grotius appelle *facultas*.

L'équité ou l'égalité consiste dans le rapport ou la proportion harmonique de deux ou de plusieurs. C'est elle qui ordonne de ne point faire à celui qui nous a lésés une guerre à mort, mais de nous contenter de la restitution, d'en appeler à des arbitres, de ne point faire aux autres ce que l'on ne voudrait pas qu'on nous fît. L'équité conseille sans doute d'obéir à la justice stricte. Mais par elle-même elle ne donne qu'un droit large : Grotius l'appelle *aptitudo*. La formule en est celle-ci : *Suum cuique reddere*. C'est la justice distributive.

Enfin le troisième principe de la justice, c'est l'autorité d'un supérieur. Mais un être peut être supérieur par nature ou par convention. Dieu est supérieur par nature. A l'autorité de Dieu correspond dans l'homme la piété, qui est le troisième degré de la justice. La formule de cette sorte de justice est le troisième membre de la maxime d'Ulpien : *honeste vivere.*

Dans cette première esquisse de ses idées, Leibnitz ne paraît pas encore soupçonner la question que nous l'avons vu discuter avec tant de force contre Puffendorf, celle de savoir si Dieu est l'auteur du droit par sa volonté, ou par sa nature. Il semble même ici donner raison à la doctrine de Hobbes, en rapportant le principe de Thrasymaque dans *la République* de Platon : « Le juste, c'est ce qui est utile au plus fort. »

Ce n'est que plus tard que l'odieux de cette doctrine lui paraît clairement et qu'il la repousse de toutes ses forces. On peut en juger par sa polémique contre Puffendorf. Il y revient encore dans un autre traité de 1699 (1), où, reproduisant toutes les objections déjà connues, il dit expressément : « Le principe du droit n'est pas dans la volonté de Dieu, mais dans son intelligence; non dans sa puissance, mais dans sa sagesse. » Il fait même ici un pas de plus, et il définit la justice : la bienveillance, la charité du sage, *benevolentia, caritas sapientis* (2).

Je trouve encore, dans la préface du *Code diplomatique* (3), une heureuse définition du droit naturel : « Le droit naturel, dit Leibnitz, est une *puissance morale*, et l'obligation, une nécessité morale..... J'appelle, dit-il,

(1) Conciliabitur sententia eximii viri cum nostra si per jussum Dei intelligatur jussum supremæ rationis, p. 273... Interim ubi atheus potest esse geometra, ita atheus jurisconsultus esse posset (id.)... Hinc sequitur perfectionem potius et pravitatem actuum intrinsecam, quam voluntatem. Dei justitiæ fontem esse (p. 274). Observationes de principio juris (Dut. p. 270).

(2) Cette belle définition n'est pas de Leibnitz : elle est, dit-il, d'un jurisconsulte. Je n'ai pas su quel est ce jurisconsulte.

(3) *De Codice juris gentium diplomatico monitores.* Dissert. I, XI, XII, XIII. (Dutens, p. 285.)

une puissance morale celle qui chez l'homme de bien fait équilibre à la loi naturelle. » Mais qu'est-ce que l'homme de bien? « C'est celui qui aime tous les hommes autant que la raison le permet. » La justice semble donc être la même chose que la philanthropie, ou, comme il le disait tout à l'heure, la charité du sage.

L'erreur de Leibnitz est de confondre trop facilement le droit et la morale : confusion que Puffendorf avait essayé d'éviter, mais sans s'expliquer avec assez de précision. En revanche, Leibnitz est très-fort contre Puffendorf, contre Hobbes et contre les jurisconsultes, lorsqu'il établit que le droit ne tire son origine d'aucune puissance, pas même de la puissance divine, mais qu'il est fondé dans la raison de Dieu et sur la nature même des choses : c'est là un point de doctrine des plus importants, sans lequel il est impossible de donner raison d'aucune liberté, ni morale, ni politique, ni civile.

Entre la doctrine de Hobbes, qui fonde le droit sur la force, et la doctrine de Grotius et de Leibnitz, qui le fonde sur la loi naturelle, se place une doctrine intermédiaire qui essaye de concilier l'une et l'autre, en considérant l'homme successivement sous ces deux aspects, et en partant du droit de la force pour s'élever au droit de la raison. Telle est la politique de Spinosa travaillée comme sa métaphysique, par une contradiction intérieure, et qui ne réussit pas toujours, malgré les efforts du génie le plus subtil, à concilier ces deux principes.

Spinosa commence son *Tractatus politicus* par des maximes qui rappellent celles de Machiavel (1) : « Les philosophes, dit-il, ont l'habitude de concevoir les

(1) *Opera posth.*, *Tractat. politicus*, c. 1, § 1 et 2.

hommes, non tels qu'ils sont, mais tels qu'ils devraient être : ils prennent la satire pour de la morale, et lorsqu'ils décrivent des républiques, ils se forgent des chimères et des utopies sans aucun rapport avec la réalité. Les politiques, au contraire, instruits par l'expérience et connaissant la corruption humaine, en enseignant les pratiques que l'usage leur a apprises, soulèvent contre eux les théologiens, qui se figurent que les affaires publiques doivent être traitées selon les principes de la piété privée. Cependant on ne peut nier qu'ils ne réussissent beaucoup mieux que les philosophes ; car, n'ayant pour guide que l'expérience, ils ne disent rien qui soit en contradiction avec l'usage et la réalité. »

Quant à lui, son intention, en s'appliquant à la politique, est de ne rien avancer qui ne soit confirmé par la pratique et l'usage, d'étudier les choses politiques avec la même liberté d'esprit que les mathématiques. Il ne s'agit point de railler, de déplorer, d'invectiver les actions humaines, mais de les comprendre. Les passions ne doivent pas être considérées comme des vices, mais comme des propriétés de la nature humaine : elles lui appartiennent comme le froid, le chaud, la tempête et le tonnerre appartiennent à la nature de l'air. Ce sont des inconvénients, mais des inconvénients qui ont leurs causes nécessaires et que nous devons essayer de comprendre par leurs causes (1).

La puissance par laquelle les choses naturelles sont et continuent à être n'est autre chose que la puissance même de Dieu. Or, Dieu possède un droit souverain sur toutes choses ; et ce droit, c'est sa puissance même, considérée comme absolument libre de tout obstacle. Il suit de là

---

(1) *Ib.*, *ib.*, § 4, et *Eth.*, III part., préface.

que chaque chose naturelle a autant de droit qu'elle a de puissance; car sa puissance n'est qu'une portion de la puissance de Dieu, et elle participe au droit souverain de Dieu, en proportion même de la puissance qu'elle possède. Par le droit naturel, il faut donc entendre les lois de la nature de chaque individu, selon lesquelles il est déterminé à exister et à agir d'une manière particulière. Ainsi, les poissons sont naturellement faits pour nager; les plus grands sont faits pour manger les plus petits; par conséquent, en vertu du droit naturel, tous les poissons nagent et les plus gros mangent les plus petits (1).

Voici donc le premier principe du droit naturel, selon Spinosa : le droit s'étend jusqu'où s'étend la puissance. Appliquons ce principe à l'homme. S'il était déterminé par la nature à n'obéir qu'à la raison, son droit se mesurerait par la puissance de la raison : mais puisque la nature l'a déterminé à obéir à la passion plus qu'à la raison, son droit, qui n'est qu'une portion de la puissance de la nature, doit se mesurer non par la raison, mais par l'instinct qu'il a de se conserver. En un mot, il n'est qu'une portion de la nature, et les passions qui le déterminent à agir ne sont que des effets de la nature même. Et il n'y a pas à distinguer entre les hommes raisonnables et les fous, les bons et les méchants. Tous, quand ils agissent, obéissent à leur nature, laquelle n'est qu'une partie de la nature universelle; ils ont tous le droit d'agir comme bon leur semble et d'aller où leur intérêt les pousse, car ils ne font rien qu'en vertu de leur puissance naturelle, et par conséquent de leur droit (2).

Quelques-uns se représentent l'homme comme une

(1) *Tract. politic.*, c. ii. § 3; et *Theol. polit.*, c. xvi.
(2) *Tract. politic.*, c. ii, § 5; et *Theol. polit.*, ibid.

sorte d'empire dans un empire (1), comme ayant été créé par Dieu tellement indépendant qu'il a une puissance absolue de se déterminer et de bien user de sa raison. Mais l'expérience prouve qu'il n'est pas plus en notre pouvoir d'avoir l'esprit sain que le cœur sain. Car si cela était en notre puissance, tout le monde userait sainement de la raison, ce qui n'a pas lieu. *Trahit sua quemque voluptas.* Et en effet, si l'homme était vraiment libre, il ne se conduirait que par la raison : c'est ce que m'accordera quiconque ne confond pas la liberté et la contingence. La liberté est une perfection, et l'impuissance n'est pas la liberté. Il n'est donc point en la puissance de l'homme d'obéir toujours à la raison et de résister aux impulsions de son appétit. D'où il suit que l'homme est dans son droit, lorsqu'il obéit aux mouvements de l'appétit et de la passion. En un mot, dans l'état naturel, l'homme n'est pas plus obligé de vivre sous la loi de la raison, qu'un chat selon les lois de la nature du lion (2).

« Il suit de ces principes, dit Spinosa (nous citons expressément ces paroles remarquables), que le droit naturel n'interdit que ce que personne ne désire et ce que personne ne peut. Il ne défend donc ni les rivalités, ni les haines, ni la colère, ni la ruse, ni rien de ce que conseille la passion. Et cela n'a rien d'étonnant, car la nature n'est pas renfermée dans les lois de la raison humaine qui n'ont rapport qu'à l'utilité et à la conservation de l'homme : mais elles se composent d'une infinité de lois relatives à l'ordre éternel de la nature dont l'homme n'est qu'une parcelle. Donc, tout ce qui nous paraît ridicule, absurde ou mauvais dans la nature, ne nous paraît

---

(1) *Imperium in imperio. Eth.*, part. III, préf. ; *Tract. polit.*, c. II, § 6.
(2) *Tract. theol. polit.*, c. XVI ; et *Tract. polit.*, c. II, § 7.

CHAP. III. — GROTIUS, LEIBNITZ ET SPINOSA.

tel que parce que nous ne voyons les choses que d'un côté, et que nous voulons tout régler d'après les préceptes de notre propre raison, *quoique cette action que notre nature appelle mauvaise ne le soit pas au point de vue de l'ordre et de la nature universelle* (1). »

Ces principes conduisent à des propositions absolument identiques à celles de Hobbes. Dans l'empire de la nature, chacun a le droit de convoiter tout ce qui lui est utile : il a donc droit sur toutes choses ; il a le droit de s'approprier ce qu'il convoite par tous les moyens possibles, et il est le seul juge de ces moyens. Enfin, tous les hommes ayant le même droit et obéissant tous aux mêmes passions, sont naturellement ennemis ; et par conséquent l'état de nature est l'état de guerre (2).

Mais l'homme ne vit pas seulement sous la loi de la nature ; il vit sous celle de la raison.

Par la loi de nature, l'homme obéit aux lois générales des choses ; par la raison, il obéit aux lois de sa nature propre. Or, la raison consultée lui apprend que ce qu'il y a de plus utile pour l'homme c'est la société de l'homme, que la paix vaut mieux que la guerre, l'amour que la haine. Voilà ce que la raison dit à tous les hommes ; et si elle était assez puissante, ils n'auraient besoin que de la consulter pour savoir ce qui leur est meilleur, et ils renonceraient volontairement au droit naturel pour se soumettre au joug salutaire de la vertu. Mais la nature est toujours là qui commande à l'homme de chercher son bien aux dépens d'autrui, de satisfaire tous ses désirs et de n'éviter un mal que dans la crainte d'un mal plus grand. Aussi les hommes n'auraient aucune sécurité, s'ils n'opposaient pas à ceux qui voudraient violer la paix des

(1) *Tract. polit.*, c. II, § 8.
(2) *Ib.*, § 14, et *Theol. polit.*, c. XVI.

obstacles tels que ceux-ci eussent plus d'intérêt à l'observer qu'à l'enfreindre. C'est ce que font les hommes en cédant à la société entière leur puissance et par là même leur droit. Or ce droit, nous l'avons vu, est absolu (1).

Cependant, tout en reconnaissant la souveraineté absolue de l'État, Spinosa essaye en même temps de faire la part des droits des sujets. Selon lui, la fin de l'État n'est pas l'esclavage, mais la liberté. En effet, la fin de l'État est de faire vivre les hommes en concorde et en paix, dans la justice et la charité, de leur inspirer l'amour au lieu de la haine, enfin, de les placer sous le gouvernement de la raison, principe de la liberté. L'État, en principe, quoique armé de la souveraineté absolue, existe donc pour assurer la liberté des citoyens. Il est certain que le souverain peut user de son droit absolu d'une manière extravagante et violente ; il peut travailler dans son intérêt, et non dans celui des sujets, en un mot, maintenir l'état de nature au lieu de l'état de raison. C'est son droit, puisqu'il a une puissance absolue. Mais, en agissant ainsi, le souverain dissout l'État ; l'État une fois ébranlé et n'ayant plus de raison d'être, la puissance du souverain est en danger et son droit compromis ; car, une fois renversé, son droit passe avec sa puissance à celui qui lui succède. On voit que l'intérêt du souverain est de gouverner avec sagesse et justice. D'ailleurs, quoique spéculativement on puisse considérer le souverain comme ayant droit à un pouvoir absolu, il est évident qu'en fait ce pouvoir et par conséquent ce droit n'existent pas. En effet, on ne peut imaginer que chacun cède sa puissance tout entière ; car, à moins de s'anéantir tout à fait, cela est absolument impossible : chacun se réserve donc une cer-

(1) *Theol. polit.*, c. xvi ; et *Tract. polit.*, c. iii et iv.

taine part de puissance, et la réserve de toutes ces parts de puissance et par conséquent de droit est une limite et un obstacle aux excès de la puissance souveraine (1).

Ce n'est pas que le sujet se réserve en aucune façon la puissance et le droit de ne pas agir selon les ordres du souverain ou d'agir contre ces ordres mêmes ; car ce serait la dissolution de la société civile. Mais ce que chacun se réserve, parce qu'il ne peut pas le céder, c'est le pouvoir et le droit de penser ce qui lui plaît (2). En effet, les opinions sont la propriété de chacun, car on ne peut faire abandon de la faculté de juger librement des choses selon qu'elles vous paraissent. Le voulût-on, on ne pourrait pas aliéner ce droit primitif de la liberté de l'esprit, qui est l'essence même de l'homme. Comme on ne peut abdiquer ce droit, on ne peut y être contraint. Aussi, quelque habileté que puisse employer le gouvernement, il réussira sans doute à modifier jusqu'à un certain point les idées des citoyens, mais non jusqu'à ôter le principe de la diversité et de la liberté des opinions. Il n'y a qu'un gouvernement violent et déraisonnable qui puisse refuser aux citoyens la possession de leurs pensées. Non, la fin de l'État n'est pas de transformer les hommes en animaux et en automates, mais au contraire d'en faire des créatures raisonnables et libres. Une cité où la paix n'est obtenue que par l'inertie des citoyens, et où ils sont conduits comme des troupeaux et n'apprennent qu'à servir, est plutôt une solitude qu'une cité. La vraie vie de l'homme ne consiste pas seulement dans la circulation du sang, mais dans la raison et dans la vie de l'esprit. C'est en vertu d'un acte libre de l'esprit que les hommes s'associent ; dans les délibérations qui précèdent la dé-

(1) *Theol. polit.*, c. xvii.
(2) *Ib.*, c. xx.

termination souveraine, chacun garde la libre appréciation des choses, et parle, discute, vote avec son libre jugement. C'est seulement pour l'action que l'individu est obligé et contraint de se soumettre, mais non pour ses opinions et ses idées. Créature raisonnable, il a le droit de parler, d'enseigner et d'écrire ce que la raison lui montre, pourvu qu'il le fasse sans passion et sans colère, ou qu'il ne tende pas par ses paroles au renversement de l'État. Le droit de penser peut donc aller jusque-là, mais jusque-là seulement où il deviendrait un acte de rébellion. Par exemple, si un citoyen ne trouve pas une loi juste, il a droit de le penser et de le dire, mais à la condition d'obéir à la loi qu'il désapprouve, de ne pas entraîner ses concitoyens à la désobéissance, et de ne pas essayer d'abroger les lois, ce qui n'appartient qu'au magistrat. De même, toute parole qui porte avec elle la négation du pacte social est coupable et doit être interdite. Mais à part ces limites que le souverain détermine, et qui doivent varier selon la nature des peuples et des circonstances, un État bien constitué, un gouvernement modéré doit laisser une pleine liberté de penser sur les choses de spéculation. Cette liberté aura sans doute des inconvénients. Mais quelle chose n'en a pas? Les États ne sont-ils pas obligés de tolérer certains vices, tels que la jalousie, l'avarice et mille passions très-dangereuses? Et il ne tolérerait pas la liberté qui est une vertu (1)!

Spinosa, interrogé par un de ses amis sur les différences de ses opinions et de celles de Hobbes, répond : « Ce qui distingue ma politique de celle de Hobbes, c'est que je conserve le droit naturel, même dans l'état civil, et que je n'accorde de droit au souverain sur les sujets

---

(1) *Theol. polit.*, c. xx.

que selon la mesure de sa puissance (1). » Par cette grave rectification, Spinosa peut faire à la liberté une plus grande part que Hobbes ; et il est certain qu'il s'en sert d'une manière très-habile pour défendre la liberté de la pensée. Mais si le droit n'est autre chose que la puissance, c'est-à-dire la force, et si ce droit subsiste dans l'état civil comme dans l'état naturel, on ne voit plus quelle peut être la différence de ces deux états. J'aurai le droit de tout faire contre l'État, si je le peux, comme l'État aura le droit de tout faire contre moi, s'il le peut. Mais ayant un tel droit contre l'État, je l'ai en même temps contre tous les membres de l'État, et par conséquent l'état de guerre subsiste en droit dans l'état civil, aussi bien que dans l'état naturel. Spinosa dit que dans l'état civil le droit naturel ne cesse pas, et que ce qui cesse seulement, c'est le droit de se rendre justice à soi-même. Mais n'est-ce pas là une contradiction ? Il est vrai que j'ai abandonné le droit de me défendre à la société, mais ne suis-je pas libre de le reprendre quand je veux, pourvu que je le puisse, si le droit naturel subsiste encore dans l'état civil, et si le droit est identique à la puissance ?

Quelle que soit la valeur du principe par lequel Spinosa essaye de se séparer de Hobbes, il s'en éloigne de plus en plus dans les conséquences de sa doctrine. Hobbes ne demande à l'État que la paix. Spinosa lui demande la liberté. « Si l'on appelle, dit-il, du nom de paix l'esclavage, la barbarie et la solitude, il n'y a rien de plus misérable que la paix... La paix ne consiste pas seulement dans l'absence de la guerre, mais dans l'union des esprits et dans la concorde (2). » Ce qui lui paraît le plus fatal à cette paix véritable, c'est le pouvoir d'un seul,

(1) Epist. xxiv.
(2) Tract. polit., c. vi, § 4.

ou la monarchie (1). Il est ici en opposition directe avec Hobbes. On croit, dit-il, qu'en donnant le pouvoir à un seul homme, le pouvoir sera plus fort. C'est une erreur; car un seul homme n'a pas la force de supporter un si grand poids. Il aura donc des conseillers qui gouverneront pour lui; et ce gouvernement, qui passe pour absolument monarchique, est dans la pratique une véritable aristocratie, mais une aristocratie latente, et par là même la plus mauvaise de toutes. Ajoutez que le roi, enfant, malade ou vieillard, n'est roi que de nom, et que souvent, entraîné par ses passions, il laisse le pouvoir entre les mains d'une courtisane ou d'un favori. En général, la cité a toujours plus à craindre des citoyens que des ennemis; d'où il suit que le monarque qui représente l'État craindra d'autant plus les citoyens qu'il aura plus de pouvoir : pour se garantir, il tendra continuellement des piéges à ses sujets, surtout aux plus distingués. Par conséquent, plus le pouvoir des princes est grand, plus la situation des sujets est misérable. Ainsi, dans l'intérêt des sujets et du monarque, il faut donner à la monarchie des limites, et l'établir sur des lois fondamentales que le monarque ne puisse enfreindre.

Le système que propose Spinosa est une sorte de monarchie représentative, égalitaire et communiste, d'un caractère assez bizarre (2). Dans cette espèce de monarchie, le sol tout entier, les terres, et même s'il est possible, les maisons, sont la propriété du chef de l'État, qui les loue, moyennant un prix annuel; en vertu de cette redevance, tous les citoyens sont exempts de toute espèce d'impôts, au moins en temps de paix. Le monarque est entouré d'un conseil, et c'est principalement ce conseil

---

(1) *Ib.*, *ib.*, vi, § 5, 8.
(2) *Ib.*, c. vi et vii.

qui donne à ce système de gouvernement son cachet particulier. Les citoyens sont divisés en un certain nombre de familles, qui fournissent chacune trois, quatre ou cinq membres ; ces membres réunis forment le conseil du roi, conseil qui n'est pas nommé à vie, mais renouvelé annuellement par tiers, par quart ou par cinquième. Le droit d'élire appartient au roi : c'est lui qui, sur les listes qui lui sont fournies par chaque famille de tous ses membres parvenus à l'âge de cinquante ans, choisit à sa volonté ceux qu'il nomme. L'office de ce conseil est de défendre les droits fondamentaux de l'empire, de donner son avis sur les affaires. Le roi ne peut décider sur aucune chose, sans avoir pris l'avis du conseil. C'est aussi au conseil à promulguer les décrets royaux, et à s'occuper de l'administration du royaume, comme vicaire du monarque. Les citoyens ne peuvent avoir accès auprès du roi que par l'intermédiaire du conseil. C'est lui qui transmet les suppliques et toutes les demandes ; c'est à lui qu'appartient le soin d'élever les fils du roi. Le conseil ne peut décider des affaires de l'État que tous les membres étant présents. Les membres absents doivent se faire remplacer. Le conseil est convoqué au moins quatre fois par an pour demander des comptes aux ministres de la couronne ; en son absence, il est représenté par cinquante de ses membres qui se réunissent chaque jour dans la chambre la plus proche de la chambre royale, pour s'occuper de tous les objets mentionnés plus haut, à l'exception des affaires nouvelles, dont il n'aurait pas été délibéré en grand conseil. Quant à la justice, elle est rendue par un autre conseil composé exclusivement de jurisconsultes. Mais tous les arrêts de ce nouveau conseil doivent être portés au conseil supérieur, ou du moins à cette partie du conseil qui en tient la place, pour qu'il examine si les jugements sont exempts de partialité. On peut donc dire que ce conseil suprême résume le pouvoir judiciaire comme tous les autres. Quant à la religion, l'État ne s'occupera ni des opinions, si ce n'est pour proscrire les séditieuses, ni de l'édification des temples, qui sera laissée aux soins des fidèles de chaque culte.

L'esprit de cette constitution imaginaire est évidemment d'imposer des limites au pouvoir absolu. « Les rois, dit Spinosa, ne sont pas des dieux, mais des hommes qui se laissent souvent prendre par le chant des sirènes. Si tout dépendait de la volonté inconstante d'un seul homme, rien ne serait stable. Ainsi, le gouvernement monarchique doit être tempéré de telle sorte que tout dépende de la volonté du roi, mais que toute volonté du roi ne soit pas le droit. » De plus, comme un seul homme ne peut pas tout faire, il faut donc un conseil, et un conseil composé d'hommes dont les intérêts privés s'accordent avec les intérêts de tous ; et comme ils sont pris dans chaque famille en nombre égal, la majorité est représentée. Il est à remarquer que le droit d'élire reste entre les mains du roi : c'est à ce caractère que le gouvernement doit de rester monarchique. Si l'élection appartenait au peuple, il serait immédiatement démocratique. Mais le roi ne pouvant rien faire contre la pensée du conseil, le gouvernement est tempéré, et, comme dirait Montesquieu, le pouvoir y arrête le pouvoir. Une remarque assez singulière de Spinosa, c'est qu'il compte beaucoup pour maintenir la paix dans cette sorte de gouvernement sur ce que personne n'y possède de biens. « Tous, dit-il, auront le même péril à craindre de la guerre ; tous auront le même avantage à tirer de la paix. » Enfin, le droit de la religion est encore un de ceux que nul ne peut transmettre à autrui : c'est donc encore là une barrière contre le despotisme.

Spinosa propose de la même manière un système de gouvernement aristocratique, et il entreprend également de nous exposer ses idées sur la démocratie, qui est, selon lui, le plus parfait des gouvernements. Mais son ouvrage est interrompu ici.

La différence des idées politiques de Hobbes et de Spinosa, qui partent l'un et l'autre de principes identiques, tient surtout à la différence de leurs situations. Les écrivains les plus spéculatifs en apparence ne peuvent s'affranchir complétement de l'empire des faits ; la logique n'est pour eux qu'un instrument. Hobbes, né en Angleterre et témoin de la révolution, attaché à la maison des Stuarts et exilé pour elle, défend sa propre cause et celle de son maître, en défendant le pouvoir absolu d'un seul. Spinosa, né à Amsterdam, dans une république, dans un pays libre, dont la sécurité, la paix et la grandeur se conciliaient avec la liberté de la conscience et la liberté de la pensée, dut chercher dans son système l'explication et la justification de ces faits. De là le système monarchique de Hobbes ; de là le système démocratique de Spinosa. L'un ne craint point de livrer au maître de l'État la pensée, la conscience, la religion, parce qu'il n'y voit pas de périls pour ses propres doctrines, et qu'il espère même leur assurer par là le monopole de l'enseignement. L'autre, libre penseur en religion, défend avec passion la cause de la liberté de penser.

Mais, indépendamment de ces causes toutes personnelles, qui font dévier l'un de l'autre Spinosa et Hobbes, malgré l'identité de quelques-uns de leurs principes, il y a une cause plus élevée encore, c'est la différence même de leur philosophie. On ne peut nier, en effet, qu'il n'y ait dans la métaphysique de Spinosa, un certain principe de grandeur et de dignité qui manque entièrement à la métaphysique de Hobbes. L'homme n'est pas seulement une partie de la nature, il est une partie de la Divinité. Par la portion la plus élevée de son être, par la raison, il se rattache à la nature de Dieu ; la raison, c'est-à-dire l'intelligence des choses, est la liberté, la vertu, la perfection de l'homme. Or, le fond de la raison, c'est l'idée de Dieu ; l'idée de Dieu est nécessairement accompagnée de l'amour de Dieu. Comprendre Dieu et l'aimer, voilà la fin de la nature humaine et l'essence de la raison. Ce grand côté du spinosisme sauve sa politique des excès dans lesquels Hobbes est tombé. L'État ayant pour but, selon Spinosa, de remplacer les lois de la nature par les lois de la raison, a par cela même pour objet et pour fin la liberté ; et la véritable paix n'est point une servitude, mais une concorde. Ainsi, le libéralisme de Spinosa a son principe dans sa métaphysique, aussi bien que son absolutisme. Mais ici la contradiction radicale inhérente à son système corrompt encore sa politique. La loi de nature, c'est-à-dire la loi de la force et de la guerre, loi légitime, puisqu'elle résulte de l'essence même des choses, est encore la loi de l'État. L'État, armé d'un pouvoir absolu, doit la liberté aux sujets, et en même temps, il a le droit de la leur ravir. « J'accorde bien, dit-il, que l'État a le droit de gouverner avec la plus excessive violence, et d'envoyer, pour les causes les plus légères, les citoyens à la mort ; mais tout le monde niera qu'un gouvernement qui prend conseil de la raison puisse accomplir de tels actes (1). » Ainsi la tyrannie est légitime ; mais elle n'est pas raisonnable ; réserve bien insuffisante contre le despotisme qui n'est pas embarrassé de trouver des raisons pour toutes les oppressions et tous les abus.

---

(1) *Théol.* polit. c. xx.

CHAPITRE IV.

FRANCE.

BOSSUET ET FÉNELON.

Les hommes d'État : Richelieu, le cardinal de Retz. — Les philosophes : Descartes et Pascal. — Politique sacrée : Bossuet. Différence de ses principes et de ceux de Hobbes. Discussion de la souveraineté du peuple. De l'esclavage. Doctrine du droit divin. Distinction entre le pouvoir absolu et le pouvoir arbitraire. — Fénelon. Doctrine du droit divin. Hérédité des couronnes assimilée à l'hérédité des terres. Différences de Fénelon et de Bossuet : le *Télémaque*. Limites de l'autorité royale. Gouvernement mixte. Plans politiques de Fénelon. — Vauban. *La Dîme royale*.

L'Angleterre et la Hollande sont, au xviie siècle, le théâtre où luttent et triomphent les principes libéraux. La France, au contraire qui était au siècle précédent l'école de la démocratie moderne, semble avoir entièrement désappris les hardies doctrines de la Boétie et d'Hubert Languet. Fatiguée des terribles commotions suscitées par le conflit des consciences, oublieuse même des vieilles traditions aristocratiques et parlementaires, elle adopte avec une foi sincère et qui n'est pas sans grandeur, le principe du pouvoir absolu relevé par l'idée religieuse et par le principe du droit divin. Bossuet est l'apôtre de cette foi monarchique, qu'on ne doit pas confondre sans doute avec un servilisme grossier, quoiqu'elle puisse conduire aux mêmes conséquences.

Il ne paraît pas du reste que les fondateurs du pouvoir absolu en France se soient beaucoup préoccupés du droit sacré dont Bossuet investit les couronnes. Le grand ministre, qui a plus que qui que ce soit, contribué à rendre absolue la monarchie française, ne fait jamais allusion au droit divin ; et dans ses écrits, l'absolutisme se présente, sans trop de scrupules, sous la forme du despotisme pur (1). Ce qui caractérise en effet le gouvernement despotique, c'est d'être hostile à la diffusion des lettres et de l'instruction, c'est de se défier de tous les pouvoirs moyens, c'est de traiter le peuple avec mépris comme une bête de somme, tout en le protégeant contre les grands. Or, chacun de ces caractères se rencontre dans le *Testament politique* de Richelieu.

Rien de plus curieux que l'opinion de Richelieu sur le développement des lettres dans le royaume. Il avoue que c'est un ornement indispensable dans un État ; mais il pense « *qu'elles ne doivent pas être indifféremment enseignées à tout le monde... Le commerce des lettres remplirait la France de chicaneurs plus propres à ruiner les familles particulières et à troubler le repos public qu'à procurer aucun bien aux États... Si les lettres étaient profanées à toutes sortes d'esprits, on verrait plus de gens capables de former des doutes que de les résoudre. C'est en cette considération que les politiques veulent en un État bien réglé plus de maîtres ès arts mécaniques que de maîtres ès arts libéraux pour enseigner les lettres* (2). »

Machiavel, qui avait pénétré assez avant dans les ressorts de la constitution française, considérait le parlement comme une sorte de pouvoir modérateur entre les nobles

---

(1) Il a cependant à un haut degré, comme nous l'avons remarqué plus haut (l. III, c. II, p. 101), le sentiment de l'honneur royal, et sous ce rapport il est supérieur à Machiavel ; mais quant aux droits des hommes, Richelieu n'en avait pas une idée beaucoup plus élevée qu'un grand vizir de Constantinople.

(2) *Ib.*, Iʳᵉ part., c. I, sect. 10.

et le peuple, entre la royauté et les sujets : rôle politique, qui n'était pas sans doute dans ses attributions régulières, mais qui était dans l'esprit de la constitution, et servait à tempérer l'excès de l'autorité royale. On pense bien que Richelieu n'admet en aucune manière une pareille prétention. Il ne veut pas que l'autorité du roi souffre aucune limite, et il renvoie le parlement à sa fonction naturelle, qui est de rendre la justice. « Il serait impossible, dit-il, d'empêcher la ruine de l'autorité royale, si on suivait les sentiments de ceux qui, étant aussi ignorants dans la pratique du gouvernement des États qu'ils présument être savants dans leur administration, ne sont ni capables de juger solidement de leur conduite, ni propres à donner des arrêts sur le cours des affaires publiques qui excèdent leur portée. » Cependant en éloignant l'autorité judiciaire de toute action effective, Richelieu pense qu'il faut tolérer en elle quelques défauts, et ainsi la laisser blâmer et trouver à redire au gouvernement, sans trop s'en inquiéter. « Toute autorité subalterne regarde toujours avec envie celle qui lui est supérieure, et comme elle n'ose en disputer la puissance, elle se donne la liberté de décrier sa conduite... La plupart des hommes, étant contraints de céder, blâment ceux qui les commandent, pour montrer que s'ils leur sont inférieurs en puissance, il les surpassent en mérite (1). »

Quant au peuple, rien n'égale le mépris avec lequel on parle le grand cardinal. « Tous les politiques sont d'accord que *si les peuples étaient trop à leur aise*, il serait impossible de les contenir dans les règles de leur devoir... La raison ne permet pas de les exempter de toute charge, parce que en perdant en tel cas *la marque*

(1) *Ib.*, c. IV, sect. 5.

de leur sujétion, ils perdraient aussi la mémoire de leur condition, et que s'ils étaient libres de tributs, ils penseraient l'être de l'obéissance. Il faut les comparer aux mulets, qui étant accoutumés à la charge, se gâtent par un long repos plus que par le travail (1). » Tristes et fâcheuses paroles, et qui expliquent dans la suite bien des événements ! Car si un aussi grand esprit que Richelieu a pu avoir sur le peuple des idées aussi étroites et aussi basses, quelle devait être la pensée de ceux qui, sans génie et sans hauteur d'âme, étaient élevés par la fortune et par le hasard au-dessus des autres hommes ! Le mépris n'est pas un bon moyen de gouvernement; comme les hommes ne sont pas des animaux, il vient un moment où l'humilié se relève, et n'ayant pu obtenir justice, il se dédommage par la vengeance.

Cependant, tout en méprisant le peuple, Richelieu ne veut pas qu'il soit opprimé, si ce n'est par l'État. En effet, dans un vrai gouvernement despotique, il faut qu'il n'y ait qu'une seule autorité arbitraire, celle du prince. La vexation des petits par les grands est une insulte à l'autorité royale. « Il est important, dit-il au roi, d'arrêter le cours de tels désordres par une sévérité continue, qui fasse que les faibles de vos sujets, bien que désarmés, aient à l'ombre de vos lois autant de sûreté que ceux qui ont les armes à la main (2). »

Si Richelieu paraît n'admettre et ne comprendre que le gouvernement despotique, il faut reconnaître en revanche qu'il se fait une grande idée des devoirs du gouvernement. Il est l'ennemi de la faveur, et déclare qu'un royaume est en bien mauvais état « lorsque le trône de cette fausse déesse est élevé au-dessus de la rai-

(2) *Ib.*, c. IV,, sect. 5.
(1) *Ib.*, c. III, sect. 1.

son (1). » Il pousse l'horreur de la faveur si loin, qu'il lui préfère encore le système de la vénalité des charges, tout en le déclarant mauvais (2). Mais c'est pour lui une barrière contre l'arbitraire de la faveur. L'ennemi des favoris, des Chalais, des Cinq-Mars, se reconnaît à cette parole : « Les favoris sont d'autant plus dangereux que ceux qui sont élevés par la fortune, se servent rarement de la raison... Je ne vois rien qui soit si capable de ruiner le plus florissant royaume du monde que l'appétit de tels gens, ou le déréglement d'une femme, quand le roi en est possédé. »

Ce n'est pas tout à fait sans protestation, on le sait, que le despotisme monarchique fut établi en France; et ses maximes, aussi bien que ses pratiques, provoquèrent un semblant de révolution, qui échoua faute de principes, de talents et de caractères. On n'hésite plus, aujourd'hui, malgré la vieille tradition monarchique qui se plaisait à considérer la Fronde comme un jeu, à y voir un effort, sérieux au fond, quoique impuissant dans ses effets, pour établir en France quelques garanties politiques. Malheureusement, la Fronde n'eut à son service que des instruments corrompus, et quelques hommes honnêtes, mais sans génie. Le plus grand, Retz, n'était qu'un factieux, et non un réformateur; néanmoins, quoique son livre ne respire guère que l'esprit d'intrigue, la force des choses lui a inspiré quelques pages admirables où il s'élève de beaucoup au-dessus de ses propres passions, et voit avec une pénétration supérieure le but, trop oublié, pour ne pas dire absolument sacrifié dans les basses intrigues des princes et des grands.

Le cardinal de Retz n'a touché à la politique philoso-

(1) *Ib.*, IIe part., c. vii.
(2) *Ib.*, Ire part., c. iv, sect. 5.

phique et générale que dans quelques pages de ses *Mémoires;* mais il l'a fait avec une profondeur digne de Machiavel, et il semble qu'il avait assez de génie pour égaler le publiciste italien, s'il se fût appliqué à ces sortes d'études. La doctrine qu'il défend dans ces pages est celle que soutiendront plus tard Fénelon et Montesquieu, à savoir celle d'une monarchie tempérée par les lois, et limitée par des institutions indépendantes. Retz ne s'appuie nullement, comme les publicistes du xvi° siècle, ou ceux du xviii°, sur le principe de la souveraineté populaire. Sa politique n'est pas celle de Locke et de Rousseau. Ce n'est pas dans le droit abstrait, dans le droit naturel, qu'il cherche les racines du droit politique : c'est dans l'histoire et dans les lois générales de l'expérience et de la prudence humaine. Il commence par établir ce fait que madame de Staël a plus tard résumé dans cette formule célèbre : « En France, c'est la liberté qui est ancienne, et le despotisme qui est nouveau. » Sans doute, comme le remarque Retz, jamais la royauté n'a eu, pour limiter son pouvoir, à lutter contre des textes écrits, des lois ou des chartes, mais seulement contre la coutume : « Enregistrements des traités faits entre les couronnes, vérifications des édits pour les levées d'argent, sont des images effacées de ce sage milieu que nos pères avaient trouvé contre la licence des rois et le libertinage des peuples. Ce milieu a été considéré, par les bons et sages princes, *comme un assaisonnement de leur pouvoir*, très-utile même pour le faire goûter à leurs sujets. » Qui a changé cet état de choses? Selon Retz, le grand coupable, c'est le cardinal de Richelieu (1). « Il a formé, dans la plus légitime des mo-

---

(1) C'est également ce que dit Montesquieu.

narchies, la plus scandaleuse et la plus dangereuse tyrannie qui ait peut-être jamais asservi un État. L'habitude, qui a eu la force, en quelques pays, d'habituer les hommes au feu, nous a endurcis à des choses que nos pères ont appréhendées plus que le feu. »

Retz combat le despotisme avec une éloquence égale à celle que Bossuet mettra plus tard à le défendre. « Il n'y a que Dieu, dit-il, qui puisse subsister par lui seul. Les monarchies les plus établies et les monarques les plus autorisés ne se soutiennent que par l'assemblage des armes et des lois ; et cet assemblage est si nécessaire, que les unes ne se peuvent maintenir sans les autres. Les lois désarmées tombent dans le mépris ; les armes qui ne sont pas modérées par les lois tombent bientôt dans l'anarchie... L'empire romain mis à l'encan, et celui des Ottomans, exposé tous les jours au cordeau, nous marquent, par des caractères bien sanglants, l'aveuglement de ceux qui ne font consister l'autorité que dans la force. »

Le despotisme amène à sa suite les convulsions et les révolutions : « Le dernier point de l'illusion, en matière d'État, est une espèce de léthargie qui n'arrive jamais qu'après de grands symptômes. Le renversement des anciennes lois, l'anéantissement de ce milieu qu'elles ont posé entre les peuples et les rois, l'établissement de l'autorité purement despotique sont ceux qui ont jeté la France dans les convulsions dans lesquelles nos pères l'ont vue... L'on chercha en s'éveillant comme à tâtons les lois ; on ne les trouva plus ; l'on cria, on se les demanda ; et dans cette agitation, d'obscures qu'elles étaient, et vénérables par leur obscurité, elles devinrent problématiques, et de là, à l'égard de la moitié du monde, odieuses. Le peuple entra dans le sanctuaire ; il leva le voile qui doit toujours couvrir tout ce que l'on peut dire, tout ce que l'on peut croire *du droit des peuples et de celui des rois, qui ne s'accordent jamais si bien ensemble que dans le silence.* La salle du palais profana ces mystères (1). »

La Fronde eût pu conduire à l'avénement d'un régime légal et libéral, si l'ambition cupide des princes et des nobles, dénués alors de tout sens politique et même patriotique, n'eût abaissé au niveau d'une grossière intrigue et d'une révolte immorale ce qui aurait pu, ce qui aurait dû être une révolution. Leur égoïsme et leur impuissance discréditèrent la liberté, et firent les affaires du pouvoir absolu. Dès lors une monarchie sans limites et sans obstacles, couverte par le prestige religieux, appuyée sur la force des armes, entourée d'une noblesse asservie, tel fut le gouvernement de la France. Tempérée jusque-là, sinon par les institutions, au moins par la coutume, elle conquit alors son entière indépendance; et cette autorité absolue et de droit divin, que les Stuarts avaient voulu vainement établir en Angleterre, la France la subit sans résistance et sans scrupules pendant un siècle et demi. Mais en politique, aussi bien qu'en mécanique, l'action est égale à la réaction ; c'est pourquoi il fallut plus tard, pour renverser et déraciner ce pouvoir absolu et tout ce qui s'y rattachait, un déploiement d'énergie effroyable : la révolution eut à condenser en quelques instants une quantité de force égale à celle que le pouvoir absolu déployait depuis près de deux siècles. En Angleterre, à un despotisme limité et transitoire, avait succédé une révolution courte et tempérée. En France, un despotisme sans limites et trop prolongé engendrera une révolution effrénée, et jusqu'ici sans issue.

(1) *Mémoires* du card. de Retz, deuxième partie, au commencement.

Richelieu et Retz sont des hommes d'État écrivant d'après leur expérience sur la politique, et rencontrant en quelque sorte par hasard les idées générales : ce ne sont pas des philosophes. La philosophie au xviie siècle, au moins en France, est très-discrète sur la politique. Elle évite de toucher aux principes sur lesquels reposent la société et l'État. Descartes et Pascal, les deux plus grands penseurs de leur temps, jettent en passant quelques idées profondes et hardies ; mais ni l'un ni l'autre ne cherchent à rien changer, à rien améliorer dans l'état social de leur temps : une pareille idée paraîtrait à l'un téméraire, à l'autre vaine et ridicule. L'ordre politique est l'affaire du prince. La science et la morale seules sont du ressort des particuliers.

Descartes semble craindre que son dessein hardi de se défaire de toutes ses opinions « pour s'en refaire de meilleures, ou de reprendre les mêmes en les ajustant au niveau de la raison, » que ce dessein, dis-je, ne paraisse suspect d'ébranler quelque chose dans l'ordre politique. Aussi prend-il soin de nous avertir « qu'il n'est pas de ces humeurs brouillonnes et inquiètes qui, n'étant appelées ni par leur naissance, ni par leur fortune, au maniement des affaires publiques, ne laissent pas d'y faire toujours en idée quelque nouvelle réformation. » Il ne voudrait pas être soupçonné de telle folie, et son dessein ne s'est jamais étendu plus avant « que de tâcher à réformer ses propres pensées, et bâtir en un fond qui fût tout à lui. »

Si Descartes se fût appliqué à la politique, il est permis de supposer qu'il y eût apporté cet esprit de géométrie et d'abstraction qui le caractérise, et qu'il eût cherché, en toutes choses, comme on prétend que c'est le caractère de l'esprit français, l'uniformité et la simplification : « Ainsi, nous dit-il, je m'imaginais que les peuples qui ayant été autrefois demi-sauvages, et ne s'étant civilisés que peu à peu... ne sauraient être si bien policés que ceux qui, dès le commencement, ont observé les constitutions de quelque prudent législateur... et je crois que si Sparte a été autrefois si florissante, ce n'a pas été à cause de la bonté de chacune de ses lois en particulier, vu que plusieurs étaient fort étranges et même contraires aux bonnes mœurs ; mais à cause que, n'ayant été inventées que par un seul, elles tendaient toutes à une même fin. » Ainsi l'idéal de Descartes en politique était l'unité de législation accomplie par un sage. Il se représentait une société réglée *a priori* par un système conçu dans l'esprit d'un homme, semblable à « ces places régulières qu'un ingénieur trace à sa fantaisie dans une plaine. » On reconnaît là cet esprit rationaliste et absolu, qui fera plus tard la révolution française.

Mais le bon sens tempère bien vite chez Descartes les hardiesses de l'esprit spéculatif. On ne voit pas, dit-il, « que l'on jette par terre toutes les maisons d'une ville pour le seul dessein de la faire d'autre façon et d'en rendre les rues plus belles (1). » De même, Descartes pense que, quels que puissent être les abus des institutions publiques, « si elles en ont, comme la seule diversité qui est entre elles suffit pour assurer que plusieurs en ont, » ces abus se corrigent mieux par l'usage, que par un changement radical : « Ces grands corps, dit-il éloquemment, sont trop malaisés à relever étant abattus, ou même à soutenir étant ébranlés, et leurs chutes ne peuvent être que très-rudes. » Ainsi, la coutume suivant Descartes adoucit tout : « De même que les grands chemins qui tournaient entre des montagnes deviennent peu

(1) Il était réservé à notre temps de voir ce que Descartes n'avait jamais vu.

à peu si unis et si commodes à force d'être fréquentés, qu'il est beaucoup meilleur de les suivre que d'entreprendre d'aller plus droit en grimpant au-dessus des rochers et descendant jusqu'au bas des précipices (1). »

On le voit, Descartes en politique est ce que nous appellerions aujourd'hui un conservateur, quoique, par les tendances radicales de sa pensée, il ait quelque chose de l'esprit révolutionnaire. Théoriquement, il ferait volontier table rase pour « ajuster la société au niveau de la raison ; » mais dans la pratique, il pense « qu'il faut obéir aux lois de son pays » et s'en rapporter en tout « aux opinions les plus modérées et les plus éloignées des extrêmes. » En un mot, la coutume pour lui vaut mieux que la raison pure.

Ce qui n'est pour Descartes qu'une règle de sagesse pratique, est pour Pascal le fondement même des institutions sociales. Plus hardi que Descartes, il ne voit pas seulement dans la coutume un adoucissement aux abus inévitables des institutions humaines ; il y voit le seul fondement de la loi, toute loi naturelle étant impossible à découvrir dans les contradictions innombrables des lois et des établissements politiques. De là une apologie de l'ordre civil qui effraye par sa hardiesse même, et qui mine ce qu'elle veut établir. « La coutume fait toute l'équité, nous dit ce scandaleux penseur, par cette seule raison qu'elle est reçue : c'est *le fondement mystique de toute autorité*. Qui la ramène à son principe l'anéantit. Rien n'est si fautif que ces lois qui redressent les fautes ; qui leur obéit parce qu'elles sont justes, obéit à la justice qu'il imagine, mais non pas à l'essence de la loi : elle est toute ramassée en soi ; elle est loi et rien davan-

---

(1) *Disc. de la méthode*, part. 2.

tage... L'art de fronder (1), bouleverser les États, c'est d'ébranler les coutumes établies en sondant jusque dans leur source, pour marquer le défaut de justice. Il faut, dit-on, recourir aux lois fondamentales et primitives de l'État, qu'une coutume injuste a abolies. C'est un jeu sûr pour tout perdre ; rien ne sera juste à cette balance. Cependant le peuple prête aisément l'oreille à ces discours. Ils secouent le joug dès qu'ils le reconnaissent ; et les grands en profitent à sa ruine, et à celle de ces curieux examinateurs des coutumes reçues... Il ne faut pas qu'il sente la vérité de l'usurpation ; elle a été introduite autrefois sans raison, elle est devenue raisonnable ; il faut la faire regarder comme authentique, éternelle, et en cacher le commencement si on ne veut qu'elle prenne fin (2). »

Ainsi Pascal, parlant humainement et philosophiquement, ne se fait aucune illusion sur le fondement de l'autorité parmi les hommes, il n'y voit qu'usurpation consacrée par le temps. Il n'a pas le moindre espoir de voir un état meilleur s'établir, et croit que tout appel à la justice, dans l'ordre civil, n'est que le renversement de cet ordre. La force est donc la seule base de la société : « Ne pouvant *fortifier* la justice, on a *justifié* la force, afin que le juste et le fort fussent ensemble, et que la *paix fût*, qui est le souverain bien (3). » Mais pourquoi serait-ce la justice qui serait subordonnée à la force, et non réciproquement ? C'est que « la force ne se laisse pas manier comme on veut, parce que c'est une qualité palpable, au lieu que la justice est une qualité spirituelle dont on dispose comme on veut ; on l'a mise entre les mains de la

---

(1) On voit que ce morceau est inspiré par les guerres de la Fronde.
(2) *Pensées* (éd. Ern. Havet), art. III, 8.
(3) *Ib.*, art. IV, 7.

force; et ainsi, *on appelle juste*, ce qu'il est force d'observer (1). » De plus, on dispute sur la justice; on ne dispute pas sur la force. « De là vient le droit de l'épée; car l'épée donne un véritable droit — de là vient l'injustice de la fronde, qui élève la prétendue justice contre la force. » Mais qu'aurait dit Pascal, si la Fronde était devenue la plus forte? Et, comment pouvait-on savoir, avant de l'essayer, si ce n'est pas de ce côté-là qu'était la force?

A ce point de vue amer et misanthropique, il est facile de prévoir que Pascal n'attachera pas grand prix aux théories de philosophie politique par lesquelles on a essayé de corriger les maux des institutions humaines. Aussi parle-t-il avec un grand dédain des œuvres politiques des anciens. « C'est la partie la moins philosophe et la moins sérieuse de leur vie, dit-il... S'ils ont parlé de politique, c'était comme pour régler un hôpital de fous. Et s'ils ont fait semblant d'en parler comme d'une grande chose, c'est qu'ils savaient que les fous auxquels ils parlaient pensaient être rois et empereurs. Ils entraient dans leurs principes pour modérer leur folie (2). »

Ce n'est pas seulement l'autorité qui vient de la force; c'est la propriété. Nos socialistes modernes peuvent considérer avec droit Pascal comme un de leurs ancêtres. Tout le monde connaît cette pensée célèbre : « Ce chien est à moi, disaient ces pauvres enfants; c'est là ma place au soleil : voilà le commencement de l'injustice et de l'usurpation parmi les hommes. » Et ailleurs : « *Sans doute l'égalité des biens est juste* (3). »

Ainsi en est-il pour Pascal de la royauté et de la no-

---

(1) *Ib.*, 7 bis.
(2) *Ib.*, art. vi, 52.
(3) *Ib.*, art. vi, 7.

blesse. Ce sont des conventions nécessaires, ce ne sont pas pour lui des principes fondés en raison. Quelle méprisante justification de l'aristocratie : « Cela est admirable : on ne veut pas que j'honore un homme vêtu de brocatelle et suivi de sept ou huit laquais ! Eh quoi ! il me fera donner les étrivières, si je ne le salue. *Cet habit, c'est une force* (1). » Ainsi pour les rois : « Il faudrait avoir une raison bien épurée pour regarder comme un autre homme le Grand-Seigneur, environné, dans son superbe sérail, de quarante mille janissaires. »

La politique de Pascal s'explique par la Fronde, où ne régnait, de part ni d'autre, aucun principe. Il a vu le pouvoir, aux prises avec les factions, et aussi méprisable qu'elles ; et il l'a réduit à son plus bas office, qui est d'assurer la paix. Du côté des séditieux, il n'a rien vu qui pût leur concilier ses suffrages ; une honteuse exploitation des peuples, de vagues maximes de bien public, l'intérêt personnel insolemment pris comme motif légitime de sédition ; nulle tradition sérieuse de liberté. De là cet appel désespérant à la force, cette triste proclamation du droit de l'épée. Mais rien de plus fragile qu'un tel droit ; car la force passe sans cesse d'une main à une autre ; et dans ces jeux du hasard, la sécurité à laquelle on a tout sacrifié est aussi menacée que la justice.

L'insolente et méprisante apologie que Pascal fait du pouvoir en est le premier ébranlement. Pour que le prestige de l'autorité subsiste, pour que le respect des traditions se maintienne, il faut que les sages aussi bien que les fous soient sous le joug ; il faut qu'ils soient les premiers naïfs, s'inclinant sincèrement devant cette prétendue justice comme devant Dieu même.

---

(1) *Ib.*, art. v, 13.

Pascal a beau s'écrier : « Il est dangereux de dire au peuple que les lois ne sont pas justes; » il ne voit pas que c'est précisément ce qu'il fait. Telle est l'illusion des habiles ; ils croient qu'eux seuls auront le privilége de voir le dessous des cartes, et que le peuple ne les suivra pas ; mais quand ils ont surpris ce secret, ils ne peuvent s'empêcher de le dire : car quand est-ce a-t-on vu un homme d'esprit se priver d'une belle pensée pour ne pas scandaliser les hommes? (1).

Bien différente est la politique de Bossuet et celle de Pascal. Celui-ci n'est pas dupe de ce qu'il adore. Il a, comme il s'exprime, une pensée de derrière la tête ; et, semblable aux prêtres des nations sauvages, il présente aux respects des peuples une idole qu'il sait n'être autre chose qu'un vil métal. Pour Bossuet, l'idole est une vraie et fidèle image de la divinité, et, comme le plus humble des sujets, il s'écrie avec enthousiasme devant les maîtres de la terre : « O Rois, vous êtes des dieux ! »

Bossuet soutient en France la même cause que Hobbes en Angleterre, la cause du pouvoir absolu; mais il la soutient par d'autres principes, et sa politique est moralement très-supérieure à celle de Hobbes. Hobbes n'attribue l'origine de la société qu'à la crainte et à l'intérêt. Bossuet ajoute à ces deux principes la fraternité universelle, selon cette parole de saint Matthieu : « Vous êtes tous frères (2). » Le gouvernement n'est pas seulement établi pour assurer l'intérêt propre des individus, mais pour maintenir l'union, la concorde et l'amitié

---

(1) Il est juste de dire que Pascal a écrit pour lui-même, et qu'il n'a pas publié son livre. Mais cette pensée revient si souvent et paraît si essentielle dans sa doctrine, qu'on ne peut croire qu'il s'en fût privé s'il avait achevé son ouvrage et qu'il l'eût livré au public.

(2) *Politique tirée de l'Écriture*, t. I, art. I, prop. 3.

parmi les hommes (1). Hobbes ne parle jamais au pouvoir que de ses droits : Bossuet lui explique ses devoirs : fort de l'autorité de l'Écriture, il parle aux rois un fier langage, que ne connaît pas l'esprit servile de Hobbes : « Vous êtes des dieux, dit-il aux rois avec le roi prophète, mais, ô dieux de chair et de sang ! ô dieux de boue et de poussière ! vous mourrez comme des hommes, vous tomberez comme les grands. La grandeur sépare les hommes pour un peu de temps : une chute commune à la fin les égale tous (2). » On ne voit dans le système de Hobbes que deux principes de gouvernement : la crainte et la force. Bossuet ajoute la raison : « N'eût-on qu'un cheval à gouverner, et des troupeaux à conduire, on ne peut le faire sans raison : combien plus en a-t-on besoin pour mener les hommes et un troupeau raisonnable (3) ! » Aussi Bossuet est-il l'adversaire du pouvoir arbitraire dont le *De Cive* de Hobbes n'est que la savante et subtile justification : « Sous un Dieu juste, dit Bossuet, il n'y a point de puissance qui soit affranchie par sa nature de toute loi naturelle divine ou humaine (4). » Il reconnaît donc que le pouvoir a des lois, et que, dans un État bien ordonné, il y a des lois fondamentales, contre lesquelles tout ce qui se fait est nul de droit (5). Enfin Bossuet met au-dessus de la puissance royale, la religion, non pas le pouvoir ecclésiastique, mais la crainte de Dieu et la piété : il soumet à la majesté divine la majesté tout humaine des rois ; et cette crainte de Dieu, il l'appelle le contre-poids de la puissance souveraine (6). On sait au contraire que,

(1) *Ib.*, art. III, prop. 3.
(2) L. V, art. IV, prop. 1.
(3) L. V, art. I, prop. 1.
(4) L. VIII, art. I, prop. 4.
(5) L. I, art. IV, prop. 7 : et liv. VIII, art. II, prop. 1.
(6) L. IV, art. II, prop. 4.

dans le système de Hobbes, le prince n'est pas plus soumis à la religion qu'à la loi. L'une et l'autre obéissent à sa volonté arbitraire. Le pouvoir du prince dans Hobbes ressemble à la force de la fatalité; dans Bossuet, au contraire, à l'action de la Providence : l'un est tout physique et l'autre tout moral ; l'un est sans frein d'aucune espèce, l'autre est enchaîné par la conscience, la raison, la religion. Telles sont les différences de ces deux systèmes qui cependant ont beaucoup de principes semblables et un dessein commun, la défense de la monarchie absolue.

Bossuet admet, comme Hobbes, une sorte d'état de nature antérieur au gouvernement civil, où tout était en proie à tous (1) : « Où tout le monde veut faire ce qu'il veut, nul ne fait ce qu'il veut; où il n'y a point de maître, tout le monde est maître; où tout le monde est maître, tout le monde est esclave (2). » Dans cet état, il est bon que chacun renonce à sa propre volonté et la transmette au gouvernement. Ainsi toute la force est dans le magistrat souverain, et chacun l'affermit au préjudice de la sienne propre. On voit ici que Bossuet donne au gouvernement la même origine que Hobbes lui-même, le besoin d'une force souveraine qui résume et accable toutes les forces particulières. Il entre même dans cette idée de Hobbes, qu'avant l'institution du gouvernement il n'y a point de droits particuliers. « Otez le gouvernement, dit-il, la terre et tous ses biens sont aussi communs entre les hommes que l'air et la lumière. Selon ce droit primitif de la nature, nul n'a de droit particulier sur quoi que ce soit, et tout est en proie à tous (3). » Enfin il ajoute: « De là (du gouvernement) est né le droit de propriété, et en gé-

(1) L. I, art. III, prop. 4.
(2) *Ib.*, prop. 5.
(3) L. I, art. III, prop. 4.

néral *tout droit doit venir de l'autorité publique* (1). »

Bossuet, en accordant que le gouvernement doit son origine au sacrifice que fait chaque individu de sa force particulière au souverain, est loin d'admettre cependant que le peuple est la source de la souveraineté. En effet, avant l'institution du gouvernement, il n'y a rien qu'anarchie. Supposer qu'alors le peuple est souverain, ce serait déclarer qu'il y a déjà une certaine forme de gouvernement, quelque chose de réglé, quelque droit établi, ce qui est contraire à l'hypothèse même. La souveraineté ne commence qu'au moment où finit l'anarchie, c'est-à-dire le pouvoir de tous, et la prétention contraire de tous à tout : jusque-là il n'y a qu'une multitude que l'on ne peut appeler du nom de souverain. Il est vrai que c'est cette multitude qui crée le souverain en se soumettant à lui. Mais par cela même qu'elle donne la souveraineté, il est évident qu'elle ne la possède plus. La souveraineté est précisément le pouvoir né de l'abandon et du renoncement que chacun fait de sa force individuelle : elle implique donc la soumission nécessaire et l'abdication complète de la multitude (2).

On parle d'un pacte que le peuple ferait avec le souverain, et en général on rapporte toute relation de pouvoir et d'obéissance à des contrats. On veut que les relations de maître et de serviteur, de père et d'enfant, de mari et de femme reposent sur des pactes mutuels (3). Bossuet repousse absolument cette doctrine des pactes, et c'est encore là ce qui le sépare de Hobbes ; celui-ci rapportait tout à des conventions ; la servitude elle-même, dans son système, suppose un consentement primitif,

---

(1) *Ib., ib.*
(2) *Cinq. avert. aux protestants*, XLIX.
(3) C'était la doctrine du ministre Jurieu.

et le droit du despotisme se tire de la volonté libre des contractants. Bossuet, au contraire, voit dans les rapports naturels des choses, et dans l'ordre essentiel des créatures la raison de leur dépendance. Mais quelle que soit la différence de leurs principes, il faut avouer cependant que Bossuet ne diffère guère de Hobbes dans sa justification de la servitude. Son goût de l'autorité et son mépris de la liberté, qu'il n'a jamais voulu distinguer de l'anarchie, va jusqu'à lui faire trouver l'esclavage un état « juste et raisonnable ». Il admet la misérable preuve donnée par Grotius et par les jurisconsultes embarrassés de justifier légalement un état qu'ils déclaraient, en théorie, contre nature. Bossuet voit l'origine de la servitude dans les lois d'une juste guerre où le vainqueur, dit-il, peut tuer le vaincu, et cependant lui conserver la vie (*servus, servare*). Ce n'est pas là un pacte, c'est un don. « Le maître fait la loi telle qu'il veut, l'esclave la reçoit telle qu'on veut la lui donner, ce qui est la chose du monde la plus opposée à la nature d'un pacte. » Rien n'est plus vrai, et le faux système de Hobbes, qui rapporte à un consentement libre le sacrifice de la liberté, est justement confondu ; mais le principe de Bossuet est-il plus sensé ? Le droit d'une juste guerre est-il de tuer le vaincu sans nécessité ? Ce droit est-il d'ôter au vaincu tout droit personnel et de déclarer, selon l'expression de Bossuet, qu'il n'a plus d'état, plus de tête (*caput non habet*), qu'il n'est pas une personne dans l'État, qu'aucun bien, aucun droit ne peut s'attacher à lui, qu'il n'a ni voix en jugement, ni action, ni force, qu'autant que son maître le permet (1) ? Le droit d'une juste guerre, je répète, va-t-il jusque-là ? Pour moi, je trouve que les apologistes modernes de l'es-

---

(1) *Ib.*, L.

clavage, Hobbes, Grotius, Bossuet, sont bien loin de la philosophie profonde qu'Aristote avait apportée dans cette question. Celui-ci ne fonde l'esclavage ni sur un contrat, ni sur le droit d'une juste guerre, mais sur le seul principe qui le pourrait légitimer, s'il était légitime, je veux dire l'inégalité naturelle des hommes. Hors de là, la raison admet sans doute des degrés dans la hiérarchie sociale, mais elle ne peut voir dans cette suppression de tête et d'état, dans cette négation de tout droit, qu'un abus de la force et un outrage à la fraternité que Bossuet déclare le fondement de la société des hommes. Il est mieux inspiré lorsqu'il prouve contre Jurieu que la subordination des enfants aux parents n'est pas un pacte, mais l'effet d'une relation naturelle (1). Seulement il oublie de nous dire si cette relation reste toujours la même lorsque le fils devient homme, et si alors l'obéissance, différente du respect, est autre chose qu'un consentement libre. Enfin, malgré l'avis de Bossuet, il faut bien reconnaître qu'il y a encore une sorte de pacte entre le mari et la femme, dans le principe même de la famille. Le mariage est incontestablement un contrat consacré par la loi et par Dieu, et le pouvoir marital, selon l'expression juste d'Aristote, est analogue au pouvoir républicain.

Bossuet, en rejetant d'une manière absolue la théorie des pactes, défendue d'autre part d'une manière également exagérée, n'avait garde d'admettre que le peuple, en se donnant un souverain, fasse avec lui un pacte où il se réserverait, le cas échéant, la souveraineté même qu'il abandonne. L'intérêt qui fait que le peuple renonce à l'anarchie, exige aussi qu'il renonce à toute revendication de la souveraineté, et qu'il ne marque d'autres bornes au souverain que celles qui lui sont fixées

(1) *Ib.*, LII.

déjà par l'équité naturelle et son intérêt propre (1).

Si le principe de la souveraineté n'est pas dans le peuple qui ne peut donner ce qu'il n'a pas, il faut le chercher plus haut. Ce principe est en Dieu même. Dieu est le roi des rois, et à l'origine, il a été le seul roi des hommes. Tous les pouvoirs humains, quels qu'ils soient, ne sont que des émanations de ce premier pouvoir : ils ne sont légitimes que parce qu'ils le représentent en quelque degré. C'est là qu'est le seul fondement de leur droit. Tous les gouvernements sont donc de droit divin ; car tous sont permis par Dieu, et tous, par la parcelle d'autorité qu'ils contiennent, plaisent à Dieu qui veut l'ordre et qui les autorise, parce qu'ils maintiennent l'union et la paix dans la société (2). Mais si tous les gouvernements, sans examiner leur origine, et par cela seul qu'ils existent, doivent être respectés et obéis, il y en a cependant qui sont préférables aux autres, et, entre tous, le meilleur et le plus naturel est la monarchie. « La monarchie a son fondement dans l'empire paternel, c'est-à-dire dans la nature même... Les hommes naissent tous sujets ; et l'empire paternel qui les accoutume à obéir, les accoutume en même temps à n'avoir qu'un chef. » La monarchie est le gouvernement le meilleur, parce qu'il est le plus durable, le plus fort, le plus un : il convient plus que tout autre au gouvernement militaire ; et ce dernier finit presque toujours par l'entraîner après soi (3).

Nul écrivain n'a eu au même degré que Bossuet le culte de la royauté : elle est pour lui comme une religion (4).

(1) *Ib*, LVI.
(2) *Polit.*, l. II, art. I, prop. 2 et 6.
(3) *Ib.*, prop. 7 et 8.
(4) Il faut remonter jusqu'au brahmanisme pour rencontrer une idolâtrie de la royauté semblable à celle de Bossuet. Voir plus haut, t. I, chap. prélim., p. 17.

« Les rois sont choses sacrées, dit-il (1). » L'attentat à la personne des rois lui paraît un sacrilége, et il dit qu'il faut respecter les rois avec religion ; il admire cette expression de Tertullien, qui appelle le culte que l'on rend aux rois « la religion de la seconde majesté. » Cette seconde majesté n'est « qu'un écoulement de la première, c'est-à-dire de la divine, qui pour le bien des choses humaines a voulu faire rejaillir quelques parties de son éclat sur les rois (2). » Lorsque Bossuet veut donner une idée par comparaison de la grandeur du prince, il la cherche dans la grandeur de Dieu. Comme Dieu est tout dans l'univers, de même le prince est tout dans l'État ; tout vient à lui, tout coule de lui : il est l'État même. Sa puissance agit en même temps dans tout le royaume, comme celle de Dieu se fait sentir en un instant de l'extrémité du monde à l'autre. Partout la magnificence de Dieu accompagne sa puissance : ainsi la majesté est dans le prince l'image de la grandeur de Dieu. Dieu est la sainteté même, la bonté même, la puissance même, la raison même ; en ces choses est la majesté de Dieu ; en l'image de ces choses est la majesté du prince (3). Mais une telle grandeur ne s'attacherait point à la personne du souverain, si son pouvoir était limité. Aussi le pouvoir du roi est-il absolu (4). Il ne rend compte de ses ordres à personne ; il n'y a point d'appel de ses jugements ; enfin il est supérieur aux lois. Sans doute le roi a des devoirs : il ne doit pas mettre ses volontés à la place des lois, et il doit à tous l'exemple de l'obéissance à la justice : mais les lois n'ont point de prise sur lui : il est en conscience obligé à les observer, mais nulle force ne l'y peut contraindre. En effet, on ne pour-

---

(1) L. III, art. ii, prop. 2.
(2) Ib., prop. 3.
(3) L. V, art. iv, prop. 1.
(4) L. IV, art. i, prop. 1.

rait contraindre le roi à l'obéissance aux lois, sans mettre la force hors de lui et par conséquent sans diviser l'État. L'union de l'État veut que toutes les forces soient dans une seule main; et il ne faut laisser d'autre limite à la puissance du prince que son intérêt propre, qui est compromis par la ruine de ses sujets. Ainsi les rois sont soumis aux lois, mais non pas aux peines des lois. Il y a toujours une exception en leur faveur dans les lois pénales, et, pour employer une distinction de la théologie, les rois sont soumis aux lois quant à la puissance directive, mais non quant à la puissance coactive (1). On comprend qu'avec de tels principes, Bossuet refuse de reconnaître au peuple le droit de déposer le souverain et de lui faire la guerre, sous quelque prétexte que ce fût, même sous le prétexte de religion. Il avoue qu'il y a un point où le sujet doit refuser d'obéir : car il vaut mieux obéir à Dieu qu'aux hommes. Mais il n'y en a point où il soit permis de se révolter : ainsi la cruauté, l'infidélité, l'impiété ne sont point une raison de s'affranchir de l'autorité du souverain légitime (2). Par ces maximes Bossuet ne frappait point seulement les écrivains de l'école protestante : ses coups allaient plus haut, et tombaient jusque sur la chaire de saint Pierre, d'où étaient partis au moyen âge et au XVI⁰ siècle tant d'anathèmes contre la souveraineté des rois.

Ne l'oublions pas cependant, Bossuet fait quelques efforts pour distinguer le pouvoir absolu du pouvoir arbitraire. « Sans examiner, dit-il, si ce pouvoir est licite ou illicite, il suffit de déclarer qu'il est barbare et odieux (3). »

(1) L. IV, art. I, prop. 4 et 3. *Cinq. avert.*, XLIV. Voy. pl. haut tome II, l. III, chap. IV.
(2) L. VI, tout entier, et 5ᵉ avert. tout entier, et particul. XXXVII.
(3) L. VIII, art. II, prop. 1.

Sans doute cela suffit. Mais n'est-il pas étrange de laisser dans le doute si ce qui est odieux ne pourrait pas être licite, comme si la question ne paraît pas tranchée par cela même? Tant Bossuet craint de diminuer en vain l'autorité du pouvoir, même odieux! Il reconnaît le pouvoir arbitraire à quatre signes : 1° les sujets sont esclaves; 2° on n'y possède rien en propriété; 3° le prince dispose à son gré des biens et de la vie de ses sujets; 4° il n'y a de loi que sa propre volonté. Dans le gouvernement absolu, ces quatre caractères ne se rencontrent pas, car le souverain n'est absolu que par rapport à la contrainte; mais il y a dans ces empires des lois contre lesquelles tout ce qui se fait est nul de droit. Ces lois sont celles que l'on appelle fondamentales, que le monarque est obligé de respecter, sous peine de renverser son empire(1). Voilà, il est vrai, une bien forte barrière opposée au pouvoir des rois. Mais quelle garantie ont les sujets que ces lois seront respectées? Bossuet assure que dans un gouvernement légitime, qui est à la fois absolu, les personnes sont libres, et la propriété des biens inviolables (2). Mais sur quoi se fonde-t-il pour assurer que les personnes et les biens n'ont rien à craindre de la volonté d'un roi qui peut tout? De ce que les mœurs, dans un certain État, empêchent d'aller aux dernières extrémités, faut-il croire toutefois que le gouvernement n'est pas arbitraire, parce qu'il n'abuse pas autant qu'il le pourrait? Il faut sans doute admettre une différence entre les gouvernements civilisés et les gouvernements barbares. Mais la civilisation pourrait-elle longtemps résister à cet empire absolu, qui dégénère chaque jour, par la nature des choses, en un empire arbitraire? Tout ce qui se fait contre les lois

---

(1) Voy. plus haut, p. 280.
(2) L. VIII, art. II, prop. 2 et 3.

fondamentales, est, dit-on, nul de soi ! Mais qui annulera ces actes contraires aux lois fondamentales, s'il n'y a point un pouvoir modérateur, un arbitre, et enfin un contrôle, si humble qu'il soit? Bossuet avoue lui-même qu'il n'y a point de tentation égale à celle de la puissance, ni rien de plus difficile que de se refuser quelque chose, quand les hommes vous accordent tout (1). Et cependant il ne veut point qu'on cherche de secours contre ces tentations des princes, et il n'admet que ce qu'il appelle des remèdes généraux, c'est-à-dire la crainte de Dieu, la religion et la piété (2).

Bossuet avait devant les yeux un spectacle qui l'a ébloui. Il semble ne chercher ses exemples que dans les livres saints, et il a toujours un modèle invisible : c'est celui de la monarchie qui lui présentait un si bel ordre, une si grande force, et une splendeur qui paraissait l'image de la majesté divine. Il crut voir dans cet état de choses, que la suite des événements avait amené et que la suite des temps devait détruire, le type de la société politique, qu'il cherchait, comme Platon, comme Cicéron, comme toutes les grandes imaginations l'ont toujours cherché. La monarchie qui, depuis des siècles, depuis la chute de l'empire romain, et à travers les luttes et les discordes du moyen âge, avait toujours cherché l'indépendance et la suprématie, avait enfin obtenu la force où elle aspirait, et la sécurité de son empire lui permettait de le couvrir de cette magnificence et de cette majesté qui abattait l'esprit de Bossuet, si fier qu'il fût, parce qu'il y voyait le reflet de la grandeur divine. Jamais, depuis les empereurs romains ou les rois de l'Orient, le respect du pouvoir n'avait été si près de l'apothéose; jamais la reli-

(1) L. X, art vi, prop. 1.
(2) *Ib., ib.*, prop. 2.

gion n'avait aussi hautement consenti à défendre contre toute atteinte, et même les siennes propres, l'autorité temporelle ; jamais enfin la politique n'avait prétendu avec une si grande confiance avoir découvert le modèle politique. Nos utopistes modernes cherchent leur idéal dans l'avenir; Cicéron le voyait dans le passé. Bossuet le trouve autour de lui, et il ne soupçonne pas que cet idéal n'est qu'une apparence et un songe trompeur et passager. Il croyait esquisser l'image d'une chose éternelle; et le modèle devait périr bien avant l'image. Quelques années plus tard, des désastres sans nom, attirés par les abus de cette puissance absolue, menacèrent un instant d'engloutir l'État avec le prince ; quelques années plus tard encore, une corruption effroyable et un scandale insolent prenaient la place de cette magnificence majestueuse où Bossuet vénérait l'image de la grandeur de Dieu ; et enfin un siècle après, une catastrophe extraordinaire emportait la royauté, le prince et toute sa splendeur.

Nous avons fait remarquer qu'au xvie siècle les idées démocratiques s'introduisent jusque dans les écrits qui paraissent leur être le plus opposés. C'est le contraire qui se vit en France au xviie siècle. Les principes de la monarchie absolue s'imposent encore aux esprits les plus portés à l'indépendance, et le libéralisme de quelques écrivains n'est qu'un absolutisme mitigé. Cette remarque s'applique surtout à Fénelon, qui passe pour représenter déjà le xviiie siècle dans le xviie. Ce grand et charmant esprit partage avec Bossuet les sympathies et les attachements des âmes religieuses et élevées ; l'un subjuguant la volonté par un génie d'autorité qui n'a pas d'égal, l'autre la séduisant par une douceur et un esprit de liberté qui plaît davantage aux hommes de notre temps : tous deux sont partisans de la monarchie et du droit divin. Mais Bossuet n'admet que la monarchie pure et sans restriction ; Fénelon voudrait une sorte de monarchie aristocratique, et en quelque sorte représentative.

Fénelon admettait comme Bossuet que l'autorité vient de Dieu, qu'elle doit être sacrée, quelle que soit sa forme, et qu'il est interdit au peuple de rien entreprendre pour en changer les conditions (1). Il est vrai que l'autorité souveraine peut elle-même, si elle le veut, changer les conditions de l'État, mais elle seule le peut : et toute entreprise qui vient d'ailleurs est une usurpation. Il est vrai encore que l'usurpation elle-même, lorsqu'elle n'est pas contestée, peut à la longue, par le droit de prescription, devenir l'autorité légitime; mais il n'en faut point conclure que l'usurpation devienne légitime par cela seul qu'elle a acquis le pouvoir, comme si l'on devait penser que Dieu autorise tout ce qu'il permet. « Il faut sans doute payer les taxes qu'un usurpateur impose, obéir aux lois civiles qu'il fait, se soumettre généralement à toutes les ordonnances qui sont nécessaires pour conserver l'ordre et la paix de la société; mais il ne faut jamais que cette obéissance aille jusqu'à approuver l'injustice de son usurpation, beaucoup moins à jurer qu'il a droit à la couronne dont il s'est emparé par violence (2). » On devine de quel usurpateur il s'agit.

Fénelon unit dans un même droit, et fonde sur le même principe, l'hérédité des couronnes et l'hérédité des terres. Selon lui, comme selon Bossuet, comme selon Pascal, si l'on juge d'après les lois de la nature, les

---

(1) J'userai avec discrétion de l'*Essai philosophique sur le gouvernement civil*, publié par l'Écossais Ramsai, selon les principes de Fénelon. Voy. c. VI.

(2) *Essai sur le gouv. civ.*, c. III.

hommes étant tous frères et tous égaux, ils ont tous un même droit à ce qui est nécessaire à la conservation : ils ont donc un droit égal aux biens de la terre, et il paraît juste, selon le droit de la nature, que tous possèdent en commun et sans partage la terre commune. Selon le même droit, il semble à quelques-uns que les hommes sont naturellement indépendants les uns des autres, et qu'en principe il doit y avoir égalité de commandement et d'obéissance. Mais comme les passions sont plus fortes que la raison, cette absolue égalité de biens et d'autorité ne servirait qu'à mettre les plus faibles sous le joug des plus forts : la communauté ne serait que brigandage, et la liberté qu'anarchie. Il a donc fallu quelque règle qui fixât la propriété et la souveraineté; et la même nécessité qui établit le droit inviolable du propriétaire, établit aussi celui du souverain. Les premiers occupants n'avaient pas naturellement le droit de transmettre leurs biens à leur postérité, pas plus que les souverains la possession de leurs couronnes. Mais il a fallu consacrer ce double droit, pour obvier aux inconvénients perpétuels de nouvelles distributions de terre, et de nouvelles élections de princes: l'ordre veut qu'il y ait quelque chose de certain et de réglé; et le même intérêt, le même droit de prescription assure à la fois les terres et les trônes. « On est injuste et ravisseur de voler le plus simple meuble, de prendre quelques arpents de terre: serait-on juste de voler des couronnes et de s'emparer des royaumes?... S'il y avait un moyen fixe pour distribuer les couronnes et les biens selon le droit naturel, c'est-à-dire selon la loi immuable de la parfaite et souveraine justice, le droit héréditaire des empires et des terres serait injuste. Mais les passions des hommes et l'état présent de l'humanité rendant la chose impossible, il faut qu'il y ait quelques règles générales pour fixer les possessions des couronnes, comme celles des biens (1).

Je ne reproduirai pas les parties de cette politique où Fénelon parle tout à fait le langage de Bossuet. Il critique avec force le principe du droit de révolte : il montre les dangers du gouvernement populaire : il soutient la supériorité de la monarchie sur toutes les formes de gouvernement. Mais ici les différences commencent, et l'on va voir par quels côtés Fénelon déplaisait à Louis XIV, et pourquoi celui-ci l'avait surnommé le bel esprit le plus chimérique de son royaume.

On ne peut sans doute nier que Bossuet dans sa *Politique* ne parle souvent aux rois un langage sévère : mais ses paroles sont toujours couvertes de l'autorité de l'Écriture, et, d'ailleurs, cette sévérité de langage se trouve constamment adoucie par une adoration presque superstitieuse de la majesté royale ; et cette sorte d'idolâtrie devait agréablement accompagner, dans le cœur du prince, les conseils d'une piété austère, dont celui-ci reconnaissait d'ailleurs consciencieusement la juste autorité. Mais Fénelon, tout en respectant dans son principe l'autorité souveraine, ne paraissait pas aussi disposé à traiter les rois comme des dieux : il avait le goût de la remontrance : il excellait dans l'expression de ces moralités douces, mais fatigantes à la longue pour un esprit dominateur, peu ami des représentations. Les dissertations de *Télémaque* sur les devoirs des rois, sur les dangers des cours, sur l'orgueil des pouvoirs, sur le libertinage des princes, sur leur ambition, leur fol amour de la guerre, sur les excès du luxe et de la somptuosité ;

(1) *Ib.*, c. ix. On voit que l'auteur est très-préoccupé de l'idée d'usurpation : ce sont là sans doute les principes de Fénelon, mais il faut y reconnaître aussi les sentiments du jacobite.

tous ces conseils d'une sagesse privée, qui ne s'autorisait pas cette fois de la parole sainte ; enfin ce platonisme politique qui n'admettait que les guerres justes et les dépenses utiles, qui prétendait régler les mœurs des rois comme celles des simples citoyens ; cet esprit d'utopie, qui, après Platon et Morus, imaginait encore une république nouvelle fondée sur le partage des biens, les lois somptuaires, les mœurs pastorales et pacifiques des peuples primitifs, toute cette politique idéale devait peu convenir à un roi d'un esprit très-positif, d'un caractère très-impérieux, passionné pour la splendeur extérieure, passionné pour ses plaisirs, assez docile à la religion qu'il craignait, mais assez dédaigneux des conseils de la raison et de la morale, au-dessus desquels il se croyait placé par son rang. Fénelon eût été un admirable directeur de roi : mais ce besoin de direction dont il était possédé, devenait naturellement et comme à son insu un esprit d'opposition. Ce qui eût été une heureuse sévérité dans l'intimité de la direction, devenait une témérité irrespectueuse dans un livre.

Mais Fénelon ne se contentait pas de réprimander la royauté avec un peu plus de liberté et d'audace que Bossuet ; il rêvait certains tempéraments à l'autorité royale, qui eussent paru à celui-ci des restrictions séditieuses. Examinant les limites de la souveraineté, il les trouve dans ce que le siècle suivant aurait appelé les droits naturels de l'homme. Il distingue trois pouvoirs dans l'exercice de l'autorité : pouvoir sur les actions, pouvoir sur les personnes, pouvoir sur les biens. Or ces trois pouvoirs ne doivent s'exercer que selon une loi fondamentale, le bien public. La loi naturelle ordonnant à chacun de se sacrifier à tous, le prince ne doit jamais agir dans son propre intérêt, mais dans celui de tous. Aussi n'a-t-il de pouvoir que sur les actions, et non pas sur la volonté intérieure des sujets. « Nul souverain, par exemple, ne peut exiger la croyance intérieure de ses sujets sur la religion. Il en peut empêcher l'exercice public, ou la profession ouverte de certaines formules, opinions ou cérémonies, qui troubleraient la paix de la république, par la diversité et la multiplicité des sectes : mais son autorité ne va pas plus loin... On doit laisser les sujets dans une parfaite liberté d'examiner, chacun pour soi, l'autorité et les motifs de crédibilité de cette révélation. » Cette opinion est toute contraire à celle de Bossuet, qui reconnaissait au souverain le droit de contraindre par la force, et même de punir du dernier supplice les ennemis de la religion. Il en est de même des autres pouvoirs sur les personnes ou sur les biens. « Toute loi faite, toute guerre déclarée, tout impôt levé dans une autre vue que celle du bien public, est un violement des droits essentiels de l'humanité (1). » Je rapporte ces paroles de Ramsai, dans leur incorrection, sans être trop persuadé qu'elles viennent de Fénelon même. Il est possible que cet Écossais, si royaliste qu'il fût, ait introduit dans les principes de Fénelon quelques-unes des idées du parlementarisme anglais. Chez un peuple libre, ceux-là même qui s'opposent à la liberté en adoptent instinctivement les principes et les langages. Au reste, ce qui est tout à fait conforme aux principes connus de Fénelon, c'est la théorie de la monarchie aristocratique exposée dans l'*Essai sur le gouvernement civil* (2).

Selon Fénelon, l'autorité doit être entre les mains d'un monarque : l'unité du pouvoir assure l'union dans la société, la promptitude dans les conseils, l'exactitude dans

(1) *Ib.*, c. xi.
(2) C. xv.

le commandement militaire. Comme il y a toujours deux classes dans la société : la première de ceux qui naissent dans la richesse et la grandeur, la seconde de ceux qui vivent du travail, si les uns ou les autres gouvernent tous seuls, l'une des deux classes est opprimée ; c'est ce qui arrive dans l'aristocratie et dans la démocratie. « Il faut une puissance supérieure à ces deux ordres, qui les tienne dans leurs justes bornes. La royauté est comme le point d'appui d'un levier, qui en s'approchant de l'une ou de l'autre de ces extrémités, les tient dans l'équilibre. » Mais comme il est impossible qu'un homme voie tout par lui seul, et connaisse absolument le mieux, il lui faut des conseillers qui l'empêchent de changer son pouvoir absolu en pouvoir tyrannique, et cela en partageant avec lui le droit de faire les lois. Ce droit doit appartenir à une chambre composée de membres tirés de l'aristocratie : ils sont tous moins que le roi, et ne peuvent rien sans lui. Le roi peut tout au contraire, excepté de faire les lois. Ainsi se trouveront réunies la sagesse et la puissance. Ce n'est pas tout. Le peuple, qui n'est point en état de faire les lois, ne doit point cependant être tout à fait exclu du gouvernement. Sans doute le peuple ne doit point partager le pouvoir législatif, car aussitôt qu'il entre en partage, il tire tout à lui, et l'État est bientôt réduit au despotisme de la populace. Mais ce qui est du droit du peuple, c'est de voter lui-même les subsides extraordinaires que le prince veut lever sur lui. « Je ne parle point, dit Fénelon, des revenus annuels et réglés, qui sont absolument nécessaires pour le soutien de l'État et de la royauté : ce sont des prérogatives inaliénables de la couronne, que les rois ont toujours droit d'exiger. Je ne parle que des subsides extraordinaires, nouveaux et passagers. »

Quelque restriction qu'apporte ici l'auteur à ce droit important de voter l'impôt, on voit peu à peu dévier et s'atténuer l'idée rigoureuse et exlusive de la monarchie absolue. Un partage de la puissance législative, un appel au peuple pour l'augmentation des taxes étaient de graves concessions à la liberté des sujets, d'importantes limites au pouvoir du roi. Nous sommes loin déjà de cette autorité toute divine, pour ainsi dire, dont le seul contre-poids est la crainte de Dieu. Il est vrai que cette forme de gouvernement proposée par Fénelon comme le gouvernement le plus naturel et le mieux pondéré, a aussi ses inconvénients, et il a soin de les indiquer. Mais malgré ces inconvénients, on ne peut douter que ce ne soit à cette forme qu'il donne la préférence. On le voit manifester un goût particulier pour l'ancien état de la France, celui où les parlements et les états généraux limitaient la puissance du roi, et parlant au roi futur, il lui adressait ces paroles, où se fait sentir ce regret : « Vous savez qu'autrefois le roi ne prenait jamais rien sur les peuples par sa seule autorité : c'était le parlement, c'est-à-dire l'assemblée de la nation, qui lui accordait les fonds nécessaires pour les besoins extraordinaires de l'État. Hors de ce cas, il vivait de son domaine. Qui est-ce qui a changé cet ordre, sinon l'autorité absolue, que les rois ont prise de nos jours (1) ? » Et dans les plans de gouvernement que Fénelon avait concertés avec le duc de Chevreuse, pour proposer au duc de Bourgogne, on lit ces mots, qui annoncent toute une future révolution dans l'État : « Établissement d'états généraux. Composition des états généraux : de l'évêque de chaque diocèse ; d'un seigneur d'ancienne et haute noblesse élu par les nobles ; d'un homme

---

(1) *Examen de conscience sur les dev. de la royauté*, art. III, XIII.

considérable du tiers état, élu par le tiers état. Élection libre : nulle recommandation du roi qui se tournerait en ordre ; nul député perpétuel, mais capable d'être continué, etc. (1) » On voit même ici Fénelon plus hardi que dans le *Traité* de Ramsai ; car dans ce livre, il ne confie le pouvoir législatif qu'à une assemblée fixe et héréditaire : ici il demande des assemblées mobiles et électives. Telles sont les causes sérieuses de la disgrâce de Fénelon : ces plans de rénovation politique, plus ou moins connus du roi, durent contribuer, plus encore que les utopies et les moralités du *Télémaque*, à mécontenter le grand roi. On voit par ces dernières citations comment Fénelon peut être considéré sans trop d'inexactitude comme un précurseur des écrivains politiques du dix-huitième siècle. C'est ainsi qu'il avait préparé l'empire de la philosophie, par son goût pour les spéculations rationnelles, et le triomphe de la tolérance religieuse, par ses conseils de persuasion morale et son aversion de la contrainte appliquée à la conscience. En un mot, il est le lien naturel du dix-septième siècle au siècle suivant ; grâce à lui, l'esprit ne passe pas sans transition de Bossuet à Montesquieu.

Nous ne voulons pas cependant passer au xviii° siècle sans mentionner à côté de Fénelon un autre nom, qui s'associe naturellement au sien, le nom d'un autre réformateur, d'un autre ami du peuple et de l'humanité, qui, comme Fénelon, encourut la disgrâce du roi, quoiqu'il fût l'un de ses plus illustres et plus fidèles serviteurs, pour avoir dévoilé les misères de son royaume, dissimulées par une fausse grandeur, et pour avoir proposé un remède hardi qui exigeait le sacrifice de tous les abus. Nous voulons parler du maréchal de Vauban et de son admi-

---

(1) Fénelon, *Plans de gouvernement*, art. ii, § 3, 5°.

rable et touchant ouvrage, intitulé *la Dîme royale* (1).

Il est difficile d'avoir sur le règne de Louis XIV en France et sur ses effets un témoignage plus accablant, et en même temps plus désintéressé, que celui de Vauban. Voici quel était, suivant lui, l'état du peuple en France vers la fin du XVIIe siècle : « Par toutes les recherches que j'ai pu faire, depuis plusieurs années que je m'y applique, j'ai fort bien remarqué que, dans ces derniers temps, *près de la dixième partie du peuple est réduite à la mendicité* (2) et mendie effectivement; que, des neuf autres parties, il y en a cinq qui ne sont pas en état de faire l'aumône à celle-là, *parce qu'eux-mêmes sont réduits à très-peu de chose près à cette malheureuse condition;* que des quatre autres qui restent, trois sont fort malaisées et embarrassées de dettes et de procès; et que dans la dixième on ne peut pas compter sur cent mille familles, et je ne croirais pas mentir quand je dirais qu'il n'y en a pas dix mille, petites ou grandes, qu'on puisse dire être fort à leur aise; et qui en ôterait *les gens d'affaires,* leurs alliés et adhérents, couverts et découverts, et *ceux que le roi soutient par des bienfaits,* quelques marchands, etc., je m'assure que le reste serait en petit nombre (3). »

Tel était l'état social d'un pays qui, naturellement, « est le plus riche du monde (4). » C'est ce qu'affirme Vauban,

---

(1) Publié en 1707. — Sans nom de libraire ni de ville.

(2) Il ne faut pas oublier que ces paroles si terribles ont été écrites pendant la paix de Ryswick, c'est-à-dire avant les derniers malheurs de Louis XIV, et lorsque sa puissance, quoique arrêtée, était cependant encore très-florissante.

(3) *Dîme royale,* préface, p. 4. Vauban a tort d'ajouter ici « quelques marchands, » ce qui ne rentre pas dans sa pensée; car il n'est que juste que ces marchands soient riches. Il veut dire que si l'on ôte *les traitants* et *les pensionnaires du roi,* c'est-à-dire tous ceux qui vivent sur les impôts, on ne trouverait que bien peu de fortunes acquises par le travail.

(4) *Ibid.,* p. 26.

en ajoutant que ce n'est pas l'or ni l'argent qui font la richesse d'un pays, mais « l'abondance des denrées, abondance que la France possède au plus haut degré. »

D'où vient tant de misère dans tant d'abondance? De la mauvaise distribution des taxes, qui pèsent toutes sur la classe la plus malheureuse et la plus laborieuse, et dont la mauvaise assiette est encore aggravée par les injustices et les abus de la perception : « Je me sens obligé d'honneur et de conscience, dit Vauban, de représenter à Sa Majesté qu'il m'a paru que de tout temps *on n'avait pas eu assez d'égard en France pour le menu peuple*, et qu'on en avait fait trop peu de cas : aussi c'est la partie la plus ruinée et la plus misérable du royaume..... *c'est elle qui porte toutes les charges, qui a toujours le plus souffert et qui souffre encore le plus...* c'est, cependant, la partie basse du peuple qui, par son travail et par son commerce et par ce qu'elle paye au roi, l'enrichit et tout son royaume... Voilà en quoi consiste cette partie du peuple, *si utile et si méprisée.* »

Pour remédier à de si grands maux, Vauban propose un remède radical, qui consisterait à abolir tous les impôts existants, et à les remplacer par un impôt unique qui serait le dixième du revenu de chacun. C'est ce que Vauban appelle la *Dîme royale ;* c'est ce que nous appellerions aujourd'hui l'impôt sur le revenu. Nous n'avons pas à apprécier la valeur économique de ce système. Signalons seulement les trois principes fondamentaux posés par Vauban en tête de son projet : « 1° C'est une obligation naturelle aux sujets *de toutes conditions* de contribuer à proportion de leur revenu ou de leur industrie, sans qu'aucun d'eux s'en puisse raisonnablement dispenser ; 2° qu'il suffit pour autoriser ce droit d'être sujet de cet État ; 3° *que tout privilége qui tend à l'exemption* de cette contribution *est abusif*, et ne peut ni ne doit prévaloir au préjudice du public. » Ainsi, un siècle avant Turgot, avant la Révolution, Vauban posait le principe de la contribution égale aux charges publiques.

A ces remarquables principes, inspirés par un si vif sentiment de la justice, ajoutons encore ceux-ci, par lesquels Vauban termine, et qui lui sont inspirés par le double sentiment de la sagesse et de l'humanité. C'est, dit-il, « que les rois ont un intérêt réel et très-essentiel de ne pas surcharger leur peuple jusqu'à les priver du nécessaire... Ils les auront plus tôt ruinés qu'ils ne s'en seront aperçus (1). » Enfin, il rappelle au roi cette parole d'Henri IV : « *Qu'il était bon de ne pas toujours faire tout ce que l'on pouvait!* Parole d'un grand poids et vraiment digne d'un roi père de son peuple, comme il l'était ! »

Tel est ce beau livre de Vauban, œuvre qui doit lui compter plus encore dans la mémoire des hommes que ses belles défenses et ses belles places ; car c'était avec son cœur qu'il l'écrivait, et, certainement, avec autant de dévouement pour le roi que d'amour pour l'humanité : « Je n'ai plus qu'à prier Dieu (ce sont ses dernières lignes) que le tout soit pris en aussi bonne part que je le donne ingénuement, et sans autre passion ni intérêt que celui du service du roi, le bien et le repos de ses peuples. »

Ainsi les meilleurs serviteurs de la monarchie commençaient à désirer qu'elle se modérât. Ils commençaient à parler avec émotion « de ce menu peuple, si utile et si méprisé ; » ils commençaient à trouver « que l'exemption des charges était abusive. » Enfin, sans blâmer en lui-

---

(1) Ch. xi, p. 230.

même le principe du pouvoir absolu, ils insinuaient à la royauté « qu'il est bon de ne pas faire tout ce qu'on peut. » On ne peut pas dire que la royauté n'a pas été avertie ; mais ces avertissements lui étaient à charge ; elle les repoussait avec hauteur et en punissait les auteurs par la disgrâce et par l'exil (1). Bientôt elle allait entendre des voix plus hautaines et plus hardies ; aux représentations et aux prières, succéderont bientôt les sarcasmes, les invectives, les sommations ; bientôt la voix du peuple se mêlera à celle des écrivains ; et l'heure pendant laquelle la monarchie eût pu se réformer sera passée sans retour. Parmi ces amis sages et fidèles qui eussent voulu corriger la monarchie sans la détruire, et qui désiraient le bien-être du peuple sans en déchaîner les passions, on n'oubliera jamais les noms de Fénelon et de Vauban.

(1) On sait que le pauvre Racine lui-même se mêla de bien public, et qu'il perdit à cette occasion la faveur royale, qui était ce à quoi il tenait le plus au monde, après Dieu.

CHAPITRE V.

MONTESQUIEU.

§ I. Prédécesseurs de Montesquieu. — L'abbé de Saint-Pierre. Ses projets politiques : 1° académie politique, 2° la méthode de scrutin, 3° la polysynodie, 4° la paix perpétuelle. — *L'Entresol* et l'abbé Alari. — D'Argenson. Ses utopies. *Considérations sur le gouvernement ancien et présent de la France.* Liberté municipale. Attaques contre l'aristocratie. — § II. Montesquieu. *Lettres persanes* et *Considérations sur les Romains.* — *Esprit des lois.* — Objet et méthode. — Division des gouvernements. — Théorie des trois principes. — Corruption des gouvernements. — Appréciation et critique. — Intention de l'*Esprit des lois.* — Théorie de la liberté politique. — Théorie de la séparation des pouvoirs. — Théorie de la constitution anglaise. Examen de ces théories. — Théories réformatrices de Montesquieu : 1° Réforme de la pénalité ; 2° Polémique contre l'esclavage ; 3° Polémique contre l'intolérance. — Idées économiques. — Conclusion.

Nous voici parvenus au moment le plus grave de cette histoire. Quelle que soit la gravité des questions qui se présenteront à nous, nous essayerons de les traiter avec une entière liberté, comme il convient dans la science. On ne peut oublier, sans doute, en parlant des hommes du xviii° siècle, et de leurs écrits, qu'il ne s'agit plus seulement de théories spéculatives, mais de notre histoire elle-même, et des épreuves les plus terribles de notre patrie. Ces lignes encore si vivantes, que nos pères du siècle dernier lisaient avec enthousiasme, n'étaient pleines, pour eux, que de promesses et d'espérances ; ils y voyaient l'aurore d'une société nouvelle, et d'une ère de félicité sans bornes pour le genre humain. Pour nous, si haut qu'elles parlent encore à notre âme, et quelque fidèles que soient dans nos cœurs les espérances qu'elles y ont nourries, comment oublier que sous chacune de ces lignes se cache quelque souvenir douloureux, qu'à telle ou telle maxime correspond tel événement tragique de notre histoire nationale? Comment oublier à quel prix de sang et de douleurs ont été achetées ces libertés si ardemment désirées, si peu possédées, tantôt reprises, tantôt données, tantôt arrachées, et dont l'instabilité semble n'avoir laissé dans les esprits que le doute et l'indifférence? Comment oublier enfin, qu'au lieu d'une seule et légitime révolution établissant tout d'un coup le règne de la raison et de la liberté, nos pères ont vu, nous avons vu nous-mêmes une suite de révolutions, dont chacune contredisait la précédente et qui semblent n'avoir fait que substituer le droit du plus fort au droit divin, un enchaînement d'imprévus, dont la fin, pour quelques-uns, est l'abîme, et, pour tous, l'inconnu? Comment rejeter tous ces souvenirs, lorsque nous reportons nos regards et nos esprits sur ces livres, qui ont été la première origine de tous ces mouvements, l'*Esprit des lois* et le *Contrat social*? Il faut cependant s'affranchir de ces vues anticipées, et du sentiment confus qui règne aujourd'hui dans les âmes : non, sans doute, qu'il ne soit utile de s'éclairer par l'expérience et par les faits de l'histoire; mais il ne faut pas apporter nos passions contemporaines dans l'étude de ces monuments qui dureront plus que nous. Qu'il nous soit donc permis de traiter de la politique de Montesquieu ou de Rousseau, comme s'il s'agissait de Platon ou d'Aristote.

§ 1. — Prédécesseurs de Montesquieu.

Nous avons vu déjà se préparer, à la fin du règne de Louis XIV, l'esprit politique du siècle suivant. Fénelon, sans renoncer au principe du droit divin, demandait des tempéraments et des limites à la monarchie absolue : il était plus favorable à la tolérance que Bossuet et Louis XIV ; enfin la politique guerrière et conquérante lui était odieuse. Vauban déplorait la misère publique et demandait une réforme radicale du système des impôts. Ce furent là les prémices du siècle nouveau. De cette opposition à Louis XIV naîtront insensiblement le besoin et le désir d'une liberté de plus en plus étendue. Deux écrivains peuvent servir à signaler cet esprit, qui ne va pas encore jusqu'à la pensée d'un changement essentiel dans la forme du gouvernement, mais qui demandait déjà des réformes, des améliorations, des nouveautés : ce sont l'abbé de Saint-Pierre et le marquis d'Argenson (1). Ils nous conduisent, par une transition douce et naturelle, de Fénelon à Montesquieu.

L'abbé de Saint-Pierre, en effet, tient d'assez près à Fénelon : c'est comme lui un esprit curieux, novateur, chimérique, fort ennemi du gouvernement de Louis XIV, et surtout de sa politique guerrière. Écrivain médiocre et sans talent, ce n'est pourtant pas un penseur tout à fait méprisable ; il était possédé d'une passion, alors nouvelle et originale, la passion politique ; et cette passion lui a donné une certaine importance. Il ne rêvait que projets, inventions, règlements et nouveautés en tout. Il écrivait sur toutes choses, et a laissé des écrits innombrables, dont beaucoup sont manuscrits. Dans ce chaos, il est impossible de méconnaître une certaine force originale : quelques-unes de ses idées avaient plus de portée qu'il ne le croyait lui-même. Rousseau y attacha quelque prix. Enfin, par sa passion d'écrire sur la politique, il

---

(1) Voir sur l'abbé de Saint-Pierre l'instructif et spirituel ouvrage de M. Ed. Goumy. Paris, 1859.

excita la curiosité de son temps, il fit discuter ses idées et fut un de ceux qui habituèrent les esprits à traiter ces questions. Ajoutez que toutes ses innovations politiques se font remarquer par un caractère libéral, qui s'éloignait de plus en plus du système de la monarchie absolue.

Les projets politiques de l'abbé de Saint-Pierre se ramènent à quatre principaux : 1° l'établissement d'une académie politique ; 2° la méthode de scrutin ou de l'élection appliquée aux choix des fonctionnaires ; 3° la polysynodie, ou la multiplicité des conseils ; 4° enfin, le plus célèbre de tous, la paix perpétuelle.

L'abbé de Saint-Pierre part d'un principe qui eût paru sans doute fort contestable à Richelieu et à Louis XIV et ne serait encore admis qu'avec réserve par quelques politiques de notre temps : c'est que les peuples sont d'autant plus heureux et mieux gouvernés, que la science politique y est plus répandue, c'est-à-dire qu'un plus grand nombre de personnes participent à cette science (1). Pour faciliter ce progrès, il propose l'établissement d'une académie politique qui serait chargée de recevoir, de juger et de récompenser tous les bons mémoires écrits sur la politique et l'administration. Comment cette académie serait-elle nommée ? Nous le verrons tout à l'heure. Ce qu'il faut remarquer surtout, c'est qu'elle n'est pas seulement, dans la pensée de l'abbé de Saint-Pierre, un corps scientifique, destiné à éclairer et à instruire : c'est un véritable corps politique, qui a mission de fournir des sujets pour toutes les fonctions, et de préparer des règlements pour l'administration. C'est un corps qui cumulerait à la fois les fonctions de notre Académie des sciences morales et politiques et de notre conseil d'État. Cette aca-

(1) *Œuvres de polit.*, t. III. — *Projet pour perfectionner le gouvernement des États*, p. 11. Rotterdam, 1733.

démie serait juge de tous les projets d'améliorations proposés par les individus, sauf vérification du conseil du roi. Quant aux récompenses méritées par les auteurs de ces projets, l'abbé de Saint-Pierre est d'une extrême munificence. Il distribue les rentes avec profusion. Il en donne aux inventeurs, il en donne aux académiciens chargés de lire et de juger les inventeurs, il en donne aux conseillers chargés de reviser le jugement des académiciens, il va jusqu'à en donner aux ministres et à leurs enfants, que ces projets peuvent déposséder de leurs privilèges, et qui ont droit par conséquent à quelque dédommagement pécuniaire.

Il est facile de voir comment, dans l'esprit de l'abbé de Saint-Pierre, une idée juste devient rapidement une idée chimérique. Il avait entrevu l'utilité d'une académie qui répandrait peu à peu dans le pays de justes idées politiques, et qui éclairerait les esprits. Mais il ne comprit pas qu'une telle académie, pour être vraiment utile, doit demeurer dans la pure spéculation ; que récompenser les inventeurs politiques et les faiseurs de projets, c'était donner une prime à l'esprit de chimère ; qu'un corps ne peut préparer des règlements utiles qu'à la condition d'être au courant des faits et des affaires ; mais qu'une telle connaissance ne laisse plus de temps pour l'étude spéculative des principes ; enfin qu'il faut absolument séparer ces deux choses, la science et l'administration ; non que l'une ne doive influer sur l'autre, mais cette influence ne peut être que lente et indirecte, et elle vaut d'autant mieux, qu'elle est moins indiscrète et moins impérieuse.

Le bon abbé de Saint-Pierre fut sur le point de voir se réaliser son rêve d'une académie politique ; mais il apprit bientôt combien il se faisait d'illusion en croyant que le gouvernement verrait avec plaisir se répandre les éléments de sa science favorite, et s'y former des hommes instruits (1). En 1724, l'abbé Alary avait fondé place Vendôme, dans un appartement en entre-sol, une espèce de club politique, qui avait pris le nom de l'*Entresol* (2). On y traitait de toutes sortes de matières très-librement ; on y discutait les affaires de l'Europe, et l'on raconte même qu'un ambassadeur anglais, Walpole ou Chesterfield, se croyant à Londres et n'ayant pu obtenir du cardinal Fleury de se prononcer entre les Anglais et les Espagnols, vint plaider sa cause à l'Entresol, comme s'il eût été en présence de la nation. On y lisait des mémoires politiques de

(1) Avant l'*Entresol*, quelques tentatives d'académies politiques avaient déjà eu lieu en France. Le savant éditeur des Mémoires de d'Argenson, M. Rathery, nous apprend, d'après les papiers de l'abbé de Choisy, qu'en 1692, sous le règne même de Louis XIV, une Académie s'était établie au Luxembourg, et se réunissait tous les mardis chez l'abbé de Choisy lui-même. Parmi les membres célèbres de cette société, on cite les noms de Perrault et de Fontenelle. L'objet de l'*Assemblée du Luxembourg* était plus vaste que celui de l'*Entresol*. L'Entresol se bornait à la politique ; le *Luxembourg* embrassait tout le domaine des sciences morales, y compris la théologie. Cette société ne paraît pas avoir été l'objet des rigueurs du gouvernement, probablement parce qu'elle sut s'en laisser ignorer ; mais elle périt d'elle-même, et par suite de la passion et de l'aigreur qui se mirent dans les discussions. Une autre académie politique (celle-ci mentionnée par d'Argenson) fut l'Académie du Louvre, qui se forma et qui fut dispersée par ordre du roi sous le ministère de M. de Torcy. Nous ne savons rien de cette société, si ce n'est que « ses membres paraissaient plus désireux de pousser leur fortune que d'étendre leurs lumières. » Enfin M. Villemain, dans son *Tableau de la littérature française au* XVIIIe *siècle* (15e leçon), nous apprend, sans nous dire d'où il a tiré ce fait curieux, qu'à côté de l'*Entresol* et probablement en concurrence avec lui, se tenait une autre académie politique à l'hôtel de Rohan, présidée par un jésuite. On voit, par ces faits, que la pensée de fonder une académie des sciences morales et sociales n'a pas été une conception arbitraire de la Révolution, mais une entreprise déjà plusieurs fois essayée, même sous Louis XIV, répondant à un besoin vif et légitime, et qui n'avait échoué que parce qu'elle était incompatible avec la constitution du pouvoir sous l'ancien régime.

(2) L'abbé Alary était intimement lié avec un personnage bien autrement célèbre, et qui pourrait avoir été pour quelque chose dans la fondation de cette académie. Je veux parler du fameux Bolingbroke, alors à Paris en exil, mais qui précisément, en 1724, venait d'être rappelé dans son pays. Il écri-

toutes sortes (1). On y voyait plusieurs personnages distingués, entre autres le marquis d'Argenson, un des hommes les plus remarquables du dix-huitième siècle, et qui fut depuis ministre des affaires étrangères, auteur d'un très-intéressant *Essai sur l'ancien gouvernement de la France;* Ramsay, l'ami de Fénelon, et qui a rédigé, nous l'avons vu, d'après ses idées l'*Essai sur le gouvernement civil* (2); enfin l'abbé de Saint-Pierre, qui, selon d'Argenson, fournissait à lui seul à la société plus que tous les autres : « Il se trouvait là comme dans un pays qu'on a souhaité longtemps et inutilement de voir, et où on se trouve enfin. Ses systèmes, qui sont connus du public, ne respirent que bureaux de découvertes, que conférences politiques. » Le cardinal Fleury connaissait cette académie et s'en applaudissait. Il lui paraissait glorieux

vait de Londres à son ami l'abbé : « Chargez-vous de mes très-humbles compliments à toute notre petite Académie. Si je ne comptais pas les revoir dans le mois prochain, j'en serais inconsolable. » Ces mots nous apprennent que Bolingbroke, quoiqu'il ne figure pas dans la liste des membres de l'*Entresol*, était cependant de cœur avec eux, et s'y associait par l'esprit : peut-être même n'est-il pas téméraire de conjecturer que c'est sous son inspiration que l'abbé Alary avait formé cette institution, qui ressemblait, à un club anglais autant qu'à nos académies. Si cette conjecture était vraie, ce serait là un de ces mille détails par lesquels se révèle l'influence de l'Angleterre sur la France au commencement du xviiie siècle.

(1) Dans une édition de Montesquieu (1817, chez Belin, in-8), on lit ces paroles. « Le dialogue de Sylla et d'Eucrate fut composé pour une société politique et littéraire qui s'assemblait tous les samedis chez l'abbé Alary, de l'Académie française et précepteur des enfants de France. » Et en note l'éditeur, se nommant lui-même, ajoute : « *M. Villenave conserve le manuscrit autographe de Montesquieu*, ainsi que tous les manuscrits de l'abbé Alary, dont le principal est une *Histoire d'Allemagne;* plusieurs manuscrits de l'abbé de Saint-Pierre, etc. » Nous avons fait des démarches pour suivre la piste de ces précieux manuscrits, et nous n'avons pu nous procurer aucun renseignement sur ce qu'ils sont devenus. Il serait intéressant de savoir s'il est vrai que le dialogue de Sylla et d'Eucrate ait été réellement fait pour l'*Entresol*. Cela fixerait d'abord la date de cet ouvrage célèbre, et cela ajouterait à l'*Entresol* une gloire de plus.

(2) Voir le chapitre précédent.

de fonder une académie politique, comme Richelieu avait fondé une Académie française. Malheureusement, ce goût lui dura peu. L'Entresol devint suspect. On se plaignait de discours tenus sur les affaires du temps. Le naïf abbé de Saint-Pierre crut tout concilier en proposant au cardinal de permettre que l'on ne traitât que de projets politiques et de démonstrations générales, sans aucune allusion aux affaires. C'était demander au cardinal une autorisation expresse, au lieu d'une simple tolérance. Le cardinal répondit : « Je vois, monsieur, que dans vos assemblées vous proposeriez de traiter des ouvrages de politique. Comme ces sortes de matières conduisent ordinairement plus loin qu'on ne voudrait, il ne convient pas qu'elles en fassent le sujet. » C'était une défense ; l'Entresol se dispersa, et l'abbé de Saint-Pierre put apprendre qu'il n'était pas beaucoup plus facile alors d'établir une académie politique que la paix perpétuelle.

La seconde innovation proposée par l'abbé de Saint-Pierre, innovation beaucoup plus grave que la précédente, c'est la méthode de scrutin, c'est-à-dire l'élection appliquée aux fonctionnaires de tout ordre. Voici, à peu près, comment il faudrait procéder, selon l'abbé de Saint-Pierre (1). On formerait au scrutin trois compagnies de trente membres chacune, l'une composée de gens de robe, l'autre de noblesse, la troisième de gens d'Église. Chacune de ces compagnies nommerait au scrutin trois membres, entre lesquels le roi en choisirait un pour former l'académie politique jusqu'à concurrence de quarante membres. Les académiciens, à leur tour, proposeraient au roi des candidats tirés de leur sein pour les places de maîtres des requêtes ou rapporteurs du conseil ; ceux-ci choisi-

---

(1) *Projet*, p. 13-17.

raient les intendants de province, qui choisiraient les conseillers d'État, parmi lesquels le roi prendrait ses ministres. Grâce à ce système de hiérarchie élective, le roi sera sûr d'avoir toujours les meilleurs sujets, d'échapper aux inconvénients de la faveur, aux ennuis des sollicitations ; reste à savoir s'il serait bien aise d'échapper à ces inconvénients et à ces ennuis.

Une autre réforme qui, dans la pensée de l'abbé de Saint-Pierre, s'alliait étroitement avec la méthode du scrutin, c'est la pluralité des conseils, ou la polysynodie. Ce système, appliqué sous le régent, consistait à substituer des comités aux ministères. Selon l'abbé de Saint-Pierre, on n'a guère connu encore que deux formes d'administration, l'une et l'autre très-imparfaites : c'est le *vizirat* et le *demi-vizirat*. Le vizirat est le système qui confie à un premier ministre et à lui seul tout le pouvoir politique : c'est le système des Turcs, c'est celui des rois de la première race, c'est enfin celui qui mit pendant vingt ans la royauté à la merci du cardinal de Richelieu. Le demi-vizirat est une atténuation du système précédent : c'est le partage de la puissance entre plusieurs ministres, sans la prépondérance d'aucun d'eux en particulier. A ces deux systèmes le régent avait substitué un certain nombre de conseils correspondant à chaque ministère. C'est ce que l'abbé de Saint-Pierre appelle la *polysynodie*, système excellent selon lui, mais qu'il faut perfectionner, affermir, transformer en institution de l'État: « Une partie de ces vues, ajoute l'abbé de Saint-Pierre, m'étaient venues neuf ou dix ans avant la mort du feu roi ; mais le lecteur sait assez qu'il eût été alors très-inutile pour l'État et très-dangereux pour moi de les communiquer. »

Voici maintenant les avantages de la polysynodie, c'est-à-dire de la pluralité des conseils, sur le vizirat et le demi-vizirat. 1° Les faits seront mieux connus, et par conséquent les résolutions mieux prises ; car, la plupart du temps, les fautes viennent de l'ignorance, et l'utilité des résolutions dépend de la connaissance des faits. Or, s'il n'y a qu'un seul conseiller, il peut, ou ne pas connaître tous les faits, ou les altérer sciemment ; s'il y en a plusieurs, le témoignage de l'un contre-balance le témoignage de l'autre. 2° La pluralité des conseils fournit plus de lumières sur les expédients. Dans une affaire difficile, dix personnes trouveront pour éviter un mal ou pour procurer un bien plus de moyens et de systèmes de conduite, les discuteront avec plus d'exactitude, les choisiront avec plus de sûreté. 3° L'intérêt particulier s'opposera moins à l'intérêt public. En effet, cet intérêt paraîtra plus au grand jour ; il se rencontrera et devra compter avec d'autres intérêts rivaux et clairvoyants. 4° Les charges publiques seront moins pesantes, et leur emploi mieux surveillé, car le roi évitera d'inutiles dépenses, et ne donnera pas des pensions avec la même prodigalité, lorsqu'il connaîtra l'excès de misères où ces dépenses et ces pensions jettent ses sujets. De plus, les conseillers eux-mêmes sont personnellement intéressés à diminuer le poids des subsides qui pèsent sur eux aussi bien que sur le reste du peuple. 5° Il se fera plus de règlements et d'établissements utiles, car il y aura plus d'hommes pour examiner les propositions nouvelles, pour les traduire en projets applicables, pour en discuter les avantages. 6° Il y aura moins d'injustices et de vexations de la part des plus forts. En effet, les plaintes arriveront plus aisément jusqu'au trône, puisqu'en augmentant le nombre des ministres, on multipliera par là même les canaux qui les transmettront. 7° Enfin, la noblesse aura plus de part au gouvernement. En effet, dans le système du vizirat, les ministres ont intérêt à écarter les gens de qualité qui pourraient les supplanter. Or on sait que c'est dans la noblesse que l'on trouve plus d'honneur, plus de fidélité pour le roi, plus d'amour de la patrie, plus de grands génies, plus d'éducations, plus de grands sentiments, plus d'inclination pour la vertu.

Je m'arrête à ce dernier avantage de la polysynodie sur le vizirat. Il nous fait voir que les projets de l'abbé de Saint-Pierre avaient certaines affinités avec les projets de monarchie aristocratique rêvée par Fénelon, le duc de Beauvilliers et toute la petite société du duc de Bourgogne. L'abbé de Saint-Pierre avait aperçu avec une certaine finesse les inconvénients de la monarchie absolue, et entrevu les avantages de la discussion libre des affaires dans des corps nombreux. Mais son esprit, toujours chimérique et inexpérimenté, lui faisait confondre encore ici deux choses très-distinctes, la délibération et l'exécution. Tous les avantages qu'il relève étaient vrais, si les conseils n'étaient que des corps délibératifs. Mais, comme agents de la puissance exécutive, ils étaient condamnés à l'inaction et à l'anarchie. C'est ce que prouve, du reste, l'expérience. Lorsque le régent, en effet, eut remplacé les ministères par les conseils, les affaires tombèrent dans un tel désordre et un tel abandon, qu'il fallut revenir au système précédent (1).

Au fond, le projet rêvé par l'abbé de Saint-Pierre, sans qu'il s'en rendît bien compte lui-même, était une sorte de monarchie parlementaire, divisée en un certain nombre de corps différents, qui devaient à la longue faire passer l'autorité du roi aux conseils, et par conséquent déplacer la souveraineté. Si vous ajoutez le principe de

(1) C'est là, du moins, l'opinion généralement reçue; ce n'est pas celle de Montesquieu. Voy. *Lettres persanes*, CXXXVIII.

l'élection, qui fait monter le pouvoir d'en bas au lieu de le faire descendre du roi, et le principe d'une académie politique, qui appelait tout le monde à traiter des matières d'État, il est certain que ces trois projets combinés formaient une véritable révolution. C'est ce que Rousseau, d'ailleurs, a supérieurement aperçu.

Mais de tous les projets de l'abbé de Saint-Pierre, le plus célèbre, celui auquel il a attaché son nom, est son projet de paix perpétuelle. On sait quelle est l'origine de ce projet. Sully nous apprend dans ses Mémoires que le roi Henri IV, au moment où il a été assassiné, partait pour l'Allemagne afin d'accabler une dernière fois la maison d'Autriche, et d'établir une sorte de confédération européenne qui rendrait la guerre impossible. C'est sur cette donnée que l'abbé de Saint-Pierre a travaillé. C'est cette idée qu'il a embrassée, cultivée, défendue toute sa vie avec obstination. Son projet consistait à faire signer à tous les souverains de l'Europe ou au plus grand nombre les cinq articles suivants : I. Il y aura désormais entre les souverains qui auront signé les cinq articles suivants une alliance perpétuelle. II. Chaque allié contribuera, à proportion des revenus actuels et des charges de son État, à la sûreté et aux défenses communes de la grande alliance. III. Les grands alliés, pour terminer entre eux leurs différends présents et à venir, ont renoncé et renonceront pour jamais, pour eux et leurs successeurs, à la voie des armes, et sont convenus de prendre toujours dorénavant la voie de conciliation par la médiation des grands alliés. IV. Si quelqu'un d'entre les grands alliés refusait d'exécuter les jugements et les règlements de la grande alliance, négociait des traités contraires, faisait des préparatifs de guerre, la grande alliance armera et agira contre lui offensivement jusqu'à ce qu'il ait exécuté lesdits jugements ou règlements. V. Les alliés sont convenus que les plénipotentiaires, à la pluralité des voix, pour la définitive, régleront dans leur assemblée perpétuelle tous les articles qui seront jugés nécessaires ou importants.

Ainsi, une grande confédération fondée sur la base des traités d'Utrecht, une assemblée perpétuelle, sorte de diète ou de congrès permanent, décidant des affaires de la confédération; en cas de dissentiment, médiation et arbitrage des grands alliés; et, en cas de résistance, contrainte armée de la grande alliance, tels sont les articles de cette paix perpétuelle, qui, comme on le voit, contient le germe de guerres toujours renaissantes, ce qui est et sera toujours le vice radical des projets de ce genre.

Quant aux avantages d'une telle combinaison, l'abbé de Saint-Pierre n'a pas de peine à les établir : 1° garantie contre les malheurs des guerres étrangères ; 2° garantie contre les malheurs des guerres civiles ; 3° garantie pour les souverains de la possession de leurs États; 4° diminution considérable des dépenses militaires ; 5° augmentation de revenus par le développement de la sécurité ; 6° amélioration des États par le perfectionnement des lois, etc. Tels sont les avantages certains, et beaucoup d'autres encore qu'aurait l'établissement d'une grande alliance, protectrice des droits de chaque État, et les enchaînant les uns aux autres par le lien de la solidarité. La plupart de ces avantages sont incontestables. Mais la question est de savoir si une telle alliance est possible, et, fût-elle possible, si elle serait durable.

Sans insister sur la valeur pratique d'un projet qui n'a jamais existé que sur le papier, cherchons à déterminer le principe philosophique dont il est l'application. C'est le principe de l'arbitrage. C'est l'arbitrage naturel du père de famille, qui maintient l'ordre dans la famille, et qui règle les différends entre les enfants, au lieu d'en abandonner la solution à la force. C'est l'arbitrage conventionnel, démocratique ou monarchique, qui règle les différends entre les hommes dans une société, soit pour les biens à partager, soit pour les promesses à exécuter, soit pour les offenses à réparer : c'est cet arbitrage qui empêche que les querelles des hommes ne dégénèrent en hostilités perpétuelles où le genre humain périrait, et qui, sans détruire la colère et les passions, ce qui est impossible, en atténue ou en empêche les effets : c'est lui enfin qui permet à huit cent mille hommes de vivre ensemble dans un espace grand comme Paris sans qu'on puisse compter beaucoup d'attentats contre les personnes ou contre les biens. Pourquoi donc n'appliquerait-on pas aux nations le même système d'arbitrages qu'aux familles? Pourquoi maintenir l'état de nature qui n'existe plus entre les particuliers? Pourquoi ne pas faire de la société humaine une véritable société? A ces pourquoi de l'abbé de Saint-Pierre on peut répondre que dans les sociétés particulières l'ordre est maintenu par des peines qui sont appliquées par l'autorité civile. Si l'on veut donc raisonner par analogie, il faudrait soumettre tous les États de la terre non pas à un arbitrage, mais à un pouvoir unique, qui absorberait tous les peuples et toutes les patries. Le seul moyen de la paix perpétuelle dans le monde serait la monarchie universelle : or on peut se demander si ce remède, en le supposant possible, ne serait pas pire que le mal.

La plus ingénieuse critique que l'on ait faite du système de l'abbé de Saint-Pierre est celle de cet aubergiste hollandais, qui avait fait peindre au-dessus de sa porte un cimetière avec cette inscription : *A la paix perpétuelle!*

C'est là en effet jusqu'à présent la seule paix véritable que les hommes aient pu trouver !

A côté de l'abbé de Saint-Pierre, et parmi les membres les plus éminents de la société de l'Entresol, il faut compter le marquis d'Argenson (1), celui que l'on appelait d'Argenson *la bête*, quoiqu'il eût infiniment d'esprit, mais parce qu'il était moins brillant et passait pour moins habile à suivre la fortune que son frère cadet, le comte d'Argenson, le ministre de la guerre. Saint-Simon caractérisait ainsi les deux frères : « l'un plein d'esprit, d'ambition, et, de plus, fort galant; et un aîné qui était et fut toujours un balourd. » Ce balourd fut un des esprits les plus originaux du xviiie siècle. Ami et presque disciple de l'abbé de Saint-Pierre, il avait aussi un coin d'utopie et de chimère, mais il joignit à cela un sens pratique, une connaissance des hommes, une philosophie d'expérience que le candide abbé ne possédait pas. Comme écrivain, il compte aussi plus que l'abbé de Saint-Pierre. De style, celui-ci n'en avait pas et ne s'en souciait guère. D'Argenson ne s'en souciait pas non plus beaucoup, mais il le rencontrait sans y penser par une séve naturelle : « Ce n'est pas, dit M. Sainte-Beuve, ce n'est pas le style d'un académicien, ce n'est pas celui d'un grand seigneur, mais plutôt d'un gentilhomme campagnard nourri de livres, et qui s'exprime crûment, rondement et avec séve. Il nous rappelle le ton des pères et aïeux de Mirabeau (2). »

Nous avons dit qu'il avait ses utopies comme l'abbé de Saint-Pierre; seulement elles étaient moins innocentes, parce qu'elles touchaient aux mœurs. Il appelait le mariage « un droit furieux qui passera de mode, » et se se-

---

(1) C'est dans les Mémoires de d'Argenson (t. I), que l'on trouve tout ce que nous savons sur l'Académie de l'*Entresol*.

(2) Sainte-Beuve, *Causeries du Lundi*, t. XII.

rait bien accommodé pour son compte de la république de Platon, dont le maréchal de Richelieu l'appelait le secrétaire d'État. Parmi les fantaisies de cette bizarre imagination, en voici une vraiment plaisante : « Le prince, disait-il, devrait faire un beau matin, après avoir consulté l'Académie des sciences, une loi qui réglerait la distribution de la journée entre tous les sujets. Il y aurait une heure pour les visites, une autre pour le travail, une autre pour le délassement. Les cloches des églises sonneraient les fonctions principales, de même que celles d'un couvent, ce qui serait admirable pour l'effet dans une ville comme Paris (1). » Il ne faut pas du reste prendre au sérieux les rêves de d'Argenson, ni les confondre avec les utopies de l'abbé de Saint-Pierre : les uns ne sont que les jeux d'un homme d'esprit assez peu dupe des choses de ce monde ; les autres sont les illusions d'un enfant candide et généreux. Celui-ci ne séparait pas la spéculation de la pratique ; tout ce qu'il rêvait, il en voulait l'application, et les difficultés du monde réel n'étaient jamais pour lui des obstacles. Pour d'Argenson, au contraire, l'utopie restait dans le domaine de la fantaisie : quand il passait à la politique appliquée, il y portait un esprit pratique et pénétrant, tout moderne et éminemment libéral dans le meilleur sens du mot.

Tel est l'esprit qui recommande encore aujourd'hui ses *Considérations sur le gouvernement de la France,* l'un des meilleurs écrits politiques du xviii° siècle (2). A

---

(1) D'Argenson, *Mémoires.*
(2) Cet ouvrage a été publié pour la première fois à Amsterdam en 1765; mais il avait été composé bien auparavant. Rousseau en avait eu connaissance, et le cite avec éloge dans *le Contrat social* (l. IV, c. viii). « Je n'ai pu me refuser au plaisir de citer quelquefois ce manuscrit, quoique non connu du public, pour rendre honneur à la mémoire d'un homme illustre et respectable qui avait conservé jusque dans le ministère le cœur d'un vrai

la vérité, on n'y voit pas apparaître encore l'idée de la liberté politique. Il se bornait, et c'était beaucoup, à la liberté communale. Il eût voulu, ce sont ses expressions, « une administration populaire sous l'autorité royale. » Il critiquait déjà, comme on le fait de nos jours, les abus de la centralisation, et se plaignait qu'il fallût un arrêt du conseil pour réparer un mauvais pas et reboucher un trou (1). « Les hommes, disait-il, ne font bien que ce qui les intéresse directement. Dieu, qui est le plus puissant des souverains, laisse aux hommes le soin des choses qui les regardent. Il laisse agir les causes secondes, les surveille, mais il n'agit pas à leur place. Un médecin entreprend-il d'opérer lui-même les fonctions de son malade? On ne pense pas assez à ce degré de liberté que les lois doivent laisser à ceux qui leur sont soumis. Il faut dans le gouvernement un juste mélange d'attention et d'abandon. L'indépendance agit avec cet esprit de maître qui s'applique tous les travaux et les projets sans détour et sans trouble ; tandis que la servitude, n'acquérant que pour autrui, n'est bientôt plus que paresse, stupidité et misère. »

Un autre point de vue remarquable des vues d'Argenson,

---

citoyen et des vues droites et saines sur le gouvernement de son pays. » D'Argenson dut donner les prémices de cet ouvrage à l'Académie de l'Entresol, car il nous apprend qu'il y lut quelques mémoires sur le gouvernement. Mais la matière dont il s'était principalement chargé était le droit public; et encore cet objet lui paraissait trop vaste, et, comme il le disait, « la mer à boire, » il s'était borné au droit ecclésiastique, et avait même fort avancé son travail quand la société fut dissoute. Ce travail ne fut pas perdu, et parut en 1737 sous ce titre : *Histoire du droit ecclésiastique français.* D'Argenson avait donné son plan, ses matériaux et son manuscrit à son ancien professeur, le P. de la Motte, jésuite qui, réfugié en Hollande, le publia sous le nom de M. de la Hode. D'Argenson s'exprime très-franchement à l'égard de cet ouvrage : « Tout ce qu'il y a de bon, dit-il, est de moi; ce qu'il y a de hasardé et d'un style maussade est de cet auteur. »

(1) C. VIII, art. I, p. 270.

c'est son hostilité contre l'aristocratie et la noblesse, ou ce qu'il appelle le régime féodal (1).

Le droit féodal n'a jamais été qu'une usurpation sur la royauté, tolérée par elle, d'abord par contrainte, puis par convenance. Les seigneurs, profitant de la faiblesse des rois, se sont mis à les copier dans l'intérieur de leurs domaines : ces usurpations sont devenues héréditaires ; et la suzeraineté a été sur le point de détrôner et de remplacer la souveraineté. Au principe, le régime féodal n'a jamais été que le droit du plus fort. Si ce régime était un gouvernement de raison, comment les philosophes grecs qui ont tant écrit sur la politique, ne se sont-ils jamais avisés de proposer des systèmes de gouvernement consistant dans l'autorité d'un certain nombre de seigneurs subordonnés les uns aux autres par le droit de leur naissance et par la possession des terres (2) ? Comment a-t-on pu croire que le droit de commander souverainement aux hommes pût tomber dans le commerce et s'acquérir par contrat, par achat, par dot? Le seul cas légitime de succession héréditaire est le droit monarchique : mais ce droit n'a pas pour but l'avantage du monarque. Ce n'est qu'une méthode adoptée pour éviter les inconvénients du droit de l'élection. En principe, toute grandeur, toute fortune innée est vicieuse par rapport à l'État. Les récompenses sont dues aux actions, et les places à la capacité. Il est vrai qu'il y aura toujours des inégalités parmi les hommes. Mais il y aura toujours des incendies.

D'Argenson ne se contente pas de blâmer et de flétrir le régime féodal; il veut en détruire les derniers ves-

---

(1) *Ibid.*, c. IV.
(2) Quel singulier argument! et comme l'on voit que le XVIII° siècle ne cherchait dans la politique qu'une théorie de raison; et jamais un résultat des faits historiques.

tiges, et effacer toutes les distinctions qui séparent la noblesse des autres citoyens (1). « On dira que les principes du présent traité, favorables à la démocratie, vont à la destruction de la noblesse, et on ne se trompera pas : ce n'est pas là une objection, c'est une confirmation de nos conséquences. » Sans doute on n'arrivera jamais à une égalité parfaite entre les citoyens. Mais en politique, on doit prendre pour point de départ, non ce qui est, mais ce qui doit être ; c'est déjà beaucoup que de connaître le principe ; car alors on tend à s'en rapprocher autant qu'il est possible. L'utilité de l'abolition et le démembrement des grands fiefs est évident. L'abolition des majorats en mettra dans le commerce les différentes parties qui en étaient sorties pour satisfaire la vanité d'une famille : cette division donnera vingt administrateurs différents qui feront succéder l'abondance à la stérilité. Convenons que les nobles sont à la société ce que les frelons sont aux ruches. La noblesse et la richesse de naissance jettent l'homme dans une indolence nécessaire. Faut-il donc établir une égalité absolue et platonicienne ? Non ; il faut sans doute la chercher ; mais on ne l'atteindra jamais.

Cette philippique contre la noblesse se termine par un trait digne de remarque. « Peut-être, dit l'auteur, qu'on le réfutera en disant que c'est un écrivain de la lie du peuple qui s'est élevé contre une élévation qui lui fait envie ; mais qu'on ne s'embarrasse pas de cela : *il a l'honneur d'être gentilhomme.* »

Nous ne pouvons insister sur toutes les idées originales et novatrices que l'on rencontre dans le livre du marquis d'Argenson. Nous indiquerons seulement sa vive

(1) C. VIII, art. 11, p. 305 et suiv.

opposition à la vénalité des charges, qui, selon lui, donne naissance à une sorte d'aristocratie factice aussi funeste au prince qu'au peuple, à l'autorité qu'à la liberté; sa vue de diviser les provinces en départements, ses réclamations pour la liberté des terres, et la liberté du commerce, et beaucoup d'autres vues judicieuses ou ingénieuses, répandues à chaque page de ce remarquable écrit.

On objectera sans doute, dit l'auteur, que toutes ces réformes tendent à transformer le royaume en république (1). Mais le bon des républiques répugne-t-il donc à la monarchie? Le droit essentiel de la puissance publique est l'autorité législative. Or le système proposé ne la diminue en rien : car on ne demande aucun partage entre elle et l'autorité populaire. Elle est seulement soulagée par le choix d'une aide entièrement précaire et dépendante. Une trop grande défiance des sujets est la mère de la tyrannie. Le roi ne peut-il régner sur des citoyens sans dominer sur des esclaves? Tant que l'autorité royale a rencontré des résistances, elle a pu consacrer sa force à les vaincre. Mais aujourd'hui qu'elle est partout reconnue, ne doit-elle pas songer enfin à bien gouverner? Plus on réfléchit, plus on voit que le monarque est l'homme du peuple, et non le peuple, la chose du roi. La liberté est l'appui du trône. L'ordre rend légitime la liberté (2).

Ainsi l'esprit des hommes les plus dévoués à la monarchie s'exerçait à trouver des améliorations et des remèdes à des maux qui devenaient de plus en plus visibles, et que l'on ne craignait plus de dévoiler ; ainsi les secrets de la science politique commençaient à se découvrir au

(1) *Ib.*, c. vIII, art. 11, p. 303.
(2) *Ib.*, *ib.*, art. 111, p. 316.

public : des comparaisons entre les constitutions des divers États étendaient les idées, effaçaient les préjugés et familiarisaient la pensée avec l'idée du changement. Mais ces premières entreprises de la spéculation politique ne sont rien au prix de l'ouvrage illustre qui, paraissant au milieu du XVIIIe siècle, allait consommer définitivement la ruine des anciennes idées, et ouvrir pour les esprits les plus modérés d'indéfinissables espérances, bien au delà sans doute de ce que l'auteur avait lui-même voulu ou désiré.

§ II. Montesquieu. — L'Esprit des lois.

Le plus grand livre du XVIIIe siècle, sans aucun doute, est l'*Esprit des lois;* et même, dans l'histoire de la science politique, le seul ouvrage qui lui soit comparable (j'ose à peine dire supérieur), pour l'étendue du plan, la richesse des faits, la liberté des investigations et la force des principes, est la *Politique* d'Aristote. Machiavel avait peut-être autant de profondeur et de sagacité que Montesquieu, mais il connaissait trop peu de faits, et d'ailleurs son esprit corrompu ne lui permettait pas de s'élever jamais bien haut : enfin il n'a pas, au même degré qu'Aristote ou Montesquieu, le don supérieur de la généralisation. Quant à Grotius et Bodin, quelque juste estime qu'on leur doive, il n'entrera jamais, je crois, dans l'esprit de personne, de les comparer, pour la portée des vues et du génie, à l'auteur de l'*Esprit des lois*.

Nous avons étudié les prédécesseurs de Montesquieu : étudions maintenant, dans Montesquieu lui-même, les antécédents de son œuvre fondamentale, précédée, comme on sait, par deux livres de génie : les *Lettres persanes* et la *Grandeur et la décadence des Romains* (1). Montesquieu entrait dans la politique par deux voies différentes, la satire et l'histoire. Plus tard, on retrouvera ces deux influences dans le monument définitif de sa pensée.

Les *Lettres persanes* sont très-remarquables par le ton de liberté irrespectueuse avec laquelle l'auteur s'exprime à l'égard de toutes les autorités sociales et religieuses. Ce n'est plus la profonde ironie de Pascal, qui insulte la grandeur tout en l'imposant aux hommes comme nécessaire : c'est le détachement d'un esprit qui voit le vide des vieilles institutions, et commence à en rêver d'autres. Mais que pouvait-il advenir d'une société où les meilleurs et les plus éclairés commençaient déjà à n'être plus dupes de rien? Qu'eût dit Bossuet en entendant parler ainsi du grand roi. « Il préfère un homme qui le déshabille ou qui lui donne la serviette, à un autre qui lui prend des villes ou lui gagne des batailles... On lui a vu donner une petite pension à un homme qui a fui deux lieues, et un bon gouvernement à un autre qui en avait fui quatre... Il y a plus de statues dans son palais que de citoyens dans une grande ville (2). » Écoutons-le maintenant parler du pape : « Le pape est le chef des chrétiens. C'est une vieille idole qu'on encense par habitude (3). » Des parlements : « Les parlements ressemblent à ces grandes ruines que l'on foule aux pieds... Ces grands corps ont suivi le destin des choses humaines; ils ont cédé au temps qui dé-

(1) Les *Lettres persanes* sont de 1721 ; les *Considérations sur les causes de la grandeur des Romains et de leur décadence* sont de 1734; l'*Esprit des lois* de 1748.
(2) Lettre XXXVII.
(3) Lettre XXIX.

truit tout, à la corruption des mœurs qui a tout affaibli, à l'autorité suprême *qui a tout abattu* (1). » De la noblesse : « Le corps des laquais est plus respectable en France qu'ailleurs : *c'est un séminaire de grands seigneurs.* Il remplit le vide des autres états (2). » Des prêtres : « Les dervis ont entre leurs mains presque toutes les richesses de l'État : c'est une société de gens avares qui prennent toujours et ne rendent jamais (3). » Des riches : « A force de mépriser les riches, on vient enfin à mépriser les richesses. » Des fermiers généraux : « Ceux qui lèvent les tributs nagent au milieu des trésors : parmi eux il y a peu de Tantales (4). » De l'Université : « L'Université est la fille aînée des rois de France, et très-aînée ; car elle a plus de neuf cents ans ; aussi rêve-t-elle quelquefois (5). » Enfin l'abus des pensions et des faveurs royales lui inspire un morceau d'une ironie sanglante, inspirée à la fois par le mépris des cours et par l'amour du peuple (6).

Cet esprit de satire et d'ironie dans ce qu'il a ici d'excessif, tient sans doute à la jeunesse ; car Montesquieu nous a appris plus tard « qu'il n'avait pas l'esprit désapprobateur. » Mais quelques-unes des idées des *Lettres persanes* subsisteront et se retrouveront dans l'*Esprit des lois*. L'une des plus importantes, c'est l'effroi du despotisme, et le sentiment des vices de cette forme de gouvernement. Il voit déjà la pente qui entraîne les monarchies européennes vers le despotisme : « La plupart

---

(1) Lettre XCII.
(2) Lettre XCVIII.
(3) Lettre CXVII.
(4) Lettre XCVIII.
(5) Lettre CIX.
(6) Voir la lettre CXXIV tout entière : « Ordonnons... que tout laboureur ayant cinq enfants retranchera journellement la cinquième partie du pain qu'il leur donne, » etc.

des gouvernements d'Europe, dit-il, sont monarchiques, ou plutôt sont ainsi appelés ; car je ne sais pas s'il y en a jamais eu véritablement de tels. Au moins est-il difficile qu'ils aient subsisté longtemps dans leur pureté. C'est un état violent qui dégénère toujours en despotisme ou en république. La puissance ne peut jamais être également partagée entre le prince et le peuple. L'équilibre est trop difficile à garder (1). A cette époque Montesquieu n'est pas encore frappé du mécanisme gouvernemental par lequel les Anglais ont essayé de trouver un moyen terme entre le despotisme et la république ; il ne connaissait encore que les institutions de la monarchie traditionnelle et aristocratique, antérieures à Richelieu ; mais déjà il avait remarqué le caractère niveleur de cette autorité « qui avait tout abattu ; » déjà il pressentait, comme il le dira plus tard dans l'*Esprit des lois*, qu'elle tendait soit au despotisme soit à l'état populaire. Déjà aussi il avait ce don remarquable de saisir dans un fait particulier et précis toute une série de causes et d'effets. C'est ainsi que l'invention des bombes lui paraît être une des causes qui ont amené en Europe la monarchie absolue. « Ce fut un prétexte pour eux d'entretenir de gros corps de troupes réglées, avec lesquelles ils ont dans la suite opprimé leurs sujets (2). »

Néanmoins Montesquieu a très-bien saisi la différence des monarchies européennes et des monarchies asiatiques (3). Il montre admirablement comment le pouvoir

(1) Lettre cii.
(2) Lettre cv.
(3) L'influence des *Voyages en Perse* de Chardin, alors dans toute leur nouveauté, sur l'esprit de Montesquieu m'a été signalée par le regrettable M. Gandar, mon collègue à la Sorbonne. Ce fait nous explique la préoccupation qu'a toujours eue Montesquieu des monarchies asiatiques, et la raison qui lui a fait choisir des Persans pour ses héros.

des monarques européens est en réalité plus grand que celui des despotes asiatiques, précisément parce qu'il est plus limité (1).

Mais déjà on voit poindre dans Montesquieu le goût d'un autre état politique que celui de la monarchie absolue. Déjà la liberté anglaise exerce évidemment un grand prestige sur son esprit. Il parle, non sans admiration secrète, « de l'humeur impatiente des Anglais qui ne laissent guère à leur roi le temps d'appesantir son autorité ; » et qui, se trouvant les plus forts contre un de leurs rois, ont déclaré « que c'était un crime de lèse-majesté à un prince de faire la guerre à ses sujets. » Il ne saisit pas bien encore les ressorts du gouvernement anglais, qu'il découvrira plus tard avec une merveilleuse profondeur ; mais il est frappé du spectacle étrange qu'offre à ses yeux un pays « où l'on voit la liberté sortir sans cesse des feux de la discorde et de la sédition ; le prince toujours chancelant sur un trône inébranlable ; une nation impatiente, sage dans sa fureur même. » A côté de ce noble tableau, Montesquieu en ajoute d'autres, tous favorables aux républiques : « Cette république de Hollande, si respectée en Europe, si formidable en Asie, où ses négociants voient tant de rois prosternés devant eux ; »... « la Suisse, qui est l'image de la liberté. » Il fait remarquer que la Hollande et la Suisse, qui sont « les deux pays les plus mauvais de l'Europe, sont cependant les plus peuplés. » La supériorité morale des républiques éclate enfin dans ces paroles : « Le sanctuaire de l'honneur, de la réputation et de la vertu, semble être établi dans les républiques, et dans les pays où l'on peut prononcer le mot de patrie. A Rome, à Athènes, à

---

(1) Lettre CII.

Lacédémone, l'honneur payait seul les services les plus signalés (1). »

Cette analyse suffira pour faire saisir dans les *Lettres persanes* la première origine des idées politiques de Montesquieu. Les autres analogies et affinités seront indiquées plus loin dans l'analyse même de l'*Esprit des Lois*. Du satiriste passons maintenant à l'historien, et relevons dans l'admirable écrit sur les *Causes de la grandeur et de la décadence des Romains* les vues générales qui s'y rapportent à la politique.

L'ouvrage de Montesquieu peut être rapproché de celui de Machiavel ; c'est de part et d'autre une philosophie de l'histoire romaine. Mais le livre de Montesquieu est beaucoup plus historique ; celui de Machiavel plus politique. Les *Discours sur Tite Live* sont un manuel de politique pratique ; les *Considérations* sont une recherche des lois générales de l'histoire. On y trouvera donc nécessairement moins de principes politiques. En outre la politique de Montesquieu différera de celle de Machiavel non-seulement par la hauteur morale, mais par l'esprit. La politique de Machiavel est tout empirique : celle de Montesquieu est plus scientifique : l'un et l'autre s'appuient sur l'histoire ; mais l'un pour y trouver des exemples et des moyens d'action, l'autre pour y trouver des lois et des raisons. L'une ressemble plus à la mécanique pratique, l'autre à la mécanique abstraite, toutes deux étant néanmoins fondées sur l'expérience.

Ce caractère scientifique, qui fera la grandeur de l'*Esprit des Lois*, est déjà sensible dans les *Considéra-*

(1) Lettre LXXXIX. On voit par ce passage que Montesquieu ne distinguait pas encore, comme il l'a fait plus tard, l'honneur et la vertu. Ce passage suffit à montrer ce qu'il y a d'artificiel dans sa théorie des trois principes. L'origine de la théorie de l'honneur, comme principe monarchique, se trouve dans la lettre suivante, XC.

tions sur les Romains. Il y montre admirablement comment un État aristocratique tend toujours à devenir populaire, de même qu'il indiquait déjà dans les *Lettres persanes* et accusera davantage encore dans l'*Esprit des lois* la tendance de la monarchie à devenir despotique. On voit comment les patriciens, pour s'affranchir des rois, furent obligés de donner au peuple « un amour immodéré de la liberté; » comment le peuple s'aperçut que « cette liberté dont on voulait lui donner tant d'amour, il ne l'avait pas; » comment les sujets d'un roi sont moins dévorés d'envie, que ceux qui obéissent aux grands, « c'est pourquoi on a vu de tout temps le peuple détester les sénateurs; » comment « par une maladie éternelle des hommes, les plébéiens qui avaient obtenu des tribuns pour se défendre, s'en servent pour attaquer; » comment enfin, pendant plusieurs siècles la constitution fut admirable, « en ce que tout abus de pouvoir y pouvait toujours être corrigé, » d'où cette loi admirable, relevée par Montesquieu, « qu'un pays libre, c'est-à-dire toujours agité, ne saurait se maintenir s'il n'est, par ses propres lois, capable de correction (1). »

On voit que le gouvernement anglais est déjà devenu pour lui l'objet d'un examen plus attentif; car il le cite, précisément à l'appui de la loi précédente, comme étant toujours capable de correction : « Le gouvernement d'Angleterre est plus sage, parce qu'il y a un corps qui l'examine continuellement, et qui s'examine continuellement lui-même; et telles sont ses erreurs, qu'elles ne sont jamais longues, et que par l'esprit d'attention qu'elles doivent à la nation, elles sont souvent utiles. »

Déjà aussi voyons-nous apparaître en germe dans les

---

(1) Considérations, x.

Considérations le principe de la séparation des pouvoirs : « Les lois de Rome avaient sagement divisé la puissance publique en un grand nombre de magistratures qui se soutenaient, s'arrêtaient, et se tempéraient l'une l'autre (1). »

Une des plus belles pensées de Montesquieu, et des plus vérifiées par l'expérience, c'est la nécessité des divisions, c'est-à-dire des partis dans les États libres ; il n'est nullement effrayé de ces divisions, et il y voit signe d'une vraie vie politique, tandis que la paix apparente du despotisme n'est qu'une mort lente : c'est, dira-t-il plus tard dans l'*Esprit des lois*, « le silence d'une ville que l'ennemi vient d'occuper. »

Aussi pour lui la lutte des plébéiens et des patriciens n'est point du tout, comme l'ont pensé tous les auteurs, la cause de la perte de la république. Cette vraie cause, ce fut la grandeur exagérée de la ville et de l'empire. Ces divisions au contraire étaient nécessaires à Rome : « Demander à un État libre des gens hardis dans la guerre et timides dans la paix, c'est vouloir des choses impossibles ; et, pour règle générale, toutes les fois qu'on verra tout le monde tranquille dans un État qui se donne le nom de république, on peut être assuré que la liberté n'y est pas (1). »

Ce n'est pas, bien entendu, que Montesquieu soit un partisan de l'anarchie et un ennemi de l'ordre : personne ne le supposera : il n'entend parler bien évidemment que des divisions pacifiques, tout au plus de ces retraites volontaires du peuple qui amenaient les nobles à composition sans effusion de sang. Ce qu'il combattait, c'était l'ordre mensonger des États despotiques, sous l'ap-

(1) *Ibid.*, xi.
(2) *Ibid.*, ix.

parence duquel « il y a toujours une division réelle… et si l'on y voit de l'union, ce ne sont pas des citoyens qui sont amis, mais des corps ensevelis les uns auprès des autres. »

On ne saurait assez dire à quel point Montesquieu a détesté le despotisme : rien de plus étrange que cette passion chez un homme né dans les rangs des privilégiés, et après tout sous un gouvernement assez doux; il déteste non-seulement le despotisme odieux des monarques asiatiques ou des Césars romains, mais ce despotisme tempéré et régulier, tel qu'Auguste avait essayé de l'établir. « Auguste, dit-il, établit l'*ordre*, c'est-à-dire *une servitude durable*; car dans un État libre où l'on vient d'usurper la souveraineté, on appelle règle tout ce qui peut fonder l'autorité sans bornes d'un seul, et on appelle trouble, dissension, mauvais gouvernement tout ce qui peut maintenir l'honnête liberté des sujets (1). »

Nous avons vu naître et grandir la pensée politique de Montesquieu : il est temps de saisir cette pensée dans toute sa maturité et dans toute sa force, et de revenir au chef-d'œuvre du maître, à l'*Esprit des lois*.

On a reproché à Montesquieu la pensée et la méthode de ce livre. Montesquieu, a-t-on dit, a plutôt étudié ce qui est que ce qui doit être; il a des raisons pour tout; tous les faits trouvent grâce à ses yeux, et quand il peut dire pourquoi une loi a été faite, il est satisfait, sans se demander si elle aurait dû l'être. Il semblerait, à entendre ces critiques, que Montesquieu fût de l'école de Machiavel, et qu'à l'exemple du politique du xv® siècle, il ait élevé un monument à l'utile au détriment de la justice (2).

---

(1) *Ibid.*, XIII.
(2) Voy. Barthélemy Saint-Hilaire, *Introduction* à sa traduction de la *Politique* d'Aristote.

Rien n'est plus injuste que ces imputations. Le premier chapitre de l'*Esprit des lois* y répond d'abord suffisamment. Que dit Montesquieu? Qu'il y a « des rapports nécessaires dérivant de la nature des choses : » et c'est là ce qu'il appelle les lois. Que dit-il encore? « Qu'il y a une raison primitive, et que les lois sont les rapports qui se trouvent entre elle et les différents êtres, et les rapports de ces différents êtres entre eux... » que « les êtres particuliers et intelligents peuvent avoir des lois qu'ils ont faites, mais qu'ils en ont aussi qu'ils n'ont pas faites; qu'avant qu'il y eût des lois, il y avait des rapports de justice possible; que dire qu'il n'y a rien de juste ni d'injuste que ce qu'ordonnent ou défendent les lois positives, c'est dire qu'avant qu'on eût tracé des cercles, tous les rayons n'étaient pas égaux. » Qu'est-ce qu'une telle doctrine? Est-ce celle d'un homme qui subordonne tout à la loi, qui admire tout ce que le législateur fait, sans tenir compte de ce qu'il doit faire, qui enfin fait tout dépendre des circonstances? Est-ce là la philosophie d'un Hobbes, d'un Machiavel? Non, c'est la philosophie de Malebranche et de Platon; c'est cette philosophie qui place le juste primitif et éternel avant le juste légal, et fait dériver celui-ci de celui-là. Montesquieu ne pense pas autrement, lui qui définit la loi « la raison humaine, en tant qu'elle gouverne tous les peuples de la terre (1); » et qui ajoute que « les lois politiques et civiles de chaque nation ne doivent être que les cas particuliers où s'applique cette raison humaine. »

---

(1) *Espr. des lois*, l. I, c. III. La même doctrine est exprimée dans les *Lettres persanes* : « La justice est un rapport de convenance qui se trouve réellement entre deux choses : ce rapport est toujours le même... Quand il n'y aurait pas de Dieu, nous devrions toujours aimer la justice... Voilà ce qui m'a fait penser que la justice est éternelle et ne dépend pas des conventions humaines. »

Mais, poursuit-on, si Montesquieu a vu que les lois civiles et politiques ne sont que l'expression de la raison humaine en général, pourquoi ne s'est-il pas appliqué à déterminer d'abord les conditions absolues du juste, afin de montrer ensuite comment les lois positives s'en éloignent, et comment elles peuvent s'en approcher? Au contraire, à peine a-t-il posé les principes qu'il abandonne les conséquences, et que, renonçant à la méthode rationnelle pour la méthode historique et expérimentale, il n'examine plus que ce qui est, et néglige ce qui devrait être.

J'avoue que Montesquieu aurait pu suivre le plan qu'on imagine. Mais pourquoi demander à un auteur ce qu'il aurait pu faire au lieu de se rendre compte de ce qu'il a fait? Combattre l'*Esprit des lois*, tel qu'il est, au nom d'un *Esprit des lois* possible et idéal, n'est-ce pas comme si l'on demandait à Aristote pourquoi il n'a pas fait la *République* de Platon; ou encore comme si l'on demandait à Montesquieu lui-même pourquoi, au lieu de ce livre admirable de la *Grandeur et de la décadence des Romains*, où il résume si fortement toutes les causes des révolutions de Rome, il n'a pas écrit, comme Vico, une sorte de philosophie de l'histoire, et montré le rôle du peuple romain dans le développement de l'humanité? Si je comprends bien ce que l'on regrette de ne pas trouver dans Montesquieu, c'est une sorte de traité de droit naturel, tel que l'ont fait Puffendorf ou Burlamaqui; mais il me semble que c'est méconnaître précisément ce qu'il y a d'original et de nouveau dans le livre de Montesquieu. Il vit que le principe des lois est sans doute la justice, mais qu'en fait elles dépendent d'un très-grand nombre de rapports qui peuvent les faire varier à l'infini. Quels sont ces rapports? Montesquieu nous le dit : « Elles sont relatives à la nature et au principe du gouvernement ; elles sont relatives au physique du pays ; au climat glacé, brûlant ou tempéré ; à la qualité du terrain, à sa situation, à sa grandeur, au genre de vie des peuples, laboureurs, chasseurs ou pasteurs ; elles doivent se rapporter au degré de liberté que la constitution peut souffrir ; à la religion de leurs habitants, à leurs inclinations, à leurs richesses, à leur nombre, à leur commerce, à leurs mœurs, à leurs manières. Enfin, elles ont des rapports entre elles, elles en ont avec leur origine, avec l'objet du législateur, avec l'ordre des choses sur lesquelles elles sont établies. C'est dans toutes ces vues qu'il faut les considérer. C'est ce que j'entreprendrai de faire dans cet ouvrage. J'examinerai tous ces rapports : ils forment tous ensemble ce que l'on appelle l'Esprit des lois (1). » Combien une telle philosophie, qui, au lieu de considérer seulement les lois dans leur rapport à la vérité abstraite, les étudie dans les rapports prochains qu'elles soutiennent avec les faits généraux et inévitables de la vie et de l'organisation des peuples ; combien, dis-je, cette philosophie des causes secondes et moyennes n'est-elle pas plus instructive qu'une théorie abstraite du droit, qui laisse indécise la question de savoir comment ce droit pourra être appliqué dans telle ou telle circonstance ? Enfin, on peut critiquer l'exécution, et, dans un ouvrage si considérable et si neuf, il serait étrange qu'il en fût autrement ; mais l'idée fondamentale n'en est pas moins grande et juste.

Lorsqu'on semble croire que Montesquieu est indifférent entre tous les faits qu'il expose, qu'il leur accorde à tous la même valeur, qu'il ne distingue pas le juste et l'injuste,

(1) *Ib.*, l. I, c. III.

on oublie les plus belles et les meilleures parties de son livre. Pour parler d'abord de ses théories politiques, où trouver, même au XVIIIe siècle, une aversion plus déclarée, une critique plus amère et plus sanglante du despotisme ; où trouver une plus vive sympathie pour les monarchies tempérées et libres, et même plus de prévention en faveur des républiques et des gouvernements populaires ? Quel publiciste a jamais eu un sentiment plus noble et plus élevé de la liberté politique ? n'est-il pas le premier qui ait enseigné ou rappelé à la France l'amour de cette liberté, qu'elle avait désapprise, si elle l'avait jamais connue, rêve que tant de fautes commises en son nom ou contre elle ne peuvent effacer des âmes bien nées ? Aucun philosophe de ce temps, Voltaire lui-même, a-t-il plus fait que Montesquieu pour l'humanité, et pour l'amélioration des lois ? C'est lui qui a combattu le plus efficacement les restes derniers de la barbarie, la cruauté dans les lois, l'esclavage, et surtout l'esclavage des noirs, enfin la contradiction révoltante d'une morale divine et d'un culte persécuteur.

L'analyse raisonnée de l'*Esprit des lois* serait elle-même un ouvrage considérable ; le *Commentaire* de Destutt de Tracy en est la preuve (1). Nous nous bornerons à en étudier les deux points que nous venons de signaler : 1° les théories politiques ; 2° les théories philanthropiques et réformatrices.

L'objet propre de l'*Esprit des lois* n'est point la politique, et cependant la politique domine tout l'ouvrage. La raison en est que, selon Montesquieu, la principale différence des lois vient de la différence des gouvernements. Il suffit de connaître les principes de chaque gouverne-

---

(1) Cet intéressant et instructif ouvrage est de 1796.

ment, « pour en voir, dit-il, couler les lois, comme de leur source (1). »

On peut distinguer, dans les législations diverses qui sont parmi les hommes, trois caractères principaux. Dans certains États, les lois semblent inspirées par le sentiment de la vertu publique et être faites par des hommes ou pour des hommes qui savent ou doivent se commander à eux-mêmes ; elles exigent et supposent une certaine force du citoyen à sacrifier ses passions à la patrie ; une frugalité qui empêche chaque homme de désirer plus qu'il n'a besoin, et qui, ôtant le superflu, ôte le principe de la domination des hommes les uns sur les autres et les met tous dans un même rang ; un amour naturel et volontaire de cette égalité, qui ne va pas jusqu'au refus d'obéir aux magistrats, mais n'est au contraire assurée que par le respect de tous pour la loi ; enfin un désintéressement qui fait rechercher la vertu pour elle-même et non pour la gloire qui l'accompagne.

Dans un autre ordre d'États, les lois favorisent l'amour naturel des distinctions qui est dans l'homme, et paraissent inspirées par cet amour ; elles semblent prescrire particulièrement tout ce qui tend à rendre certains hommes respectables aux autres hommes ; elles mettent des degrés entre les citoyens ; elles introduisent des priviléges, des exceptions honorables pour ceux qui en sont l'objet : elles rendent l'autorité presque divine, et lui donnent non ce caractère de force terrible, qui abat et humilie, mais au contraire cette majesté qui relève ceux qui s'en approchent ; elles laissent à chaque citoyen une certaine sécurité et lui permettent même une certaine grandeur, non pas la grandeur héroïque qui naît de la

(1) L. I, c. II.

simple pratique de la vertu, mais celle qui vient de l'éclat attaché à certaines actions réputées belles.

Enfin, il y a des lois qui traitent les hommes comme les brutes, ne leur demandent aucune vertu, aucun sacrifice, mais une matérielle obéissance; qui ne laissent aucune dignité, ni même aucune sécurité aux sujets; qui les obligent au bien, c'est-à-dire à ce qu'une certaine personne déclare arbitrairement être le bien, non par un sentiment de gloire, ni même par un noble amour des honneurs et de l'élévation, mais par la force seule : ces lois avilissantes ne gouvernent que par la terreur.

En un mot, il y a des peuples dont les lois reposent sur la vertu et périssent avec elles; d'autres où l'empire de la loi est plus forte que l'empire du bien, et où les lois ne commandent qu'au nom de ce sentiment brillant et chevaleresque, que Montesquieu appelle l'honneur; enfin, il est des peuples qui n'obéissent qu'à la force et à la crainte.

La *vertu*, l'*honneur*, la *crainte*, tels sont les trois principes d'où découlent les différents systèmes de législation qui sont parmi les hommes, et qui répondent à trois formes essentielles de gouvernement : 1° celle où le peuple, ayant des vertus, peut se gouverner lui-même, ou la *république*; 2° celle où le peuple, obéissant aux lois plutôt qu'à la vertu, et à l'honneur plutôt qu'aux lois, doit être gouverné, mais gouverné par des lois fixes, qui assurent sa sécurité et sa vanité, ou la *monarchie*; 3° enfin, celle où le peuple, n'obéissant qu'à la crainte, doit être gouverné non par les lois, mais par la force, et la force la plus terrible, celle d'un seul, ou le *despotisme* (1).

(1) L. II, c. I.

Il faut donc distinguer avec Montesquieu deux choses dans tout gouvernement : sa *nature* et son *principe :* sa nature est ce qui le fait être ce qu'il est ; son principe, est le ressort qui le fait agir : l'une est sa structure particulière ; l'autre, les passions humaines qui le font mouvoir (1). Voyons les rapports de ces deux choses dans chaque espèce de gouvernement.

La nature de la république, c'est que le peuple en corps, ou seulement une partie du peuple, y a la souveraine puissance ; dans le premier cas, la république est une *démocratie;* dans le second, une *aristocratie* (2).

Dans la démocratie, le peuple est à la fois *monarque* et *sujet.* Il est monarque par ses suffrages, qui sont ses volontés ; il est sujet par son obéissance aux magistrats qu'il nomme lui-même, car c'est l'essence du gouvernement démocratique que le peuple nomme les magistrats (3). Enfin, la règle générale de ce gouvernement, c'est que le peuple fasse par lui-même tout ce qu'il peut bien faire, et qu'il fasse faire le reste par des ministres nommés par lui.

Un gouvernement ainsi constitué est une démocratie; mais il ne suffit pas d'être, il faut vivre, et la démocratie la mieux organisée peut périr si elle n'a un principe intérieur d'action et de conservation qui est la vertu (4). Lorsque tous font les lois, les lois sont inutiles s'il n'y a pas de vertu publique ; car le peuple sait d'avance qu'il

---

(1) L. III. c. II.
(2) L. II, c. II.
(3) *Espr. des lois*, l. II, c. II. « Le peuple est admirable pour choisir ceux à qui il doit confier une partie de son autorité. Il n'a qu'à se déterminer par des choses qu'il ne peut ignorer et des faits qui tombent sous les sens. Il sait très-bien qu'un homme a été souvent à la guerre, qu'il y a eu tels ou tels succès : il est donc très-capable d'élire un général... »
(4) *Ib.*, l. III, c. III.

portera lui-même le poids des lois qu'il aura faites : il les fera donc faciles, complaisantes, corruptrices. Et d'ailleurs qu'importe que le peuple, comme monarque, fasse des lois, si, comme sujet, il ne les exécute pas ?

Lorsque parut l'*Esprit des lois*, on fit beaucoup d'objections à cette maxime de Montesquieu : que la vertu est le principe des républiques. On demanda s'il n'y avait de vertu que dans les républiques, si les monarchies ne sont composées que de vices, si toutes les républiques sont vertueuses, si l'honneur n'y a pas aussi sa place, etc. Montesquieu dut expliquer sa pensée : « Il faut observer, dit-il, que ce que j'appelle vertu dans la république est l'amour de la patrie, c'est-à-dire l'amour de l'égalité. Ce n'est point une vertu morale, ni une vertu chrétienne, c'est la vertu politique, et celle-ci est le ressort qui fait mouvoir le gouvernement républicain, comme l'honneur est le ressort qui fait mouvoir la monarchie. J'ai donc appelé vertu politique l'amour de la patrie et de l'égalité. Il faut faire attention qu'il y a une très-grande différence entre dire qu'une certaine qualité, modification de l'âme, ou vertu, n'est pas le ressort qui fait agir un gouvernement, et dire qu'elle n'est point dans ce gouvernement. Tant s'en faut que les vertus morales et chrétiennes soient exclues de la monarchie, que même la vertu politique ne l'est pas. En un mot, l'honneur est dans les républiques, quoique la vertu politique en soit le ressort ; la vertu politique est dans la monarchie, quoique l'honneur en soit le ressort (1). »

Dans la démocratie, le peuple fait ses affaires lui-même ; dans l'aristocratie, ce sont les grands qui les font pour lui ; le peuple y est à l'égard des nobles ce que

---

(1) L. II, c. III.

les sujets sont dans la monarchie à l'égard du prince. Cependant, la sagesse d'une république aristocratique est de diminuer, autant que possible, la distance qui sépare le peuple des grands, de donner au peuple un moyen de sortir de son abaissement et de jouer un rôle dans l'État. La plus parfaite aristocratie est celle où la noblesse est peuple, et le peuple si pauvre, qu'elle n'ait aucun intérêt à l'opprimer. La plus mauvaise est celle où le peuple est dans l'esclavage (1). Ce gouvernement a moins besoin de vertu que le gouvernement démocratique; cependant, la vertu lui est nécessaire. Le peuple, qui est contenu par les lois, peut obéir sans avoir de vertu; mais les nobles ne sont contenus que par leur propre volonté, il leur faut donc une certaine force pour résister à leurs passions. Cette force leur peut venir ou d'une grandeur d'âme qui leur apprend à se regarder comme les égaux du peuple, ou d'une modération qui les maintient du moins dans l'égalité avec eux-mêmes: la *modération* est la vertu propre et le principe de l'aristocratie (2); elle y sauve l'odieux d'une inégalité toujours présente aux yeux du peuple, et d'une obéissance qu'il doit seul, au lieu que dans la monarchie il la partage avec les grands.

Ce qui constitue le gouvernement monarchique, c'est l'empire d'un seul sur tous, conformément à des lois stables et fixes (3). Or, ces lois, conditions de la monarchie, ne sont rien s'il n'existe en dehors du prince, non des pouvoirs indépendants, mais des pouvoirs subordonnés, intermédiaires entre le prince et le peuple, et qui sont comme des canaux moyens par où coule la puissance.

(1) L. III, c. iv.
(2) Avertissement.
(3) *Espr. des lois*, l. II, c. iv.

Ces pouvoirs, malgré leur dépendance du monarque, le mettent lui-même dans une certaine dépendance des lois et des établissements traditionnels, puisqu'il ne peut agir que par leur intermédiaire.

La monarchie ne subsiste donc pas sans noblesse, sans prérogatives, sans priviléges. Priviléges des nobles, du clergé, des villes, juridiction seigneuriale, ecclésiastique, etc., autant de limites au pouvoir arbitraire du prince ou à l'envahissement du peuple. Otez ces rangs et ces prérogatives, l'État devient nécessairement despotique ou populaire. Outre ces rangs intermédiaires, il faut un dépôt de lois pour que les limites de l'autorité monarchique soient sans cesse présentes au prince et aux sujets, et un certain corps politique qui annonce les lois lorsqu'elles sont faites et les rappelle lorsqu'on les oublie.

A ce système si admirablement organisé pour concilier la toute-puissance du monarque et la sécurité des sujets, il faut un ressort, un principe de mouvement. Ce n'est pas la vertu, c'est l'honneur, c'est-à-dire le préjugé de chaque personne et de chaque condition (1). En effet, la vertu peut bien se rencontrer dans un gouvernement monarchique. Mais cela n'a rien de nécessaire. Ce qui est nécessaire pour que l'État ne périsse pas, c'est que le prince ait un certain préjugé de sa propre grandeur et de ses prérogatives, et qu'il confonde cette grandeur avec celle de l'État, en un mot une certaine opinion d'imagination qui lui fasse rechercher le bien, non pour le bien en lui-même, mais pour réaliser cet idéal de grandeur qu'il porte en soi. Mais cette opinion de sa grandeur dégénérerait facilement chez le

---

(1) L. III, c. vi et vii, et l. IV, c. ii.

prince en adoration de soi-même, en mépris des sujets, en indifférence des intérêts publics, et l'État deviendrait despotique, si tous les corps de l'État n'avaient chacun leur préjugé, comme le prince lui-même, si la noblesse, le clergé, la magistrature, les villes, n'opposaient au préjugé du prince des préjugés contraires ; cet ensemble de préjugés qui se limitent et se respectent les uns les autres, fonde la hiérarchie sociale, et tient lieu du droit qui est la base des républiques : c'est là l'honneur, le principe conservateur des institutions monarchiques.

La république, la monarchie ont une constitution, une structure, un mécanisme particulier. Le despotisme, par cela seul qu'il ne repose que sur la volonté d'un seul, ne peut avoir rien de déterminé et d'assuré ; il n'a donc point de constitution. La seule constitution, c'est que les hommes n'y sont rien, que le prince y est tout. Mais le prince étant tout, et étant le maître de tout, il serait étrange qu'il prît de la peine pour un peuple qui n'est rien ; aussi ne garde-t-il que le plaisir et la force de la puissance, et il en laisse à un autre l'emploi. Ce représentant du prince est absolu comme lui, pour que celui-ci soit tranquille ; mais tout absolu qu'il est, il n'en est pas moins toujours entre les mains du prince, qui peut abattre quand il veut, et comme il lui plaît, ceux qu'il élève quand il veut et comme il lui plaît. Le principe d'un tel gouvernement ne peut être la vertu ni l'honneur, car l'un et l'autre s'oppose à un tel pouvoir et à une telle obéissance : le despotisme ne repose que sur la crainte. La crainte du souverain est à la fois le frein du peuple et sa protection ; car le peuple étant trop faible pour que le prince le craigne, c'est surtout contre les grands que s'exerce sa puissance, et la crainte des grands fait seule la sécurité des petits.

Nous avons déjà remarqué dans les *Lettres persanes* et

dans les *Considérations* l'énergique aversion de Montesquieu pour le despotisme; mais c'est surtout dans l'*Esprit des lois* qu'il rassemble et aiguise les traits les plus amers et les plus sanglants de son éloquence ironique pour peindre ces gouvernements monstrueux : « Quand les sauvages de la Louisiane, dit-il, veulent avoir des fruits, ils coupent l'arbre au pied et cueillent le fruit. Voilà le gouvernement despotique (1). » « Charles XII étant à Bender, trouvant quelque résistance dans le sénat de Suède, écrivit qu'il leur enverrait une de ses bottes pour commander. Cette botte aurait commandé comme un roi despotique (2). » « Dans un gouvernement despotique, tout doit rouler sur deux ou trois idées; il n'en faut donc pas de nouvelles. Quand vous instruisez une bête, vous vous donnez bien de garde de lui faire changer de maître, de leçons et d'allure : vous frappez son cerveau par deux ou trois mouvements et pas davantage (3). » « Comme le principe du gouvernement despotique est la crainte, le but en est la tranquillité : mais ce n'est point une paix, c'est le silence de ces villes que l'ennemi est près d'occuper (4). » Il n'est pas difficile de voir l'intention secrète de ces paroles amères. Cette peinture du despotisme est une menace que Montesquieu fait peser sur la tête des gouvernements modérés, qui, pour se donner une force vaine, brisent les barrières heureuses qui les séparent du despotisme.

Nous avons considéré deux choses dans les gouvernements : d'abord ce qui les fait être, leur structure; ensuite ce qui les fait agir, ou leurs principes. Il reste à

---

(1) L. II, c. v, et l. V, c. xiv, xv.
(2) L. III, c. ix.
(3) L. VIII, c. i.
(4) L. VIII, c. ii, iii, iv.

étudier ce qui les perd, c'est-à-dire leur corruption.

La corruption de chaque gouvernement commence toujours par celle des principes (1). Le principe de la république étant la vertu, la république se corrompt lorsqu'elle perd sa vertu. Mais comme il y a deux espèces de républiques, la corruption n'est pas la même pour toutes les deux. La démocratie se perd par la perte de l'esprit d'égalité, ou par l'exagération de cet esprit (2). Le premier de ces maux conduit à l'aristocratie ou au gouvernement d'un seul, et le second entraîne d'abord au despotisme de tous, et ensuite au despotisme d'un seul. Le caractère de la démocratie est bien l'égalité, mais l'égalité réglée : « Dans la vraie démocratie, on n'est égal que comme citoyen ; dans la démocratie corrompue, on est encore égal comme magistrat, comme sénateur, comme juge, comme père, comme mari, comme maître. » Lorsque la corruption est arrivée à ce point que le peuple ne reconnaît plus aucun lien, qu'il n'obéit plus aux magistrats, qu'il cesse de respecter les vieillards, que le libertinage est partout, la liberté est bien près de périr. « Plus il paraîtra tirer d'avantage de sa liberté, plus il s'approchera du moment où il doit la perdre. Il se forme de petits tyrans qui ont tous les vices d'un seul. Bientôt ce qui reste de liberté devient insupportable ; un seul tyran s'élève, et le peuple perd tout, jusqu'aux avantages de la corruption. » Ce passage de la démocratie extrême à la tyrannie a été observé par tous les publicistes. Platon exprimait cette grande vérité dans son langage poétique et figuré quand il disait : « Le peuple, en voulant éviter la fumée de la dépendance sous les hommes libres, tombe dans le feu du despotisme des esclaves, échangeant une liberté exces-

(1) L. VIII, c. I.
(2) *Ib.*, c. II.

sive et extravagante contre la plus dure et la plus amère servitude. »

Quant à l'aristocratie, elle se corrompt lorsque la noblesse cesse d'être unie avec le peuple, lorsqu'elle ne commande plus par les lois ou par la justice, lorsque le pouvoir se resserre ou se relâche, et devient ou tyrannique ou faible; enfin quand les nobles sentent plus les délices du commandement que ses périls, et qu'ils croient n'avoir plus rien à redouter (1).

L'âme du gouvernement monarchique étant l'honneur ou le préjugé de chaque état et de chaque condition, ce gouvernement se perd avec ce préjugé même, lorsque l'obéissance se change en servitude, que le peuple et les grands, au lieu de sujets loyaux, deviennent des instruments méprisés du prince et d'eux-mêmes; lorsque l'honneur est mis en contradiction avec les honneurs, et que l'on peut être à la fois chargé d'infamie et de dignités; lorsqu'à la place des lois le monarque met sa volonté; lorsque changeant sa justice en sévérité, il place, comme les empereurs romains, une tête de Méduse sur sa poitrine; lorsque supprimant les pouvoirs intermédiaires il veut tout faire par lui-même et ramène l'État entier à lui seul, enfin lorsqu'il est plus amoureux de ses fantaisies que de ses volontés (2). Quant au gouvernement despotique, il se corrompt sans cesse, puisqu'il est corrompu de sa nature (3).

Telle est la théorie célèbre des trois gouvernements et de leurs principes. Nous avons exposé les idées de Montesquieu sans y intervenir, afin qu'on les vît dans leur suite et dans leur force. Mais il faut les examiner de plus près.

(1) L. VIII, c. v.
(2) L. VIII, c. vi et vii.
(3) L. VIII, c. x.

Selon Montesquieu, il y a trois gouvernements primitifs, qui se distinguent par leur nature et par leur principe : c'est le républicain, le monarchique et le despotique. Cette division a soulevé beaucoup d'objections qui nous paraissent fondées.

Et d'abord, le gouvernement républicain se divise, selon Montesquieu, en deux espèces : l'aristocratique et le démocratique. Sont-ce bien là deux espèces différentes d'un même genre, et ne sont-ce pas deux genres essentiellement différents ? Dans l'un, c'est le peuple en corps ; dans l'autre, c'est seulement une partie du peuple qui occupe la souveraineté. Ce n'est pas là une différence secondaire. Si le fait constitutif de l'État est la souveraineté, la différence caractéristique entre les États doit être cherchée dans la manière dont la souveraineté est distribuée ? Il suffit que le pouvoir souverain soit réservé à quelques-uns au lieu d'appartenir à tous, pour que l'esprit de l'État soit radicalement changé. Il est vrai que la démocratie et l'aristocratie ont cela de commun de n'être pas soumises à un roi. Mais l'aristocratie et la monarchie ont aussi cela de commun d'ôter tout pouvoir au peuple. Si l'on prend pour principe de la division des gouvernements la différence de *un* et de *tous*, il faut évidemment y introduire, comme intermédiaire, le gouvernement de *plusieurs* : car il y a autant de différence entre *plusieurs* et *tous* qu'entre *un* et *plusieurs*. Si donc on admet la division de Montesquieu, il faudra séparer l'aristocratie au même titre que la monarchie, et l'on aura quatre gouvernements au lieu de trois.

Mais c'est un autre défaut de la théorie de Montesquieu de séparer absolument, comme deux genres à part, le despotisme de la monarchie. Il a raison, sans doute, de distinguer le gouvernement d'un seul, limité par des lois fondamentales, et le gouvernement d'un seul livré au seul caprice. Mais cette distinction peut avoir lieu dans tous les gouvernements. Il y a des démocraties où le peuple ne commande que par ses caprices, au lieu de gouverner par les lois; il y a aussi des aristocraties où la volonté des nobles tient lieu de lois fondamentales. De là la distinction antique des six gouvernements, trois bons et trois mauvais : les premiers obéissant aux lois et voulant le bien des sujets, les seconds n'obéissant qu'à leur fantaisie et ne cherchant que leur propre bien. On peut choisir, sans doute, ce principe de division, et commencer par reconnaître deux grandes classes de gouvernements, selon qu'ils obéissent ou n'obéissent pas à des lois, et diviser ensuite chacune de ces classes en trois espèces, selon que le pouvoir est entre les mains d'un, de plusieurs et de tous; on peut, au contraire, prendre pour principe de division la distribution de la souveraineté, et obtenir ainsi trois gouvernements fondamentaux, que l'on subdivisera ensuite chacun en deux espèces. Mais on ne peut pas mêler ces deux principes, et distinguer la monarchie de la démocratie, par l'un, et la monarchie du despotisme, par l'autre.

En outre, si on y regarde de plus près, on verra que la différence de la monarchie et du despotisme n'est pas aussi grande que le dit l'auteur. Car, dans la monarchie pure (et c'est de celle-là qu'il s'agit; car on ne traite encore que des gouvernements simples), dans la monarchie, dis-je, le prince peut toujours changer les lois, excepté un très-petit nombre de lois fondamentales; s'il ne les change pas, c'est qu'il ne le veut pas. Sa volonté est la suprême loi : c'est là le principe même du despotisme. Pour qu'il ne pût absolument pas changer les lois, il faudrait qu'elles fussent protégées et garanties par un pouvoir ou par certains pouvoirs déterminées. Mais c'est alors une monarchie limitée, aristocratique, parlementaire, représentative, selon la nature des limites qui sont opposées au pouvoir royal. C'est un gouvernement mixte; ce n'est plus la monarchie proprement dite. Sans doute, il y a des monarchies où le monarque gouverne selon les lois, et cela est ordinaire dans les pays éclairés et civilisés ; mais en droit, la monarchie, si elle est absolue, peut toujours changer la loi ; et si elle n'est pas absolue, elle n'est plus la monarchie dont il est question ; elle est une de ces innombrables transactions, qui s'établissent dans la pratique entre les formes élémentaires de la politique, mais qui ne doit pas entrer dans une division abstraite et scientifique, où l'on prend les idées dans leur généralité.

D'ailleurs, s'il n'est pas exact de dire que la monarchie soit nécessairement soumise à des lois fixes, est-il plus exact de dire que le despotisme n'est soumis absolument à aucune loi? A qui fera-t-on croire que le gouvernement des Turcs, des Persans et des Chinois, soit absolument sans règle, sans frein, sans usages, sans quelque chose enfin qui limite la volonté arbitraire du prince ou de ses subordonnés? Qu'une telle forme de gouvernement se rencontre par hasard, lorsqu'un Caracalla ou un Héliogabale occupe le trône, cela ne peut pas se nier ; mais que ce soit là une forme normale et vraiment essentielle de gouvernement parmi les hommes, c'est ce qui est contraire à la nature des choses. Je veux que, dans les gouvernements orientaux, il y ait moins de lois que parmi nous, moins de respect de la personne et des biens, et surtout rien qui ressemble à ce que nous appelons une constitution ; enfin, il y a sans doute des différences entre les gouvernements barbares et les gouvernements civilisés : mais cette différence n'ira pas jusqu'à faire que les hommes ne soient que des brutes. C'est ce qui arriverait, s'il pouvait exister un gouvernement semblable à celui que dépeint Montesquieu sous le nom de despotisme. En un mot, il n'y a point de différence essentielle entre le despotisme et la monarchie : « Ce sont, dit Voltaire, deux frères qui ont tant de ressemblance qu'on les prend souvent l'un pour l'autre. Avouons que ce furent de tout temps deux gros chats à qui les rats essayèrent de pendre une sonnette au cou (1). »

Si la différence que Montesquieu signale entre la monarchie et le despotisme n'est pas essentielle, si la monarchie ne gouverne pas nécessairement selon des lois fixes, et si le despotisme n'est pas nécessairement privé de toutes lois, il s'ensuit que le despotisme n'est qu'une forme particulière et abusive de la monarchie, comme la démagogie est une forme abusive de la démocratie, et l'oligarchie de l'aristocratie. Nous revenons donc à la division d'Aristote, qui nous paraît simple, rigoureuse, scientifique, et qui suffit parfaitement à toutes les théories.

De la division des gouvernements selon leur nature, passons à l'examen de leurs principes. Il y a là sans doute une idée originale et profonde. Un gouvernement existe, il dure. Pourquoi dure-t-il ? N'est-ce pas en vertu d'un ressort intérieur, qui l'anime, qui le meut, qui le fait agir, et qui enfin le fait vivre jusqu'à ce que s'usant lui-même il entraîne l'État avec lui (2) ? Cette recherche philosophique du principe des gouvernements est donc une des innovations de Montesquieu dans la science politique; et quoiqu'elle soit souvent paradoxale et arbitraire peut-être insuffisante, elle est cependant digne d'admiration.

(1) Voltaire, Comment. sur l'*Esprit des lois*, IV.
(2) *Espr. des lois*, l. III, c. VI.

Parmi les trois, ou plutôt les quatre principes reconnus par Montesquieu, il y en a deux qui sont vrais : c'est le principe de la vertu et le principe de la crainte. Nous y reviendrons tout à l'heure. Il y en a deux autres qui paraissent vagues et mal définis : c'est le principe de l'honneur et celui de la modération.

Ce dernier surtout est certainement ce qu'il y a de plus faible dans la théorie de Montesquieu. La modération n'est qu'une limite, elle n'est pas un principe d'action; elle empêche de se perdre, mais elle ne donne ni la vie ni le mouvement. Elle n'est d'ailleurs pas plus propre au gouvernement aristocratique qu'à tout autre. Il est évident qu'elle est nécessaire à tout gouvernement qui veut vivre. La monarchie sans modération tombe dans le despotisme, la démocratie sans modération tombe dans la démagogie ou dans la tyrannie. La modération est le principe conservateur de tous les États et de toutes les formes de gouvernement; elle n'est pas le principe particulier d'aucune d'elles.

L'honneur est un principe ingénieusement trouvé pour expliquer la différence de la monarchie et du despotisme(1). Mais c'est un principe vague et mal expliqué. « C'est, dit Montesquieu, le préjugé de chaque personne et de chaque condition. » Mais en quoi consiste ce préjugé? « La nature de l'honneur est de demander des préférences et des distinctions. » L'honneur semble donc être la même chose que la vanité. « L'ambition, continue Montesquieu, a de bons effets dans la monarchie. » Voici l'honneur qui de-

---

(1) Nous avons vu que, dans les *Lettres persanes* (voir plus haut), Montesquieu confondait encore l'honneur et la vertu, et leur attribuait un rôle égal dans les républiques; mais en même temps il était frappé du rôle que jouait en France l'amour de la gloire et le point d'honneur. C'est cette vue particulière très-juste, dont il a fait, plus tard, un principe systématique passablement arbitraire.

vient l'ambition. Plus loin, Montesquieu définit l'honneur : « ce maître universel qui doit partout nous conduire. » Rien n'est plus vague. Il le détermine un peu plus quand il dit « que c'est moins ce qu'on doit aux autres que ce que l'on se doit à soi-même ; » et « non pas tant ce qui nous appelle vers nos concitoyens que ce qui nous en distingue... C'est la noblesse dans les vertus, la franchise dans les mœurs, la politesse dans les manières. » Enfin, lorsqu'il ajoute que « l'honneur nous dicte que le prince ne doit jamais nous prescrire une action qui nous déshonore, » il est évident qu'ici l'honneur n'est plus seulement le préjugé de chaque personne et de chaque condition : il est déjà une sorte de vertu et une partie de la vertu (1).

Je ne veux pas nier ce qu'il y a d'ingénieux et de vrai en partie dans la théorie de la monarchie et de son principe. Mais ce principe de l'honneur, qui est tout moderne, composé d'idées féodales, chevaleresques, chrétiennes, et enfin de ce sentiment naturel de fierté propre à l'homme dans toutes les formes de gouvernement, suffit-il à expliquer la monarchie dans tous les temps et dans tous les lieux ? Est-ce l'honneur qui était le principe de la monarchie de Philippe et d'Alexandre, des premières monarchies grecques, des monarchies du xve siècle ? D'un autre côté, l'honneur n'est-il pas le principe des aristocraties autant et plus peut-être que des monarchies ? L'honneur, entendu dans un sens étroit, est surtout le préjugé aristocratique ; dans un sens large, il est la vertu proprement dite, ou du moins une de ses parties. C'était l'honneur non moins que la crainte qui interdisait aux nobles de Venise de trahir les secrets de l'État ; et c'était certaine-

(1) Sur le principe de l'honneur dans les monarchies, voyez surtout liv. III, ch. vi et vii, liv. IV, ch. ii, liv. VI, ch. ix, et liv. VIII, ch. vi et vii.

ment l'honneur autant que l'amour de la patrie qui ramenait Régulus à Carthage pour y mourir d'une mort atroce. L'*honestum* antique, le *pulchrum et decorum* ressemble beaucoup à ce que Montesquieu appelle l'honneur : or c'est une idée qui est née dans les républiques.

Reprenons la théorie de Montesquieu, et en nous inspirant librement de ses principes, cherchons à lui donner plus de clarté et de précision.

Il y a deux principes naturels dans l'homme, et qui donnent naissance aux deux formes principales de gouvernement, à celles que Platon appelle les deux constitutions mères, la monarchie et la démocratie. Ces deux principes sont l'amour du repos et l'amour de la liberté. Dans le dernier fond des choses, ces deux principes sont identiques : car, aimer la liberté, est-ce autre chose que vouloir jouir en repos et en paix de toutes les forces de notre nature, qui ne sont point contraires au bonheur des autres ? Et aimer le repos, n'est-ce pas vouloir ne pas être troublé dans l'usage légitime de sa liberté ? Mais quoique ces deux principes soient identiques par leur nature, ils se distinguent cependant dans leurs effets. Car l'un a plus de rapport avec le goût du mouvement, et l'autre avec le goût de l'inertie et de l'immobilité. L'un demande à agir, à se développer dans tous les sens, à tenter toujours de nouvelles aventures ; l'autre aime à demeurer dans certaines limites consacrées, à tourner dans un cercle toujours le même, et à ne pas s'affranchir de certaines habitudes et de certains liens. L'un préfère la nouveauté à la sécurité. L'autre craint la nouveauté, comme ennemie de toute sécurité. L'un se contente peu du bien-être matériel, et se repaît toujours d'un bien-être d'imagination. L'autre craint l'inconnu, et aime à jouir tranquillement de ce qu'il possède certainement. L'un aime à critiquer, censurer, discuter, et ne veut pas se soumettre sans savoir pourquoi. L'autre ne veut pas se troubler d'examiner ce qu'il ne comprend pas, ce qu'il ne tient pas à comprendre : il abandonne volontiers le soin des affaires, et ne s'en mêle que le moins qu'il peut.

Or c'est l'amour du repos qui donne naissance à la monarchie, et l'amour de la liberté à la démocratie. Dans le gouvernement d'un seul, les actions sont plus promptes, plus uniformes, plus constantes à elles-mêmes. Il y a moins de discussions, moins de dissentiments, moins de temps perdu, moins de troubles, moins de révolutions. On sait ce qu'il y aura demain par ce qu'il y avait hier. Les changements de règne, qui sont les mouvements les plus considérables dans ces sortes de gouvernements, se font d'une manière presque insensible, lorsque les lois de succession sont bien déterminées. Il y a des troubles quelquefois dans les régences : cela vient précisément de ce qu'alors le gouvernement d'un seul penche toujours vers le gouvernement de plusieurs ; mais lorsque l'autorité royale redevient maîtresse, l'ordre et le repos renaissent avec elle. Dans la monarchie, l'individu est en général tranquille, pourvu qu'il ne se mêle pas des affaires de l'État. Par conséquent, lorsque le plus grand nombre des citoyens d'un pays aura ce goût du repos et cette indifférence des affaires publiques, l'État sera monarchique.

Supposez, au contraire, un peuple animé de l'amour de la liberté, tel que nous l'avons décrit, il est évident qu'il ne souffrira aucune forme de gouvernement à laquelle il n'aurait pas la plus grande part. Si tous, ou la plupart, ont ce goût du mouvement, de l'aventure, de la critique, de la discussion et de l'examen, tous voudront être quelque chose dans l'État; ils voudront participer à la confection des lois, de peur qu'elles ne répriment leur ardeur et leurs désirs. Ils voudront nommer leurs magistrats, pour être sûrs de la sincère exécution de leurs volontés; ils voudront les soumettre à la censure, et refuseront de s'y soumettre eux-mêmes. Ils voudront conserver le droit d'examiner et de discuter, afin de pouvoir changer demain ce qu'ils auront fait aujourd'hui. Ils seront défiants, tumultueux, amis de la parole, souvent incertains dans l'action. Mais, par-dessus tout, ils voudront établir parmi eux l'égalité. La liberté est difficilement conciliable avec l'inégalité. En effet, si les uns possèdent des priviléges auxquels il me soit absolument interdit de prétendre, je ne suis pas libre, puisqu'un certain développement naturel et légitime de mes facultés m'est interdit. Si quelques-uns font les lois, ou ont seuls droit à certains emplois, je ne suis pas libre : car quelle garantie ai-je contre eux? Il peut arriver, sans doute, qu'à la suite de beaucoup d'expériences, un peuple consente à l'inégalité pour garantir sa liberté; mais c'est là une de ces transactions qui peuvent se faire entre tous les principes de gouvernement, et nous les examinons ici dans leur pureté et leur distinction. C'est en ce sens que nous disons : le principe constitutif de la démocratie, c'est l'amour de la liberté et de l'égalité.

Il faut distinguer le principe constitutif et le principe conservateur d'un gouvernement. L'un le fait être, l'autre le fait durer. Quels sont donc les principes conservateurs de la monarchie et de la démocratie? Je commence par la démocratie.

Ici, Montesquieu est admirable; et, quoi qu'on en ait dit, je pense qu'il faut considérer comme un axiome de la science politique ce grand principe, que la démocratie repose sur la vertu. En effet, lorsque l'on donne la liberté à un peuple, il faut permettre beaucoup d'actions qui ne seront pas permises dans un autre gouvernement. Parmi ces actions, les unes seront mauvaises et les autres bonnes ; et l'on se console des mauvaises parce qu'elles doivent être compensées par les bonnes. Mais si elles sont toutes mauvaises, quel principe de désordre et de corruption introduit dans l'État! Par exemple, on permettra à tout le monde d'exprimer sa pensée, dans l'espoir que les bonnes pensées triompheront des mauvaises, et que la vérité l'emportera sur l'erreur. Mais si tout le monde abuse de la pensée, si les uns la vendent, si les autres l'immolent à leurs passions, si tous ne se servent de la liberté donnée que pour insulter les lois, les magistrats, les hommes vertueux, etc., une telle liberté n'est-elle pas l'anarchie et l'oppression? et comme rien de violent ne peut durer, une république corrompue ne peut manquer de périr infailliblement. On ne peut nier d'ailleurs que la liberté n'introduise la division dans l'État. Cette division est un bien, quand elle n'est pas portée à l'extrême. Mais supposez-la sans contre-poids, elle deviendra la guerre de tous contre tous, et le plus beau des gouvernements sera semblable à l'état sauvage. Or, dans un État où on donne peu à la force, précisément pour laisser beaucoup à la liberté, le seul contre-poids naturel, c'est la vertu. En outre, l'un des grands périls de la démocratie, c'est l'amour de l'égalité. Car, comme il y a une égalité naturelle et vraie, il y en a aussi une qui n'est pas légitime, c'est celle qui met sur la même ligne l'ignorant et l'homme éclairé, le vicieux et l'homme de bien. Si les hommes vicieux sont en majorité, ils s'indigneront de la supériorité de l'homme intelligent et distingué. De là les suspicions, les ostracismes, les persécutions, tout ce qui a souillé les démocraties antiques et modernes, et les a mises souvent au-dessous du despotisme même. Il faut donc assez de vertu dans le peuple pour reconnaître, estimer et respecter la vertu chez les meilleurs. Ajoutez que dans la démocratie c'est le peuple qui fait les lois, et c'est lui qui obéit aux lois; or, s'il fait des lois sans y obéir, autant n'en pas faire; si, prévoyant sa propre faiblesse, et y compatissant d'avance, il accommode ses lois à sa corruption, qu'est-ce qu'un tel gouvernement? Enfin, de quelque côté qu'on examine la démocratie, on verra qu'elle n'est, qu'elle ne vit, qu'elle ne dure que par la vertu. Tous les grands politiques de l'antiquité l'ont dit : saint Thomas et Machiavel l'ont dit également. Il faut que ce soit une grande vérité pour être admise à la fois par des génies si divers, qui partent de principes si différents.

On peut dire des publicistes d'aujourd'hui ce que Montesquieu disait de ceux de son temps: « Les politiques grecs, qui vivaient dans le gouvernement populaire, ne reconnaissent d'autre force qui pût le soutenir que la vertu. Ceux d'aujourd'hui ne nous parlent que de manufactures, de commerce, de finances, de richesses, de luxe même. »

On a raison de dire que Montesquieu a trop obéi aux préjugés antiques, lorsqu'il a fait consister la vertu démocratique dans l'amour de la frugalité et dans le renoncement à soi-même. C'est demander à l'individu, au nom de l'État, un sacrifice que la religion obtient à peine en le demandant au nom de Dieu et de l'éternité. Mais s'il est vrai que les démocraties modernes ne peuvent ressembler aux démocraties antiques, il n'est pas vrai qu'elles aient cessé d'avoir un même principe, c'est-à-dire l'obéissance aux lois, le respect du magistrat, l'amour de la patrie, le respect des droits d'autrui, en un mot, la justice. C'est la justice qui est le vrai principe de la démocratie, sous quelque forme qu'elle se présente. C'est elle seule qui rend la liberté possible, durable, désirable.

Ainsi la démocratie aura donc pour principe constitutif l'amour de la liberté et de l'égalité, et pour principe conservateur la vertu.

Passons maintenant à la monarchie : le principe constitutif de cette forme de gouvernement, avons-nous dit est l'amour du repos : quel en est le principe conservateur? Nous ne nous refuserons pas d'accorder que ce principe est l'honneur; seulement que faut-il entendre par honneur.

Nous avons vu qu'il y a dans ce principe, tel que Montesquieu le décrit, une assez grande confusion : tantôt c'est une sorte de vanité frivole, ou le préjugé étroit d'une caste et d'une corporation, tantôt c'est la grandeur d'âme et la fierté des sentiments. Dans lequel de ces deux sens, l'honneur est-il le principe conservateur des monarchies? Il faudrait distinguer ces nuances importantes, et ne pas faire un seul principe de tant d'éléments contraires. Cette sorte d'honneur que l'on mettait dans l'ancienne monarchie à être le domestique du roi, ne ressemble guère à celui du vicomte d'Orte, qui refusa de servir de bourreau à Charles IX contre les huguenots, ou de Crillon, qui refusa à Henri III d'assassiner le duc de Guise. Dans le premier sens, l'honneur n'est qu'une partie de cette adoration du prince, qui est commune aux États monarchiques et aux États despotiques. Dans le second sens, l'honneur n'est qu'une partie de la vertu elle-même. Or c'est dans ce second sens surtout que l'honneur est propre au gouvernement monarchique. Car, dans le despotisme, il y aura aussi une sorte de vanité qui recherchera les distinctions, les préférences, les faveurs du prince, et qui tiendra à occuper la place la plus proche de sa personne.

L'honneur monarchique sera donc surtout cette fierté, qui refuse l'obéissance au prince lorsqu'il commande des actions contraires à la conscience. C'est là, à ce qu'il nous semble, le trait le plus particulier de l'honneur monarchique. Car le confondre avec l'ambition, avec l'amour de la gloire, c'est lui ôter toute physionomie propre, puisque l'ambition n'est pas moins fréquente dans le despotisme, et l'amour de la gloire dans les républiques. L'honneur monarchique est donc le sentiment de ce que nous devons au prince, tempéré par le sentiment de ce que nous nous devons à nous-mêmes : c'est par conséquent une limite au pouvoir du prince. Il repose sur ce principe, que le prince ne peut pas tout et ne doit pas tout vouloir. C'est donc une partie de l'amour de la liberté transporté dans un gouvernement qui ne repose pas sur ce principe.

Comment l'amour de la liberté a-t-il sa place dans un gouvernement monarchique? Il peut se la faire de deux manières. La monarchie succède ordinairement, soit au despotisme, soit à l'aristocratie. Le premier cas est rare, le second a été le plus fréquent dans les temps modernes. La monarchie succède au despotisme, lorsque le despotisme vient à s'éclairer. Or la première lumière qui se fait dans l'esprit des sujets, c'est que le prince ne peut pas tout, qu'il y a des choses supérieures à son pouvoir. De là le premier sentiment de l'honneur, et de là une première limite apportée au pouvoir d'un seul. Dans l'autre cas, le sentiment de l'honneur n'est pas autre chose qu'un reste de liberté aristocratique qui se défend jusqu'à la dernière extrémité. C'est ce qu'il est facile de voir dans l'histoire de notre monarchie. L'honneur exigeait bien plus d'un grand du XVIe siècle que d'un courtisan du XVIIIe. L'honneur, au XVIe siècle, commandait encore d'avoir des châteaux forts, et des armes pour se défendre contre la couronne elle-même : au XVIIIe l'honneur n'interdisait pas de passer sa vie dans les antichambres du roi et le boudoir de ses favorites. Ainsi, l'honneur monarchique n'est autre chose que le signe de ce qui reste ou de ce qui se forme d'aristocratique dans un pays monarchique.

Un principe qui se rapporte à celui de l'honneur, dans les États monarchiques, et qui les distingue encore du despotisme, c'est le principe de l'opinion. Il y a une opinion dans la monarchie. Il est vrai qu'elle ne s'exprime pas librement comme dans la démocratie, ou les monarchies limitées et représentatives; mais elle existe, on a le sentiment commun que le roi, quelque sacré que soit son pouvoir, se doit au bonheur de ses sujets. On juge ses actes, on juge ses ministres. Et quoique en droit il puisse tout ce qu'il veut, il est souvent obligé en fait de compter avec cette opinion, même muette. Il y avait en France une opinion publique, même sous Richelieu, même sous Louis XIV. On approuvait et on blâmait dans une certaine mesure. Je ne dis pas qu'il ne puisse en être de même dans les États despotiques; mais c'est un signe que le despotisme se transforme en monarchie. Je ne nie pas non plus que l'opinion ne puisse aller en s'affaiblissant dans les États monarchiques : c'est alors un signe qu'ils tournent au despotisme.

La puissance de l'opinion dans les monarchies est encore une des formes de l'amour de la liberté. C'est la part que la monarchie fait à l'esprit public, à l'esprit d'examen et de critique, qui est ce qu'il y a de plus cher à la liberté. Je distingue l'honneur et l'opinion. Le premier est surtout un sentiment aristocratique; le second est un principe démocratique. L'un et l'autre sont le signe de la part que la noblesse et le peuple ont dans le gouvernement. Je ne dis pas qu'ils y aient une part légale : car alors ce serait une aristocratie, ou une démocratie, ou une monarchie mixte; mais enfin ils sont pour quelque chose dans l'État, et leur importance se mesure par l'importance de l'honneur et de l'opinion.

La monarchie bien expliquée et ramenée, comme le veut Montesquieu au principe de l'honneur auquel nous ajoutons celui de l'opinion, il sera facile d'expliquer le despotisme et son principe.

Le despotisme est une forme abusive de la monarchie; c'est cette forme basse de gouvernement, la dernière de toutes, suivant Platon (1), où, par faiblesse et par amour excessif du repos, les citoyens abandonnent tous les pouvoirs au souverain, lui mettent entre les mains une force irrésistible, et ne se réservent que l'obéissance sans limites. Un tel gouvernement ne repose que sur la crainte. C'est celui que Hobbes rêvait comme le modèle des gouvernements, mais qui en est, en réalité, le plus imparfait; car il est contradictoire. En effet, l'homme ne peut sacrifier la liberté que pour le repos. Mais le repos est impossible sans sécurité; et la sécurité est incompatible avec la crainte. Ainsi, un gouvernement qui, par hypothèse, reposerait sur l'extrême crainte, détruirait par là même ce pourquoi on l'aurait subi, la sécurité et la paix. Le despotisme, tel que Montesquieu le décrit, est

---

(1) Platon, *Rep.*, l. IX, ἡ μὲν ἀριστοκρατία ἀρίστη, ἡ δὲ τυραννὶς κακίστη. Voir t. I, p. 151.

donc un gouvernement absurde, c'est-à-dire contradictoire dans les termes mêmes.

Pour qu'un gouvernement fondé sur la crainte soit possible et durable, il faut évidemment que la crainte ne soit pas universelle et perpétuelle : il ne faut pas que tous craignent, et craignent pour tout ce qu'ils possèdent : car alors, que leur servirait-il de ne pas s'appartenir à eux-mêmes? Il faut qu'en général, ils trouvent assez de tranquillité et de paix dans la vie privée pour n'être pas tentés de se mêler des affaires publiques. En un mot, la crainte ne doit être que pour ceux qui veulent résister à l'État, et non pas pour ceux qui, contents des limites qui leur sont imposées, ne demandent qu'à ne pas être tourmentés dans ces limites. Mais si la crainte s'introduit jusque-là, ce n'est plus un gouvernement, c'est un brigandage. « *Quid sunt regna*, dit saint Augustin, *remotâ justiciâ, nisi magna latrocinia* (1)? »

Dans le despotisme même, la crainte n'est pas le principe unique du gouvernement. D'abord, elle n'est pas toujours sentie. On a commencé d'obéir par crainte ; puis on obéit par habitude. Après tout, ce serait une erreur de croire qu'un pouvoir tient absolument à être craint : il tient surtout à faire ce qu'il veut : s'il y réussit sans employer la crainte, il la réserve pour les cas nécessaires. C'est ce qui arrive en pratique dans les gouvernements despotiques. Les sujets obéissent par habitude ; et ils oublient qu'ils sont sous un gouvernement terrible. L'état de crainte est trop violent pour être continuel. L'habitude est donc un principe qui tempère l'action de la crainte.

Ce n'est pas tout ; les sujets qui naissent dans un

---

(1) Aug., *de Civit. Dei*, liv. IV, c. iv.

gouvernement despotique, reçoivent tout d'abord des impressions très-vives de ce pouvoir supérieur, invisible, qui peut tout, et qui est entouré de toutes les grandeurs et de tout l'éclat que l'imagination peut concevoir : il conçoit donc pour ce pouvoir une admiration sans bornes. Plus il le regarde de bas, plus il est étonné et confondu de sa hauteur : ce n'est pas seulement de la crainte qu'il a pour lui, c'est du respect. Ceux qui étudient le despotisme du dehors, et au point de vue d'un gouvernement meilleur, peuvent se persuader qu'un tel pouvoir ne mérite que le mépris : ceux qui ne connaissent que celui-là, et n'en ont jamais soupçonné d'autre, ont pour lui ce respect naturel que les hommes ont en général pour l'autorité des supérieurs. Ainsi, le respect est mêlé à la crainte, dans l'obéissance des sujets d'un prince despotique.

Un autre sentiment se mêle encore à celui-là pour le relever, c'est le sentiment religieux. Dans les monarchies d'Orient, où l'on va chercher d'ordinaire les types les plus purs du despotisme, le monarque est un être sacré. Selon Manou, le roi est une grande divinité (1). C'est d'Orient que nous est venue la doctrine du droit divin, qui n'est encore qu'une atténuation de la doctrine indienne. En général, dans un gouvernement despotique, le monarque est le chef de la religion. Quelle source de grandeur cela lui donne! Enfin, la religion, qui est un principe d'obéissance pour les sujets, est une limite pour le prince. Montesquieu nous le dit lui-même : « C'est la religion qui corrige un peu la constitution turque. Les sujets qui ne sont pas attachés à la grandeur de l'État par honneur, le sont par la force et par le principe de la religion (2). »

(1) Lois de Manou, l. VII, 8.
(2) L. V, c. xiv.

Voilà donc un nouveau principe, qui tempère et qui relève celui de la crainte.

Terminons enfin cette analyse par l'étude de l'aristocratie et de ses principes. Dans l'aristocratie, le peuple est à l'égard de la noblesse comme à l'égard d'un monarque : et la noblesse est, par rapport à elle-même, comme le peuple dans la démocratie. Ainsi, l'aristocratie est une république pour les nobles, et une monarchie pour le peuple. Elle participe donc aux principes de ces deux gouvernements. Comme république, elle repose sur l'amour de la liberté et de l'égalité. En effet, les nobles dans l'aristocratie ont aussi horreur de la domination d'un seul que le peuple dans la démocratie. Mais ils doivent craindre par là même l'inégalité. Car ce qui établit l'inégalité dans l'aristocratie la rapproche du gouvernement monarchique. Si quelques familles l'emportent trop sur les autres, ce n'est plus une aristocratie, c'est une oligarchie : si une seule réussit à se mettre au premier rang, la monarchie n'est pas loin. Mais l'aristocratie, reposant comme la démocratie sur la liberté et l'égalité (au moins des nobles), a besoin, comme elle, de la vertu. Il faut que les nobles aiment plus l'État que leur propre grandeur, sans quoi ils chercheront à dominer, et l'équilibre sera détruit. Il faut qu'ils obéissent aux lois, sans quoi la république périra par l'anarchie. Il faut qu'ils ne se rendent pas indignes de leur prééminence par la bassesse et la corruption, sans quoi le peuple perdra la crainte, le respect et l'obéissance. Mais la vertu dans l'aristocratie aura un autre caractère que dans la démocratie : elle y aura plus de pompe et d'éclat. La vertu démocratique, qui n'appartient qu'à des citoyens tous égaux, peut être modeste et simple : elle peut consister seulement dans la sobriété, l'économie, l'amour du travail ; telle fut par exemple la vertu de la république hollandaise ; telle fut dans les premiers temps la vertu de la république américaine. La vertu aristocratique n'est pas seulement une vertu de citoyens, mais de souverains et en quelque sorte de monarques : de là un certain caractère de fierté et de hauteur. Or il me semble que c'est précisément cette sorte de vertu qui mérite le nom d'honneur, et qui est plutôt encore le principe de l'aristocratie que de la monarchie. Elle est aussi dans la monarchie, mais au même titre que la noblesse. Plus la noblesse est indépendante du roi, plus l'honneur y joue un rôle considérable : elle est la résistance morale de l'aristocratie soumise dans une monarchie incontestée.

Mais si l'aristocratie est république par le côté des nobles, elle est monarchie par le côté des sujets. A ce point de vue, elle reposera sur les mêmes principes que la monarchie, et pourra en prendre toutes les formes. L'aristocratie comme la monarchie repose sur l'amour du repos : en effet, il y a moins d'agitation dans un État aristocratique que dans une démocratie ; le peuple, ne se mêlant pas des affaires d'État, vit paisiblement dans la limite des droits qui lui sont laissés. Ainsi un peuple ami du repos et une noblesse amie de la liberté, voilà l'aristocratie. Elle repose donc aussi, comme la monarchie, sur une certaine crainte du peuple pour les grands ; mais cette crainte peut être également tempérée par tous les principes qui, nous l'avons vu, signalent le passage du despotisme illimité à la monarchie restreinte. Il y aura de même une oligarchie oppressive, et une aristocratie libérale, et un nombre infini d'intermédiaires : c'est dans ce sens que la *modération* peut être un des principes de ce gouvernement.

Nous n'avons jusqu'ici traité la théorie de Montesquieu que comme une théorie abstraite et scientifique, où il n'aurait été guidé que par la curiosité spéculative. En y regardant de plus près, il est impossible d'y méconnaître une intention, un dessein, et la trace de l'esprit du temps. S'il fait dans son livre une si grande place au despotisme, s'il insiste avec tant d'amertume sur les maux qu'il produit, et avec tant de complaisance sur la différence du despotisme et de la monarchie, c'est évidemment parce qu'il croit voir dans la transformation des institutions monarchiques de la France une pente manifeste vers le despotisme. La monarchie telle qu'il la décrit, c'est l'ancienne monarchie française, la monarchie parlementaire et encore féodale, entourée de corps d'État, fondée sur une hiérarchie de priviléges, de prérogatives, de franchises, de droits particuliers, qui tiennent lieu des droits généraux, enfin une monarchie tempérée reposant sur des lois fondamentales, et soutenue par des pouvoirs intermédiaires, subordonnés et dépendants.

Tel était dans le passé l'idéal de Montesquieu : c'est un parlementaire, et il y a en lui un vieux reste des théories de la Fronde. Il oublie les états généraux, et il ne dit pas un mot de cette grande institution de l'ancienne monarchie. Mais il recommande les priviléges des seigneurs, du clergé, de la noblesse et des villes (1). Il n'est pas ennemi des tribunaux ecclésiastiques (2). Et enfin, ce qui est le trait le plus remarquable de sa politique, il demande qu'il y ait dans la monarchie *un dépôt de lois* (3). Il ne dit pas où doit être ce dépôt ; mais il le laisse à deviner : « Le conseil du prince, dit-il, n'est pas un dépôt convenable. » Cependant l'ignorance de la noblesse et son mépris pour le gouvernement civil, exigent qu'il y ait « *un corps* qui

(1) L. II, c. x.
(2) *Ib.*
(3) *Ib.*

fasse sans cesse sortir les lois de la poussière. » Ce corps, c'est évidemment le parlement. Or Montesquieu dit que ce dépôt de lois ne peut être que dans des *corps politiques*. Les parlements étaient donc des corps politiques : c'est la doctrine de la Fronde.

Il n'est pas non plus difficile de comprendre les nombreuses allusions que Montesquieu fait à ce nivellement gradué et incessant, qui a été le travail de l'ancienne monarchie jusqu'à ce qu'elle-même y périsse. Il en a vu avec une profonde sagacité les infaillibles conséquences. « Détruisez les prérogatives dans une monarchie, vous aurez bientôt un État populaire, ou un État despotique. » C'est ce qui est arrivé en France ; mais l'État despotique a amené l'État populaire. Lorsqu'il parle des Anglais, qui, s'ils détruisaient les corps intermédiaires, seraient par là même, dans leur liberté, le peuple le plus esclave de la terre, il m'est impossible de ne pas voir là un retour sur le gouvernement français. Au reste, ce rapprochement devient sensible lorsque Montesquieu ajoute immédiatement après : « M. Law fut un des plus grands promoteurs du despotisme en Europe. » Le despotisme s'introduisait donc en Europe : « Il voulait ôter les rangs intermédiaires et anéantir les corps politiques. » N'était-ce pas là aussi ce que voulaient les rois? N'était-ce pas la cause de la haine de Saint-Simon contre Louis XIV? N'était-ce pas le principe des réformes politiques que l'on rêvait dans le petit cercle du duc de Beauvilliers, de Fénelon et du duc de Bourgogne? Que voulaient ces réformateurs, sinon une restauration de la monarchie aristocratique, qui de jour en jour disparaissait visiblement devant la monarchie pure? Montesquieu, en attribuant un tel dessein à Law, pouvait-il ne pas voir que la royauté l'avait déjà en grande partie accompli? La manière dont il parle du cardinal de Richelieu indique bien qu'il considère la monarchie française comme altérée. « Le cardinal de Richelieu veut que l'on évite dans les monarchies les épines des compagnies qui font des difficultés sur tout. *Quand cet homme n'aurait pas eu le despotisme dans le cœur, il l'aurait eu dans la tête.* » Mais ce qu'avait voulu Richelieu, n'est-ce pas ce qu'a aussi voulu Louis XIV? et n'en était-il pas encore de même sous Louis XV? Dans un autre passage, Montesquieu dit que « Richelieu a avili les ordres de l'État (1). » Mais il ne dit pas qu'on les ait rétablis depuis lui. Or une monarchie où les ordres sont avilis incline au despotisme. La monarchie française inclinait donc au despotisme. Remarquez que Montesquieu ne dit pas un mot de Louis XIV. Ce silence sur un règne si grand, qu'il avait déjà jugé dans ses *Lettres persanes* avec une si perçante sévérité, n'est-il pas aussi le signe d'une pensée qui ne se montre pas tout entière, mais qui se laisse deviner ? N'est-ce pas une description amère de la monarchie française, que cette peinture (2) ? « Les monarchies se corrompent lorsqu'on ôte peu à peu les prérogatives des corps ou les priviléges des villes... Ce qui perdit les dynasties de Tsin et de Soüi, dit un auteur chinois... c'est que les princes voulurent gouverner tout immédiatement par eux-mêmes. » Que nous font Tsin et Soüi? Ces noms chinois ne sont-ils pas là à la place d'autres noms qu'on ne veut pas prononcer ? « La monarchie se perd lorsque le prince, rapportant tout uniquement à lui, appelle l'État à sa capitale, la capitale à sa cour, et la cour à sa seule personne. » N'est-ce pas là une allusion directe et frappante? Versailles n'était-il pas devenu toute la France et le roi tout l'État? « La monarchie se corrompt lorsque

(1) L. V, c, xi.
(2) L. VIII, c. vi.

l'honneur a été mis en contradiction avec les honneurs, et que l'on peut être à la fois couvert d'infamies et de dignités. » Pouvait-on lire ces lignes sans songer au cardinal Dubois?

Enfin Montesquieu nous donne son secret dans les lignes qui suivent : « L'inconvénient, dit-il, n'est pas lorsque l'État passe d'un gouvernement modéré à un gouvernement modéré... mais quand il tombe et se précipite du gouvernement modéré au despotisme (1). » Et si l'on pouvait croire que c'est encore là une proposition générale et sans application, le passage suivant nous détromperait d'une manière décisive. « La plupart des peuples d'Europe sont encore gouvernés par les mœurs ; mais si, par *un long abus du pouvoir* ; si, par une grande conquête, le despotisme s'établissait à certain point, il n'y aurait pas de mœurs ni de climats qui tinssent ; et, dans cette belle partie du monde, la nature humaine souffrirait, au moins pour un temps, les insultes qu'on lui fait dans les trois autres (2). »

Tel est donc le vrai sens de cette théorie du despotisme, que l'on a considérée comme occupant une trop grande place dans son livre. C'est une sorte d'épouvantail qu'il présente aux gouvernements modérés, à ces gouvernements qui, soutenus auparavant par des institutions, des lois et des corps indépendants, avaient laissé peu à peu, ou même avaient fait tomber ces obstacles, et se rapprochaient chaque jour davantage du despotisme. Si maintenant, en face de cet épouvantail, que Montesquieu fait peser comme une menace sur ces gouvernements dégénérés, vous contemplez cet admirable tableau d'un gouvernement libre, où Montesquieu a con-

(1) L. VIII, c. VIII.
(2) *Ib.*, *ib*.

centré toutes les forces de son analyse et de son génie, l'intention politique de l'*Esprit des lois* peut-elle demeurer obscure ? Il montre, on peut dire avec excès, que le despotisme est le plus barbare des gouvernements ; il insinue que la monarchie incline de toutes parts au despotisme ; il démonte et décompose avec amour un système de gouvernement libre, dont tous les éléments existent, il le croit du moins, dans le pays même où il écrit. Enfin, après avoir étudié la distribution des pouvoirs, soit dans la constitution d'Angleterre, soit dans la constitution romaine, il ajoute : « Je voudrais rechercher, dans tous les gouvernements modérés que nous connaissons, quelle est la distribution des trois pouvoirs, et calculer par là les degrés de liberté dont chacun d'eux peut jouir. Mais il ne faut pas toujours tellement épuiser un sujet qu'on ne laisse rien à faire au lecteur ; il ne s'agit pas de faire lire, *mais de faire penser* (1). »

Examinons donc cette théorie de la constitution d'Angleterre, qui a émerveillé le siècle dernier, et a eu depuis une si grande influence sur les destinées politiques de notre pays.

Les idées philosophiques dont part Montesquieu sont assez peu déterminées. Voici sa définition de la liberté : « La liberté, dit-il, consiste à pouvoir faire ce qu'on doit vouloir, et à n'être pas contraint de faire ce qu'on ne doit pas vouloir (2). » Cette définition est très-juste ; mais il en conclut que « la liberté est le droit de faire tout ce que permettent les lois. » C'est là restreindre beaucoup le sens du mot liberté. Il est vrai que je ne suis pas libre si je ne puis pas faire ce que les lois permettent, ou forcé de faire ce qu'elles n'ordonnent pas ; il est vrai aussi

(1) L. XI, c. xx.
(2) L. VI, c. III.

que c'est une fausse liberté de pouvoir faire ce que la loi défend : car si les autres peuvent en faire autant, c'est l'anarchie ; si je le puis seul, c'est l'arbitraire. Mais il ne s'ensuit pas qu'obéir à la loi et rien qu'à la loi soit toute la liberté, car la loi peut être tyrannique. Il est très-vrai encore que la liberté consiste « à pouvoir faire ce que l'on doit vouloir, » mais la loi peut précisément m'interdire ce que je dois vouloir. Par exemple, je dois vouloir honorer Dieu selon ma conscience. Si la loi m'ordonne de l'honorer selon la conscience du prince, suis-je libre? J'avoue que c'est un gouvernement arbitraire que celui qui ne juge pas selon la loi; mais un gouvernement où l'on n'obéirait qu'à la loi ne serait pas pour cela un gouvernement libre : car il s'agit de savoir par qui la loi est faite, et comment elle est faite. L'erreur de Montesquieu vient de ce que, comme presque tous les publicistes de son temps, il fait dériver le droit de la loi, au lieu de faire dériver la loi du droit.

La liberté civile, dans son vrai sens, c'est le droit que nous avons d'user de nos facultés, comme nous l'entendons, en tant qu'elles ne portent pas atteinte au même droit chez les autres hommes, réserve faite d'ailleurs des sacrifices nécessaires à la sûreté commune. La liberté politique, c'est la garantie ou l'ensemble de garanties par lesquelles chaque individu et le peuple en masse est assuré, autant qu'il est possible, que la liberté naturelle sera sauvegardée par les lois de l'État.

Ces définitions une fois posées, voyons ce que c'est, selon Montesquieu, qu'une constitution libre. Une constitution est libre, lorsque nul ne peut y abuser du pouvoir. Mais pour cela, il est nécessaire que le pouvoir ne soit pas sans limites : car tout homme qui a du pouvoir est porté à en abuser. Ainsi, dans une constitution libre, *le pouvoir arrête le pouvoir.* Tel est le principe de l'équilibre et de la pondération des pouvoirs, dont il a été si souvent question, en politique, depuis Montesquieu.

Mais pour que le pouvoir puisse arrêter le pouvoir, il faut évidemment qu'il y ait plusieurs pouvoirs dans l'État. De là la théorie des trois pouvoirs (1).

Aristote, le premier, a distingué trois fonctions dans le gouvernement de la société, et c'est à lui que revient la célèbre division des trois pouvoirs ou puissances, que Locke a reproduite et Montesquieu après lui : la puissance exécutive, la puissance législative et la puissance de juger. Montesquieu n'a donc pas créé cette théorie ; mais ce qui lui appartient, c'est d'avoir montré dans la séparation des pouvoirs la première garantie, et dans leur distribution, la vraie mesure de la liberté. C'est là le principe qu'il a découvert dans l'examen de la constitution d'Angleterre, principe ignoré avant lui de tous les publicistes, et qui est resté depuis acquis à la science politique.

Si celui qui exécute les lois dans un État fait en même temps les lois, il n'y a point de liberté, car il peut faire des lois tyranniques pour les exécuter tyranniquement. Que si la puissance exécutive veut s'emparer des biens ou d'une partie des biens des sujets, elle déclarera par la loi que ces biens convoités sont à elle, et par la force dont elle dispose pour l'exécution, elle s'en emparera. Elle peut enlever ainsi aux citoyens leur liberté et même leur vie, et cela en vertu de la constitution, à moins que le respect des lois fondamentales, les mœurs, la prudence du chef ne s'y opposent, et alors le citoyen peut être libre en fait, mais la constitution n'assure pas sa liberté. Cela n'est

(1) L. XI, c. IV.

pas moins évident, si l'on accorde à la puissance législative la force de l'exécution, cette puissance fût-elle élue par le peuple, fût-elle le peuple lui-même. Le peuple, en corps, peut menacer par ses lois et par sa force la sûreté de chacun, et, dans un tel État, la multitude est puissante, mais personne n'est tranquille, car on ne peut jamais s'assurer que l'on ne sera pas bientôt dans le nombre de ceux que menace la puissance du peuple. La sûreté des citoyens n'est assurée que par la séparation des deux puissances. La puissance législative s'oppose à l'exécutive et lui trace le cercle de son action ; à son tour, la puissance exécutive empêche par son veto les entreprises despotiques de la législative; en un mot, le pouvoir arrête le pouvoir : c'est le secret des constitutions libres.

Mais le plus grand danger de la liberté serait que la puissance de juger fût unie à l'une des deux autres puissances, et surtout à toutes les deux. Dans ce cas, « le magistrat a, comme exécuteur des lois, la puissance qu'il s'est donnée comme législateur. Il peut ravager l'État par ses volontés générales ; et, comme il a encore la puissance de juger, il peut détruire chaque citoyen par ses volontés particulières. » Il résulte de là que la justice, cette puissance si sacrée parmi les hommes, doit être confiée à une magistrature indépendante tirée du corps même des citoyens, se confondant avec eux, et qui, n'ayant aucun intérêt au pouvoir, n'en a pas à l'iniquité.

Le pouvoir législatif doit être ou le peuple ou une émanation du peuple: car, « dans un État libre, tout homme qui est censé avoir une âme libre, doit être gouverné par lui-même (1). » S'il ne se gouverne pas immédiatement lui-même, il doit se gouverner pas ses

---

(1) L. XI, c. vi.

représentants, et par conséquent les choisir. « Tous les citoyens, dit Montesquieu, doivent donner leur voix pour choisir les représentants, excepté ceux qui sont dans un tel état de bassesse qu'ils sont réputés n'avoir point de volonté propre. »

En face du pouvoir législatif est l'exécutif, qui doit avoir, pour arrêter les entreprises injustes du pouvoir législatif, une certaine part à ce pouvoir, non pas une part directe et positive, mais une part indirecte et négative, non pas la faculté de statuer, ce qui confondrait les attributions des puissances, mais la faculté d'empêcher : distinction qui a produit tant d'orages au commencement de notre révolution. Le pouvoir exécutif doit être libre dans son action, ce qui est l'essence de l'exécution, mais ses actes sont soumis à l'appréciation du pouvoir législatif ; car, faire des actes contraires aux lois, c'est, pour ainsi dire, porter des lois : c'est donc un empiétement sur l'autorité législative, et celle-ci en est juge. La personne en qui est le pouvoir exécutif doit être une pour la promptitude des entreprises, et de plus elle doit être hors d'atteinte ; car, si le législateur pouvait la juger et la détruire, il serait tout-puissant, et il n'y aurait plus de limites, ni par conséquent de liberté. Mais comme il faut une sanction, les agents du pouvoir irresponsable sont responsables à sa place. Un pouvoir un et irresponsable est une monarchie. Le pouvoir exécutif doit donc être entre les mains d'un monarque.

Entre le pouvoir exécutif ou le roi, et le pouvoir législatif ou le peuple, pouvoirs contraires qui s'observent et se menacent continuellement, il y a une puissance moyenne qui les unit et les modère. Cette puissance se compose de ceux qui, ayant des priviléges dans l'État, priviléges dont Montesquieu, à la vérité, ne nous donne pas la raison, doivent avoir le moyen de les conserver et d'empêcher qu'on y porte atteinte. « La part qu'ils auront à la législation doit être proportionnée aux avantages qu'ils ont dans l'État, et ils auront le droit d'arrêter les entreprises du peuple, comme le peuple a le droit d'arrêter les leurs. » Ils devront ainsi partager la puissance législative et former un corps intermédiaire intéressé d'une part, contre le monarque, à la défense des libertés, de l'autre contre le peuple, à la défense des prérogatives du monarque, et assurer ainsi la stabilité des deux principes élémentaires de la constitution.

Montesquieu résume de cette manière ce savant mécanisme : « Le corps législatif étant composé de deux parties, l'une enchaînera l'autre par sa faculté mutuelle d'empêcher. Toutes les deux seront liées par la puissance exécutive, qui le sera elle-même par la législative. » Montesquieu prévoit la principale objection à ce beau système : « Ces trois puissances, dit-il, devraient former un repos ou une inaction ; mais, comme par le mouvement nécessaire des choses, elles seront contraintes d'aller, elles seront forcées d'aller de concert » Réponse spécieuse à une spécieuse objection.

Telle est la célèbre théorie de la constitution d'Angleterre, théorie sur laquelle nous voulons présenter quelques réflexions. Il faut se garder ici d'une facile confusion. Il y a trois sortes de gouvernements, et il y a trois sortes de pouvoirs dans le gouvernement : ce sont deux choses très-différentes. Le gouvernement est républicain, ou aristocratique, ou monarchique, selon que le peuple, ou les nobles, ou le roi gouvernent. Chacun de ces gouvernements est bon ou mauvais ; on peut préférer l'un à l'autre et préférer à chacun d'eux la combinaison des trois. Cette dernière idée est celle que l'on trouve en germe dans Aristote, que Cicéron a développée après Polybe, et Machiavel après Cicéron. Nous la retrouvons ici dans l'analyse du gouvernement anglais ; mais elle n'est pas l'idée fondamentale de la théorie, elle ne vient qu'en seconde ligne. La base de la théorie de Montesquieu n'est pas la distinction des gouvernements, mais la distinction des pouvoirs, non pas la combinaison des trois formes de gouvernements, mais la séparation des trois pouvoirs. Les trois pouvoirs sont-ils réunis, c'est le despotisme ; séparés, c'est la liberté. Or, la constitution d'Angleterre est fondée sur la séparation des pouvoirs ; elle est donc une constitution libre.

On voit qu'il ne faut pas confondre la théorie de la séparation des pouvoirs avec la théorie des gouvernements mixtes ; car il peut y avoir séparation des pouvoirs dans un gouvernement simple, comme aux États-Unis ; et il peut se faire que les pouvoirs soient confondus dans un gouvernement mixte, comme à Rome, où le sénat participait à la fois à l'exécution et au pouvoir législatif, où le peuple avait en même temps la puissance de faire des lois et la puissance de juger.

Ce qui me paraît incontestable dans la théorie de Montesquieu, c'est le principe de la séparation des pouvoirs. Que le pouvoir judiciaire doive être nécessairement indépendant, c'est ce qui saute d'abord aux yeux de tout le monde. On ne peut rien dire de plus fort que ces paroles: « Si la puissance de juger était jointe à la législative, le pouvoir sur la vie et la liberté des citoyens serait arbitraire, car le juge serait législateur ; si elle était jointe à la puissance exécutrice, le juge pourrait avoir la force d'un oppresseur. » Ainsi, c'est déjà un premier principe du gouvernement modéré de laisser le pouvoir judiciaire absolument indépendant du pouvoir souverain. Mais est-il nécessaire que le pouvoir exécutif soit séparé du législatif? Il le faut, sans doute ; car, si celui qui a la force fait les lois, qui peut l'empêcher de les faire comme il l'entend, c'est-à-dire tyranniques et oppressives? Est-ce le pouvoir législatif qui est en possession de la force, le résultat est le même.

Mais, disent les partisans de la démocratie extrême, le peuple, à titre de souverain, doit avoir à la fois le pouvoir exécutif et le pouvoir législatif, et il est impossible qu'il en abuse, puisqu'il est composé de tous les citoyens ; or nul ne se fait d'injustice à soi-même. Je réponds que le peuple peut certainement être injuste et oppresseur, qu'il peut faire des lois tyranniques contre la minorité, contre les riches, contre les citoyens distingués, contre tel ou tel culte qui lui déplaît. Ce n'est donc pas une garantie satisfaisante de liberté que le pouvoir absolu du peuple. « Il ne faut pas confondre le pouvoir du peuple avec la liberté du peuple, » dit Montesquieu, et rien n'est plus sensé. Or si l'on admet que le peuple peut, à titre de législateur, faire des lois injustes, les mêmes raisons qui valent contre la réunion des deux pouvoirs entre les mains d'un monarque valent aussi contre la réunion de ces deux pouvoirs dans les mains du peuple. Je ne veux point dire que le pouvoir exécutif ne doive pas émaner du peuple ; mais le peuple ne doit pas exercer lui-même et directement ce pouvoir. Il faut remarquer, d'ailleurs, que le peuple, surtout dans les États modernes, ne fait plus la loi directement, mais par des assemblées. Si vous mettez le pouvoir exécutif entre les mains d'une assemblée, qui l'empêche de se changer en oligarchie et de se prolonger indéfiniment, comme le long parlement d'Angleterre? Ajoutez encore que l'assemblée elle-même ne peut pas exercer directement le pouvoir exécutif; elle le fait par des comités. Mais ces comités deviennent les véritables souverains; ils dictent les lois à l'assemblée, qui n'est plus que leur instrument; et c'est encore l'oligarchie. Je n'ai pas à rechercher comment, dans les démocraties, le pouvoir exécutif doit être constitué pour pouvoir être séparé du pouvoir législatif, et en être indépendant sans lui être supérieur, mais il est certain que, même dans ce cas, il faut encore séparer les pouvoirs.

Une objection très-fréquente contre la séparation des pouvoirs est celle que nous avons déjà rencontrée dans Hobbes. Ou les trois pouvoirs de l'État marchent d'accord, où ils sont en dissentiment. S'ils marchent d'accord, ils forment une unité, leur action est souveraine et absolue, et ils peuvent abuser du pouvoir, tout aussi bien qu'un monarque, tout aussi bien que le peuple lui-même. Supposez, en effet, un pays protestant et libre, tel que l'Angleterre ou la Suède; ne peut-il pas arriver que le roi, les chambres, les tribunaux, tous les corps publics soient tous d'accord pour opprimer les catholiques? Où est la garantie pour la liberté? Si, au contraire, on suppose les pouvoirs en dissentiment, il n'y aura pas d'action; les tiraillements gêneront l'exécution : la jalousie réciproque des pouvoirs les empêchera de s'entendre pour faire le bien. Ce sera l'immobilité, ou l'anarchie.

Je réponds à cette objection qu'il n'y a pas de principe politique qui soit en état de rendre impossibles tous les abus qui peuvent naître des constitutions humaines. Le principe de la séparation des pouvoirs n'a pas cette portée, ni cette efficacité. Il empêche certains abus, mais non pas tous les abus; il empêche certaines oppressions, mais non pas toutes les oppressions. Par exemple, il rend impossible le despotisme du pouvoir exécutif par l'intérêt contraire du pouvoir législatif, et le despotisme de celui-ci par l'intérêt contraire de celui-là, et enfin le despotisme du pouvoir judiciaire par sa séparation d'avec les deux autres. Mais, s'ils s'entendent tous les trois pour exercer en commun un même despotisme, il est certain que le principe même de la séparation des pouvoirs n'offre pas de garantie contre cet abus. Mais remarquez que, dans ce cas, ce ne peut être qu'un petit nombre d'intérêts qui soient blessés. Car (à moins que la constitution ne soit corrompue) il est impossible que la grande majorité des intérêts les plus généraux ne soit pas représentée dans la réunion des trois pouvoirs. Ainsi l'oppression ne peut être que limitée, et sur des points très-circonscrits. D'ailleurs, dans un pays constitué de cette manière, il y a toujours en dehors des pouvoirs publics un pouvoir moral, invisible, qui tend incessamment à se transformer, sous l'influence de la liberté d'examen : c'est l'opinion. Or l'opinion exprimée par la presse, voilà la dernière garantie de la liberté, lorsque la constitution elle-même n'en offre plus.

Mais je prends l'hypothèse contraire, celle où les pouvoirs, se défiant l'un de l'autre et se surveillant mutuellement, ne réussissent pas à s'entendre : de là les conflits, les tiraillements, les ralentissements des affaires, et enfin les crises politiques, qui ôtent toute sécurité aux esprits, aux intérêts, aux personnes. Je réponds encore à cette objection qu'aucune machine politique ne peut remédier à tout, suppléer à tout, tout prévenir et tout empêcher. Un gouvernement ne peut vivre que par la bonne volonté et par l'amour de ceux qui le soutiennent. Supposé que cet amour fasse défaut, et que les corps politiques mettent leur intérêt au-dessus de l'amour du pays, il est évident que la moindre discussion dégénérera en déchirement, et que l'État sera à chaque instant menacé de périr par la guerre civile. Mais je ne connais aucun principe de gouvernement qui puisse tenir lieu de l'amour du pays. Supposez, au contraire (et c'est ce qu'il faut supposer) que les divers pouvoirs publics aiment assez leur pays pour ne pas le sacrifier à leur orgueil ou à leur ambition, les résistances seront bien un ralentissement, mais non une dissolution de la machine. Or dire que ces résistances forment un ralentissement dans le mouvement des affaires, ce n'est pas une objection au système, car c'est précisément ce résultat que l'on veut obtenir. Le ralentissement, dans les affaires humaines, ce n'est pas un mal, c'est un bien : car c'est la réflexion, le sang-froid, l'examen, par conséquent beaucoup de chances pour la vérité, et beaucoup contre l'erreur. De plus, la résistance, qui irrite, il est vrai, quand elle est poussée à l'extrême limite, inquiète et arrête, lorsqu'elle-même sait s'arrêter à temps. Il y a dans cette lutte réciproque un moyen de lumière pour l'un et pour l'autre pouvoir, et une limite à leurs empiétements réciproques.

Ainsi la séparation des pouvoirs demeure, à notre avis, la condition indispensable des gouvernements libres. Mais il faut, en théorie, se tenir à ce principe général, sans vouloir préciser en particulier de quelle manière les pouvoirs peuvent être divisés et distribués. Car il y a là mille combinaisons diverses, qui dépendent des circonstances et de l'état des esprits. De plus, il ne suffit pas de séparer les pouvoirs, il faut les unir et les accorder. Il ne suffit pas de donner des garanties à la liberté, il faut des moyens pour l'action. Car un gouvernement n'est pas seulement fait pour l'examen des questions, il l'est encore pour la solution. De plus, la nécessité même de l'indépendance des pouvoirs exige que chacun ait une certaine part dans l'action de l'autre. Si le pouvoir législatif ne peut rien sur l'exécutif, celui-ci rendra le premier tout à fait vain ; si l'exécutif ne peut rien sur le législatif, celui-ci s'emparera de l'exécutif. On voit quelles sont les complications pratiques du problème : je n'ai voulu insister que sur le principe.

Mais considérons maintenant la théorie de Montesquieu par un autre côté, que l'on a souvent confondu avec celui-là. Remarquons d'abord que lorsque Montesquieu distingue trois pouvoirs, il parle du pouvoir exécutif, du législatif et du judiciaire. Puis il dit que « de ces trois puissances, celle de juger est en quelque façon nulle. » Il n'en reste donc que deux, l'exécutive et la législative. Or, selon Montesquieu, le pouvoir exécutif, pour être fort et indépendant, doit être entre les mains d'un monarque. D'un autre côté, pour que le pouvoir législatif défende la sûreté et la liberté de tous, il faut qu'il soit composé de tous ou élu par tous, c'est-à-dire par le peuple. Voilà donc le peuple et le monarque en présence. Cette opposition appelle un médiateur, garantie commune et commune limite des droits et des pouvoirs du peuple et du roi. Ce médiateur, c'est la noblesse. Voilà donc trois nouveaux pouvoirs : le roi, les nobles et le peuple ; et il faut distinguer ces trois pouvoirs de ceux que nous avons déjà nommés : l'exécutif, le législatif et le judiciaire. Il y a là une confusion de termes qu'il est très-important de démêler, lorsque l'on parle de la théorie des trois pouvoirs. Qu'entend-on par pouvoir ? Est-ce dans le premier sens, est-ce dans le second que l'on prend cette expression ? Dans le premier sens, il y a trois pouvoirs, même dans une république, quand ils sont convenablement séparés ; ainsi, la séparation des pouvoirs est le principe de la constitution américaine, comme de la constitution anglaise. Dans le second, il n'y a trois pouvoirs que dans la monarchie mixte, c'est-à-dire dans une forme particulière de gouvernement. Il me semble qu'on n'a pas suffisamment remarqué la différence de ces deux théories, que Montesquieu a fondues ensemble avec beaucoup d'habileté, mais qui n'en sont pas moins essentiellement distinctes. Nous avons examiné la première de ces théories, examinons la seconde.

On a dit que tous les plus grands esprits avaient été partisans de cette forme de gouvernement, composée des trois formes élémentaires : monarchie, aristocratie et démocratie. Cela est vrai, mais cependant avec quelques restrictions. Platon, par exemple, dit bien qu'il faut réunir l'autorité et la liberté, et former une constitution moyenne avec les deux constitutions mères ; mais il ne parle que de la monarchie et de la démocratie et ne dit rien de l'aristocratie. Aristote admire, il est vrai, cet équilibre dans le gouvernement de Sparte et de Carthage. Mais lui-même, lorsqu'il propose une forme de gouvernement, ne choisit pas ce modèle, et sa république est une véritable démocratie, avec l'esclavage. Polybe a repris cette pensée et l'a heureusement appliquée à l'intelligence de la constitution romaine. Mais nous avons déjà remarqué qu'à Rome, le pouvoir monarchique manquait complétement ; car c'est changer le sens des termes, que d'appeler du nom de monarchie le pouvoir annuel et divisé du consulat. De Polybe, cette théorie a passé à Cicéron, qui n'y a rien changé. Tacite l'a jetée en passant dans ses Annales ; saint Thomas, sans la bien comprendre, l'a reproduite à son tour ; Machiavel l'a empruntée de nouveau à Polybe et à Cicéron ; mais ce n'est chez lui qu'une réminiscence sans portée : tout son esprit et toute son âme sont pour les gouvernements simples, monarchie ou démocratie. Au XVIe siècle, cette théorie est un lieu commun de la politique. Érasme est trop cicéronien pour ne pas l'adopter. Bellarmin l'emprunte à saint Thomas, et en trouve une admirable application dans le gouvernement de l'Église catholique. Les démocrates protestants, quand ils sont au bout de leurs attaques révolutionnaires, et qu'il faut proposer quelque chose, en reviennent à ce lieu commun. Bodin le combat énergiquement, et dit qu'il faut mélanger les principes et non les formes de gouvernement. Enfin, cette doctrine avait perdu tout son sens à force d'être reproduite, lorsque Montesquieu l'a rajeunie, l'a renouvelée et lui a donné une vie et une force inattendue en l'associant au principe nouveau de la séparation des pouvoirs, de manière à faire croire qu'elle faisait corps avec lui.

Que conclure de ce rapide historique de la question? Que tous les esprits sages avaient toujours compris la nécessité d'un gouvernement tempéré, mais qu'avant Montesquieu aucun n'avait indiqué avec autant de précision l'union de l'hérédité monarchique, du privilége aristocratique, et du droit populaire, comme la combinaison la plus nécessaire à la liberté. Or c'est là qu'est la question. Qu'un gouvernement doive être tempéré, pondéré, je l'admets, car ce principe, c'est le principe même de la séparation des pouvoirs. Mais doit-il être précisément pondéré de telle ou telle manière ; et si tel élément, soit monarchique, soit aristocratique, fait défaut, s'ensuit-il que le gouvernement ne soit pas tempéré, s'ensuit-il qu'il ne puisse pas être libre?

Je crois que la théorie de Montesquieu, trop prise à la lettre, conduit à cette alternative, ou de changer le sens des mots, et d'appeler monarchie, aristocratie, ce qui n'est ni l'un ni l'autre, ou bien de prétendre que la liberté ne peut exister que dans une certaine situation sociale, qui peut très-bien ne pas se rencontrer et qui ne se rencontrera peut-être qu'une seule fois dans l'histoire.

En effet, jugez à la lumière de cette théorie, soit le gouvernement romain, soit le gouvernement des États-Unis, vous devez appeler monarchie le consulat ou la présidence. Or le consulat ne ressemble guère à la monarchie, et la présidence, qui s'en rapproche un peu plus, n'est elle-même qu'une image très-éloignée et très-affaiblie de la royauté. Il est évident que l'hérédité, ou, tout au moins, le pouvoir à vie est le caractère essentiel de la royauté. Ce sont pourtant là de grands exemples de gouvernements libres et de gouvernements tempérés. De même, vous trouverez quelque image de l'aristocratie dans le sénat des États-Unis; mais cette aristocratie ressemblera à la noblesse comme la présidence à la royauté, c'est-à-dire n'y ressemblera pas. Le privilége est le véritable caractère politique de l'aristocratie. Une aristocratie qui n'a pas de priviléges, qui n'est que la supériorité du mérite, de l'âge et de l'expérience, n'est pas une aristocratie, c'est simplement la vraie démocratie.

Il est vrai que le gouvernement anglais donne raison à la théorie de Montesquieu. Mais ce gouvernement peut-il se reproduire à volonté? Y a-t-il toujours dans un pays, à un moment donné, une famille avec une situation historique assez grande et assez populaire pour former un monarchie? Y aura-t-il toujours les éléments suffisants d'une aristocratie véritable? Si ces éléments ne sont pas donnés par la réalité, faut-il les créer artificiellement? Une création artificielle de forces politiques peut-elle réussir? Si l'on ne peut pas créer artificiellement ces forces, est-il donc impossible d'y suppléer? Un pays est-il condamné à n'être jamais libre, parce que telles conditions particulières ne s'y rencontrent pas?

Allons plus loin. Quel est le fond de la constitution anglaise? C'est l'aristocratie, c'est une aristocratie qui consent à être gouvernée par un roi, et à faire la part aux besoins du peuple. Grande aristocratie, sans aucun doute; mais enfin, voici la question : faut-il absolument une noblesse dans un pays libre? La liberté politique ne peut-elle s'acheter que par l'inégalité sociale? Il est difficile de le croire. Si la raison fait désirer à l'homme la liberté politique, la même raison lui fait désirer aussi l'égalité civile. Il serait trop étrange que le privilége fût un principe de liberté, et l'égalité de droits un principe de servitude.

Si l'on reconnaît, ce qui nous paraît incontestable, que la société civilisée marche partout vers l'abolition des priviléges et que le travail d'égalité dans les lois et dans les mœurs ne cesse pas de se faire, il y aura lieu de se poser la question autrement que n'a fait Montesquieu. Car il regarde comme indispensable aux gouvernements libres un élément qui va sans cesse en s'amoindrissant. Il en résulterait que la liberté elle-même devrait devenir de plus en plus difficile, et à la fin impossible, à mesure que l'égalité augmenterait.

Ce sont ces questions que Montesquieu n'a pas résolues, et qui ne paraissent pas l'avoir été depuis lui.

Quoique les théories politiques soient la partie la plus célèbre et la plus importante de l'*Esprit des lois*, ce serait rendre à Montesquieu une infidèle justice que de ne pas signaler les grands services qu'il a rendus à la cause de l'humanité, les réformes qu'il a provoquées, les abus qu'il a combattus. Sur ce terrain, où est l'honneur de son siècle, Montesquieu ne le cède à aucun de ses contemporains, pas même à Voltaire. On peut même dire qu'il l'a devancé : car déjà dans les *Lettres persanes*, il demande l'adoucissement des peines et la tolérance religieuse. Il développe les mêmes idées dans l'*Esprit des lois*.

En premier lieu, au nom de ses principes et de l'expérience, il proteste contre la barbarie dans les peines (1). « La sévérité, dit-il, et il entend par là la sévérité extrême, convient plus au gouvernement despotique, qui agit par la terreur, qu'aux gouvernements monarchique u républicain, qui agissent par l'honneur et par la vertu. » Dans ces gouvernements, il est clair que la honte doit être plus puissante que la peine : car la honte étant impuissante, la peine l'est également. Dans les bons gouvernements, il vaut mieux prévenir que punir, et en punissant, employer une certaine douceur, plus analogue au principe du gouvernement. La sévérité des peines est contraire à la liberté, et avec la liberté les peines s'adoucissent. Les peines cruelles sont inutiles, car l'imagination s'y habitue. D'ailleurs, dans les États modérés, la perte de la vie est plus cruelle que dans des États malheureux les plus affreux supplices. A force d'augmenter la sévérité des peines, on ôte le ressort du gouvernement, et l'abus des supplices ne fait qu'y rendre les hommes indifférents, et dans bien des cas assurer l'impunité du criminel. On ne voit point que la dureté dans les lois est un plus grand mal que les maux qu'on veut punir : car elle corrompt le principe même de l'État. Le mal partiel peut se guérir ; le mal qui atteint la racine est incurable. Montesquieu, dans ces beaux chapitres sur la dou-

---

(1) L. VI, c. IX et c. XII. Comparez *Lettres persanes*, lettre LXXX.

ceur des peines, se garde bien d'attaquer les lois de sa patrie, car il n'a point, comme il le dit, l'esprit désapprobateur; mais il est évident qu'en associant la cruauté des peines au principe des gouvernements despotiques, il invitait les gouvernements modérés à faire disparaître la barbarie de leurs codes. Il ne consacre que quelques lignes à la torture, mais elles en disent assez; par un tour particulier de son génie, il pénètre au fond des choses en paraissant les effleurer. « Nous voyons, dit-il, aujourd'hui une nation très-bien policée la rejeter sans inconvénient. Elle n'est donc pas nécessaire de sa nature. — J'allais dire qu'elle pouvait convenir dans le gouvernement despotique, où tout ce qui inspire la crainte entre plus dans les ressorts des gouvernements, j'allais dire que les esclaves chez les Grecs et les Romains... Mais j'entends la voix de la nature qui crie contre moi (1). » On a pensé que Montesquieu avait presque voulu justifier la torture par ces paroles, et qu'il ne s'était arrêté que par une sorte de honte. Mais dire que la torture peut convenir au despotisme, est-ce justifier la torture, ou flétrir le despotisme? Dire qu'elle est une des conséquences de l'esclavage, est-ce justifier la torture, ou flétrir l'esclavage?

L'esclavage est la question que Montesquieu a traitée avec le plus de force, de profondeur et d'éclat (2). Grotius fondait le droit de l'esclavage sur un prétendu droit de guerre qui autorise le vainqueur à tuer son prisonnier. Si sa vie lui appartient, à plus forte raison sa liberté; le réduire à l'esclavage, c'est lui faire grâce. Montesquieu répond : « Il n'est pas permis de tuer dans la guerre, sauf le cas de nécessité; mais dès qu'un homme en a fait un autre esclave, on ne peut pas dire qu'il ait

---

(1) L. VI, c. xvii.
(2) L. XV, c. ii.

été dans la nécessité de le tuer, puisqu'il ne l'a pas fait. »
La conséquence tombe avec le principe; il reste seulement le droit de retenir le vaincu prisonnier pour se garantir de ses entreprises (conséquence inévitable du malheureux droit de la guerre), mais non pas d'asservir et d'approprier à notre usage celui qui est notre égal par le droit de la nature. On fonde encore l'esclavage sur un prétendu contrat, une sorte de trafic. L'homme libre, dit-on, peut se vendre. Montesquieu répond admirablement : « La vente suppose un prix; l'esclave se vendant, tous ses biens entreraient dans la propriété du maître, le maître ne donnerait rien, et l'esclave ne recevrait rien... » En outre, « la liberté de chaque citoyen est une partie de la liberté publique. » On rapporte aussi l'origine de l'esclavage à la naissance : le fils d'esclave naît esclave; car le père ne peut lui communiquer que sa propre qualité. « Mais, si un homme n'a pu se vendre, encore moins a-t-il pu vendre son fils qui n'était pas né. Si un prisonnier de guerre ne peut être réduit en servitude, encore moins ses enfants. » Enfin Montesquieu observe que toutes les lois sociales sont faites en faveur de ceux mêmes qu'elles frappent. Elles punissent la violation du droit, cela est vrai; mais elles protégeaient le droit dans la personne même de celui qui les viole. Au contraire la loi de l'esclavage est toujours contre l'esclave, jamais pour lui. Si l'on dit que l'esclavage assure la subsistance de l'esclave, il ne faudrait l'entendre que des hommes incapables de gagner leur vie par leur travail. Mais on ne veut pas de ces esclaves-là. L'esclavage, en un mot, ou ce droit qui rend un homme tellement propre à un autre homme, qu'il est le maître absolu de sa vie et de ses biens, n'est pas bon par sa nature (1).

(1) L. XV, c. I.

Montesquieu avait discuté par le raisonnement l'esclavage en général ; mais il fallait attaquer par des armes plus vives et plus perçantes une coutume que soutenaient tant d'intérêts et dont l'éloignement adoucissait l'horreur à l'imagination. A la discussion il substitua l'ironie, non l'ironie douce de Socrate, non pas l'ironie trop souvent glacée de Voltaire, mais une ironie sanglante et en même temps touchante, parce qu'elle part du cœur. « Le sucre serait trop cher, dit Montesquieu, si l'on ne faisait travailler la plante qui le produit par des esclaves... Ceux dont il s'agit sont noirs depuis les pieds jusqu'à la tête, et ils ont le nez si écrasé, qu'il est presque impossible de les plaindre. On ne peut se mettre dans l'esprit que Dieu, qui est un être très-sage, ait mis une âme, surtout une âme bonne, dans un corps tout noir... Une preuve que les nègres n'ont pas le sens commun, c'est qu'ils font plus de cas d'un collier de verre que de l'or, qui, chez des nations policées, est d'une si grande conséquence... De petits esprits exagèrent trop l'injustice que l'on fait aux Africains; car, si elle était telle qu'ils le disent, ne serait-il pas venu à la tête des princes d'Europe, qui font entre eux tant de conventions inutiles, d'en faire une générale en faveur de la miséricorde et de la pitié (1) ? » Grandes et généreuses paroles, qui font honneur à la raison et au cœur dont elles sont sorties, au siècle où elles ont pu être prononcées, à la liberté qui les a inspirées, aux peuples enfin qui ont essayé à leurs risques et périls de réaliser ce noble vœu !

Enfin, Montesquieu, à qui rien d'humain n'était étranger, eut aussi, comme tous les grands écrivains ses contemporains, de fortes paroles contre l'intolérance reli-

---

(1) L. XV, c. v.

gieuse. Faire de la religion une arme de mort, forcer ce qu'il y a au monde de plus libre, la conscience, épouvanter pour convertir, et, par une fraternité sanglante, faire le salut des hommes en les assassinant, telle était la violente politique que la superstition et l'abus de la domination avait substituée à la politique de douceur et à la morale de pardon qui respire dans l'Évangile. Elle régnait encore, quoique affaiblie, dans le xviiie siècle. Montesquieu oppose à ces pratiques insensées la prudence du politique et la compassion de l'homme. « Tolérer une religion, dit-il, ce n'est pas l'approuver (1). » Dans un État qui repose sur l'unité et la paix, s'il y a plusieurs religions, il faut qu'elles se tolèrent, c'est-à-dire qu'elles vivent en paix. « Car il ne suffit pas qu'un citoyen n'agite pas l'État, il faut encore qu'il ne trouble pas un autre citoyen. » Les disputes des religions, leurs proscriptions mutuelles déchirent l'État et, au lieu d'une émulation de bonnes mœurs et de bons principes, en font une lutte de tyrannie. Ainsi parle le politique, voici les paroles de l'homme : il les met dans la bouche d'un juif de Lisbonne : « Vous prouvez que votre religion est divine, parce qu'elle s'est accrue par la persécution des païens et le sang de vos martyrs ; mais aujourd'hui, vous prenez le rôle de Dioclétien, et vous nous faites prendre le vôtre. Nous vous conjurons, non pas par le Dieu puissant que nous servons vous et nous, mais par le Christ que vous nous dites avoir pris la condition humaine pour vous proposer des exemples que vous puissiez suivre : nous vous conjurons d'agir avec nous comme il agirait lui-même, s'il était encore sur la terre. Vous voulez que nous soyons chrétiens, et vous ne voulez pas l'être... Il faut que nous vous aver-

---

(1) L. XXV, c. ix.

tissions d'une chose, c'est que si quelqu'un dans la postérité ose jamais dire que dans le siècle où nous vivons les peuples d'Europe étaient policés, on vous citera pour prouver qu'ils étaient barbares ; et l'idée que l'on aura de vous sera telle, qu'elle flétrira votre siècle et portera la haine sur tous vos contemporains (1). »

Introduire l'équité et l'humanité dans les lois criminelles, abolir l'esclavage et la traite des noirs, mettre fin aux autodafés et aux persécutions religieuses, tels sont les trois objets poursuivis avec passion, défendus avec éloquence, et enfin obtenus de la raison des peuples et de celle des gouvernements par Montesquieu. Pour la cause de la tolérance, il a eu sans doute Voltaire pour allié ; et cet allié même a agi de son côté avec tant de persévérance et d'ardeur, qu'il semble avoir usurpé à lui seul la gloire que Montesquieu doit partager avec lui ; mais quant à l'esclavage, nul n'a donné le signal, si ce n'est Montesquieu. C'est lui qui a trouvé sur cette question les arguments les plus forts, les plus pressants, les plus décisifs, qui y a joint les accents les plus amers et les plus touchants. Que l'on cherche avant lui un réquisitoire aussi profond et aussi sensé. Le xviie siècle n'avait guère de doutes sur l'esclavage. Bossuet l'admettait sans hésitation, comme un fait autorisé par l'Écriture. Locke, il est vrai, le combattait, mais sans beaucoup d'originalité et de force, et encore le conservait-il dans certains cas. La seule discussion qui mérite d'être rapportée avant Montesquieu, est celle de Bodin, au xvie siècle (2). Seul dans ce siècle de révolutions, il avait élevé la voix contre l'esclavage. Quant au moyen âge, accord unanime en faveur de cette institution, que le christianisme semblait avoir détruite. Il

(1) L. XXV, c. xiii.
(2) Voy. pl. haut, t. II, t. III, sect. ii, c. iv, p. 141, 142.

faut remonter jusqu'aux Pères de l'Église et aux stoïciens pour trouver une protestation aussi vive que celle du xviiiᵉ siècle. Mais les Pères de l'Église, ne s'appuyant que sur l'égalité religieuse des hommes, admettant au nom du droit humain ce qu'ils rejetaient au nom du droit mystique et chrétien, n'avaient point coupé à la racine ce mal corrupteur. C'est ce qui fit que, malgré les adoucissements de l'esclavage, transformé en servage, tout était prêt pour une recrudescence de ce fléau, atténué mais non détruit, lorsque la découverte de l'Amérique et des hommes de couleur fournit un prétexte à la cupidité, à la superstition et à l'ignorance ; et la voix des docteurs et des théologiens, celle de Las Casas exceptée, ne s'éleva pas contre cet attentat au droit humain. Il faut donc le dire, c'est le xviiiᵉ siècle qui, le premier, a porté à l'esclavage un coup mortel ; c'est Montesquieu qui a eu ce courage et cet honneur; c'est éclairées par lui, par J.-J. Rousseau, et d'autres à leur suite, que les nations de l'Europe se sont décidées à s'affranchir de cette tache, et l'ont laissée à l'Amérique (1). Qu'on déclame tant qu'on voudra contre la philosophie et ses prétentions orgueilleuses, on ne lui ôtera pas la gloire d'avoir fait ce que ni les théologiens, ni les jurisconsultes, ni les politiques n'avaient osé entreprendre avant que la raison publique les y forçât.

J'en dirai autant des réformes dans la pénalité. Là encore, Montesquieu est novateur, initiateur. La législation était pleine des vestiges du moyen âge. La cruauté, l'exagération des peines, leur disproportion avec les délits et entre elles, par qui tous ces restes d'un temps brutal et barbare avaient-ils été combattus avant Montesquieu ?

---

(1) Depuis que ces pages ont été écrites on sait que l'esclavage a été aboli aux États-Unis, et le servage en Russie : nouvelles conquêtes des publicistes du xviiiᵉ siècle.

Quelle voix éloquente les avait signalés aux princes, à l'Europe, à l'avenir ? Plus tard, Voltaire, Beccaria, beaucoup d'autres, ont repris les vues de Montesquieu, les ont ou développées ou corrigées, mais l'initiative lui appartient, et ici, comme pour l'esclavage, il a réussi, il a gagné sa cause. C'est à lui, en grande partie, que nous devons de vivre sous des lois pénales en harmonie avec nos mœurs et nos lumières, qui répriment sans avilir, qui punissent sans opprimer, qui enfin ne troublent pas le sentiment de la justice en blessant celui de l'humanité.

Les idées économiques de Montesquieu sont loin d'avoir la même originalité et la même importance que ses idées sociales ou politiques. Cependant, si l'on considère que l'*Esprit des lois* est antérieur de trente ans au traité d'Adam Smith sur *la Richesse des nations*, on doit encore lui savoir gré d'avoir donné à ces matières une place importante dans sa théorie générale. Le luxe, les revenus de l'État, le commerce, suggèrent à Montesquieu des vues intéressantes, dont quelques-unes peuvent nous paraître aujourd'hui surannées, quelques autres dangereuses, mais qui sont par cela même utiles à noter, comme indications de l'esprit du temps.

Ainsi Montesquieu n'est pas très-éloigné de partager les préjugés antiques sur l'utilité et la justice des lois somptuaires. Il admet que ces sortes de lois sont dans l'esprit des républiques. La liberté, selon lui, est liée à l'égalité (1), et l'égalité est impossible sans une certaine mesure dans les différences de fortune, et par conséquent sans quelques restrictions du luxe. Mais ces restrictions sont inutiles ou nuisibles dans une monarchie, où

---

(1) Ce principe est curieux ; car c'est le principe du socialisme moderne qui soutient que c'est l'égalité qui est la base de la liberté : car les hommes qui sont dans la dépendance des autres, disent-ils, ne sont pas libres.

tout est fondé sur la distinction des classes, sur l'apparence et par conséquent l'inégalité. Ces vues ont une certaine justesse. Il est vrai que le luxe est de l'essence des monarchies, en jetant de l'éclat sur les classes élevées; mais par cela même les lois somptuaires y seraient nécessaires, si elles étaient possibles, pour empêcher les classes inférieures de prétendre au luxe des supérieures. D'un autre côté, le luxe semble contraire à l'égalité démocratique; mais en même temps il est de l'essence de la liberté : il est la conséquence du droit de propriété, c'est-à-dire du droit d'user de sa fortune, de l'augmenter sans limite, de la dépenser sans le contrôle de l'État. Les lois somptuaires ne sont-elles pas une intervention indiscrète de l'État dans l'usage du droit de propriété? Montesquieu n'a vu, à ce qu'il semble, que les républiques anciennes et les monarchies modernes. Mais les États libres qui naissent, non, comme dans l'antiquité, de la force, de la conquête, de la guerre, mais du travail et du commerce, doivent-ils être soumis à ces lois restrictives, qui, en interdisant l'usage de la fortune, peuvent porter atteinte jusqu'aux principes mêmes de la violence? Doit-on dire que les républiques ou les États libres se corrompent nécessairement par la richesse, que l'égalité est impossible sans la frugalité? Si enfin, par frugalité, on n'entend que la modération dans le luxe, ne sera-t-elle pas plus facilement obtenue par des lois qui favoriseront la liberté du travail, la facilité de la circulation, et la justice de la distribution, que par des règlements d'une austérité surannée? La politique peut-elle se mettre à la place de la morale, et trouvera-t-elle le point juste qui sépare le nécessaire du superflu (1)? Questions obscures

(1) La question du luxe est supérieurement traitée dans le *Commentaire sur l'Esprit des lois* de Destutt de Tracy.

que ne connaissaient pas les anciens, et que Montesquieu n'a pas discutées!

La théorie des impôts, comme celle du luxe, suggère à Montesquieu des idées justes et fines, dont quelques-unes nous sont aujourd'hui à bon droit suspectes. Il définit simplement l'impôt une portion que chaque citoyen donne de son bien pour avoir la sûreté de l'autre, et en jouir agréablement (1). Il donne le vrai principe qui doit présider à l'établissement des impôts. « Pour bien fixer les revenus, il faut avoir égard aux nécessités de l'État et aux nécessités des citoyens. Il ne faut pas prendre au peuple sur ses besoins réels pour des besoins de l'État imaginaires. » Principe à la fois de morale et d'économie; car s'il est injuste d'enlever au peuple une partie de son nécessaire pour subvenir à des dépenses superflues, cela est encore inhabile : c'est tarir la source des impôts futurs, pour en vouloir trop tirer dans les besoins présents. Un autre principe qui est la conséquence du précédent, est celui-ci : « L'État doit proportionner sa fortune à celle des particuliers. » Si l'État suit cette mesure, il sera peut-être gêné d'abord, mais il s'enrichira ensuite : « l'aisance des particuliers fera bientôt monter sa fortune. Tout dépend du moment. L'État commencera-t-il par appauvrir ses sujets pour s'enrichir? ou attendra-t-il que des sujets à leur aise l'enrichissent? Aura-t-il le premier avantage ou le second? Commencera-t-il par être riche ou finira-t-il par l'être? » C'est

---

(1) On est surpris de voir l'esprit droit et ferme de M. Destutt de Tracy s'égarer au point de soutenir, dans son commentaire, que l'impôt en soi est *un mal*, dont il faut seulement chercher à tirer le meilleur parti possible. Mais l'impôt n'étant et ne devant être, s'il est bien réparti, que l'équivalent d'un service rendu par l'État, n'est pas un mal, puisque ce service lui-même est un bien. Sans doute il vaudrait mieux avoir ce service pour rien, mais il en est de même de tout ce que nous sommes obligés d'acheter.

qu'en effet la richesse publique ne peut jamais être autre chose que l'effet de la richesse particulière : si elle se développe aux dépens de cette richesse, elle tarit sa source, comme nous l'avons dit ; si au contraire elle ne fait que la suivre, elle grandit avec elle.

Il faut distinguer, avec Montesquieu, trois espèces d'impôts : l'impôt par personne, la taxe sur les terres, les droits sur les marchandises. Le premier ne doit pas être simplement proportionnel, mais progressif (1); car il faut distinguer dans les biens de chacun le nécessaire, l'utile et le superflu. Le nécessaire ne doit pas être taxé ; l'utile doit l'être ; et le superflu beaucoup plus que l'utile. La grandeur de la taxe sur le superflu empêche le superflu. Ces principes sont ceux des républiques anciennes. Ces républiques, fondées sur la frugalité, faisaient la guerre au luxe et au superflu. L'impôt progressif était une sorte de loi somptuaire. Mais cet impôt est-il juste, là où l'inégalité de fortune est la conséquence légitime de la liberté du travail ? Cet impôt n'établit-il pas un privilége pour les pauvres par rapport aux riches ? N'est-il pas un obstacle au développement libre des capitaux, c'est-à-dire de l'industrie, c'est-à-dire du travail ? Et si l'accumulation des capitaux paraît dangereuse dans un pays libre, n'en doit-on pas plutôt attendre la dispersion de lois équitables sur la production, la circulation, la distribution, que d'un impôt inégal qui, en frappant la richesse des particuliers, frappe en même temps la richesse publique? Montesquieu, trop prévenu pour les institutions politiques des anciens, comme on l'était en

---

(1) On voit combien on pourrait trouver de traces de socialisme dans Montesquieu, si on voulait rendre un auteur responsable de toutes les théories qui sont nées après lui, pour peu qu'il ait quelque chose de commun avec elles.

général de son temps, n'a pas vu et n'a point résolu ces difficultés. La seconde espèce d'impôt, celle qui porte sur les terres, est sujette, selon Montesquieu, à de grands inconvénients, les différences de valeur entre les fonds étant très-difficiles à connaître, et beaucoup de gens intéressés à les cacher. Par suite de cette injustice inhérente à la nature de la chose, il faut que cette taxe soit très-modérée, afin que, si quelques-uns ne payent pas assez, personne du moins ne paye trop. Enfin la troisième sorte d'impôts, ou droits sur les marchandises, a cet avantage d'être pour ainsi dire insensible : car, comme ils s'acquittent avec l'achat de la marchandise, ils s'acquittent en quelque sorte volontairement, et sans qu'on y pense : mais pour cela il faut que l'impôt soit acquitté par le vendeur et non par l'acheteur : le premier l'avance au second, et celui-ci ne paye qu'à son temps, selon ses moyens et ses besoins; en outre, pour que l'illusion se conserve aux yeux du peuple, il faut que le droit supporté par les marchandises ne soit pas dans une disproportion énorme avec leur valeur; car, dans ce cas, le peuple sent trop sa servitude, le prince est obligé de vendre seul sa marchandise, et la fraude étant très-lucrative, les peines sur la contrebande doivent être énormes, et ainsi toute la proportion des peines est ôtée.

Montesquieu a mis en lumière cette vérité, que ce sont les pays les plus libres qui supportent le plus d'impôts. La raison en est que la liberté développe la richesse, et que la richesse particulière est la source de la richesse publique. Mais il ne faut pas retourner les termes, et dire que l'excès des tributs est favorable à la liberté. En toutes choses il faut garder la modération : c'est cette modération même qui rend les peuples libres plus capables d'enrichir le trésor public ; si on la dépasse, on les appauvrit ainsi que lui. Des trois espèces d'impôts distinguées par Montesquieu, l'impôt par tête est, selon lui, le plus convenable à la servitude et l'impôt des marchandises le plus convenable à la liberté. Mais on peut dire ici que, si Montesquieu démontre bien que l'impôt des marchandises n'est possible et utile que dans un pays libre, il n'établit pas cependant, comme le remarque J.-J. Rousseau, que l'impôt personnel, s'il est équitablement réparti, ne convient pas également à la liberté.

Enfin Montesquieu termine cette remarquable étude des revenus publics par une critique vive et profonde du système qui afferme les impôts. Ce système, qui a mis si souvent les finances de la monarchie dans le dernier péril, qui forçait le prince ou à une odieuse complicité avec les traitants, ou à de violentes et exorbitantes exécutions, a disparu avec la Révolution française. On doit remercier Montesquieu d'en avoir signalé les abus. « Celui qui a l'argent, dit-il, est toujours le maître de l'autre, le traitant se rend despotique sur le prince même ; il n'est pas législateur, mais il le force à donner des lois. »

Parmi les moyens qui contribuent le plus à la fortune publique, il faut placer en première ligne le commerce. On se rappelle que l'esprit si pratique d'Aristote partageait sur le commerce les préjugés de son temps. Il avait admirablement aperçu la distinction signalée plus tard par Ad. Smith entre la valeur d'usage et la valeur d'échange. Il considérait comme justes les échanges qui servent à contenter les besoins réciproques des hommes. Il ne pouvait pas ne pas voir que c'était le principe même de la civilisation. Mais, s'il admettait ce genre de transactions nécessaires à la conservation de la vie, il condamnait la science de la richesse, ou celle qui se sert de l'échange pour acquérir du gain ; car l'une est limitée par les besoins naturels ; l'autre est illimitée ; l'une a pour objet les nécessités de la vie, l'autre l'acquisition des métaux. Aristote répudiait donc le commerce comme injuste et servile. Montesquieu, quelque imbu qu'il fût lui-même des préjugés politiques et sociaux de l'antiquité, ne partage pas celui-là. Il répond au reproche fait au commerce par les anciens d'amollir les âmes : « Le commerce, s'il corrompt les mœurs pures, polit et adoucit les mœurs barbares. Son principal effet est de porter à la paix : deux nations qui négocient ensemble se rendent réciproquement dépendantes ; » et, en effet, sans les folles passions des peuples et les coupables ambitions des princes, le commerce serait et devrait être, plus que les projets de l'abbé de Saint-Pierre, le vrai garant d'une paix perpétuelle entre les hommes.

Montesquieu distingue deux espèces de commerce, le commerce de luxe et celui d'économie : le premier, dont l'objet est de satisfaire l'orgueil, les délices, les fantaisies ; le second, qui s'occupe de transporter les marchandises d'une nation à une autre en gagnant peu sur le transport mais beaucoup sur la quantité. Le premier de ces commerces est convenable à la monarchie, le second au gouvernement de plusieurs. Dans les États despotiques, le commerce est nul ; on y travaille plus à conserver qu'à acquérir. Dans une nation libre, au contraire, on travaille plus à acquérir qu'à conserver. Ce dernier principe est d'une vue profonde. Dans les pays où la liberté ne va pas sans la sécurité, on risque plus, et par conséquent l'on gagne plus, car les fortunes ne s'accroissent que par l'avance des capitaux. Au contraire, là où la propriété n'est pas assurée, chacun se resserre, trop heureux de garder le sien et trop inquiet de le perdre, s'il s'aventurait dans les entreprises où des lois bien faites ne protégent pas avec équité l'intérêt de chacun. Par la même raison, dans les pays despotiques où le gouvernement est assez sage pour protéger par une certaine justice la propriété individuelle, le commerce peut s'étendre aussi, bien que dans les pays libres, mais toujours cependant dans une moindre proportion. D'ailleurs il ne se développera pas longtemps sans amener à sa suite la liberté.

Montesquieu ne fait qu'effleurer, mais non sans y jeter des vues profondes et rapides, toutes les grandes questions d'économie sociale qui touchent au commerce. Au sujet de la liberté du commerce, il pose les vrais principes : « La vraie maxime, dit-il, est de n'exclure aucune nation de son commerce, sans de grandes raisons..... C'est la concurrence qui met un prix juste aux marchandises, et qui établit les vrais rapports entre elles. » Ainsi l'exclusion ne doit être que l'exception, et la concurrence est la règle; et il en est de cette exception comme de toutes les exceptions en général : elle doit toujours se justifier par des raisons graves et particulières. Montesquieu ne veut pas la suppression des douanes, mais il veut que l'État soit « neutre entre sa douane et son commerce, en sorte que ces deux choses ne se croisent point : » c'est ce qu'il appelle la liberté du commerce. Il défend la contrainte par corps, mais seulement pour les affaires de commerce. Il approuve beaucoup l'établissement des banques, mais dans les États libres, et non dans ceux qui sont gouvernés par un seul, puisque c'est mettre l'argent d'un côté et le pouvoir de l'autre; et de même les compagnies de commerce, utiles dans les États où se fait le commerce d'économies, ne le sont pas dans les États gouvernés par un seul, encore ne le sont-ils pas toujours dans les premiers.

Il faut encore compter Montesquieu au nombre des publicistes qui ont émis les vrais principes au sujet de l'intérêt de l'argent. On sait quelle était l'opinion d'Aristote en cette matière (1) : il rejetait non-seulement l'usure, mais l'intérêt même. Il n'admettait pas que la monnaie pût être autre chose qu'un signe d'échange, et devînt à son tour une marchandise. Il était frappé de cette considération, que l'intérêt tend à faire un objet de commerce de ce qui n'est qu'un instrument de commerce : il ne dit pas, mais il sous-entend que la monnaie, en se faisant payer, devient un obstacle à la facilité des échanges, pour laquelle elle avait été créée. Mais, il oublie aussi que, la monnaie étant une matière qui peut être, comme toutes les autres, rare ou fréquente, doit avoir une valeur variable ; que, de plus, étant un signe, elle est entre les mains de celui qui la possède la représentation d'une richesse véritable, que par ces deux considérations le possesseur d'un métal monnayé ne peut s'en dessaisir en faveur d'un autre, fût-ce pour un temps déterminé, sans se faire payer le service qu'il rend et la privation qu'il souffre. L'avance d'un capital en argent est une valeur que le prêteur livre à l'emprunteur ; il ne peut la livrer pour rien : voilà comment l'argent naît de l'argent. « L'argent est un signe, dit Montesquieu, il est clair que celui qui a besoin de ce signe doit le louer, comme il fait toutes les choses dont il peut avoir besoin. Toute la différence est que les autres choses peuvent se louer ou s'acheter ; au lieu que l'argent, qui est le prix des choses, se loue et ne s'achète pas. » Aristote, qui ne veut point du commerce, n'admet pas l'intérêt de l'ar-

---

(1) Voy. t. I, l. I, c. III, p. 249.

gent : Montesquieu admet au contraire l'un et l'autre. Car c'est une des nécessités du commerce de payer le prix de l'argent. « C'est une action très-bonne de prêter à un autre son argent sans intérêt, mais on sent que ce ne peut être qu'un conseil de religion, et non pas une loi civile. » En effet, il n'y a rien que de rigoureusement juste dans le prix du crédit. Abolir ce prix, c'est vouloir qu'en toutes choses le don se substitue à l'échange, la charité au contrat; c'est livrer la subsistance de la société aux caprices de la bienfaisance. La bienfaisance adoucit les maux, mais on ne peut fonder un état de société sur elle seule; dans un pays où chacun pourrait n'avoir recours pour vivre qu'à la bonté de ses semblables, personne ne travaillerait, et la source de tous les dons serait bientôt tarie. Mais si l'échange est le principe de la richesse, le prêt est lui-même une sorte d'échange, et par conséquent on ne peut en interdire le prix que par un conseil de morale, et non par une loi stricte. « Pour que le commerce puisse se bien faire, il faut que l'argent ait un prix, mais que ce prix soit peu considérable. S'il est trop haut, le négociant qui voit qu'il lui en coûterait plus en intérêt qu'il ne pourrait gagner dans son commerce, n'entreprend rien; si l'argent n'a point de prix, personne n'en prête, et le négociant n'entreprend rien non plus. Je me trompe quand je dis que personne n'en prête. Il faut toujours que les affaires de la société aillent; l'usure s'établit, mais avec les désordres que l'on a éprouvés dans tous les temps. » L'abolition de l'intérêt de l'argent aurait donc deux conséquences également funestes, la stagnation des affaires et l'usure. Plus la loi serait sévère, et plus ces conséquences seraient nécessaires, comme on le vit à Rome, où, tous les moyens honnêtes de prêter et d'emprunter étant abolis, une usure affreuse toujours foudroyée et toujours renaissante s'établit. Les lois extrêmes dans le bien font naître le mal extrême. Il fallut payer pour le prêt d'argent, et pour le danger des peines de la loi. » Montesquieu montre admirablement qu'il ne faut pas fixer trop bas le taux de l'argent ; mais montre-t-il qu'il faut le fixer ? Inclinerait-il à cette opinion de certains économistes modernes, que l'intérêt de l'argent doit être libre comme toutes les valeurs, conséquence naturelle, à ce qu'il semble, de la doctrine qui fait de l'argent une marchandise comme une autre. Je voudrais savoir la raison de ce privilége. Les objections faites par Montesquieu à un intérêt trop minime ne peuvent-elles pas se faire à tout intérêt légal ? Sur quoi se fonde-t-on pour établir que tel taux est le meilleur, le plus juste, ni trop bas pour le prêteur, ni trop haut pour l'emprunteur. Comment cette valeur peut-elle être fixée, quand les autres ne le peuvent pas ?

J'aborde un dernier objet de la dernière conséquence, sur lequel l'auteur de l'*Esprit des lois* a jeté encore de ces vues hardies que les problèmes soulevés depuis lui rendent plus intéressantes aujourd'hui peut-être qu'elles ne l'étaient de son temps. C'est la question du devoir d'assistance de l'État par rapport aux misérables (1). « Un homme n'est pas pauvre, dit-il, parce qu'il n'a rien, mais parce qu'il ne travaille pas. » N'est-ce pas là, trente ans avant Smith, le principe de Smith ? Dans le temps où les économistes plaçaient toute la richesse dans la terre, c'était toute une nouveauté dans la science, que de dire : « L'ouvrier qui a laissé à ses enfants un héritage leur a laissé un bien qui s'est multiplié à proportion de leur nombre. Il n'en est pas de même de

(1) L. XXIV, c. XXIX.

celui qui a dix arpents de fonds pour vivre et qui les partage à ses enfants. » Mais, malgré ce travail, les citoyens n'ont pas toujours ce qu'il faut pour leur subsistance. Il y a des vieillards, des malades, des orphelins. Montesquieu n'est pas de cette école qui considère la bienfaisance comme contraire à la saine économie politique. Mais il ne voit pas non plus le remède à tous les maux dans une aumône stérile. « Quelques aumônes que l'on fait à un homme nu dans les rues ne remplissent point l'obligation de l'État, qui doit à tous les citoyens une subsistance assurée (1), la nourriture, un vêtement convenable, et un genre de vie qui ne soit pas contraire à la santé. » Mais comment un État remplira-t-il ces vastes obligations? « Un État bien policé tire cette subsistance du fond des arts mêmes : il donne aux uns les travaux dont ils sont capables, il enseigne aux autres à travailler, ce qui fait déjà un travail. » Ainsi, c'est dans le travail ou dans l'apprentissage du travail que Montesquieu voit le remède aux infortunes naturelles ou passagères que l'âge, les infirmités, les chômages amènent dans les classes qui travaillent. L'esprit de travail est plus nécessaire que tous les hôpitaux du monde ; ceux-ci, au contraire, favorisent l'esprit de paresse et augmentent ainsi la pauvreté générale et particulière. « A Rome, les hôpitaux font que tout le monde est à son aise, excepté ceux qui travaillent, excepté ceux qui ont de l'industrie, excepté ceux qui cultivent les arts, excepté ceux qui ont des terres, excepté ceux qui font le commerce. » Il ne faut pas tirer de ces paroles la conclusion que Montesquieu favorise cette doctrine extrême que tout citoyen a le droit d'exiger de l'État de l'occupation et du travail. Contraire

---

(1) Encore une trace de socialisme dans un écrivain que l'on ne compte guère d'ordinaire parmi les ancêtres de cette doctrine.

à toutes les opinions extraordinaires, Montesquieu n'aurait pas plus admis cette doctrine, que celle qui ramène tout à la charité, à la bienfaisance, qui deviennent, quand elles sont sans contre-poids, et employées d'une manière inopportune, un encouragement à la paresse et une récompense du vice. Il croit que l'État peut d'une manière générale favoriser le travail, distribuer certains travaux, donner l'éducation qui conduit au travail, sans être tenu à quelque chose de plus que ce que permet la prudence et impose la nécessité. Mais que de pensées perçantes et hardies dans ces pages perdues au milieu d'un si vaste ouvrage ! Qui eût pu prévoir alors les applications qu'on pouvait faire de paroles telles que celles-ci : « Henri VIII voulant réformer l'Église en Angleterre détruisit les moines, nation paresseuse par elle-même et qui entretenait la paresse des autres, parce que pratiquant l'hospitalité, une infinité de gens oisifs, gentilshommes et bourgeois passaient leur vie à courir de couvents en couvents. Il ôta encore les hôpitaux où le bas peuple trouvait sa subsistance, comme les gentilshommes trouvaient la leur dans les monastères. Depuis ces changements, l'esprit de commerce et d'industrie s'établit en Angleterre. » On n'aura jamais dit combien Montesquieu fut hardi, sous les apparences d'une extrême modération.

Voltaire a consacré à l'*Esprit des lois* un de ces excellents petits écrits où brille toute sa sagacité de critique. Les principaux défauts de ce livre admirable, mais imparfait, y sont indiqués avec cette justesse de touche et cette finesse de goût qui sont les qualités originales de Voltaire. Un philosophe distingué du dernier siècle, M. de Tracy, a consacré aussi à l'examen et à la critique de l'*Esprit des lois* un ouvrage solide et instructif qui redresse également avec bonheur quelques-unes des erreurs de

Montesquieu. Mais un commentaire de l'*Esprit des lois* devrait-il être une perpétuelle critique de l'*Esprit des lois*? Je voudrais que quelqu'un fît voir avec détail la beauté du livre de Montesquieu, la vaste étendue et l'obscurité du sujet choisi par lui et la force avec laquelle il s'en est rendu maître, les difficultés de la matière et le succès de l'entreprise. Je sais que Montesquieu a trop aimé l'esprit, que l'ordre de son ouvrage n'est point parfait, qu'il a cité des autorités douteuses, avancé des faits controversés ou même faux, que quelques-uns de ses principes sont étroits, que sa critique n'est point assez ferme contre quelques abus; mais je sais que le sujet était immense et l'un des plus grands que l'on pût tenter. Que l'on imagine tous les systèmes de législation qui sont parmi les hommes, ces lois, ces coutumes, ces institutions qui règlent la vie politique, publique, domestique des citoyens, ces usages qui sont entre les nations, les matières de toutes sortes qui tombent sous les règlements, le chaos enfin; voilà ce que Montesquieu a osé entreprendre de débrouiller, de mettre en ordre, de ramener à quelques principes. Jusque-là, les jurisconsultes, même philosophes, prenaient pour objet d'étude les lois romaines; ils en interprétaient les articles, ils en montraient le lien logique et les conséquences; et l'esprit le plus pénétrant était celui qui, expliquant les articles les uns par les autres, démêlait le mieux la signification des termes. Mais commenter une loi, ce n'est point en donner la raison. Cette raison est en dehors de la loi même, soit dans les principes du gouvernement, soit dans le caractère et le tempérament du peuple, dans leurs religions, dans mille causes enfin qu'il fallait découvrir et ramener à un petit nombre. Ce qui augmente la difficulté, c'est que souvent le principe d'une loi n'est lui-même que la conséquence d'un autre principe, c'est que ces principes ont des rapports entre eux et se modifient les uns les autres : ainsi la religion est un principe et le gouvernement en est un autre, et ils peuvent être alternativement la cause ou la conséquence l'un de l'autre. Le luxe a de l'influence sur les lois, et la population aussi ; mais le luxe et la population en ont l'un sur l'autre. Il fallait donc à la fois examiner ces rapports isolément et les considérer ensemble. Que si l'on se fait une idée juste de toute cette complication, peut-être sera-t-on moins frappé de ce qui manque au livre de Montesquieu ; peut-être admirera-t-on davantage la belle lumière qu'il a jetée sur un sujet si confus, et l'on ne s'étonnera point de cette fière parole de sa préface : « Quand j'ai découvert mes principes, tout ce que je cherchais est venu à moi. » En parlant ainsi, il se faisait sans doute illusion ; et l'on peut trouver que ses principes sont loin d'avoir la portée et l'étendue qu'il leur prête ; lui-même les oublie souvent. Il n'en est pas moins le premier qui ait appliqué l'esprit scientifique, l'esprit moderne aux faits politiques et sociaux. Il est au moins le Descartes, s'il n'est pas le Newton de la politique.

CHAPITRE VI.

ÉCOLE DE MONTESQUIEU.

Beccaria. Principes et règles générales. Discussion sur la torture. Discussion sur la peine de mort. — Filangieri. Caractère de son talent. Son opposition à Montesquieu. Faiblesse de ses principes philosophiques. Sa critique de la constitution anglaise. Appréciation de cette critique.— Blackstone, commentateur de la constitution d'Angleterre. Emprunte tous ses principes à Montesquieu. — Ferguson. *Histoire de la société civile.* Critique de l'hypothèse de l'état de nature. Théorie du bonheur public et privé. La liberté. Comment elle s'affaiblit. Du despotisme.

Nous réunissons, sous le titre d'école de Montesquieu, plusieurs écrivains diversement célèbres au xviiie siècle, Beccaria, Filangieri, Blakstone et Ferguson. Beccaria, l'auteur du *Traité des délits et des peines* et l'un des promoteurs des réformes pénales de la fin du siècle, n'a fait que développer les idées exposées par Montesquieu dans son chapitre des lois criminelles ; son originalité ne consiste qu'à renchérir sur son devancier, comme dans la question de la peine de mort. Filangieri, de son côté, esprit élevé, plein d'ardeur et d'enthousiasme, tout en prétendant se séparer du président Montesquieu, en subit néanmoins le joug, comme les esprits du second ordre, quand ils écrivent après ceux du premier. Mais ce qui fait surtout honneur à Montesquieu, c'est d'avoir, en quelque sorte, révélé la constitution anglaise aux Anglais eux-mêmes. Aussi, voyons-nous Blackstone, leur grand jurisconsulte, emprunter à Montesquieu, non-seulement ses pensées, mais jusqu'à ses expressions. Enfin, Ferguson, le seul publiciste original de l'École écossaise, — je ne parle pas des économistes, — se rattache encore à Montesquieu par la plupart de ses idées. Si nous ajoutons qu'en Allemagne, Kant, comme nous le verrons, lui emprunte également, et, enfin, que Rousseau lui-même reconnaît qu'il ne fait que suivre ses traces, et lui doit beaucoup de principes, on peut dire que l'influence de Montesquieu sur la politique de son siècle n'a eu d'égale que celle de Descartes sur la métaphysique du sien.

Le *Traité des délits et des peines* est un ouvrage d'une assez faible philosophie. Les principes de la matière y sont à peine effleurés et superficiellement traités. C'est cependant un livre qui mérite de vivre et d'être loué pour le grand service qu'il a rendu à la cause de la justice sociale. Court, clair, assez déclamatoire, mais chaleureux, sincèrement inspiré par le plus généreux esprit du XVIIIe siècle, ce livre se fait lire avec intérêt, malgré quelques paradoxes et la faiblesse des principes philosophiques. Quand on compare l'état social auquel ce livre répond et celui où nous vivons aujourd'hui, on ne peut trop louer un ouvrage qui a contribué à cette heureuse révolution, et aimer l'auteur qui y a mis toute son âme.

Le principe de la société politique, selon Beccaria, comme selon tous les publicistes de son siècle, est que l'individu, en entrant dans l'état civil, sacrifie une portion de sa liberté pour garder le reste. Or ce sacrifice doit être le moindre possible, et l'ordre public n'est que l'assemblage de ces portions de liberté, les plus petites que chacun ait pu céder. C'est là le principe du droit de punir. Tout ce qui va au delà est un abus. La peine la plus juste est celle qui se conciliera avec la plus grande liberté des sujets, sans nuire au corps social (1).

---

(1) *De delitti*, etc., § II.

Beccaria ne dit rien de plus sur le droit de punir ; mais ces principes expliquent plutôt la limite de ce droit, que ce droit lui-même. Qui a donné à la société le droit de punir? Ce pouvoir lui appartient-il de droit divin? Le possède-t-elle à titre d'héritière du premier chef de famille? Est-ce le résultat d'une convention? Et cette convention elle-même ne suppose-t-elle pas un droit antérieur, un droit naturel? Quel rapport y a-t-il entre le droit de défense et le droit de punir? Toutes ces questions sont absolument négligées par Beccaria. Mais son but n'était pas de rechercher spéculativement l'origine du droit de punir : c'était d'en fixer les limites dans la pratique.

Ces limites consistent dans quelques règles générales, dont quelques-unes sont déjà dans Montesquieu, et qui sont devenues depuis des axiomes juridiques (1). La première, c'est qu'il n'appartient qu'aux lois, c'est-à-dire au législateur, de décerner la peine des crimes. D'où il suit que le juge ne peut créer aucune peine ; il ne peut pas même aggraver la peine fixée par la loi : car une aggravation de peine, c'est une peine ajoutée à une autre. La seconde règle, c'est que le législateur ne fait que des lois générales, et qu'il ne peut juger dans aucun cas particulier ; car alors il serait juge et partie. Cette seconde maxime est le principe de la division des pouvoirs. La troisième règle est que l'atrocité des peines doit être rejetée, non-seulement parce qu'elle est odieuse, mais encore parce qu'elle est inutile. Enfin, la quatrième règle est que les juges n'ont pas le droit d'interpréter les lois pénales. « Dans toute espèce de délit, le juge a un syllogisme à faire, dont la *majeure*

---

(1) *Ib.*, § III et IV.

est la loi; la *mineure* exprime l'action conforme ou contraire à la loi ; la *conséquence*, l'absolution ou la peine. Si le juge, de son chef, ou forcé par le vice des lois, fait un syllogisme de plus dans une affaire criminelle, tout devient incertitude et obscurité. » Il n'y a rien de plus faux que ce principe : *il faut prendre l'esprit de la loi.* Car l'esprit d'une loi, c'est le résultat de la bonne ou mauvaise logique du juge. Les inconvénients qui résultent de l'interprétation stricte de la loi sont loin d'égaler ceux d'une extension lâche et complaisante. D'ailleurs, cette nécessité d'interpréter les lois vient elle-même d'un autre mal, qui est leur obscurité (1).

Nous n'analyserons pas le livre de Beccaria, qui, d'ailleurs, est très-court. Nous en rappellerons seulement les deux chapitres les plus saillants, le premier sur la torture, et le second sur la peine de mort. Celui-ci surtout a une grande importance ; car c'est là qu'est toute l'originalité de Beccaria : c'est lui qui a introduit cette question dans la philosophie et dans la politique; et si jamais la peine de mort doit être abolie de nos codes, c'est à lui qu'on le devra. Il faut dire cependant que la discussion de la peine de mort est, dans Beccaria, assez faible et presque sophistique. Au contraire, sa polémique contre la torture est très-forte, très-pressante, et est un des meilleurs morceaux du xviiie siècle sur cette question.

Voici le principe : un homme ne peut être regardé comme criminel avant la sentence du juge. Ce principe suffit à lui seul pour démontrer l'absurdité et l'injustice de la torture. Car elle est déjà une peine infligée avant la condamnation. On peut lui opposer ce dilemme inextricable : Le délit est certain ou incertain. S'il est certain,

---

(1) *Ib.*, § v.

il ne doit être puni que par la peine fixée par la loi. Si le délit est incertain, on ne doit pas tourmenter l'accusé parce qu'on ne doit pas tourmenter l'innocent, et que, selon les lois, celui-là est innocent, dont le crime n'est pas prouvé. C'est, d'ailleurs, confondre tous les rapports, que de vouloir qu'un homme soit à lui-même son accusateur.

Quant aux motifs par lesquels on soutient la torture, voici les principaux : La torture est, dit-on, un moyen de découvrir le crime, un *criterium*. C'est là le reste d'une législation barbare et impuissante. La torture est ce qu'était l'épreuve du feu et de l'eau bouillante. La seule différence est que l'on peut y échapper ; mais cet avantage n'appartient qu'à la force du corps et des muscles ou à la force de la volonté, nullement à l'innocence. Si l'impression de la douleur croît à tel point qu'elle occupe l'âme tout entière, elle la force à prendre la voie la plus courte pour s'en délivrer, et la réponse de l'accusé est aussi nécessaire que l'était l'impression de l'eau et du feu. La torture est donc un moyen certain de condamner les innocents faibles et d'absoudre les scélérats robustes. C'est une affaire de tempérament ; et l'on peut formuler ainsi le problème que l'on veut résoudre, à savoir la découverte de la vérité : « Étant données la force des muscles et la sensibilité des fibres d'un innocent, trouver le degré de douleur qui le fera confesser qu'il est coupable d'un crime donné. » Il est vrai que les légistes ont déclaré que l'aveu dans les tortures est nul, s'il n'est confirmé avec serment après la cessation ; mais, d'un autre côté, s'il ne confirme pas son aveu, il est de nouveau tourmenté. « Quelques jurisconsultes ne permettent *cette infâme pétition de principe* que jusqu'à trois fois. D'autres docteurs abandonnent la chose à la discrétion du juge. »

On donne encore la torture pour éclaircir, dit-on, les contradictions de l'accusé ; on la donne pour découvrir si le coupable n'a pas commis d'autres crimes que celui dont il est convaincu ; on la donne enfin pour découvrir ses complices. Mais, quant aux contradictions, elles s'expliquent bien souvent par le trouble même de l'accusé, la crainte, la solennité du jugement, l'ignorance. En second lieu, est-il juste de supposer qu'un homme a commis deux crimes parce qu'il en a commis un, et de le tourmenter pour cette gratuite supposition ? Enfin, est-il juste de tourmenter un homme pour le crime d'un autre ?

Une dernière et absurde raison donnée en faveur de la torture, c'est qu'elle *purge l'infamie.* Mais quel rapport y a-t-il entre une douleur physique et un fait moral, comme l'infamie ? « La question est-elle un creuset, et l'infamie une matière impure et hétérogène qu'on veuille séparer d'un corps auquel elle est mêlée ? »

On trouvera peut-être que c'était se donner trop de peine de prouver d'aussi évidentes vérités. Mais ces vérités qui nous paraissent évidentes ne l'étaient pas alors ; la torture avait encore ses défenseurs, et le livre de Beccaria ne convainquit pas tout le monde. Je lis, par exemple, dans une réfutation de Beccaria lui-même par Muyard de Vouglans (1), une réponse à ses arguments contre la torture. L'auteur, jurisconsulte distingué de son temps et encore estimé du nôtre, répond que, grâce aux précautions prises par la loi, le prévenu est déjà *plus qu'à demi convaincu* du crime lorsqu'il est exposé à la torture ; de sorte que le danger de confondre l'innocent avec le coupable

---

(1) *Réfutation des principes hasardés dans le Traité des délits et des peines,* par M. Muyart de Vouglans, avocat au parlement. Lausanne, 1767, p. 72, 82.

n'est pas très à craindre. Sans la torture, un million de crimes auraient été inconnus et par conséquent impunis. Dans le cas où le corps du délit ne peut être trouvé, par exemple le cadavre de l'homme assassiné, ou l'argent volé, comment découvrir la vérité sans forcer cette déclaration par la violence du tourment? Et si la déclaration est vérifiée par le fait, en quoi la torture aura-t-elle été injuste, cruelle ou inutile? Il y a plus, la torture peut se justifier « par l'avantage de l'accusé lui-même, en *ce qu'on le rend par là juge dans sa propre cause* et le maître d'éviter la peine capitale, par l'impossibilité où l'on a été jusqu'ici d'y suppléer par quelque autre moyen aussi efficace et sujet à moins d'inconvénients; et, enfin, par l'ancienneté et l'universalité de cet usage. » Beccaria, à l'appui de sa thèse, soutenait l'exemple de quelques pays où l'on avait fait l'expérience de l'abolition de la torture. M. Muyart de Vouglans répond : « L'exemple d'une ou deux nations... sont (*sic*) des exceptions qui ne servent qu'à mieux confirmer la règle générale sur ce point. « Il est difficile de comprendre comment dans ce cas l'exception peut confirmer la règle. Enfin, l'auteur, pour prouver quelles précautions le législateur a apportées dans cette matière, cite une ordonnance de Charles-Quint, la *Caroline*, dont il détache l'article suivant : « Chacun étant, selon les lois, obligé d'éviter non-seulement le crime, *mais même les apparences du crime* qui lui donnent un mauvais renom ou qui forment des indices contre lui, celui qui ne sera pas sur ses gardes *ne pourra s'en prendre qu'à lui-même de la sévérité qu'il se sera attirée.* » Et en citant un pareil article qui dépose à lui seul plus puissamment contre la torture que tous les arguments, le défenseur de cette absurde institution croit avoir fermé la bouche à son adversaire. Telles étaient en 1767, il y a cent ans, les opinions, je ne dis pas du vulgaire, mais des hommes instruits, et, enfin, d'un avocat au parlement, appelé par sa charge à défendre les prévenus contre les entraînements ou les erreurs de la sévérité publique.

En attaquant la torture et en réduisant à l'absurde ses défenseurs entêtés, Beccaria a rendu un grand service à la civilisation et à l'humanité. En est-il de même de sa critique de la peine de mort? C'est ce que l'avenir sera sans doute appelé à décider. Ce n'est pas moins une grande gloire pour lui d'avoir éveillé un tel doute et un si noble scrupule dans la conscience des peuples éclairés. Il est malheureux toutefois que son argumentation ne soit pas à la hauteur de la question.

Selon Beccaria, chacun ne sacrifiant que le moins possible de sa liberté à la chose publique, ne peut pas être supposé avoir donné aux autres hommes le droit de lui ôter la vie. Il y a plus, ce consentement, s'il était possible, serait illégitime, puisque nul n'a le droit de se tuer soi-même, et par conséquent ne peut pas conférer un droit qu'il n'a pas. C'est là, il faut l'avouer, un argument à la fois subtil et frivole, et, pour le dire en passant, J.-J. Rousseau l'a parfaitement réfuté dans le *Contrat social*, par cette phrase précise et spirituelle : « C'est pour n'être pas la victime d'un assassin, que l'on consent à mourir si on le devient. Dans ce traité, loin de disposer de sa propre vie, on ne songe qu'à la garantir, et il n'est pas à présumer qu'aucun des contractants prémédite alors de se faire pendre. » Kant développe la même idée avec beaucoup de subtilité et de profondeur. Il lui donne une plus grande précision scientifique; mais son ar-

---

(1) *Contr. soc.*, l. II, c. v.

gumentation, tout excellente qu'elle est, n'a pas plus de force que l'aphorisme de Rousseau (1).

Si la peine de mort n'est la conséquence d'aucun droit, comme Beccaria pense l'avoir démontré, elle ne peut être qu'une guerre de la nation contre un citoyen destructeur de la paix publique. Une guerre n'est juste que lorsqu'elle est nécessaire. Or la peine de mort n'est pas nécessaire; car l'expérience de tous les siècles prouve qu'elle n'a jamais empêché les hommes déterminés de nuire à la société. Mais c'est là un argument négatif qui n'a aucun poids. Car, comment peut-on prouver que la peine de mort n'a pas empêché des crimes? Ce n'est qu'une longue expérience contraire qui pourrait donner cette preuve. Or la question est précisément de savoir si l'on peut faire une pareille expérience.

Un autre argument de Beccaria n'est pas meilleur. La peine de mort, dit-il, est un exemple. Or s'il est important que les hommes aient souvent sous les yeux les effets du pouvoir des lois, il est nécessaire qu'il y ait souvent des criminels punis du dernier supplice. La peine de mort suppose donc des crimes fréquents. Il n'est pas difficile de démêler le sophisme de ce nouvel argument. On peut contester d'abord la majeure. En effet, pour que les exemples frappent l'imagination du peuple, il n'est pas nécessaire qu'ils soient fréquents; et, au contraire, ils sont d'autant plus frappants, qu'ils sont plus rares. Il n'est donc pas nécessaire qu'il y ait souvent des criminels pour que les lois exercent leur effet. Mais de plus, on peut dire encore que ce qui rend nécessaire l'exemple des lois, c'est la fréquence des crimes; que si les crimes ne sont pas fréquents, ces exemples n'ont pas

(1) Voy. Kant, *Élém. métaph. du droit*. Trad. de Jules Barni, p. 204.

besoin de l'être. S'il n'y a pas de crimes punissables de la peine de mort, il est très-vrai que cet exemple ne sera pas donné ; mais il est vrai aussi qu'il n'en sera pas besoin. Ainsi, de ce que la peine de mort est un exemple utile, il n'en faut pas conclure que les crimes doivent être fréquents. Enfin cet argument peut être employé contre toute espèce de châtiment ; il ne vaut donc rien contre tel ou tel châtiment en particulier.

A ces raisons Beccaria en ajoute d'autres également contestables, ou qu'il ne présente pas du moins dans toute leur force. La peine de mort, dit-il, est un mal pour la société par l'exemple d'atrocité qu'elle donne. Il est contradictoire de vouloir détourner les hommes du meurtre en donnant soi-même l'exemple d'un meurtre. On découvre l'horreur naturelle que les hommes ont pour la peine de mort par l'indignation et le mépris que l'on a pour le bourreau, exécuteur innocent de la volonté publique. Enfin, l'exemple de toutes les nations ne prouve rien ; car l'histoire de l'esprit humain n'est que l'histoire de ses erreurs.

Ce qui diminue encore la persuasion dans la lecture de cette discussion, c'est que Beccaria, au lieu de se contenter de combattre la peine de mort, prétend la remplacer, et que l'esprit est partagé entre les objections de Beccaria et celles qu'il trouve en lui-même contre la pénalité nouvelle que celui-ci propose. C'est la peine de l'esclavage perpétuel. Son motif, c'est que les impressions durables agissent plus que les impressions violentes, et qu'un homme déterminé craindra moins la mort que la perte absolue de sa liberté. C'est là, sans doute, une raison à considérer. Mais l'esprit n'en est point entièrement satisfait. Car si par esclavage il entend la captivité seule, on peut douter que cette peine soit équivalente en moyenne à la peine de mort ; et s'il entend par là un véritable esclavage, qui met un homme absolument et sans réserve entre les mains d'un autre homme pour le servir comme *un animal de service*, on peut encore se demander si cette peine est plus juste que celle qu'elle doit remplacer.

En exprimant nos doutes sur ce curieux chapitre de Beccaria, nous ne prétendons pas résoudre la question en elle-même, mais indiquer seulement l'insuffisance de l'argumentation de Beccaria.

Il est à remarquer que Beccaria, qui touche avec tant de hardiesse aux institutions de son temps, non-seulement aux plus vermoulues et qui tombaient d'elles-mêmes, mais à celles qui paraissent encore nécessaires aux esprits les plus libéraux de notre temps, est très-réservé sur la question que l'on traitait alors en France avec la plus grande hardiesse, la question de la tolérance religieuse. Il n'en parle qu'à mots couverts dans un chapitre très-court, sous ce titre insignifiant : *D'une espèce particulière de délits ;* et dans ce chapitre même, il emploie cette méthode équivoque et à double sens, si usitée au xviiie siècle, qui consiste à défendre une cause par de mauvais arguments, afin d'insinuer l'opinion contraire. Il s'explique, du reste, suffisamment par ces mots, qui ne pouvaient manquer d'aller à leur adresse : « Les hommes éclairés verront que les circonstances *du lieu* et du siècle où je vis ne m'ont pas permis d'examiner la nature de ce délit. » C'est assez dire qu'il écrivait en Italie, où l'on pouvait écrire contre la peine de mort, mais non contre l'inquisition.

A côté de Beccaria et parmi ceux qu'inspirèrent incontestablement les écrits de Montesquieu, il faut nommer encore en Italie le célèbre Filangieri, l'écrivain philosophe qui fit entendre, à Naples, la voix de l'esprit nouveau, et que la force de l'opinion du siècle porta jusque dans les conseils du roi de Naples ; ainsi, la philosophie qui, en France, arriva au pouvoir avec Turgot et Malesherbes, s'était élevée, en Italie même, jusqu'à côté du trône. Heureusement pour Filangieri, il n'eut pas à subir l'épreuve des obstacles et des difficultés que la réalité eût offerts sans doute à son inexpérience, et il mourut avec cette belle illusion que la philosophie pouvait tout ce qu'elle désirait.

« Filangieri, dit M. Villemain (1), est une espèce de missionnaire, de législateur philanthrope, saisi de la pensée que les gouvernements sont trop lents, trop timides dans leurs réformes; que les peuples ont longtemps souffert, que c'est à la civilisation encore plus qu'à la liberté à adoucir, à améliorer leur destinée... Certainement, Filangieri est né de Montesquieu ; si Montesquieu n'avait pas écrit, si ce puissant génie et quelques autres n'avaient pas dénoué la pensée des hommes, Filangieri ne se serait peut-être pas douté de tout cela ; il aurait vécu paisiblement au milieu des plaisirs et des fêtes de Naples; mais, saisi par la lecture d'un homme de génie, par la hardiesse qui fait le fond de ses pensées, en apparence si réservées, Filangieri entre dans cette carrière ouverte, et y dépasse, non par les vues, mais par les espérances, le grand homme qui l'a précédé ; il fait l'histoire, non pas des lois existantes, mais des lois possibles ; il cherche les principes des choses ; il ne respire que réformes, changements, améliorations, vérité, justice ; mais il avait trente ans, il est mort à trente-six ans, à l'époque où le talent est à peine assuré. Il faut reconnaître en lui un esprit facile et

---

(1) *Hist. de la littérat. française au* xviiie *siècle*, t. III, leç. xxxii et xxxiii.

brillant, des études profondes et variées. Cette science du droit romain, que les Italiens possèdent particulièrement, est portée chez lui à un très-haut degré. Son esprit rapide a saisi toutes les législations de l'Europe... C'est un savant homme et en même temps un esprit plein de candeur, de vivacité et de grâce. La lecture de son livre est intéressante, amusante, instructive. On est involontairement séduit par l'utopie perpétuelle de cette jeune âme, qui, du milieu de la ville de Naples, rêve ainsi une liberté, une justice, une force dans les droits des nations, une incorruptibilité dans les hommes vraiment admirable : ce sont *les Mille et une nuits* de la politique. »

Parmi les illusions de Filangieri, la plus grande est de se persuader qu'il a refait l'ouvrage de Montesquieu. L'influence de ce grand homme sur son esprit a été telle, qu'il est sans cesse occupé de la dissimuler, de faire remarquer sa propre originalité et de signaler les différences qui les séparent. Le reproche qu'il lui fait est le même que celui de Rousseau dans l'*Émile* (1) : c'est « d'avoir raisonné sur les choses telles qu'elles sont ou qu'elles ont été, sans examiner comment elles auraient dû être (1). » Dans un autre endroit il dit encore : « Le but que je me propose est tout différent de celui de cet auteur. Montesquieu cherche l'esprit des lois, et moi j'en cherche les règles ; il s'occupe à montrer la raison de ce qu'on a fait, et moi je tâche de déduire les règles de ce que l'on doit faire. Mes principes mêmes seront le plus souvent différents des siens (3). » Mais quand il arrive à expliquer les lois qui dérivent de la nature des gouvernements, il suit pas à pas Montesquieu (un seul point excepté sur lequel

---

(1) *Émile*, l. V.
(2) Filangieri. *Science de la législation*, Introduction.
(3) *Ib*. Plan raisonné de l'ouvrage.

nous reviendrons. Aussi, croit-il devoir ajouter ces mots : « La vérité m'oblige ici de suivre quelques-uns des principes adoptés par Montesquieu, et établis avant lui par beaucoup d'autres politiques (1). »

Serait-ce que Rousseau a eu plus d'influence que Montesquieu sur l'esprit de Filangieri, ce qu'on pourrait conjecturer d'après l'esprit romanesque et enthousiaste de ce dernier? Non, sans doute. Filangieri ne cite jamais Rousseau : une seule fois, il fait allusion à ses doctrines sur la vie sauvage, et l'appelle un sophiste misanthrope (2). Cependant, dans ce chapitre même, qui est le premier de son livre, il n'est pas aussi indépendant de Rousseau qu'il aspire à l'être. Il rejette, il est vrai, l'hypothèse de l'état sauvage ; mais il admet une sorte d'état de nature, où l'on ne connaissait « d'autre inégalité que celle qui naît de la force du corps, d'autre loi que celle de la nature, d'autre lien que celui de l'amitié, des besoins et de la famille... *Malheureusement pour l'espèce humaine*, dit-il, il était impossible qu'une pareille société durât longtemps. » Ce regret de la société barbare et primitive ressemble bien aux regrets de Rousseau, et en vient tout droit. C'est encore à lui que Filangieri emprunte l'idée qu'il se fait de l'origine de l'état civil. « Il fallait, dit-il, de toutes ces forces particulières composer une force publique, qui fût supérieure à chacune d'elles. Il fallait donner l'être à une personne morale, dont la volonté représentât toutes les volontés. » C'est la théorie du *Contrat social*. Cependant, à part ce premier chapitre, où se montre clairement l'influence de J.-J. Rousseau, on peut dire qu'elle a peu de place dans le reste du livre, et que celle de Montesquieu est prédominante.

(1) *Ib.*, l. I, c. x, note.
(2) *Ib.*, l. I, c. I.

La vérité est que la *Science de la législation* est née de l'*Esprit des lois*, que c'est après avoir trouvé dans Montesquieu le sujet débrouillé, divisé, distribué, les rapports innombrables des lois démêlés, les principes multiples et infinis des législations positives mis en lumière avec une finesse et une profondeur sans égale, que Filangieri eut l'idée, fort simple d'ailleurs, et qui a dû frapper beaucoup d'esprits, de reprendre le même sujet et le même travail, en expliquant non plus ce qui a été, mais ce qui devait être : dessein très-grand sans contredit, mais à la condition d'être exécuté ; car le concevoir n'est pas au-dessus de la portée d'un esprit médiocre. Mais, pour l'exécuter, il faudrait un double génie, celui qui comprend les faits et celui qui s'élève au principe, le génie de l'idéal et celui du réel, le génie d'Aristote et celui de Platon. Il n'est pas besoin de dire que Filangieri ne répond pas tout à fait à ces conditions.

A la vérité, il essaye de partir de quelques principes philosophiques ; mais ces principes n'ont aucune nouveauté, ni aucune force. Il croit avoir trouvé un principe fécond, en établissant que la société a pour origine le besoin de la *conservation* et de la *tranquillité* (1). Rien de plus vrai sans aucun doute ; mais si Montesquieu n'a point posé de tels principes, ce n'est point pour les avoir ignorés ; c'est pour les avoir dédaignés. Le principe de la conservation est neuf et important quand on l'entend comme Hobbes dans un sens précis et qu'on en tire un système original. Mais tel que l'entend Filangieri, il n'a aucune fécondité. « La conservation, dit-il, a pour objet l'existence, et la tranquillité a pour objet la sûreté. L'existence suppose des moyens, et la tranquillité suppose la

---

(1) Voy. Plan raisonné, l. I, c. I.

confiance (1). » Ces principes sont évidents. Mais quelles conséquences en tirer? C'est ce qu'on ne voit pas dans Filangieri.

J'en dirai autant de la distinction entre la *bonté absolue* et la *bonté relative* des lois (2). Cette distinction est très-juste. Mais l'auteur en tire bien peu d'applications nouvelles, et il insiste beaucoup plus sur la bonté relative des lois que sur leur bonté absolue : ce qui était revenir au livre de Montesquieu.

J'indiquerai encore, comme preuve du peu d'originalité de l'auteur et en même temps de sa prétention à se distinguer de son véritable maître, sa théorie des climats (3). Il critique beaucoup la théorie de Montesquieu, et plaisante même ses expériences sur la langue d'un mouton. Il lui reproche avec raison, après Hume et Helvétius, d'avoir expliqué par le climat des faits qui sont les résultats de beaucoup d'autres causes. Mais quand il s'agit d'exposer ses propres idées, il ne paraît guère s'éloigner de Montesquieu. En effet, ses deux principes sont : 1° que le climat peut influer sur le physique et le moral des hommes, comme cause concurrente, mais non comme cause absolue ; 2° que, quelle que soit la force de cette influence, le législateur doit en affaiblir les effets, lorsqu'ils sont nuisibles, et en profiter lorsqu'ils sont utiles. Or, de ces deux principes, le premier n'a rien de contraire à la doctrine de Montesquieu, qui n'a jamais dit que le climat fût la cause unique et exclusive des caractères et des actions des peuples. Au contraire, il ne commence à parler des climats que dans le livre XIV; or si c'était là le principe unique de sa théorie, il semble que c'est par

(1) *Ib.*, l. I, c. ii.
(2) *Ib.*, l. I, c. iii et iv.
(3) *Ib.*, l. I, c. xiv.

là qu'il eût commencé. En outre, il considère bien d'autres objets que le climat, par exemple le gouvernement, la religion, le commerce, etc.; le climat n'est donc pas pour lui la seule influence qui agisse sur les peuples, et par conséquent sur leurs lois. Quant au second principe de Filangieri, il est si loin d'être opposé aux idées de Montesquieu, qu'il lui est précisément emprunté. Car le chapitre vi du livre XIV de l'*Esprit des lois* est ainsi conçu : « Que les mauvais législateurs sont ceux qui ont favorisé les vices du climat, et les bons ceux qui s'y sont opposés. » N'est-ce pas là le principe même de Filangieri ?

Je signalerai encore la théorie du principe des gouvernements (1), comme une de celles où Filangieri montre à la fois et la prétention d'être original et très-peu d'originalité. C'est d'abord évidemment Montesquieu qui a inspiré à Filangieri cette recherche ; car c'est à lui qu'il appartient d'avoir posé cette question. Les publicistes avaient bien cherché quel est le principe de l'État en général, mais non pas quel est le ressort particulier de chaque espèce de gouvernement. On connaît la théorie de Montesquieu : elle est peut-être plus spécieuse que solide : mais elle est très-ingénieuse, et elle lui fournit des considérations très-variées et très-profondes ; et n'eût-elle que la valeur d'une hypothèse, elle a le mérite de relier et de classer un très-grand nombre de faits. Filangieri croit améliorer cette théorie en substituant un seul principe aux trois principes imaginés par Montesquieu : c'est *l'amour du pouvoir*. Seulement, quand il s'agit d'expliquer ce principe, Filangieri se contente de prouver qu'il se rencontre dans tous les gouvernements, mais non pas qu'il est le principe de chacun d'eux, ni

---

(1) *Ib.*, c. xii.

comment il anime et fait vivre des gouvernements si différents.

Le seul point où Filangieri me paraisse avoir des idées un peu plus fortes et plus précises, sinon tout à fait justes, c'est dans l'examen de la constitution d'Angleterre (1). Ici encore, le désir d'être original l'a conduit à adopter une autre manière de voir que Montesquieu. On peut même trouver un peu d'outrecuidance dans ces paroles : « Ce gouvernement a obtenu les éloges de plusieurs politiques de ce siècle, et surtout de Montesquieu. Mais aucun d'eux ne paraît l'avoir analysé avec cette précision qui seule peut en assurer la sagesse. » C'est avec ce dédain que Filangieri parle de cet admirable chapitre de l'*Esprit des lois*, sans lequel il lui eût été bien difficile d'écrire le sien.

Filangieri ne se donne pas pour un admirateur de la constitution d'Angleterre ; il en parle au contraire avec une sorte de mépris et de pitié. Il lui trouve un défaut grave et capital, que Montesquieu n'avait pas aperçu : c'est de couvrir le despotisme. Cette accusation paraît ridicule. Cependant parmi les critiques que Filangieri dirige contre cette forme de gouvernement, il en est qui ne sont pas sans portée, et qui méritent l'examen.

Ce gouvernement composé de trois éléments principaux, le roi, les nobles et le peuple, offre trois vices inhérents à sa constitution : 1° l'indépendance du pouvoir exécutif, par rapport au pouvoir législatif ; 2° la secrète et dangereuse influence du prince dans le parlement ; 3° l'instabilité de la constitution.

1° Dans un tel gouvernement, le magistrat chargé de l'exécution réunit dans ses mains toutes les forces de la

(1) *Ib.*, c. xi.

nation. Au contraire, le vrai souverain ne peut que faire des lois et les promulguer, sans aucun autre moyen d'action. Que fera-t-il si le pouvoir exécutif manque à son devoir? Le pouvoir exécutif ou le roi étant lui-même partie du parlement, si l'on suppose que le roi doit être réprimé, il ne peut l'être que par le concours des trois pouvoirs, c'est-à-dire par son propre concours. Il faudrait qu'il signât lui-même le décret de sa condamnation. Aussi, vu l'impossibilité où l'on est de punir le roi dans une telle constitution, a-t-on déclaré que le roi était inviolable et infaillible. Mais cette déclaration ne suffit pas pour empêcher que le roi ne fasse des actions tyranniques, s'il le veut; aussi les publicistes sont-ils forcés de déclarer que, dans une telle hypothèse, le seul remède est l'insurrection (1).

Cette objection est spécieuse; nul doute que dans un pays qui ne voudrait pas très-énergiquement être libre, une royauté armée de toutes les forces de l'exécution ne puisse, au moins un certain temps, établir le despotisme; mais un tel dessein ne pourrait s'accomplir qu'en violant la constitution, et la constitution une fois violée, le peuple deviendrait nécessairement juge. Que si un tel remède est lui-même un grand mal, ce qui n'est pas douteux, on demande s'il y a une forme de gouvernement politique, quelle qu'elle soit, qui puisse empêcher le pouvoir armé de la force de se perpétuer ou de s'étendre au delà des limites fixées par la constitution du pays? Il faut toujours, plus ou moins, s'en rapporter au pouvoir lui-même. Cela posé, la constitution qui sépare le pouvoir exécutif et le pouvoir délibératif, qui les oppose l'un à l'autre en leur donnant pour juge suprême l'opinion publique, est en-

---

(1) C'est en effet la solution de Locke. Voy. plus haut, liv. IV, ch. II, p. 340. Elle est combattue par Blackstone, *Comm. sur les lois anglaises*, l. I, c. II.

core celle qui offre le plus de garanties contre l'usurpation. Filangieri oublie d'ailleurs un point essentiel et fondamental de la constitution anglaise, à savoir la responsabilité des ministres.

Le second reproche de Filangieri à la constitution anglaise, c'est l'influence du prince dans le parlement. En effet, le roi est le distributeur de toutes les charges civiles et militaires, le seul administrateur des revenus publics. Il possède tous les moyens d'acheter la pluralité des suffrages, et de faire du congrès l'organe de sa volonté. Il peut donc anéantir la liberté du peuple, sans que la constitution soit altérée en apparence. Le roi trouvera dans les instruments mêmes de la liberté, un instrument de despotime. Il se servira du bras du congrès, restant lui-même irresponsable, et enchaînera la nation, sans courir aucun risque. Henri VIII et Élisabeth ont prouvé en Angleterre ce qu'on pouvait faire d'un parlement servile. Si Jacques II les eût imités, au lieu de lutter directement contre le parlement, il n'eût pas perdu sa couronne. En un mot, il n'y a pas de despotisme plus terrible que celui qui se cache sous le voile de la liberté.

Cette seconde critique touche sans doute à l'un des vices les plus graves d'un gouvernement mixte : ce vice, c'est la possibilité de la corruption. Que le pouvoir exécutif puisse en effet, dans cette sorte de gouvernement, si le parlement s'y prête, le gagner par la faveur, c'est ce qu'on ne peut nier : que les membres du parlement eux-mêmes puissent corrompre les électeurs, c'est ce qui n'est pas non plus impossible. Mais il faut bien admettre aussi, que, dans cette forme de gouvernement, il y aura un esprit public, qui empêchera ou qui du moins restreindra l'empire de la corruption. En effet, une telle constitution n'a pu naître que d'un vigoureux esprit public, qui a voulu mettre des entraves au despotisme ; cet esprit qui a donné naissance au gouvernement doit le maintenir. S'il venait à disparaître, le prince n'aurait pas même besoin de corrompre, et le despotisme s'établirait de lui-même. Il n'y a pas de gouvernement, quel qu'il soit, qui puisse se dispenser de reposer sur une force morale ; et c'est la gloire de Montesquieu d'avoir montré que la force de la monarchie n'est pas dans les armes des monarques, mais dans l'honneur des sujets, et que la force des républiques n'est pas dans la masse du peuple, mais dans sa vertu. Il en est de même du gouvernement mixte. Aucune balance constitutionnelle, aucune précaution légale ne préviendra la corruption, si elle est dans le cœur des citoyens ; et si elle n'y est pas, aucune puissance ne l'y fera naître, si ce n'est dans un très-long temps. Aucun gouvernement d'ailleurs n'est à l'abri de la corruption. Le monarque vend ses faveurs, et les démocraties vendent leurs suffrages.

Si vous faites abstraction d'ailleurs de cet esprit public, de cette force morale qui seule peut préserver efficacement la liberté, il y a, dans la forme seule du gouvernement, des garanties qui la protégent. Ainsi, les lords et les nobles ne serviront d'instruments au pouvoir que jusqu'au moment où il toucherait à leurs prérogatives. Ils ont autant d'intérêt à l'indépendance qu'à la servilité. Or la conservation de leurs prérogatives est attachée à la conservation des libertés publiques. Dans l'assemblée du peuple, d'ailleurs, il y aura toujours des mécontents qui feront contre-poids aux ambitieux : « Tous ceux qui obtiendraient quelque chose de la puissance exécutive, dit Montesquieu, seraient portés à se tourner de son côté, et elle pourrait être attaquée par tous ceux qui n'en obtiendraient rien. » Enfin, l'opinion, exprimée par la presse, est encore un puissant obstacle à l'établissement d'un gouvernement arbitraire.

Enfin le troisième vice du gouvernement mixte, c'est l'instabilité de la constitution. Dans tous les autres gouvernements, il est rare que l'on change la constitution parce que personne n'y a intérêt. Mais dans un gouvernement mixte, où les corps sont démesurément avides d'accroître à l'envi la portion de pouvoir qui leur est confiée, la constitution doit être toujours mobile. Filangieri essaye de prouver sa thèse par l'histoire de l'Angleterre.

Cette troisième objection est la plus faible. Sans doute le gouvernement mixte comme tous les gouvernements possibles est sujet au changement, mais il ne l'est pas plus que d'autres, et il l'est beaucoup moins que la démocratie. La constitution, bien loin de se prêter à la mobilité, serait plutôt trop favorable au repos et à la stagnation, si le mouvement de l'esprit public n'était pas là pour animer le tout. Comment la constitution serait-elle facilement altérée, puisqu'il faut le concours des trois pouvoirs pour faire une seule loi ? La royauté veut-elle augmenter son pouvoir, les lords et les communes s'y opposeront ; de même pour les lords, de même pour les communes; chacun de ces pouvoirs s'opposera à l'extension des autres: chacun d'eux restera donc dans sa limite, et par conséquent la constitution ne sera pas changée. Quant aux changements qui pourraient être faits en commun, ils doivent être nécessairement rares ; et d'ailleurs, cette unanimité ne prouverait-elle pas un grand intérêt public?

On voit qu'aucune des objections de Filangieri contre le gouvernement mixte n'est tout à fait décisive, qu'il n'y en a pas une qui ne vaille contre toute forme de gouvernement, enfin qu'il ne parait pas avoir compris la portée du principe de la séparation des pouvoirs, si profondément démêlée par Montesquieu. Quant aux remèdes proposés par Filangieri, ils méritent à peine l'examen et témoignent d'une grande inexpérience politique. J'emprunte encore ici les paroles ingénieuses et brillantes de M. Villemain : « Cherchant un contre-poids à l'influence exagérée de la couronne, il blâme l'institution de la pairie, et ne trouve qu'un moyen bien étrange d'en prévenir l'abus; le voici : c'est que la chambre des députés puisse chasser qui bon lui semble de la chambre des pairs, et que cette exclusion rende à jamais celui qui l'aura méritée indigne de servir l'État, et même de posséder aucune des charges qu'il pourrait obtenir du prince. D'une autre part, Filangieri, toujours dans l'intention de prévenir une influence corruptrice, veut que la chambre des députés décerne elle-même des récompenses et des honneurs, qu'elle puisse donner, par exemple, le droit de devenir membre perpétuel du parlement. Ainsi, voilà une chambre des députés qui aurait le droit d'exclure qui elle veut de la chambre des pairs, et de mettre qui elle veut dans la chambre des députés. »

Quant à l'inconvénient de l'instabilité, Filangieri le corrige d'une manière aussi peu sensée : « Il veut qu'on ne puisse faire aucune modification aux lois fondamentales sans le vote unanime de tous ceux qui composent les pouvoirs de la société. Il tombe, comme vous voyez, dans le *liberum veto* des Polonais; c'est-à-dire que, pour corriger la plus admirable constitution des peuples civilisés, il nous propose de mettre à la place la loi qui a détruit ce généreux royaume de Pologne, et qui lui a donné la conquête après plusieurs siècles d'anarchie (1). »

(1) *Tableau de la littérat. au* xviii*e siècle*, t. III, leç xxxiii.

Concluons avec le même auteur qu'il faut savoir gré sans doute à Filangieri de la philanthropie généreuse qui l'anime, mais « qu'il manque également d'expérience et de génie, et qu'il s'est trompé toutes les fois qu'il n'a pas suivi Montesquieu. »

La constitution d'Angleterre est l'objet de toutes les études politiques au xviiie siècle. Il semblait que Montesquieu l'eût découverte. Au moins personne, avant lui, n'en avait démêlé avec autant de finesse et de profondeur l'esprit et les ressorts. Mais ce qu'il y a de remarquable, c'est que ce n'est pas seulement en France, c'est en Angleterre même qu'il a appris à comprendre et à admirer cette constitution. Il semble que les Anglais la pratiquassent sans y penser, et que ce soit Montesquieu qui leur en ait donné la conscience. Aussi voit-on le plus grand jurisconsulte anglais, Blackstone, à la fin du siècle, emprunter à celui-ci sa théorie de la constitution anglaise (1), et l'exposer à des compatriotes en reproduisant presque littéralement les pensées de l'auteur français. On peut donc dire que c'est celui-ci qui a révélé aux Anglais la grandeur de leur constitution, qui leur a appris à en être fiers, qui leur en a inspiré un amour filial et presque superstitieux : superstition admirable, sans laquelle les gouvernements ne peuvent durer.

C'est à titre seulement de commentateur de la constitution anglaise, et de commentateur inspiré par Montesquieu, que Blackstone peut avoir une place dans ces études. Aucun écrivain, en effet, n'a moins droit au titre de philosophe politique ; aucun n'a moins d'idées originales sur la philosophie de l'État ; c'est un jurisconsulte consommé, c'est le publiciste du fait et de la loi. Il ne

---

(1) Blackstone, *Commentaire sur les lois anglaises*, l. II, c. II.

donne rien à la théorie. Voici son analyse de la constitution d'Angleterre, où l'on reconnaîtra sans peine, en plus d'un endroit, les expressions mêmes de Montesquieu :

« Dans tous les gouvernements tyranniques, la puissance de faire des lois et de les faire exécuter réside dans le même homme, ou bien dans le même corps. Toutes les fois que ces deux puissances sont réunies ensemble, il n'y a pas de liberté publique. Dans un pareil gouvernement, le magistrat fait des lois tyranniques et les exécute tyranniquement, puisqu'il est à la fois législateur et dispensateur et qu'il a pour l'un et pour l'autre tout le pouvoir qu'il veut avoir. Mais dans un État où le pouvoir législatif est séparé du pouvoir exécutif, la puissance législative ne confie pas à la puissance exécutrice un pouvoir qui pourrait tendre à la subversion de sa propre indépendance et de la liberté du citoyen. Pour maintenir la balance de la constitution, il est très-nécessaire que la puissance exécutrice soit une branche, mais non la totalité de la législative. Aussi la constitution l'a-t-elle investie de cette partie de la législation qui consiste dans le pouvoir de rejeter plutôt que dans celui de déterminer... C'est en quoi consiste la véritable excellence du gouvernement anglais, que les parties qui le composent se tiennent mutuellement en échec dans la législation. Le peuple est un frein pour la noblesse, et la noblesse pour le peuple, par le privilége mutuel que l'un a de rejeter ce que l'autre propose ; tandis que le roi, en tenant en échec les deux parties, défend la puissance exécutrice contre toute espèce d'usurpation... De même qu'en mécanique toute machine mue par trois différents ressorts d'égale force, mais dans trois directions différentes, a un mouvement composé et une marche commune vers ces directions ; de même les trois branches de la législation, quoique agitées par des passions contraires, se réunissent pour former le bonheur et assurer la liberté de l'État… La distinction des rangs et des dignités est nécessaire dans tout État bien gouverné… Mais un corps de noblesse est encore plus nécessaire dans une constitution récente, afin de soutenir les droits de la couronne ou du peuple… Des titres de noblesse étant si nécessaires dans un État, il s'ensuit que ceux qui les possèdent doivent former une branche de la législation indépendante. S'ils étaient confondus avec le corps du peuple, leurs priviléges seraient bientôt emportés par le torrent populaire. Dans un État libre, tout citoyen qui le compose doit, en quelque sorte, être son propre gouverneur… Dans un État aussi considérable que le nôtre, on a très-sagement ordonné qu'il agirait par ses représentants. Mais on exige des électeurs certaines qualités, relativement aux biens, afin d'exclure ceux que la bassesse de leur état fait soupçonner de n'être pas dans le cas d'avoir une volonté à eux. »

Ces citations, où l'on aura reconnu à chaque ligne l'image effacée, mais fidèle, des pensées si vives et si nettes de Montesquieu, nous prouve l'influence que ce grand esprit a exercée sur la jurisprudence anglaise. A la fin du siècle, Montesquieu, nous le voyons, était enseigné à Oxford, dans cette université où se sont formés les plus grands hommes politiques de l'Angleterre. Ainsi la philosophie française du xviiie siècle, qui a contribué à renverser l'antique et chancelante constitution de notre pays, peut se vanter d'avoir affermi et enraciné la constitution anglaise.

Un esprit bien supérieur à Blackstone, comme philosophe, et même à tous ceux que nous venons de nommer, est Ferguson, excellent moraliste, et publiciste original, esprit élevé et vigoureux, plein de Montesquieu sans cesser d'être lui-même, et auteur d'un ouvrage politique presque classique en son pays.

L'*Histoire de la société civile*, ouvrage confus et mal composé, comme le sont souvent les livres des Écossais, est cependant, à notre avis, un des ouvrages éminents du xviiie siècle, dans une science où il a tant brillé. Ce livre, en effet, est plein de vues pénétrantes et neuves, et il est surtout animé d'un sentiment passionné qui lui donne un véritable cachet d'originalité : c'est l'amour de l'activité, de la force morale, de l'énergie même barbare, et enfin de la liberté. L'antiquité et les peuples primitifs exercent sur l'imagination de Ferguson une fascination particulière, et par là même il semble se rattacher à Jean-Jacques plus encore qu'à Montesquieu ; mais il a un sentiment de l'individualité que n'a pas eu Rousseau, et dans qui Montesquieu lui-même ne se rencontre qu'à un faible degré.

Dès le premier chapitre de son livre, nous le voyons aux prises avec les hypothèses de Rousseau sur l'état de nature. Il montre ce qu'il y a de faux à vouloir étudier l'homme à son berceau et dans les premiers rudiments de sa vie sociale ; il se plaint de ce que les publicistes aient été chercher l'histoire de l'homme dans un passé mystérieux et inaccessible, au lieu de le prendre dans tous les temps, et à la portée de nos observations.

La méthode que recommande Ferguson est donc celle que l'on a suivie depuis, et qui consiste à examiner l'homme, non dans ses origines, mais dans son état actuel. Ainsi, au lieu de supposer un temps où l'homme ait vécu seul, et un autre où il se soit mis en société, un temps où il était muet, et un autre où il ait parlé, il faut le prendre tel qu'on le trouve partout, vivant en groupes, et se servant de la parole. L'espèce sans doute n'est pas toujours la même, et même nous voyons qu'elle fait des progrès et se perfectionne. « Mais il ne nous reste ni monuments, ni traditions pour nous apprendre quelle fut l'ouverture de cette scène remplie de merveilles. » Au lieu de rester dans une respectueuse ignorance relativement à ces origines oubliées, quelques écrivains aiment mieux supposer que l'homme a commencé par ne pas être homme ; et tandis qu'il serait ridicule de chercher à établir que l'espèce du cheval n'a jamais été la même que celle du lion, on est réduit à prouver que l'homme ne s'est jamais confondu avec l'animal, et qu'il n'a jamais été que l'homme, et pas autre chose. On parle de l'art comme d'une chose distincte de la nature, comme si l'art lui-même n'était pas naturel à l'homme. S'il est de la nature humaine de s'élever à la perfection, il est étrange de dire que l'homme s'éloigne de la nature, en s'efforçant de s'élever à la perfection. Les efforts de l'invention humaine ne sont que la continuation des procédés des premiers âges ; et un palais n'est pas plus contraire à la nature qu'une cabane. En général, rien de plus vague que le mot *naturel*. Toutes les actions de l'homme sont dans sa nature : mais les unes sont bonnes et les autres mauvaises : comment les discerner ? Voilà la véritable question ; et quel qu'ait pu être l'état originel de notre espèce, il est bien plus intéressant pour nous de savoir quel est le sort auquel nous pouvons prétendre que celui que l'on accuse nos ancêtres d'avoir abandonné (1).

J'écarte de l'ouvrage de Ferguson tout ce qui ne touche qu'à la morale, et par exemple une discussion du principe de l'intérêt personnel, qui n'a rien de bien nouveau ; et

---

(1) *Essai sur l'hist. de la soc. civ.*, 1re part., c. 1.

je ferai surtout remarquer la manière dont il entend la société et le bonheur public. Il a sur ces deux points des vues qui sont dignes d'être rapportées.

Il est curieux de voir un philosophe écossais, un partisan de la sympathie, de la bienveillance, de toutes les inclinations désintéressées, accorder presque autant d'importance aux principes de dissentiment et d'animosité qui séparent les hommes qu'aux principes d'affection qui les réunissent (1). De ces deux principes, selon lui, naît la société. Mais il ne voit pas, comme Hobbes, dans le principe agressif et hostile, une passion grossière de nuire à autrui, et de se servir soi-même; il y voit le noble instinct de montrer son intrépidité et son courage. Les hommes, dit-il, portent au dedans d'eux-mêmes des sentiments d'animosité; et il en est bien peu qui n'aient leurs ennemis aussi bien que leurs amis. Dans l'antiquité, étranger et ennemi étaient synonymes. Cet esprit de division a été le principe de la formation des tribus, des villes, des royaumes et des nations. Dans une même société, les hommes se divisent encore en partis, en factions, en classes. Cette opposition devient ainsi un principe d'union; l'agression force les hommes à se resserrer et à s'unir. Ce n'est pas seulement l'intérêt qui arme les peuples les uns contre les autres. Les nations de l'Amérique, qui n'ont ni troupeaux, ni établissements à défendre ou à enlever, vivent dans un état de guerre continuelle, sans autre motif que le point d'honneur. Voyez, même chez les peuples civilisés, les passions et les préventions nationales faire naître mille guerres auxquelles la politique et les gouvernements n'ont aucune part (2). « Mon père sortirait du tombeau, disait un paysan espagnol, s'il prévoyait une

(1) *Ib.*, I part., c. III.
(2) *Ib.*, *ib.*, c. IV.

guerre avec la France. » Qu'est-ce que cet homme ou les ossements de son père avaient de commun avec les querelles des princes? Ces dispositions hostiles et guerrières ne sont point incompatibles avec les plus belles qualités de la nature humaine. Ce sont des sentiments de générosité et de désintéressement qui animent le guerrier à la défense de son pays. Tout animal se plaît dans l'exercice de ses talents et de ses forces naturelles. Sans la rivalité des nations, la société aurait eu peine à prendre une forme. L'emploi de la force, quand les voies de persuasion sont inutiles, est l'usage le plus intéressant de l'activité de l'âme. L'homme qui n'a pas été aux prises avec ses semblables est étranger à la moitié des sentiments de l'humanité.

Peut-être trouvera-t-on que Ferguson est trop favorable à la guerre, et lui accorde trop dans le développement moral des nations. Il ne paraît pas non plus avoir compris cette loi de l'humanité, qui tend à effacer de plus en plus les divisions et les hostilités des hommes, pour les réunir en une seule cité. L'erreur de Ferguson tient en grande partie à son admiration pour les républiques anciennes, et aussi pour les temps barbares; et, en cela, il est bien de son siècle. Dans ce temps si raffiné et si civilisé, les âmes nobles, ne voyant rien à admirer autour d'elles, transportaient leur amour à des siècles moins amollis, où avaient brillé les qualités les plus énergiques de la nature humaine. D'ailleurs, l'opinion de Ferguson pour être excessive est loin d'être fausse; et il est certain que la lutte est très-favorable au déploiement des forces de l'âme.

C'est là une des vues les plus justes et les plus neuves de Ferguson. Pour lui, le bonheur particulier ou public ne consiste pas, comme on l'entendait de son temps, dans la plus grande somme possible de sensations agréables, mais dans l'activité de l'âme (1). Si l'homme s'observe lui-même, il verra que la plus grande partie de sa vie est employée à agir, et qu'en réalité, le plaisir ou la peine n'ont qu'une très-petite part à notre existence. Ce que nous demandons, ce n'est pas du plaisir, c'est de l'occupation. Satisfaites les désirs des hommes, la vie leur deviendra un fardeau. Le mouvement est bien plus important que le plaisir lui-même. Enfin, le plus grand malheur pour l'homme, c'est le repos.

Ferguson applique cette théorie du bonheur particulier au bonheur public, le bonheur d'un État n'est pas dans l'étendue de ses frontières. C'est le caractère d'une nation qui fait sa force et son bonheur ; ce n'est pas la richesse, ni la multitude des sujets. Le plus grand bonheur pour l'homme, et par conséquent pour un peuple, est de faire usage de sa raison et d'être toujours éveillé pour défendre ses droits. On ne peut nier les bienfaits de la paix : cependant la rivalité des nations et les agitations d'un peuple libre sont la plus grande école de l'homme.

La liberté est donc l'objet le plus digne des désirs de l'homme, et le plus noble emploi de son activité intellectuelle et morale (2). A ce prix, on doit compter pour peu de chose les tumultes qui en sont inséparables (3). Le génie des hommes politiques tend à produire partout le repos et l'inaction ; si même on les laissait faire, ils finiraient par empêcher d'agir tout à fait. Pour eux, toute dispute d'un peuple libre dégénère en désordre. Écoutez-les

---

(1) *Ib.*, Ire part., c. VII, VIII, IX, X. Cette opinion avait déjà été exprimée au XVIIIe siècle par Vauvenargues, lorsqu'il disait : « Nulle jouissance sans action. » (Réflexion *sur divers sujets*, III.)
(2) *Ib.*, part. V, c. III.
(3) Nous avons déjà remarqué la même pensée dans Montesquieu. Voy. plus haut, chap. précédent.

s'écrier : « Quelles ardeurs indiscrètes ! voilà les affaires interrompues, plus de secret dans les conseils, plus de célérité dans l'exécution, plus d'ordre, plus de police! » Rien n'est relatif comme les idées que nous nous faisons de l'ordre et du désordre. Les agitations généreuses d'un État républicain paraissent des désordres aux sujets d'un État monarchique. La liberté qu'ont les Européens d'aller et de venir dans les rues doit paraître aux Chinois une affreuse anarchie. Enfin, il semble que les perfectionnements de la société ne soient que des inventions imaginées pour tenir en bride la vigueur politique et enchaîner les vertus actives des hommes.

Ferguson est tellement jaloux de la liberté, qu'il craint pour elle jusqu'aux institutions disposées à la protéger. Il craint que, dans une constitution où la liberté est trop bien garantie par les lois, les citoyens ne profitent de cette sécurité pour se livrer à la passion du gain ou au goût du plaisir. Il semble même regretter un État moins libre, où la crainte des usurpations du pouvoir force l'individu à défendre son bien et sa personne, et à signaler ainsi sa force d'esprit et sa grandeur d'âme ; tandis que dans les États libres, où les biens et la personne sont assurés, l'individu ne pense qu'à jouir de sa fortune, et la vigueur se perd par l'abus même de la sécurité. « Il pourrait même se faire enfin qu'en secret ils s'ennuyassent de cette constitution libre, qu'ils ne cesseraient d'exalter dans leurs entretiens, et à laquelle leur conduite n'aurait nul rapport. »

Ce scrupule peut paraître étrange et paradoxal : mais on en comprendra facilement les raisons. Ce que Ferguson craint le plus pour son pays, c'est de devenir exclusivement une nation commerçante, où la fortune est tout. Les grands accroissements de fortune, quand ils sont en-

CHAP. VI. — ÉCOLE DE MONTESQUIEU.

core accompagnés de frugalité, peuvent rendre le possesseur confiant dans sa force, et prompt à s'élever contre l'oppression. Mais, plus tard, lorsque la richesse devient une idole, elle devient aussi un instrument de servitude.

Il est très-remarquable que Ferguson, qui vivait dans un pays libre, paraît aussi inquiet que Montesquieu lui-même des progrès et de l'avenir du despotisme. Il semble craindre pour sa patrie cette fatale révolution, et il la décrit avec les traits les plus vifs et les plus forts.

Le relâchement et la décadence commencent dans un pays libre, lorsqu'on ne fait plus résider la liberté que dans des statuts et des règles extérieures, et non dans la volonté même et dans le cœur des citoyens. Des règles, des formes de procédure, tout excellentes qu'elles sont, ne peuvent rien sans l'esprit qui les a inspirées. L'influence des lois n'est pas un pouvoir magique, qui émane de certaines tablettes ; c'est l'influence d'hommes résolus à être et à rester libres. Dans toutes les formes de gouvernement, même dans celles qui sont réputées libres, on peut craindre les usurpations de la puissance exécutrice. Il est vrai qu'il n'est guère avantageux pour un prince ou un magistrat de posséder plus de pouvoir qu'il n'est utile. Mais une telle maxime, si vraie qu'elle soit, n'est qu'une faible barrière contre les folies des hommes. Ceux qui sont dépositaires de quelque portion d'autorité, sont portés, par pure aversion de la gêne, à écarter les oppositions. La plus haute vertu dont un souverain puisse donner l'exemple, c'est la disposition à faire lui-même le bien, mais non l'amour pour la liberté et l'indépendance de ses sujets. Le prince même est d'autant plus capable de faire le bien, qu'il ne reste plus de vestiges de liberté.

Mais, par là aussi, ce bien ne saurait être que précaire, puisqu'en suspendant l'oppression, il ne brise point les chaînes de la nation. Ce fut l'histoire des Antonins à Rome. Il y a plus, un prince qui voudrait donner la liberté ne le pourrait pas. C'est un droit que tout individu doit être prêt à réclamer pour lui-même, et c'est contester ce droit que de prétendre même le donner à titre de faveur. Ce projet de rendre libre un peuple esclave est le plus difficile de tous les projets : c'est celui qui demande le plus de silence, et la plus profonde circonspection. Il est puéril d'ailleurs de s'en prendre aux chefs des gouvernements de ce qu'ils n'aiment point la liberté. Il est tout simple qu'ils aient en aversion tout ce qui déconcerte leurs projets. A qui faut-il donc imputer la chute de la liberté dans un pays libre? Est-ce au sujet qui a abandonné son poste, ou au souverain qui n'a fait que garder le sien? Quelques-uns sont de très-bonne foi persuadés que la liberté met des entraves au gouvernement, et que le despotisme est le meilleur moyen d'assurer l'ordre public, et même de rendre les hommes heureux, si l'on pouvait s'assurer d'une longue suite de bons princes. Mais n'est-ce pas se faire une fausse idée de la société civile, et se la représenter sur le modèle des objets morts et inanimés? Il semble que le mouvement et l'action soient étrangers à sa nature : « Lorsque nous demandons dans la société un ordre de pure inaction, nous oublions la nature de notre sujet. Le bon ordre des pierres dans une muraille consiste en ce qu'elles soient précisément ajustées dans les plans pour lesquels elles ont été taillées, de manière qu'on ne puisse les mouvoir sans faire écrouler la bâtisse : mais le bon ordre des hommes en société, est qu'ils soient placés là où ils sont mieux pour agir. Dans le premier cas, c'est un édifice composé de parties mortes et inanimées ; dans le second, il est composé de membres vivants et agissants. »

Le dernier chapitre de Ferguson est un tableau du despotisme qui, par la vigueur et la vérité, est au moins égal aux admirables chapitres de Montesquieu sur ce sujet. Peut-être même Montesquieu, incomparable pour le style, a-t-il trouvé moins de traits précis et exacts que Ferguson. Celui-ci peint les progrès du despotisme comme s'il l'avait vu ; Montesquieu le peint tel que son imagination se le représente. Ferguson décrit un despotisme vraisemblable, et tel qu'on peut le rencontrer dans les nations de l'Occident. Montesquieu a toujours devant les yeux le despotisme oriental, le vizir, les eunuques et le lacet.

Il ne faudrait pas croire que ces quelques pages suffisent à donner l'idée du livre de Ferguson. Nous en avons extrait ce qui paraît le plus saillant, et ce qui est en quelque sorte l'âme du livre. Mais le livre lui-même reste à lire et à étudier. C'est une histoire de la société dans les temps barbares, et dans les temps policés, avant et après l'établissement de la propriété ; l'auteur y traite du commerce, des arts, de la défense nationale, et termine par l'histoire du déclin des nations. Au milieu d'une confusion extrême, et dans un grand désordre, on rencontre à chaque pas des observations judicieuses, pénétrantes, quelquefois profondes. Mais il serait impossible d'en extraire un système, une doctrine, une philosophie sociale, et même une philosophie de l'histoire. Ce qui paraît dominer, c'est une prédilection particulière pour les temps barbares, pour les républiques guerrières, pour Sparte par-dessus tout ; beaucoup de mauvaise humeur contre les États commerçants, et enfin, comme nous l'avons vu, un grand amour de la liberté. L'influence de Montesquieu et de

Jean-Jacques Rousseau se fait sentir à chaque page. Au premier il emprunte sans y rien changer sa théorie des gouvernements; quant au second, tout en combattant, nous l'avons vu, sa théorie de l'état de nature et sa fantaisie pour la vie sauvage, il s'en rapproche par son goût prononcé pour les temps barbares, et surtout par son admiration pour les républiques antiques. Il reproduit même une de ses idées les plus fausses : « Cette prétendue égalité, dit-il, de justice et de liberté dont nous nous prévalons, n'aboutit qu'à rendre également serviles et mercenaires toutes les classes d'hommes : nous sommes des nations entières d'ilotes, et nous n'avons point de citoyens libres (1). » Ces dernières paroles nous conduisent naturellement à l'auteur du *Contrat social*.

(1) *Ib.*, IVᵉ part., c. II. Voy. J.-J. Rousseau, *Contr. soc.*, l. III, c. xv. « Vous n'avez point d'esclaves, mais vous l'êtes. »

CHAPITRE VII.

VOLTAIRE ET J.-J. ROUSSEAU.

Voltaire. Sa morale. Ses vues sur les réformes sociales. Ses idées politiques. — J.-J. Rousseau : Son génie. Sa doctrine morale. — Sa politique. — *Discours sur l'inégalité des conditions*. Analyse de cet ouvrage. — *Contrat social*. Son objet. — Réfutation de Hobbes et de Grotius. — Théorie du contrat. Discussion de cette théorie. — Théorie de la propriété. — Théorie de la volonté générale. — Théorie de la loi. — Théorie du gouvernement. — Division des gouvernements. — Du meilleur gouvernement. — Du principe de représentation. — De la religion civile. — Appréciation de la politique de Rousseau. — Son influence sur la révolution française. — Petits écrits politiques.

On vit au xviiie siècle un spectacle tout nouveau. La philosophie, qui jusque-là n'était guère sortie de l'école ou de la science pure, commença à se mêler des affaires du monde. Elle régna, ou elle commença à régner. Elle gouverna l'opinion ; elle transforma la société ; ce fut plus qu'un parti, ce fut une puissance. Mais on ne traite avec l'opinion qu'en empruntant son langage ; on ne gouverne le public qu'en le prenant par son faible et en s'accommodant à sa portée ; c'est ce que fit Voltaire avec un esprit supérieur. Il s'est servi de la philosophie comme d'une arme ; il l'a rendue redoutable ; il a même abusé de cette puissance nouvelle : mais il faut reconnaître aussi qu'il s'en est souvent servi pour le bien de la société. Les hommes n'ont pas encore oublié ce qu'ils lui doivent ; et quelque effort qu'on ait fait pour rendre son nom odieux, il semble que l'on n'ait travaillé qu'à le rendre de plus en plus populaire.

Au reste, ce n'est pas dans la morale proprement dite qu'il faut chercher la grandeur de Voltaire. Sa morale est superficielle, mondaine, réduite au juste nécessaire, ennemie des excès, mais éloignée des hauteurs du mysticisme et du stoïcisme, vraie image enfin de la morale populaire, de la morale de tout le monde. Monsieur Tout le monde, comme disait Luther (*Herr Omnes*), a dans Voltaire un représentant admirable. Il a été l'écho des réclamations du commun des hommes contre les sublimités irritantes ou incompréhensibles de l'ascétisme. Ce fut là, je le veux bien, une réaction utile; je sais que le monde ne va pas de soi, il a besoin de s'intéresser un peu à ses affaires pour les bien conduire. La morale exaltée ne convient qu'à quelques âmes rares, profondes et étroites. Néanmoins il n'est point juste de traiter une telle morale avec moquerie et dédain ; ce fut trop souvent le tort de Voltaire, et comme un esprit éminent est toujours plus mesuré que la foule, on a été encore plus loin que lui, et l'on a proscrit, sous prétexte de mysticisme, de fanatisme et d'enthousiasme, tout ce qui dépasse l'honnêteté médiocre. C'est ce qui nous expliquera tout à l'heure le rôle original et important de J.-J. Rousseau.

Si Voltaire est sage et sensé, mais peu élevé dans ses vues sur l'homme et sur la vie, et dans les conseils faciles de sa morale pour l'individu, on ne doit pas hésiter à dire qu'il est grand dans la morale publique, lorsqu'il invite la société à avoir plus d'égards pour la nature humaine, à en mieux respecter la dignité et les droits. On a reproché au xviiie siècle d'avoir parlé aux hommes de leurs droits plus que de leurs devoirs ; l'accusation peut être juste; mais il faut reconnaître que pendant des siècles, on n'avait parlé que de leurs devoirs en oubliant leurs droits. Je sais que l'un ne va pas sans l'autre, et qu'une société où il n'y a plus de devoir a bien vite méconnu le droit. Mais il faut avouer aussi que la vertu est difficile dans une âme humiliée; que l'abîme qui sépare les grands des petits ne doit pas être trop profond, sans quoi la protection devient oppression, et l'obéissance servitude. Peut-être jusqu'au xviii° siècle, avait-on trop permis au souverain envers le sujet, aux grands envers les petits, aux forts envers les faibles ; et l'on n'avait pas assez considéré que l'homme est une créature trop excellente, malgré ses infirmités, pour la livrer sans réserve à la toute-puissance d'une autorité humaine. De là beaucoup d'injustices, de barbaries et d'abus. La législation, formée de débris du droit romain et du droit féodal, ne s'était pas accommodée au changement des mœurs et des temps. L'homme, *chose sacrée pour l'homme*, comme disait Sénèque, n'était pas traité avec le respect qui convient à une créature libre, et la douceur qui convient à une créature faible. Enfin la société la plus polie qu'on eût encore vue, et la plus éclairée, manquait d'humanité et souvent même de justice. De tous les écrivains de son temps, Voltaire est celui qui se voua avec le plus d'ardeur et travailla avec le plus de suite à la noble tâche de corriger les préjugés et les abus.

Peut-on croire aujourd'hui qu'il n'y a pas un siècle on soumettait encore à la torture les accusés pour en obtenir l'aveu d'un crime présumé? Une barbarie si injuste et si déraisonnable n'a cédé qu'aux efforts de la philosophie du xviii° siècle, dont on relève assez souvent les erreurs et les excès pour qu'il soit permis d'en rappeler et d'en honorer les services. Montesquieu, nous l'avons vu, Beccaria, Voltaire enfin, le plus infatigable avocat de l'humanité, firent voir la vanité des raisons dont on autorisait la torture, et mirent à nu son inutilité et son atrocité. « La loi ne les a point condamnés, dit Voltaire, et on leur inflige, dans l'incertitude où on est de leur crime, un supplice beaucoup plus affreux que la mort qu'on leur donne, quand on est certain qu'ils la méritent. Quoi! j'ignore encore si tu es coupable, et il faudra que je te tourmente pour m'éclairer; et si tu es innocent, je n'expierai point envers toi ces mille morts que je t'ai fait souffrir, au lieu d'une que je te préparais! » La torture était alors l'abus le plus criant de la législation criminelle; mais il y en avait d'autres encore, par exemple, la disproportion des peines et des crimes. « Tout prouve cette grande vérité, dit Voltaire après Montesquieu, qu'une loi rigoureuse produit quelquefois les crimes... Il ne faut pas qu'il y ait rien d'arbitraire dans l'idée qu'on se forme des grands crimes. Tout ce qui est outré dans la loi tend à la destruction des lois. » Ce n'est point seulement l'adoucissement des peines, mais leur juste gradation que réclame l'équité. Est-il juste que l'abandon d'un enfant soit puni de la même peine que sa mort, et le vol que l'assassinat? Quant à la peine de mort, il faut en rendre l'application le moins fréquente possible, sinon, comme le veut Beccaria, la supprimer absolument. « On a dit, il y a longtemps, qu'un homme pendu n'est bon à rien. L'épée de la justice est dans nos mains, mais nous devons plus souvent l'émousser que la rendre tranchante. » Voltaire réclame aussi contre la confiscation, contre les vices de la procédure criminelle. « L'ordonnance criminelle, dit-il, semble n'avoir été dirigée qu'à la perte des accusés; » contre les accusations de sorcelleries, contre les peines excessives encourues par les sacriléges. « Il a offensé Dieu; oui, sans doute, et très-gravement. Usez-en avec lui comme avec Dieu même. S'il fait pénitence, Dieu lui pardonne.

Imposez-lui une pénitence forte et pardonnez-lui. »

De toutes les réformes sociales, celle à laquelle Voltaire s'est attaché avec le plus d'énergie, et à laquelle, on peut le dire, il a donné son cœur, est celle de la tolérance religieuse ; il la défend avec autant de modération que de verve et de passion. « Il faut distinguer, ce me semble, dans une hérésie entre l'opinion et la faction. Voulez-vous empêcher qu'une secte ne bouleverse un État, usez de tolérance... Il n'y a pas d'autre parti à prendre en politique que de faire mourir sans pitié les chefs et les adhérents, hommes, femmes, enfants, sans en excepter un seul, ou de les tolérer, quand la secte est nombreuse. Le premier parti est d'un monstre, le second d'un sage. La religion est de Dieu à l'homme. La loi civile est de vous à vos peuples. » Ces paroles ne sont pas de l'homme de parti irrité et violent, de l'ennemi de la religion, de l'apôtre de l'incrédulité ; mais du vrai philosophe, du sage, de l'ami de l'humanité. Je ne crois point que la raison ait d'autre langage : la politique et la justice doivent être d'accord pour laisser la liberté aux cultes qui ne menacent point l'État. Sur ce terrain, on ne saurait trop dire que le rôle de Voltaire a été grand, et qu'il serait injuste d'oublier le bienfait de son influence. Que l'on jette les yeux sur la société de notre temps, où des cultes différents vivent en bonne intelligence, sans persécution réciproque, sans violences, sans autre combat que celui de la parole et de la plume, se partageant les avantages de notre société, les droits de nos codes, les fonctions publiques, et dans quelques endroits de notre pays se partageant les églises mêmes (1) : et que l'on dise

---

(1) Par exemple en Alsace. Il est vrai de dire que ce partage remonte jusqu'à Louis XIV et tient aux priviléges de la province, garantis par les capitulations. Ce n'en est pas moins un fait très-favorable à la cause de la tolérance.

ce qui est préférable de la paix et de la concorde religieuse entre les citoyens d'une même patrie, ou de la domination passionnée et violente d'un culte, ou même de l'exclusion de tous les autres. La foi elle-même n'a pas à s'en plaindre ; car on ne saurait affirmer qu'il y a moins de foi chrétienne aujourd'hui qu'au xviiie siècle. Ce sera la gloire de notre siècle d'avoir le premier, au moins en France, reconnu l'égalité religieuse et la liberté des citoyens dans tout ce qui est du ressort de la conscience. Cette belle conquête de la philosophie est due surtout aux efforts généreux et persévérants de Voltaire, qui a entraîné dans cette croisade nouvelle tout ce qu'il y eut de son temps d'esprits éminents et d'âmes élevées.

En politique proprement dite, les idées de Voltaire ne sont ni très-originales ni très-arrêtées. On trouve de très-bonnes idées de détail dans le *Commentaire sur l'Esprit des lois*. En général, Voltaire excelle dans la critique, et il affectionne la forme du commentaire ; elle lui permet ces pensées détachées, ces saillies, ces traits de lumière qui jaillissent et passent, et qui sont le triomphe de ce merveilleux esprit. Aussi, a-t-il commenté Corneille, Pascal, Beccaria, et enfin l'*Esprit des lois*. Il faut avouer qu'il a bien saisi les points faibles de ce dernier ouvrage ; mais dans cette critique, il unit à un bon sens excellent une certaine faiblesse de vues. Il traite dédaigneusement le premier chapitre de l'*Esprit des lois*. « C'est renouveler, dit-il, la querelle des réaux et des nominaux. » Cela peut être ; mais cela prouve que cette querelle n'était pas frivole. Car est-il de si peu d'importance de savoir si la justice existe nécessairement pour les hommes et dépend de leurs rapports naturels, ou si elle est une convention arbitraire et en elle-même indifférente ? Il critique avec plus de justesse les erreurs de mémoire de Montesquieu, son goût des recherches conjecturales, des anecdotes curieuses, des lois extraordinaires et mal attestées : « Laissons là, lui dit-il, les enfants et les sauvages, n'examinons que bien rarement les nations étrangères qui ne nous sont pas assez bien connues. Songeons à nous. » Encore est-il peu exact de dire qu'il ne faut pas s'occuper des nations étrangères. Si Montesquieu eût pensé comme Voltaire, il n'eût pas parlé de la constitution anglaise. C'est avec raison qu'il demande à Montesquieu de fixer la limite exacte de la monarchie et du despotisme. « Ce sont deux frères qui ont tant de ressemblance, qu'on les prend souvent l'un pour l'autre. Avouons que ce furent de tous temps deux gros chats à qui les rats essayèrent de pendre une sonnette au cou. » Montesquieu avait eu la malheureuse pensée d'approuver ou de justifier la vénalité des charges de judicature. Il avait dit : « Cette vénalité est bonne dans les États monarchiques, parce qu'elle fait faire comme un métier de famille ce qu'on ne voudrait pas entreprendre pour la vertu. » Voltaire reprend : « La fonction divine de rendre justice, de disposer de la fortune et de la vie des hommes, un métier de famille!... Une monarchie, selon Montesquieu, n'est donc fondée que sur des vices!... Il eût mieux valu mille fois, dit un sage jurisconsulte, vendre les trésors de tous les couvents et l'argenterie de toutes les églises, que de vendre la justice! » Ce sont là de belles paroles. Peut-être cependant pourrait-on dire, en faveur de Montesquieu, qu'il est difficile de savoir si, dans ce passage, il absout véritablement la vénalité des charges, ou s'il ne fait pas le procès à la monarchie. La pensée de Montesquieu est quelquefois voilée et obscure ; il ne dit pas toujours ce qu'il veut dire ; souvent il le laisse deviner.

Voltaire a exprimé dans un petit écrit intitulé *Idées républicaines* (1765) quelques pensées d'une singulière hardiesse. On y lit, par exemple : « Un pur despotisme est le châtiment de la mauvaise conduite des hommes. Si une communauté d'hommes est maîtrisée par un seul, ou par quelques-uns, c'est visiblement parce qu'elle n'a ni le courage ni l'habileté de se gouverner elle-même. » N'était-ce pas inspirer au peuple l'ambition de montrer ce courage et cette habileté? Il définit le gouvernement civil « la volonté de tous exécutée par un seul ou par plusieurs, en vertu des lois que tous ont portées. » Cette définition eût été admise par J.-J. Rousseau et tiendrait sa place à côté de celles du *Contrat social*. Voici le principe du gouvernement républicain : « Tout père de famille doit être le maître dans sa maison et non dans celle de son voisin. Une société étant composée de plusieurs maisons et de plusieurs terrains, il est contradictoire qu'un seul homme soit le maître de ces maisons et de ces terrains, il est dans la nature que chaque maître ait sa voix pour le bien de la société... On sait assez que c'est aux citoyens à régler ce qu'ils croient devoir fournir pour les dépenses de l'État. » Malgré ses complaisances pour les princes et les favorites, on voit que la liberté paraissait à Voltaire un bien précieux. Il l'associait à la propriété : « Liberty and propriety! c'est le cri anglais. Il vaut mieux que Saint-Georges et mon droit, Saint-Denys et Montjoie. C'est le cri de la nature. » Il admirait ce grand gouvernement d'Angleterre, dont Montesquieu avait laissé un si beau tableau : « Il est à croire qu'une constitution qui a réglé les droits du roi, des nobles et du peuple, et dans laquelle chacun trouve sa sûreté, durera autant que les choses humaines peuvent durer. Il est aussi à croire que tous les États qui ne seront pas fondés sur de tels principes éprouveront des révolutions. »

L'*Essai sur les mœurs*, de Voltaire, n'est pas un livre de politique, mais une histoire universelle. Cependant, Voltaire y glisse çà et là, en passant, selon sa manière, quelques vues nettes et vives, d'un libéralisme éclairé, quelquefois hardi. C'est ainsi que, parlant du tiers état, et, anticipant en quelque sorte sur l'abbé Sieyès, il dira : « Le tiers état, *qui compose le fond de la nation*, et qui ne peut avoir d'intérêt particulier, aimait le trône. » Signalant un prédicateur qui, sous Louis XIII, avait montré « une liberté héroïque, » il fera remarquer « qu'il y avait *alors* de la hardiesse. » Il dira encore : « L'amour de la liberté, si *naturel* aux hommes, flattait alors les réformés d'idées républicaines (1). » Il fera remarquer que « Genève, depuis qu'elle est libre est peuplée du double, plus industrieuse et plus commerçante (2). » Il appréciera en ces termes la monarchie : « Gouvernement heureux sous un roi tel que Louis XII, mais gouvernement le pire de tous sous un roi faible et méchant (3). » L'égalité ne lui paraît pas moins chère que la liberté : « Il n'y a de pays, dit-il, dignes d'être habités par les hommes que ceux où toutes les conditions sont également soumises aux lois. » Il entend l'égalité dans son vrai sens et dans un sens sagement libéral : « Ceux qui disent que tous les hommes sont égaux disent la plus grande vérité, s'ils entendent que tous les hommes ont un droit égal à la liberté, à la propriété de leurs biens, à la protection des lois. Ils se tromperaient beaucoup s'ils croyaient que les hommes doivent être égaux par les

---

(1) *Essai sur les mœurs*, ch. CLXXV.
(2) *Ib.*, ch. CXXV.
(3) Ch. CXXI.

emplois, puisqu'ils ne le sont point par leurs talents (1). »
Il est très-sévère pour le gouvernement féodal (2) : « Il
est sûr que ce ne sont pas les hommes qui ont de leur
gré choisi cette forme de gouvernement. » Enfin il réfute
la théorie aristocratique du comte de Boulainvilliers, qui
fondait le droit de la noblesse sur le droit de conquête :
« Quel homme peut dire dans sa terre : Je descends d'un
conquérant des Gaules ? Et, quand il serait sorti en droite
ligne d'un de ces usurpateurs, les villes et les communes n'auraient-elles pas plus de droit de reprendre
leur liberté que ce Franc ou Visigoth n'en avait eu de la
ravir ? »

En résumé, Voltaire n'a été sans doute ni un moraliste,
ni un publiciste de premier ordre. En toute science, il est
disciple, mais c'est un disciple indépendant, plus puissant
que ses maîtres. Il a le génie qui anime tout, qui éclaircit tout, qui propage partout la vérité et la fait admettre.
Son inspiration, c'est l'humanité, mot banal aujourd'hui,
mais qui exprimait alors un sentiment sincère, une vive
sollicitude pour tout ce qui touchait à l'homme, à ses
droits, à sa dignité, à son bonheur. Il se passa alors quelque chose de semblable à ce qui avait eu lieu à Rome à
l'époque de l'empire. Dans la corruption la plus abominable, dans la ruine de toutes les institutions, on avait vu
s'épurer et s'ennoblir l'idée de l'homme : on avait eu
pour lui plus de respect, et les lois étaient devenues déjà
meilleures et plus justes sous l'influence de la philosophie
stoïcienne longtemps avant que le christianisme y eût
introduit son puissant esprit d'équité et de fraternité.
De même au xviiie siècle, tandis que les mœurs se corrompaient de plus en plus, que les vieilles institutions se

(1) Ch. xcviii.
(2) Ch. xcvi.

minaient, que tout était ébranlé et menacé, une philosophie hardie et généreuse répandait des principes de justice et d'humanité si évidents, qu'on fut étonné de n'en avoir jamais été frappé auparavant. Le sentiment d'équité sociale devint si puissant, qu'il remplaça un instant tous les autres, même le sentiment religieux, auquel il est si étroitement uni. L'*Homo sum* de Térence est la devise de ce siècle, et en particulier celle de Voltaire. Celle de Rousseau, qui va lui disputer l'empire pendant la seconde moitié du siècle, serait plutôt celle-ci plus menaçante : *Civis sum Romanus.* La célèbre Assemblée constituante devait développer à la fin du siècle cette double devise dans sa Déclaration des droits, résumé de la philosophie de tous les âges, mais plus particulièrement empreinte de l'esprit récent de Montesquieu, de Voltaire et de J.-J. Rousseau.

Ce dernier, venu après les deux autres, complète et couronne le mouvement philosophique et politique du xviiie siècle. Il avait tout ce qui fait l'écrivain éloquent : l'imagination, la passion, la dialectique, quelquefois même l'esprit. Il n'a point cette invention d'expressions, cette originalité de tours, cette profondeur de saillies, qui distinguent Montesquieu entre tous les auteurs français : il n'a point cette lucidité courante, cette aisance, cette charmante liberté, cette fécondité de mots spirituels, de comparaisons inattendues, qui jaillissent à chaque pas dans les pages incomparables de Voltaire. Dirai-je cependant qu'il a de plus que l'un et l'autre, l'ampleur, le mouvement continu, la gradation puissante, la logique émue, enfin quelque chose du souffle oratoire de l'antiquité? Voltaire et Montesquieu ont le style rapide et court; ils font à leurs adversaires une guerre de flèches qui portent, mais des coups détachés. Rousseau a plus de suite ; il a plus de ce que les Latins appelaient *tenor* et que Cicéron eût regardé comme le signe de l'orateur. Il a le mouvement, l'entrain, l'*impetus* des Latins. Quant à l'esprit, il ne l'avait point tout à fait droit : il ne manquait pas de hauteur ; il était capable d'abstraction ; il concevait fortement ; il déduisait avec habileté et avec rigueur ; il savait composer et développer ; mais la justesse lui faisait défaut, il ne distinguait pas bien les idées, et ne voyait pas toujours clair dans les siennes propres ; aussi n'évitait-il pas la contradiction. En outre, il met trop d'humeur dans tout ce qu'il écrit : il a un ton hautain, et je ne sais quoi de pédagogique, qui blesse et fatigue. Mais aussi, plus qu'aucun écrivain de son temps, il a mis son âme dans ses écrits ; et cette âme, sans être grande, ne laisse point d'être, par quelque côté, belle et touchante, malgré de nombreux défauts qui sont presque des vices. Il a eu le sentiment du grand, et il a défendu de grands objets, Dieu, l'âme, la conscience, la liberté morale, la liberté et l'égalité politiques. Voltaire, si l'empire des esprits lui était resté à lui seul, les aurait peut-être abaissés, il manquait trop, comme nous l'avons vu, d'élévation dans le sentiment moral : l'influence de son esprit plaisant et moqueur, le crédit chaque jour plus grand des sciences exactes, l'*Encyclopédie* devenue la reine de l'opinion, et déjà infestée de toutes les préventions et de toutes les injustices des puissances reconnues, les salons gouvernés par les femmes et gouvernant l'opinion, la coalition de la licence des mœurs et de la liberté de l'esprit ; toutes ces causes diverses auraient produit une complète dégradation des âmes, si J.-J. Rousseau, par la roideur de son stoïcisme, la dignité de sa foi religieuse, son enthousiasme du beau moral, et son fanatisme de citoyen, n'eût fait contre-poids ; il redonna du ton aux esprits comme aux caractères ; il eut de grands disciples qui illustrèrent la fin du siècle ; Turgot, Bernardin de Saint-Pierre, esprits élevés, chez qui la philosophie s'unit, sans les corrompre, au sentiment moral et au sentiment religieux.

En philosophie morale, J.-J. Rousseau est plus original par le style que par la pensée. Il soutient contre les philosophes de son temps la doctrine du sentiment avec une grande éloquence, mais sans cette richesse d'analyse, ce talent d'observation, et cet art systématique qui, à la même époque, en Angleterre, rehaussaient la même doctrine dans les écrits de Hutcheson, de Hume et d'Adam Smith. Il est l'apôtre de la morale naturelle dans un temps où Helvétius, d'Holbach, Diderot, disciples conséquents de la philosophie de Locke, ramenaient toute loi morale à la convention, et réduisaient le devoir à l'intérêt personnel. Voltaire avait aussi défendu la morale naturelle, mais avec moins de hauteur, de constance et de sérieux : il n'avait de noblesse et de pathétique que contre l'intolérance. Rousseau est une sorte de platonicien imprégné de sensualisme. Il est spiritualiste comme Platon. Comme lui, il a le goût de l'idéal, le rêve du mieux ; il croit à un Dieu paternel, à une rémunération équitable, à la responsabilité : il croit enfin à une lumière naturelle qui distingue entre le bien et le mal, à l'instinct divin de la conscience. Mais il place cette lumière dans le cœur : il livre la loi morale à tous les hasards de la passion, quelquefois même de l'organisation : il sacrifie à la fois au devoir et au plaisir, et l'on peut dire de sa doctrine morale qu'elle est une sorte de stoïcisme épicurien.

En philosophie politique, J.-J. Rousseau est un penseur original, dont les vues présentent un tel mélange de vrai et de faux, et un passage si délié de l'un à l'autre que l'on ne peut se flatter, sans l'attention la plus délicate et la plus impartiale, de les démêler exactement. Nous essayerons dans les pages suivantes de faire ce partage, qu'a rendu presque toujours impossible ou une admiration fanatique ou une systématique hostilité.

Sans doute, en politique, Rousseau s'est beaucoup trompé. Mais ces erreurs ne prouvent rien contre son génie; que l'on nous cite dans l'histoire de la politique un publiciste qui ne se soit pas trompé, et aussi gravement. Est-ce Platon, lui qui admettait la communauté des femmes et des enfants, pour ne point parler de la communauté des biens? est-ce Aristote, qui défendait l'esclavage? est-ce saint Thomas, qui accorde au pape le pouvoir suprême sur les rois? est-ce Machiavel, qui permet tout aux princes et aux républiques, pour assurer leur grandeur? est-ce Hobbes ou Spinosa, qui mesurent l'un et l'autre le droit à la force? est-ce Bossuet, qui admet l'esclavage comme Aristote, fait dériver comme Hobbes le droit du pouvoir public, et fait du roi presque un dieu? Je ne vois que deux écrivains politiques qui se soient moins trompés que Rousseau, c'est Locke et Montesquieu. Mais, chez le premier, cet avantage tient peut-être en grande partie à ce que l'auteur ne creuse pas ses pensées, et se contente de les présenter sous le jour le plus favorable; il est facile de rester dans le vrai, si l'on reste dans le vague : la précision au contraire est un mérite, mais elle est un piége. Quant à Montesquieu, qui est à nos yeux, avec Aristote, le prince des écrivains politiques, ce n'est point nous qui chercherons à le diminuer. Mais on avouera qu'une politique expérimentale, qui cherche à rendre raison des faits, a moins de chances de se tromper qu'une politique spéculative, qui prétend trouver les principes. Que conclure de cette rapide énumération? C'est que J.-J. Rousseau ne s'est trompé ni plus ni moins que la plupart des plus grands publicistes, et qu'il mérite d'être compté dans leur famille.

Les deux principaux écrits politiques de J.-J. Rousseau sont le *Discours sur l'inégalité des conditions*, et le *Contrat social* : mais il faut reconnaître une assez grande différence entre ces deux grands ouvrages. Le premier est une déclamation d'académie, où Rousseau a beaucoup trop accordé à la rhétorique et à l'effet. Le second est un traité véritable, longuement médité, sérieusement composé, et où se trouvent, avec ses principaux défauts, les qualités les plus fortes de son esprit et de son style. Lui-même, dans ses *Confessions* (l. VIII), se plaint du ton noir et sombre répandu dans le *Discours sur l'inégalité*, et il l'attribue à l'influence de Diderot. Il dit avoir fait beaucoup d'efforts pour éviter ce défaut dans son *Contrat social;* et il est juste de dire que ce second ouvrage est de beaucoup plus calme et plus modéré que le premier. Disons quelques mots du *Discours sur l'inégalité des conditions*.

Dans cet ouvrage, Rousseau essaye de retrouver l'homme naturel, l'homme primitif, tel qu'il a dû être avant d'avoir été façonné et dénaturé par la civilisation. Mais, à force de dépouiller l'homme de tout ce qui le caractérise aujourd'hui dans l'état social, Jean-Jacques Rousseau arrive à ne plus voir en lui « qu'un animal moins fort que les uns, moins agile que les autres, mais, à tout prendre organisé le plus avantageusement de tous.... Je le vois, ajoute-t-il, se rassasiant sous un chêne, se désaltérant au premier ruisseau, trouvant son lit au pied du même arbre qui lui a fourni son repas ; et voilà ses besoins satisfaits. » Tel est l'état naturel, cet état où il faut aller chercher, selon Rousseau, la loi naturelle, le droit naturel.

Rousseau décrit avec beaucoup d'esprit cet état que son imagination suppose, et que ses yeux n'ont jamais vu. Il attribue à l'homme une grande force physique pour triompher des obstacles de la nature, une agilité extraordinaire pour résister aux animaux féroces, une constitution que n'ont pas encore altérée des passions inconnues, une rare finesse de sens, une indifférence naturelle au bien et au mal, et par conséquent une égale absence de bonté comme de méchanceté, un instinct naturel de conservation, uni à un naturel instinct de pitié, enfin la tranquillité et le bonheur.

Il fait tant d'efforts d'imagination pour réduire l'homme de la nature à l'état animal, qu'il a ensuite bien de la peine à expliquer l'homme social. Et d'abord, il accorde arbitrairement à l'homme primitif, tel qu'il l'imagine, la liberté morale : mais cette liberté que n'éclaire pas la raison, et que ne développe pas une certaine société, doit être tellement obscure, qu'elle sera comme nulle. Rousseau déclare que dans ce premier état, il ne voit pas comment l'homme pourrait arriver à avoir besoin de l'homme, et montre une telle distance entre le besoin et l'industrie, qu'il considère comme presque inexplicable l'invention des premiers arts; mais ce qui le surpasse surtout, c'est la création du langage, dont il ne voit nullement l'explication possible dans les facultés de l'homme naturel qu'il a décrit. Il en conclut que la nature a bien peu fait pour la sociabilité des hommes. Mais il oublie de se demander si ce n'est pas lui-même qui crée cet abîme entre l'homme naturel et l'homme social, et si les difficultés qu'il rencontre à expliquer l'homme d'aujourd'hui par son hypothèse ne déposent pas plutôt contre cette hypothèse que contre la société. Aristote, en effet, paraît avoir mieux raisonné que Rousseau, lorsqu'il dit : « La nature a donné la parole à l'homme, elle l'a donc destiné à la société. » Celui-ci dit au contraire : « Dans mes principes, la société n'est pas naturelle à l'homme ; donc la parole ne lui est pas naturelle : comment a-t-il pu la créer ? » Question à laquelle je ne connais pas de réponse.

Il n'est pas difficile à Rousseau d'établir que, dans cet état primitif, il y a peu d'inégalités ; cela est simple : car moins la nature humaine est développée, moins il y a de différences, et par suite d'inégalités. L'état à la fois le plus naturel et le plus égal dans tous les hommes n'est-il pas l'état d'embryon ?

L'inégalité est donc l'œuvre de la civilisation, l'effet du passage de l'état de nature à l'état social.

Nous ne pouvons suivre Jean-Jacques Rousseau dans tous les ingénieux développements de sa psychologie rétrospective. La parole n'est pas naturelle, et cependant l'homme parle ; la famille n'est pas naturelle, et l'homme vit en famille ; la société n'est pas naturelle, et l'homme vit en société. Voilà les contradictions qu'il doit expliquer.

La perfectibilité de l'homme est le principe dont il fait sortir tous ces développements. On vit croître en même temps par le progrès de la nature les bons et les mauvais sentiments ; le besoin solliciter l'activité, et la découverte produire de nouveaux besoins ; le sentiment de la faiblesse déterminer les hommes à s'unir, à se servir les uns les autres et aussi à se servir les uns des autres ; la réflexion inspirer aux hommes et le désir de se distinguer et le désir de surpasser les autres, et faire naître à la fois l'admiration et l'envie ; enfin le travail introduire la propriété, et la propriété l'inégalité, et ces premiers progrès rendre nécessaire un progrès dernier, la société civile avec ses biens et ses maux, la sécurité, mais la servitude, la protection des forts, l'esclavage des faibles, les inégalités que la force a introduites consacrées par les lois, de plus en plus invétérées par le temps, et se multipliant en quelque sorte les unes par les autres. « Telle fut ou doit être l'origine de la société et des lois, qui donnèrent de nouvelles entraves aux faibles, et de nouvelles forces aux riches, détruisirent sans retour la liberté naturelle, fixèrent la loi de la propriété et de l'inégalité, d'une adroite usurpation firent un droit irrévocable, et, pour le profit de quelques ambitieux, assujettirent désormais tout le genre humain au travail, à la servitude et à la misère. » Paroles terribles dans une société en dissolution, où d'énormes inégalités semblaient justifier ces invectives, paroles injustes et fatales, puisqu'elles ne menaçaient pas seulement une société corrompue, mais la société elle-même, et jetaient à l'avenir un germe éternel de discorde.

Nous avons déjà vu la philosophie détourner ses regards des vices et des malheurs de la société telle qu'elle est; mais c'était avec une raison calme et une imagination douce : c'était pour se reposer sur un idéal, sur un modèle parfait, où toutes les facultés les plus hautes de l'homme recevaient leur accomplissement. Rêve pour rêve, la république de Platon ne vaut-elle pas la république des sauvages?

C'est surtout dans le *Discours sur l'inégalité* que le génie irrité de J.-J. Rousseau répandit sa passion misanthropique et ôta à cette œuvre hardie la force qu'elle eût pu avoir, si, faite avec un examen froid et sévère, elle n'eût pas paru inspirée par la colère. L'idée de démêler dans la société ce que la passion et la force peuvent y avoir introduit d'artificiel et de contraire à la nature et surtout de contraire au droit, aurait produit un plus grand ouvrage, si l'auteur n'eût pas confondu comme à plaisir dans une commune réprobation le juste et l'injuste, la propriété qui naît du travail et celle qui naît de l'usurpation, les raisonnables limites de la liberté naturelle, et l'injuste oppression de cette liberté, la magistrature et le despotisme, les lumières et la corruption, et s'il n'eût pas mis l'homme dans cette alternative d'être méchant ou d'être bête.

Il reste assez peu de traces, dans le *Contrat social*, de cette humeur aigrie qui rebute à la lecture du *Discours sur l'inégalité*. Le ton est généralement sévère, la composition forte, la pensée profonde, quoique subtile, le style d'une rare concision. Les erreurs, les contradictions et les obscurités y sont très-nombreuses : mais une singulière vigueur d'analyse et de dialectique, et la tentative hardie de ramener la politique à l'exactitude d'une science abstraite, font du *Contrat social* un ouvrage très-original, qu'il n'est point permis de traiter avec indifférence, quelque rapport qu'il puisse avoir à nos goûts et à nos sentiments particuliers.

Le dessein de Rousseau a été de remonter aux premières idées de la politique, à peu près comme, un siècle auparavant, Descartes avait cherché à démêler les premières idées d'où dérive tout le système de nos connaissances. Montesquieu avait eu, il est vrai, un dessein à peu près semblable. Mais les principes de Montesquieu ne sont que des faits généraux tirés de l'observation et de la comparaison de ce qui est ou de ce qui a été : c'est une philosophie historique. Les principes de J.-J. Rousseau sont ou prétendent être des principes absolus déduits de l'idée même de la société, et exprimant les conditions essentielles de son existence.

Tel est du moins le dessein qui ressort de la lecture

du *Contrat social*. Mais il faut reconnaître que l'auteur ne l'a pas accusé avec assez de clarté, et l'on pourrait, en s'en rapportant à lui-même, se méprendre sur le sujet de son livre. Rousseau se trompe et nous trompe, lorsqu'il dit : « Je veux chercher si, dans l'ordre civil, il peut y « avoir quelque règle d'administration légitime et sûre, « en prenant les hommes tels qu'ils sont et les lois telles « qu'elles peuvent être (1). » Ce n'est pas là le sujet du *Contrat social* : il ne recherche pas une règle d'administration, mais le principe abstrait et universel du droit politique : il ne prend pas les hommes tels qu'ils sont, mais il considère l'homme en général, en dehors de tous les temps, de tous les lieux, et de toutes les circonstances ; il ne dit pas ce que les lois peuvent être, mais ce qu'elles devraient être, si cela était possible. Ce qui jette encore de l'obscurité, c'est qu'on ne sait guère si l'auteur fait de l'histoire ou de la métaphysique, s'il raconte la naissance des sociétés, ou s'il en cherche le principe idéal et absolu. Il semble avoir eu des mémoires authentiques sur les premières origines de la société parmi les hommes, tant il en parle avec assurance ; mais il ne faut pas trop le prendre à la lettre : en expliquant comment les choses se sont passées, je suppose qu'il veut faire entendre comment elles se seraient passées si les sociétés s'étaient établies par les principes de la raison.

Rousseau réfute d'abord le principe du droit du plus fort. Il semble étrange que l'on soit obligé d'employer le raisonnement contre un système aussi absurde. Mais ce système avait trouvé, nous l'avons vu, au XVIIe siècle, un très-habile avocat, le célèbre Hobbes, l'auteur du *Léviathan*. Ce subtil philosophe avait défendu la thèse du des-

---

(1) *Contr. social*, l. I.

potisme par une suite de raisonnements spécieux très-bien liés, fondés sur ce faux principe, que les hommes ont tous primitivement un droit égal et sans limites sur tout ce qu'ils désirent, d'où il suit que l'état de nature est un état de guerre, dont on ne peut sortir qu'en remettant à un chef, quel qu'il soit, une puissance absolue. Le droit de la force était habilement dissimulé dans ce dangereux système, mais il en était le dernier mot. Tout le monde, au reste, l'avait réfuté. Rousseau ne rajeunit cette réfutation que par l'originalité de son style.

D'un autre côté, Grotius, le fameux auteur **du *Droit de la paix et de la guerre,*** sans partager les principes de Hobbes, aboutissait, par un biais de juriste, aux mêmes conséquences. « Si un particulier, disait-il, peut aliéner sa liberté, et se rendre esclave d'un maître, pourquoi tout un peuple ne pourrait-il pas aliéner la sienne et se rendre sujet d'un roi? » On voit qu'il établissait la servitude politique sur la servitude domestique, et il faisait dériver l'une et l'autre de la volonté libre des contractants. Rousseau n'a pas de peine à rendre sensible la vanité d'un tel contrat : « C'est une convention vaine et
« contradictoire de stipuler d'une part une autorité ab-
« solue et de l'autre une obéissance sans bornes. N'est-il
« pas clair qu'on n'est engagé à rien envers celui dont
« on a droit de tout exiger? Et cette seule condition,
« sans équivalent, sans échange, n'entraîne-t-elle pas la
« nullité de l'acte? Car quel droit mon esclave aurait-il
« contre moi, puisque tout ce qu'il a m'appartient, et
« que son droit étant le mien, ce droit de moi contre
« moi-même est un mot qui n'a aucun sens (1). » Ces

(1) *Contr. social*, l. I, c. iv.

conséquences sont tellement vraies, que Hobbes, plus audacieux que Grotius, les avoue expressément, et déclare qu'un maître ne peut pas commettre d'injustice envers son esclave : « Car, dit-il, celui-ci a soumis sa volonté « tout entière, et tout ce que le maître fait, il le fait « du consentement de l'esclave; et l'on ne peut faire « d'injure à celui qui est content de la recevoir (1). » Qu'est-ce donc qu'un pareil contrat? Il est nul par les termes mêmes. En outre, il est illicite. La nature humaine s'y oppose : « Renoncer à la liberté, dit Rousseau, « c'est renoncer à sa qualité d'homme, aux droits de la « liberté, même à ses devoirs. Il n'y a nul dédommage- « ment possible pour quiconque renonce à tout. Une « telle renonciation est incompatible avec la nature de « l'homme, et c'est ôter toute moralité aux actions, que « d'ôter toute liberté à la volonté (2). » J'insiste sur ce remarquable passage : il nous montre le lien de la liberté civile et politique avec la liberté morale, et met hors de doute le titre sacré et inviolable de la personne humaine. Aucun publiciste n'avait encore pénétré aussi avant. Rousseau est un des premiers politiques qui aient fait voir qu'il y a dans l'homme quelque chose d'inaliénable, indépendant de toute convention. Il est malheureux que lui-même démente si vite son principe, et qu'oubliant à son tour le droit des individus et des personnes, il le sacrifie presque absolument à la suprématie illimitée de l'État.

Il avait pourtant mesuré avec justesse les difficultés du problème, et il avait très-bien vu que le point délicat est de fixer la limite qui sépare la protection de l'oppression, et de concilier ce que l'individu se doit à lui-même avec

(1) Hobbes, *De civ.*, sect. 11, c. v, § 7.
(2) *Contr. social*, l. I, c. iv.

ce qu'il doit à l'État. Il formulait ainsi ce problème embarrassant : « Trouver une forme d'association qui défende et protége de toute la force commune la personne et les biens de chaque associé, et par laquelle chacun s'unissant à tous, n'obéisse pourtant qu'à lui-même, et reste aussi libre qu'auparavant. Tel est le problème fondamental, dont le Contrat social donne la solution (1). »

Ce n'est pas une objection à faire contre l'hypothèse du contrat social que de demander où et comment ce contrat a été passé, et s'il en reste quelques traces : car d'abord ce contrat peut avoir existé implicitement et tacitement, sans qu'il en subsiste aucun témoignage : de plus, lors même qu'un tel contrat n'eût jamais existé, l'auteur aurait encore le droit d'affirmer qu'il est en principe la condition d'une société véritable, et que l'État, pris en soi, sans regarder à son origine, n'est autre chose qu'une association libre, réglée par un contrat.

On ne serait pas non plus dans le vrai si on objectait à Rousseau que la société ne naît pas d'un contrat, mais qu'elle vient de la nature ; car il n'est pas traité ici de la société humaine en général, mais de la société politique en particulier, deux choses bien différentes. Locke observe avec justesse, dans son *Essai du gouvernement civil*, qu'un Français et un Indien qui se rencontrent dans les déserts de l'Amérique sont bien entre eux dans un certain état de société, mais ne font point partie pour cela d'une même société politique. Les principes qui servent à expliquer la naissance de la société humaine ne suffisent donc pas à expliquer celle du corps

---

(1) *Contr. social*, l. I, c. vi.

politique ; et en répétant, avec Aristote, que l'homme est un animal sociable, il ne faut pas croire avoir rendu compte de l'origine de l'État. Rousseau dit très-bien que la question est précisément de définir « l'acte par lequel un peuple est un peuple. » Or cet acte est un contrat. Il est vrai que la plupart des États se forment par conquêtes successives. Mais, outre que le fait ne vaut pas contre le droit, qu'arrive-t-il lorsqu'un peuple en soumet un autre? Il cherche à se l'attacher en le faisant de plus en plus participer aux bienfaits de ses propres lois, c'est-à-dire à conquérir la volonté, après avoir conquis le territoire. Jusqu'au moment où le vaincu consent à son union avec le vainqueur, l'unité n'est que nominale, et le moindre accident la met en péril. Mais lorsque, sans conquêtes, sans violences, il se fait un contrat d'égal à égal entre deux ou plusieurs provinces, qu'elles consentent à vivre sous le même système de gouvernement ou de lois, comme aux États-Unis, ou comme cela est arrivé souvent pour la France même, n'est-ce point là l'idéal d'un peuple légitimement constitué? Enfin supprimez dans un État la volonté commune à tous les citoyens de vivre ensemble liés par les mêmes engagements, et avec un partage égal ou équivalent de charges et d'avantages, quel sera le principe conservateur du corps politique? La force seule, principe fort incertain ; car la force passe tantôt d'un côté, tantôt de l'autre, et dans ces alternatives l'État périt infailliblement.

Ce n'est donc pas le principe même du contrat social qu'il faut combattre, mais les clauses et les conditions de ce contrat; elles se ramènent toutes à une seule : l'aliénation totale de chaque associé avec tous ses droits à la communauté (1).

(1) *Contr. social*, l. I, c. vi.

On se demande par quelle contradiction Rousseau, qui a établi avec tant de force, contre Grotius, que ni un homme ni un peuple ne peuvent s'aliéner et renoncer à leur liberté, fait maintenant consister l'essence du pacte social dans l'aliénation de chacun à tous. L'expression même d'aliénation est déjà hyperbolique. Une personne, un être libre ne peut s'aliéner ; les choses seules sont aliénables. Mais, comme si l'expression n'était pas assez forte, Rousseau l'exagère en la développant; car il demande à chaque personne une aliénation totale d'elle-même avec tous ses droits. Qu'est-ce autre chose qu'une véritable mort, et comment l'acte fondamental de la vie sociale peut-il être à l'origine le renoncement absolu de chacun à soi-même ?

Rousseau prétend que cette aliénation est sans danger, pour deux raisons : « 1° Chacun se donnant tout entier, la condition est égale pour tous, nul n'a intérêt de la rendre onéreuse aux autres ; 2° chacun se donnant à tous ne se donne à personne ; et comme il n'y a pas un associé sur lequel on n'acquière le même droit qu'on lui cède sur soi, on gagne l'équivalent de ce qu'on perd et plus de force pour conserver ce qu'on a (1). »

Voilà bien des abstractions et des obscurités. On comprend assez la première compensation : c'est que le sacrifice est égal pour tous. Mais n'est-ce point une médiocre consolation d'être esclave avec tout le monde, et l'aliénation totale de chaque associé est-elle moins injuste et moins contraire au droit, pour être commune à tous? Il est vrai que l'auteur ajoute que, cette condition étant commune, nul n'a intérêt de la rendre onéreuse aux autres. Cela peut être vrai d'une société idéale où

(1) *Contr. social*, l. II, c. vi.

tous prononceraient en effet et unanimement sur les intérêts de tous. Mais, en fait, la puissance souveraine se ramasse toujours dans quelques-uns; ceux-là pourraient donc opprimer les autres impunément et justement, puisque chaque associé a tout aliéné à la communauté et que le chef peut dire : La communauté, c'est moi.

Rousseau dit encore que l'on gagne l'équivalent de ce que l'on perd, puisque chaque membre reçoit, comme faisant partie du tout, la personne, les biens et les droits de chaque associé. Mais que m'importe de recevoir la personnalité d'autrui, si je perds la mienne ? La personne des autres hommes ne m'appartient pas plus que la mienne à eux : ils n'ont point eux-mêmes le droit de me la céder. C'est là un échange étrange et incompréhensible : je donne tout, puisque je me donne moi-même. Y a-t-il une compensation à cela ? Je donne le tout, et je ne reçois que des parcelles, puisque ce que chacun donne se trouve disséminé entre tous les membres du tout. Cette part imperceptible de suprématie du tout sur les parties que je reçois comme étant moi-même membre du tout, me dédommage-t-elle de la perte infinie que j'ai d'abord faite en sacrifiant tout mon être ?

Enfin est-il possible, quelque effort que l'on fasse, de rien comprendre à cette opération abstraite et algébrique de l'aliénation de tous à tous ? Par là, dit-on, est obtenue la plus parfaite unité. Oui, sans doute, mais aussi la plus parfaite abstraction : ce je ne sais quoi que vous appelez l'État, et auquel chacun se sacrifie tout entier, n'est rien, s'il n'est la collection de personnes vivantes, agissantes, douées de pensée et d'action, ayant par conséquent des droits, des devoirs, des sentiments, des facultés naturelles, qu'elles ne peuvent point aliéner sous peine de mourir. Sacrifiez tout cela : que reste-t-il? Le néant. Platon aussi, dans sa *République*, avait voulu former un État absolument un. Aristote lui répondait : « L'État n'est pas une unité absolue, mais une collection d'individus spécifiquement différents (1). » Cette parole lumineuse a autant de force contre le *Contrat social* que contre la *République*.

Par le contrat social, les hommes, qui n'étaient auparavant qu'une multitude éparse, se réunissent en un corps, et forment en quelque sorte une seule personne. C'est l'État, que l'on appelle également le souverain, lorsqu'on le considère dans la puissance qu'il exerce sur ses propres membres ; et les membres de l'État ont à leur tour deux noms, selon qu'on les prend comme des parties du souverain, ou comme soumis à ses volontés : car la même personne, dans tout corps politique, présente ces deux rapports, exprimés par les termes opposés de *citoyen* ou de *sujet*. C'est pourquoi Rousseau dit que chacun contracte avec soi-même : chacun s'engage en effet à obéir comme sujet aux lois qu'il portera comme citoyen. C'est ce double rapport qui, selon lui, garantit la liberté et la sécurité de l'individu. Mais mon objection revient toujours : comment peut-on contracter avec soi-même, lorsque l'on a renoncé d'abord à toute personnalité?

La pensée de Rousseau oscille sans cesse entre ces deux principes contraires, le droit de l'État et le droit de l'individu. Ainsi, après avoir abandonné à la personne publique tous les droits de tous les associés, il se demande cependant quelles sont les bornes du pouvoir souverain. Cette question a également arrêté deux publicistes, dont les principes ont certaines analogies avec ceux de Rous-

---

(1) Arist., *Politique*, t. II, c. I, § 4.

seau, Hobbes et Spinosa. Selon Spinosa, le droit se mesure à la puissance : celui qui peut tout a droit à tout ; système où il paraît impossible de découvrir une limite au pouvoir souverain. Il y en a cependant une, selon Spinosa, et qui se tire du principe lui-même. En effet, il n'y a point de souverain si absolu, qu'il puisse tout à la lettre. La limite de son droit est l'impossibilité même où il est de pouvoir détruire toutes les forces contraires à la sienne (1) : pauvre réserve, car jusqu'à ce que le souverain ait atteint cette limite de l'impossible, il lui reste bien assez de champ pour opprimer, humilier et anéantir les droits les plus sacrés de l'humanité. La limite que Hobbes reconnaît au pouvoir souverain est encore plus ridicule : c'est, dit-il, le point où un sujet aimerait mieux la mort que l'obéissance (2) : en d'autres termes, le seul droit que le sujet ait contre le souverain, c'est de mourir. Il n'était point besoin de Hobbes pour apprendre à un esclave que ce triste droit ne peut lui être enlevé.

Quant à Rousseau, il a une idée plus élevée des droits de la nature humaine : il cherche à sauver les personnes privées, qui sont naturellement, dit-il, indépendantes de la personne publique. Il distingue les droits respectifs des citoyens et du souverain, et il se souvient enfin que les citoyens ont des droits naturels dont ils doivent jouir en qualité d'hommes (3).

Mais, dès lors, il n'est donc point vrai que chaque associé aliène effectivement tous ses droits, qu'il commence par renoncer à tout ce qu'il possède, pour en obtenir la garantie : contrat absurde, comme Rousseau l'a fait voir

---

(1) Spinosa, *Traité théologico-politique*, c. xvii. Il est juste d'ajouter que Spinosa fait une exception remarquable en faveur de la liberté de la parole et de la pensée. Mais c'est une contradiction.
(2) Hobbes, *De civ.*, sect. 2, c. vi, § 13.
(3) *Contr. social*, l. II, c. iv.

en réfutant l'esclavage. Il se corrige maintenant en ces termes : « On convient que ce que chacun aliène, par le pacte social, de sa puissance, de ses biens, de sa liberté, c'est seulement la partie de tout cela dont l'usage importe à la communauté (1). » Ainsi l'aliénation n'est pas totale, mais partielle. « Il est si faux, dit-il encore, que dans le contrat social il y ait de la part des particuliers aucune renonciation véritable, que leur situation, par l'effet de ce contrat, se trouve réellement préférable à ce qu'elle était auparavant (2). » Mais comment a-t-il pu appeler une aliénation totale ce qui n'est pas même une renonciation ? Lorsqu'on livre tout, comment peut-on recevoir davantage ? Il est très-juste de dire que, par l'effet du pacte social, la situation de chaque associé devient meilleure : mais ce n'est pas parce qu'il a commencé par tout donner, mais bien parce qu'en sacrifiant quelque chose, il a obtenu la garantie du reste.

Rousseau ajoute « que le souverain est le juge de l'importance des sacrifices nécessaires à la communauté (3). » Voilà de nouveau la balance qui penche du côté du souverain. Bien entendu, cependant, ce principe est vrai : si Rousseau veut dire qu'il faut dans tout État une autorité dernière, que cette autorité ne peut pas être l'individu; que, si l'individu a le droit de juger entre l'État et lui, il n'y a plus d'État ; que la loi est souveraine et respectable, même quand elle se trompe ; il exprime un principe qui est la base de tout ordre politique, quel qu'il soit. Ce principe a fait la force des États de l'antiquité : rien n'est beau comme ce sentiment de respect et d'obéissance que le citoyen antique avait pour la cité, la patrie, la loi.

(1) *Contr. social*, l. II, c iv.
(2) *Ib.*, *ib.*
(3) *Ib.*, *ib.*

Socrate, injustement condamné par l'Aréopage, se croyait obligé de mourir pour obéir aux lois, et comme ses amis le pressaient de s'enfuir, il évoquait l'image de ces lois bienfaitrices, leur donnait une âme et, leur prêtant contre lui-même les plus imposantes paroles, il se faisait rappeler par elles leur autorité maternelle et les engagements où il était entré en acceptant leur protection (1).

Mais si Rousseau entend que le souverain est juge absolu et irresponsable, que tout ce qu'il a décidé est non-seulement obligatoire, mais juste, qu'entre le souverain et le sujet il n'y a aucun arbitre, même moral, et enfin que le citoyen n'a exactement de droit que celui que le souverain lui donne ou lui laisse, cette maxime est celle de tous les gouvernements tyranniques. Or c'est là ce qui paraît résulter de ce passage : « Le souverain n'étant formé que des particuliers qui le composent, n'a ni ne peut avoir d'intérêt contraire au leur : par conséquent la puissance souveraine n'a nul besoin de garant envers les sujets, parce qu'il est impossible que le corps veuille nuire à tous ses membres, et nous verrons ci-après qu'il ne peut nuire à aucun en particulier. Le souverain, par cela seul qu'il est, est toujours ce qu'il doit être (2). » C'est en vertu du même principe que Rousseau soutient que le souverain n'est engagé à rien envers lui-même : « Il est contre la nature du corps politique que le souverain s'impose une loi qu'il ne puisse enfreindre. Ne pouvant se considérer que sous un seul et même rapport, il est alors dans le cas d'un particulier contractant avec soi-même : par où l'on voit qu'il n'y a ni ne peut y avoir nulle espèce de loi fondamentale obligatoire pour le corps

---

(1) Voy. dans le *Criton* de Platon l'admirable prosopopée des lois.
(2) *Contr. social*, l. I, c. vii.

du peuple, pas même le contrat social (1). » Dans ces différents passages, Rousseau place la souveraineté dans la seule volonté du peuple. Mais il ne suffit pas de considérer ce que le peuple veut : il faut compter aussi avec ce qu'il doit. Ce n'est pas la volonté des contractants, fût-elle unanime, qui fait la justice : la justice est le fondement, et non l'effet des conventions civiles : il y a donc des lois fondamentales obligatoires pour tout le peuple, qu'il y consente ou non ; et le contrat social, qui a son origine dans la vocation naturelle de l'homme pour la société, est de ce nombre.

On peut vérifier sur un point particulier la justesse de ces observations générales : je veux parler de la théorie de la propriété (2).

Selon la théorie de Rousseau, il y a une possession primitive qui repose sur le droit du premier occupant : mais pour que cette possession devienne légitime, il faut qu'elle soit reconnue et garantie par l'État, ce qui a lieu de cette manière : chaque associé renonce à tout ce qu'il possédait avant le contrat social, et la société, devenue alors maîtresse de tous les biens, remet à chacun sa part en la garantissant : d'où il suit que la sécurité des propriétés est achetée de leur indépendance : chaque citoyen, selon l'expression même de Rousseau, n'est plus que le dépositaire du bien public. Si l'on y regarde bien, c'est un contrat semblable à celui que passaient, à la fin de l'empire romain, les petits propriétaires avec les grands : pour acheter la tranquillité, ils sacrifiaient la liberté : ils leur remettaient la propriété de leurs biens qu'ils recevaient ensuite de nouveau à titre de fermiers ou de colons : contrat qui de proche en proche a produit le servage du

(1) *Contr. social*, *ib*.
(2) *Ib.*, l. I, c. ix.

moyen âge. Voici des passages qui mettent hors de doute la théorie que nous attribuons ici à l'auteur du *Contrat social* : « L'État, dit-il, à l'égard de ses membres, est *maître* de *tous leurs biens* par le contrat social, qui dans l'État sert de base à tous les droits... Ce qu'il y a de singulier dans cette *aliénation*, c'est que, loin qu'en acceptant les biens des particuliers la communauté les en dépouille, elle ne fait que leur en assurer la légitime possession, changer *l'usurpation* en véritable droit et la jouissance en propriété (1). »

Toute cette théorie est complétement fausse. L'État ne crée pas la propriété : il la garantit. Je veux que le droit du premier occupant ne suffise pas pour donner naissance à une légitime propriété. Car, comme le dit très-bien J.-J. Rousseau, « suffira-t-il de mettre le pied sur un terrain commun pour s'en prétendre aussitôt le maître ? Suffira-t-il d'avoir la force d'en écarter un moment les autres hommes pour leur ôter le droit d'y jamais revenir (2) ? » Mais ajoutez-y cette condition, qu'on en prenne possession « non par une vaine cérémonie, mais par le travail et la culture. » Sera-t-il juste alors d'appeler usurpation une propriété fondée sur de tels titres, et est-il nécessaire que l'État intervienne pour fonder mon droit ? Où prendrait-il lui-même ce droit, et ne serait-ce pas au contraire, de la part de l'État, une véritable usurpation de s'approprier ce que j'ai occupé le premier et ce que j'ai rendu mien par mes sueurs ? Qu'ai-je besoin de recevoir ultérieurement de sa volonté ce que j'ai d'abord gagné par moi-même ? J'imagine que j'aille mettre le pied sur un de ces vastes territoires inoccupés qui restent encore dans le continent américain, que j'y plante

---

(1) *Contr. social*, l I, c. II.
(2) *Ib.*, *ib.*

une tente, que j'y ensemence un champ, que j'apporte la vie à ce sol inerte : je suis seul, l'État n'est pas là pour consacrer mon droit de propriétaire ; en est-il moins vrai que ce droit, je l'ai, et qu'un colon nouveau n'aura aucun droit contre le mien? Mais le voici qui, à côté de moi, suit mon exemple : un troisième vient ensuite, d'autres encore, et il se forme une réunion de maisons, de champs, de domaines, un village, une ville, une cité : un ordre devient nécessaire; des chefs sont nommés, des lois portées, un gouvernement s'établit, voilà un État nouveau dans le monde. Quoi ! ce droit, clair comme la lumière du jour, que j'avais tout à l'heure sur mon bien quand j'étais seul, en serai-je dépossédé parce que j'ai maintenant des voisins, et l'accession de ces nouveaux arrivants peut-elle rien ajouter ou rien ôter aux droits antérieurs? L'État, qui n'est qu'une règle, a-t-il aucun droit sur cette terre que j'ai en quelque sorte créée par mon industrie, quand il n'existait pas encore ? Et serai-je déclaré par lui usurpateur jusqu'au moment où je consentirais à devenir son fermier ? Le contrat social n'ajoute qu'une chose au droit du propriétaire, la garantie commune; et la nécessité des engagements civils ne vient pas de l'absence d'un droit antérieur, mais de l'impuissance de défendre ce droit, faute de sanction. Hors de cette doctrine, la propriété n'est pas assurée : car s'il est vrai, comme le dit Rousseau, que « le droit que chaque particulier a sur son propre fonds est subordonné au droit que la communauté a sur tous (1), » j'accorde que dans cette doctrine ma propriété peut être garantie par l'État contre mes voisins, mais elle ne l'est pas contre l'État lui-même (2).

(1) *Contr. social*, l. I, c. II.
(2) Le principe du contrat social est loin d'être favorable au socialisme ; car, si la société politique est le résultat d'une convention, elle ne peut

Si je conteste la théorie de l'aliénation totale de l'individu à la société, ce n'est pas pour repousser le principe fondamental de Rousseau et du *Contrat social* : à savoir, que la souveraineté réside dans la volonté générale. Je crois au contraire qu'il faut séparer ses deux principes et ne point compromettre le second par le premier. En effet, la question des droits et des limites du pouvoir souverain n'est pas la même que celle du principe de la souveraineté. Quel que soit le vrai souverain de la société, roi, clergé, noblesse ou peuple, il y aura toujours lieu de se demander si le souverain peut tout, ou s'il ne peut pas tout ? Réciproquement, après avoir établi que le souverain ne peut pas tout, reste encore à décider quel est le souverain. Or le vrai souverain, c'est la volonté générale.

Dire que la souveraineté réside dans la volonté générale, c'est dire que la société s'appartient à elle-même, qu'elle a elle-même la direction et la responsabilité de ses destinées, qu'elle n'appartient pas de toute éternité et de droit divin à une personne, à une famille, à un corps, laïque ou ecclésiastique. Est-ce donc lui accorder le droit de tout faire ? Non, sans doute. Non, car on n'accorde pas à l'individu le droit de tout faire en reconnaissant qu'il possède le libre arbitre. La volonté générale dans la société est la même chose que le libre arbitre dans l'individu. En un sens, le libre arbitre n'est-il pas souverain ? C'est dans le même sens que la volonté générale est souveraine. L'un et l'autre ont, il est vrai, au-dessus d'eux la souveraineté de la raison. Mais la raison n'est qu'une

---

être que le garant des droits antérieurs des citoyens. Le socialisme au contraire supposerait plutôt une sorte de préexistence de la société par rapport aux citoyens, un droit antérieur de la société et de l'État. Mais alors l'État ne serait plus le résultat d'un contrat.

règle et une lumière : ce n'est pas un principe de vie et de mouvement.

Si la volonté générale n'est pas le souverain, il faut que ce soit quelque volonté particulière. Mais à quel titre une volonté particulière jouirait-elle de ce privilége qu'on refuse à la volonté générale? Pourquoi tel homme plutôt que tel autre, telle famille plutôt que telle autre, tel corps plutôt que tel autre? En vertu de quel principe cette volonté d'un seul ou de quelques-uns s'arrogera-t-elle un droit de possession sur tous? Je ne vois que la force, le droit divin, ou le droit paternel. Ce n'est point le lieu d'entrer dans la discussion de chacun de ces principes. Mais, en deux mots, la force n'a jamais pu être un principe de droit; le droit divin n'a aucun signe qui puisse le faire reconnaître, au milieu des innombrables révolutions qui depuis le commencement du monde ont bouleversé les États; quant au droit paternel, il aurait tout au plus pour conséquence la souveraineté des chefs de famille, ce qui est déjà bien près de la souveraineté de tous; et d'ailleurs, puisque le droit civil émancipe les enfants à l'âge de la majorité et leur laisse la libre possession de leurs personnes et de leurs biens, on ne comprend pas comment le droit politique les maintiendrait dans la dépendance. Enfin, dans toute société où plusieurs personnes mettent en commun leurs intérêts sans les confondre, le pouvoir souverain appartient évidemment à la totalité des membres, et la société a toujours le droit de se faire rendre des comptes. Ce qui est vrai des associations particulières est également vrai de la plus grande des associations, c'est-à-dire de l'État (1).

---

(1) « Les lois ne sont proprement que les conditions de l'association civile. Il n'appartient qu'à ceux qui s'associent de régler les conditions de la société. » *Contr. social*, l. II, c. VI.

Je distingue deux sortes de souveraineté, deux sortes de commandement, le commandement de la raison et celui de la volonté. Prenons pour exemple l'homme individuel. La raison lui commande une action : cela suffit-il ? Tant que la raison seule parle, rien n'est fait, rien n'est commencé ; je n'y suis moi-même en quelque sorte pour rien : car ma raison, ce n'est pas moi, et la vérité qu'elle me montre est extérieure à moi, indépendante de moi. Sans doute, la raison est souveraine, mais c'est une souveraine sans puissance ; car, quoi qu'elle dise, je puis faire ce que je veux. De là une seconde souveraineté, celle de ma volonté : c'est la volonté qui seule peut faire que l'action soit ; c'est elle qui en prend la responsabilité, c'est elle qui est maîtresse de ma destinée ; ou plutôt c'est par elle seule que je suis mon maître, que je me commande à moi-même, que je suis souverain de moi-même.

Il en est de même dans l'État. L'État, comme l'individu, doit obéir à la raison : c'est en ce sens qu'elle est souveraine. Mais la raison toute seule ne suffit pas : il faut une volonté pour lui obéir : cette volonté ne peut être que celle de l'État ; et comme l'État c'est tout le monde, ce sera la volonté de tous. C'est en ce sens que la volonté générale est souveraine.

Rousseau lui-même a parfaitement exprimé la distinction que nous venons d'indiquer ; et, pour cette raison, sa théorie de la loi a une solidité que n'ont pas toujours les autres parties du *Contrat social* (1). Personne n'a exposé avec plus de précision le principe de la souveraineté de la raison, tout en signalant son insuffisance : « Ce qui est bien et conforme à l'ordre est tel par la nature des

---

(1) *Contr. social*, l. II, c. IV.

choses et indépendamment des conventions humaines. *Toute justice vient de Dieu, lui seul en est la source; mais si nous savions la recevoir de si haut, nous n'aurions besoin ni de gouvernement ni de lois.* Sans doute, *il est une justice universelle, émanée de la raison seule;* mais cette justice, pour être admise entre nous, doit être réciproque. A considérer humainement les choses, faute de sanction naturelle, les lois de la justice sont vaines parmi les hommes; elles ne font que le bien du méchant et le mal du juste, quand celui-ci les observe avec tout le monde sans que personne les observe avec lui. *Il faut donc des conventions et des lois pour unir les droits aux devoirs* et ramener la justice à son objet. » Rien de mieux dit et de mieux pensé. Le principe de la souveraineté de la raison est un principe de morale, et non de politique : c'est la règle que la morale impose à la politique. Mais il ne suffit pas d'établir qu'il y a une loi éternelle, divine, que les peuples ne peuvent pas plus violer que les rois; il faut encore expliquer d'où vient la loi civile, et quel en est le principe. « Quand on aura dit ce que c'est qu'une loi de la nature, on n'en saura pas mieux ce que c'est qu'une loi de l'État. » On oppose la définition de Montesquieu à celle de Rousseau. « Les lois sont les rapports nécessaires qui dérivent de la nature des choses. » Cette définition, dit-on, exclut tout arbitraire. A merveille. Mais d'abord, les lois civiles sont-elles des rapports nécessaires? Ne sont-elles pas la plupart du temps des rapports variables et contingents, et des transactions mobiles entre mille intérêts également mobiles? En second lieu, entre la loi primitive qui réside dans l'éternelle raison, et la loi civile, qui n'en est qu'une dérivation très-éloignée, il faut bien qu'il y ait un intermédiaire, une volonté qui donne naissance à la loi écrite, laquelle n'existe pas par elle-même.

Quelle sera cette volonté? Pourquoi celle-ci plutôt que celle-là? Il faut que ce soit une volonté générale; car, *a priori*, il n'y aucune raison d'exclure personne.

Reste enfin l'objection qui se tire de la pratique. Mais il ne s'agit point ici de pratique. On recherche seulement quel est, en droit, le vrai principe de la souveraineté dans l'État, mais non quelle doit être en fait la forme de l'État. Sans doute, par cela seul qu'on pose un principe, on tend évidemment à appliquer ce principe dans la réalité; mais on n'est point engagé à l'appliquer à l'heure même, ni d'une façon plutôt que d'une autre. Le débat reste donc entier entre les partisans des diverses formes politiques. La seule chose qui soit établie, c'est que ces formes ne sont que des formes et non des principes. Mais quelle que soit la forme de l'État, la loi ne peut être autre chose que l'expression réelle ou supposée de la volonté générale. Si l'autorité de Rousseau paraît mal plaisante à quelques personnes, il est facile de la corroborer par une autorité plus majestueuse et plus consacrée, celle de saint Thomas d'Aquin. A qui appartient-il de faire la loi? « A la multitude tout entière, répond-il, ou à celui qui la représente : *Vel totius multitudinis, vel alicujus gerentis vicem* (1). »

Du souverain, il faut descendre au gouvernement (2). Rousseau est le premier qui ait opposé ces deux termes, jusque-là toujours plus ou moins confondus. Il compare le souverain à la volonté qui dans l'homme détermine un acte libre, et le gouvernement à la force qui l'exécute. Le souverain ne peut avoir que des volontés générales : il lui faut cependant un agent qui exécute ou fasse exécuter ses volontés : c'est le gouvernement. Le

---

(1) Voir plus haut, t. I, l. II, c. III, p. 417.
(2) *Contr. social*, l. III, c. I.

gouvernement n'est que le mandataire du souverain : il est l'intermédiaire entre le souverain et les sujets. Ainsi le corps politique se compose de trois termes, qui forment entre eux une proportion : le souverain commande, le gouvernement exécute, le sujet obéit. Rousseau cherche à nous donner une idée de ces différents rapports par d'ingénieuses traductions mathématiques, mais plus compliquées et beaucoup moins claires que les choses mêmes qu'elles représentent.

On a raison de dire que Rousseau est le premier qui ait défini rigoureusement le gouvernement, en l'opposant au souverain. Mais le fondement de cette distinction n'est-il pas déjà dans Montesquieu ? Lorsque celui-ci dit par exemple : « Comme, dans un État libre, tout homme qui est censé avoir une âme libre doit être gouverné par soi-même, il faudrait que le peuple en corps eût la puissance législative, » lorsqu'il parle de ces gouvernements où le même corps de magistrats « a, comme exécuteur des lois, toute la puissance qu'il s'est donnée comme législateur... peut ravager l'État par ses volontés générales, et détruire chaque citoyen par ses volontés particulières, » n'est-ce pas la pensée et le langage même de J.-J. Rousseau ? La seule chose qui appartienne à celui-ci, c'est d'avoir limité le sens du mot gouvernement à la puissance exécutive : c'est le sens qui a été en général adopté dans les États constitutionnels.

Mais si c'est un mérite de J.-J. Rousseau d'avoir défini avec précision une expression si importante de la langue politique, il se crée par là même des difficultés particulières dans sa théorie de la division des gouvernements(1). Lorsque l'on parle en effet des différentes espèces de

---

(1) *Contr. social*, l. III, c. III.

gouvernement, on ne prend plus ce mot dans le sens étroit de pouvoir exécutif, mais on entend distinguer les différentes constitutions politiques : or les constitutions ne règlent pas seulement la forme du pouvoir exécutif, mais aussi du législatif, et quoiqu'en principe ce dernier pouvoir soit l'attribut du peuple, il peut bien, dans la pratique, appartenir soit à un roi, soit à un corps de nobles, soit à une partie du peuple seulement, et il faut tenir compte de ces différences dans la division des gouvernements. Mais Rousseau, pour ne pas abandonner un seul instant sa définition, ne distingue les gouvernements des uns et des autres que par la constitution du pouvoir exécutif : ce qui le conduit à des définitions arbitraires et contraires à toutes les habitudes de la science et de la langue. Par exemple, si l'on consultait sa définition, le gouvernement des États-Unis serait une monarchie, puisque le pouvoir exécutif y appartient à un seul : d'aristocratie selon ses principes, je n'en connais guère : car je ne vois pas d'État où, le peuple ayant la puissance législative, un sénat soit chargé seul de l'exécution; à Rome le sénat partageait avec le peuple le pouvoir législatif. Quant à la démocratie comme Rousseau la définit, c'est-à-dire un gouvernement où le peuple tout entier est législateur et magistrat, il serait aujourd'hui impossible d'en trouver un seul exemple dans le monde; et, dans l'antiquité, Athènes est la seule république qui répondrait, et encore imparfaitement, à la définition.

Le gouvernement étant défini la puissance exécutive, comment s'établit-il, et de quelle nature est l'acte qui en détermine l'institution? Selon quelques publicistes, Hobbes et Locke, par exemple, l'institution du gouvernement est un contrat. L'idée d'un tel contrat, selon Rousseau, est contradictoire. Le souverain ne peut se donner un maître : il ne peut se laisser imposer aucune condition ; sa volonté reste pleine et entière après comme avant l'institution du gouvernement : ce n'est donc point un contrat, car par un contrat les deux parties sont engagées : « D'où il résulte que l'acte qui institue le gouvernement n'est point un contrat, mais une loi ; que les dépositaires de la puissance exécutive ne sont point les maîtres du peuple, mais ses officiers, qu'il peut les établir et les destituer quand il lui plaît, qu'il n'est point question pour eux de contracter, mais d'obéir (1). »

Il est vrai de dire que le souverain ne peut pas traiter avec le gouvernement d'égal à égal, et qu'il lui demeure toujours supérieur. Mais n'est-ce pas trop que d'avancer qu'il n'y a nul engagement du peuple au gouvernement? Sans doute, le souverain peut tout ce qui lui plaît ; mais lorsqu'il institue un gouvernement, ne s'engage-t-il pas implicitement à le maintenir, tant que le gouvernement sera de son côté fidèle aux conditions qui lui sont prescrites? En outre, si le souverain, en tant que souverain, n'aliène jamais sa volonté et ne peut se soumettre à ses officiers, ne doit-il pas, comme peuple, s'engager à l'obéissance envers les chefs qu'il institue ? Si le gouvernement est un moyen terme entre le souverain et les sujets, le gouvernement ne s'engage envers le souverain qu'à la condition que les sujets s'engagent envers lui. Sans ce second engagement, l'ordre de la république est compromis : les sujets, abusant de leur qualité de souverain, pour méconnaître l'autorité du gouvernement, usurpent eux-mêmes cette autorité, et le contrat social est dissous.

Demandons maintenant à l'auteur du *Contrat social*

---

(1) *Contr. social*, l. III, c. xviii.

son avis sur le meilleur des gouvernements. On est sur ce point assez injuste envers J.-J. Rousseau. On le considère souvent comme un logicien intraitable, ennemi du possible, ignorant des faits, partisan opiniâtre et aveugle d'une forme particulière, la pure démocratie, et prétendant imposer à tous les États petits ou grands, anciens ou nouveaux, sans considérer leurs mœurs et leurs besoins, le gouvernement de Genève. Une lecture sérieuse du *Contrat social* détruit ces imputations. L'auteur sait bien quelle part doit avoir l'expérience dans les établissements politiques, et que les gouvernements ne doivent pas être seulement bons en eux-mêmes, mais bons selon les circonstances. Voici plusieurs passages décisifs : « On a de tout temps beaucoup disputé sur la meilleure forme de gouvernement, sans considérer que chacune d'elles est la meilleure en certains cas, et la pire en d'autres (1)... En général, le gouvernement démocratique convient aux petits États, l'aristocratique aux médiocres, le monarchique aux grands. Mais comment compter la multitude des circonstances qui peuvent fournir des exceptions (2) ?... Lequel vaut mieux d'un gouvernement simple ou d'un gouvernement mixte ? Question fort agitée chez les politiques, et à laquelle il faut faire la même réponse que j'ai faite ci-devant sur toute forme de gouvernement (3)... Quand on demande quel est le meilleur des gouvernements, on fait une question insoluble, comme indéterminée, ou, si l'on veut, elle a autant de solutions qu'il y a de combinaisons possibles dans les positions absolues et relatives des peuples (4). » Sont-ce là les paroles de

---

(1) *Contr. social*, l. III, c. III.
(2) *Ib.*, *ib.*
(3) *Ib.*, l. III, c. VII.
(4) *Ib.*, l. III, c. IX.

ces politiques à courte vue, qui, parce qu'il n'y a qu'une vérité abstraite, ne comprennent pas qu'il peut y en avoir mille applications, selon la variété infinie des choses et des hommes? Rousseau lui-même, lorsqu'il eut à donner son avis sur le gouvernement de Pologne, se garda bien de vouloir appliquer de vive force à cet infortuné pays les maximes du *Contrat social* : mais il chercha autant qu'il put, dans les circonstances, dans les mœurs, dans les traditions d'ingénieux mais impuissants remèdes à une situation irremédiable.

Mais comme il est difficile à Rousseau de se tenir ferme à une vérité une fois saisie, sans tomber dans la contradiction ou l'exagération, nous allons voir reparaître le disciple aveuglé des législateurs de l'antiquité, le citoyen rétrograde de Sparte, d'Athènes ou de Rome. Il dit d'abord, ce qui est vrai, que, la puissance législative étant le cœur de l'État, il faut des assemblées régulières et périodiques, pour que l'autorité du souverain ne s'oblitère pas dans le silence; mais il ajoute : « A l'instant que le peuple est légitimement assemblé en corps souverain, toute juridiction du gouvernement cesse, la puissance exécutive est suspendue, et la personne du dernier citoyen est aussi sacrée et inviolable que celle du premier magistrat, parce que, où se trouve le représenté, il n'y a plus de représentant (1). » Voltaire, qui cite ce passage, dit très-bien : « Cette proposition serait pernicieuse, si elle n'était d'une fausseté et d'une absurdité évidentes. Lorsqu'en Angleterre le parlement est assemblé, nulle juridiction n'est suspendue; et, dans les plus petits États, si, pendant l'assemblée du peuple, il se commet un meurtre, un vol, le criminel est et doit être livré aux

---

(1) *Contr. social*, l. III, c. xiv.

officiers de la justice. Autrement une assemblée du peuple serait une invitation solennelle au crime (1). » Non-seulement cette maxime est contraire à la vérité, puisqu'il n'y a plus d'ordre public possible avec elle, mais on ne voit pas même comment elle s'accorde avec les principes du *Contrat social*. En effet, la fonction du gouvernement étant distincte de celle du souverain, comment la convocation du souverain suspendrait-elle l'action du gouvernement, à moins que le souverain ne prenne lui-même le gouvernement en mains, ce qui est contraire à la doctrine. Que si chaque citoyen est inviolable comme membre du souverain, il ne l'est pas comme individu. Le gouvernement est subordonné au souverain tout entier ; mais il est supérieur à chacun des sujets en particulier.

Ce n'est pas tout : quand Rousseau parle du peuple assemblé, il l'entend à la lettre, et n'imagine pas d'autres assemblées du peuple que celles des républiques anciennes, où l'on votait dans les rues et sur les places publiques, et il dit naïvement : « Qu'on juge de l'embarras que causait quelquefois la foule par ce qui arriva du temps des Gracques, où une partie des citoyens donnait son suffrage de dessus les toits (2). » On ne voit pas ce qu'une telle confusion devait ajouter de dignité et de lucidité aux délibérations du souverain. Mais Rousseau repousse de toutes ses forces le seul moyen dont puissent disposer les peuples modernes pour exercer leur souveraineté; je veux parler du système de la représentation. Il part de ce principe que la souveraineté ne peut pas être représentée parce qu'elle ne peut pas être aliénée : « Elle consiste essentiellement

(1) Voltaire, *Politique et législation*, *Idées républicaines*, XXXII.
(2) *Contr. social*, l. III, c. xv.

dans la volonté générale, et la volonté ne se représente point; elle est la même ou elle est autre, il n'y a point de milieu (1). » Ce sont là des abstractions (2). La volonté, en soi, est incommunicable, il est vrai ; mais pourquoi n'aurait-elle pas d'interprète? Rousseau dit : « Il n'est point impossible qu'une volonté particulière s'accorde sur quelque point avec la volonté générale; il est impossible au moins que cet accord soit durable et constant. » Il est vrai qu'il n'y a rien d'absolu dans les choses humaines; mais, en politique, on doit se contenter d'approximations. Ainsi, il y aura un suffisant accord entre le représenté et le représentant, si la représentation est fréquemment renouvelée par des élections périodiques. Rousseau prétend que le système représentatif vient du gouvernement féodal. Cela n'est pas : la représentation a son origine dans la nature des sociétés modernes, essentiellement laborieuses, et dans la grandeur des États : les États an-

(1) *Ib.*, *ib.*
(2) L'opinion de Rousseau sur ce point n'est peut-être pas cependant fondée exclusivement sur des abstractions. Lorsqu'on cherche l'origine des théories politiques, on finit presque toujours par découvrir qu'elles se rattachent à quelques faits particuliers. Ici, les préventions de Rousseau contre le régime représentatif s'expliquent par des vices qu'il avait cru remarquer dans le gouvernement de Genève, et qui pouvaient bien s'y être introduits en effet. C'est ce qu'on voit dans les *Lettres écrites de la montagne* (part. II, lettre III.) A Genève la souveraineté ou plutôt le pouvoir législatif appartenait au *conseil général*, c'est-à-dire à l'assemblée réunie des *citoyens* et des *bourgeois*. Ce conseil général était loin d'être le peuple tout entier; car, en dehors de lui, il y avait encore trois classes de personnes : les *habitants*, les *natifs* et les *sujets*. Quant au pouvoir exécutif, il était distribué de la manière la plus compliquée entre plusieurs corps : le *petit conseil*, le *conseil des deux cents*, le *conseil des soixante*. Or il était arrivé, selon Rousseau (et cela n'a rien d'invraisemblable), que ces différents conseils avaient fini par usurper sur le conseil général, et que la souveraineté de celui-ci n'était plus guère que nominale. Le même fait s'était produit à Venise, dont la constitution était moins différente de celle de Genève que l'on est tenté de le croire. Rousseau, préoccupé de l'absorption du pouvoir législatif par l'exécutif dans une petite république, a été conduit par là à une opinion excessive contre le régime représentatif en général.

ciens, très-petits et composés d'hommes de loisir, n'avaient que faire de représentants ; Rousseau le reconnaît lui-même : « Chez les Grecs, dit-il, tout ce que le peuple avait à faire, il le faisait par lui-même, il était sans cesse assemblé sur la place ; il habitait un climat doux ; il n'était point avide ; des esclaves faisaient ses travaux : sa grande affaire était la liberté (1). » Rousseau est évidemment sous le prestige, quand il parle des républiques anciennes. Il trouve admirable ces cités, où la liberté de quelques-uns reposait sur la servitude du plus grand nombre, et pour rester fidèle à sa théorie abstraite de la volonté incommunicable, il met en péril un principe bien plus grand, celui de la liberté personnelle : « Quoi ! dit-il, la liberté ne se maintient qu'à l'appui de la servitude ? Peu-être. Les deux excès se touchent. Tout ce qui n'est point dans la nature a ses inconvénients, et la société civile plus que tout le reste. Il y a telles positions malheureuses où l'on ne peut conserver sa liberté qu'aux dépens de celle d'autrui, où le citoyen ne peut être parfaitement libre que l'esclave ne soit extrêmement esclave. Telle était la position de Sparte. Pour vous, peuples modernes, vous n'avez point d'esclaves, mais vous l'êtes ; vous payez leur liberté de la vôtre. Vous avez beau vanter cette préférence, j'y trouve plus de lâcheté que d'humanité. » Ce morceau est un modèle de fausse déclamation et de fanatisme inintelligent. Rousseau ne comprend point l'esprit des sociétés modernes : il ne voit que des citoyens rassemblés sur la place publique, livrés à la seule affaire de la liberté. Mais la liberté n'est rien par elle-même : elle n'est que la garantie des autres droits ; elle n'est que l'assurance que l'on remplira, sans rien

---

(1) *Contr. social*, l. III, c. xv.

craindre, les fonctions attribuées à l'homme. L'une de ces fonctions est le travail ; une vraie société est une société qui travaille. La société antique, où quelques-uns jouissaient en repos du loisir que leur faisait le travail du plus grand nombre, était une société dans l'enfance. Mais si chacun travaille, comment peut-on faire à la fois ses propres affaires et celles de l'État? D'ailleurs Rousseau se répond à lui-même : « On ne peut imaginer, dit-il dans un autre passage, que le peuple fût incessamment assemblé pour vaquer aux affaires publiques (1). » Il faut donc des représentants. Il en faut encore pour une autre raison, c'est que, les intérêts des peuples modernes étant très-compliqués, les lois y sont très-difficiles à faire, et demandent par conséquent une certaine aptitude; mais ce nouveau point de vue nous entraînerait trop loin.

Il reste une dernière question qu'aucun politique ne peut éluder : celle des rapports de la religion et de l'État (2). Rousseau paraît incliner aux maximes de Hobbes et semble avoir voulu laisser à Voltaire le beau rôle de défendre la liberté religieuse et le droit des opinions.

Cependant, pour bien comprendre la pensée de Rousseau, il faut remarquer que, dans ce même chapitre du *Contrat social*, il distingue quatre formes de religion, d'où quatre espèces de rapports entre la religion et l'État : 1° la religion naturelle ou le théisme; 2° les religions nationales, comme chez les anciens, où la religion est partie intégrante de la constitution : ces sortes de religion, dit-il, sont utiles à l'État, mais nuisibles au

---

(1) *Contr. social*, l. III, c. IV.
(2) *Contr. social*, l. IV, c. VIII. Voyez aussi les *Lettres écrites de la montagne*, part. I, c. I.

genre humain; 3° le christianisme romain, ou religion des prêtres, qui donne à l'homme deux patries, deux chefs, et l'empêche de pouvoir être à la fois dévot et citoyen ; 4° enfin le vrai christianisme, tel que l'entend Rousseau, c'est-à-dire celui de l'Évangile, qui reconnaît tous les hommes pour frères; religion sainte, sublime, véritable, mais qui, cependant, loin d'attacher le cœur des citoyens à l'État, les en détache comme de toutes les choses de la terre. Ces diverses formes religieuses étant distinguées, Rousseau établit que « la science du salut et la science du gouvernement sont deux choses différentes (1). » Il propose même ce que nous appellerions aujourd'hui la séparation de l'Église et de l'État. Il propose « de laisser le christianisme libre de tout lien de chair, sans autre obligation que celle de la conscience... La religion chrétienne est, par la pureté de sa morale, toujours bonne et saine dans l'État, pourvu qu'on n'en fasse pas une partie de la constitution, pourvu qu'elle y soit admise universellement comme religion, sentiment, opinion, croyance; mais, comme loi politique, le christianisme dogmatique est un mauvais établissement (2). » Si Rousseau n'admet pas comme religion de l'État même le christianisme de l'Évangile, à plus forte raison le christianisme romain. Quant aux religions superstitieuses de l'antiquité, il n'en peut être question. Cependant il ne croit pas « qu'un État puisse être sans religion, » par la raison que la religion au moins naturelle est inséparable de la morale, et que la morale est la base de l'État. Il faudra donc réduire la religion aux dogmes élémentaires, à ceux qui sont vraiment utiles à toute société, en omettant tous ceux qui ne peuvent importer qu'à la foi, et « non

(1) *Lettres de la montagne*, part. I, ch. I.
(2) *Ibid., ib.*

au bien terrestre, seul objet de la législation. » C'est ce qu'il appelle la religion civile. C'est sans doute une chimère de croire que l'État, après avoir affranchi les consciences du joug des religions positives, pourra leur imposer une religion purement naturelle. C'est une contradiction, mal dissimulée, que de substituer l'intolérance théiste à l'intolérance catholique ou protestante. Néanmoins l'opinion de Rousseau était un acheminement incontestable à un régime plus libéral en matière de religion. L'idée de la liberté absolue ne se rencontre chez aucun écrivain du siècle. La plupart se contentaient de la tolérance. Peut-être était-ce un progrès de plus de séparer de l'État la religion civile, en le tenant encore associé à la religion naturelle (1). Néanmoins, c'est évidemment une bien grande exagération, et un condamnable emportement de langage de dire : « Que si quelqu'un, après avoir reconnu publiquement ces mêmes dogmes, se conduit comme ne les croyant pas, qu'il soit puni de mort ; il a commis le plus grand des crimes, il a menti devant les lois. » Ce sont là les maximes de l'Inquisition.

Telles sont les principales théories du *Contrat social*, ouvrage plus rigoureux en apparence qu'en réalité. L'auteur y est continuellement partagé entre deux systèmes : celui qui livre tout à l'État, personnes et biens, et celui qui met hors de la communauté les droits naturels des personnes. C'est à vrai dire au premier que tendent tous ses principes. Mais il serait injuste de lui imputer à lui seul, comme on le fait souvent, la responsabilité de cette doctrine. La suprématie absolue de l'État a été le dogme

---

(1) Dans l'état de notre législation, qui, en principe, est censée purement laïque, il y a des traces de religion civile : par exemple, le serment, lequel est évidemment un acte religieux, et qui cependant aux yeux de la loi, ne relève d'aucune religion positive particulière.

commun de presque tous les politiques avant J.-J. Rousseau. Je ne parle pas de l'antiquité, où l'autorité de l'État était si grande (1). Dans les temps modernes, croit-on que les publicistes aient tout d'abord reconnu et accepté ce principe, qui est aujourd'hui si familier, du droit individuel et personnel opposé à la volonté absolue de l'État? Dans le système de Hobbes, il n'y a de liberté que celle que le souverain donne : c'est ce qu'il appelle la liberté innocente. Spinosa n'hésite pas davantage à attribuer au souverain une autorité sans limites. Quant à Bossuet, on sait que tout son livre sur la politique de l'Écriture sainte a pour objet d'établir le pouvoir absolu, et même le pouvoir absolu d'un monarque; Bossuet trouvait l'esclavage un état juste et raisonnable, et il ne reconnaissait pas le droit naturel de la propriété. On a prétendu trouver dans le *Contrat social* la théorie même du communisme. Que dira-t-on de ce passage de Bossuet : « Otez le gouvernement, la terre et tous ses biens sont aussi communs entre les hommes que l'air et la lumière... Selon ce droit primitif de la nature, nul n'a de droit particulier sur quoi que ce soit, et tout est en proie à tous... Du gouvernement est né le droit de propriété, et en général *tout droit vient de l'autorité publique?* » C'est la théorie même du *Contrat social*.

En réalité, Rousseau n'est pas plus communiste dans le *Contrat social* (2) que Bossuet dans sa *Politique*. En attribuant à l'État l'origine du droit de propriété et de

---

(1) Il est inutile de prouver que dans la politique de Platon, l'État était tout et l'individu rien. On sait assez que c'est là le système de la *République*. Mais Aristote, qui accorde beaucoup plus en fait à l'individu, n'ôte rien en principe au droit de l'État : « C'est une grave erreur, dit-il, de croire que chaque citoyen est « maître de lui-même. »

(2) On ne peut pas nier cependant que les attaques imprudentes et passionnées du *Discours sur l'inégalité* contre la propriété n'aient eu une grande

tous les droits, ils n'ont voulu ni l'un ni l'autre nier ces droits en aucune façon, mais ils ont cru en donner une explication suffisante et légitime. Il est injuste de juger certains écrits par les conséquences, inconnues de l'auteur, qui peuvent en être déduites par une logique habile. Nous savons aujourd'hui ce que peut contenir cette thèse de la souveraineté absolue de l'État. Mais on l'ignorait au xviiie siècle. Rousseau même est un des premiers qui ait eu le pressentiment des dangers de cette thèse : nous avons vu tous les retours de sa pensée et les artifices involontaires par lesquels il essaye de restreindre la doctrine absolue qu'il a d'abord posée : nous l'avons vu combattre Hobbes et Grotius par ce principe, qui est l'opposé même du communisme, le droit inaliénable de la liberté. C'est l'école politique et économique sortie de la révolution d'Angleterre, c'est Locke et Adam Smith qui ont eu l'honneur de défendre ou de mettre en lumière, peut-être même avec quelque excès, le principe du droit individuel.

Je n'admets pas non plus que l'on confonde le système de Rousseau avec celui de Hobbes, sous prétexte que l'un et l'autre admettent un état de nature, et font cesser cet état de nature par l'aliénation volontaire de chaque particulier à l'État et au souverain. Car, en retour de cette aliénation, qu'est-ce que nous promet le philosophe anglais? La paix, et rien de plus : de droits, il n'en est plus question ; et quant aux biens, il n'est point, suivant lui, de maxime plus séditieuse que de soutenir que le sujet a la propriété de ses biens (1). Au contraire,

---

influence par la suite sur les sectes communistes. Mais pour être juste, il faut observer que le *Contrat social* est postérieur au premier ouvrage, et a beaucoup plus d'autorité.

(1) Hobbes, *De civ.*, sect. 2, c. xii, § 7.

lorsque Rousseau réclame de chacun l'aliénation absol[ue] de ses droits, il est évident qu'à ses yeux cette aliénati[on] est seulement provisoire, et il entend que l'État res[ti-]tuera à chacun ces droits mêmes, fortifiés par la garant[ie] publique. Ce n'est donc point dans l'intérêt du desp[o-]tisme de l'État qu'il demande cet échange du droit natu[-]rel contre le droit civil, mais dans l'intérêt de la libert[é.] Il a cru garantir d'autant mieux la liberté de chaqu[e] citoyen, qu'il ôtait davantage à l'indépendance naturelle[.] Nous avons fait voir ce qu'il peut y avoir d'illusion dan[s] un tel système; mais il ne faut pas confondre toutes le[s] doctrines pour certaines analogies.

Il reste enfin du *Contrat social* une grande vérité, d[e] plus en plus acceptée par l'opinion : c'est que chaqu[e] peuple est une personne qui s'appartient à soi-même, qui a le gouvernement de ses destinées et qui transme[t] à qui il lui plaît, et dans la forme qui lui plaît, le soin de le diriger. C'est le principe de la souveraineté du peuple, à laquelle on oppose à tort la souveraineté de la raison ; car ces deux principes peuvent se concilier par[-]faitement. La liberté n'ôte rien à la responsabilité, ni le droit au devoir. Un peuple peut, à vrai dire, tout ce qu'il veut ; mais il ne doit pas tout vouloir ; et si c'est son droit d'agir à sa fantaisie, son devoir est d'être raisonnable. C'est là le vrai sens de la souveraineté de la raison. Mais si l'on entend par ces mots la souveraineté des plus rai[-]sonnables, je demande que l'on fixe la limite des plus raisonnables ; on ne peut le faire sans exclure arbitraire[-]ment un certain nombre d'hommes du partage de la rai[-]son : or c'est là le principe même sur lequel Aristote a établi l'esclavage. Je ne veux pas dire au reste que, dans la pratique, il ne faille pas considérer la capacité des personnes. Il y a deux politiques comme deux géomé[-]

CHAP. VII. — VOLTAIRE ET J.-J. ROUSSEAU. 609

trices : l'une pure, l'autre appliquée ; l'une ne regarde qu'au vrai, l'autre y ajoute une seule petite chose, mais indispensable : le possible. De ce qu'un principe est vrai, il ne faut pas conclure qu'il soit applicable ; mais de ce qu'il n'est pas applicable, il ne faut pas conclure qu'il n'est pas vrai. Car une formule de mécanique ne cesse pas d'être vraie, parce que les frottements des machines ne permettent pas de l'appliquer à la rigueur.

On a pu voir que nous n'avons épargné ni les objections, ni les critiques à la théorie de J.-J. Rousseau ; mais nous nous sommes efforcé de nous affranchir de certaines accusations, nées du préjugé plutôt que de l'examen. Parmi ces accusations, il en est une sur laquelle nous demandons la permission de nous arrêter quelques instants : c'est la responsabilité que l'on impute à J.-J. Rousseau dans les malheurs et dans les excès de la révolution française.

Voici quelle est, à ce sujet, la théorie la plus répandue. Il y a, dit-on, deux parties dans la révolution, une bonne et une mauvaise. Dans la première qui est la bonne, c'est l'influence de Montesquieu qui est toute-puissante ; dans la seconde qui est la mauvaise, c'est l'influence de Rousseau qui règne sans partage. Montesquieu, c'est l'Assemblée constituante ; Rousseau, c'est la Convention. Selon nous, rien de plus injuste et de plus inexact qu'un pareil partage.

Je suis loin de contester l'influence bienfaisante de Montesquieu sur la révolution : mais cette influence n'a été qu'indirecte et en quelque sorte médiate. L'*Esprit des lois* a paru en 1748. Il eut un grand succès, et répandit dans toute la société un besoin irrésistible de nouveautés politiques et de réformes sociales. En 1764, paraît le *Contrat social*, et son empire succède à celui de l'*Esprit des lois*, qui l'avait préparé. De 1764 à 1789, le *Contrat social* étend chaque jour son influence, et, on peut le dire sans exagération, c'est lui qui a fait la révolution.

Lisez les discussions et les discours de l'Assemblée constituante : c'est le langage de Rousseau beaucoup plus que de Montesquieu. Pour quelques discours de Mounier et de Mirabeau, où se reconnaît la trace de l'Esprit des lois, vous en trouverez une foule, où les pensées, les paroles, les formules de J.-J. Rousseau abondent à chaque pas. Beaucoup d'entre eux ne sont que des chapitres détachés du *Contrat social*.

Mais veut-on des preuves plus décisives? Quels sont les actes premiers, essentiels, irrévocables de la révolution française, ceux qui ont séparé sans retour l'ancien régime et le nouveau? C'est le serment du Jeu de Paume, la nuit du 4 août, et la Déclaration des droits. Or, dans chacun de ces actes solennels, c'est l'influence de Rousseau qui éclate, et non pas celle de Montesquieu. Qu'est-ce que le serment du Jeu de Paume? C'est la prise de possession de la souveraineté par le tiers état. Il est à lui seul toute la révolution. Or, je le demande, Montesquieu eût-il trouvé légitime une telle revendication? Est-ce lui qui eût consenti à ce que la noblesse et le clergé fussent absorbés par le tiers ; est-ce lui qui eût sacrifié le vote par ordre au vote par tête, le premier qui maintenait intacte la distinction des classes, le second qui établissait la démocratie? Montesquieu considérait la noblesse comme un élément essentiel d'une monarchie tempérée et libre, comme l'intermédiaire et le modérateur nécessaire entre le roi et le peuple. Dès les premiers actes de la révolution, cet équilibre était rompu. Qui eut le plus d'influence dans ces premières réunions de l'Assemblée constituante, dans ces grandes et solennelles discussions, où l'aristocratie et la démocratie se disputaient en présence d'une royauté sans force? Ne fut-ce pas l'abbé Sièyes, celui qui avait dit que le *tiers état est tout?* Qu'est-ce qu'une telle parole, sinon le principe même du *Contrat social?* Enfin, veut-on la théorie du vote par tête, exprimée et formulée d'avance dans les termes les plus précis : « Il importe pour avoir bien l'énoncé de la volonté générale, qu'il n'y ait pas de société partielle dans l'État, et *que chaque citoyen n'opine que d'après lui.* » C'est J.-J. Rousseau qui parle. Que dit au contraire Montesquieu : « Il y a toujours dans un État des gens distingués par la naissance, la richesse ou les honneurs. Mais s'ils étaient confondus parmi le peuple, et *s'ils n'y avaient qu'une voix comme les autres,* la liberté commune serait leur esclavage, et ils n'auraient aucun intérêt à la défendre, parce que la plupart des résolutions seraient contre eux. »

La nuit du 4 août a été l'abolition des derniers vestiges du régime féodal. Mais, en réalité, que restait-il alors de ce régime? Aucun pouvoir politique, la royauté ayant tout absorbé : il ne restait que des priviléges et des prérogatives. Voilà ce que la nuit du 4 août a aboli pour toujours. Montesquieu eût-il approuvé cette révolution, lui qui disait : « Abolissez dans une monarchie les prérogatives des seigneurs, du clergé, de la noblesse et des villes, vous aurez bientôt un État populaire, ou bien un État despotique (1). » L'Assemblée constituante voulait-elle fonder un État despotique? Non. Elle travaillait donc à fonder, selon Montesquieu, un État populaire. Or est-ce là ce que Montesquieu voulait ou désirait? Non encore,

---

(1) L. II, c. IV.

car, dans son tableau de la constitution anglaise, qui était certainement son idéal, il disait : « Le corps des nobles doit être héréditaire... Il faut qu'il ait un très-grand intérêt à conserver ses prérogatives odieuses par elle-même, et qui, dans un État libre, doivent toujours être en danger. » Montesquieu n'admettait donc pas la suppression de ces prérogatives dans un État libre, puisqu'il indiquait les moyens de les préserver. Et cependant, il appelait ce régime une *liberté politique extrême*. Il séparait donc tout à fait dans sa pensée la liberté et l'égalité. L'Assemblée constituante adopta une doctrine toute contraire. Cette doctrine est celle de Rousseau : « Si l'on recherche en quoi consiste précisément le plus grand bien de tous... on trouve qu'il se réduit à ces deux objets principaux : la liberté et l'égalité ; la liberté, parce que toute dépendance particulière est autant de force ôtée au corps de l'État ; *l'égalité parce que la liberté ne peut subsister sans elle* (1). »

Vient enfin la Déclaration des droits de l'homme et du citoyen. Est-il nécessaire de prouver qu'un tel acte ne vient point de Montesquieu, mais de J.-J. Rousseau ? Quoi de plus contraire aux principes et aux habitudes d'esprit de l'auteur de l'*Esprit des lois* que cette théorie abstraite, *a priori*, de droits absolus, inaliénables, imprescriptibles ? Au contraire, quoi de plus conforme à la politique du *Contrat social ?* Sans doute, Rousseau n'a pas fait une table des droits naturels de l'homme ; et cette table, les constituants l'ont formée avec les idées de Voltaire et de Montesquieu, tout autant que de J.-J. Rousseau. Mais l'acte même de la déclaration est-il autre chose que le contrat passé entre tous les membres de la communauté,

---

(1) *Contr. social*, l. II, c. xi.

selon les idées de Rousseau? N'est-ce pas l'énonciation des clauses et des conditions de ce contrat?

L'influence de J.-J. Rousseau a donc été toute-puissante sur les actes essentiels et fondamentaux de la révolution. Il ne faut donc pas dire qu'il l'a égarée, à moins de soutenir qu'elle a été égarée dès le premier jour, et qu'elle n'a été qu'un long égarement. Mais je ne discute pas en ce moment avec ceux qui parlent ainsi; je parle à ceux qui partagent la révolution, qui en acceptent la première moitié et en détestent la seconde. C'est à ceux-là qu'il ne serait pas juste de rejeter toute la faute sur Rousseau, et de rapporter tout l'honneur à Montesquieu. On vient de voir ce qu'il y a d'erroné dans cette opinion.

Mais serait-il vrai que Rousseau fût pour quelque chose dans la seconde partie de la révolution, et que ses principes le rendissent responsable de ce que l'on a appelé le gouvernement révolutionnaire?

J'affirme d'abord que l'on ne peut trouver dans J.-J. Rousseau rien qui puisse justifier de près ou de loin le régime de la terreur. J'en trouve même la condamnation anticipée et frappante dans le passage suivant : « Qu'on nous dise qu'il est bon qu'un seul périsse pour tous, j'admirerai cette sentence dans la bouche d'un digne et vertueux patriote qui se consacre volontairement et par devoir à la mort pour le salut de son pays ; mais si l'on entend qu'il soit permis au gouvernement de sacrifier un innocent au salut de la multitude, je tiens cette maxime pour une des plus exécrables que la tyrannie ait inventées... Loin qu'un seul doive périr pour tous, tous ont engagé leurs biens et leur vie à la défense de chacun d'eux, afin que la faiblesse particulière fût toujours protégée par la force publique, et chaque membre par tout l'État. Après avoir, par supposition, retranché du peuple un individu après l'autre, pressez les partisans de cette maxime à mieux expliquer ce qu'ils entendent par le corps de l'État, et vous verrez qu'ils le réduiront à la fin à un petit nombre d'hommes qui ne sont pas le peuple, mais les officiers du peuple (1). » Ne semble-t-il pas qu'un tel morceau ait été écrit après les luttes odieuses et fratricides de 93 ?

Mais oublions les actes de ce gouvernement, et prenons-le dans ses principes. Faut-il y voir la mise en pratique des principes du *Contrat social?* Je ne fais à cette opinion qu'une objection; mais elle me paraît décisive. Le gouvernement révolutionnaire loin d'être l'application rigoureuse de la doctrine de la souveraineté du peuple, en a été la violation. Il est sorti en effet de l'insurrection contre l'Assemblée nationale; il a été une oligarchie populaire, une usurpation d'en bas, une dictature oppressive, décorée du nom de salut public. Son principe n'était en réalité que le principe machiavélique de la raison d'État, mis au service des fureurs populaires. Que ce gouvernement ait été énergique, et ait contribué à sauver la patrie par une extrême concentration de pouvoir, en même temps qu'il la déshonorait par des cruautés absurdes, nous l'admettons volontiers ; car la tyrannie n'a jamais manqué d'énergie : mais entre ce gouvernement et le principe de la souveraineté du peuple nous ne voyons rien de commun. Autrement, il suffirait à tout individu, de dire comme Louis XIV : le peuple, c'est moi, pour s'arroger le droit de tout faire.

Je crains de m'arrêter trop longtemps sur cette curieuse question de l'influence de Rousseau sur la révolution française. Mais je ne puis m'empêcher de citer en

---

(1) De l'économie politique (art. de l'*Encyclopédie*).

dernier lieu la page suivante, qui prouve la perspicacité politique de J.-J. Rousseau et la profondeur de ses vues. Il s'agit d'un projet de l'abbé de Saint-Pierre, qui consistait à établir autour du monarque un certain nombre de conseils élus au scrutin. « Il faudrait commencer, dit Rousseau, par détruire tout ce qui existe pour donner au gouvernement la forme imaginée par l'abbé de Saint-Pierre ; et nul n'ignore combien est dangereux dans un grand État le moment d'anarchie et de crise qui précède nécessairement un établissement nouveau. La seule introduction du scrutin devait faire un renversement épouvantable, et donner plutôt un mouvement convulsif et continuel à chaque partie qu'une nouvelle vigueur au corps. *Qu'on juge du danger d'émouvoir une fois les masses énormes dont se compose la monarchie française ? Qui pourra retenir l'ébranlement donné ou prévoir tous les effets qu'il peut produire ?* Quand tous les avantages du nouveau plan seraient incontestables, quel homme de sens oserait entreprendre d'abolir les vieilles coutumes, de changer les vieilles maximes, et de donner une autre forme à l'État que celle où l'a successivement amené une durée de treize cents ans? Que le gouvernement actuel soit encore celui d'autrefois, ou que, durant tant de siècles, il ait changé de nature insensiblement, il est également imprudent d'y toucher. » La suite du morceau fait moins d'honneur au génie prophétique de J.-J. Rousseau (1). Mais enfin, ne faut-il pas conclure de ce passage, que s'il a préparé la révolution, c'est à son insu, et en quelque sorte malgré lui ?

(1) « Quand une nation ne sait plus s'occuper que de niaiseries, quelle attention peut-elle donner aux grandes choses? et dans un pays où la musique est une affaire d'État, que seront les affaires d'État sinon des chansons, etc. » (*Jugement sur la Polysynodie.*)

Nous avons concentré notre attention sur le *Contrat social*, par la raison qu'il contient toute la doctrine de J.-J. Rousseau. Nous devons cependant signaler quelques autres écrits politiques dignes d'intérêt, et qui méritent d'être consultés. En premier lieu, les *Considérations sur le gouvernement de Pologne*. C'est un des meilleurs écrits sortis de la plume de Rousseau. Il a parfaitement vu les vices de la constitution de Pologne; il a vu aussi qu'on ne pouvait pas la réformer violemment et la changer du tout au tout (1); et l'effort qu'il fait pour accommoder le nouveau avec l'ancien est un travail ingénieux, utile à consulter. Il y a de la chimère dans ce morceau, et Rousseau est un peu trop préoccupé du souvenir de Sparte; mais le sentiment en est élevé et généreux, et le style excellent. Les *Lettres à M. Butta-Foco* sur la constitution de la Corse ont le même genre d'intérêt. Elles peuvent servir à prouver que J.-J. Rousseau n'a jamais pensé à appliquer de vive force ses théories à un État quelconque. On voit aux renseignements qu'il demande (2) qu'il a présente à l'esprit cette maxime de Montesquieu : « Le gouvernement le plus conforme à la nature est celui dont la disposition particulière se rapporte le mieux à la disposition du peuple pour lequel il est établi (3). » Nous y apprenons aussi que Rousseau n'était pas, dans la pratique, beaucoup plus révolutionnaire que Montesquieu lui-même. « J'eus et j'aurai toujours, dit-il, pour maxime inviolable de porter le plus profond respect au gouvernement sous lequel je vis, sans me mêler de vouloir jamais le censurer et critiquer, ou

---

(1) Dans cet ouvrage, il dit aux Polonais : « Corrigez, s'il se peut, les abus de votre constitution; mais ne méprisez pas celle qui vous a faits ce que vous êtes. » (ch. I.)
(2) Voy. Lett. II.
(3) *Espr. des lois*, l. 1, c. III.

réformer en aucune manière (1). » Le *Discours sur l'Économie politique* est un article composé par J.-J. Rousseau pour l'*Encyclopédie*; c'est un morceau assez médiocre, où il force quelques-unes de ses idées, sans en éclaircir aucune. La page la plus intéressante est celle que nous avons citée sur le régime de la terreur (2). Je citerai enfin deux excellents petits écrits, très-courts l'un et l'autre, mais parfaitement faits : ce sont deux morceaux sur l'abbé de Saint-Pierre et ses deux projets principaux, le *Traité de paix perpétuelle* et la *Polysynodie* ou la multiplicité des conseils. Rousseau donne d'abord l'analyse de ces deux projets ; et ces deux analyses, condensées et précises, présentent avec beaucoup de force, et sans y rien changer, les idées de l'abbé de Saint-Pierre. Ces deux analyses sont suivies de deux jugements, également solides et pénétrants. Rousseau trouve avec précision, et signale avec finesse le point faible de ces deux projets. Sur le projet de paix perpétuelle, il dit : « Quoique le projet fût très-sage, les moyens de l'exécuter se sentaient de la simplicité de l'auteur. Il s'imaginait bonnement qu'il ne fallait qu'assembler un congrès, y proposer les articles, qu'on les allait signer, et que tout serait fait. Convenons que dans tous les projets de cet honnête homme, il voyait assez bien l'effet des choses quand elles seraient établies, mais il jugeait comme un enfant des moyens de les établir. » Quant à la *Polysynodie*, Rousseau en démêle très-bien les conséquences. Ne sentait-il pas qu'il fallait nécessairement que la délibération des conseils devînt bientôt un vain formulaire, ou que l'autorité royale en fût altérée ? et n'avouait-il pas lui-même que c'était introduire un

(1) Lett. III.
(2) Voy. p. 508-509.

gouvernement mixte, où la forme républicaine s'alliait à la monarchique? Il faudrait enfin que les conseils devinssent méprisables, ridicules et tout à fait inutiles, ou que les rois perdissent leur pouvoir. » Enfin les *Lettres écrites de la Montagne* sont intéressantes à étudier pour se rendre compte de la Constitution de Genève au xviiie siècle, des vices de cette constitution, suivant Rousseau, des réformes que l'on y avait introduites, et de celles qu'on devait y introduire. Elles sont aussi un commentaire intéressant des principes du *Contrat social*.

Outre les écrits que nous venons de signaler, nous savons que J.-J. Rousseau avait commencé un écrit politique où il cherchait à résoudre un problème bien intéressant aujourd'hui, à savoir « par quels moyens des petits États libres pouvaient exister à côté des grandes puissances, en formant des confédérations (1). » Cet ouvrage avait été confié par lui au comte d'Antraigues qui nous donne à ce sujet les détails suivants : « Il n'a pas terminé cet ouvrage, nous dit le comte d'Antraigues; mais il en avait tracé le plan, posé les bases, et placé à côté des seize chapitres de cet écrit quelques idées qu'il comptait développer dans le cours de l'ouvrage. Ce manuscrit de 32 pages, entièrement écrit de sa main, me fut remis par lui-même, et il m'autorisa à en faire, dans le courant de ma vie, l'usage que je croirais utile. » Le comte d'Antraigues, qui nous apprend l'existence de cet écrit, nous apprend aussi qu'il est perdu pour nous. « Cet écrit, que la sagesse d'autrui m'a réservé de publier, *ne le sera jamais*. J'ai trop bien vu et de trop près le danger qui en résulterait pour ma

---

(1) Brochure du comte d'Antraigues, intitulée : *Quelle est la situation de l'Assemblée nationale?* Lausanne, 1790. Note à la fin de la brochure, reproduite dans les éditions de Rousseau, à la suite du *Contrat social*.

patrie. Après l'avoir communiqué à l'un des plus véritables amis de J.-J. Rousseau, qui habite près du lieu où où je suis, *il n'existera plus que dans nos souvenirs.* » Que faut-il entendre par ces paroles? D'Antraigues a-t-il pensé que le droit qu'il avait de publier l'écrit de Rousseau, quand il le jugerait utile, a pu aller jusqu'au droit de le détruire? La passion a-t-elle pu lui faire croire que 52 pages de J.-J. Rousseau étaient tellement redoutables qu'elles devaient être à tout jamais supprimées? C'est là une singulière interprétation du droit de dépôt. Quoi qu'il en soit, il est à regretter que ces quelques pages soient perdues. La question des confédérations est tout à fait neuve dans la science politique; et les lumières que J.-J. Rousseau eût pu jeter sur ce point délicat, auraient aujourd'hui pour nous beaucoup de prix, sans aucun danger.

Il n'y a pas, à proprement parler, d'école de J.-J. Rousseau. Cette école, c'est la révolution tout entière. On rattache plus particulièrement à son influence l'abbé Raynal et l'abbé de Mably. Mais le premier, malgré ses déclamations, se déclare en politique partisan du gouvernement anglais (1); le second, a eu un rôle spécial et important qui mérite d'être étudié séparément (2). On peut rattacher à la même influence l'écrit passionnée et éloquent d'Alfieri sur *la Tyrannie* (3) et en général, tout ce qui a été écrit contre le despotisme à la fin du dix-huitième siècle.

---

(1) *Histoire philosophique du commerce des Européens dans les deux Indes.* — 1770.
(2) Voir le dernier chapitre.
(3) Trad. franç. 1802.

CHAPITRE VIII.

KANT.

§ I. Morale théorique. — Philosophie morale au xviiie siècle. Helvétius, Hutcheson, Wolf. — Théorie de Kant. Analyse du principe de la moralité. La bonne volonté.—Théorie des *impératifs*. Formule de l'*impératif catégorique*. Principe de l'*humanité fin en soi*. Principe de l'*autonomie de la volonté*. Théorie du *règne des fins*. Analogies de Kant et de Rousseau. Réduction des trois formules à une seule. — Signification générale des formules de Kant.
§ II. Morale pratique. Droit naturel et politique. — Doctrine de la vertu. Devoirs de l'homme envers lui-même. — Distinction de la morale et du droit. — Théorie du droit. — Formule du droit. — Fondement du droit. — Théorie du droit de propriété : Critique de cette théorie. — Rapports de la morale et de la politique. — Théories politiques. Théorie du *Contrat social*. Théorie de la division des pouvoirs. — Polémique contre le droit d'insurrection. Examen de cette polémique. — Droit des gens : Principe de l'autonomie des États. Projet de paix perpétuelle. Du rôle de la philosophie dans l'État. — La philosophie politique en Allemagne depuis Kant.

Ce qui manque à la philosophie du xviiie siècle, c'est une théorie du devoir et du droit. Sans doute, les philosophes de ce temps, les grands comme les petits, soutiennent la cause de l'égalité, de la liberté, de la tolérance, de l'humanité, en un mot des droits de l'homme; quelques-uns même commencent à défendre les droits du citoyen. Mais, dans l'ardeur de leur entreprise, ils ne s'interrogent point sur la nature de cette chose sacrée, le droit, qui enflamme leur enthousiasme. Ce n'est pas pendant qu'ils combattent sur la brèche, pendant qu'ils livrent l'assaut aux préjugés, aux abus, aux institutions oppressives du moyen âge encore debout; qu'ils peuvent voir clair dans leurs principes. Montesquieu et Rousseau mêmes, les seuls dont les ouvrages aient une valeur scientifique, cherchèrent plutôt la raison des institutions politiques, que le principe du droit naturel.

Mais, à la fin de ce siècle, et dans le plus fort de la mêlée, dans le temps même où la philosophie, de plus en plus agressive et militante, abandonnait les livres pour la tribune, descendait des cabinets sur la place publique, et traduisait en lois ses maximes, un penseur solitaire et encore ignoré de l'Europe, perdu dans une paisible université du Nord, remontait le courant de la pensée du xviiie siècle, que la révolution française précipitait à ses dernières conséquences, et il cherchait, dans la raison, cette faculté si célébrée et si peu étudiée par les philosophes d'alors, les principes de la métaphysique, de la morale et de la politique. Ainsi, tandis que les philosophes français se servaient de la raison pour critiquer la société et la religion, Kant, plus hardi qu'eux tous, critiquait la raison elle-même : entreprise admirable, qu'il a conduite à sa fin, non sans erreurs et sans défaillances, mais avec une fermeté de pensée et une élévation d'âme, qui se sont rarement rencontrées ensemble dans un même penseur.

Ce qui caractérise la philosophie de Kant, c'est d'avoir rattaché la politique au droit, et le droit à la morale. Ainsi cette histoire finira, comme elle a commencé, par un philosophe qui place la justice au-dessus de l'État, et fonde le droit de cité sur le droit humain. De Socrate à Kant, que de révolutions philosophiques, religieuses et politiques ! C'est cependant l'idée déposée en germe dans la vie et dans la mort de Socrate, qui, de plus en plus approfondie par la science, la religion et l'expérience, se traduit à la fin dans la philosophie du dernier siècle et dans la révolution qui le termine !

§ I. — Morale.

La philosophie morale se partage au xviiie siècle (1) en trois écoles principales qui se partagent elles-mêmes entre les principaux pays de l'Europe : la France, la Grande-Bretagne et l'Allemagne. En France, c'est la doctrine du plaisir et de l'intérêt bien entendu, qui règne avec Condillac, Helvétius, Diderot, Saint-Lambert, et leurs disciples; en Angleterre, ou plutôt en Écosse, la doctrine du sentiment s'enseigne à Glascow et à Édimbourg; et Hutcheson, Smith, Ferguson, la répandent dans leurs chaires et par leurs écrits. Enfin, en Allemagne, le savant et consciencieux disciple de Leibniz, Wolf soutient avec honneur et réduit en forme didactique la doctrine du bien moral, dont il attribue, comme Malebranche, Clarke, Cudworth, et enfin Platon, la connaissance et l'autorité à l'entendement pur ou à la raison.

C'est contre ces trois écoles que Kant essaye d'établir sa doctrine morale. Mais il est surtout l'adversaire d'Helvétius et d'Hutcheson, c'est-à-dire de la doctrine, de l'intérêt et du sentiment. Il ne se distingue de Wolf que par une nuance spéculative qui est de peu d'importance, non pas en soi, mais par rapport à l'objet que nous nous proposons dans ces études.

De tous les problèmes moraux traités par Kant, le principal, celui qu'il a traité avec le plus de profondeur, est celui-ci : Quelle est la signification, la portée et la formule du principe suprême de la moralité?

(1) Voy. M. Victor Cousin, *Philosophie sensualiste du xviiie siècle* et *Philosophie écossaise* (œuvres complètes, 1re série, t. III et IV, éd. Didier); et Théod. Jouffroy, *Cours de droit naturel*.

Il faut partir de la raison commune, de la connaissance vulgaire : car, s'il y a une loi morale, il est évident qu'elle doit être à la portée de tous. Or, en interrogeant la raison commune, nous y découvrons une notion, qui, étudiée en elle-même, et dans toutes ses conséquences, nous conduira au principe dont nous cherchons la définition : c'est la notion de *bonne volonté* (1). « De toutes les choses qu'il est possible de concevoir, il n'en est qu'une seule que l'on puisse tenir pour bonne sans restriction : c'est une bonne volonté... Les dons de l'esprit, les biens de la fortune, même les mérites du caractère ne valent que par l'usage que l'on en fait. La bonne volonté seule vaut par elle-même et non par ses résultats... L'utilité ou l'inutilité ne peut rien ajouter ni rien ôter à cette valeur. L'utilité n'est guère que comme un encadrement qui peut bien servir à faciliter la vente d'un tableau ou à attirer sur lui l'attention de ceux qui ne sont pas connaisseurs, mais non pas à le recommander aux vrais amateurs, et à déterminer son prix (2). »

De l'analyse du concept de la bonne volonté Kant déduit les règles suivantes :

1. Une action ne doit pas être seulement *conforme au devoir*, mais encore *faite par devoir* (3). Supposez en effet qu'il suffise qu'une action soit en fait conforme au devoir pour être censée émaner d'une volonté bonne, peu importe alors le motif qui la détermine. Le marchand

---

(1) On voit que Kant, en morale, part du sens commun aussi bien que l'école écossaise, et il est impossible de faire autrement. Maintenant pourquoi choisir le concept de bonne volonté plutôt que tout autre? Là est la part de l'invention philosophique, qui consiste à choisir le concept vraiment fécond, de même que dans les sciences physiques le génie du savant consiste à choisir l'expérience féconde, au lieu de le perdre dans de menus faits sans portée.

(2) *Fondements de la métaphys. des mœurs*, 1re sect.

(3) *Ib., ib.*

qui paye ses dettes pour sauver son crédit est sur le même rang que celui qui le fait pour obéir à sa conscience. Or c'est dans la distinction de ces deux faits qu'est le nœud du problème moral. L'action, il est vrai, est la même de part et d'autre ; mais la valeur de l'action n'est pas la même. Qu'importe, disent les moralistes empiriques, la raison pour laquelle on agit, pourvu qu'on agisse bien? Il importe beaucoup, et une même action peut avoir, selon les circonstances, un caractère très-différent. Par exemple, tout homme aime naturellement la vie et cherche à la conserver. C'est une action, sans doute, conforme au devoir, mais qui mérite peu d'estime, parce que nous y sommes portés par une inclination naturelle. Mais un homme, à qui des malheurs nombreux et un chagrin sans espoir ôteraient le goût de la vie, et qui la conserverait sans l'aimer et en souhaitant la mort, agirait alors par devoir, et son action aurait un caractère moral. De même, celui qui fait du bien à ses semblables, parce qu'il y est porté par une inclination naturelle, fait bien sans doute : mais son action, tout aimable qu'elle est, manque encore du vrai caractère moral. Mais, si, accablé de chagrins, ou même peu favorisé par la sensibilité, il a le courage et la force de penser aux autres plus qu'à lui-même, c'est alors qu'il mérite le respect, et que la moralité éclate en lui dans toute sa pureté.

II. De cette première proposition, Kant en conclut une seconde : l'action morale tire sa valeur, non du *but* qu'elle se propose, mais du *principe* qui la détermine ; en d'autres termes, le principe moral agit sur la volonté par sa *forme*, et non par sa *matière* (1).

Supposé que le principe déterminant soit dans le *but*

---

(1) Ib., ib., *Critique de la raison pratique*, l. I, c. 1, § 4, théor. III.

ou dans l'*objet* de l'action, ce qui est la même chose, il est évident, selon Kant que ce *but*, cet *objet*, cette *matière*, pour parler la langue de Kant, ne peut déterminer l'action que par son rapport à la faculté de désirer, c'est-à-dire, par le *plaisir*. C'est là, à la vérité, une affirmation que Kant reproduit souvent, sans jamais en donner de preuve; mais elle est capitale dans sa théorie. Le plaisir est donc, à l'entendre, la seule condition qui rende intelligible une telle détermination. Or il est impossible de déterminer *a priori* si tel objet donnera du plaisir ou de la peine, ou s'il sera indifférent. C'est seulement l'expérience qui peut en décider, et le principe qui résulte de ce rapport du plaisir à l'objet est empirique. Il n'aura donc aucun caractère de nécessité et d'universalité, et, par conséquent, il ne peut être le principe moral. Car, reposant sur la constitution particulière du sujet, constitution qui pourrait être tout autre, il n'est pour lui qu'une règle plus ou moins arbitraire, mais non une loi. Par exemple, si l'objet de mon action est de me procurer de l'argent, la règle que je me fais à cet égard suppose toujours cette condition, que l'objet me fasse plaisir. Or, comme il n'y a pas de nécessité *a priori* pour qu'un homme aime la richesse plus qu'autre chose, il n'y a pas là le principe d'une loi. Il n'en est pas de même, lorsque je dis : Dois-je tenir ma promesse? car, dans ce cas, que cela me plaise ou non, j'ai conscience d'être soumis à cette loi. Donc, si tout objet ne peut agir sur la volonté que par l'intermédiaire du plaisir, et si le plaisir ne peut donner qu'une règle empirique et sans caractère moral, il est évident que la valeur morale d'une action ne vient pas de l'objet, mais du principe même; non de la *matière*, mais de la *forme*. Or si, dans une loi quelconque, vous faites abstraction de la matière de la loi, que reste-t-il, si ce n'est *l'universalité* de la loi (1)?

De ces deux propositions, Kant déduit la définition du devoir. « Le devoir, dit-il, est la nécessité de faire une action *par respect pour la loi*. » Cette définition va nous conduire à la formule du principe de la moralité. Cette formule est ce qu'il appelle l'*impératif catégorique* (2).

Un *impératif* est une contrainte exercée par la raison sur la volonté. Cette contrainte ne peut être conçue que dans une volonté qui n'obéit pas immédiatement à la loi, soit qu'elle la connaisse mal, soit que, la connaissant bien, elle soit sollicitée en sens contraire par des mobiles subjectifs. C'est donc seulement une volonté à la fois raisonnable et affectée par la sensibilité qui peut être le sujet d'un impératif. Une volonté absolument raisonnable obéit spontanément à la loi, et n'a pas besoin d'un ordre. Quant à une volonté sans raison, c'est une expression contradictoire ; et par conséquent là où il n'y a que des inclinations, un impératif est parfaitement inutile. L'impératif est donc une sorte de moyenne entre la loi d'une volonté pure et la loi d'une inclination irrésistible. Réunissez ces deux lois dans un être doué de volonté, la résultante sera l'*impératif*.

Kant distingue deux sortes d'impératifs : les *impératifs hypothétiques* et l'*impératif catégorique*. Les premiers sont ceux qui conseillent une action, comme moyen d'atteindre un certain objet, distinct de l'action elle-même. Le second est celui qui nous représente une action comme bonne en soi. Dans le premier cas, il n'est pas question

---

(1) Nous reproduisons avec autant d'exactitude que possible l'argumentation de Kant. Ce n'est pas notre faute si cette argumentation laisse à désirer.

(2) *Fond. de la mét.*, sect. II.

de savoir si le but est bon ou mauvais, mais seulement de ce qu'il faut pour l'atteindre. « Les préceptes que suit le médecin pour guérir son malade, et ceux que suit l'empoisonneur qui veut tuer son homme à coup sûr, ont tous deux une égale valeur en ce sens qu'ils leur servent également à atteindre parfaitement leur but. »

Mais l'*impératif catégorique* nous commande immédiatement une certaine conduite, sans avoir lui-même comme condition une fin pour laquelle cette conduite ne serait qu'un moyen. Or cette sorte d'impératif est le seul qui puisse être considéré comme une loi. Il n'en est pas de même des impératifs hypothétiques : en effet, ce qu'il est nécessaire de faire uniquement pour atteindre un but arbitraire peut être considéré en soi comme contingent, et nous pouvons toujours nous affranchir du précepte en renonçant au but, tandis que l'impératif inconditionnel ne laisse pas à la volonté le choix arbitraire de la détermination contraire, et par conséquent renferme seul cette nécessité que nous voulons trouver dans une loi. Il est donc nécessairement universel; et toute maxime qui ne pourra pas prendre la forme d'une loi universelle ne peut être un principe de devoir : elle peut avoir une valeur relative, elle peut être une règle, mais non pas une loi.

De là cette formule : « Agis de telle sorte que la maxime de ton action puisse être érigée par ta volonté en une loi universelle (1). »

A l'appui de ce principe, Kant invoque très-habilement l'expérience personnelle de chacun; et il montre un talent d'observateur égal à son rare génie de critique et de dialecticien. « Qu'arrive-t-il, dit-il, la plupart du

(1) *Crit. de la rais. prat.*, l. 1, c. i, § 7.

temps, lorsque nous violons la loi morale? Voulons-nous en réalité transformer en règle et en loi générale notre conduite particulière? Loin de là; nous voulons que le contraire de notre action demeure une loi universelle. Seulement, nous prenons la liberté d'y faire une exception en notre faveur, ou plutôt en faveur de nos penchants, et pour cette fois seulement... Quoique notre jugement lorsqu'il est impartial, ne puisse justifier cette espèce de compromis, on y voit néanmoins la preuve que nous reconnaissons réellement la validité de l'impératif catégorique, et que, sans cesser de le respecter, nous nous permettons à regret quelques exceptions qui nous paraissent de peu d'importance. »

On objectait à Kant que son principe n'était qu'une formule nouvelle du principe de la moralité, mais non un principe nouveau. « Mais, réplique-t-il avec raison, celui qui sait ce que signifie pour le mathématicien une formule qui détermine d'une manière exacte et certaine ce qu'il faut faire pour traiter un problème, celui-là ne regardera pas comme quelque chose d'insignifiant et d'inutile une formule qui ferait la même chose pour tout devoir en général (1). » En effet, trouver un principe qui décide *a priori* et dans tous les cas ce qui est juste ou injuste, bien ou mal, n'est-ce pas la pierre philosophale de la morale? Mais le principe de Kant a-t-il cette portée? Il est permis d'en douter (2).

Le principe de *l'impératif catégorique* conduit Kant à deux autres principes de la plus haute importance qui lui servent de fondements. Le premier est le principe de

---

(1) *Crit. de la rais. prat.*, préface, no'e.
(2) Le moraliste allemand Garve a dirigé de très-sérieuses objections contre le criterium de Kant. *Übersicht der vornemsten Principien der Sittenlehre*, Breslau 1798.

l'humanité considérée comme fin en soi (selbstzweck); le second est le principe de *l'autonomie de la volonté*.

Pour que l'impératif catégorique soit possible, c'est-à-dire pour qu'il y ait en nous une loi qui commande *sans condition*, il faut qu'il y ait dans la nature quelque être qui ait une valeur *absolue*, c'est-à-dire qui ne puisse pas être employé comme *moyen* pour quelque autre chose, mais qui soit en lui-même un *but* et une *fin*.

Un tel caractère n'appartient pas, dans la nature, aux choses matérielles, mais seulement à l'être raisonnable, et en particulier au seul être raisonnable que nous connaissions, c'est-à-dire à l'homme : « L'homme dit Kant, et en général toute créature raisonnable, existe, *comme fin en soi, et non pas simplement comme moyen* pour l'usage arbitraire de telle ou telle volonté (1). » Les objets de nos inclinations n'ont qu'une valeur conditionnelle et relative, celle de *moyens :* c'est pourquoi on les appelle des *choses ;* au contraire, on donne le nom de *personnes* aux êtres raisonnables qui ne peuvent être employés comme *moyens*, et qui par conséquent restreignent la liberté de chacun et lui sont un objet *de respect*. En un mot, les personnes ont seules une valeur absolue : d'où il suit qu'elles doivent se respecter les unes les autres et se respecter elles-mêmes.

De là le second principe, qui n'est, selon Kant, qu'une formule nouvelle de l'impératif catégorique : « Agis de telle sorte que tu traites toujours l'humanité, soit dans ta personne, soit dans la personne d'autrui, comme une fin, et que tu ne t'en serves jamais comme d'un moyen. »

Cette théorie de l'humanité, considérée comme *fin en soi*, c'est-à-dire, comme ayant en tant que nature rai-

---

(1) *Fond. de la mét. des mœurs*, sect. II, p. 69 et suiv.

sonnable une valeur absolue, est l'une des plus belles idées de la morale de Kant. Il est à regretter qu'elle ne soit exposée expressément que dans les *Fondements de la métaphysique des mœurs*, qu'elle reparaisse à peine dans la *Critique de la raison pratique* (1), et qu'il n'y soit pas même fait allusion dans la *Doctrine du droit*. C'est là pourtant qu'est le vrai principe du droit : c'est dans ce principe qu'est la justification et la raison d'être de la philosophie du xviiie siècle. Reconnaissons cependant que dans la *Doctrine de la vertu*, Kant, comme nous le verrons, a tiré un grand parti de ce principe.

La théorie de la *nature raisonnable* comme fin en soi nous conduit à la théorie de l'*autonomie de la volonté*, qui va nous donner le vrai et dernier fondement de l'impératif catégorique.

Selon Kant, la volonté n'est pas seulement *soumise* à une loi, mais elle *se donne à elle-même* la loi : elle est *législatrice*.

Supposons en effet une volonté soumise à une loi ; il se peut faire qu'elle ne soit attachée à cette loi que par un certain intérêt. Mais une volonté qui se donne à elle-même la loi n'a plus besoin d'aucun intérêt pour s'y soumettre. Le caractère d'une volonté autonome est donc parfaitement réciproque avec le principe de l'impératif catégorique. Car, d'un côté, étant donnée une volonté autonome se donnant elle-même la loi, il s'ensuit nécessairement que cette loi est universelle, c'est-à-dire s'appliquant à toute volonté raisonnable ; et étant universelle, elle est en même temps inconditionnelle puisqu'aucun

---

(1) Dans la *Critique de la raison pratique*, la doctrine de « l'humanité fin en soi » ne compte plus au nombre des principes ; Kant semble, dans cet ouvrage, avoir voulu renchérir encore sur le formalisme de son premier écrit. Ce n'est que dans le chapitre sur le sentiment moral, et dans son analyse du sentiment du respect, que la doctrine en question est invoquée et rappelée.

intérêt ne s'attache à l'exécution de cette loi. D'un autre côté un impératif ne peut être catégorique que s'il résulte d'une volonté se donnant elle-même la loi, puisque c'est le seul cas où l'on peut se représenter une loi absolument désintéressée.

Ici Kant s'arrête pour se féliciter de sa découverte, et pour signaler l'erreur de tous les systèmes de morale qui l'ont précédé. Le vice essentiel, τὸ πρῶτον ψεῦδος, de tous ces systèmes c'est qu'ils ne concevaient l'homme que comme soumis extérieurement à des lois. C'est ce que Kant appelle l'*hétéronomie*. Mais alors il fallait toujours que quelque intérêt s'attachât à l'exécution de ces lois, pour contraindre la volonté, et il n'en est pas de même de nos volontés autonomes.

Mais, dira-t-on à Kant, une volonté qui se dicte des lois à elle-même n'est-ce pas l'arbitraire, le caprice, l'absence même de loi? Oui, si on suppose une volonté comme la nôtre, c'est-à-dire mêlée de sensibilité; si vous supposez au contraire la volonté d'un être raisonnable, cette volonté par elle-même ne peut vouloir autre chose que ce qui est conforme à son intérêt, c'est-à-dire à la nature d'un être raisonnable. Elle ne voudra donc que des lois raisonnables.

Le concept de la volonté autonome combiné avec celui de l'humanité fin en soi, conduit Kant à un nouveau concept, à savoir le *Règne des fins*.

Kant appelle règne (Reich) « *la liaison systématique des êtres raisonnables réunis par des lois communes.* » La loi commune de tous les êtres raisonnables (par la deuxième maxime) est de se traiter les uns les autres comme des *fins* et non comme des moyens. De là un *règne des fins*, qui n'est à la vérité qu'un idéal, mais qui est l'idéal de l'impératif catégorique.

On peut, dans ce règne ou royaume, être *membre*

(Glied) ou *chef* (Oberhaupt), membre en tant qu'on est soumis à des lois; chef, en tant qu'on donne la loi.

Dans le premier cas, la volonté reconnaît des lois sans y obéir nécessairement : c'est le fait de la volonté humaine partagée entre la raison et les passions. Dans le second cas, la volonté ne se distingue pas de ses maximes, elle obéit spontanément à la loi : C'est le cas de la volonté *pure;* c'est la *sainteté.*

La maxime du devoir se transforme donc encore une fois, et nous donne cette dernière formule. « Agis de telle sorte que ta volonté puisse se considérer elle-même comme dictant par ses maximes des lois universelles. » Ce que l'on peut traduire ainsi : *Agis comme membre du règne des fins, comme si tu devais en être chef;* ou encore, passe de l'état de sujet à l'état de législateur.

Cette théorie de la volonté autonome et du règne des fins, nous paraît avoir un rapport manifeste avec la conception de l'État, telle que Rousseau l'avait exposé dans son *Contrat social.*

Dans le *Contrat social*, Rousseau fait dériver la loi de la volonté *générale,* qu'il distingue de la volonté commune. Celle-ci n'est que la somme des volontés particulières. Celle-là est une volonté qui se trouve dans chacun et par laquelle chacun tend au bien de tous. Ainsi chaque individu contient deux volontés; l'une particulière par laquelle il veut son propre bien; l'autre générale par laquelle il veut le plus grand bien commun. Chaque individu peut être considéré, soit comme *sujet*, soit comme *citoyen.* Comme *sujet*, il est soumis à la loi, comme *citoyen*, il fait la loi. N'est-ce pas la distinction même de Kant entre le sujet et le législateur (1) ?

---

(1) Hegel a déjà signalé ce rapport. Après avoir parlé dans son Histoire de la philosophie, du principe de Rousseau, la volonté, il ajoute : « Dieses

Quoi qu'il en soit de ce rapprochement entre Kant et J.-J. Rousseau, si l'on considère le règne des fins, on verra qu'il comprend à la fois les *choses* et les *personnes* ; les choses y ont un *prix* ; les personnes seules une *dignité*.

Ce qui fait la dignité de la personne humaine, c'est la moralité ; c'est-à-dire : 1° La souveraineté législative ; 2° la qualité de fin en soi ; 3° l'universalité des maximes.

Arrivé là, nous retrouvons le concept duquel nous étions partis : à savoir, une bonne volonté.

En effet une volonté absolument bonne est : 1° celle qui peut généraliser ses maximes sans se contredire elle-même ; car si ses maximes se contredisaient, c'est qu'elles ne seraient pas bonnes pour tout le monde, elle ne serait donc pas absolument bonne ; 2° celle qui fait abstraction de tout but à réaliser, autrement, elle ne serait bonne que relativement à ce but. Cependant il faut un but. Or, un but qui n'est pas à réaliser, c'est un but qui existe

---

giebt den Übergang zur kantischen Philosophie » (éd. de Berlin 1836, t. XV, p. 529). Voici d'ailleurs quelques passages frappants du *Contrat social* qui peuvent être rapprochés, non-seulement pour la pensée, mais encore pour l'expression des théories de Kant : « Chaque individu peut, comme homme, avoir une *volonté particulière* contraire ou dissemblable à la *volonté générale* qu'il a comme citoyen. » (*Contrat social*, I, VII.) « *La volonté générale est toujours droite* et tend à l'utilité publique. » (*Ib.*, II, III.) « Il y a certes bien de la différence entre la volonté *de tous* et la volonté *générale*. Celle-ci ne regarde qu'à l'intérêt commun ; l'autre regarde à l'intérêt privé, et n'est qu'une somme de volontés particulières. » (*Ib.*, II, III.) « Ce bien particulier excepté, il veut le bien général pour son propre intérêt tout aussi fortement qu'aucun autre. » (*Ib.*, IV, I.) « Chaque individu, contractant pour ainsi dire avec lui-même, se trouve engagé sous un double rapport, savoir : comme *membre du souverain* envers les particuliers, comme *membre de l'État* envers le souverain. » (*Ib.*, I, VII.) « La volonté générale pour être vraiment telle doit *l'être dans son objet aussi bien que dans son essence*. Elle perd sa rectitude lorsqu'elle tend à quelque objet individuel et déterminé, parce qu'alors jugeant *de ce qui nous est étranger* nous n'avons aucun vrai principe d'équité qui nous guide. » (*Ib.*, II, IV.) « Il n'y a plus à se demander comment on *peut être libre et soumis aux lois*, puisqu'elles ne sont que *des registres de nos volontés*. » (*Ib.*, II, VI.)

déjà par lui-même; c'est une fin contre laquelle on ne doit pas agir. Quelle peut être cette fin? Ce ne peut être que le sujet possible de toutes les fins, celui qui se pose à lui-même le but, à savoir la volonté. La volonté étant bonne, c'est donc celle qui se traite elle-même comme fin en soi. 3° Enfin la volonté absolument bonne est une législatrice universelle : puisque c'est précisément cette propriété qui la constitue fin en soi.

Kant tire de cette savante et laborieuse analyse cette définition finale de la moralité : « La *moralité*, c'est le *rapport des actions à l'autonomie de la volonté.* »

Si nous cherchons à nous rendre compte de la signification philosophique de la morale de Kant un peu étouffée sous le poids de tant de formules, nous croyons qu'il a voulu réconcilier et rattacher à la même racine deux principes qui tendent toujours à s'opposer l'un à l'autre, à savoir la *loi* et la *liberté*. La loi était représentée par la philosophie antérieure comme un *ordre*, c'est-à-dire comme une contrainte extérieure, imposée soit par un législateur humain, soit par un législateur divin, mais commandant toujours par l'espérance et la crainte, par les promesses ou les menaces. Ce serait sans doute une extrême exagération que d'imputer cette basse doctrine à toutes les théories morales du passé; car ni le platonisme, ni le stoïcisme, ni le christianisme n'ont réduit la loi morale à une législation extérieure et matérielle; et ces trois grandes doctrines n'ont jamais vu dans le devoir comme Kant lui-même, qu'une loi conforme à la nature de l'être raisonnable, et vers laquelle la meilleure partie de nous-mêmes se porte spontanément, tandis que la partie inférieure résiste et se révolte. Mais, dans l'enseignement pédantesque des écoles et dans l'enseignement vulgaire de la religion, la loi tend toujours à prendre la *forme* d'un commandement extérieur, et à s'imposer par la crainte ou par l'espérance plutôt que par sa propre vertu. La liberté morale était donc plus ou moins atteinte dans cet ordre d'idées, où il était toujours à craindre que l'idée du bien ne finît par se résoudre dans l'idée d'intérêt.

En revanche, les philosophes du xviiie siècle, avant tout préoccupés de l'affranchissement de l'homme, avaient cru trouver la liberté en dehors de la loi ; et cherchant à l'émanciper de toute contrainte matérielle et de toute discipline extérieure, avaient fini par l'affranchir de toute règle et de toute discipline. Ils avaient cru trouver la vraie liberté dans un abandon déréglé à la nature sensible ; les uns, comme Helvétius et Diderot, ne reconnaissant d'autre loi que le plaisir des sens ; les autres, comme Rousseau et Jacobi, cherchant plus haut, mais dans une autorité non moins trompeuse et non moins arbitraire, à savoir dans le sentiment, une règle quelconque, bien impuissante pour défendre la liberté comme les mauvais penchants. Une théorie du droit, fondée sur de tels principes, ne pouvait conduire qu'à la liberté de faire tout ce qui plaît, ce qui est le principe de tout désordre dans l'économie sociale.

Kant a voulu combattre et concilier ces deux points de vue contraires. Au libertinage du xviiie siècle, il a opposé le principe de l'*impératif catégorique ;* au servilisme pédantesque de la scolastique, soit théologique, soit juridique, il a opposé le principe de l'*autonomie de la volonté.* A ceux qui niaient toute règle et ne reconnaissaient d'autre loi que le plaisir, il enseignait le principe du devoir, qui commande absolument et sans condition. A ceux qui ne comprennent la loi que comme un ordre qui s'impose du dehors à une volonté soumise, il montrait la volonté législatrice et disait qu'une créature raisonnable ne pouvait être obligée qu'à une loi portée par elle-même. Enfin, il réconciliait ces deux doctrines dans le principe moyen de *l'humanité comme fin en soi*. Car de ce principe naît évidemment une loi universelle qui s'impose à chaque individu et commande par elle-même et sans condition ; voilà pour les partisans de la loi. Mais, d'un autre côté, l'humanité se reconnaissant elle-même comme fin en soi, ne peut pas ne pas *vouloir* être traitée comme telle ; et ainsi c'est la volonté elle-même, en tant que raisonnable, qui consent à la loi et qui dicte la loi : voilà la part de la liberté. La loi et la liberté se concilient donc nécessairement et ne sont qu'un seul et même principe considéré à deux points de vue différents.

Ainsi le principe de liberté, qui faisait le fond de la philosophie du xviiie siècle, et qui est la racine de la dignité humaine et du droit, était rattaché en même temps au principe de l'ordre et du devoir, sans lequel aucun droit, aucune dignité n'est possible. L'émancipation de la créature humaine, que Kant a voulue, autant que qui que ce soit au xviiie siècle, pouvait donc se faire sans porter atteinte à aucun principe de la morale ; et c'était du même principe que sortaient, pour Kant, à la fois et le devoir et le droit.

§ II. Morale pratique — Droit naturel et politique.

Le principe de « l'humanité fin en soi » occupe une place importante dans la Morale pratique de Kant, ou Doctrine de la vertu (*Tugendslehre*). Il lui sert à résoudre la plupart des difficultés de la morale. C'est d'abord en vertu de ce principe qu'il fait une si grande part aux devoirs de l'homme envers lui-même, et c'est par là aussi qu'il résout l'antinomie apparente de ces sortes de devoirs. En effet, dans cette hypothèse, l'obligeant et l'obligé seraient réunis dans un seul et même sujet ; or l'obligeant peut toujours délier l'obligé de ses obligations ; il semble donc que l'homme pourrait toujours se dégager de ces sortes de devoirs, s'il le voulait. Mais cette contradiction se résout, selon Kant, par cette distinction, qu'il y a dans l'homme deux hommes, l'être *physique* ou sensible (*homo phænomenon*) et la *personne morale* (*homo noumenon*) (1). Or il n'y a pas de contradiction à ce que l'un soit obligé envers l'autre, c'est-à-dire à ce que l'homme individuel soit obligé envers l'humanité qui réside en sa personne, et qui doit être pour lui-même aussi bien que pour les autres un objet de respect. A l'aide du même principe, Kant réfute la doctrine du suicide : « Anéantir dans sa propre personne, dit-il, le sujet de la moralité, c'est extirper du monde, autant qu'il dépend de soi, l'existence de la moralité même, laquelle est pourtant une fin en soi ; par conséquent, disposer de soi comme d'un pur instrument pour une fin arbitraire, c'est rabaisser l'humanité dans sa personne (2). » C'est à peu près dans les mêmes termes que Kant condamne l'intempérance et la luxure : « C'est encore, dit-il, rejeter avec dédain sa propre personnalité que de se servir de soi-même comme d'un moyen pour satisfaire l'appétit brutal : c'est faire de l'homme un instrument de jouissance et par là même une chose contre nature (3). Ainsi pour le mensonge : « Par le mensonge, l'homme se rend méprisable à ses propres

---

(1) *Doctrine de la vertu*, part. I, liv. I, introd.
(2) *Ibid.*, chap. I, art. 1.
(3) *Ibid., ib.* art. 2.

yeux, et offense la dignité humaine dans sa personne... Le mensonge est l'avilissement et comme l'anéantissement de la dignité humaine... L'homme en tant qu'être moral ne peut se servir de lui-même comme d'un pur moyen (d'une machine à paroles) (1). » Enfin, c'est en raison de ce principe que Kant introduit ou plutôt retrouve dans la morale pratique une classe de devoirs trop oubliés des moralistes théologiens, le devoir de la dignité humaine, et rejoint ainsi la morale stoïcienne. Il serait très-injuste sans doute d'imputer au christianisme d'avoir méconnu le sentiment de la dignité humaine. Une doctrine qui a cru que l'homme avait mérité d'être racheté par la mort d'un Dieu, attachait par là à la personne humaine un prix infini; mais d'autre part, cette valeur de la personne était exclusivement du domaine surnaturel et mystique. L'homme réel devait au contraire toujours chercher à s'humilier, et l'abaissement même était un moyen de s'élever. De là cette tendance à amortir l'indépendance, à éteindre l'esprit de liberté, et à appeler du nom d'orgueil toute fierté d'âme, même légitime. D'ailleurs, pour saisir la différence du point de vue de la piété et de celui du droit, il suffit de comparer les maximes de Kant aux maximes sublimes mais exaltées de l'Évangile, où le Maître recommande l'humilité même envers la violence heureuse. Quoi qu'il en soit, les principes qui suivent sont du souffle moral le plus élevé: « Considéré comme personne, l'homme est au-dessus de tout prix... Il possède une dignité (une valeur intérieure absolue), par laquelle il force au respect de sa personne toutes les autres créatures raisonnables, et qui lui permet de se mesurer avec chacune d'elles, et de s'estimer sur le pied de

---

(1) *Ibid.*, ch. II, art. 1.

l'égalité... L'homme ne doit pas poursuivre sa fin, qui est un devoir en soi, d'une manière basse et servile (*animo servili*), comme s'il s'agissait de solliciter une faveur. » De ces principes se tirent des maximes dignes d'être mises à côté de celles d'Épictète : « Ne soyez pas esclave des hommes. — Ne souffrez pas que vos droits soient impunément foulés aux pieds. — Il est indigne d'un homme de s'humilier et de se courber devant un autre. — Celui qui se fait ver peut-il se plaindre d'être écrasé (1) ? »

Les maximes précédentes nous conduisent naturellement à la Doctrine du droit (*Rechtslehre*) ; et il semble que Kant, pour établir cette doctrine, n'aurait eu qu'à invoquer le même principe, et à en tirer les conséquences. Dire en effet que l'humanité et, en général, toute créature raisonnable doit être considérée comme *fin* et non comme *moyen*, n'est-ce pas dire que cette créature a des droits? et l'essence du droit n'est-il pas d'être précisément une faculté qui s'appartient à elle-même, et dont nul ne doit disposer que nous-mêmes? La volonté raisonnable, ou ce qu'on appelle la *personnalité* est donc le fondement du droit ; et les différents droits ne sont autre chose que les diverses manifestations de la personnalité humaine. Le droit de conservation personnelle, le droit de propriété, le droit d'aller et de venir, la liberté du travail, la liberté religieuse, etc., se déduisent de cette idée première que la personne humaine doit être toujours traitée comme *une fin en soi*, et ne pas être transformée en *moyen*. Tuer, spolier, asservir sous quelque forme que ce soit, c'est toujours traiter les autres hommes comme des *moyens* de satisfaire nos propres appétits. Kant aurait donc pu se borner à cette déduction ; et au moins aurait-

---

(1) *Ibid.*, *ib.*, art. 3.

il dû signaler ce rapport, qui unit intimement sa théorie du droit à sa théorie morale. Mais il s'est placé à un autre point de vue qui n'exclut pas le précédent, et même le suppose, mais qui néanmoins s'en distingue.

La volonté, avons-nous dit, suppose toujours une législation. Mais il y a deux législations : l'une *morale*, l'autre *juridique*, l'une *interne*, l'autre *externe*. De la différence de ces deux législations naît la différence de la morale et du droit (1).

Toute législation contient deux éléments : 1° une loi qui présente *objectivement* comme nécessaire l'action qui doit être faite ; 2° un mobile qui joigne *subjectivement* à l'idée de la loi un principe capable de déterminer la volonté à faire cette action. Si le mobile de l'action n'est autre chose que la loi elle-même, l'action est *morale*; si c'est un autre mobile, par exemple l'inclination ou la crainte, elle est *légale*. La *moralité* est donc la conformité du *motif* de l'action avec la loi même ; la *légalité* est simplement la conformité de *l'action* à la loi, quel que soit le motif. Par exemple, une loi commande de tenir ses engagements. Celui qui obéit à cette loi, par cela seul qu'elle le commande, est un honnête homme ; celui qui agit de la même manière, pour ne pas aller en prison ou ne pas compromettre son crédit, n'est pas honnête au point de vue de la morale, mais il l'est au point de vue du droit. Car, en droit strict, peu importe le motif qui le détermine, pourvu qu'il se conforme à la loi. On peut supposer une société où personne n'obéirait à la loi du devoir, et où cette loi serait strictement exécutée par la seule force de l'inclination ou de la crainte. Ce serait une société juridique ou légale, con-

(1) Kant, *Doctr. du droit. Introd. à la mét. des mœurs*, III, tr. fr. de J. Barni, p. 25, 29.

forme aux principes du droit, mais non de l'éthique.

La morale ou l'Éthique embrasse à la fois les devoirs intérieurs et les devoirs extérieurs, car les uns et les autres peuvent être accomplis par le seul mobile du devoir. Au contraire, le droit ne s'applique qu'aux devoirs extérieurs, les seuls qui puissent être l'objet de la contrainte(1). Son premier caractère est « de ne s'appliquer qu'aux relations extérieures d'une personne avec une autre personne, en tant que les actions de l'une peuvent médiatement ou immédiatement avoir de l'influence sur l'autre. » Par exemple, si je pense aux avantages que me procurerait le bien d'autrui, cette pensée peut être contraire à la règle morale ; mais comme elle n'a aucune influence sur l'état d'une autre personne, ne la gêne en rien et ne la prive pas de la plus petite parcelle de ce qui lui appartient, cette pensée n'a rien de contraire au droit, ou, pour parler plus exactement, il n'y a rien là qui puisse donner naissance à un rapport de droit. Mais si je passe de la pensée à l'action, je rencontre alors un droit qui m'arrête, et me fait obstacle.

Le second caractère du droit, selon Kant, c'est qu'il consiste, « non dans le rapport du désir de l'un avec la volonté de l'autre, mais dans le rapport de deux volontés (2). » Si vous désirez un objet qui m'appartient, soit pour soulager vos besoins, soit pour satisfaire une fantaisie, que je veuille ou que je ne veuille pas l'accorder, que je fasse de mon libre arbitre tel usage qu'il me plaira, il n'y a pas ici entre vous et moi de rapport de droit : si j'accorde, c'est pure libéralité de ma part ; si je refuse, vous n'avez pas le droit de vous plaindre, car ni votre désir ni votre besoin ne vous donnent aucun droit

---

(1) Kant, *Doctr. du droit*, Introd. à la *métaphys. des mœurs*, III.
(2) *Ibid.*, Introd. à la *Doctr. du droit*, B.

sur une chose qui n'est pas à vous. Supposez, au contraire, que vous me fassiez une proposition que j'accepte : il y a là deux faits, l'offre d'une part, et l'acceptation de l'autre, qui ne sont point des désirs, mais qui sont l'une et l'autre les actes d'une volonté, ou, comme s'exprime Kant, d'un arbitre. Cette rencontre de deux volontés donne lieu à un rapport de droit. C'est de là que naît le droit des contrats. Dans ce cas, il y a égalité et réciprocité entre les deux termes du rapport; mais il y a des cas où les deux arbitres sont dans un rapport d'inégalité, soit par une convention antérieure, soit par la nature des choses ; cela arrive dans le rapport du mari et de la femme, du père et des enfants, du maître et des serviteurs; mais le droit n'en réside pas moins, même en ce cas, dans le rapport de la volonté de l'un à la volonté de l'autre : c'est le droit domestique. Enfin il est des cas où le rapport de deux volontés n'est pas actuel, mais possible. Par exemple, j'occupe un terrain, par un acte de ma volonté, en l'absence de tout concurrent. Jusque-là il n'y a que l'acte individuel de mon libre arbitre : aussi jusque-là le droit de propriété n'existe-t-il qu'en puissance. En réalité, il n'y a qu'un fait d'appropriation non contesté, non contestable, et la notion de droit n'a pas lieu de s'appliquer. Elle n'intervient qu'au moment où plusieurs personnes se rencontrent et se reconnaissent réciproquement la possession légitime de certains domaines. C'est donc encore le rapport de deux ou plusieurs volontés, en tant qu'elles consentent ou ne consentent pas à se reconnaître les propriétaires du sol, qui donne lieu à débattre la question de droit (1).

---

(1) Je dois dire que l'application de la formule de Kant à ces différents cas n'est pas la reproduction littérale de sa pensée, mais un commentaire qui, je crois, ne contient rien d'infidèle.

Il reste à déterminer la nature de ce rapport d'une volonté à une volonté, qui donne naissance, selon Kant, à la notion de droit. Il ne faut pas considérer la *matière* de la volonté, mais sa *forme* (1). La matière de la volonté, c'est le but qu'elle se propose : or peu importe que l'objet de mon libre arbitre soit l'acquisition d'un champ, d'une maison ou d'une somme d'argent : peu importe également que le mobile qui me fait agir soit l'intérêt personnel ou l'affection ou la crainte. Ce qui fonde le droit, c'est la condition générale qui doit convenir à la fois aux deux volontés : cette condition, c'est la liberté. Ainsi, quels que soient les termes d'un contrat et les intentions des parties, il y a quelque chose d'essentiel au contrat, c'est la liberté des deux volontés contractantes acceptant réciproquement les chances et les risques de leurs conventions. Il en est de même dans le droit domestique. Car à quelle condition le père, le mari, le maître de maison a-t-il des droits sur ses subordonnés ? C'est à la condition que l'arbitre de l'un s'accorde avec l'arbitre des autres, selon la loi d'une liberté commune et réciproque (2). Enfin mon droit sur les choses n'est également fondé qu'à la condition de ne pas porter atteinte à la liberté des autres hommes, de telle sorte qu'ils puissent comme moi s'approprier ce qui leur est nécessaire dans les mêmes circonstances.

Des considérations précédentes, Kant déduit cette formule : « Est conforme au droit toute action qui permet, ou dont la maxime permet au libre arbitre de chacun de s'accorder suivant une loi générale avec la liberté de

---

(1) Kant, Introd. à la *Doctr. du droit*, B, p. 43.
(2) Cette formule ne semble pas devoir s'appliquer au droit paternel : mais ici encore le droit est l'accord de la liberté du père avec la liberté future de l'enfant : autrement le pouvoir paternel ne serait que despotique.

tous. » De là ce principe de tous les devoirs de droit: « Agis extérieurement de telle sorte, que le libre usage de ton arbitre puisse s'accorder avec la liberté de chacun suivant des lois générales (1). »

Le pouvoir de contraindre résulte immédiatement de cette notion ainsi définie (2) ; car si c'est un principe de la raison que la liberté de l'un doive s'accorder avec la liberté de l'autre, tout obstacle qui s'oppose à ma liberté est contraire au droit ; en écartant cet obstacle, je ne fais que défendre ma liberté. Par conséquent, la contrainte employée pour éloigner de moi tout acte injuste, est elle-même conforme à la liberté : donc elle est juste.

Kant soutient même que le droit et la faculté de contraindre sont une seule et même chose (3). Il écarte de la notion de droit tout motif intérieur ou purement moral, par exemple le respect de la loi, et il fait consister le droit exclusivement dans les actions extérieures. Cela posé, le droit ne peut pas consister dans la faculté d'exiger des autres qu'ils reconnaissent intérieurement la justice de nos prétentions; car peu importe leur pensée sur ce point ; le droit n'est que la faculté de les faire agir conformément à ce qui est juste, soit par la contrainte, soit par la menace de la contrainte. Mais, pour que la contrainte elle-même soit légitime, il faut qu'elle s'accorde avec la liberté de celui qui l'emploie et avec la liberté de celui contre lequel elle est employée : hors de là elle n'est que la force. Ainsi la contrainte qu'emploie un créancier contre son débiteur est d'accord avec la liberté de tous deux ; car d'abord le débiteur a encouru volontairement

---

(1) Kant, Introd. à la *Doctr. du droit*, C.
(2) *Ib.*, D.
(3) *Ib.*, E.

cette chance en empruntant ; en second lieu, il doit consentir à subir une contrainte qu'il aurait lui-même le droit d'employer dans une circonstance semblable. Sans doute, indépendamment de la contrainte, il y a une raison qui impose au débiteur le devoir de rendre ce qu'il a emprunté ; mais c'est là un principe qui appartient à la morale proprement dite et dont le droit fait abstraction ; ainsi Kant finit par aboutir à cette formule qui est son dernier mot sur la nature du droit : « Le droit consiste dans la possibilité de l'accord d'une contrainte générale et réciproque avec la liberté de chacun. »

Cette théorie de Kant a un mérite remarquable : elle exclut deux fausses doctrines, qui l'une et l'autre peuvent conduire à la tyrannie ; l'une qui confond le droit avec la force, l'autre qui le confond avec la vertu : la première est celle de Hobbes et de Spinosa ; la seconde, celle de Platon.

Selon Hobbes et Spinosa, chaque homme a un droit absolu sur toutes choses : mais le droit absolu de l'un s'opposant au droit absolu de l'autre, il suit nécessairement que c'est la force qui décide : par conséquent, le principe se détruit lui-même. Selon Kant, au contraire, le droit ne peut être l'ennemi du droit. Tout usage de ma liberté qui nuit à la liberté d'autrui est contraire au droit. La limite de ma liberté n'est donc pas dans la force dont je puis faire usage, mais dans la faculté que doivent avoir les autres hommes d'user de leur liberté comme j'use de la mienne. Par exemple, j'ai le droit de me conserver ; et je ne puis me conserver moi-même que par l'usage libre de ma volonté : j'ai donc le droit de prendre un fruit qui n'appartient à personne, de pêcher dans un ruisseau que nul ne s'est encore approprié : mais ce droit que j'ai, un autre l'a également ; sa liberté est égale à la mienne ; je ne puis donc lui arracher de force le fruit qu'il s'est approprié avant moi, ni le chasser de la place qu'il a occupée : je ne puis que saisir un autre fruit et une autre place. Le droit consiste donc dans l'accord de la liberté de l'un avec la liberté de l'autre ; et tout ce qui viole cet accord est tyrannie.

D'un autre côté, tout ce qui ne nuit pas à la liberté d'autrui est dans mon droit en ce sens que nul n'a le droit de m'en empêcher. C'est ainsi qu'une chose, illégitime en soi, peut être licite, par rapport aux autres hommes : par exemple, l'intempérance qui est un vice, n'est pas contraire au droit, tant qu'elle ne nuit à personne : en un mot, nul n'a le droit de contraindre un autre homme à la vertu, à moins qu'il n'ait reçu cette mission de la nature ou de la convention (par exemple, le père ou le pédagogue). En principe, je ne puis rien sur la liberté d'aucun homme, à moins que lui-même ne fasse usage de sa liberté contre moi. Ce que je ne puis pas, la loi ne le peut pas davantage, car la loi n'est que l'expression de la volonté générale ; et je ne puis pas vouloir qu'aucun homme soit contraint dans l'usage de sa liberté, tant que cet usage s'accorde avec la liberté de tous. Par conséquent, autre chose est le droit, autre chose est la vertu. La séparation de ces deux objets n'est pas moins nécessaire à la vertu qu'au droit ; assujettir la vertu à la contrainte légale, c'est lui ôter son caractère propre, qui consiste, comme le dit Kant, à obéir à la loi morale par respect pour la loi, et non par crainte.

Mais en admettant la formule de Kant, comme indiquant avec précision le milieu vrai entre la doctrine de Hobbes, et celle de Platon, nous devons remarquer cependant qu'elle nous donne le signe extérieur du droit plutôt que le droit lui-même. Que cette définition soit un bon critérium pour reconnaître ce qui est de droit, je le veux bien : mais elle ne pénètre pas jusqu'à l'essence de la chose ; et pour parler le langage de Kant, sa définition fournit si l'on veut la *forme* du droit, mais non pas sa *matière*. Il nous dit bien que le droit est l'accord de la liberté de chacun avec la liberté de tous, mais il ne dit pas pourquoi un tel accord doit exister. Il faut pourtant que chaque liberté, prise en soi, soit déjà quelque chose de sacré, pour faire respecter en elle-même ce qu'elle doit aussi respecter en autrui. Il faut qu'il y ait des droits préexistants pour que chaque liberté soit limitée par la liberté des autres. Le droit est donc antérieur à toute rencontre et à tout accord des volontés ; il ne résulte donc pas de cet accord.

Définir le droit, comme fait Kant, l'*ensemble des conditions* sous lesquelles la liberté de chacun s'accorde avec la liberté de tous, n'est-ce pas le réduire à une abstraction ? Ces conditions sont en elles-mêmes indéterminées : elles sont telles ou telles dans telles circonstances. Généralisez ces circonstances, vous avez, selon Kant, le *droit*. Mais le droit n'est pas une condition ni une somme de conditions ; c'est une qualité inhérente à l'être moral, une véritable puissance antérieure et supérieure aux conditions dans lesquelles elle peut se développer. Sans doute cette puissance qui existe à la fois chez tous les hommes ne peut pas être en contradiction avec elle-même : de là vient que le droit de l'un doit s'accorder avec le droit de l'autre. On peut ensuite abstraitement et extensivement appliquer la dénomination de droit aux règles qui régissent cet accord ; mais ces règles ne sont pas plus le droit que les règles de la rhétorique ne sont l'éloquence.

On pourrait partir, dans la détermination de l'idée de

droit, de cette définition de Leibniz : « Le droit est un *pouvoir moral*, comme le devoir est une *nécessité morale.* » Il est remarquable que Kant, qui a emprunté à Leibniz la seconde partie de cette définition, puisqu'il définit souvent le devoir une contrainte morale, n'ait pas adopté aussi la première : cela pourrait aisément s'expliquer par la nature même de sa philosophie, qui ramène tout à des *règles*, et méconnaît la puissance active, qui est la source de l'être et de la vie. Quoi qu'il en soit, il est très-juste de dire que le droit est un *pouvoir*, car tout ce qui est capable d'opposer quelque résistance ou d'empêcher quelque action, est à juste titre appelé un pouvoir. Or c'est là un des caractères du droit. Un enfant n'est pas plus difficile à briser qu'une branche d'arbre. Cependant cette frêle nature tient en échec une force bien supérieure par cette mystérieuse défense que l'on appelle le droit. Nul doute qu'il n'y ait dans la nature de l'enfant un pouvoir qui s'oppose aux mauvais traitements et à la violence; mais c'est un pouvoir d'une nature particulière; car il s'associe à la faiblesse même. C'est ainsi que nous avons un pouvoir sur celui qui nous a donné sa parole, même lorsque nous n'avons aucune force pour le contraindre à l'exécuter. Quelquefois ce pouvoir moral est accompagné du pouvoir physique, comme dans le droit paternel. Mais la conscience distingue très-bien ces deux pouvoirs, et comprend que l'un ne dérive pas de l'autre.

Kant eût évité les objections précédentes, si tout en caractérisant le droit par ses conditions externes, il en eût indiqué le principe interne, principe qu'il ne lui était pas difficile de découvrir, puisque c'est lui-même qui l'introduit dans la science, à savoir le principe de l'humanité fin en soi, ou de la personnalité inviolable. *Homo res sacra homini*, disait Sénèque : c'est le principe même de Kant.

Si nous passions des principes aux applications, nous verrions qu'il n'est pas une question de droit naturel que Kant n'ait abordée et traitée avec l'originalité qui lui est propre. Dans l'impossibilité où nous sommes de toucher à tout, arrêtons-nous à sa théorie curieuse et singulièrement ardue de la propriété. Il est douteux que le formalisme scholastique dans lequel s'enveloppe Kant ajoute beaucoup à la profondeur des idées : mais comme ce formalisme est un des traits caractéristiques de notre auteur, on nous permettra d'en donner un curieux exemple, curieux surtout si l'on songe qu'il s'agit ici d'une question qui touche de si près à l'intérêt le plus ardent des hommes, et sur laquelle les Rousseau et les Proudhon ont répandu le feu et le poison de leur redoutable dialectique.

Voici d'abord comment Kant définit la propriété : « Le mien de droit, dit-il, *meum juris* (la propriété), c'est ce qui est avec moi dans un tel rapport que je me trouverais lésé, si un autre en faisait usage sans mon consentement. » Plus tard, au § 5, il reproduit la même définition sous une autre forme : « Le mien extérieur, dit-il, « est la chose hors de moi dont on ne pourrait m'em- « pêcher d'user à mon gré sans me léser. » Ces deux définitions sont identiques et expriment les deux aspects sous lesquels on peut considérer la propriété : l'un négatif, l'autre positif; le mien de droit c'est ce dont je puis exclure les autres, et ce dont nul ne peut m'exclure. Que cette définition soit exacte, et qu'elle exprime bien le double caractère de la propriété, je ne le nie pas : seulement ce n'est qu'une définition, c'est-à-dire une notion abstraite, à laquelle il est fort possible que rien ne corresponde en droit dans la réalité. En effet, cette définition revient à ceci : « Étant donné un objet tel, que personne n'en puisse user sans mon consentement, j'appelle cet objet *mien*. » Mais cet objet est-il donné et surtout est-il légitime? Voilà la question.

Kant fait un pas de plus, et il distingue deux espèces de possession : l'une qui consiste purement et simplement dans la détention de l'objet, le fait de l'avoir actuellement en notre pouvoir; l'autre qui est indépendante des conditions du temps et de l'espace, et en vertu de laquelle je puis dire qu'une chose est mienne, quoique je ne l'aie pas actuellement entre les mains. « Ainsi je n'ap-
« pellerai pas mienne une pomme parce que je l'ai
« dans la main, mais seulement si je puis dire : je la
« possède, quoique je l'aie déposée quelque part. De
« même, je ne puis dire du sol sur lequel je suis couché
« qu'il est mien pour cette raison : je ne puis le quali-
« fier ainsi que si je puis affirmer qu'il sera encore en
« ma possession lorsque j'aurai changé de place. » Cette distinction n'est autre chose que celle qui est reconnue par tous les jurisconsultes entre la possession et la propriété; mais elle est ramenée très-habilement par Kant aux principes de sa philosophie. Il appelle l'une, possession *empirique* (phænomenon), parce qu'elle n'a lieu que dans un point déterminé de l'espace et du temps; l'autre, possession *intelligible* (noumenon), parce qu'elle a lieu en dehors de toute condition d'espace et de temps, et qu'elle indique simplement un rapport de moi à quelque chose hors de moi.

Mais cette distinction, quelque juste et fine qu'elle soit, ne va pas plus loin cependant que la définition même. Sans doute, pour que je puisse être lésé par l'usage qu'un autre fait de ma chose sans mon consentement, il

faut bien que la *détention* soit quelque chose de différent de la véritable possession; autrement celui qui en fait usage, de quelque manière qu'il l'ait obtenue, en deviendrait par cela même propriétaire, puisque l'usage n'est pas possible sans une certaine détention. Par conséquent, dans la définition du mien de droit est déjà contenue la notion d'une possession intelligible, ou pour mieux dire elle n'est autre chose que cette notion même. Au reste, je ne prête pas cette déduction à Kant; c'est lui-même qui la fait dans les termes suivants : « La condition subjec-
« tive de la possibilité de l'usage en général est la pos-
« session. Mais quelque chose d'extérieur ne saurait être
« mien que si je puis me supposer lésé par l'usage qu'un
« autre ferait d'une chose en possession de laquelle je
« ne serais pourtant pas. Avoir quelque chose comme
« sien est donc contradictoire, si le concept de la pos-
« session n'est pas susceptible de deux sens différents,
« c'est-à-dire si l'on ne peut distinguer la possession *sen-*
« *sible* et la possession *intelligible,* en entendant par la
« première la possession *physique* et par la seconde la
« possession *purement intelligible* du même objet. »

Mais cette notion de la possession intelligible étant tirée analytiquement de la définition du mien de droit, ne nous apprend rien de plus que cette définition même, sur la possibilité et la légitimité d'une telle possession. Aussi Kant se pose-t-il la question suivante : Comment la possession intelligible est-elle possible ?

La possibilité de la possession empirique ou physique ne souffre pas de difficultés : « La proposition de
« droit qui est relative à la possession empirique est
« analytique (1) : car elle ne dit rien de plus que ce qui

---

(1) Kant appelle proposition *analytique* celle où l'on ne peut nier l'attribut du sujet sans contradiction. Dans le cas dont il s'agit, on ne peut nier

« résulte de cette possession suivant le principe de con-
« tradiction, c'est-à-dire que si je suis le détenteur d'une
« chose, celui qui s'en empare sans mon consentement
« affecte et diminue le mien intérieur (ma liberté), et
« par conséquent suit une maxime directement contraire
« à l'axiome du droit. La proposition qui a pour objet
« la légitimité de la possession empirique ne dépasse
« donc pas le droit d'une personne par rapport à elle-
« même (1). »

Mais je ne puis pas conclure de la même manière dans le second cas, je veux dire dans le cas de la possession intelligible. Ma liberté n'emporte pas par elle-même un droit sur un objet, qui n'est pas actuellement l'objet de mon arbitre, puisque je n'en suis pas détenteur ; comment le droit peut-il s'étendre de cette sphère intérieure dans une sphère indéterminée, où le moi n'est pas, où du moins il n'est qu'idéalement ? Enfin, comment est possible la possession d'un objet à distance et dans la durée, ou plutôt abstraction faite de l'espace et de la durée ? Cette proposition est *synthétique* (1), puisqu'elle ajoute au sujet une espèce de possession qui ne dérive pas nécessairement de sa liberté.

Voilà le problème : il est hardiment et profondément posé. Voyons la solution.

Selon Kant, la raison pratique n'a pas autre chose à faire pour répondre à cette question que d'écarter toutes les conditions de l'intuition sensible qui fondent la posses-

---

la possession actuelle sans nier la liberté : par conséquent celle-ci étant donnée, l'autre l'est également. La proposition est analytique et évidente par elle-même.

(1) *Doctr. du droit*, part. I, c. i, § 6.

(2) Kant appelle proposition *synthétique* celle où l'on peut affirmer le sujet sans l'attribut, où par conséquent celui-ci est *ajouté* au sujet, et n'y est pas contenu en vertu du principe de contradiction.

sion empirique, c'est-à-dire l'espace et le temps ; et par le seul fait qu'elle élimine ces conditions, elle fonde et étend le concept de droit hors de toute condition empirique.

Mais j'ai beau creuser les conditions de cette épreuve éliminative, je ne vois absolument rien qui puisse servir de fondement à une si étrange extension de droit, le droit de la personne sur un objet situé hors d'elle, et dont elle n'a pas la détention actuelle. Je ne puis voir ici qu'un artifice logique qui résout la difficulté par ses termes mêmes, et où la réponse est absolument identique à la question. Il s'agit de savoir comment une possession autre que la possession empirique est possible : on répond qu'il suffit, pour concevoir cette possibilité, d'écarter les conditions de la possession empirique. On dit qu'il est de l'essence de la raison pratique de fonder des propositions de droit *extensives* par la seule *élimination* des conditions empiriques. C'est là précisément le problème : et si la chose est évidente de soi, il ne fallait pas la donner comme un problème ; mais la chose n'est nullement évidente de soi ; car on ne voit pas comment une opération tout abstraite de la raison, à savoir l'élimination de l'espace et du temps, suffit pour étendre mon droit d'une manière effective, en dehors du temps et du lieu actuel. Kant a eu grandement raison de dire qu'il y avait là un problème ; mais il ne nous fournit aucun élément de solution.

Sans doute, si le principe de la possession intelligible était donné en soi comme une règle nécessaire de la liberté, il serait inutile, pour en montrer l'application, d'y ajouter les notions de l'espace et du temps, comme on est obligé de le faire pour la connaissance spéculative des objets ; mais la question est précisément d'établir que ce principe est une règle. Jusqu'à présent, il n'est autre chose qu'une définition.

Kant a si bien senti le vice de sa théorie, qu'à sa définition, dont il est impossible de rien tirer, il a ajouté un axiome ou un postulat, qu'il appelle *postulat juridique de la raison pratique*, qui, selon nous, n'a pas plus de fécondité. Mais il faut l'examiner de plus près.

Voici ce postulat : « Il est possible que j'aie comme « mien un objet extérieur quelconque de mon arbitre, « c'est-à-dire qu'une maxime d'après laquelle, si elle « avait force de loi, un objet de l'arbitre devrait être « en soi sans maître, est nulle de soi (1). » En d'autres termes, une loi qui interdirait à chacun de s'approprier un objet quelconque auquel se serait appliquée sa volonté, et selon laquelle cet objet devrait être considéré comme étant sans maître, est contraire au droit.

Voici maintenant la démonstration. Un objet de mon arbitre est un objet dont j'ai physiquement le pouvoir de me servir. Dire que cet objet ne peut pas devenir mien, c'est dire que je dois mettre hors de mon usage et hors de tout usage des choses pouvant servir, ce qui d'une part est contradictoire en soi, et d'autre part met la liberté en contradiction avec elle-même.

Je remarque que ce postulat peut avoir deux sens : car le mot *avoir* a deux sens, selon Kant. On peut *avoir* un objet d'une manière empirique ou d'une manière intelligible. Le premier est la détention, le second est la propriété. Si le mot *avoir* signifie ici possession intelligible, alors la possibilité d'une telle possession n'a plus besoin d'être démontrée, puisqu'elle est posée d'abord

(1) *Doctr. du droit*, part. I, c. I, § 11.

dans le postulat du droit, et par conséquent la démonstration si compliquée que nous avons combattue tout à l'heure est parfaitement inutile ; toute la théorie de la propriété se réduit à une définition et à un axiome. Mais si le mot *avoir*, dans le postulat, ne s'entend que dans un sens empirique, ce postulat ne peut pas servir à la démonstration de la possession intelligible ou de la propriété.

Kant raisonne ainsi : « Vouloir m'imposer comme « condition de la possession d'une place, la nécessité de « l'occuper constamment de ma personne, ce serait sou- « tenir qu'il n'est pas possible d'avoir à titre de sien « quelque chose d'extérieur. » Ainsi nier la possession intelligible, c'est nier le postulat juridique.

Pour que ce fût juste, il faudrait que dans le postulat, *avoir quelque chose comme sien* signifiât précisément l'avoir en dehors de l'espace et du temps. Dans ce cas, le raisonnement est juste, mais ce n'est qu'une tautologie. Mais si ces termes signifient simplement posséder actuellement une chose en tant qu'on en fait usage, le raisonnement n'est pas concluant ; car, dans ce cas, exiger pour la possession d'une place que je l'occupe de ma personne, ce n'est pas nier absolument que je puisse avoir cette place comme mienne, ce n'est donc pas nier absolument le mien extérieur, et par conséquent ce n'est pas aller contre le postulat juridique, si ce postulat ne s'étend pas au delà de la possibilité d'une possession empirique.

Or je dis maintenant que le sens du postulat est et ne peut être que ce dernier sens, et qu'il n'est évident qu'à cette condition. En effet, quelle est la raison que fait valoir Kant en faveur du postulat juridique ? Nier, dit-il, la possibilité de quelque chose de mien, c'est vouloir que la liberté se prive elle-même de l'usage de son arbitre, en mettant hors de tout usage possible des objets pouvant servir. Mais cela ne serait vrai que si je niais toute possession, même empirique, car si j'admets une possession empirique, je ne mets pas hors de tout usage des choses pouvant servir, je dis seulement que pour l'homme les choses ne deviennent siennes qu'autant qu'il en fait usage ; je n'empêche pas la liberté de se servir des choses utiles, mais j'établis que son droit sur ces choses ne s'étend pas au delà de l'usage. Le problème est précisément de faire voir que l'usage des choses rend nécessaire une possession qui s'étende au delà du simple usage ; et cela n'est pas contenu dans le postulat, car le postulat est une proposition analytique, et la proposition qu'il s'agit d'établir est synthétique.

Kant se décide enfin à sortir de ces abstractions et à chercher dans l'expérience l'origine et le principe de la propriété ; mais il n'est pas plus heureux dans cette nouvelle entreprise. Il adopte le principe des jurisconsultes, l'occupation sanctionnée par la loi (1). Or ce principe est tout à fait insuffisant pour résoudre le problème posé par Kant. Ce problème est celui-ci : Comment de la possession empirique ou de la détention actuelle puis-je passer à la possession intelligible, c'est-à-dire à la propriété ? L'occupation explique très-bien la possession empirique. Lorsqu'une chose n'est à personne, elle est à celui qui s'en empare et qui s'en sert : nier cela, ce serait, comme dit Kant, mettre hors de tout usage des choses pouvant servir. Mais le fait de s'emparer d'une chose peut-il donner sur cette chose un pouvoir indépendant de l'espace et du temps ? Comment se pourrait-il faire

---

(1) *Doctr. du droit*, part. I, c. 1, § 14.

que pour m'être couché à une place quelconque du sol, cette place fût encore à moi, même après que je l'aurais quittée? L'occupation ne donne pas un droit qui dépasse le temps de l'occupation elle-même. On a employé souvent dans cette question la comparaison du théâtre, où les meilleures places sont à ceux qui arrivent les premiers. Mais la place que j'occupe dans un théâtre n'est pas mienne à perpétuité, elle ne l'est que pendant la durée du spectacle. L'occupation ne s'étend pas plus dans l'espace que dans le temps. Pourquoi l'occupation d'une place déterminée me donnerait-elle un droit sur la place qui est à côté? En supposant que l'occupation puisse avoir cette vertu, jusqu'où s'étendra son droit? « Suffit-il, dit « J.-J. Rousseau, de mettre le pied sur un continent pour « s'en déclarer le maître et en exclure à jamais tous les « autres hommes? » Kant, pour fixer les limites de ce droit d'occupation, dit que chacun peut s'approprier ce qu'il a le pouvoir de défendre (1); d'où il suit que c'est la force qui devient le signe et le titre justificatif du droit. « Lui, le philosophe de la liberté et du droit, dit le « traducteur de Kant dans son excellente Introduction, « soumet ici le droit à la force, et cherche dans un élé- « ment physique et indépendant de la liberté humaine « une limite qui ne doit relever que de la liberté et de la « justice. Il oublie que ce n'est pas la puissance de « défendre une terre qui en fait la légitimité, mais que « c'est, au contraire, cette légitimité qui en autorise la « défense (2). »

Chose étrange! Kant a méconnu le seul principe qui pût résoudre le problème tel qu'il l'a posé, c'est-à-dire le principe du travail. C'est le travail seul qui peut

(1) *Doctr. du droit*, § 15.
(2) Intr. du tr., p. 156.

changer la possession empirique en possession intelligible. Le travail, en déposant en quelque sorte un signe de ma présence dans les différents lieux de l'espace qui ont été successivement l'objet de mon activité, perpétue l'occupation, et, en imprimant aux objets le sceau de ma personnalité, lui permet de franchir l'espace et le temps. En passant d'un sillon à un sillon, j'étends ma possession sans rien perdre de ce que je possédais antérieurement ; car ce sillon, œuvre de mon industrie, garde le témoignage de ma présence, et oppose ainsi une barrière insurmontable à une nouvelle occupation. Kant a vu avec profondeur que tout le mystère de la propriété était dans cette extension de la volonté dans l'espace et dans le temps ; mais il a expliqué cette extension par une opération abstraite et toute négative de l'entendement, au lieu d'en chercher le sens dans le fait de la personnalité vivante, qui conquiert l'espace et le temps, et dont les œuvres ne passent pas avec les actions.

L'étude de la propriété, quoique appartenant au droit privé, nous conduit cependant au droit public ; car, selon Kant, la propriété, tant qu'il n'y a pas de droit public ou de lois, n'est que *provisoire :* ce n'est que dans l'État qu'elle devient *péremptoire* (1). Cette vue, qui est très-juste et qui tranche le nœud des objections soulevées par la théorie de Rousseau, ne peut être bien comprise qu'après l'exposition des principes de la politique de Kant.

La politique de Kant, sans être remarquable par l'invention, est cependant d'un assez grand intérêt. On y

---

(1) *Doctr. du droit*, § 15.

voit l'auteur adopter les plus importantes idées de la politique du xviii° siècle; et déjà cette adhésion est par elle-même un fait intéressant; mais de plus, en exposant ces idées, Kant leur imprime son cachet; il les transforme et les éclaircit; et sur quelques points, il les améliore profondément.

Une des questions les mieux traitées par lui, et aussi l'une des plus négligées par les publicistes de son temps, c'est la question de l'accord entre la politique et la morale (1). Kant défend la nécessité de cet accord contre la politique empirique et machiavélique.

« La politique dit : Soyez prudents comme les serpents. La morale y ajoute la restriction : Et simples comme les colombes. Si l'un et l'autre est incompatible dans un même précepte, la politique sera réellement en opposition avec la morale; mais si ces deux qualités doivent absolument se trouver réunies, l'idée du contraire est absurde, et l'on ne peut plus même proposer comme problématique la question : Comment on accorderait la politique et la morale (2). » Or l'opposition absolue que l'on suppose entre les principes de la morale et les maximes de la politique ne peut être admise que par ceux qui ne reconnaissent aucune morale. Dans ce cas, l'art de conduire les hommes ne diffère point de l'art de conduire les animaux, et devient un simple mécanisme, comme il l'est trop souvent en effet. Mais on voit que ce n'est pas là opposer la morale à la politique, c'est sacrifier l'une à l'autre. Or on ne peut aller jusque-là : car si l'on n'admet pas cette maxime un peu naïve : « L'honnêteté est la meilleure politique, » on admettra certainement celle-ci : « L'honnêteté vaut mieux

---

(1) Projet de paix perpétuelle, appendice i et ii.
(2) App. I. De l'opposition de la politique et de la morale.

que toute politique. » De plus, on peut bien se faire une idée d'un *politique moral*, mais non d'un *moraliste politique*; en effet, la pensée d'un homme qui n'écoute que son devoir pour agir et laisse les conséquences se produire naturellement, c'est-à-dire d'un politique moral, n'a rien que de clair et d'intelligible ; mais celle d'un homme qui veut ramener la morale à un mécanisme et traiter les hommes comme des moyens, quoique plus conforme peut-être à la réalité, n'en est pas moins en elle-même absurde et contradictoire.

Le moraliste politique se persuade qu'il possède vraiment la pratique de la politique ; il n'a que la pratique des affaires et l'entente de son propre intérêt. La facilité avec laquelle il se prête aux circonstances lui fait croire qu'il est capable de juger des principes, ou plutôt il mesure les principes à son expérience étroite et personnelle. Comme il connaît un grand nombre d'hommes, il se flatte de connaître l'homme, et il veut porter partout son esprit de procédure mécanique et de contrainte servile. Enfin il ne voit d'autre mesure du droit absolu que les codes et les constitutions. Il n'agit que d'après des maximes sophistiques, telles que celle-ci : 1° *Fac et excusa* : Commence par agir, tu t'excuseras ensuite ; 2° *Si fecisti, nega* : Nie tout ce que tu as commis ; 3° *Divide et impera* : Divise pour régner.

Tels sont les maximes, les jugements et les pratiques de la fausse politique. Le politique moral, au contraire, part de l'idée du droit. Partout où il apercevra des défauts dans l'État, je veux dire des choses contraires au droit et à la raison, il essayera de les corriger peu à peu, et de transformer les sujets d'esclaves en hommes. Non pas qu'il doive imiter les *moralistes despotiques*, qui vont contre l'expérience, l'opportunité et le possible; le politique moral ne marche qu'à pas lents, et craint toujours de faire plus de mal par des réformes intempestives que par une sage temporisation.

Le politique vulgaire cherche d'abord le but ; mais en le cherchant il le manque ; car comment connaître assez le mécanisme de la nature pour s'assurer de réussir toujours par les moyens même les plus habiles en apparence ? Au contraire, le politique moral établit ce principe : « Cherchez premièrement le règne de la pure raison pratique et de la justice, et votre but vous sera donné par surcroît. » Car la morale ou le droit n'est pas en contradiction avec le bien, et même le bien-être des hommes. Elle est même le plus sûr moyen de le leur assurer. « Cette sentence un peu cavalière, mais vraie : *Fiat justitia, pereat mundus !* c'est-à-dire : que la justice règne, dussent périr tous les scélérats de l'univers ! cette sentence, qui a passé en proverbe, est un principe de droit bien énergique, et qui tranche courageusement tout le tissu de la ruse ou de la force. »

Il faut donc reconnaître le lien de la politique et de la morale, et la dépendance de l'une à l'autre. En principe, l'ordre de la volonté est le premier, et l'ordre de la nature ne vient qu'ensuite. Ne rechercher que le second, c'est les manquer tous les deux : chercher le premier est le moyen sûr de trouver le second. Ainsi, quoique en pratique l'union de la morale et de la politique rencontre d'éternels obstacles dans les passions de chaque homme et dans les mauvaises dispositions des gouvernements, « la vraie politique ne saurait faire un pas sans avoir auparavant rendu hommage à la morale... Les droits de l'homme doivent être tenus pour sacrés, quelque grands sacrifices que cela puisse coûter au pouvoir qui gouverne... Toute politique doit s'incliner devant le droit, et c'est ainsi seulement qu'elle peut espérer d'arriver, quoique lentement, à un degré d'où elle brille d'un éclat durable. »

Kant prétend même donner une formule, suivant laquelle on pourra juger si la politique est ou n'est pas d'accord avec la morale. Voici cette formule : « Toutes les actions relatives au droit d'autrui, *dont la maxime n'est pas susceptible de publicité*, sont injustes. » La *publicité* devient donc un *criterium* de la moralité du gouvernement. En effet, une maxime qu'on ne saurait déclarer tout haut, qu'il faut absolument tenir secrète, sous peine de ne pas réussir, et que l'on ne pourrait faire connaître publiquement sans soulever l'opposition de tous, une telle maxime ne peut devoir qu'à l'injustice dont elle menace chacun cette résistance universelle. A la vraie politique, qui peut ouvertement déclarer ses principes, s'oppose la *casuistique* politique, qui ne le cède en rien à celle des meilleurs jésuites. Les règles de cette casuistique sont : la *restriction mentale*, dont elle fait usage dans la rédaction des traités publics, où elle a soin d'employer des expressions qu'elle puisse, selon l'occasion, interpréter à son avantage ; le *probabilisme*, qui consiste à imaginer dans les autres de mauvais desseins ou à chercher dans l'apparence d'une supériorité possible un motif légitime de ruiner des États pacifiques; enfin le *péché philosophique*, qui consiste à regarder comme une peccadille très-pardonnable l'absorption d'un petit État par un plus grand. Tous ces mensonges de la fausse diplomatie ne se rencontrent pas seulement dans les rapports des gouvernements entre eux, mais encore dans les rapports des gouvernements avec leurs sujets.

Abordons maintenant la politique proprement dite. Je n'examinerai que trois points principaux : 1° la théorie du contrat social ; 2° la séparation des pouvoirs ; 3° enfin le droit d'insurrection.

Kant, avons-nous dit, adopte entièrement les idées du XVIIIe siècle. Il emprunte à Rousseau la théorie du *contrat originaire* (*pactum originale*), et à Montesquieu le principe de la séparation des pouvoirs. Ce qui lui appartient en propre, c'est sa remarquable polémique contre le droit d'insurrection.

Voici d'abord la théorie du *contrat social*, reproduite d'après les termes mêmes de Rousseau, sauf une modification importante que l'on remarquera : « L'acte par lequel un peuple se constitue lui-même en État, *ou plutôt la simple idée de cet acte, qui seule permet d'en concevoir la légitimité*, est le contrat originaire, en vertu duquel tous (*omnes et singuli*) dans le peuple déposent leur liberté extérieure pour la reprendre aussitôt comme membres d'une république, c'est-à-dire du peuple en tant qu'État (*universi*) (1). »

Kant adopte donc dans ses termes mêmes le principe du *contrat social*. Mais en même temps il le développe, le précise ou le rectifie en plusieurs points importants.

Et d'abord il établit que le contrat social n'est pas à ses yeux un fait historique, mais une pure idée. « Ce n'est là qu'une *pure idée* de la raison, mais une idée qui a une réalité pratique incontestable, en ce sens qu'elle oblige tout législateur à dicter ses lois de telle sorte qu'elles aient pu émaner de la volonté collective de tout un peuple, et tout sujet, en tant qu'il veut être citoyen, à se considérer comme s'il avait concouru à former une volonté de ce genre (2). » En un mot, le contrat so-

---
(1) *Doctr. du droit*, § 46.
(2) Kant, Rapports de la théorie et de la pratique (voy. trad. des *Éléments métaphysiques du droit*, par J. Barni, p. 362).

cial est en quelque sorte la *forme a priori*, sans laquelle nous ne pouvons pas penser un État, quelle que soit d'ailleurs son origine empirique.

En second lieu, le contrat social ne fonde pas le *tien* et le *mien*, c'est-à-dire le juste, mais seulement le garantit : « Si l'on ne voulait reconnaître, dit-il, même provisoirement, pour légitime aucune acquisition antérieure à l'état civil, cet état lui-même serait impossible. En effet, quant à la forme, les lois qui règlent le tien et le mien dans l'état naturel ne contiennent pas autre chose que ce que prescrivent celles de l'état civil, en tant qu'on conçoit celui-ci uniquement d'après des idées rationnelles ; toute la différence est que ce dernier détermine les conditions qui assurent l'exécution des lois du premier (1). » La seule différence qu'il y ait entre l'*état de nature* et l'*état civil*, c'est que dans le premier il n'y a point de *justice distributive* (2). L'état *civil* ou *juridique* ne contient rien de plus que l'état de nature, quant à la matière ; c'est-à-dire que les devoirs des hommes entre eux restent les mêmes dans les deux cas. Il n'en diffère que par la *forme*, c'est-à-dire par les conditions universelles et publiques qui permettent à chacun de jouir de son droit.

Troisièmement, enfin, c'est un devoir pour l'homme de passer de l'état de nature à l'état civil : « *Tu dois*, à cause du rapport de coexistence qui s'établit inévitablement entre toi et les autres hommes, sortir de l'état de nature pour entrer dans un état juridique, c'est-à-dire dans un état de justice distributive (3). » En effet, si, dans un état où le tien et le mien n'est pas garanti, personne

---

(1) *Doctr. du droit*, § 65.
(2) *Ib.*, § 41.
(3) *Ib.*, § 42.

n'est tenu à respecter le droit d'autrui, n'étant pas assuré qu'on respectera le sien, et s'il est vrai de dire qu'en agissant ainsi on n'est pas injuste envers autrui, il n'est pas moins vrai que c'est une grande injustice en général que de vouloir persister dans un état où personne n'est assuré contre la violence. Et il n'est pas nécessaire, pour établir ce principe, de prouver par l'expérience qu'avant tout état civil, les hommes sont nécessairement ennemis l'un de l'autre, comme l'a fait Hobbes. Car lors même que cet état ne serait pas précisément un état injuste, ce serait du moins un état privé de garantie légale (*status justitia vacuus*), où le droit serait controversé, et où, par conséquent, toute acquisition ne serait que *provisoire*.

Par ces trois principes, Kant dénoue toutes les difficultés élevées contre la doctrine de J.-J. Rousseau. Passons à la théorie de la séparation des pouvoirs.

« Tout État, dit Kant, renferme en soi trois pouvoirs, c'est-à-dire que l'unité de la volonté générale s'y décompose en trois personnes (*trias politica*) : le *souverain pouvoir*, qui réside dans la personne du législateur ; le *pouvoir exécutif*, dans la personne qui gouverne ; et le *pouvoir judiciaire*, dans la personne du juge. Ce sont comme les trois propositions d'un syllogisme pratique : la majeure, qui contient la *loi* d'une volonté ; la mineure, l'*ordre* de se conduire d'après la loi ; enfin la conclusion (la *sentence*), qui décide ce qui est de droit dans le cas dont il s'agit (1). »

La distribution de ces trois pouvoirs dans les divers États est ce que Kant appelle la *forme du gouvernement* (forma regiminis). Il faut la distinguer de la *forme de la*

---

(1) *Doctr. du droit*, § 63.

souveraineté (forma imperii), qui a rapport au nombre de personnes qui jouissent de la souveraineté. Selon cette seconde division (*forma imperii*), l'État est *monarchique, aristocratique* ou *démocratique*. Selon la première (*forma regiminis*), l'État est *républicain* ou *despotique* (1).

L'État *républicain* est celui où le pouvoir législatif est séparé du pouvoir exécutif. Le *despotique* est celui où ces deux pouvoirs sont confondus. Or toute forme de gouvernement qui n'est pas *représentative*, c'est-à-dire où le pouvoir législatif n'est pas différent de l'exécutif, n'en est pas une : « car le législateur ne peut être, en une seule et même personne, l'exécuteur de sa volonté (de même que, dans un syllogisme, l'universel de la majeure ne peut être en même temps dans la mineure, la subsomption du particulier sous l'universel). » En jugeant d'après ces principes les trois formes principales de la souveraineté, Kant trouve que la démocratie est nécessairement despotique, parce que tous y ont à la fois le pouvoir législatif et le pouvoir exécutif; que dans l'aristocratie, il est plus facile d'arriver à une constitution représentative; et enfin que c'est la monarchie qui s'y prête le mieux. Cette théorie est très-vraie, si l'on divise les gouvernements, comme l'a fait Rousseau, par le principe du pouvoir exécutif; si en effet la démocratie est le gouvernement où tous ont en même temps le pouvoir exécutif, il faut qu'ils aient en même temps le pouvoir législatif; et, au contraire, dans la monarchie, de ce que le monarque a le pouvoir exécutif, il ne s'ensuit pas qu'il ait le législatif. Si, au contraire, on divise les gouvernements par le principe du pouvoir législatif, on arrivera à des conclu-

---

(1) Projet de paix perpétuelle, sect. II.

sions toutes différentes. Car, de ce que le peuple est législateur, il ne s'ensuit pas qu'il soit magistrat, et il peut confier l'exécution à un chef ou à un directoire responsable. Au contraire, si la monarchie est le gouvernement où un seul est législateur, il est impossible qu'il ne soit pas en même temps pouvoir exécutif; et c'est ainsi le gouvernement qui se prête le moins à cette séparation. Il y a donc ici, dans la pensée de Kant, quelque confusion, qui vient sans doute de ce que les termes ne sont pas suffisamment définis. Mais, ce qui paraît ressortir très-clairement de cette théorie, c'est que Kant est partisan de la *monarchie représentative*, c'est-à-dire d'un système de gouvernement où un seul a le pouvoir exécutif, et où le peuple fait la loi par l'intermédiaire de ses représentants.

Mais la question que Kant a traitée avec le plus de soin, de force et d'originalité, est la question du droit de résistance au pouvoir civil, et, pour l'appeler par son vrai nom, du droit d'insurrection.

Avant d'exposer ses idées sur ce point, résumons rapidement l'historique de cette question avant lui. Les publicistes anciens ne l'ont pas traitée. Platon, tout occupé de tracer le tableau du gouvernement le plus parfait, ou le moins imparfait possible, n'a pas cherché ce qu'il était permis de faire pour changer un gouvernement existant. Il était d'ailleurs trop ennemi de la démocratie et de l'état populaire pour que nous puissions supposer qu'il eût accordé au peuple le droit de résister par les armes, s'il avait eu la pensée de discuter un tel droit. Par des raisons toutes contraires, Aristote n'a pas été plus explicite sur ce sujet : politique empirique, il recueille les faits, sans s'enquérir du droit; il fait la théorie des révolutions, sans chercher si une révolution est légitime, à quelle condition elle l'est, quel est le principe de droit qui peut permettre à un peuple, dans un cas donné, d'employer la force pour conquérir sa liberté ou assurer son bonheur. Cicéron admet implicitement un pareil droit, lorsqu'il rapporte à l'expulsion des Tarquins le principe de la grandeur de Rome : mais il n'en donne point la théorie. Sans doute, du silence même des politiques anciens, on peut conclure que ce droit de résistance par les armes ne faisait pas question pour la plupart d'entre eux; et l'admiration qu'ils avaient pour ceux qu'ils appelaient les *libérateurs* de leur patrie le prouve évidemment. Mais leur croyance à cet endroit ne venait-elle pas de ce qu'en général ils avaient une admiration sans bornes pour la force, plutôt que d'une notion claire et distincte du droit? Sans doute, ils avaient le *tyran* en horreur; et cette noble aversion est l'honneur de la politique antique; mais en autorisant le droit de l'assassiner, ne demandaient-ils point à la force aveugle le remède contre la force oppressive? Le droit de conquête sans limites, la supériorité des classes guerrières, l'esclavage, tous ces faits prouvent que l'empire de la force était le principe social et politique de l'antiquité. Le droit de résistance n'était qu'une des applications de cette loi du plus fort qui régissait tout. Lorsque le christianisme parut, ce fut une nouveauté extraordinaire que d'apprendre aux hommes à supporter l'oppression sans résister, et à désarmer le pouvoir tyrannique par la mansuétude et la force de la vérité. C'était là, il faut le dire, une admirable doctrine; et si son règne n'est pas de ce monde, si le droit ne peut pas toujours se passer de l'aide de la force, elle n'en est pas moins l'idéal vers lequel les hommes doivent tendre de toutes leurs forces, afin de préparer autant qu'il est en eux le royaume de l'amour et de la paix. Mais aucune doctrine chrétienne n'a jamais pu s'appliquer tout entière et dans sa pureté. Aussi voyons-nous renaître au moyen âge le droit de résistance, par les mains mêmes de l'Église chrétienne, et en quelque sorte sous son patronage. La résistance fut permise au peuple, mais sous la condition de la déposition du chef par l'autorité ecclésiastique ; par cet acte, les sujets étaient déliés du serment de fidélité, et pouvaient se choisir un autre chef, ou en recevoir un de la main de l'Église. Qu'arriva-t-il? C'est qu'au xvi° siècle, où une partie des sujets se sépara de l'Église, ils retinrent cependant ce principe du droit de résistance, qu'ils avaient appris sous sa tutelle ; et, n'ayant plus personne pour les délier de leur serment, ils s'en délièrent eux-mêmes : ce fut ainsi que reparut dans les temps modernes le droit d'insurrection. C'est alors aussi que reparaît la philosophie politique, qui avait été à peu près ensevelie dans les broussailles de la philosophie du moyen âge. Que pensent les nouveaux publicistes de ce droit extrême et mystérieux, qui semble la dernière garantie des peuples? Pour Machiavel, la question n'existe pas : à ses yeux, tout ce qui réussit est légitime, l'insurrection comme le reste. Ce sont les écrivains protestants et les écrivains de la Ligue qui, les premiers, soulèvent nettement et hardiment la question : ce sont eux qui introduisent dans la politique moderne le droit d'insurrection. Ils disent que le peuple est supérieur aux rois ; que c'est lui qui les fait et qu'il peut les défaire ; que le pouvoir naît d'un contrat entre le roi et le peuple ; que si le roi viole ce contrat, le peuple n'est plus tenu à en exécuter les conditions : telle est la vraie origine de la politique que l'on a appelée plus tard révolutionnaire. Au xvii° siècle, l'absolutisme extrême de Hobbes et de Bossuet, et l'absolutisme mitigé de Fénelon exclut entièrement le droit de résistance par la force. Mais Locke, avocat d'une révolution heureuse, relève ce drapeau, et réclame pour le peuple le droit d'en appeler au ciel, quand toute autre ressource lui manque. Quant à la politique du xviiie siècle, elle n'entame pas cette question. Montesquieu ne la touche pas ; et, ce qui est plus curieux, Rousseau n'en dit pas un mot ; et si l'on soutenait que le droit d'insurrection est implicitement contenu dans les principes du *Contrat social*, je répondrais que cela n'est pas démontré. Kant, en effet, admet entièrement les principes de Rousseau, et il nie très-énergiquement le droit d'insurrection.

Nous sommes ainsi ramenés à notre auteur, dont voici la doctrine (1).

Si c'est un devoir pour les hommes d'entrer dans une société juridique, c'est-à-dire une société régie par des lois, c'est pour eux un devoir, et un devoir absolu d'obéir à celui qui se trouve en possession du commandement suprême et du pouvoir législatif, et il est punissable de rechercher publiquement et de révoquer en doute le titre de son acquisition, afin de résister au cas où ce titre viendrait à lui manquer. Enfin, ce précepte : *Obéissez à l'autorité qui a puissance sur vous*, est un impératif catégorique. En effet, l'idée de la souveraineté, c'est-à-dire l'idée d'une volonté collective, se donnant à elle-même des lois, est une chose sainte. Or, quoique cette idée ne soit qu'un concept de la raison pure, elle est réalisée, imparfaitement sans doute, mais enfin dans une certaine mesure par un peuple réuni par des lois sous une autorité suprême, quelle qu'elle soit. Cette repré-

---

(1) Voy. *Doctr. du droit*, § 49, A. *ib.* Append. Conclusions et Rapports de la théorie à la pratique, II, corollaire.

sentation, si imparfaite qu'elle soit, d'une constitution juridique, est sacrée comme cette constitution même ; car tout objet d'expérience étant toujours infiniment inférieur à l'idée pure qui en est la forme, il n'y a pas une seule constitution parmi les hommes qui ne pût être renversée comme imparfaite, si on ne leur appliquait à toutes le bénéfice de l'inviolabilité. Ce n'est pas à dire qu'une constitution ne puisse pas s'améliorer ; mais elle ne le peut que par le moyen des *réformes* et non par des *révolutions*. Que si, au contraire, le peuple en appelle à la force, il détruit par là même toute constitution juridique, et il remplace l'état civil par l'état de nature. Qui décidera d'ailleurs entre le chef et le peuple, chacun étant juge dans sa propre cause? Il faudrait donc qu'il y eût au-dessus du souverain, un autre souverain qui décidât entre lui et le peuple, ce qui est contradictoire.

Non-seulement le peuple ne peut pas par la violence et par les armes s'affranchir de l'autorité, et faire ses conditions, mais il ne peut pas même introduire dans une constitution un article qui permettrait à un certain pouvoir de l'État de s'opposer au chef suprême, au cas où celui-ci violerait la loi constitutionnelle. Car, pour que ce pouvoir pût restreindre la puissance de ce chef suprême, il faudrait qu'il eût lui-même plus ou autant de puissance que celui qu'il restreindrait ; mais en ce cas, ce serait ce pouvoir, ce ne serait plus l'autre qui serait le chef suprême : ce qui est contradictoire. Pour que le peuple fût autorisé à la résistance, il faudrait préalablement une loi publique qui la permît, c'est-à-dire qu'il faudrait que la législation souveraine contînt une disposition d'après laquelle elle ne serait plus souveraine. Ce qui n'implique pas d'ailleurs que, dans une constitution où le peuple est représenté par un parlement, celui-ci ne puisse opposer au pouvoir une résistance négative, c'est-à-dire un *refus* de concours ; mais cette résistance ne peut devenir active, sans déplacer par là même le pouvoir suprême. C'est ce qu'on voit par l'exemple de la constitution anglaise, qui passe pour un modèle dans le monde. Elle passe tout à fait sous silence le cas où le monarque transgresserait le contrat de 1688. Et c'est avec grande raison : car, pour qu'une constitution réserve le cas de résistance contre le pouvoir exécutif, il faudrait qu'elle contînt un contre-pouvoir publiquement constitué, et que, par conséquent, il y eût un second chef de l'État, qui défendît les droits du peuple contre le premier, et ensuite un troisième qui décidât entre les deux. Dire que c'est là une clause sous-entendue par prudence n'est pas admissible ; on ne peut sous-entendre aucun droit dans l'État ; car toutes les lois doivent être conçues comme émanant d'une volonté publique.

Comme contre-poids de cette doctrine si dure sur le droit de résistance, Kant admet la *liberté d'écrire*, sous la réserve du respect et de l'amour de la constitution. « La liberté d'écrire, dit-il, voilà l'unique palladium des droits du peuple. » On doit supposer que le souverain *veut* être instruit de tout ce que désirent les sujets, afin de corriger lui-même ce qui leur est trop lourd à supporter. Ainsi l'obéissance est la base d'une constitution civile, mais il doit s'y joindre un *esprit de liberté*. L'obéissance sans la liberté enfante les sociétés secrètes, qui tomberaient d'elles-mêmes si cette liberté était favorisée.

Voilà ce que pense Kant du droit de résistance populaire ; et quoiqu'on puisse attribuer en grande partie son opinion, d'une part à sa prudence, car il vivait dans une monarchie absolue, de l'autre à son horreur pour les excès de la révolution française, on ne peut nier que ce ne soient surtout des raisons de principe qui le déterminent. A notre avis, il y a du faux et du vrai dans sa doctrine ; mais il n'est pas facile de faire ce partage. En l'essayant, j'espère, pour employer les paroles mêmes de Kant, « qu'on m'épargnera le reproche de trop flatter les monarques, ou de me montrer trop favorable au peuple. »

Il y a deux points dans la doctrine de Kant : 1° Peut-on introduire dans une constitution un pouvoir qui serait chargé de résister au chef suprême, au cas où celui-ci violerait la constitution ? 2° En général, le peuple a-t-il le droit de se protéger lui-même par le moyen des armes ?

Sur le premier point, il me semble que l'argumentation de Kant est tout à fait décisive. En effet, ou ce pouvoir de résistance n'a point la force à sa disposition, et la fonction qu'on lui attribue est tout à fait vaine, ou il a la force, et il peut contraindre en effet le chef de l'État à l'observation de la loi ; mais alors c'est lui-même qui est le souverain, et contre lequel il faudrait des garanties. Je comprends très-bien que, dans un certain système de gouvernement, le pouvoir exécutif puisse être dans une telle dépendance du pouvoir législatif qu'il lui soit impossible de violer la constitution, ou que, s'il la viole, il tombe sous le coup de la loi. Mais pour qu'il en soit ainsi, il faut que le corps législatif soit plus puissant que l'exécutif, et, par conséquent, qu'il soit précisément le chef suprême de l'État, contre lequel on cherche des garanties. Or si le pouvoir législatif lui-même viole la constitution, quel pouvoir le jugera ? Sera-ce un troisième ? La même objection tombera sur celui-ci. *Non fas est procedere in infinitum*, et, comme le dit Aristote, *il faut s'arrêter*, ἀνάγκη στῆναι. Il faut donc que le souverain pouvoir, quel qu'il soit, soit irresponsable et inviolable au moins légalement.

Sans établir un pouvoir légal qui pût, le cas échéant, retenir ou contraindre le pouvoir suprême, ne pourrait-on pas cependant introduire dans la constitution même une clause qui autorisât le peuple à se protéger lui-même, dans l'hypothèse où le chef de l'État violerait son contrat? Mais introduire un pareil article dans la constitution, c'est donner au peuple le droit légal de détruire la constitution quand il lui plaira; car il peut toujours prétendre que le chef a violé son contrat. Il n'y a donc rien de plus absurde en politique que cet article de la constitution de 93, que « l'insurrection est le plus saint des devoirs. » Si l'article 14 de la charte de 1830, tel que Charles X voulait qu'on l'entendît, était la négation même de la charte, cette sorte d'article 14 insurrectionnel qu'on voudrait introduire dans une constitution, outre qu'il est tout à fait inutile, serait la négation même de toute constitution civile. Il a existé dans l'antiquité un État où ce principe était appliqué. En Crète, la sédition était, dit Aristote, la garantie légale des citoyens contre les magistrats; et la constitution de Crète était une des plus admirées des anciens. Cela prouve seulement que les constitutions anciennes étaient encore très-près de la barbarie. La sédition légale n'est autre chose que l'état de nature en permanence. Quant à dire que c'est une clause secrète et sous-entendue, autant dire qu'il n'y a pas de clause, et que le peuple prend sur lui, en vertu d'un droit premier et supérieur à toute loi, de changer l'ordre légal. Enfin, dira-t-on, le pouvoir législatif ne peut-il pas, à titre de pouvoir souverain, donner l'exemple de la résistance et appeler le peuple à l'insurrection au nom même de la constitution? Il le peut, mais il n'agit plus alors en qualité de pouvoir législatif, mais de pouvoir insurrectionnel ou révolutionnaire. Par là, sans doute, il donne à la révolte une autorité morale, mais non une autorité légale, si ce n'est fictivement et comme servant de lien entre l'ancien gouvernement et le nouveau : car la société ne peut être un seul instant sans une forme légale, au moins en apparence (1).

Il est donc impossible de trouver aucune combinaison qui permette de contraindre par la force, au nom même de la constitution, celui qu'elle déclare le chef suprême. Ce problème enferme une contradiction dans les termes, le souverain ne pouvant être contraint que par quelqu'un de plus fort que lui; et ce serait alors celui-ci qui serait le souverain et non pas l'autre.

Voici maintenant la seconde question. Si nous laissons de côté toute fiction d'une insurrection légale, et d'une contrainte du souverain par un pouvoir constitutionnel, faut-il nier absolument le droit du peuple considéré comme souverain, à se protéger soi-même contre les entreprises de la tyrannie? faut-il admettre avec Hobbes que le peuple cesse d'exister comme peuple, aussitôt que le gouvernement est fondé, et qu'il n'a plus le droit de reprendre la souveraineté qu'il a abandonnée? faut-il admettre qu'il ne soit jamais permis d'examiner et de discuter les droits du gouvernement, et qu'en fait de souveraineté, la possession vaille titre? Une telle doctrine, prise à la rigueur, est elle-même absurde et contradictoire. Je me suppose, en effet, en possession de la sou-

(1) La chambre des députés, qui en 1830 a fait un nouveau gouvernement et une nouvelle charte, n'agissait pas évidemment comme pouvoir législatif: car, à ce titre, elle n'avait aucun droit de faire un gouvernement et elle n'avait pas été nommée à cet effet. Elle agissait donc comme pouvoir révolutionnaire et dictatorial, qui, s'inspirant des circonstances et de la nécessité, choisit ou accepte ce qui lui paraît le mieux.

veraineté; mon titre, selon Kant, est inviolable et indiscutable. Si quelqu'un l'attaque, j'ai évidemment le droit de me défendre contre lui : car je suis le souverain, et lui le rebelle. Si je suis le plus fort, ces rapports ne sont point changés : changeront-ils donc si je suis le plus faible? Si mon adversaire réussit à se saisir du siége du gouvernement, devient-il par là le souverain, et moi le rebelle? Raisonner ainsi, n'est-ce pas livrer la société des hommes aux jeux de la force et du hasard? Ne faut-il pas admettre quelque autre principe que l'occupation seule pour conférer le droit de souveraineté? Quelqu'un pourra-t-il soutenir que les décemvirs à Rome, en se faisant rois de simples législateurs qu'ils étaient, fussent devenus de légitimes souverains, et qu'on dût leur obéir et leur livrer l'honneur et la vie des citoyens sans aucune réclamation? On ne peut donc pas dire absolument qu'en fait de souveraineté, la possession vaut titre, et il faut chercher quelque autre principe. Que ce principe soit le droit héréditaire, ou le consentement du peuple, peu importe : il n'est pas moins vrai que tout gouvernement n'est pas légitime par cela seul qu'il est, et qu'on peut avoir le droit de lui demander son titre.

Mais suffit-il qu'un gouvernement ait un titre légal pour être à l'abri de toute résistance et de toute discussion? Les scolastiques distinguaient deux sortes de tyrans : le tyran *ex defectu tituli*, et le tyran *ab exercitio;* celui qui possède le pouvoir sans titre, et celui qui en abuse. Or le souverain peut abuser du pouvoir de deux manières : soit en manquant à de certaines conventions passées avec le peuple, *charte, constitution*, etc., soit, dans l'absence de toute constitution légale, en violant le droit naturel, c'est-à-dire en s'attaquant aux biens, à la vie ou à l'honneur des citoyens. Faut-il dire que, dans ces deux cas, tout le droit est du côté du souverain, et aucun du côté du peuple? Celui-ci, dit-on, ne peut se rendre justice à soi-même. Mais le souverain, en outre-passant le droit naturel et le droit légal, et en soutenant par la force ses usurpations, ne se fait-il pas lui-même juge en sa propre cause? Le peuple, dit-on, en se soulevant contre le souverain légal, rétablit l'état de nature : mais le souverain lui-même en fait autant le premier, s'il manque à la loi naturelle ou au pacte consenti par lui. C'est détruire en principe, dit-on, toute constitution civile que d'en appeler à la force. Cela est vrai; et c'est pourquoi tout souverain qui abuse de la force contre le droit détruit en principe toute constitution civile. Il n'est pas non plus tout à fait vrai de soutenir que le peuple, en dehors du gouvernement, n'est plus qu'une multitude confuse, et sans aucun lien de droit. Un peuple sans gouvernement est encore une société, une *personne*. Il est uni par les lois, les usages, les mœurs, le sentiment patriotique, les traditions nationales, l'unité de la langue, l'habitude de l'ordre civil. La lutte d'un peuple contre son gouvernement n'est donc point, à proprement parler, le retour à l'état de nature. Sans doute le gouvernement est la clef de voûte de l'ordre civil; il en est la garantie et la consécration; mais il n'en est pas le fondement.

Il résulte de ces considérations qu'il est impossible de considérer comme absolument injuste, dans toute espèce de cas, toute résistance du peuple à ses chefs. Les plus grands gouvernements de l'histoire ont dû leur origine à des mouvements de ce genre; et il serait difficile de rencontrer aujourd'hui un esprit sérieux qui voulût condamner l'expulsion des Tarquins, la chute des décemvirs, l'émancipation de la Suisse et de la Hollande, la révolution d'Angleterre et la révolution d'Amérique. « Si ce grand droit social, dit M. Guizot, ne pesait pas sur la tête des pouvoirs eux-mêmes qui le nient, depuis longtemps le genre humain aurait perdu toute dignité, comme tout honneur (1). »

Cependant, tout en reconnaissant ce qui peut être permis au peuple dans de certaines occasions rares et suprêmes, j'avoue que j'hésite beaucoup à appeler du nom de *droit* cet appel à la force aveugle et ignorante. Cet appel n'est, selon moi, qu'une *exception* à la loi, et non pas un droit. Dans l'ordre civil, la loi, c'est l'obéissance au souverain : qu'il y ait des cas où cette loi permet certaines exceptions, c'est ce qu'on ne peut contester à moins de tout accorder à la force dans le sens opposé : ce qui serait tomber de Charybde en Scylla. Mais accordez que l'insurrection soit un droit, aussitôt elle est le seul droit. En effet, puisque c'est à elle qu'appartiendrait par hypothèse de protéger tous les droits contre le gouvernement, comme le gouvernement protége les droits des citoyens les uns contre les autres, il s'ensuit que tout relève de l'insurrection, qu'elle est le droit suprême, qu'elle est le vrai souverain. Ajoutez que tout droit doit être garanti. Le droit à l'insurrection doit donc être garanti. Comment peut-il l'être, si l'insurrection n'est pas armée d'avance et n'est pas par conséquent le pouvoir exécutif? Car celui qui a la force a l'exécution. De plus, il n'y a point de droit contre le droit. Par conséquent, aucun gouvernement ne peut rien contre l'insurrection permanente qui le surveille et qui le juge. Il ne peut donc la désarmer à l'avance sans violer un droit. Mais prendre des précautions, quelles qu'elles soient, contre la sédition, c'est désarmer l'insurrection ; car ce qui sert aux séditions in-

(1) Washington, p. 18.

justes peut servir aux séditions justes. Toute tentative du pouvoir pour mettre la force de son côté est donc une atteinte au droit. Cependant il n'y a point un seul acte du pouvoir qui ne tende à mettre la force de son côté; et son institution même est un défi à la sédition. D'où il résulte que tout acte du pouvoir, toute institution de gouvernement est une atteinte aux droits du peuple; et par conséquent, si l'insurrection est un droit, il n'y a pas un seul gouvernement légitime, et le gouvernement est en soi et en principe une tyrannie. Ajoutez que tout droit doit pouvoir être défini : on doit pouvoir dire par qui et contre qui il peut être exercé. Le droit d'insurrection sera exercé, dit-on, par le peuple, contre le despotisme. Mais qu'est-ce que le despotisme? où commence-t-il, où finit-il? Ce qui est un despotisme pour moi ne l'est pas pour mon voisin, et réciproquement. Tout gouvernement est despotique contre les partis qui lui déplaisent; à quelle limite de despotisme commence le droit d'insurrection? La difficulté n'est pas moins grande, quand on considère par qui ce droit sera exercé. Par le peuple, dit-on : mais où est le peuple? Ce n'est jamais que quelques-uns qui prennent les armes; les autres attendent le succès pour se décider. Il y a sans doute de grandes insurrections nationales ; mais elles sont rares. Une insurrection légitime est une explosion du sentiment populaire, c'est en quelque sorte une *inspiration*, ce n'est pas un droit.

On dit qu'il ne faut pas juger les insurrections par le résultat et par l'événement. Cela est vrai, mais non pas absolument. Le succès n'est pas une preuve de la justice d'une cause, mais il peut être un témoignage du sentiment de ceux qui l'embrassent. Si un peuple, en renversant un gouvernement odieux, met à sa place un gouvernement sage, équitable et droit, et s'en contente, il prouve bien par là que ce n'est pas au goût du désordre, mais à un vrai besoin de justice et d'ordre qu'il a obéi. Au contraire, un peuple qui ne sait que détruire des gouvernements sans en fonder, donne l'exemple d'une mobilité condamnable, dangereuse à la liberté comme à l'ordre. On permet, et on approuve quelquefois un accès de colère généreuse chez un honnête homme : mais l'habitude de la colère est une passion brutale et absurde. Un homme d'honneur peut se battre en duel une fois dans sa vie, mais il ne remet pas toutes ses querelles à la garde de son épée.

Il va sans dire d'ailleurs, que plus il y aura de liberté légale dans un pays, plus l'appel aux armes sera injuste et déraisonnable. C'est donc un devoir du gouvernement de désarmer moralement les forces brutales, en satisfaisant au droit de contrôle et de discussion, qui est le véritable droit de défense des sociétés civilisées. « Il y a, dit Cicéron, deux moyens de faire valoir ses droits, la discussion et la force. Le premier est le propre de l'homme, le second des bêtes. » Si l'on ne veut pas que les hommes se servent des armes de l'animal, il faut les traiter comme des hommes.

Quoi qu'il en soit de son opinion sur le droit d'insurrection, Kant n'en est pas moins un publiciste profondément libéral. Non-seulement il impose aux États le devoir de traiter l'individu comme une personne et de respecter en lui la liberté, mais il leur impose de se traiter eux-mêmes réciproquement comme des personnes libres et indépendantes. Un État est, selon lui, une personne qui ne peut pas être asservie à une autre État (1). Tout État a le droit de réformer sa constitution, et de se gou-

---

(1) De la paix perpétuelle, sect. II.

verner à son gré, sans qu'aucun voisin s'ingère dans ses affaires ; car ce serait ébranler, selon l'une des expressions favorites de Kant, l'autonomie de tous les États.

C'est sur ce principe du respect dû à la personnalité des peuples, comme à la personnalité des individus, que Kant établit son projet de paix perpétuelle ; car les États se devant les uns aux autres le même respect que les hommes se doivent entre eux, sont obligés par la raison à se réunir dans une fédération générale qui soit comme une constitution cosmopolite et un état de législation universelle. En effet, les individus ne sont pas sortis de l'état de nature, lorsque l'état de nature règne encore entre les nations : or l'état de guerre, c'est l'état de nature. Si la morale est la règle supérieure de la politique, si la politique a pour objet l'application du droit, elle ne doit pas seulement l'appliquer dans chaque État en particulier, mais encore entre les États eux-mêmes ; et comme le progrès de l'idée du droit est chaque jour plus sensible, on peut rêver un idéal où les différends des nations seraient réglés, comme ceux des individus, par des lois faites et admises par toutes. Quant aux moyens d'application de ces belles espérances, Kant les présente avec une apparence de naïveté ironique, qui ne permet pas de supposer qu'il se soit flatté réellement d'obtenir le succès dont il présente la lointaine et sublime image.

Kant est donc, comme Platon, un politique spéculatif, qui regarde de haut les sociétés humaines et veut les plier à ses principes, loin de plier ses principes aux préjugés des sociétés ; mais il ne va pas, comme Platon, jusqu'à demander que les philosophes gouvernent : car il n'est pas de ces moralistes despotiques qui veulent tout sacrifier à leurs principes ; il se contente de demander la liberté pour la philosophie, cette servante de la théologie, qui porte le flambeau devant sa maîtresse. « Que les rois, dit-il, deviennent philosophes, ou les philosophes rois, on ne peut guère s'y attendre, et l'on ne doit pas non plus le souhaiter, parce que la possession du pouvoir corrompt inévitablement le libre jugement de la raison. Mais que les rois ou les peuples ne souffrent pas que la classe des philosophes disparaisse ou soit réduite au silence; et qu'ils la laissent parler tout haut, c'est ce qui est indispensable pour s'éclairer sur leurs propres affaires. Cette classe est d'ailleurs, par sa nature même, incapable de former des rassemblements et des clubs, et par conséquent elle échappe au soupçon d'esprit de *propagande* (1). »

Nous n'avons pas à suivre, après Kant, les mouvements de la philosophie sociale et politique en Allemagne, ce serait franchir les limites de temps que nous nous sommes imposées dans cet ouvrage. Nous devons en effet nous arrêter à la révolution française, et tout ce qui a suivi Kant est postérieur à la révolution (2). Indiquons seulement d'une manière générale les grandes lignes de ce mouvement. Fichte, qui suit Kant, et le développe en l'exagérant, prend pour principe, comme Rousseau, l'idée de la volonté; et poussant à l'excès le principe du contrat social, il admet d'une manière absolue le droit de sécession pour toute partie de l'État, et même pour tout membre de l'État. Plus tard, au contraire, dans son livre intitulé *l'État fermé*, il soutient d'une manière excessive la doctrine socialiste de l'omnipotence de l'État. Cette doctrine a trouvé plus tard un

---

(1) Kant, De la paix perpétuelle, deuxième supplément (trad. J. Barni, p. 318).

(2) Même les ouvrages politiques de Kant sont postérieurs à la révolution; mais sa grande entreprise philosophique est antérieure; etc.

adversaire original et puissant dans M. de Humboldt, l'un des premiers qui aient introduit dans la politique ce que nous appelons aujourd'hui le principe individualiste. Un grand débat de la plus haute importance s'élève, à propos de l'unité de codification, entre ce que l'on appelle l'école *historique* et l'école *philosophique ;* la première ayant pour chef l'illustre Savigny, la seconde, le jurisconsulte Thibaut ; la première soutenant le principe de l'évolution progressive et spontanée des lois, la seconde le principe français de l'unification théorique et rationnelle ; opposition qui depuis a défrayé toute la critique étrangère contre la révolution française. Sur le terrain philosophique, Hegel essaye de concilier l'un et l'autre point de vue en substituant au principe historique le principe rationnel, en cela d'accord avec les philosophes ; mais en maintenant toutefois le principe de l'évolution, en cela d'accord avec l'école historique. Quant à ses vues politiques, elles sont beaucoup plus voisines de celles de Montesquieu que de celles de Rousseau, et il se déclare partisan de la monarchie constitutionnelle. Mais quelques-uns de ses disciples allèrent beaucoup plus loin, et poussèrent les idées démocratiques jusqu'à leurs conséquences les plus exaltées. Qu'il nous suffise d'avoir ouvert ces perspectives ; la personnalité de Kant ressortira avec plus d'intérêt, si l'on entrevoit, même sans y entrer, quelques-uns des grands débats qui ont eu lieu après lui.

CHAPITRE IX.

ÉCONOMISTES ET COMMUNISTES. — LA DOCTRINE DU PROGRÈS.

§ I. Les Économistes. — Leur place dans la philosophie politique du xviiie siècle. — Mercier de la Rivière : *de l'Ordre naturel et essentiel des sociétés politiques.* Théorie du droit de propriété. Trois espèces de propriété : personnelle, mobilière, foncière. — De l'évidence et du droit d'examen. — Séparation du pouvoir judiciaire d'avec le pouvoir exécutif et législatif. Confusion de l'exécutif et du législatif. Critique de la théorie des contre-forces. Du despotisme arbitraire et du despotisme légal.— Communistes. — L'abbé de Mably. Influence de Platon sur Mably, et par suite sur la révolution française et le communisme moderne. — Premiers écrits de Mably, contraires à ses principes ultérieurs. — *Entretiens de Phocion.* Rapports de la morale et de la politique. L'État doit faire régner la vertu. — Autres ouvrages de Mably. — Critique de la propriété. Objections à Mercier de la Rivière. La communauté des biens. Lois somptuaires et agraires. — Opinions judicieuses de Mably dans l'ordre politique. Sa défense de la théorie des contre-forces contre les économistes. Ses vues sur le pouvoir législatif. — Morelly. Le *Code de la nature.* Organisation du communisme.
§ II. La doctrine du progrès. — Turgot et Condorcet. — Doctrine de la perfectibilité humaine. Ses antécédents jusqu'à Turgot. — Turgot : son traité sur *la Tolérance.* Son traité de *l'Usure.* Ses *Discours sur l'histoire universelle.* Ses vues sur le développement de l'humanité. — Condorcet. *Esquisse du progrès de l'esprit humain.* — Ses vues sur l'avenir de l'humanité. — Considérations sur la théorie du progrès.

Parmi les écrivains qui, au xviiie siècle, ont le plus contribué au progrès des connaissances sociales et politiques, il serait injuste d'oublier une école célèbre qui, sans avoir jeté le même éclat que les philosophes et les encyclopédistes, a exercé une influence presque aussi considérable, et a, peut-être, pour sa part, répandu un plus grand nombre de vérités utiles : ce sont les *économistes,* dont le chef a été le célèbre docteur Quesnay, l'un des esprits les plus originaux du xviiie siècle.

Nous n'avons pas à nous occuper de ces écrivains au

point de vue spécial de la science économique ; et nous renvoyons, pour l'appréciation de leurs services dans ce domaine, aux historiens spéciaux (1). Nous n'avons qu'à les considérer au point de vue général de la philosophie sociale et politique : ce n'est peut-être pas, à vrai dire, le côté de leurs idées qui leur fait le plus d'honneur ; car eux-mêmes, en politique, sont encore sous le joug de beaucoup de préjugés : cependant, même dans cet ordre d'idées, ils ont rendu les plus grands services.

Il faut faire deux parts dans les théories politiques des économistes : l'une est d'une parfaite solidité et est à la fois neuve et durable ; l'autre est très-contestable, pour ne pas dire absolument fausse : dans la première, ils sont en avant de leur siècle ; dans la seconde, ils sont au contraire en arrière de leurs plus illustres contemporains.

Ce qui est neuf et solide dans les théories des économistes, c'est d'avoir fait, du *droit de propriété*, entendu de la manière la plus large, la base même de l'ordre social : c'est d'avoir dit que le pouvoir politique n'est pas chargé de *faire* des lois, mais simplement de *reconnaître* les lois naturelles de l'ordre social et de n'édicter que ce qui est déjà en quelque sorte édicté par la nature même.

Ce qui est contestable et vicieux, dans ces mêmes théories, c'est d'avoir chargé de cette fonction suprême le *pouvoir absolu*, c'est d'avoir nié tout ce que l'expérience et la science avaient pu apprendre sur les garanties qui doivent être exigées du pouvoir public : c'est enfin d'avoir demandé que l'on confiât sans réserve la société à une *autorité tutélaire*, sans autre garantie que l'évidence

(1) Voir l'*Histoire de l'économie politique*, de M. Aug. Blanqui.

de ces lois naturelles, que le pouvoir souverain, disent-ils, ne pourrait violer sans se détruire lui-même.

Cette double doctrine se trouve déjà en germes dans les écrits du docteur Quesnay (1) ; mais elle est surtout développée avec lumière et avec force dans l'ouvrage de Mercier de la Rivière : *de l'Ordre naturel et essentiel des sociétés politiques* (2) ; ouvrage curieux, et qui fit à son auteur une assez grande réputation, pour que l'impératrice Catherine II l'ait appelé dans ses États à l'effet d'y réaliser le bel ordre qu'il avait décrit dans son livre. Siècle étrange où le despotisme et l'idéologie eurent un instant l'illusion commune qu'on pouvait faire le bien des peuples sans les consulter, par des réformes *a priori* et despotiques, la science sociale ayant la même évidence que la géométrie, et devant être par conséquent acceptée par tous aussitôt qu'elle serait connue. « Euclide est un despote, » dit Mercier de Larivière ; et croyant posséder une science aussi exacte que celle d'Euclide, il ne craignait pas de faire servir le despotisme à l'exécution de ses plans. Malheureusement, il ne fut pas longtemps sans voir que ce qui lui paraissait évident ne l'est pas toujours aux yeux du pouvoir absolu, et qu'il n'est pas facile, pour employer ses expressions, de transformer le despotisme *arbitraire* en un despotisme *légal*. De son côté, l'impératrice Catherine pensa sans doute, ce qui est vrai, qu'on peut être un bon théoricien politique et un très-mauvais administrateur ; et les deux puissances se séparèrent brouillées ; ce qui est arrivé toutes les fois que les philo-

---

(1) L'originalité du docteur Quesnay paraît surtout dans l'économie politique proprement dite. Ses vues générales sur le droit naturel et la politique, telles qu'elles ressortent des écrits publiés par Dupont, de Nemours (*Physiocratie*, Leyde, 1768), nous ont paru vagues et peu susceptibles d'être analysées.

(2) Londres, 1767.

sophes ont voulu jouer de trop près avec la familiarité des princes (1).

Laissant de côté dans l'ouvrage de Mercier de Larivière les doctrines économiques, nous nous contenterons d'y recueillir ses vues sur le droit naturel et le droit politique, et en particulier sur les deux points que nous avons signalés : le droit de propriété, et en général le principe de la liberté personnelle entendu dans le sens le plus large ; et, en même temps, la doctrine du pouvoir absolu.

On est généralement d'accord aujourd'hui, si ce n'est dans les écoles socialistes, que le droit de propriété n'est pas fondé sur l'autorité de l'État, mais qu'il préexiste à l'État lui-même, lequel ne peut que le reconnaître, le garantir, lui demander certains sacrifices dans l'intérêt public, mais n'est pas appelé à en régler l'organisation, ni la distribution. Cette doctrine est aujourd'hui si généralement répandue, qu'on est tenté de croire qu'elle a toujours été reconnue, et que ceux qui la nient et admettent un droit seigneurial de l'État sur la propriété individuelle sont des novateurs subversifs qui méconnaissent les conditions éternelles de toute société (2). Mais l'histoire des idées nous apprend au contraire que s'il y a une doctrine traditionnelle, c'est précisément celle-là ; que la doctrine opposée est toute récente. Reconnaissons-le, c'est

---

(1) Platon et Denys de Syracuse, Callisthènes et Alexandre, Sénèque et Néron, Voltaire et Frédéric, et enfin notre auteur avec Catherine de Russie

(2) M. Thiers, par exemple, dans son charmant ouvrage sur *la Propriété* (1848), semble admettre comme évident que l'humanité a toujours pensé sur la propriété de la même manière que lui, et que les idées socialistes son absolument opposées au sens commun universel ; tandis que la vérité est que le socialisme n'est qu'une conséquence exagérée et dangereuse des principes universellement admis par les jurisconsultes, les théologiens et les philosophes. La doctrine adverse, au contraire, celle qui est la vraie, à savoir celle d'un droit de propriété antérieur et supérieur à la volonté sou-

surtout aux économistes du xviii⁰ siècle que nous sommes redevables d'avoir établi les vrais principes sur le droit de propriété.

Si nous remontons à l'antiquité, nous trouvons d'abord Platon, qui nie absolument la propriété individuelle, et la considère comme un mal qu'il faut détruire ; Aristote, qui en défendant contre Platon la propriété au point de vue de l'utilité sociale, reconnaît cependant à l'État le droit de la réglementer à sa guise, et qui n'apprécie les lois sociales dans les diverses constitutions que selon leur rapport avec l'utilité politique. Les Pères de l'Église enseignent que le droit de propriété a pour origine l'usurpation, et que les riches ne sont que les dispensateurs des biens des pauvres. Au moyen âge, saint Thomas est un des auteurs qui a approché le plus près de la vraie théorie, mais il reste encore beaucoup trop vague. Au xvii⁰ siècle, Hobbes, l'avocat des doctrines absolutistes, enseigne que le droit de propriété est une doctrine séditieuse. Bossuet fait dépendre ce droit de l'autorité publique ; et Louis XIV, fidèle à ses principes, se déclare le seul propriétaire et seigneur. Pascal critique la propriété individuelle avec une amertume sanglante. Malebranche lui-même écrit que la propriété a pour origine l'usurpation et la violence. Au xviii⁰ siècle, ce n'est pas seulement Mably et Rousseau qui vantent les républiques antiques, avec leur mépris du droit de propriété ; c'est Montesquieu lui-même qui

---

veraine de l'État (sauf les cas de conflit à vider d'un commun accord), cette doctrine est une doctrine révolutionnaire toute moderne, qui date historiquement des trois révolutions anglaise, américaine et française, et qui théoriquement se rencontre pour la première fois dans Locke et les économistes français. Il faut donc combattre les socialistes en leur montrant que leurs principes sont contraires au progrès et non à la tradition, à l'avenir et non au passé. Cet argument, outre qu'il est très-vrai en soi, serait certainement le plus efficace.

admire les institutions communistes de la Crète et de Lacédémone, et celle des Jésuites au Paraguay.

Cette revue rapide nous apprend que le droit de propriété a été le plus souvent contesté ou mutilé par les philosophes, et que lors même que les philosophes et les jurisconsultes l'admettent en pratique, c'est avec des restrictions telles que le droit supérieur de l'État est toujours sous-entendu : ce qui autorise théoriquement tous les systèmes socialistes ; car si l'État a le droit de régler la propriété de telle manière, pourquoi n'aurait-il pas le droit de la régler de telle autre manière que je crois plus profitable au bien de tous? Si l'État, par exemple, a le droit, dans un intérêt politique et aristocratique, d'établir le droit d'aînesse, ce qui est évidemment une atteinte au droit de propriété, pourquoi, dans un intérêt général et démocratique, n'aurait-il pas le droit de partager le domaine public entre tous aussi également qu'il le pourrait? Il est donc évident que le socialisme est logiquement contenu dans la doctrine qui fait de l'État le réglementateur souverain de la propriété.

Les économistes au contraire paraissent avoir été les premiers qui aient enseigné que le droit de propriété n'est autre chose que le droit que chaque homme a de se conserver lui-même, et qu'il est et doit être aussi indépendant de l'État que l'individu tout entier.

Mercier de Larivière établit que le droit de propriété repose sur la liberté personnelle, et même que la première de toutes les propriétés et le fondement de toutes les autres est la *propriété personnelle*. « Je ne crois pas, dit-il, qu'on veuille refuser à un homme le droit naturel de pourvoir à sa conservation. Ce premier droit n'est même en lui que le résultat d'un premier devoir qui lui est imposé sous peine de mort... Or il est évident que le droit de pourvoir à sa conservation renferme le droit d'acquérir, par ses recherches et ses travaux les choses utiles à son existence et celui de les conserver après les avoir acquises. C'est donc de la nature même que chaque homme tient la possession exclusive de sa *personne* et celle des choses acquises par ses travaux. Je dis la propriété exclusive, parce que si elle n'était pas exclusive, elle ne serait pas un droit de propriété. La propriété exclusive de sa personne, que j'appellerai *propriété personnelle*, est donc pour chaque homme un droit d'une nécessité absolue ; et comme cette propriété personnelle exclusive serait nulle sans la propriété exclusive des choses acquises, cette seconde propriété, à laquelle je donnerai le nom de *propriété mobilière*, est d'une nécessité absolue comme la première dont elle émane. »

On remarquera dans ce passage que la propriété des choses externes est fondée par l'auteur sur la propriété personnelle ; la propriété que l'homme a de lui-même, c'est-à-dire sur la liberté personnelle. Ce principe, qui est en effet le vrai fondement de la propriété, nous paraît se manifester ici pour la première fois d'une manière formelle et précise dans l'histoire des idées.

De même que la propriété mobilière dérive de la propriété personnelle, de même la *propriété foncière* dérive de la propriété mobilière. « Les hommes venant à se multiplier, les productions gratuites et spontanées de la terre sont bientôt devenues insuffisantes, et ils ont été forcés d'être cultivateurs. Alors il a fallu que les terres se partageassent, afin que chacun connût la portion qu'il devait cultiver. De la nécessité de la culture a résulté la nécessité du partage des terres ; celle de l'institution de la propriété foncière... En effet, avant qu'une terre puisse être cultivée, il faut qu'elle soit défrichée, qu'elle soit préparée par une multitude de travaux et de dépenses diverses ; il faut que les bâtiments nécessaires à l'exploitation soient construits, par conséquent que chaque cultivateur commence par avancer à la terre des richesses mobilières dont il a la propriété : or comme ces richesses mobilières, incorporées pour ainsi dire dans les terres, ne peuvent en être séparées, il est sensible qu'on ne peut se porter à faire ces dépenses que sous la condition de rester propriétaire de ces terres : sans cela la propriété mobilière de toutes les choses eût été perdue. Cette condition a même été d'autant plus juste dans l'origine des sociétés particulières, que les terres étaient sans valeur vénale et sans prix. »

Le respect de ces trois propriétés fondamentales constitue ce que Mercier de Larivière appelle le *juste absolu*. Il en donne la formule dans cette maxime remarquable que nous n'avons rencontrée nulle part avant lui : *Point de droits sans devoirs, point de devoirs sans droits* (1).

La *propriété* a pour conséquence nécessaire la *liberté*, ou même se confond avec elle ; car comment aurait-on le droit de jouir, sans la liberté de jouir ? Elle a encore pour conséquence la *sûreté* ; car est-on propriétaire de ce qu'on ne possède pas avec sécurité ? L'ensemble des institutions

---

(1) *Ordre essentiel*, c. ii, p. 16. L'auteur n'entend pas cette maxime dans le sens que lui ont donné plus tard les socialistes : c'est-à-dire qu'à tout devoir envers les autres correspondrait un droit des autres envers nous; par exemple, qu'au *devoir d'assistance* correspondrait le *droit à l'assistance* ; doctrine dangereuse et qu'on ne pourrait soutenir qu'en entendant un droit *moral* et non légal. Mais l'auteur veut dire que tout droit chez celui qui l'exerce repose sur un devoir qui lui est imposé : le droit de se conserver est le devoir de se conserver, le droit de penser librement est le devoir de chercher la vérité, etc., et réciproquement le devoir chez le même homme suppose un droit : par exemple comment aurais-je le devoir de rien conserver si je n'en ai pas le droit ? « L'idée d'un devoir qui ne serait absolument qu'onéreux présente une contradiction frappante. »

sociales qui garantissent la propriété, la liberté et la sûreté est ce que Mercier de Larivière appelle *l'ordre essentiel* des sociétés politiques. Cet ordre essentiel n'a rien d'arbitraire. Il résulte de la nature des choses : il est donc évident. Non-seulement les principes de cet ordre sont évidents, mais les conséquences le sont aussi (1).

L'évidence est donc le principe de la politique et le principe fondamental. Tout ce qui n'est pas vrai est faux ; tout ce qui n'est pas absolument évident n'est qu'une opinion, c'est-à-dire un point de vue arbitraire et discutable. Le vrai est absolu. Il n'y a pas deux ordres possibles de la société ; il n'y en a qu'un. Or une société ne peut être bien gouvernée que lorsqu'elle connaît cet ordre. Il faut donc qu'elle puisse le connaître : de là deux conséquences : nécessité de l'instruction, liberté de discussion.

L'auteur paraît réclamer la liberté absolue de discussion, comme seule capable de conduire à l'évidence, laquelle doit être la règle de l'ordre politique. « Le caractère essentiel de l'évidence est d'être à l'épreuve de l'examen ; l'examen même ne sert qu'à la manifester davantage. » Les vérités sociales étant, suivant Mercier de Larivière, susceptibles d'une aussi grande évidence que les vérités géométriques, elles doivent frapper d'une lumière éclatante tous ceux qui les connaîtront ; l'ignorance seule peut les méconnaître ; et l'examen seul peut écarter les préjugés qui nous en séparent. Instruction et discussion libre sont donc les vrais moyens et les seuls, pour une société, d'arriver à la connaissance claire et évidente des principes qui doivent la gouverner.

Jusqu'ici les doctrines de Mercier de la Rivière sont en-

---

(1) Voir les principales de ces conséquences c. vii.

tièrement libérales, et même du meilleur libéralisme, à savoir de celui qui place les libertés naturelles avant les libertés politiques, et commence par établir la nécessité des premières comme fondamentales, avant d'examiner les secondes; et c'est là, en effet, le vrai fondement du libéralisme moderne, la liberté politique n'étant que la garantie des autres libertés. Mais si la liberté n'est que la garantie, et non le fondement de la liberté naturelle, elle n'en est pas moins nécessaire à titre de garantie et même elle vaut par elle-même aussi bien que les autres libertés; et c'est cette seconde vérité, non moins évidente que la première, que les économistes méconnaissent en confiant au pouvoir absolu, qu'ils appellent le *despotisme légal*, la garantie de la liberté naturelle (1).

Le principe de la liberté politique avait été posé vingt ans auparavant par Montesquieu. Il consistait dans la séparation et la pondération des pouvoirs. Suivant Montesquieu, il y a trois pouvoirs dans une société : le pouvoir législatif, le pouvoir exécutif et le pouvoir judiciaire. Suivant Montesquieu, ces trois pouvoirs ne doivent pas être réunis dans les mêmes mains. Le même pouvoir ou le même corps qui fait les lois ne doit pas les appliquer : celui qui les applique ne doit pas les faire exécuter. De là trois pouvoirs distincts, qui s'opposent l'un à l'autre, et s'empêchent l'un l'autre de tomber dans le despotisme. « Le pouvoir s'oppose au pouvoir. » Ainsi, la doctrine de la séparation des pouvoirs avait pour conséquence celle des contre-poids.

Pour ce qui est de la séparation des pouvoirs, les économistes accordaient un point qui était de grande conséquence, à savoir l'indépendance du pouvoir judiciaire.

---

(1) Les économistes du xviii° siècle peuvent être comparés, sous ce rapport, aux jurisconsultes romains. Voir t. I, l. I, c. iv, p. 283.

Sur ce point, de la Rivière s'exprime comme Montesquieu : « Si le législateur était magistrat, il ne pourrait que couronner et consommer comme magistrat toutes les méprises qui lui seraient échappées comme législateur (1). Si le magistrat était aussi législateur, les lois n'existant que par sa seule volonté, il ne serait point assujetti à les consulter pour juger; et il pourrait toujours ordonner, comme législateur, ce qu'il aurait à décider comme magistrat (2). » Ce sont là les propres paroles de Montesquieu, quoique l'auteur ne le cite pas.

Mais s'il est vrai que le pouvoir judiciaire doit être séparé des deux autres pouvoirs, il n'en est pas de même de ces deux pouvoirs eux-mêmes. C'est un principe fondamental des économistes que le pouvoir législatif est inséparable de l'exécutif; car si celui qui fait les lois ne pouvait les faire exécuter, son autorité serait vaine et inutile. « Quel que soit le dépositaire ou l'administrateur de la force publique, le pouvoir législatif est son premier attribut... Dicter des lois positives, c'est commander; et par la raison que nos passions sont trop orageuses pour que le droit de commander puisse exister sans le pouvoir physique de se faire obéir, le droit de dicter des lois ne peut pas exister sans le pouvoir physique de les faire observer. Il ne peut jamais être séparé de l'administration de la force publique et coercitive. Ainsi, la puissance exécutrice est toujours et nécessairement puissance législative (3). »

C'est là une preuve directe de la nécessité d'une réunion

---

(1) Pour l'auteur, le corps des magistrats est chargé d'éclairer le législateur et de le rappeler aux vrais principes, quand il s'en écarte. Il y a là un souvenir du rôle des anciens parlements. Mercier ne voit pas que c'est là justement un contre-poids, mais mal combiné.

(2) *Ib.*, c. xii, p. 83.

(3) *Ib.*, c. xiv, p. 102.

des deux pouvoirs en un seul; en voici maintenant la preuve indirecte; c'est une preuve par l'absurde : « Si pour former deux puissances, on place dans une main le pouvoir législatif et dans une autre le dépôt de la force publique, à laquelle des deux faudra-t-il obéir, lorsque les lois de la première et les commandements de la seconde seront en contradiction? Si l'obéissance alors reste arbitraire, tout sera dans la confusion; et comme on ne peut obéir en même temps à deux commandements contradictoires, il faut qu'il soit irrévocablement décidé lequel doit être exécuté de préférence; or il est évident que cette décision ne peut avoir lieu sans détruire une de ces deux puissances, pour n'en reconnaître qu'une seule dominante..... Ainsi, quelque tournure qu'on veuille donner à un tel système, il arrivera nécessairement que ces deux autorités se réuniront et se confondront en une seule; que la puissance législatrice deviendra exécutrice, ou que la puissance exécutrice deviendra législatrice. »

C'est surtout ce point de vue de l'impossibilité des contre-poids et des contre-forces (1) qui a conduit Mercier de la Rivière à l'idée du despotisme; car il n'en rejette pas même le nom.

Contre la doctrine des contre-forces, c'est-à-dire de la pondération du pouvoir, l'auteur met en relief les raisons suivantes : ou les deux puissances sont parfaitement égales et par conséquent nulles, ou elles sont inégales, et il n'y a plus de contre-forces. En second lieu, les contre-forces qui s'opposent au mal peuvent tout aussi bien s'opposer au bien; elles sont donc aussi nuisibles

---

(1) Nous avons déjà vu quelques-unes de ces objections dans Filangieri (voy. p. 538) et plus haut dans Hobbes (p. 285). Depuis elles ont été souvent reproduites sous différentes formes.

qu'utiles. Mercier de la Rivière dit aussi, et, je crois, avec raison, que c'est une erreur de vouloir appliquer la physique à la politique; car en physique on peut calculer une résultante; tandis qu'on ne le peut pas dans l'ordre moral.

Étant une fois établi qu'il ne peut y avoir de contre-forces, qu'il n'y a qu'un seul pouvoir à la fois exécutif et législatif, reste à savoir entre les mains de qui ce pouvoir résidera? Entre les mains de tous, de quelques-uns ou d'un seul? Sera-ce la démocratie, l'aristocratie, la monarchie?

L'auteur se prononce pour la monarchie. Mais pour bien comprendre sa doctrine et la distinguer de l'absolutisme ordinaire, soit de celui de Hobbes, soit de celui de Bossuet, il faut se rappeler le principe fondamental de l'auteur, à savoir le principe de l'évidence.

Suivant lui, l'ordre essentiel des sociétés repose sur des principes évidents, et les lois positives ne doivent être que les conséquences évidentes de ces principes évidents. Or ces principes avec leurs conséquences sont très-aisés à connaître, et s'imposent à tous avec une autorité irrésistible. Cette autorité, par cela seul qu'elle est irrésistible, est despotique; mais c'est le despotisme de la vérité, c'est le despotisme d'Euclide. Une vraie société est donc une société réglée et gouvernée d'après ces principes évidents.

De ce principe de l'évidence, l'auteur tire, d'une manière assez subtile, la nécessité du gouvernement d'un seul : « L'évidence, qui est une, dit-il, ne peut présenter qu'un seul point de réunion pour les volontés et les forces..... Partant de l'évidence, nous trouvons donc unité de volonté, de force et d'autorité (1). »

(1) *Ib.*, c. XVII, p. 129.

On demandera pourquoi cette évidence irrésistible, par hypothèse, ne pourrait pas s'imposer aussi bien à tous qu'à un seul. Mercier répond que si les hommes étaient désintéressés, les vrais principes s'imposeraient à eux irrésistiblement, puisqu'ils sont évidents. Mais lorsque vous vous adressez aux individus, l'intérêt personnel l'emporte sur l'évidence. Une nation ne forme pas un corps unique, mais se divise en un certain nombre de corps ou de classes, et chaque classe se compose d'individus. Comment ramener toute cette multitude à l'unité ? « Pour qu'il y eût unité de volonté, il faudrait qu'il y eût unité d'intérêts; sans cela, impossible de concilier les prétentions. Ce qu'on appelle une nation en corps n'est donc jamais qu'une nation rassemblée dans un même lieu, où chacun apporte ses opinions personnelles, ses prétentions arbitraires et la ferme résolution de les faire prévaloir (1). »

Ainsi, toute majorité, soit dans le gouvernement de plusieurs, soit dans le gouvernement de tous, ne sera jamais qu'une coalition d'intérêts. Ce sera la résultante des égoïsmes, résultante variable, incertaine, contradictoire, dont on ne pourra jamais dire d'avance si elle aura pour objet le bien ou le mal. Pour éviter ce danger, fera-t-on une règle de l'unanimité? Cela est absolument impossible : car l'unanimité ne se rencontre jamais; et il est absurde d'admettre qu'un seul opposant puisse à lui seul tenir en échec la nation tout entière.

Mercier de la Rivière n'admet donc pas que la majorité puisse être déterminée par l'idée de l'intérêt public, ni qu'il se fasse entre les intérêts privés une sorte de moyenne qui représente approximativement cet intérêt

(1) *Ib.*, c. XVI, p. 123.

public. Le gouvernement de plusieurs et le gouvernement de tous se trouve exclu par le même raisonnement.

Reste le gouvernement d'un seul ; mais est-il meilleur que les autres ? C'est ce qu'il s'agit de savoir.

L'auteur pose un principe incontestable : « C'est que la meilleure forme de gouvernement est celle qui ne permet pas qu'on puisse gagner à gouverner mal, et qui assujettit au contraire celui qui gouverne à n'avoir pas de plus grand intérêt que de bien gouverner (1). » Cette heureuse combinaison ne se rencontre que dans le gouvernement d'un seul, c'est-à-dire dans une monarchie, et encore dans une monarchie héréditaire. La raison en est, suivant l'auteur, que le souverain est et doit être « *copropriétaire* du produit net des terres de sa domination (2). »

De ce principe, Mercier de la Rivière déduit cette conséquence, qu'il n'y a de bon qu'un gouvernement héréditaire. Car tout gouvernement viager, sous quelque forme qu'il se présente, n'est qu'*usufruitier* et non propriétaire. Il a donc intérêt à profiter de son usufruit pour augmenter la grandeur de sa famille et sa propre fortune, puisqu'il sait qu'il viendra un moment où il cessera de jouir du domaine public. Cela est vrai d'un monarque électif comme d'un magistrat républicain. Le souverain héréditaire, au contraire, est « par rapport à ses États, un propriétaire qui conduit lui-même et pour son propre compte l'administration de ses domaines ; *il n'a d'autre intérêt que d'en augmenter le produit ;* tout autre administrateur n'est qu'un économe qui gère pour des intérêts auxquels il est réellement étranger. Tout homme salarié a natu-

---

(1) *Ib.*, c. xix, p. 142.
(2) *Ib.*, c. vi, p. 41.

rellement intérêt de faire augmenter ses salaires, ce qu'il ne peut faire qu'aux dépens de ceux qui le payent, tandis que les revenus du souverain ne peuvent s'accroître qu'en raison de l'accroissement de ceux des sujets. Un souverain dont les intérêts sont aussi inséparablement unis à ceux de la nation dont il est le chef doit certainement chercher à lui procurer tous les avantages. Le meilleur état possible du souverain ne peut s'établir que sur le meilleur état possible de la nation (1). »

Le meilleur gouvernement est donc la monarchie et la monarchie héréditaire. De plus, comme nous avons vu qu'il ne doit point y avoir de contre-poids dans un État, et que le pouvoir législatif doit être uni à l'exécutif, il suit que cette monarchie doit être absolue.

Quant aux objections qui s'élèvent contre cette doctrine, en l'accusant d'aboutir au despotisme, l'auteur cherche à les résoudre en distinguant deux espèces de *despotismes* : le despotisme *arbitraire* et le despotisme *légal* (2), à peu près comme Bossuet, nous l'avons vu (3), distingue entre le pouvoir arbitraire et le pouvoir absolu.

Le despotisme légal est celui qui est fondé sur l'évidence, c'est-à-dire sur la connaissance des vraies lois de l'ordre social. Le despotisme arbitraire, au contraire, est fondé sur l'ignorance. Si vous supposez cette connaissance évidente des lois sociales, le despotisme n'a aucun danger ; car l'intérêt du souverain est identique à l'intérêt des sujets. Si vous supposez, au contraire, l'ignorance de ces lois, tous les gouvernements sont tous mauvais ; mais le despotisme est le plus mauvais de tous. Le despotisme arbitraire n'est pas même un gouvernement ; entre

---

(1) *Ib.*, c. xix, p. 149.
(2) C. xxiii et xxiv.
(3) Voir plus haut, l. IV, c. iv, p. 401.

le peuple et le despote il n'y a aucun lien social. Le despotisme arbitraire appauvrit le monarque en appauvrissant la nation. Au contraire, sous le despotisme légal, l'autorité despotique des lois et celle du souverain ne sont qu'une seule et même autorité. Il est dans la nature de l'autorité arbitraire d'être toujours et nécessairement odieuse ; celle du despote légal, au contraire, n'étant que la force intuitive et déterminante de l'évidence, est naturellement pour ses sujets un objet de respect et d'amour. Le despotisme arbitraire renferme en lui-même un principe de destruction ; le despotisme légal renferme en lui-même le principe de sa conservation.

Ce que les économistes appellent despotisme légal est évidemment la même chose que ce que l'on appelle la monarchie paternelle. Nous ne pouvons entrer ici dans une longue discussion de cette utopie. Qu'il nous suffise de dire qu'elle repose sur deux principes très-contestables : le premier, c'est l'évidence des lois de l'ordre social ; le second, c'est l'identité prétendue d'intérêts entre le monarque et ses sujets. Sur le premier point, on peut dire que rien n'est moins évident que les lois sociales ; que lors même qu'on tomberait d'accord sur les principes, il n'en serait pas de même des applications, qui sont cependant ce qu'il y a de plus difficile et de plus important. Quant au second point, il est permis de dire que le souverain peut bien ne pas apercevoir ces lois évidentes qui lui montrent l'identité de ses intérêts et de ceux de ses peuples ; mais surtout que le prince, ayant des passions, comme les autres hommes, peut être facilement entraîné (et l'expérience prouve qu'il l'est le plus souvent), à les écouter plutôt que la raison. C'est ainsi que l'ambition et la volupté, par exemple, qui sont les vices ordinaires des rois, lui auront bien vite fermé les yeux sur les sages conseils de l'économie politique, si ces conseils ne lui sont pas dictés par une autorité plus impérieuse que ne l'est la voix de la sagesse. Enfin, lorsqu'on dit à un prince qu'il est copropriétaire des biens de ses sujets, il n'est pas loin d'entendre par là qu'il en est *le* propriétaire, et de s'autoriser par là à en user comme de son bien propre. Mais les dangers de la monarchie absolue ont été trop souvent exposés pour qu'il soit nécessaire d'y revenir après tant de sages critiques. Quant aux objections de Mercier de la Rivière contre la doctrine des contre-poids, nous ne pouvons que renvoyer aux réponses que nous avons faites plus haut aux objections du même genre (1).

En face de l'école qui affirmait le principe de la propriété avec une précision et une fermeté toutes nouvelles, s'élevait une autre école d'abord toute spéculative, mais qui devait se transformer plus tard en parti redoutable et puissant, et qui commençait alors à prendre pour objet de ses attaques, la doctrine de la propriété individuelle, et à présenter comme l'idéal d'une société bien ordonnée la communauté des biens. Déjà, dans J.-J. Rousseau, nous avons signalé quelques attaques violentes et fâcheuses contre la propriété des biens ; mais il ne s'était pas arrêté à cette mauvaise doctrine ; et dans le contrat social, tout en le fondant sur des raisons contestables, il avait reconnu le principe de la propriété. L'école nouvelle, au contraire, niait explicitement ce principe ; et ce qui n'avait été chez Rousseau qu'une tentative misanthropique devient une doctrine systématique chez Mably.

On rattache généralement l'abbé de Mably à l'école de J.-J. Rousseau ; celui-ci même se plaint dans ses *Confes-*

---

(1) Voir plus haut l. IV, c. vi, p. 538.

sions que Mably « l'ait compilé sans honte et sans retenue. » C'est une grande exagération. Mably a certainement des affinités avec Rousseau, et se rencontre avec lui sur beaucoup de points ; mais je crois que c'est plutôt une rencontre qu'une imitation. L'imitation et l'influence directe se manifestent par la reproduction des formules et par des théories précises. Or si vous exceptez une certaine tendance générale, vous ne trouvez dans Mably aucune des théories favorites de Rousseau, ni la théorie du contrat social, ni celle de la volonté générale, ni la distinction du gouvernement et du souverain, ni ses objections contre le système représentatif, etc. Mably doit donc être séparé de J.-J. Rousseau et rattaché à une autre origine.

La vraie source, la source directe des idées de l'abbé de Mably et, par conséquent, du communisme moderne, a été Platon. Les écrits de Mably sont pleins des souvenirs de *la République* et des *Lois* : ce n'est pas seulement une influence lointaine et vague, c'est une influence consciente et acceptée et une véritable imitation. On s'en convaincra, par exemple, en comparant les *Entretiens de Phocion* avec le Dialogue de Platon. La forme même indique une imitation voulue, et la similitude des idées s'ajoute à celle de la forme.

Cette relation de Platon et de Mably est un fait curieux, et qui mérite d'être signalé ; car il nous montre l'influence directe de Platon et sur la révolution française, et sur le socialisme moderne. On sait en effet que Mably a été dans la Révolution une des plus grandes autorités du parti jacobin ; et plus tard, il a été aussi une des grandes autorités du parti babouviste, lequel est lui-même la vraie origine de nos modernes socialistes. L'idée fondamentale du parti jacobin, c'est que l'État doit faire régner la vertu ; l'idée fondamentale du babouvisme et du communisme est que le mal radical des sociétés est dans la propriété individuelle. Or ces deux idées sont empruntées à Platon par l'intermédiaire de Mably.

Les premiers écrits de Mably ne paraissent pas à la vérité indiquer les principes de républicanisme qui domineront dans ses écrits postérieurs. Il s'y montre non-seulement monarchiste, mais même partisan de la monarchie absolue. C'est ainsi que dans son *Parallèle des Romains et des Français par rapport au gouvernement* (1), il réclame pour le monarque une autorité qui lui soit propre et « indépendante des lois (2). » Il regarde comme chimérique la prétention de donner à un roi « toute l'autorité nécessaire pour faire le bien sans lui laisser la puissance de faire le mal. » Suivant lui, « les lois rendent le roi tout-puissant ; et les mœurs qui empêchent qu'il n'abuse de son pouvoir, conservent au peuple sa liberté. » Il dit encore : « C'est chez les peuples modernes, et en particulier dans le gouvernement du français, qu'on peut apprendre à réunir la guerre, le commerce et les arts, et connaître le point où doit se faire cette réunion pour rendre un État vraiment florissant. » Il est bien éloigné encore des idées qu'il soutiendra plus tard sur le luxe et la richesse ; car ici il reconnaît la nécessité du luxe, « qui distribue au peuple le superflu des riches, unit les conditions, et entretient entre elles une circulation utile (3). » Enfin il ajoute : « Les richesses, l'abondance, les arts et l'industrie sont des biens réels pour les hommes. »

On ne sait quelles sont les circonstances qui ont modifié les idées de Mably, et en ont fait plus tard un émule de

---

(1) 2 vol. in-12, 1740. Nous n'avons pas eu cet écrit entre les mains. L'analyse de cet ouvrage, qui paraît exacte, est empruntée à la *Biographie universelle*.
(2) Tome I, l. III, p. 244.
(3) *Ib.*, p. 313.

J.-J. Rousseau, et un coryphée de la Révolution. Sont-ce des incidents particuliers et personnels qui auraient irrité son caractère contre la société de son temps? sont-ce ses lectures et ses méditations qui l'ont éloigné progressivement des notions vulgaires? sont-ce les écrits de J.-J. Rousseau qui auraient eu cette influence? Il est difficile de le savoir. Nous sommes portés à croire, comme nous l'avons dit, que c'est la lecture de Platon qui a eu cette influence sur son esprit ; et ce qui est certain, c'est que les *Entretiens de Phocion* portent la trace de cette influence.

L'idée fondamentale de Mably, idée évidemment empruntée à Platon, c'est que la politique se confond avec la morale. « Son principal objet est de prendre les mesures les plus efficaces pour empêcher que les passions ne sortent victorieuses du combat éternel que notre raison est condamnée à soutenir contre elles. Son but est de tenir les passions courbées sous le joug. (1) » Que cette pensée lui vînt directement de Platon, c'est ce qui est évident, puisque c'est précisément sous son autorité qu'il met la maxime précédente : « Lisez *la République*, dit-il, voyez avec quelle vigilance il cherche à se rendre maître des passions, et la règle austère à laquelle il soumet la vertu. (2) » Les exemples historiques auxquels il a recours sont les mêmes que ceux de Platon : Sparte et l'Égypte. Il reprend les arguments de Xénophon et de Platon contre l'intempérance et y voit la source de tous les vices. Il est bien loin d'être aussi démocrate qu'on se le figure; car encore, comme Xénophon et Platon, il attribue « l'avilissement » de la république d'Athènes au gouvernement « des ouvriers » (3) et il demande « que le législateur se

---

(1) *Entretiens de Phocion*. Amsterdam, 1717, 2ᵉ entretien, p. 42.
(2) *Ibid.*, p. 49.
(3) 3ᵉ entretien, p. 90.

garde bien de leur confier le dépôt de la souveraineté. » Comme Platon encore, il méprise les arts, et les subordonne à la morale. « Que nous importe d'avoir d'excellents peintres, d'excellents comédiens, d'excellents sculpteurs! Malheur à la nation qui les place à côté des grands capitaines et des grands magistrats! » Comme Platon dans les *Lois*, Mably place la morale et la politique sous l'égide de la religion, et il voudrait que tous les hommes fussent persuadés « que la Providence gouverne le monde, qu'elle punira le vice et récompensera la vertu (1). » Mais pour faire régner la vertu, il faut commencer par proscrire le vice, et il y en a un qui est comme la matrice de tous les autres ; « c'est ce monstre à deux corps composé d'avarice et de prodigalité qui ne se lasse jamais d'acquérir ou de dissiper. » Ce vice, il faut le poursuivre dans ses derniers retranchements. De là la nécessité de proscrire le luxe et de mettre un frein à l'ardeur du gain ; ceci nous conduit à un autre point de la théorie de Mably, la critique de la propriété.

De même que Mably emprunte à Platon son principe fondamental, à savoir que l'objet de la politique est de faire régner la vertu, il lui emprunte encore cet autre principe que la propriété est la source de tous les maux de la société. C'est là ce qu'il développe dans son livre *de la Législation, ou des Principes des lois*, le plus important de ses ouvrages (2). Suivant lui, c'est l'inégalité des fortunes qui « décompose l'homme et altère ses sentiments naturels. » L'égalité doit produire tous les biens, parce qu'elle unit les hommes ; l'inégalité produit tous les maux parce qu'elle les dégrade. De la lutte des

---

(1) *Ibid.*, p. 110. — Voyez aussi sur la nécessité d'une religion le livre *de la Législation*, l. IV, ch. II et III.
(2) Amsterdam, 1776.

riches et des pauvres, naissent ces dissensions, guerres civiles et révolutions qui, après avoir déchiré la république, causent sa ruine. Ici encore Mably invoque l'autorité de Platon. « Des terres, dit celui-ci, suffisantes pour des citoyens qui ne connaissaient dans l'égalité que les besoins simples et peu nombreux de la nature, ne purent plus suffire à l'entretien d'une société à qui l'inégalité des fortunes avait appris à estimer les richesses, le luxe et les voluptés. » L'inégalité des biens est contraire à la nature. N'a-t-elle pas donné à tous les hommes les mêmes organes, les mêmes besoins? Les biens répandus par elle sur la terre ne leur appartenaient-ils pas en commun? Avait-elle attribué à chacun un patrimoine particulier? Elle n'avait donc pas fait de riches et de pauvres. L'inégalité des talents n'est pas un argument; car elle est elle-même une conséquence de l'inégalité des fortunes, qui a fait naître mille besoins inutiles. L'inégalité des forces n'a pas plus d'autorité : car chacun, si fort qu'il puisse être physiquement, sera toujours faible contre plusieurs. Il y a une certaine inégalité dans la nature des hommes; mais elle n'est pas en proportion avec la monstrueuse différence qui existe entre eux aujourd'hui. On objecte que lors même qu'on établirait l'égalité des biens, cette égalité ne durerait pas un instant, et que la différence des riches et des pauvres se reproduirait inévitablement. Les terres produisant plus dans certaines mains que dans d'autres, et étant d'ailleurs d'une inégale fertilité, attendons la troisième génération, vous aurez bientôt retrouvé l'inégalité première. Mably répond à cette objection par l'exemple des Spartiates qui ont vécu pendant six siècles dans la plus grande égalité. Le vrai remède, ce n'est pas de partager les terres; c'est d'en ôter la propriété (1).

(1) *Ibid.*, ch. II.

Ainsi tous les maux de la société viennent de l'inégalité des fortunes; et l'inégalité des fortunes est la conséquence inévitable de la propriété; c'est donc la propriété individuelle qu'il faudrait détruire, si on le pouvait; et l'idéal de la société humaine, en même temps que son état primitif, est la communauté des biens. Il n'est pas vrai d'ailleurs que la propriété soit le lien de la société. Il peut y avoir des lois et des magistrats, et par conséquent une société, sans qu'il y ait de propriété individuelle. Les sociétés primitives ont existé sans propriété, au moins foncière; et c'est de celle-là qu'il s'agit. La communauté est si bien dans la nature, qu'il est même difficile d'expliquer comment la propriété a pu prendre naissance. On ne peut l'expliquer par l'avarice et par l'ambition, qui en sont les effets plutôt que les causes. Mably se représente un âge d'or où rien n'était plus facile que de contenir les hommes dans le devoir, en l'absence de toute propriété. Les plus forts cultivaient la terre; les autres travaillaient aux arts mécaniques; et les magistrats distribuaient à chaque famille les choses qui sont nécessaires.

Comment a fini cet âge d'or? Par la paresse, dit Mably; et il ne voit pas que cet aveu est la ruine de tout son système : « Peut-être, dit-il, que des hommes plus indolents et moins actifs et *qui attendaient leur subsistance des travaux communs de la société*, la servirent avec moins d'assiduité et moins de zèle. » Il croit, comme tel de nos contemporains, que cette tendance à la paresse pourrait être corrigée par des récompenses honorifiques pour les laborieux. « Mille moyens, tous plus simples les uns que les autres, se présentaient à la politique de nos pères... Il est inutile d'en parler. » On voit ici combien Mably est superficiel et faible sur le point vraiment difficile du débat : peut-il y avoir travail sans propriété?

Il se borne à soutenir qu'il n'est point nécessaire d'être avide et avare pour que la terre soit cultivée. Suivant lui, c'est un cercle vicieux des adversaires de la communauté ; car c'est supposer aux hommes sans propriété précisément les vices qui naissent de la propriété même. Quand on supposerait d'ailleurs que les récoltes fussent moins abondantes, ne vaudrait-il pas mieux avoir quelques vertus que quelques fruits (1)?

Préoccupé jusqu'au fanatisme de la théorie communiste, Mably dut se montrer très-hostile aux économistes, dont toute la doctrine reposait, nous l'avons vu, sur le principe de la propriété. Aussi essaya-t-il de réfuter le livre de Mercier de la Rivière, et en particulier sa démonstration de la propriété foncière (2). Il s'étonne du lien logique établi par M. de la Rivière entre les trois espèces de propriété : la personnelle, la mobilière, la territoriale. Comment les hommes auraient-ils perdu leur propriété personnelle, en n'établissant pas la propriété des terres? Si je me trouvais tout à coup transporté dans la république de Platon, perdrais-je la propriété de ma personne? Sans doute la propriété foncière est nécessaire pour assurer la subsistance des citoyens ; mais pourquoi n'appartiendrait-elle pas à la société prise en corps? Ici revient l'éternel exemple des Spartiates, corroboré par l'exemple plus moderne des jésuites au Paraguay, qui fait l'admiration de Mably : « L'État, propriétaire de tout, distribue aux particuliers les choses dont ils ont besoin. Voilà, je vous l'avoue, une économie politique qui me plaît. » On dit que la propriété excite au travail ; mais

---

(1) *Ibid.*, ch. III.
(2) *Doutes proposés aux philosophes économistes sur l'ordre naturel et essentiel des sociétés politiques.* La Haye, 1768. Cet ouvrage est antérieur aux précédents.

c'est elle qui a introduit dans le monde l'oisiveté et la fainéantise. L'exemple des religieux réunis en communauté prouve que, sans propriété personnelle, on n'est pas nécessairement indifférent sur le sort de ces biens. Leurs terres sont-elles en friche? Enfin Mably reproche aux économistes de ne s'occuper que des intérêts matériels de l'homme ; « ce sont les vertus qui servent de base au bonheur des sociétés ; les champs viendront après (1). »

Malgré son engouement pour la communauté des biens, Mably reconnaît qu'elle est devenue impossible aujourd'hui. Mais ne pouvant établir ni l'égalité, ni la communauté, le législateur doit essayer de corriger le mal que fait la propriété individuelle, en combattant et en contenant les passions qu'elle enfante, c'est-à-dire l'avarice et l'ambition (2). Ainsi, bien loin de toucher à la propriété, Mably au contraire, veut que puisqu'elle existe, elle soit considérée comme la base de la société : au contraire même, toute loi sage doit tendre à ôter à nos passions tout moyen ou tout prétexte de porter atteinte à la propriété de la manière la plus légère. Quels sont donc les moyens de diminuer l'avarice? Le premier, c'est de diminuer les finances de l'État. Si le gouvernement est avide, comment les citoyens ne le seraient-ils pas? Il faut réduire les dépenses, et non augmenter les revenus. Au lieu de demander de l'argent, la politique ne devrait demander que des services. En tout cas, il ne doit y avoir qu'un impôt unique, l'impôt direct sur les terres ; et ici, si je ne me trompe, le communiste se trouvait d'accord avec les économistes, du moins avec les physiocrates. De plus, les richesses ne doivent pas être un titre d'arriver au gouvernement ; en même temps, par une singulière

---

(1) *Doutes*, etc., lett. I.
(2) *De la Législation*, l. II, ch. I.

contradiction, il veut que la loi n'attache aucun émolument aux magistratures. Mably distingue d'ailleurs deux sortes d'avarice, l'avarice conservatrice et l'avarice conquérante : la première qui tend à conserver ce qu'on possède, l'autre à prendre ce qui ne nous appartient pas. Pour combattre l'une, Mably n'a guère de moyens politiques à proposer ; pour la seconde, il rentre dans les lieux communs, puisque toutes les lois défendent le vol. Enfin, cette polémique contre l'avarice se termine par une critique du luxe, où il y a des idées justes et communes ; et toute sa politique se réduit à proposer des lois somptuaires, sans que des expériences innombrables lui ouvrent les yeux sur l'inefficacité de telles lois. Enfin il demande des lois agraires qui donnent des bornes fixes aux possessions des citoyens.

Si sur le terrain social, Mably a très-malheureusement anticipé sur les sophismes de nos communistes modernes, et s'il fait preuve de peu de lumières, en revanche on peut dire que, dans l'ordre politique, Mably est beaucoup plus raisonnable qu'on ne le croit généralement. Déjà, dans les *Doutes aux économistes*, nous le voyons défendre contre les doctrines absolutistes de Mercier de la Rivière le principe des contre-forces, c'est-à-dire des gouvernements pondérés (1). Il y soutient que le partage de l'autorité empêche les hommes qui gouvernent de se livrer à la paresse, à l'ambition et à l'avarice, que la nature elle-même a mis en chacun de nous des contre-forces pour aider et soutenir la raison, une passion fait contre-poids à une autre passion, de même les passions d'un magistrat sont contenues par celles d'un autre. Mably ne se montre pas ici plus démocrate que dans ses *Entretiens de*

(1) Lettre X.

Phocion : « Sans l'action de ces contre-forces, dit-il, Rome eût été aussi mal gouvernée qu'Athènes. » Il cite encore pour exemple, comme Montesquieu lui-même, le gouvernement anglais, celui de la Suède, de l'Empire, de la Suisse, des Provinces-Unies. Les contre-forces ne sont pas établies pour priver la puissance législative ou exécutive de l'action qui leur est propre et nécessaire, mais afin que leurs mouvements ne soient ni convulsifs, ni trop peu médités, ni trop rapides, ni trop prompts. Les objections des économistes, tirées des comparaisons mécaniques, n'ont rien à faire ici. Il ne s'agit pas d'équilibre et de leviers, qui sont des choses matérielles ; il s'agit de forces morales, indépendantes des lois de la mécanique, et qui agissent par une crainte réciproque plutôt que par une action mathématique.

Dans son livre *de la Législation, ou des Principes des lois*, les idées de Mably sur le pouvoir législatif sont généralement sages et saines, et assez peu mêlées d'utopie. Il exige qu'un peuple soit à lui-même son propre législateur ; mais il « *ne confie pas la puissance législative à la multitude* (1). » Il trouve la démocratie capricieuse, volage et tyrannique. Un peuple ne fait des lois que pour les mépriser. Le pouvoir législatif sera confié à des hommes choisis par « chaque ordre. » Il réclame pour les députés le droit d'initiative. Il demande aussi, comme Platon et Bacon, que les lois soient précédées de considérants et d'exposés de motifs : « Si le législateur n'est pas d'une espèce supérieure, pourquoi dédaignerait-il de motiver ses ordres ? » Il fait observer avec raison que la réunion de tous les préambules des lois formerait avec le temps un traité complet du droit naturel et politique. Il veut

---

(1) *De la Législation*, l. III, ch. III, tome II, p. 62.

que le législateur se prémunisse contre les usurpations possibles du pouvoir exécutif, et il pense qu'on ne saurait déterminer d'une manière trop précise les pouvoirs et les devoirs des magistrats. Il demande le vote annuel du budget. Il s'élève contre les troupes mercenaires; et bien loin de donner comme on le croit, dans les excès de la démocratie, il n'en veut pas même admettre l'un des principes fondamentaux, à savoir que tout citoyen est soldat; il veut que la défense de la patrie ne soit confiée « qu'aux citoyens intéressés à sa conservation. » Il demande enfin que les lois soient en petit nombre et réduites au strict nécessaire; car toute loi inutile est pernicieuse. Il ne faut pas faire une loi pour chaque cas particulier, mais établir des lois générales qui suppriment à la fois beaucoup de maux.

Le communisme chez Mably n'est jamais resté qu'à l'état de rêve ou plutôt de regret; c'est le regret d'une sorte d'âge qui a existé, ou qui du moins aurait pu exister si les hommes eussent été sages. Mais ce regret ne va jamais jusqu'à l'espérance d'un rétablissement possible de cet état primitif; et notre publiciste s'est toujours borné, dans la pratique, à la conception d'un état social qui ne différerait pas beaucoup de celui des républiques anciennes, et qui serait fondé, comme elles, sur des lois somptuaires et des lois agraires. Mais un autre écrivain du même temps, et même un peu antérieur, Morelly, dans son *Code de la nature* (1), l'un des évangiles du communisme moderne, a donné un plan d'organisation, dont on peut dire que sont dérivés ultérieurement tous

---

(1) *Code de la nature*, partout, chez le vrai sage, 1755. Morelly avait en outre publié une sorte de poëme communiste en prose, intitulé *la Basiliade, ou Naufrage des îles flottantes* (Messine, 1753). Voir aussi, dans le même ordre d'idées, le poëme de Pechméja, *Télèphe* (1784).

les plans et systèmes de nos réformateurs socialistes. Voici les principaux articles de ce code que nous nous contenterons de rapporter, la discussion de ces sortes de questions appartenant de droit au siècle suivant. C'est là que nous devons les retrouver plus tard, s'il nous est donné de poursuivre l'œuvre ici entreprise, et que nous arrêtons au début de la révolution française.

Morelly établit d'abord des lois fondamentales et sacrées. Il y en a trois. La première est l'abolition de toute propriété individuelle, sauf les choses d'usage. La seconde, c'est que tout citoyen est *un homme public, sustenté, entretenu et occupé aux dépens du public*. Cette seconde loi est caractéristique, et nous montre bien le caractère servile et grossier du nouveau communisme. Tout citoyen est nourri par l'État; nul ne doit sa subsistance à lui-même. Cependant cette loi en amène nécessairement une troisième : c'est « que chacun contribuera pour sa part à l'utilité publique. » Ainsi le droit, c'est d'être nourri; le devoir, c'est de travailler. Mais si les citoyens tout en réclamant le droit, en venaient à négliger le devoir, quel moyen de rétablir l'équilibre, sinon la force? car s'en rapporter uniquement au sentiment de l'honneur est aussi par trop chimérique. Or celui que la loi force au travail pour sa subsistance est-il autre chose qu'un esclave ?

De ces lois fondamentales naissent un certain nombre de conséquences nécessaires, par exemple l'abolition du commerce (1). Rien ne se vendra ni ne s'échangera entre concitoyens, de sorte, par exemple, que celui qui aura besoin de quelques herbes, légumes ou fruits, ira en prendre ce qu'il lui faut pour un jour seulement à la

---

(1) *Code de la nature*, page 194. Lois distributives, XI.

place publique, où ces choses seront apportées par ceux qui les cultivent. Si quelqu'un a besoin de pain, il ira s'en fournir pour un temps marqué chez celui qui le fait, et celui-ci trouvera dans un magasin public la quantité de farines pour celle qu'il doit préparer, pour un jour ou pour plusieurs. Celui à qui il faudra un vêtement le recevra de celui qui le compose, celui-ci en prendra l'étoffe chez le fabricant, et ce dernier en tirera la matière du magasin où elle aura été apportée par ceux qui la recueillent ; ainsi de toutes autres choses qui se distribueront à chaque père de famille pour son usage et celui de ses enfants. » On voit que cette loi suppose qu'il y a des magasins publics où seront recueillies et rassemblées toutes les productions pour être distribuées soit aux citoyens pour les besoins de la vie, soit aux artisans comme matière de fabrication. S'il s'agit des choses d'agrément, on en suspendra la distribution, au cas où la quantité viendrait à décroître ; mais on prendra les mesures nécessaires, « pour que ces accidents n'arrivent pas à l'égard des choses universellement nécessaires. » On voit que, dans une telle société, la vie serait ce qu'elle est en temps de siége dans une ville bloquée ; c'est le *rationnement* universel.

Qu'il nous suffise d'indiquer l'idée générale de ce mécanisme. Quant aux lois plus particulières, et aux prévisions réglementaires, civiles, politiques, auxquelles Morelly se complaît comme tous les utopistes, il est inutile d'en donner le détail ; cette partie du système étant toujours variable et arbitraire dans chaque sectaire différent. Signalons seulement le goût de la réglementation architecturale qui est un des traits remarquables du génie sectaire socialiste, et qui sera plus tard très-frappante dans l'école du phalanstère. Tout d'ailleurs n'est pas utopique dans ce système architectural ; et par son goût d'uniformité, il est d'accord avec les tendances presque universelles de l'architecture et de l'édilité modernes. Qu'il nous suffise d'ailleurs d'avoir signalé, dans leur germe, l'éclosion des systèmes socialistes modernes : ces premières anticipations n'ont d'intérêt que par le développement qu'elles ont pris plus tard : au dix-huitième siècle, elles n'étaient encore que des vues individuelles, et des fantaisies d'érudition ou d'imagination ; et ce serait un anachronisme que de leur supposer de leur temps une importance ou une influence qu'elles n'ont jamais eue.

§ II. — La doctrine du progrès. — Turgot et Condorcet.

Ce sera le couronnement naturel de ces études que de signaler, en terminant, une grande doctrine née au dix-huitième siècle, et dont la France a eu principalement l'initiative et l'honneur, la doctrine de la perfectibilité humaine ou du progrès, doctrine appelée de nos jours à une si puissante fortune. Le penseur qui paraît l'avoir énoncée avec précision l'un des premiers, sinon le premier, c'est Turgot dans ses *Discours* de Sorbonne, en 1750 ; Turgot philosophe, économiste, publiciste, homme d'État, l'un des plus grands esprits de son temps. Quelques mots d'abord sur ses autres écrits. Il est surtout deux questions importantes où il a marqué sa trace : la question de l'intérêt de l'argent et celle de la tolérance religieuse.

La première de ces questions, longuement débattue au moyen âge et dans les écoles ecclésiastiques, a pris de nos jours une importance toute nouvelle. On sait que c'est sur cette question que s'est concentré aujourd'hui tout l'effort des adversaires comme des partisans de la propriété. On sait aussi que, dans ces problèmes, les objections des socialistes modernes se sont rencontrées avec les scrupules de la casuistique théologique, appuyées de l'autorité d'Aristote. Aristote, en effet, nous l'avons vu, niait la légitimité de l'intérêt, sous prétexte que l'argent est stérile et ne produit pas de l'argent. La théologie morale avait adopté ce principe, et l'avait corroboré par toutes sortes d'arguments subtils et captieux ; la jurisprudence à son tour avait accepté sur ce point les idées des théologiens, et s'était évertuée par toutes sortes de combinaisons artificielles à concilier la théorie, qui répudiait le principe de l'intérêt, avec la pratique qui en imposait impérieusement la nécessité.

Turgot ne prévoyait pas sans doute les objections des socialistes ; mais son argumentation vaut tout autant contre ceux-ci que contre les théologiens et les jurisconsultes qu'il combattait. A cette singulière raison d'Aristote « que l'argent ne produit pas d'argent, » il répondait « qu'un bijou, un meuble, ou tout autre effet, à l'exception des fonds de terre et de bestiaux, sont aussi stériles que l'argent, » et cependant jamais personne n'a imaginé qu'il fût défendu d'en tirer un loyer.

Les jurisconsultes, à la suite de saint Thomas d'Aquin, essayaient de réfuter cette assimilation de l'argent et des objets à loyer. Ils distinguaient les choses *fongibles* qui se consomment par l'usage, et les choses *non fongibles*, dont on peut user sans les détruire. Pour celles-ci, on reconnaît un usage distinct de la chose elle-même ; mais « les choses fongibles qui font la matière du prêt n'ont point un usage qui soit distingué de la chose elle-même ; vendre cet usage en exigeant l'intérêt, c'est vendre une chose qui n'existe pas, ou bien exiger deux fois le prix de la même chose (1). »

Pothier soutenait en outre que, dans un contrat qui n'est pas gratuit, « les valeurs doivent être égales de part et d'autre. Or tout ce que le prêteur exige dans le prêt au delà du sort principal est une chose qu'il reçoit au delà de ce qu'il a donné. »

Suivant Turgot, ce raisonnement n'est qu'un tissu d'erreurs et d'équivoques :

« L'égalité de valeur, dit-il, dépend uniquement de l'opinion des deux contractants sur le degré d'utilité des choses échangées : elle n'a en elle-même aucune réalité sur laquelle on puisse se fonder pour prétendre que l'un des deux contractants a fait tort à l'autre... L'injustice ne pourrait donc être fondée que sur la violence, la fraude, la mauvaise foi, mais jamais sur une prétendue inégalité métaphysique entre la chose donnée et la chose reçue.

« La seconde proposition est encore fondée sur une équivoque grossière et sur une supposition qui est précisément ce qui est en question... Où nos raisonneurs ont-ils vu qu'il ne fallait considérer dans le prêt que le poids du métal prêté et rendu et non la valeur, ou plutôt l'utilité dont il est pour celui qui prête et pour celui qui emprunte... sans comparer la différence d'utilité qui se trouve à l'époque du prêt entre une somme possédée actuellement et une somme égale qu'on rendra à une époque éloignée? Cette différence n'est-elle pas notoire, et le proverbe : *Un tiens vaut mieux que deux tu l'auras* n'est-il pas l'expression naïve de cette vérité? »

Quant à la distinction des choses fongibles et de celles qui ne le sont pas, Turgot se permet de la traiter très-dé-

---

(1) Pothier, *Traité des contrats de bienfaisance.*

daigneusement comme ridicule ici : « Quoi ! dit-il, l'on aura pu me faire payer la mince utilité que j'aurai retirée d'un meuble ou d'un bijou, et ce sera un crime de me faire payer l'avantage immense que j'aurai retiré de l'usage d'une somme d'argent pendant le même temps, et cela parce que l'entendement subtil d'un jurisconsulte peut dans un cas, séparer de la chose son usage, et ne le peut pas dans l'autre ? Cela est par trop ridicule ! »

Turgot apporta la même précision d'esprit et la même netteté de jugement dans une autre question que la plupart des grands philosophes du siècle, Voltaire, Montesquieu, Rousseau, n'avaient abordée que par le sentiment et par l'éloquence, à savoir la question de la tolérance religieuse (1).

Il pose d'abord le vrai principe, et distingue nettement la tolérance de la liberté : « Aucune religion n'a droit d'exiger d'autre protection que la liberté. » Néanmoins, il fait une concession, et même une concession grave et périlleuse, dans les termes un peu vagues où elle est enveloppée : c'est que « cette religion perd ses droits à cette liberté quand ses dogmes ou son culte sont *contraires à l'intérêt de l'État.* » Turgot essaye, à la vérité, de restreindre la portée de cette réserve, mais il est loin d'être suffisamment explicite et laisse encore beaucoup à objecter. Ce n'est là d'ailleurs qu'une parenthèse. Quant au principe, il le saisit et l'exprime avec une grande netteté :

« Aucune religion n'a de droit que sur la soumission des consciences. L'intérêt de chaque homme est isolé par rapport au salut ; il n'a dans sa conscience que Dieu pour témoin et pour juge... L'État, la société, les hommes en

(1) *Lettres sur la tolérance* (Œuvres de Turgot, éd. Guillaumin, Paris, 1844) ; t. II. p. 675.

corps, ne sont rien par rapport au choix d'une religion ; ils n'ont pas le droit d'en adopter une arbitrairement. »

Sans doute une religion peut être dominante, mais c'est dans le fait et non dans le droit : « La religion dominante, dit-il, ne serait que celle dont les sectateurs seraient les plus nombreux. » C'est la définition qui a été, plus tard, adopté dans nos constitutions. Turgot ne dit pas que l'État doive refuser toute protection à la religion dominante ; mais il demande surtout qu'il prévienne les superstitions, les pratiques absurdes, le fanatisme, etc. Quant aux seuls services positifs que l'État puisse rendre à la religion, c'est « d'établir une instruction permanente, et distribuée dans toutes les parties de l'État, à la portée de tous les sujets. » Ce n'est pas qu'il reconnaisse à la religion le droit d'être salariée par l'État, « car c'est à celui qui la croit, et qui croit avoir besoin d'un ministre, à le payer. » Mais il trouve utile d'assurer, cependant, la subsistance des ministres par des biensfonds indépendamment de leur troupeau : « Autrement, dit-il, toutes les religions s'élèveraient sur les ruines les unes des autres, et la seule avarice laisserait bien des cantons sans aucune instruction. »

Dans une seconde lettre (1), Turgot répond aux objections qu'ont soulevées ses principes de tolérance. On lui accordait que l'État ne devait pas forcer à suivre la religion dominante, mais on prétendait qu'il devait empêcher qu'on ne prêchât contre elle. « De quel droit, répond-il, le prince m'empêchera-t-il d'obéir à Dieu, qui m'ordonne de prêcher sa doctrine ? Le prince est souvent dans l'erreur ; Dieu peut donc ordonner le contraire du prince. S'il y a une religion vraie, auquel des deux fau-

---

(1) *Ib.*, p. 678.

dra-t-il obéir? N'est-ce pas Dieu seul qui a le droit de commander? Si le prince a la vraie doctrine, ce n'est que par un hasard indépendant de sa place, et par conséquent sa place ne donne aucun titre pour en décider. Empêcher de prêcher, c'est toujours s'opposer à la voix de la conscience, c'est toujours être injuste, c'est toujours justifier la révolte, et par conséquent donner lieu aux plus grands troubles. Le zèle, dès qu'il est contredit, s'enflamme et embrase tout. » Turgot distingue aussi deux systèmes, celui des athées, où le droit repose sur la force, et le système contraire, où le droit repose sur l'équité. Dans le premier système, le prince peut tout; il pourra donc être intolérant s'il le juge utile : encore, même dans cette hypothèse, doit-on distinguer la sagesse et la justice. Le prince pourra tout; mais devra-t-il tout faire? D'ailleurs, quelle serait la valeur d'une justification de l'intolérance religieuse, fondée sur l'athéisme? Ne serait-ce pas une contradiction dans les termes? Dans le système de l'équité, au contraire, les droits et les devoirs sont réciproques : « De là cette conséquence que si la religion est vraie, et le prince faillible, le prince ne peut avoir le droit d'en juger, parce que ce ne peut être un devoir pour les sujets d'obéir. » Turgot termine enfin cette discussion par un argument historique, qui était celui dont son siècle devait être le plus touché : « Les guerres albigeoises, l'inquisition établie contre le Languedoc, la Saint-Barthélemi, la Ligue, la révocation de l'édit de Nantes, les vexations contre les jansénistes, voilà ce qu'a produit cet axiome : une loi, une foi, un roi (1). »

(1) A ces deux Lettres sur la tolérance il faut ajouter sur le même sujet l'opuscule intitulé : *le Conciliateur, ou lettres d'un ecclésiastique à un magistrat* (1754), dans lesquelles Turgot distingue très-justement la tolérance civile et la tolérance ecclésiastique.

Quelque intéressantes que soient les vues précédentes, elles n'appartiennent pas en propre à notre auteur. C'est plutôt la solidité de la discussion et la netteté des idées, que la nouveauté des vues que l'on admirera dans les deux mémoires que nous venons d'analyser. Mais il est une question dans laquelle l'initiative appartient à Turgot ; il est une idée dont il a été, dans le monde, un des premiers propagateurs, et qui, depuis lui, a fait la plus singulière, la plus prodigieuse fortune : c'est l'idée de la perfectibilité humaine, ou, comme nous disons aujourd'hui, l'idée du progrès.

L'idée du progrès n'est pas absolument nouvelle au XVIIIe siècle (1). On la trouve en germes dans l'antiquité, chez Sénèque :

« Combien de conquêtes, disait Sénèque, sont réservées aux siècles futurs ! La nature ne livre pas à la fois tous ses secrets. Nous nous croyons initiés, et nous ne sommes qu'au seuil du temple (2). » Au moyen âge, Roger Bacon reprend et développe la pensée de Sénèque (3). C'est surtout son homonyme, le chancelier Bacon, qui, au seizième siècle, a eu l'intuition la plus vive de cette vérité, ou du moins de cette belle espérance : « Un autre obstacle, dit-il, aux progrès de la science, c'est le respect superstitieux pour l'antiquité. Mais l'opinion qu'on s'en forme est tout à fait superficielle. C'est à la vieillesse du monde et à son âge mûr qu'il faut attacher ce nom d'antiquité. Or la vieillesse du monde, c'est le

---

(1) Le regrettable Hippolyte Rigaut, dans son travail sur *la querelle des anciens et des modernes*, a suivi d'une manière curieuse l'histoire de l'idée du progrès depuis l'antiquité jusqu'au XVIIIe siècle (Œuvres d'Hippolyte Rigaut, Paris, 1854, t. I). Il avait du reste été déjà précédé à ce point de vue par Pierre Leroux (*Encyclopédie nouvelle*).
(2) Sénèq., *Quest. naturalis.*, l. VII.
(3) *Opus majus*, c. VII.

temps où nous vivons, et non celui où vivaient les anciens, qui en étaient la jeunesse (1). » Pascal a repris ou retrouvé de son côté cette même pensée, dans ce passage si connu : « Ceux que nous appelons anciens étaient véritablement nouveaux en toutes choses, et formaient l'enfance des hommes proprement ; et, comme nous avons joint à leurs connaissances l'expérience des siècles qui ont suivi, c'est en nous que l'on peut trouver cette antiquité que nous révérons dans les autres (2). » Dans Fontenelle, la même idée est présentée comme une illusion, mais comme une illusion utile à l'activité des hommes : « Il faut qu'en toutes choses, dit-il, les hommes se proposent un point de projection au delà même de leur portée. Ils ne se mettraient jamais en chemin s'ils croyaient n'arriver que là où ils arriveront effectivement. Il faut qu'ils aient devant eux un terme imaginaire qui les anime. On perdrait courage, si on n'était soutenu par des idées fausses (3). » Dans un autre écrit, reprenant la pensée de Pascal et de Bacon, il dit spirituellement : « Nous autres modernes, nous sommes supérieurs aux anciens ; car étant montés sur leurs épaules, nous voyons plus loin qu'eux. » Dans la querelle des anciens et des modernes, Perrault appliquant aux beaux-arts et aux belles-lettres le principe de Bacon et de Pascal, disait : « Comme les sciences et les *arts* ne sont autre chose qu'un amas de réflexions, de règles et de préceptes, on soutient avec raison que cet amas, qui s'augmente nécessairement de jour en jour, est plus grand, plus on avance dans les temps (4). » C'était par trop confondre

---

(1) *Novum Organum*, l. I, aph. 84.
(2) Préface du traité *du Vide*.
(3) *Dialogues des morts*. Raymond Lulle et Artémise.
(4) Perrault, *Parallèles des anciens et des modernes*.

les beaux-arts avec les arts mécaniques. De tous les partisans des modernes, celui qui s'est approché le plus près de l'idée de la perfectibilité humaine, telle que l'ont enseignée et répandue Turgot et Condorcet, c'est l'abbé Terrasson. Il essaye de répondre à l'objection qui se tire naturellement de la comparaison de l'humanité avec l'individu : car, si cette comparaison est juste, l'humanité doit avoir, comme l'individu, sa vieillesse, sa décrépitude et sa mort : ce qui est le contraire de l'idée du progrès : « Mais, dit Terrasson, l'homme pris en particulier, ne peut croître en un sens, qu'il ne décroisse en un autre : en acquérant la force de jugement, il perd le feu de l'imagination. Il n'en est pas ainsi de l'homme pris en général, parce qu'étant composé de tous les âges, il acquiert toujours au lieu de perdre (2). » Cependant, malgré l'intérêt que présentent ces curieux pressentiments d'une doctrine devenue depuis si considérable, on remarquera d'une part que ces divers passages sont épars et isolés, et qu'avant Turgot, cette idée ne paraît pas avoir été exprimée en elle-même et pour elle-même ; et, d'autre part, que le seul progrès auquel on eût encore pensé était le progrès des connaissances humaines, le progrès des inventions et des sciences, ou même, suivant quelques-uns, des lettres et des arts.

Ce que Turgot paraît avoir vu le premier, et ce qu'il a mis en lumière dans ses *Discours sur l'histoire universelle*, c'est l'idée du progrès social, du progrès moral, du progrès des institutions et des mœurs.

C'est une circonstance remarquable qu'aucun des grands penseurs du xviiie siècle, qui travaillaient eux-

---

(1) L'abbé Terrasson, *la Philosophie applicable à tous les objets de l'esprit et de la raison*, p. 20 (Paris, 1854). Cet écrit est d'ailleurs, comme on voit, postérieur aux *Discours* de Turgot.

mêmes si efficacement au progrès des lumières et des institutions, ne paraît avoir eu à aucun degré, au moins d'une manière précise et distincte, la notion du progrès de l'humanité. La théorie des grands siècles, chez Voltaire, est plutôt contraire que favorable à la pensée d'une perfectibilité continue. A la vérité, dans l'*Essai sur les mœurs*, Voltaire semble bien remarquer un certain progrès de la barbarie à la civilisation; mais c'est ce qui avait été remarqué de tout le monde avant lui; et, au fond, c'était toujours à peu près la même pensée, à savoir qu'il y a deux sortes de siècles, les siècles barbares et les siècles civilisés; et ceux-ci à leur tour, réduits à un petit nombre, remarquables par la politesse des mœurs, la pureté des goûts, la culture des lettres, des arts et des sciences. Pour Voltaire, l'humanité ne vaut quelque chose que dans ces siècles rares et accomplis. Quant à Montesquieu, nous avons vu que ses recherches profondes sur l'esprit des lois ne lui ont pas un seul instant suggéré la pensée que les législations humaines, indépendamment de toutes causes secondes, progressent et doivent progresser vers un idéal de justice dont elles s'approchent sans cesse sans l'atteindre jamais. Lui-même, cependant, travaillait à former cet idéal de justice et à le rendre éclatant à tous les yeux; mais il ne paraissait pas soupçonner que l'humanité marchât vers cette étoile par un progrès lent, ininterrompu, et certain. Quant à J.-J. Rousseau, bien loin d'avoir son idéal en avant et dans les siècles futurs, tout le monde sait qu'il l'avait placé dans les siècles primitifs, et que son âge d'or était pour lui l'état de nature. Loin d'avoir, comme Voltaire, l'amour de la civilisation, il en avait, au contraire, le dégoût et la haine; et pour lui, ce que nous appelons progrès n'était que dépravation et décadence. Enfin, l'*Encyclopédie*, cette grande machine de guerre destinée à détruire les abus et à renverser toutes les superstitions et tous les despotismes, à assurer, par conséquent, l'émancipation de la raison humaine et son libre développement vers la vérité et vers le bien, ne fait aucune place dans ses colonnes au principe nouveau de la perfectibilité (1).

Si les grands esprits du xviiie siècle n'ont pas eu l'idée du progrès, on peut dire, je crois, sans exagération que ce sont eux qui l'ont en quelque sorte suggérée. C'est en voyant autour de soi ces esprits lumineux et novateurs abattre les préjugés et ouvrir la voie à des institutions plus justes et plus rationnelles, que Turgot a pu être amené à penser que le progrès de l'esprit humain ne se borne pas aux arts mécaniques et aux sciences, mais s'étend aux institutions, aux mœurs, à l'ordre social tout entier (2). Ce sont Voltaire, Montesquieu, Rousseau, Diderot, qui étaient les travailleurs, les ouvriers qui coopéraient à l'œuvre sans en avoir conscience; ce fut Turgot et Condorcet, qui comprirent le sens de cette œuvre, et crurent en découvrir la loi.

Quoi qu'il en soit de ces réflexions, on peut considérer le premier *Discours* de Turgot *sur l'histoire universelle* comme une de ces œuvres qui sont une date dans l'histoire de la pensée, car une grande idée y a pris naissance. Cette idée est exprimée et résumée avec une haute précision dans cette formule : « *La masse du genre humain, par des alternatives de calme et d'agitation,*

(1) Dans l'*Encyclopédie* de d'Alembert et de Diderot, il n'y a pas de mot *Perfectibilité* ou *Progrès*. Au contraire, dans l'*Encyclopédie nouvelle* de Pierre Leroux et Jean Reynaud, le mot de *Perfectibilité* est un des plus développés. Telle est la différence des deux siècles.

(2) Il est néanmoins à remarquer, pour apprécier toute la sagacité de Turgot, que son second *Discours*, où se trouve exposée l'idée du perfectionnement social, est de 1750, c'est-à-dire du moment où la philosophie commençait à peine à s'emparer de toutes ces questions.

marche toujours, quoique à pas lents, vers une perfection plus grande. »

Ce que l'on remarquera surtout dans la théorie de Turgot, car c'était alors une vue entièrement neuve, c'est l'idée de faire rentrer dans la loi générale les perturbations qui paraissent la contredire absolument, par exemple, les siècles de désordre, de barbarie, de discordes. Que l'harmonie et le *mieux* pussent sortir de la lutte et du conflit des éléments, c'est une pensée devenue depuis vulgaire (au point même d'être dangereuse), mais qui a sa vérité relative, et en tout cas sa grandeur, et qui a eu la plus haute influence sur les destinées ultérieures de la France et du monde. « La fermentation véhémente, disait l'auteur, est indispensable à la confection des bons vins. » Dans cette vue, les révolutions des États, bien loin d'en être la perte, devenaient les conditions mêmes du progrès. « Il se fait comme un flux et reflux de la puissance d'une nation à l'autre, et, dans la même nation, des princes à la multitude et de la multitude aux princes... Au milieu de cette combinaison d'événements tantôt favorables, tantôt contraires, dont l'action, à la longue, doit se détruire, le génie agit sans cesse, et par degré ses effets deviennent sensibles.... » « Ce n'est qu'après des siècles et par des réactions sanglantes que le despotisme a enfin appris à se modérer lui-même, et la liberté à se régler; et c'est ainsi que par des alternatives d'agitation et de calme, de biens et de maux, la masse totale du genre humain a marché sans cesse vers sa perfection. »

On peut se demander vers quel but marche ainsi l'humanité. Turgot ne le dit pas avec précision. La forme oratoire de son discours le dispense de développer son idée sous une forme scientifique et précise. Mais on entrevoit que ce progrès a pour but, selon lui, la vérité dans les pensées, la douceur dans les mœurs et la justice dans les lois.

Voici pour la vérité : « Dans cette progression lente d'opinions et d'erreurs qui se chassent les unes les autres, je crois voir ces premières feuilles, ces enveloppes que la nature a données à la tige naissante des plantes, sortir avant elle de la terre, se flétrir successivement, jusqu'à ce qu'enfin cette tige paraisse et se couronne de fruits, *image de la tardive vérité.* » Voici pour les mœurs : « Les hommes instruits par l'expérience deviennent *plus* et *mieux* humains. Aussi paraît-il que dans ces derniers temps, la générosité et les affections douces s'étendant toujours diminuent l'empire de la vengeance et des haines nationales. » Enfin, voici pour les lois : « C'est là (dans les républiques) que les révolutions, ramenant les lois à l'examen, ont perfectionné à la longue la législation et le gouvernement : c'est là que l'égalité s'est conservée, que l'esprit, le courage ont pris de l'activité, et que l'esprit humain a fait des progrès rapides. C'est là que les mœurs et les lois ont à la longue appris *à se diriger vers le plus grand bonheur des peuples* (1). »

Ainsi, le développement des lumières, l'adoucissement des mœurs et le perfectionnement des institutions, tels paraissent pour Turgot les trois idées auxquelles le ramène l'idée générale du progrès. Remarquons cependant que tout en le citant littéralement, c'est nous-mêmes cependant, et non pas lui, qui décomposons ainsi sa pensée générale.

(1) Il est à remarquer que Turgot ne signale ces différents effets que dans les petits États républicains, chez les peuples qui sont restés chasseurs et pasteurs. Il ne nous dit pas comment les grands États monarchiques, qui sont les plus nombreux, ont coopéré pour leur part au progrès général.

La doctrine de Turgot sur la perfectibilité du genre humain trouva en France, à la fin du siècle, un généreux interprète, dans le philosophe Condorcet, qui, poursuivi par la tyrannie jacobine, écrivait sous le coup de la mort le livre intitulé : *Esquisse d'un tableau historique des progrès de l'esprit humain*. On a admiré avec raison la sérénité et la grandeur d'âme du philosophe, qui, devant des excès sans nom, et à la veille d'être lui-même victime d'une sanglante tyrannie, n'a eu que des accents d'espérance et de confiance dans les destinées de l'humanité. Non-seulement Condorcet recueille et développe la pensée de Turgot; mais, ce que Turgot n'avait pas fait, il en tire des conclusions nouvelles, et il essaye de déduire du passé la loi de l'avenir (1). C'est ce point de vue surtout que nous relèverons dans son remarquable écrit.

C'est un fait bien digne d'attention qu'il a fallu des siècles pour que l'humanité arrivât à se préoccuper de son avenir. On s'étonnera que l'idée de l'avenir ne se soit presque jamais présentée à l'esprit d'aucun penseur avant la fin du xviiie siècle. Ceux des historiens qui se sont élevés, au-dessus des histoires particulières, jusqu'à l'idée d'une histoire du genre humain, ceux qui ont essayé d'embrasser tous les siècles dans l'histoire universelle, comme Bossuet et Voltaire; ceux-là mêmes qui, au delà des faits visibles, ont cherché les causes secrètes des événements dans des lois morales, comme Montesquieu, n'ont pas été conduits par leurs vues générales sur le passé, à essayer de deviner quelque chose de l'avenir. Dans ces temps, où la tradition dominait tout, les peuples vivaient

(1) Avant Condorcet, Kant avait eu la même idée et avait tenté de l'exécuter dans son petit écrit intitulé : *Idée d'une histoire universelle au point de vue de l'humanité* (1784). La traduction française de ce travail, par M. G. d'Eichthal a été publié par M. Littré, dans son livre sur *Auguste Comte*, p. 54 (Paris, 1863).

dans le passé ou dans le présent ; ils ne tournaient guère les yeux vers ce qui n'était pas encore. Cette idée de l'avenir, et d'une sorte d'idéal indéterminé qu'il cacherait dans ses voiles, cette idée qui est la tentation, on dirait presque la maladie des temps actuels, manquait presque entièrement aux hommes d'autrefois. Turgot lui-même, en indiquant la loi du progrès, comme étant la loi de l'humanité paraît laisser aux autres le soin de tirer les conséquences de son principe plutôt qu'il ne les tire lui-même. Le seul philosophe chez lequel on rencontre, sous une forme vive et consciente, la pensée d'un avenir de plus en plus riche et puissant, et qui mette l'âge d'or au-devant de nous, au lieu de le placer, comme les poëtes, dans le passé, me paraît être le chancelier Bacon. Encore ne semble-t-il avoir eu devant les yeux que le développement de l'industrie et des arts manuels, et par conséquent le perfectionnement physique, mais non pas moral et social de la condition humaine.

C'est donc, de la part de Condorcet, une vue aussi neuve que hardie, et qui le place au rang des initiateurs dans l'histoire de la pensée humaine, que d'avoir essayé de tirer du passé de l'humanité une formule de son avenir. Lui-même nous dit que c'est bien là sa pensée, et qu'il va essayer d'imiter l'exemple des savants qui, dans l'ordre de l'univers physique, calculent le futur à l'aide du passé : « Si l'homme peut prédire avec une assurance presque entière les phénomènes dont il connaît les lois; si, lors même qu'elles lui sont inconnues, il peut, d'après l'expérience du passé, prévoir avec une grande probabilité les événements de l'avenir, pourquoi regarderait-on comme une entreprise chimérique de tracer avec quelque vraisemblance le tableau des destinées futures de l'espèce humaine d'après les résultats de son histoire. »

Que, dans l'exécution d'un dessein si nouveau et si difficile, Condorcet eût été vague, incertain, plus ou moins chimérique, il n'y aurait pas trop lieu de s'en étonner, et ceux qui l'ont accusé de n'être qu'un utopiste, devraient au moins lui tenir compte de sa pensée première. Mais en le lisant avec attention (ce qui, je l'avoue, exige quelque effort, car son style est diffus et négligé), on s'aperçoit que, si l'on excepte quelque exagération dont l'origine est dans les préjugés de son temps, il a réellement deviné et prédit tous les principaux progrès qui se sont accomplis depuis lui. Non-seulement, tout n'est pas utopie dans ses prophéties; mais on peut presque dire qu'il n'y en a pas du tout; au moins est-il facile de ramener à une juste mesure quelques-unes des hyperboles auxquelles son enthousiasme s'est laissé çà et là entraîner.

Condorcet ramène à trois points les différents progrès qu'il espère pour l'espèce humaine : 1° la destruction de l'inégalité entre les nations; 2° les progrès de l'égalité dans un même peuple; 3° le perfectionnement réel de l'homme.

C'est sur le premier point que les espérances de Condorcet paraissent le plus hyperboliques; et cependant beaucoup de choses, prévues par lui, se sont réalisées. L'inégalité existe, soit entre les diverses nations de l'Europe, considérées entre elles, soit entre les nations et leurs colonies, soit entre ces mêmes nations et les peuplades sauvages, américaines ou africaines; soit, enfin, entre l'Europe et l'Asie. Le rêve de Condorcet serait que tous ces peuples divers arrivassent à leur tour à cet état de civilisation et de droits, où sont arrivés les Français et les Anglo-Américains. Pour ce qui est de l'Europe, il croit avec raison, et c'est ce que l'expérience a vérifié, qu'il y a tendance chez tous les peuples, à quelque distance qu'ils soient les uns des autres, à s'élever à un même état d'affranchissement, révolution qui, chez les uns, « sera doucement amenée par la sagesse des gouvernements, » et qui, chez les autres, rendue plus violente par leur « résistance, les entraînera eux-mêmes dans ses mouvements rapides et terribles. »

Quant à l'inégalité des nations européennes et de leurs colonies, elles disparaîtront par l'abolition successive de l'esclavage, des grandes compagnies coloniales et des monopoles; diverses réformes qui pouvaient alors passer pour des utopies, et qui se sont, presque partout, réalisées depuis Condorcet. Ces réformes doivent, suivant lui, amener l'indépendance des colonies ; « et dès lors, la population européenne, prenant des accroissements rapides sur ces immenses territoires, devra infailliblement civiliser ou *faire disparaître*, même sans conquête, les nations sauvages qui y occupent encore de vastes contrées. » Plus loin, il dit encore : « Les progrès de ces derniers peuples (les sauvages) seront plus lents, accompagnés de plus d'orages; peut-être même réduits à un petit nombre, à mesure qu'ils se verront repoussés par les nations civilisées, ils finiront par *disparaître insensiblement*, ou se perdre dans leur sein. » Ces prévisions de Condorcet ne se sont-elles pas vérifiées, et ne se vérifient-elles pas encore tous les jours dans l'Amérique du Nord et en Australie?

Condorcet se fait plus d'illusion en ce qui concerne l'Orient. Il affirme, sans nous dire sur quoi il fonde cette assertion, que « tout prépare la prompte décadence des grandes religions de l'Orient. » Et il en conclut que ces peuples, affranchis des superstitions, s'éclaireraient d'autant plus facilement, qu'ils n'auraient « qu'à rece-

voir de nous ce que nous avons été obligés de découvrir. »
La résistance des nations orientales aux principes de la
civilisation européenne paraît donner un démenti presque partout aux prévisions du philosophe ; mais là aussi
la race civilisatrice tend à s'étendre au détriment des
races inférieures ; et l'avenir, moins rapide que ne l'a
pensé Condorcet, réserve peut-être à nos descendants de
voir « ce moment où le soleil n'éclairera plus sur la terre
que des hommes libres, et ne reconnaissant d'autre maître
que leur raison. »

C'est surtout sur le second point, à savoir le progrès
de l'égalité dans un même peuple, que Condorcet prévoit
avec le plus de justesse et de précision les vrais progrès
de l'avenir.

« Il y a, dit-il, trois espèces d'inégalités parmi les
hommes : l'inégalité de richesse, — l'inégalité d'état
entre le capitaliste et le travailleur (1), — enfin, l'inégalité d'instruction. »

En signalant ces diverses inégalités, Condorcet paraîtra sans doute à quelques-uns suspect de ce qu'on appelle aujourd'hui socialisme ; mais si l'on examine les
remèdes qu'il propose pour subvenir à ces imperfections
de l'ordre social, on verra qu'il ne fournit aucun prétexte
à cette accusation, et reste partout fidèle aux vrais principes de l'économie politique et de la morale.

Ce n'est pas en proposant des moyens factices que
Condorcet espère arriver à égaliser les fortunes ; c'est,
au contraire, en demandant l'abolition des lois factices
qui empêchent cette égalité. Suivant lui, « les fortunes

---

(1) Ces expressions ne sont pas de Condorcet ; nous les employons pour abréger. Condorcet dit : « L'inégalité d'état entre celui dont les moyens de subsistance, assurés pour lui-même, se transmettent à sa famille, et celui pour qui ces moyens sont dépendants de la durée de sa vie ou plutôt de la partie de sa vie où il est capable de travail. »

tendent naturellement à l'égalité. » Ce qui contrarie cette loi naturelle, ce sont « les lois prohibitives et fiscales qui protégent la richesse acquise contre la liberté du commerce et de l'industrie; ce sont les impôts sur les conventions, les restrictions faites à leur liberté, leur assujettissement à des formalités gênantes, l'incertitude et les dépenses nécessaires pour en obtenir l'exécution, les monopoles qui ouvrent à quelques hommes des sources fermées au reste des citoyens. » Ainsi, liberté du commerce et de l'industrie, abolition des monopoles, abolition des fiscalités gênantes, etc., tels sont les moyens purement négatifs proposés par Condorcet pour niveler progressivement les fortunes ; et ce sont les mêmes que recommandent précisément les meilleures théories économiques. Enfin, on remarquera que toutes les réformes proposées ont été accomplies depuis, ou sont en voie de s'accomplir.

Quant à l'inégalité qui sépare le capitaliste et le travailleur, Condorcet n'a pas conscience du terrible conflit qu'elle recèle et des guerres sociales auxquelles elle pourra donner lieu. Il propose d'y remédier par des moyens tout pratiques, qui ont pris, depuis, de larges et puissants développements : les caisses d'épargne et les assurances sur la vie, institutions qu'il considère en philosophe et en mathématicien : « C'est à l'application du calcul aux probabilités de la vie et aux placements d'argent que l'on doit l'idée de ces moyens, déjà employés avec succès, sans l'avoir été cependant avec cette étendue, cette variété de formes qui les rendraient vraiment utiles, non pas seulement à quelques individus, mais à la masse entière de la société. » Enfin, à ces différents moyens, Condorcet propose d'ajouter des institutions de crédit « qui rendront le commerce et l'industrie plus indépendants de l'existence des grands capitalistes. »

Enfin, la dernière inégalité, celle de l'instruction, peut être corrigée par un choix heureux, et « des connaissances elles-mêmes, et des méthodes de les enseigner. » Condorcet ne croit pas devoir borner l'instruction aux simples éléments de la lecture et de l'écriture. Il voudrait que l'on instruisît « la masse entière du peuple de tout ce que chaque homme a besoin de savoir pour l'économie domestique, pour l'administration de ses affaires, pour le libre développement de son industrie et de ses facultés, pour connaître ses droits, les défendre et les exercer; pour être instruit de ses devoirs, pour les bien remplir, pour juger ses actions et celles des autres d'après ses propres lumières, et n'être étranger à aucun des sentiments élevés ou délicats qui honorent la nature humaine. » Que si la société actuelle est encore bien loin de cet idéal, on peut dire que c'est pour elle un devoir de faire tous les efforts pour y arriver.

Enfin, le dernier point traité par Condorcet est le perfectionnement réel de l'espèce humaine. Nous signalerons rapidement, sur ce point, les principales de ses vues : 1° perfectionnement des méthodes qui permettront d'apprendre en moins de temps un plus grand nombre de connaissances, et de les répandre dans un plus grand nombre d'esprits; 2° perfectionnement des inventions, qui suivront le progrès des sciences; 3° perfectionnement des sciences morales et philosophiques par l'analyse des facultés intellectuelles et morales de l'homme; 4° perfectionnement de la science sociale par l'application du calcul des probabilités à cet ordre de science; 5° par suite, perfectionnement des institutions et des lois; 6° abolition de l'inégalité des sexes; 7° diminution ou abolition des guerres de conquêtes; 8° établissement d'une langue scientifique universelle. Quelques-unes de ces prophéties, ou plutôt de ces espérances de Condorcet sont encore loin d'être réalisées ici-bas; mais on ne peut nier que les meilleurs esprits n'aient été jusqu'ici disposés à partager ces espérances.

C'est surtout dans les dernières pages de son livre que Condorcet se laisse entraîner à une sorte d'enthousiasme qui l'a fait accuser de chimère et d'utopie. C'est là, en effet, qu'il semble parler d'une prolongation indéfinie de la vie humaine, et d'un perfectionnement indéfini de nos facultés. Mais s'il est vrai que, dans ces pages, Condorcet dépasse en effet, par l'expression, la juste mesure, on ne peut nier que les idées émises par lui, réduites à leur plus simple expression, ne soient, non-seulement soutenables, mais même parfaitement vraies. N'a-t-il pas en effet raison, lorsqu'il dit que la durée moyenne de la vie peut augmenter indéfiniment, en ce sens que nous n'en connaissons pas la limite? n'a-t-il pas raison de penser que la médecine préservatrice, c'est-à-dire l'hygiène, peut faire disparaître à la longue les maladies transmissibles ou contagieuses, ou tout au moins en limiter l'effet? est-il absurde de supposer qu'il puisse arriver un temps où la mort ne serait plus que l'effet d'accidents extraordinaires, ou de la destruction de plus en plus lente des forces vitales?

Ce n'est pas le lieu de soumettre ici à une critique raisonnée ces grandes et belles espérances. Celui qui propose une idée au monde n'est pas tenu d'en prévoir toutes les difficultés et de prévenir d'avance toutes les objections. C'est à nous qu'appartiendrait plutôt un tel travail. Pour la doctrine du progrès, le premier âge, l'âge de la confiance et de la foi, est aujourd'hui passé; c'est à la science, à la raison, à la discussion critique que cette théorie appartient désormais. Il y aura à examiner en quoi consiste avec précision ce qu'on appelle progrès; quel est le terme vers lequel on marche; car si l'on ne sait où l'on va, comment affirmer qu'on approche du but? Ainsi, la croyance au progrès supposera donc déjà la fixation d'un idéal, sur lequel il ne sera pas facile de s'entendre. Il faudra distinguer ensuite le progrès scientifique et le progrès social et moral; car si le premier est évident, c'est du second surtout que nous désirons, que nous demandons la démonstration. On distinguera même encore le progrès moral du progrès social; car il n'est pas évident que l'homme gagne en moralité à mesure que les institutions gagnent en douceur et en équité. On devra ensuite ne pas regarder seulement un côté des faits, comme l'ont toujours fait les partisans de cette doctrine, et croire qu'il y a progrès dans l'ensemble, parce qu'il y a tel progrès partiel évident; car il reste encore à savoir si l'on ne perd pas d'un côté ce qu'on gagne de l'autre. En outre, on se demandera si ce progrès, en supposant qu'il fût réel, serait un progrès continu et sans interruption, uo s'il n'y aurait point, comme s'exprimait Leibnitz, des nœuds, des *points de rebroussement*, et, dans cette hypothèse, quelle serait la loi, s'il y en a une, de ces accidents perturbateurs. On examinera, en outre, si l'attribut de la perfectibilité, en le supposant vrai, s'applique à l'humanité tout entière, ou à une seule race, qui resterait seule sur les ruines des autres; enfin, si ce progrès, continu ou non, doit être conçu comme indéfini, et si ce n'est pas là une idée dont nous ne trouvons dans l'expérience aucun modèle, puisque l'individu, perfectible jusqu'à l'âge mûr, dégénère ensuite dans la vieillesse pour finir avec la mort, puisqu'on a vu tous les peuples soumis à la double loi de la croissance et de la décadence, et que tous ont été détruits et absorbés par d'autres plus puissants et plus heureux. Enfin, l'avenir de l'humanité n'est-il pas lié à l'avenir de la terre qu'elle habite, et peut-on concevoir le progrès de l'un comme indéfini, sans concevoir l'autre comme éternel?

Quoi qu'il en soit de ces doutes, signalons cette croyance au progrès de l'humanité, comme l'une des idées que la France a mises dans le monde, et comme un des stimulants les plus puissants dont l'humanité ait jamais ressenti l'aiguillon. L'idée du progrès ne s'est pas présentée seulement dans notre siècle comme une théorie spéculative : elle a pris la forme d'une passion, d'une croyance, d'une religion. Nous n'exagérons rien en disant que les hommes de ce siècle ont trouvé dans la croyance au progrès, dans la foi en l'avenir de l'humanité, un ordre de sentiments que les religions paraissaient seules jusqu'ici en état de donner : c'est la consolation, c'est l'espérance, c'est l'étoile d'une multitude d'âmes pour lesquelles le paradis sur la terre a remplacé le paradis d'en haut. Comme cette foi a ses croyants, ses dévots, ses martyrs, elle a aussi, il faut le dire, ses fanatiques, et elle est pour beaucoup dans la fièvre révolutionnaire dont notre siècle est embrasé. Le dégoût du présent, l'idolâtrie de l'avenir, doivent nous trouver facilement insensibles aux maux présents et aux ruines passagères, dans l'espoir d'atteindre des biens infiniment supérieurs. De même que l'on meurt et que l'on tue dans une religion superstitieuse pour s'assurer à soi-même et pour assurer aux autres les joies du ciel, on ne craindra point de mourir ou d'assassiner pour réaliser sur la terre l'état paradisiaque dont l'imagination est obsédée. Ainsi, le mal et le bien se trouvent toujours mêlés, comme pour donner un démenti à la théorie elle-même. Sans doute, c'est un progrès que de croire au progrès, car cette croyance nous stimule à toujours chercher le mieux ; mais en même temps, ce progrès peut être une cause de mort ; car en ne voyant jamais que le mal dans ce qui est, et le bien dans ce qui n'est pas encore, le génie de l'utopie se condamne à entasser ruines sur ruines, et se transforme à la fin en une fièvre incurable de destruction. Ce sont les deux aspects sous lesquels se présente à nous le grand événement qui termine le XVIIIe siècle, et qui a été à la fois un objet d'enthousiasme et un objet d'horreur, parce que l'on y voit la religion du progrès dans ce qu'elle a de plus pur, et le fanatisme de cette religion dans ce qu'il a de plus odieux.

Nous voici donc parvenus à la limite extrême de ces études. La révolution française est un monde nouveau, au seuil duquel nous nous arrêtons sans y pénétrer : cette révolution en effet n'est pas seulement le couronnement du XVIIIe siècle ; elle est surtout l'avénement d'une ère nouvelle, et de nouveaux combats. Elle est donc bien plutôt une introduction à l'histoire morale et sociale du XIXe siècle, qu'une conclusion du XVIIIe. Qu'il nous suffise d'avoir signalé à leur origine la plupart des courants d'idées qui plus tard se rencontreront soit pour se combattre, soit pour se mêler. Les idées constitutionnelles ont dans Montesquieu, les idées démocratiques dans Jean-Jacques Rousseau, leurs instituteurs et leurs chefs. Turgot et les économistes ont dicté la plupart des réformes sociales de la révolution ; Mably et Morelly en ont inspiré les utopies. Enfin la généreuse hypothèse de la perfectibilité indéfinie, telle que l'ont présentée Turgot et Condorcet, a été le stimulant qui a provoqué tous les peuples à la recherche du mieux, et quelquefois aussi à la poursuite de l'impossible. Tels sont les éléments philosophiques que le dix-huitième siècle a apportés à la science politique, et dont la révolution américaine et française, à des degrés divers et sous des formes différentes, se sont inspirées dans leurs programmes et leurs institutions. La *Déclaration d'indépendance* des États-Unis ; la *Déclaration des droits* de l'Assemblée constituante sont deux actes à la fois philosophiques et politiques, où se trouve résumée et condensée toute la pensée du dix-huitième siècle, disons plus, la science politique de tous les siècles. Tel est donc le caractère remarquable de cette époque mémorable : c'est d'avoir essayé de fonder un État sur la philosophie et sur la pure raison : entreprise si nouvelle et si extraordinaire qu'il n'est point étonnant qu'elle n'ait pas réussi d'abord, et que beaucoup doutent encore aujourd'hui qu'elle puisse jamais réussir. Sans entrer dans l'examen de ce grand problème qui est la lourde charge de notre âge, reconnaissons comme le signe principal du siècle présent la prédominance universelle des grands principes de la philosophie sociale et politique, dont nous venons d'achever l'histoire. L'abolition du servage en Russie, de l'esclavage des noirs aux États-Unis, des priviléges confessionnels en Angleterre, du système féodal partout, partout aussi, à des degrés divers, l'intervention des peuples dans les affaires du gouvernement, la publicité et la gratuité de la justice, la liberté ou la tolérance en matière religieuse, l'indépendance scientifique, la liberté industrielle et commerciale : tous ces grands principes élaborés par les siècles, approfondis par les grands penseurs, popularisés et répandus dans le monde entier, et dans toutes les classes de la société par les écrivains du siècle dernier témoignent du rôle important de la philosophie dans le progrès des institutions sociales et de la civilisation. Nous pouvons donc dire, en rappelant une pensée de Montesquieu, que dans cette infinie diversité de systèmes et d'opinions, les philosophes « n'ont pas été uniquement conduits par leurs fantaisies, » mais que tous leurs efforts ont toujours convergé vers un but : le progrès de la justice et du droit. L'unité de cette histoire est donc l'unité même de la raison humaine, qui du sein des préjugés et des passions de castes, de races, de siècles et de confessions, se dégage insensiblement, et présente aux législateurs le respect et la protection de l'homme comme l'objet essentiel, universel et sacré.

FIN DU TOME II.

TABLE DES MATIÈRES

DU TOME II

LIVRE TROISIÈME

LA RENAISSANCE ET LA RÉFORME

CHAPITRE PREMIER

MACHIAVEL.

Opposition de la politique de Machiavel et de la politique du moyen âge. — Apologie de Machiavel par J.-J. Rousseau. Réfutation de cette apologie. Des rapports de Machiavel avec les Médicis ; ses rapports avec César Borgia. Comparaison du *Prince* et des *Discours sur Tite Live* sous le rapport de la moralité des maximes. — Si les conseils de Machiavel ne s'adressent qu'aux princes nouveaux. Du terrorisme dans Machiavel. — Politique proprement dite. Ses idées spéculatives sur le gouvernement. — Comparaison des gouvernements populaires et des gouvernements princiers. — Doctrine politique du *Prince* : théorie de la tyrannie. Du prétendu libéralisme de Machiavel. — Du patriotisme de Machiavel. Appréciation de Machiavel. 3

CHAPITRE II

ÉCOLE DE MACHIAVEL.

Deux espèces de machiavélistes : les uns par la méthode, les autres par la doctrine. — Machiavélisme de méthode. Les publicistes historiens : Guicchardin, Paul Paruta, etc. — Machiavélisme de doctrine. —

Scioppius : *Pædia politices.* Justification raisonnée du machiavélisme : opposition de la morale et de la politique. — Juste Lipse : *Les politiques.* Demi-machiavélisme : critiques et concessions. — Frà Paolo : *Le Prince.* Machiavélisme pratique. Principe de la raison d'État. Caractère odieux de cette politique. — Gabriel Naudé. *Les coups d'État.* Machiavélisme de cabinet. Apologie de la Saint-Barthélemy. — Demi-machiavélisme de Descartes. Sa lettre sur *le Prince.* — Décadence du machiavélisme au XVII° siècle. Il va se perdre dans le despotisme. Le cardinal de Richelieu : son *testament.* Sa belle doctrine sur la fidélité aux engagements. — Réfutations de Machiavel. Anti-Machiavel de Gentillet. Médiocrité de cet ouvrage et des autres écrits du XVI° siècle contre Machiavel. Anti-Machiavel de Frédéric II. Conclusion sur le machiavélisme. 60

CHAPITRE III

LA RÉFORME.

Morale et politique de Luther. — Sa théorie de la grâce. — Sa lettre aux paysans; ses idées sur l'insurrection; sa théorie du spirituel et du temporel. — Politique de Mélanchton; sa polémique contre les anabaptistes; défense de l'autorité civile; sa doctrine sur la propriété; son opinion sur la liberté de conscience. — Castalion et Théodore de Bèze. *Du droit de punir les hérétiques;* trois points : 1° faut-il punir l'hérésie? 2° le droit de punir appartient-il au magistrat civil? 3° la peine doit-elle être la peine de mort? arguments de Castalion ; réponses de de Bèze. — Calvin : sa théorie du gouvernement civil; son opinion sur les diverses formes du gouvernement. — François Hotmann. *Franco-Gallia.* — Hubert Languet : *Vindiciæ contrà tyrannos;* théorie du contrat; double contrat : 1° entre Dieu, le roi et le peuple; 2° entre le peuple et le roi. Droit de non-obéissance. Droit de résistance. A qui appartient ce droit? Réponse aux objections. Des divers cas où ce droit est légitime. De la loi. Du pouvoir du roi. De la propriété des biens. De la tyrannie. — Buchanan, *De Jure regni apud Scotos.* 122

CHAPITRE IV

LA POLITIQUE CATHOLIQUE AU XVI° SIÈCLE.

Morale et politique scholastique. — Suarez. Son traité *De legibus;* Sa théorie de la loi en général; Sa théorie de la loi naturelle; Sa politique. Du fondement de l'autorité. De la souveraineté. De l'institution du gouvernement. De l'acceptation des lois. La loi obligatoire par elle-même. Exceptions à ce principe. Le législateur est-il soumis à ses propres lois?

Du spirituel et du temporel. — Bellarmin. Sa théorie de la monarchie mixte. Son opinion sur les rapports du pouvoir spirituel et du pouvoir temporel. — Politique de la Ligue. — Boucher. *De justa Henrici III abdicatione*. Du droit de déposer les rois. Mélange de l'esprit sacerdotal et de l'esprit démocratique. Doctrine du tyrannicide. — Mariana. *De rege*. Sa théorie du gouvernement. Doctrine du régicide. . . . 174

CHAPITRE V

LES PHILOSOPHES ET LES UTOPISTES.

De la philosophie morale au xvie siècle. — Bacon moraliste et publiciste : ses vues sur les séditions et le gouvernement des Etats. — Un républicain : La Boëtie. *La Servitude volontaire*. — Les *Politiques*. L'Hôpital et de la Noue : doctrine de la tolérance. — Politique scientifique : Bodin, son génie. La définition de la république. Théorie de la famille. Du droit paternel. De l'esclavage. De la souveraineté. Des formes de gouvernement. Quelle est la meilleure ? Théorie de la justice. Opinions diverses. — Les Utopistes. — Thomas Morus. Critique de la société de son temps. Critique de la propriété. — Différence de la république de Morus et celle de Platon. Le travail. Le gouvernement. — Campanella. La *Cité du Soleil*. Différence de cette conception et de celle de Th. Morus. Son traité de la *Monarchie espagnole*. 219

LIVRE QUATRIÈME

LES TEMPS MODERNES

CHAPITRE PREMIER

ANGLETERRE.

HOBBES.

Hobbes. — Sa psychologie. Sa théorie du droit. Principe de la guerre de tous contre tous. — De la loi naturelle. Différence de la loi et du droit. — Premier principe de la loi naturelle : chercher la paix. — Second principe : renoncer au droit absolu sur toutes choses. — Troisième principe de la loi naturelle : observer les conventions. — De l'invalidité des pactes. — Théorie de la justice. — De l'obligation des lois. — De la puissance civile et de son institution. — Du pouvoir absolu. — Des droits du souverain. — Des droits des sujets. — De la liberté. — Du droit d'examiner les doctrines et de l'enseignement. — Du pouvoir paternel et de l'esclavage. — Du pouvoir ecclésiastique. — Critique de la politique de Hobbes.. 265

CHAPITRE II

ANGLETERRE.

LOCKE.

Filmer. Théorie du patriarcat. — Milton. Ses écrits politiques, ses vues sur la liberté de la presse et la liberté religieuse. — Algernon Sydney, prédécesseur de Locke. Ses *Discours sur le gouvernement*. Réfutation de Filmer. — Locke. Sa théorie de l'état de nature. Loi naturelle. Droit de défense et droit de punir. — Théorie de la propriété. — De l'esclavage. — Du pouvoir paternel. — Établissement de la société civile. Des trois pouvoirs. — Théorie du consentement exprès et du consentement tacite. — Discussion contre la monarchie absolue. — Du pouvoir législatif. Sa souveraineté. Ses limites. — Rapports du pouvoir exécutif et du pouvoir législatif. — De la prérogative royale. — Théorie du droit d'insurrection. Appréciation de la politique de Locke. 307

CHAPITRE III

HOLLANDE ET ALLEMAGNE.

DROIT NATUREL. — GROTIUS, LEIBNIZ ET SPINOSA.

Grotius *de Jure pacis et belli*. — Théorie de la justice. Droit de souveraineté. Théorie de la propriété. Théorie de l'esclavage. Du droit de guerre. — Puffendorf. Détermination du droit naturel : son objet, ses limites. Théorie de l'obligation. — Leibniz : son opinion sur les jurisconsultes philosophes de son temps. Critique de Puffendorf. Théorie du droit. — Spinosa. Principe du droit. De la loi de nature et de la loi de raison. Du droit absolu de la société. Limites de ce droit. Système politique de Spinosa. Rapports et différences de Spinosa et de Hobbes.. . . 345

CHAPITRE IV

FRANCE.

BOSSUET ET FÉNELON.

Les hommes d'État : Richelieu, le cardinal de Retz. — Les philosophes : Descartes et Pascal. — Politique sacrée : Bossuet. Différence de ses principes et de ceux de Hobbes. Discussion de la souveraineté du peuple. De l'esclavage. Doctrine du droit divin. Distinction entre le pouvoir absolu et le pouvoir arbitraire. — Fénelon. Doctrine du droit divin. Hérédité des couronnes assimilée à l'hérédité des terres. Différences de Fénelon et de Bossuet : le *Télémaque*. Limites de l'autorité royale. Gouvernement mixte. Plans politiques de Fénelon. — Vauban. *La Dîme royale*.. 379

CHAPITRE V

MONTESQUIEU.

§ I. Prédécesseurs de Montesquieu. — L'abbé de Saint-Pierre. Ses projets politiques : 1° académie politique, 2° la méthode de scrutin, 3° la polysynodie, 4° la paix perpétuelle. — *L'Entresol* et l'abbé Alari. — D'Argenson. Ses utopies. *Considérations sur le gouvernement ancien et présent de la France*. Liberté municipale. Attaques contre l'aristocratie.
§ II. Montesquieu. *Lettes persanes* et *Considérations sur les Romains*. — *Esprit des lois*. — Objet et méthode. — Division des gouvernements. — Théorie des trois principes. — Corruption des gouvernements. — Appréciation et critique. — Intention de l'*Esprit des lois*. — Théorie de la liberté politique. — Théorie de la séparation des pouvoirs. — Théorie de la constitution anglaise. Examen de ces théories. — Théories réformatrices de Montesquieu : 1° Réforme de la pénalité ; 2° Polémique contre l'esclavage ; 3° Polémique contre l'intolérance. — Idées économiques. — Conclusion.. 417

CHAPITRE VI

ÉCOLE DE MONTESQUIEU.

Beccaria. Principes et règles générales. Discussion sur la torture. Discussion sur la peine de mort. — Filangieri. Caractère de son talent. Son opposition à Montesquieu. Faiblesse de ses principes philosophiques. Sa critique de la constitution anglaise. Appréciation de cette critique. — Blackstone, commentateur de la constitution d'Angleterre. Emprunte tous ses principes à Montesquieu. — Ferguson. *Histoire de la société civile*. Critique de l'hypothèse de l'état de nature. Théorie du bonheur public et privé. La liberté. Comment elle s'affaiblit. Du despotisme. . 521

CHAPITRE VII

VOLTAIRE ET J.-J. ROUSSEAU.

Voltaire. Sa morale. Ses vues sur les réformes sociales. Ses idées politiques. — J.-J. Rousseau : Son génie. Sa doctrine morale. — Sa politique. — *Discours sur l'inégalité des conditions*. Analyse de cet ouvrage. — *Contrat social*. Son objet. — Réfutation de Hobbes et de Grotius. — Théorie du contrat. Discussion de cette théorie. — Théorie de la propriété. — Théorie de la volonté générale. — Théorie de la loi. — Théorie du gouvernement. — Division des gouvernements. — Du meilleur gouvernement. — Du principe de représentation. — De la religion civile. — Appréciation de la politique de Rousseau. — Son influence sur la révolution française. — Petits écrits politiques. 557

CHAPITRE VIII

KANT.

§ I. Morale théorique. — Philosophie morale au xviiie siècle. Helvétius, Hutcheson, Wolf. — Théorie de Kant. Analyse du principe de la moralité. La bonne volonté. — Théorie des *impératifs*. Formule de l'*impératif catégorique*. Principe de l'*humanité fin en soi*. Principe de l'*autonomie de la volonté*. Théorie du *règne des fins*. Analogies de Kant et de Rousseau. Réduction des trois formules à une seule. — Signification générale des formules de Kant.

§ II. Morale pratique. Droit naturel et politique. — Doctrine de la vertu. Devoirs de l'homme envers lui-même. — Distinction de la morale et du droit. — Théorie du droit. — Formule du droit. — Fondement du droit. — Théorie du droit de propriété : Critique de cette théorie. — Rapports de la morale et de la politique. — Théories politiques. Théorie du *Contrat social*. Théorie de la division des pouvoirs. — Polémique contre le droit d'insurrection. Examen de cette polémique. — Droit des gens : Principe de l'autonomie des États. Projet de paix perpétuelle. Du rôle de la philosophie dans l'État. — La philosophie politique en Allemagne depuis Kant. 620

www.ingramcontent.com/pod-product-compliance
Lightning Source LLC
Chambersburg PA
CBHW060903300426
44112CB00011B/1322

CHAPITRE IX

ÉCONOMISTES ET COMMUNISTES. — LA DOCTRINE DU PROGRÈS.

§ I. Les Économistes. — Leur place dans la philosophie politique du xviiie siècle. — Mercier de la Rivière : *de l'Ordre naturel et essentiel des sociétés politiques*. Théorie du droit de propriété. Trois espèces de propriété : personnelle, mobilière, foncière. — De l'évidence et du droit d'examen. — Séparation du pouvoir judiciaire d'avec le pouvoir exécutif et législatif. Confusion de l'exécutif et du législatif. Critique de la théorie des contre-forces. Du despotisme arbitraire et du despotisme légal. — Communistes. — L'abbé de Mably. Influence de Platon sur Mably, et par suite sur la révolution française et le communisme moderne. — Premiers écrits de Mably, contraire à ses principes ultérieurs. — *Entretiens de Phocion*. Rapports de la morale et de la politique. L'État doit faire régner la vertu. — Autres ouvrages de Mably. — Critique de la propriété. Objections à Mercier de la Rivière. La communauté des biens. Lois somptuaires et agraires. — Opinions judicieuses de Mably dans l'ordre politique. Sa défense de la théorie des contre-forces contre les économistes. Ses vues sur le pouvoir législatif. — Morelly. Le *Code de la nature*. Organisation du communisme.

§ II. La doctrine du progrès. — Turgot et Condorcet. — Doctrine de la perfectibilité humaine. Ses antécédents jusqu'à Turgot. — Turgot : son traité sur *la Tolérance*. Son traité de *l'Usure*. — Ses *Discours sur l'histoire universelle*. Ses vues sur le développement de l'humanité. — Condorcet. *Esquisse du progrès de l'esprit humain*. — Ses vues sur l'avenir de l'humanité. — Considérations sur la théorie du progrès. . . 684

FIN DE LA TABLE DES MATIÈRES DU TOME II.

PARIS. — IMP. SIMON RAÇON ET COMP., RUE D'ERFURTH, 1.